重组烟草技术与应用

TECHNOLOGY AND APPLICATION OF THE RECONSTITUTED TOBACCO

王保兴　周桂园　陈国辉　武士杰
张文军　刘　晶　殷沛沛　董高峰　◎ 著

西南交通大学出版社
·成　都·

图书在版编目（CIP）数据

重组烟草技术与应用 / 王保兴等著. —成都：西南交通大学出版社，2023.7
ISBN 978-7-5643-9396-0

Ⅰ. ①重… Ⅱ. ①王… Ⅲ. ①烟草工业 – 研究 – 中国 Ⅳ. ①F426.89

中国国家版本馆 CIP 数据核字（2023）第 131480 号

Chongzu Yancao Jishu yu Yingyong
重组烟草技术与应用

王保兴　周桂园　陈国辉　武士杰
张文军　刘　晶　殷沛沛　董高峰　著

责任编辑	牛　君
封面设计	GT 工作室

出版发行	西南交通大学出版社 （四川省成都市金牛区二环路北一段 111 号 西南交通大学创新大厦 21 楼）
邮政编码	610031
发行部电话	028-87600564　　028-87600533
网址	http://www.xnjdcbs.com
印刷	四川玖艺呈现印刷有限公司

成品尺寸	185 mm × 260 mm
印张	37
字数	925 千
版次	2023 年 7 月第 1 版
印次	2023 年 7 月第 1 次
书号	ISBN 978-7-5643-9396-0
定价	198.00 元

图书如有印装质量问题　本社负责退换
版权所有　盗版必究　举报电话：028-87600562

前言
PREFACE

　　本书是作者以云南中烟工业有限责任公司技术中心、云南中烟再造烟叶有限责任公司及中烟施伟策（云南）再造烟叶有限公司多年的再造烟叶研究工作为基础撰写的。在国家烟草专卖局的大力推进下，在行业内各卷烟工业企业的积极支持下，再造烟叶经历了从无到有、品质不断提升、产量规模不断扩大的发展过程，逐步成为中式卷烟叶组配方中的重要原料，在卷烟减害降焦、强化或塑造产品质量风格等方面发挥了重要的不可替代的作用。再造烟叶工艺、质量及产品技术也从最初的技术攻关及升级，转变为立足构建重组烟草"理论体系、技术体系、产品体系"的主要研究目标以及功能型重组型烟草制品、再造烟叶的材料化拓展应用。我们自20世纪90年代末开始从事再造烟叶这一领域的研究，培养了一批包括博士、硕士研究生在内的中青年研究队伍，在长期的研究和实践应用过程中，对再造烟叶技术理论和产品应用积累了大量的科研成果及产品应用经验，我们把这些劳动结晶倾注于本书之中，奉献给从事烟草行业原料和产品研究的各位同仁。

　　本书共分23章，从再造烟叶发展历程、重组烟草的内涵、重组烟草体系（理论体系、技术体系、产品体系、生产体系）和重组烟草的发展趋势，详尽地论述了重组烟草的原料体系构建，烟草特征组分重组技术研究，重组烟草生物技术、膜技术、电渗析技术、超分子载体包埋技术、超微粉体技术，多层重组烟草载体技术开发、研究及应用；在重组烟草产品开发方面详细论述了非纯烤特色重组烟草产品、具有国外优质烤烟风格特征的重组烟草产品、味香功能重组烟草等产品开发和应用以及重组烟草产品质量提升和应用；在重组烟草产品材料化开发方面详细论述了重组烟梗技术开发及应用，利用重组烟草技术开发雪茄茄套，重组烟草功能特色烟用材料，重组烟草滤棒基材开发，烟纤卡纸及含烟梗粉箱板纸。本书力求做到技术原理清楚，理论系统、方法具体，内容新颖充实，各章节配置合理，论述和分析深入，适合作为再造烟叶、烟草原料及卷烟产品开发研究的参考书。本书的研究工作还得到多个合作单位及相关研发人员的支持和帮助，在本书出版之际特向他们表示衷心的感谢！

本书由王保兴研究员、周桂园高级工程师、陈国辉高级工程师、武士杰（天津科技大学在读博士）、张文军（昆明理工大学在读博士）、刘晶副研究员、殷沛沛博士、董高峰副研究员合著。本书的问世若能对烟草行业及再造烟叶行业的发展有一定的促进作用，我们将为此感到由衷的高兴。

由于作者水平有限，书中疏漏和不妥之处在所难免，敬请读者批评指正。

作 者
2023 年 3 月于昆明

目录
CONTENTS

1 重组烟草概述 ·············· 001
- 1.1 再造烟叶发展概况 ·············· 001
- 1.2 国内再造烟叶企业面临的困境 ·············· 003
- 1.3 再造烟叶发展方向——"重组烟草" ·············· 004
- 1.4 重组烟草概述 ·············· 006
- 1.5 "重组烟草"相关技术研究现状 ·············· 008
- 1.6 重组烟草的发展趋势 ·············· 011
- 参考文献 ·············· 012

2 重组烟草原料体系构建 ·············· 014
- 2.1 重组烟草原料及其处理现状 ·············· 014
- 2.2 再造烟叶原料质量状况 ·············· 016
- 2.3 "三位一体"标准化原料体系构建 ·············· 038
- 参考文献 ·············· 041

3 传统再造烟叶与烟叶的特征差异 ·············· 044
- 3.1 物理指标差异分析 ·············· 044
- 3.2 化学指标差异分析 ·············· 047
- 3.3 耐加工特性差异分析 ·············· 047
- 3.4 致香成分差异分析 ·············· 048
- 参考文献 ·············· 051

4 再造烟叶微观结构表征及热力学特性分析 ·············· 052
- 4.1 再造烟叶微观结构表征 ·············· 052
- 4.2 造纸法再造烟叶的热力学特性分析 ·············· 056
- 4.3 造纸法再造烟叶的热裂解特性分析 ·············· 062
- 参考文献 ·············· 080

5 烟草特征组分重组技术研究 ·············· 082
- 5.1 萃取技术线路及溶剂选择 ·············· 082
- 5.2 烟叶原料组分分离研究——分子蒸馏技术 ·············· 089

- 5.3 烟梗原料组分分离研究 096
- 5.4 烟草特征成分重组研究 097
- 5.5 烟叶原料特色提取分离技术 098
- 参考文献 103

6 重组烟草生物技术开发与应用 106

- 6.1 生物技术提高再造烟叶品质的机制 106
- 6.2 烟梗生物酶技术处理 107
- 6.3 利用生物酶技术调控烟草浆料大分子化合物 110
- 6.4 微生物发酵技术调控糖类物质研究 118
- 6.5 微生物发酵技术改善烟梗浆料和提取液品质的研究 127
- 6.6 降低重组烟草苯并[a]芘释放量和 H 值的微生物发酵技术开发 141
- 6.7 适用于云产卷烟品牌的再造烟叶产品开发及应用 143
- 6.8 结 论 147
- 参考文献 148

7 膜技术在烟草提取液中的研究及应用 150

- 7.1 膜技术 150
- 7.2 膜技术应用于烟草提取液的浓缩 152
- 7.3 膜技术应用于烟草提取液的分离 161
- 7.4 膜技术处理烟草提取液生产应用 178
- 参考文献 185

8 电渗析技术在烟草提取液中的研究及应用 186

- 8.1 电渗析技术 187
- 8.2 电渗析技术应用于再造烟叶无机盐的调控 188
- 8.3 电渗析技术处理烟草提取液生产应用 195
- 8.4 电渗析技术处理烟草提取液生产运行情况 198
- 8.5 高梗再造烟叶产品的开发和再造烟叶产品的改造 203
- 参考文献 208

9 超分子载体包埋技术研究 210

- 9.1 超分子 210
- 9.2 超分子载体的制备和表征 211
- 9.3 包合物在再造烟叶中的应用研究 221
- 参考文献 225

10 超微粉体技术开发与应用 226

- 10.1 超微粉碎技术的研究应用现状 226
- 10.2 固体香原料的筛选技术研究 227
- 10.3 固体香原料精制技术研究 228

- 10.4 烟叶原料精制技术研究 ………………………………………231
- 10.5 超微烟草粉体成型工艺技术开发 ………………………………235
- 10.6 固体香原料在再造烟叶中的应用研究 …………………………247
- 10.7 还原烟叶原料型重组烟草产品开发及应用 ……………………250
- 10.8 结　论 …………………………………………………………256
- ● 参考文献 …………………………………………………………256

11 外加纤维在再造烟叶中的应用研究 ……………………………………258
- 11.1 再造烟叶原料特点及外加纤维对再造烟叶产品的影响 …………258
- 11.2 再造烟叶外加纤维应用技术 ……………………………………260
- ● 参考文献 …………………………………………………………280

12 多层重组烟草载体技术研究 ……………………………………………282
- 12.1 多层载体理论研究 ………………………………………………282
- 12.2 多层载体技术研究 ………………………………………………283
- 12.3 多层载体硬件设备的研发 ………………………………………288
- 12.4 结　论 …………………………………………………………293
- ● 参考文献 …………………………………………………………293

13 降低再造烟叶CO关键技术开发及应用研究 ……………………………295
- 13.1 国内外研究现状、水平和发展趋势 ……………………………295
- 13.2 降低再造烟叶烟气CO释放量影响的技术研究 ………………296
- 13.3 降低再造烟叶烟气CO释放量技术开发 ………………………313
- ● 参考文献 …………………………………………………………320

14 非纯烤特色重组烟草开发 ………………………………………………322
- 14.1 引　言 …………………………………………………………322
- 14.2 天登烟资源的利用与开发 ………………………………………323
- 14.3 晾晒烟风格特色的重组烟草产品开发 …………………………349
- 14.4 雪茄风格重组烟草开发 …………………………………………353
- ● 参考文献 …………………………………………………………365

15 具有国外优质烤烟风格特征的重组烟草开发 …………………………366
- 15.1 进口烤烟烟叶原料特征香气成分比较 …………………………366
- 15.2 烟叶原料的粉体加工及工艺生产重组 …………………………371
- 15.3 基于强化再造烟叶样品国外烟叶特征的涂布液开发 …………371
- 15.4 具有进口烟叶风格特征的重组烟草产品开发及中试 …………373
- 15.5 结　论 …………………………………………………………381
- ● 参考文献 …………………………………………………………381

16 味香功能重组烟草产品开发及应用 ·············· 383
- 16.1 烟草外源植物筛选研究 ·············· 383
- 16.2 味香功能重组烟草产品开发 ·············· 385
- 16.3 味香功能型再造烟叶在卷烟产品中的应用研究 ·············· 394
- 参考文献 ·············· 399

17 在线再造烟叶产品质量提升及应用 ·············· 401
- 17.1 原有的烟梗、烟叶制浆技术路线 ·············· 401
- 17.2 烟梗、烟叶浆料研究 ·············· 402
- 17.3 新型制浆技术路线及设备性能 ·············· 407
- 17.4 再造烟叶产品质量调控技术研究 ·············· 412
- 17.5 主要有机化学指标调控技术研究 ·············· 416
- 17.6 主要无机化学指标调控技术研究 ·············· 418
- 17.7 再造烟叶外观色泽调控技术研究 ·············· 419
- 17.8 在线再造烟叶提质产品开发及应用研究 ·············· 422
- 17.9 结　论 ·············· 427
- 参考文献 ·············· 427

18 重组烟梗技术开发及应用 ·············· 431
- 18.1 国内外烟梗加工处理技术研究进展 ·············· 431
- 18.2 微波处理对不同品种烟梗化学成分及品质的影响分析 ·············· 433
- 18.3 微波膨胀烟梗的二次复切工艺及专用设备的研发 ·············· 441
- 18.4 制订微波膨胀梗丝的完整加工工艺方案 ·············· 442
- 18.5 加料工艺及技术研究 ·············· 444
- 18.6 微波膨胀梗丝在卷烟中的应用研究 ·············· 448
- 18.7 微波膨胀颗粒在卷烟滤嘴中的应用研究 ·············· 456
- 参考文献 ·············· 459

19 利用重组烟草技术开发雪茄茄套 ·············· 464
- 19.1 国内外雪茄茄套调研分析 ·············· 464
- 19.2 重组烟草茄套开发 ·············· 477
- 19.3 生产工艺技术 ·············· 479
- 19.4 重组烟草茄衣茄套产品外观及技术指标 ·············· 481
- 19.5 总　结 ·············· 486
- 参考文献 ·············· 487

20 功能特色烟用材料开发 ······488
- 20.1 涂布卷烟纸及成形纸加工工艺技术开发 ······488
- 20.2 再造烟叶接装纸加工工艺技术开发 ······505
- 参考文献 ······511

21 重组烟草滤棒基材开发 ······512
- 21.1 再造烟叶滤棒基材制备工艺技术研究 ······512
- 21.2 再造烟叶滤棒开发及应用研究 ······527
- 21.3 结 论 ······535
- 参考文献 ······535

22 利用烟梗资源开发烟纤卡纸 ······536
- 22.1 烟梗在烟用卡纸中拓展应用技术开发目标定位 ······536
- 22.2 烟梗粉在烟用涂布白卡纸中应用工艺技术研究 ······537
- 22.3 烟梗浆在烟用涂布白卡纸中应用工艺技术研究 ······546
- 22.4 烟梗浆制备工艺技术研究 ······555
- 22.5 烟纤卡纸生产工艺集成及产品开发 ······560
- 22.6 结 论 ······565
- 参考文献 ······565

23 含烟梗粉箱板纸加工工艺技术开发 ······567
- 23.1 烟梗粉质量控制标准研究 ······567
- 23.2 烟梗粉应用工艺技术研究 ······571
- 23.3 含烟梗粉箱板纸工艺技术集成 ······577
- 23.4 含烟梗粉箱板纸产品开发及应用研究 ······580

1 重组烟草概述

1.1 再造烟叶发展概况

1.1.1 造纸法再造烟叶起源

再造烟叶又称匀质烟叶，它是烟草工农业生产中的综合利用产物。实际上所有的烟草物质都可以用于再造烟叶的生产制造，将整个卷烟生产过程中废弃的烟梗、梗签（包括短梗和梗片，卷烟机剔除的梗签）、烟末（包括各种风送系统产生的、输送带上筛下的以及残烟的碎烟末）和部分低次烟叶（包括燃烧性不好的散烟叶），以及烟草的碎片（包括卷烟加工、打叶过程的下脚料，复烤储运中产生的碎烟片）经过不同的加工方法，制成性状接近甚至优于天然烟叶的再造烟叶。

再造烟叶的生产始于20世纪50年代美国的雪茄工业的机械化，那时所有的雪茄都是手工卷制的，为了满足雪茄烟工业需要的烟叶状物品作为雪茄烟的外包皮，第一次研制出再造烟叶。不久卷烟工业开始计划将烟草薄片用于卷烟，作为回收烟末和烟梗等废料的一种方法。从1950年到1960年的10年中，再造烟叶的生产技术迅速发展。首先是1952年通用雪茄烟草公司的Frankenburg，接着是1956年美国机械铸造公司，同时美国的卷烟制造商R.J.雷诺士、Liggett Myers和American Tobacco也都有了自己的生产线。Peter J. Schweitzer开发了一种以造纸技术为基础的薄片生产方法。同时欧洲也开展了一些研究工作，特别是在稠浆法和辊压法方面。目前，全世界每年使用20万吨以上的再造烟叶，而且还在不断增加。

再造烟叶始于对烟草工艺中废料的回收利用，但随着烟草工业的发展，人们逐渐意识到在卷烟中添加再造烟叶不仅可以降低卷烟成本，节约原料，而且在卷烟中掺入一定比例的再造烟叶，能提高卷烟的填充能力和燃烧性，还可以改变烟支的烟气组分，降低焦油量，减少硝酸盐含量，改善卷烟内在品质。由于再造烟叶所具有的这些重要意义，其生产加工技术和设备得到了迅速发展。目前世界上技术较为成熟的有辊压法、稠浆法和造纸法三种生产工艺。国外生产再造烟叶以稠浆法和造纸法为主。

1.1.2 国内造纸法再造烟叶发展历程

再造烟叶的发展经历了辊压法—稠浆法—造纸法3个阶段。20世纪70年代末，国外开始系统研究造纸法再造烟叶工艺技术，并在20世纪80年代进行了大范围的推广应用。

我国在 20 世纪 90 年代末才开始对造纸法再造烟叶进行系统研究，国内三家企业（杭州利群环保纸业有限公司、广东省金叶烟草薄片技术开发有限公司、云南昆船瑞升科技有限公司）相继立项研发造纸法再造烟叶和自主攻关生产技术，至今已有 20 多年。

在国家烟草专卖局的大力推进下，在各造纸法再造烟叶生产企业和造纸法再造烟叶研发基地的共同努力下，在行业内各卷烟工业企业的积极支持下，国产造纸法再造烟叶经历了从无到有、品质不断提升、产量规模不断扩大的发展过程，逐步成为中式卷烟叶组配方中的重要原料。随着国内卷烟应用技术要求的提升，通过调控化学成分提高产品抽吸品质和安全性方面取得了大量的成果；在卷烟减害降焦、强化或塑造产品质量风格等方面发挥了重要的不可替代的作用。可以说，国产再造烟叶的开发是近些年来烟草领域最为重要的技术创新成果之一。国产造纸法再造烟叶的发展，可以概括为四个重要阶段。

1. 第一阶段

第一个阶段是研究起步阶段（1998—2004 年），这个阶段的主要标志是随着中试生产线的成功突破，国产造纸法再造烟叶实现了从无到有的转变。正是在国外技术封锁和技术引进被重重设障的背景下，从最早的 1998 年开始至 21 世纪初的最先几年，国内杭州利群环保纸业有限公司、广东省金叶烟草薄片技术开发有限公司、云南昆船瑞升科技有限公司三家企业通过立项研究和自主攻关，历经小试和中试研发验证，于 2003 年相继成功开发了 3000 吨/年中试生产线，填补了国产造纸法再造烟叶的空白。为此，2004 年，国家烟草专卖局批准设立这三家企业为国家烟草专卖局造纸法再造烟叶研发基地。我国中试线的成功开发和研发基地的建立奠定了中国国产造纸法再造烟叶的发展基础。

2. 第二阶段

第二阶段是快速发展阶段（2005—2011 年），这个阶段的主要标志是国内成功开发 1 万吨/年的生产线，国产造纸法再造烟叶的生产技术水平、产品质量水平和应用水平迈上新台阶，实现国产再造烟叶产量扩增和从有到好的转变。随着国产造纸法再造烟叶产品品质的不断提升，国产造纸法再造烟叶在中式卷烟的应用范围正在不断拓展，从开始的中低档三、四类卷烟试用为主扩展到当前涵盖一、二类高档卷烟及三、四、五类卷烟均有应用的现状，再造烟叶配比逐步加大。特别是 2009 年以来，烟草行业提出要加快培育以"高香气、高品质、低焦油、低危害"为主导的品牌体系，进一步推动了造纸法再造烟叶的应用，在卷烟叶组配方中的平均应用比例达到约 4.5%。造纸法再造烟叶已成为中国卷烟配方不可或缺的重要原料。

3. 第三阶段

第三阶段是提质上水平阶段（2012—2015 年），这个阶段主要任务是通过造纸法再造烟叶技术升级重大专项的实施，在工艺、产品、装备、标志性生产线方面进行了重点和系统的攻关，实现造纸法再造烟叶工艺技术和产品质量全面达到国际一流水平。造纸法再造烟叶在中式卷烟减害降焦、强化卷烟风格特色、提高卷烟产品质量稳定性、降低原料消耗等方面发挥了重要的作用和价值，奠定了国产造纸法再造烟叶作为"中式卷烟重要而不可或缺原料"的基础地位，卷烟平均掺配率已达到约 5.8%，再造烟叶实现了初级重组，我国已成为世界最大的造纸法再造烟叶生产加工基地。

4. 第四阶段

第四阶段是高质量发展阶段（2016年—），这个阶段主要是"重组烟草"技术体系构建及"重组烟草"产品开发和应用。根据《中国卷烟科技发展纲要》《烟草行业中长期科技发展规划纲要（2006—2020年）》《烟草行业"卷烟上水平"总体规划》及《烟草行业"十三五"科技创新规划》的工作部署，再造烟叶发展立足于构建重组烟草"理论体系、技术体系、产品体系"的主要研究目标以及功能型重组型烟草制品、加热卷烟芯基材制品、再造烟叶的材料化拓展应用。

1.2 国内再造烟叶企业面临的困境

2015年以来，随着宏观经济发展进入新常态，控烟履约压力日趋增大，烟草行业"增长速度回落、工商库存增加、结构空间变窄、需求拐点逼近"等难题日益凸显。在新常态下，卷烟企业的竞争已成为品牌的竞争，特别是一些具有市场影响力的高端品牌，更是成为影响企业竞争的最关键因素。"卷烟上水平"基本方针和战略任务的提出，特别是品牌发展上水平和技术创新上水平的实施，对提升卷烟品牌价值、减害降焦、产品质量安全等提出更高要求。再造烟叶作为解决这些问题的重要手段之一，被赋予更高的责任和使命。造纸法再造烟叶因其制造工艺特点和内在品质特性，已成为中式卷烟不可或缺的原料单元，在卷烟减害降焦、强化卷烟风格特色、提高卷烟产品质量稳定性、降低原料消耗等方面发挥了重要的作用。近几年，造纸法再造烟叶已经迅速发展，由最初的"研究起步阶段"到"快速发展阶段"，迅速过渡到了"提质上水平阶段"，全国先后建成了14家再造烟叶生产企业。另外，随着卷烟生产原料的调控，资源日趋紧缺，如何实现对现有资源的深度加工与有效利用，在保证高端卷烟产品原料需求、产品质量同时，降低卷烟企业生产成本，提高卷烟配方稳定性。在加强制丝工艺技术水平及提高质量的技术集成研究推广基础上，在"提升烟叶原料使用价值、拓宽卷烟原料使用范围技术装备开发"方面，尤其在如何解决再造烟叶、膨胀梗丝、膨胀烟丝在卷烟配方运用过程中存在的问题，为中式卷烟"重组烟草"核心技术创新、发展提出了更高要求。前期，经过十几年的发展，再造烟叶的品质获得明显的提升。然而，在从质量快速提升发展到现阶段，曾遇到"瓶颈"时期，其具体表现在：

（1）经过造纸法再造烟叶重大专项技术升级，再造烟叶企业技术水平虽然得到了较大提升，但是再造烟叶产品同质化严重影响竞争力，以及其在卷烟中的应用；同时卷烟产品的高质量发展对再造烟叶产品定位、功能作用提出了更高要求。

（2）产销矛盾严重影响全国再造烟叶企业有效运行率，2015年全国再造烟叶企业生产率仅为核定产能的60%~70%。

（3）卷烟产品结构不断提升，导致再造烟叶使用量较大的四、五类卷烟产量大幅下降，而再造烟叶使用量较少的一、二类卷烟和中细支卷烟占比不断增加，再造烟叶产品的功能特色及品质特征不能满足卷烟品牌降焦减害、增香保润和强化风格特色等方面的发展需求。

（4）产品关键理化指标调控及品控能力不强，制约了产品品质的进一步提升。

（5）产品配方适用性和工艺适用性不能完全满足卷烟需求，制约了再造烟叶使用比例的提高与应用范围的拓展。

（6）全国再造烟叶的热水可溶物为35%左右，而天然烟叶的热水可溶物含量在60%左右，热水可溶物含量直接影响再造烟叶的内在品质，两者热水可溶物含量的显著差距正是其内在品质差距的最直接、最主要的原因。

（7）传统的再造烟叶研发平台和生产平台已经难以满足传统卷烟结构提升和加热卷烟发展需求。

1.3 再造烟叶发展方向——"重组烟草"

造纸法再造烟叶的生产以烟叶碎片、烟末和烟梗为主要原料，综合应用化工、医药技术中浸提工艺和造纸技术中制浆、抄造等关键工艺，并采取机械及物理方法加工出具有类似复烤叶片物理参数和含水率等的再造烟叶。

截至 2011 年年底，经国家烟草专卖局批准的再造烟叶生产点共 14 个，批准总生产能力 16.5 万吨/年。国内卷烟企业陆续将再造烟叶应用于卷烟配方并不断增加比例，国内再造烟叶的产量和使用量逐年增加。目前基本所有卷烟品牌均已使用再造烟叶，部分知名品牌使用比例已达到较高水平，再造烟叶年使用总量接近 10 万吨。然而，"十三五"期间，全国卷烟总产量由 5000 多万箱的高点逐年下降，烟叶库存不断增加，全国再造烟叶的总需求量也呈现出不断下降的趋势，传统再造烟叶市场竞争日趋激烈，再造烟叶的总需求量基本保持在每年 8 万～9 万吨，再造烟叶进入存量竞争状态。另一方面行业实施了烟草高质量的发展战略，加快了卷烟结构提升，传统造纸法再造烟叶不能满足卷烟结构提升的需要。

传统造纸法再造烟叶在感官质量、理化指标、烟气指标和耐加工性等方面存在的主要问题分析如图 1-1 所示。

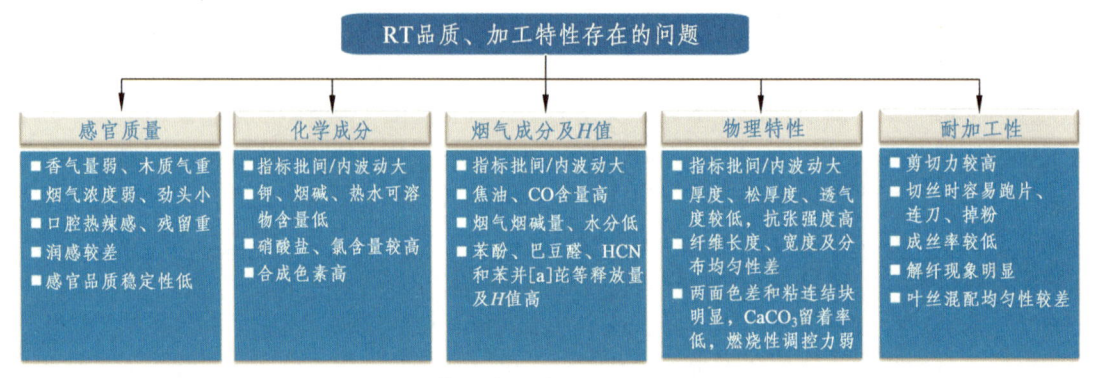

RT品质、加工特性存在的问题

感官质量	化学成分	烟气成分及H值	物理特性	耐加工性
■ 香气量弱、木质气重 ■ 烟气浓度弱、劲头小 ■ 口腔热辣感、残留重 ■ 润흠较差 ■ 感官品质稳定性低	■ 指标批间/内波动大 ■ 钾、烟碱、热水可溶物含量低 ■ 硝酸盐、氯含量较高 ■ 合成色素高	■ 指标批间/内波动大 ■ 焦油、CO含量高 ■ 烟气烟碱量、水分低 ■ 苯酚、巴豆醛、HCN和苯并[a]芘等释放量及H值高	■ 指标批间/内波动大 ■ 厚度、松厚度、透气度较低，抗张强度高 ■ 纤维长度、宽度及分布均匀性差 ■ 两面色差和粘连结块明显，$CaCO_3$留着率低，燃烧性调控力弱	■ 剪切力较高 ■ 切丝时容易跑片、连刀、掉粉 ■ 成丝率较低 ■ 解纤现象明显 ■ 叶丝混配均匀性较差

图 1-1 传统造纸法再造烟叶问题分析

显然，国产造纸法再造烟叶生产工艺技术水平、产品性能指标和功能化价值方面还存在较多的缺陷与不足。

在工艺技术方面，现有采用造纸法再造烟叶的生产工艺主要分为提取、精制、制浆、抄造、烘干等主要工艺段，这一工艺解决了之前的稠浆法、辊压法再造烟叶产品物理结构致密、填充性差、易碎、耐加工性差、焦油释放量高的工艺缺陷。但造纸法再造烟叶生产工艺仍然存在产品的化学成分组成很大程度依赖于原料品质，缺乏有效的产品理化组成调控手段；生产工艺过程对于烟草香气成分缺乏有效的保护措施，导致产品感官抽吸质量与优质天然烟叶原料存在较大差别；采用传统造纸工艺进行产品成型，导致产品在物理特性方面与天然烟叶存在明显差异，造成再造烟叶产品应用过程中的工艺不适应性。

在产品品质性能方面，造纸法再造烟叶产品结构不够疏松、填充值有待进一步提升，产品自然烟草香气单薄、烟气刺激大、木质气和枯焦气明显，整体感观质量不能完全满足高档卷烟产品大比率应用的技术要求。

在功能效果方面，由于造纸法再造烟叶产品生产工艺类同，因此国内外各再造烟叶企业生产销售的再造烟叶产品品质特征同质化严重，产品风格特征不能满足不同卷烟产品差异性的应用功能需求，同时产品在减害降焦、增香保润、彰显品牌特征方面的功能作用还不够突出，还不能达到卷烟产品不断提升的应用技术要求。

这些缺陷与不足，限制了国产再造烟叶产品应用比率与范围的进一步提升和拓展，在国内再造烟叶产业技术基本成熟的条件下，这些问题已经成为整个行业进一步提升发展的瓶颈问题，影响到了整个再造烟叶行业的持续发展进步。与此同时，缺乏特色化的创新技术与前瞻性技术，也成为国产再造烟叶产业无法实现向国外先进企业学习跟随迈向创新跨越的最大障碍。在行业内部，各再造烟叶企业的技术无明显差异，产品性能特点雷同，各再造烟叶企业面临着激烈的市场竞争，只有通过技术创新，实现产品技术的升级跨越发展，才能保证企业更好的发展前景。

综上所述，制约再造烟叶品质、应用水平提升的主要因素包括以下几点：

（1）产品的功能特色不能满足卷烟品牌降焦减害、增香保润和强化风格特色等方面的进一步发展需求。

（2）产品关键理化指标调控及品控能力不强，制约了产品品质的进一步提升。

（3）产品配方适用性和工艺适用性不能完全满足卷烟需求，制约了再造烟叶使用比例提高与范围拓展。

因此，利用新的技术手段与工艺方法进一步提升造纸法再造烟叶产品的技术性能，开发具有更好品质性能特征与功能性作用的新型重组烟草产品，对于中国烟草行业的整体技术进步，国内再造烟叶产业自身技术优势的构建，保持行业持续进步发展具有重要的价值与意义。

1.3.1 必要性分析

造纸法再造烟叶因其制造工艺特点和内在品质特性，已成为中式卷烟不可或缺的原料组成部分，加快发展重组烟草的必要性主要体现在以下几个方面。

（1）进一步强化减害降焦功能。一方面，重组烟草比天然烟叶密度小，填充值高，燃烧性好，产生的焦油量少。另一方面，其成分具有"重组"性，在加工过程中可以有效去除部分有害物质，实现减害降焦。

（2）增强卷烟质量风格的稳定性。天然烟叶因年份、产地、等级不同，其内在成分差异较大。重组烟草的主要成分可以调控，并且关键指标可控制在一个很小的标准误差范围内，品质比较稳定。因此，增加重组烟草使用比例，对卷烟内在质量稳定有积极作用。

（3）增加卷烟配方调节改进的有效手段。根据卷烟配方需要，可以研发功能化、特色化、品牌定制化等重组烟草，以彰显或塑造卷烟的风格特色。同时，由于其可塑性强，可以替代某种烟叶原料，在缓解原料结构性矛盾方面起到一定的作用，另一方面可以通过重组烟草的加工模式，对卷烟品牌实用性较弱的库存烟叶原料进行改性，增强其卷烟配方的适应性。

（4）增强卷烟烟气的调节功能。重组烟草由于理化指标可调可控，因此，它能够有效调节卷烟烟气状态和烟气指标,改善卷烟吸食品质和烟气指标。

(5)提升原料资源的利用率。重组烟草的原料主要是烟梗、碎片、烟末、烟灰棒等,可以说是变废为宝、资源再生。例如,1万吨再造烟叶,相当于20万担复烤片烟,按1 hm²地产烟45担、复烤出片率65%计算,大约是68.33 km²烟叶产量,有效节约有限的耕地资源。

1.3.2 可行性分析

国内再造烟叶发展的前十余年,行业经过不懈努力和有益探索,具备了一定的快速发展条件。

(1)思想观念发生了根本转变。对再造烟叶的认识,不再停留在"仅仅是填充料"上,而是在卷烟配方中可以发挥更积极、更重要的作用,这种认识的提高既是借鉴国外先进经验的结果,也是自身实践经验总结的结果。

(2)技术及装备具备了一定基础。经过多年的实践与探索,现有的再造烟叶生产线加工工艺技术水平在不断提高,主要表现在产品质量、稳定性、控制精度、生产效率、能源消耗及基础管理等方面。整线工艺流程得到了不断完善,人员操作维修技能不断提高,具备了规模化生产的能力。同时,培养出了一支技术人才队伍,具备了一定技术创新能力。

(3)卷烟高质量发展对再造烟叶发展提出了更高要求。加快发展再造烟叶是从技术创新上水平和原料保障上水平方面对卷烟高质量发展的有力支撑。

1.3.3 再造烟叶核心技术发展方向

基于上述背景,围绕提供一种化学成分可按烟草内在成分的要求进行调节,基于"定制化烟草原料加工"理念,在降低焦油同时,又能降低或控制卷烟CO释放量,符合卷烟风格、性状接近甚至优于天然烟叶的新型烟草配方材料生产加工技术,是烟草原料处理工艺的一次大胆尝试,同时也是新型卷烟叶组配方原料开发的创新性突破,顺应了国家烟草专卖局自主创新和大力发展"中式卷烟"的要求,充分体现了中式卷烟"拥有自主核心技术"的内涵。从开发目标到制备工艺和设备属于完全自主创新,为烟草原料(离线)加工提供一种具有良好发展前景的技术体系和加工平台,同时也是利用新的技术手段与工艺方法进一步提升造纸法再造烟叶产品的技术性能。开发具有更好品质性能特征与功能性作用的新型重组烟草产品,对于中国烟草行业的整体技术进步、国内再造烟叶产业自身技术优势的构建、保持行业持续进步发展具有重要的价值与意义。

自此,再造烟叶发展的核心诉求是:有效重组、特征强化、功能适配、应用多元等方向发展。构建化学分离重组、物理结构重组和工艺设备重组技术创新体系,升级再造烟叶为"重组烟草",通过现代分离重组技术的开发和应用集成,使传统再造烟叶走向"功能化、特色化、高端化、材料化"的发展方向,从而适应和满足传统卷烟结构提升和新型烟草的发展需要。

1.4 重组烟草概述

1.4.1 "重组烟草"的内涵

"重组烟草"是结合不同类型再造烟叶技术发展现状,根据原料特性(烟梗、烟末、烟片)

及卷烟产品要求，按照重组烟叶的常规化学成分、主流烟气常规、感官质量技术指标要求，在烟草原料分类及建立模块基础上，选择化学、生物、物理等综合技术手段对烟草原料处理；通过关键技术的有效集成，进行烟草特征组分重组、加工工艺流程重构，制造出更符合卷烟风格、性状接近甚至优于天然烟叶的配方材料。

"重组烟草"针对烟草制品特定输出产生功效，开发新技术、新工艺、新设备，利用化学、生物、物理等综合技术手段对烟草原料进行多维深度处理，有选择性地大幅度改变烟草原料的化学成分和物理性状，所得烟草制品具有更好的可塑性，在卷烟配方应用方面具有更高的灵活性，进而改善和提升卷烟的物理特性、化学指标、抽吸品质与吸味。

"重组烟草"是针对烟草行业发展不断提出的要求以及现有再造烟叶制品存在问题，在最大限度保留烟草原料本质特征、尽可能降低有害物质释放量的前提下，以品牌特征表达为导向，根据烟草原料的特性及质量需求，通过关键技术的有效集成，赋予烟草原料以新的特性，创造出更符合卷烟风格、性状接近甚至优于或完全区别于天然烟叶的配方材料"重组烟草"。

总结、回顾再造烟叶发展历程，可以清晰看到重组烟草技术、重组烟草与再造烟叶的关系及发展趋势如图1-2所示。

显然，突破性新技术的植入，推动了重组烟草技术体系发展和升级实现，促进再造烟叶制品发展。"重组烟草"是再造烟叶制品发展的趋势，是再造烟叶制品无限趋近的理想状态，

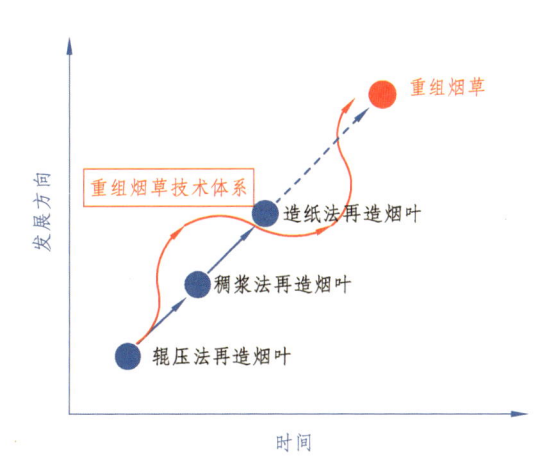

图1-2 重组烟草发展趋势

目的在于针对传统再造烟叶生产技术存在问题，通过烟草特征组分重组、加工工艺流程重构、烟草原料特性重塑；制备出性状接近甚至优于或完全区别于天然烟叶的新型配方原料，并在高档卷烟中实现较广泛应用。同时重组烟草是烟草离线加工核心技术体系高度集成及应用的集中表达，不仅是"在线烟草加工技术"重要补充，而且是"在线加工工艺条件及工艺技术手段"的突破和升级。

重组烟草是再造烟叶制品发展的趋势，主要特点是烟草特征组分分离与重组、加工工艺流程重构、烟草原料特性重塑。

1.4.2 再造烟叶产品向重组烟草的迭代

随着再造烟叶技术进步和生产平台的不断完善、降焦减害以及卷烟产品质量风格的多元化等对再造烟叶的要求越来越高，再造烟叶技术由初级的重组技术不断向更深的重组技术发展，再造烟叶产品逐渐迭代为重组烟草产品，国产再造烟叶产品的迭代主要分为四代（图1-3）。

第一代是低端再造烟叶，主要是烟草废弃资源的利用，产品主要应用于四、五类卷烟配方中，且使用比例较低，产品功能定位主要是填充料功能。

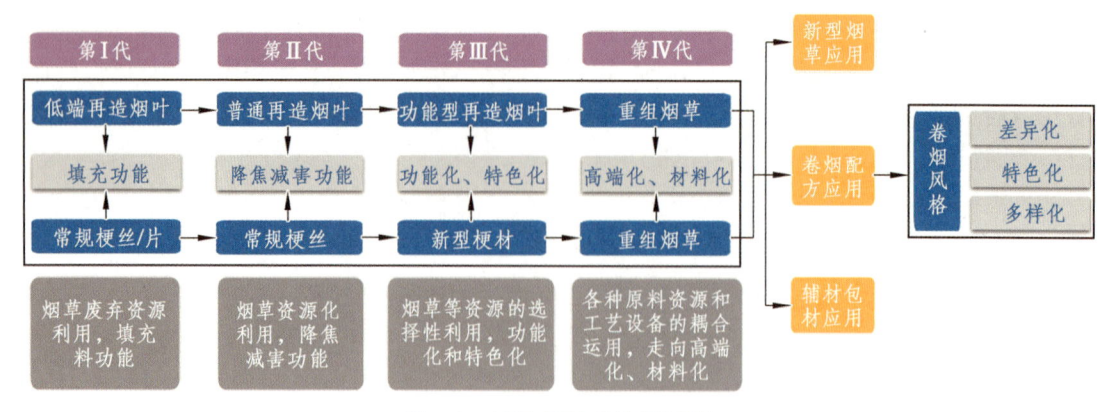

图 1-3 再造烟叶的迭代过程

第二代是普通再造烟叶，主要是烟草资源化利用，产品主要应用于三、四、五类卷烟配方中，使用比例有所提升；部分产品应用于一、二类卷烟配方中，但使用比例较低，产品的功能定位主要是填充料和（或）降焦减害功能。

第三代是功能型再造烟叶，主要是烟草等资源的选择性和针对性利用，产品主要应用于一、二、三类卷烟配方中，且使用比例有所提升，产品的功能定位主要是功能化和特色化。

第四代是重组烟草，主要是各种原料资源要素（包括烟草内源性资源和外源性资源）和工艺设备的耦合应用，充分实现资源要素的分离重组、产品物理结构的重组和工艺设备的重组，传统再造烟叶走向"功能化、特色化、高端化和材料化"，重组烟草产品主要应用于一、二类卷烟配方中，且使用比例显著提升，同时部分产品应用于加热卷烟和卷烟新材料。

1.5 "重组烟草"相关技术研究现状

1.5.1 重组烟草在烟草行业发展中的地位与作用

过去 20 余年间再造烟叶产品技术得到突飞猛进的发展，自 2013 年以来行业年应用量已达到 10 万吨左右，降低烟叶原料成本超过 60 亿元/年，单箱降成本贡献也达到了约 120 元。因此再造烟叶的创新发展对于行业发展必将持续发挥重要作用，其产品应用形式及其品质也必将随着烟草行业的发展而持续提升。

近年来，为保证持续占领领先地位，不断提升企业产品的市场竞争力，针对中式卷烟特征及现有卷烟加工工艺，以《中国卷烟科技发展纲要》为指导，分析总结国产造纸法再造烟叶生产工艺技术水平、产品性能指标和功能化价值方面还存在较多的缺陷与不足，确定了再造烟叶的发展方向——重组烟草，并提出了重组烟草技术体系构建——"三维重组"（即化学成分/香味结构重组、物理结构重组和工艺设备重组）（图1-4）。

在此基础上，通过重组烟草生产基地建设的实施，完成重组烟草关键技术成果转化，建设国内首家规模最大、工艺技术最先进的重组烟草产业化基地，构建重组烟草综合性技术平台（图1-5）。

（1）打造具有比较优势的生产加工技术平台。攻克影响和制约产品品质、质量稳定的装备瓶颈，重点改进提取、制浆、涂布等工段的运行效率和控制能力；重点关注备投料环节原料的预处理、涂布液净化环节的装备配置和提升，关键生产工段具备新技术应用能力及新设备的接口能力；全线实现基于产品需求的"差异化""定制化""可控化"生产；生产工序/段具备实现基于出料质量的过程控制能力；具备基于产品质量的全线物料跟踪、分析能力。

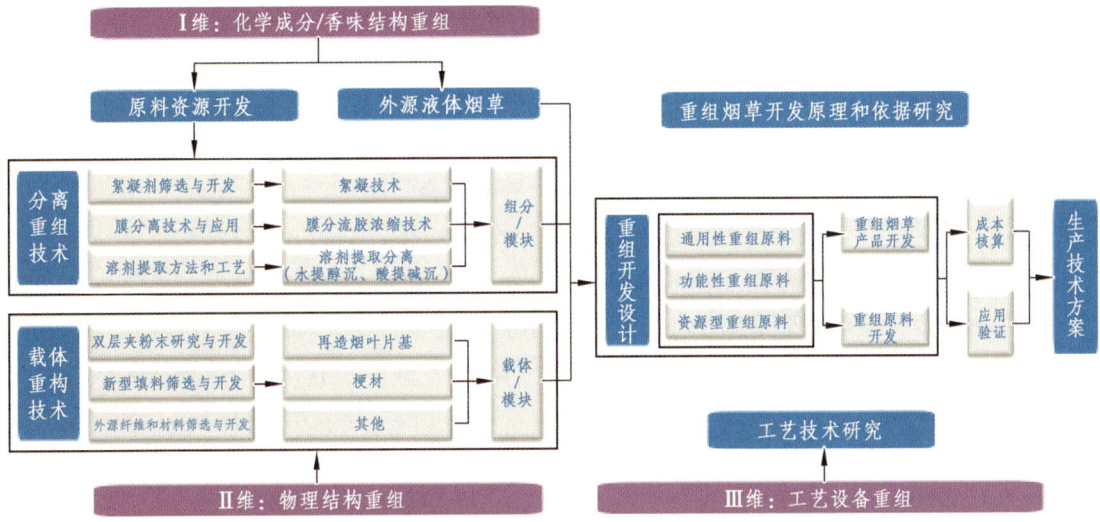

图 1-4 重组烟草技术体系——"三维重组"

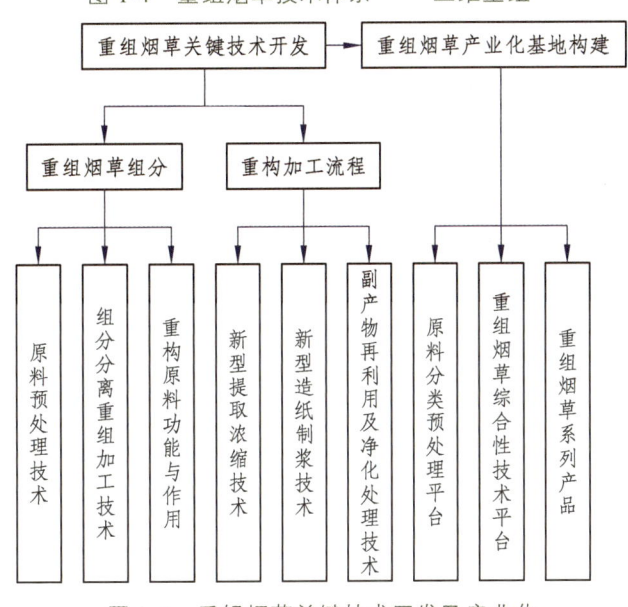

图 1-5 重组烟草关键技术开发及产业化

（2）构建重组烟草产品体系，全面满足传统卷烟、卷烟包装材料以及加热卷烟的研发生产需求。通过工程设计、设备开发和生产配套建设实现重组烟草创新性技术的转化，开发并推广创新型重组烟草系列产品，应用于传统烟草与新型烟草制品。

通过烟草组分分离重组、加工工艺流程重构、新型烟草原料特性重塑构建"重组烟草"核心技术体系，研究和开发出具有针对性降低某一些化学成分或者是对卷烟进行调节的重组烟草系列产品，从卷烟的物理特性、化学指标、抽吸品质与吸味等方面显著改善与提升卷烟的品质，实现在一类及以上品牌中的规模应用。

重组烟草作为卷烟不可或缺的重要原料，在降低卷烟成本、降焦减害、强化和塑造卷烟产品风格特征、推进卷烟产品结构提升和丰富卷烟产品类型等方面发挥了重要的作用并已为行业所共识。当前，随着重组烟草产品及其相关的研发生产技术在卷烟滤嘴、卷烟包装材料、加热卷烟用材料等烟草相关领域的拓展研究及其应用，定位于第四代再造烟叶产品的重组烟草产品已应运而生，特别是其在加热卷烟中作为唯一卷烟原料的应用，极大地推动了重组烟草技术的创新及其在烟草行业发展中的地位与作用。

1.5.2 重组烟草理论体系

从复杂性视角，基于约翰·霍兰的 CAS（复杂性适应系统）理论及钱学森院士创建的系统科学理论，研究重组烟草系统各种系统的共同特征，研究系统、要素、结构、功能的相关作业关系，用系统理论知识定量地描述重组烟草功能，并基于"第一性"原理寻求并确立适用于一切分支重组烟草系统的原理、原则和模型，掌握系统思维方法，从整体上系统地思考和分析问题。

1.5.3 重组烟草技术体系

基于理论体系的研究，根据重组烟草目标功能需求，通过物理、化学、生物等技术的研究分解，按一定的技术原理或功能目的，将若干单项技术通过重组而获得具有统一整体功能的新技术的创新，实现单个技术实现不了的技术需求目的。初步构建了重组烟草技术体系。相关技术的分解研究主要包括以下方面：① 物理性能及结构重组；② 化学成分分离与重组；③ 工艺及设备重组。具体如图 1-6 所示。

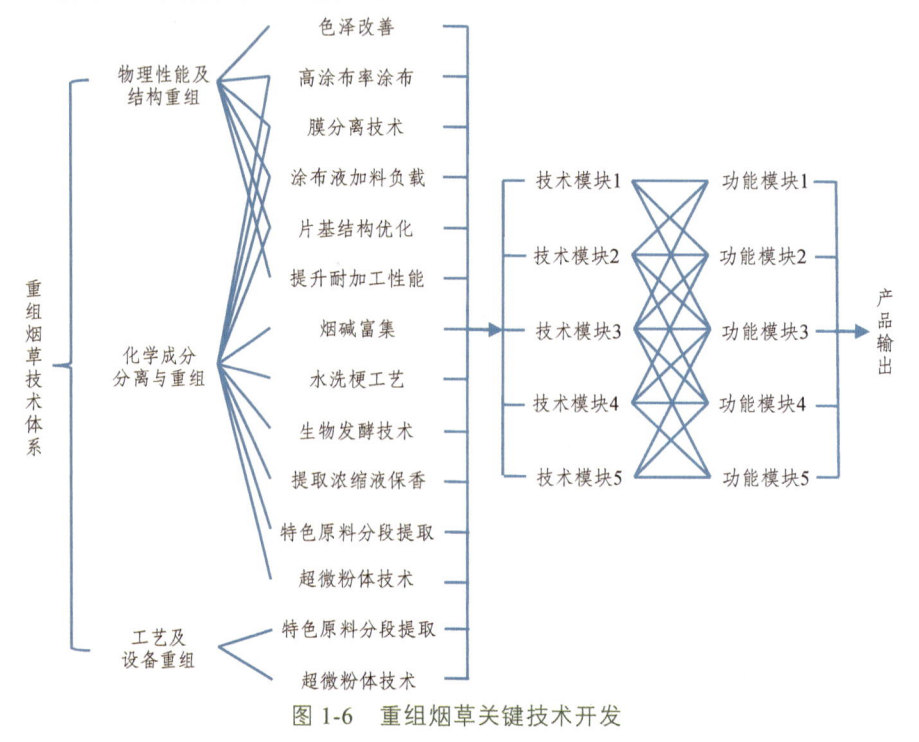

图 1-6 重组烟草关键技术开发

1.5.4 重组烟草产品体系

基于重组技术的分解及集成研究，以"功能型重组型烟草制品、加热卷烟芯基材制品、再造烟叶的材料化拓展应用产品"三大系列产品作为目标产品输出。首先，系统研究分析各生产工艺的可实现性，开展重组技术工艺体系集成，实现三大产品系列的生产转化；其次，从烟草制品的适配性及功能配伍性出发，研究新开发的重组烟草产品与相关卷烟及新型烟草制品的适配性，并根据配伍性分析对产品进行优化和设计，提升适配性最终实现规模化生产销售和产品应用。重组烟草产品体系如图1-7所示。

```
                              ┌── 功能化再造烟叶
              功能型重组烟草烟草制品 ┤── 特色化再造烟叶
                              ├── 个性化再造烟叶
                              └── 高端化再造烟叶

                              ┌── 中心加热型芯材
重组烟草产品体系  加热卷烟新型烟草制品 ┤── 四周加热型芯材
                              ├── 跨界型烟草基质材
                              └── 其他芯材

                              ┌── 再造烟叶纸质滤嘴棒
          再造烟叶材料化拓展应用产品 ┤── 再造烟叶雪茄包衣
                              ├── 烟纤卡纸
                              ├── 含烟草元素的箱板纸
                              └── 含烟草元素的卷烟纸
```

图1-7　重组烟草关键技术开发

1.5.5 重组烟草生产体系

以实现产品质量稳定、提升为目标，围绕预混、提取、制浆、涂布液等环节开展工艺改进研究，实现热水可溶物指标全线监控及核算。在提取环节，拟定优化改进方案并完善，引入热水可溶物指标作为提取终点控制指标，实现对提取工艺环节的优化及提升；在制浆环节，通过浆料质量及指标优化研究，建立有效的浆料质量表征和检测方法，实现对打浆质量的有效监控。

围绕产品质量的稳定和提升，推进利用膜技术、非接触式涂布技术及多层成型技术设备研究及中试验证，为新技术在重组烟草生产线的转化应用提供有效支撑，开发重组烟草为载体的固体香料片生产技术、重组烟草产品二次加香技术，持续丰富重组烟草产品生产技术体系。

1.6 重组烟草的发展趋势

当前和今后重组烟草的发展围绕四方面的创新研究工作不断深入。① 将传统再造烟叶迭代为功能型重组烟草，不断满足卷烟品质提升和创新品类的发展需求。② 系统推进重组烟草技术体系发展，为卷烟发展提供优质原料，缓解核心原料资源供需的主要矛盾。③ 加快"全烟草元素卷烟产品"开发，充分利用烟草原料资源，开发新型烟用材料，体现"取之于烟草，用之于烟草"的创新应用和安全环保的生态、社会、经济效益；四是充分发挥行业在再造烟叶生产、研发领域积淀的领先优势和重组烟草技术优势，在加热卷烟芯材研发方面形成独立自主的技术核心优势和产品特色。

参考文献

[1] 孙霞, 孙文强. 造纸法烟草薄片的研究现状及应用展望[J]. 华东纸业, 2010, 41（4）: 34-39.

[2] 况志敏, 刘建平, 王茜茜. 造纸法再造烟叶发展综述[J]. 纸和造纸, 2018, 37（06）: 26-31.

[3] 刘立全, 周雅宁, 龚安达. 烟草工业减害研究进展[J]. 烟草科技, 2011（02）: 25-34.

[4] 先玉, 孙博, 李冬玲, 等. 造纸法再造烟叶加工技术研究进展[J]. 生物质化学工程, 2011, 45（06）: 49-56.

[5] 谢世德. 造纸法再造烟叶前处理技术的研究进展[J]. 科技信息, 2011（29）: 493+479.

[6] 肖如武, 陈越立. 烟梗资源综合利用的研究进展[J]. 科技信息, 2012（15）: 55.

[7] 董颖颖, 龚荣岗, 李井新, 等. 提高造纸法再造烟叶品质的研究进展[J]. 广州化工, 2013, 41（20）: 14-16+24.

[8] 李丹, 刘熙. 生物技术应用于造纸法再造烟叶生产的研究进展[J]. 现代食品科技, 2013, 29（06）: 1463-1466.

[9] 彭国勋, 李平, 吴锡刚, 等. 烟草废弃物资源化利用研究进展[J]. 安徽农业科学, 2013, 41（09）: 4036-4038.

[10] 孙括, 唐向阳, 杨斌, 等. 造纸法再造烟叶浸提液处理技术的研究进展[J]. 新技术新工艺, 2013（12）: 51-55.

[11] 黄天辉, 桂金鹏, 郑丽沙. 利用酶制剂改善再造烟叶品质研究进展[J]. 东北农业大学学报, 2015, 46（10）: 102-108.

[12] 蒋宇凡, 徐保明, 姚政. 造纸法生产烟草薄片研究进展[J]. 轻工科技, 2015, 31（12）: 137-139+167.

[13] 张亚恒, 王芳, 张庆明, 等. 微生物在烟叶醇化和再造烟叶生产中的应用进展[J]. 湖北农业科学, 2015, 54（18）: 4390-4393.

[14] 黎冉, 张欣, 刘雪光. 我国造纸法再生烟草薄片生产技术研究进展[J]. 广东化工, 2016, 43（22）: 110-111.

[15] 王予, 高仁吉. 添加剂在造纸法再造烟叶中作用的研究进展[J]. 广东化工, 2016, 43（12）: 131-132.

[16] 徐广晋, 余红涛, 王保兴. 再造烟叶技术与应用[M]. 昆明: 云南科技出版社, 2017.

[17] 刘海玲, 靖莎, 谭科军. 造纸法再造烟叶加工技术的应用及发展[J]. 民营科技, 2017（01）: 3.

[18] 张文军, 周桂园, 秦瑜, 等. 造纸法再造烟叶原料提升品质技术研究进展[J]. 工业技术创新, 2017, 04（01）: 174-178.

[19] 卓治非, 林大燕, 高忠渊, 等. 生物技术在造纸法再造烟叶中应用的研究进展[J]. 黑龙江造纸, 2017, 45（01）: 15-17.

[20] 闫瑛. 烟梗处理技术研究进展[J]. 安徽农业科学，2018，46（32）：20-23.
[21] 张溪，刘皓月，惠岚峰，等. 造纸法再造烟叶的研究进展[J]. 天津造纸，2018，40（01）：2-6.
[22] 黄晶，郑彬，施建在，等. 造纸法再造烟叶的研究进展[J]. 黑龙江造纸，2019，47（01）：30-31+38.

2 重组烟草原料体系构建

近20年来，国产造纸法再造烟叶始终坚持走自主创新之路，取得了显著的发展。目前，我国烟草行业已实现了从使用进口造纸法再造烟叶向主要使用国产造纸法再造烟叶的转变；实现了从以往主要应用于中、低档卷烟向全面应用于高、中、低档各价位卷烟的转变；实现了国产造纸法再造烟叶从填充型原料向具有减害降焦、增香保润、突出风格、强化特色等功能型原料的转变。再造烟叶产品的风格特色不断丰富、规格显著增加、使用比例不断增加，其对卷烟的风格质量等影响权重越来越大。

实践证明，原料质量的好坏是影响再造烟叶品质的一个重要因素，也是对重组烟草产品的风格特征起决定作用的因素，因此，其对原料质量的要求越来越高。然而产品制造的原料主要来源于复烤企业和卷烟企业，原料来源不稳定及批次间差异较大，严重影响产品风格质量，因此对原料的细分和均质化处理极其重要。

本章首先介绍了重组烟草原料来源及其存在的质量问题，以及针对这些问题所采取的技术和管理措施；然后对再造烟叶原料理化指标及其均匀性进行了分析，重点对烟梗进行较为全面的剖析。国内重组烟草原料来源广泛，外观及形态尺寸混杂、含杂较多，物理及化学质量均匀性较差，采取什么技术手段，将混杂的烟草废弃品升级转化成支撑重组烟草发展的原料，解决原料物理特性、化学特性、感官质量存在的问题，是重组烟草技术需要解决的最为基本的问题，也是重组烟草制品生产加工关键所在。

2.1 重组烟草原料及其处理现状

2.1.1 原料来源及主要问题

重组烟草原料是基于再造烟叶传统原料体系，主要包括：烟草的调制、收购、运输、贮存、加工等过程中所产生的烟梗、碎片、烟末等；国家收购入库前分级打包产生的分级碎叶；打叶复烤产生的废烟梗、碎片、烟末等；卷烟厂制丝、卷包产生的碎片、烟末、废烟丝、烟灰棒等；仓储、加工等过程中产生的不列级的烟叶、报废烟叶等；在生产加工过程中，车间收尘装置所回收的烟草粉尘物和车间进行清洁回收的烟草粉末等废料。此外每年烟叶收购时，原料产地没有收购的低次烟、不列级均可以作为再造烟叶的生产原料。

再造烟叶的原料来源是极其丰富和广泛的，但原料来源复杂、纯净度差、物理形态混杂、化学均质化程度低，无法形成明确的等级质量标准等问题严重影响了其使用和产品质量。例如，复烤过程产生的烟梗尺寸不均一、等级、年份、水分差异大，烟梗氯离子偏高或氯离子波动大；烟末和碎片均质化程度低、含有较多灰尘、麻绳等杂物；制丝卷包过程产生的烟灰棒品质不一、纯净度差、含有较多灰尘、梗签等杂物；不列级把烟、报废烟梗叶没有分离，部分原料霉变碳化严重，原料整体稳定性差等。

2.1.2 原料预处理基本措施

原料的处理是一个将烟草农副产品（烟叶生产和卷烟生产各环节中产生的副产物）转化为重组烟草工业原料的过程。主要包括以下几个过程：原料净化、原料的归类和分级、原料均质化处理和原料化学组分调整等。

原料的净化主要是剔除原料中塑料、嘴棒、麻线、沙土、金属等非烟草物质和霉变、碳化和受污染的原料，以提高原料纯净度。需建立投料过程中原料输送、除杂一体化的工艺布置方案，通过人工、风选、筛分、颜色差异区分、金属扫描架等在线处理技术来除尘除杂。在梗线上设置物料除杂和水洗梗装置，去除杂质和烟梗上的尘土；在叶线上设置风选、筛分除尘净化装置，经处理后的物料含杂质量和含尘土量可满足再造烟叶生产要求。

原料的归类和分级主要是依据原料的差异性和相似性，按外观尺寸和品质类别分级分类。如对经除杂后的烟叶类原料按外观尺寸进行分选，剔除烟块和灰末，并按把烟、大片、大中片、烟碎片、烟丝、碎末、烟灰棒等分类；将剔除梗头后烟梗按长梗、短梗、梗签等分类。对来源明确的原料按来源地、类型、品种、部位、等级分类；必要时把部分原料按感官质量或化学指标进行聚类分组。

原料均质化处理主要是为产品配方、生产提供质量稳定的原料，一是通过物理的筛分、切断、破碎等手段，使物料的物理尺寸均质化，以利于后续的生产应用；二是通过混合的方式进行均质化处理后，保证各投料批次的原料化学指标在一定水平。

原料化学组分调整主要是要保证批次间化学指标的稳定，例如，模块化配方合理搭配不同原料使化学成分趋于稳定；通过原料化学成分高低搭配使用来调整化学成分；在某些专项指标方面，采用专项处理技术来保障，如氯离子。在生产工艺上有条件的可以采用将多批次原料按模块预先投送到多组原料储柜以混合出料的方式以减少批间波动，也可通过增大储浆、储液能力，将多批原料混合成一个大批次的生产物料。对采购的烟梗、碎片、烟末，每批都要测定其化学成分，分析其中的常规化学成分和水溶性物质含量（水溶性总糖、烟碱、总氮、蛋白质、氯离子），建立原料化学成分信息档案，以利于从化学成分上控制原料配比。

再造烟叶生产所使用的原料配比不同，生产的再造烟叶产品内在质量存在明显差异，因此在再造烟叶原料配方管理上，需借鉴卷烟叶组配方设计的理念，采用小比例、多地区、多品种的原料，以及结合原料化学组分系统地进行原料配比，以保证每批产品内在质量和化学组分稳定。

2.1.3 国内外对原料处理的基本情况

国外因原料来源规范、纯净，且多以来料加工为主，对原料并无特殊处理工序。早期，国内多数企业对烟梗、烟末中的杂质，包括金属、灰尘、塑料等只是进行简单的除杂，没有进行精细的处理。不同企业根据不同产品需求，对原料进行简单配比后便投入生产，导致产品品质不稳定，批次间波动较大，而且会损害盘磨，降低磨浆的效率和质量。此外，有些企业虽然对烟梗进行了水洗处理，但是对原料的归类、分级以及均质化等方面还缺乏系统的认识，产品品质的可控性不强。

近年来，国内多数企业均借鉴了卷烟叶组配方理念，对原料进行归类，分组分级处理，对把烟进行梗叶分离处理，烟梗与碎烟片、回收烟丝等原料分开后进入两条原料预处理线（简称梗线和叶线）处理。有的企业梗线先采用筛选和水洗的工艺对烟梗进行净化和浸润，然后粗解纤，送入储柜中备用；碎烟片和回收烟丝则进入叶线处理，只需采用筛选和风选工艺进行除杂、净化，然后送入储柜中备用。这种原料预处理工艺为提升产品质量提供了保障。

实践经验表明，原料质量的好坏将直接影响产品的品质，所以对原料进行预处理，包括原料选择、原料均质化处理、原料的归类和分级处理、原料净化处理、原料化学组分调整技术和原料配比具有非常重要的意义。

国内多数再造烟叶企业将所有物料均整为梗、片、末和棒四大类，各储柜内的物料重量[①]分配和总储存量满足后段工序模块化取/喂料要求。在线均整原料、剔杂、按要求计量混合、储备/输出已净化原料。

原料预处理段主要设备为风选除杂机（转辊除沙机）、振筛除杂机、重锤破碎机、储料柜（带计量、层铺功能）、除尘设备等。国内普遍采用的备料工艺流程如图2-1所示。

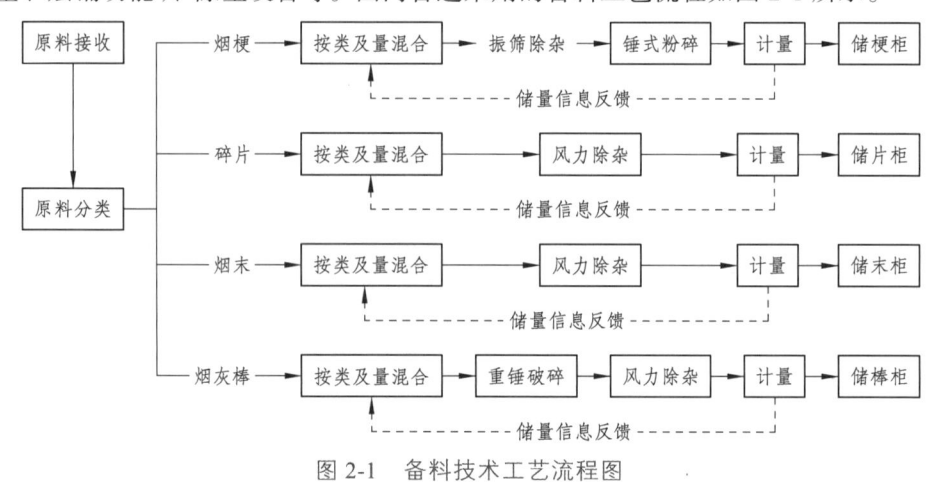

图2-1 备料技术工艺流程图

2.2 再造烟叶原料质量状况

对某企业库存原料及其来源调查分析，并将再造烟叶中生产使用占比较大的烟梗及对感官品质影响较大的主要原料（碎片）作为调查数据的关注点。

2.2.1 再造烟叶原料物理指标分析

从表2-1至表2-3中的调查数据可以看出，部分来源地碎片物理质量较好，颜色、外观尺寸均匀，纯净度较好；但大部分存在颜色混杂、尺寸混杂、含梗、含沙、含杂及水分差异较

注：① 实为质量，包括后文的克重、失重、恒重等。因现阶段我国烟草行业的科研和生产实践中一直沿用，为使读者了解、熟悉行业实际情况，本书予以保留。——编者注

大的问题。烟梗的主要问题是尺寸形态混杂，均匀性较差，但基本没有含沙、含杂的情况，纯净度较好。

表 2-1　再造烟叶原料常规物理指标范围

原料种类	来源	水分/%	含沙量/%	烟草类杂质/%	非烟草杂质/%	霉变情况	颜色均匀度	尺寸/mm
烟梗	复烤厂	12~17	<0.5	<1	<0.1	无	均匀	10~100
烟碎片	复烤厂	10~17	<1	<10	<0.5	基本无	不均匀	3~10
烟碎末	复烤厂	10~17	<3	<5	<5	基本无	尚均匀	1~3
不列级烟叶	商业公司	12~20	<0.5	—	<1	有	不均匀	>100
烟碎末	卷烟厂	12~15	<0.5	<0.5	<0.5	无	均匀	1~3

注：① 原料均为烤烟原料，下同。
② 大部分指标数据采自云南产地原料，下同。

表 2-2　再造烟叶原料物理指标分析——碎片类

原料名称	颜色	尺寸	含梗率情况	含沙率情况	异物杂质	水分/%
昆烟碎片 3	柠檬黄、橘黄	碎片	无	无	无	14.30
昆烟碎片 3	橘黄	碎片	无	无	无	12.26
红河上部碎片	橘黄	碎片	无	无	无	13.72
红河中部碎片	橘黄	碎片	无	无	无	11.81
红河下部碎片	橘黄	碎片	无	无	无	13.03
江川碎片	橘黄	碎片	无	无	无	13.39
昭通碎片	橘黄	碎片	无	无	无	11.68
昭通碎片	黄棕	碎片	无	无	无	12.13
玉溪上等碎片	橘黄	碎片	无	无	无	11.46
玉溪下等碎片	橘黄	碎片	无	无	无	9.81
玉溪中等碎片	橘黄	碎片	无	无	无	14.98
楚雄已烤芝麻片	橘黄	碎片	无	无	无	11.26
宾川白肋烟	棕褐、棕红	碎片	微有	无	无	13.47
红河晒黄烟	棕色	碎片	少量	微有	无	13.87
新疆白肋烟	棕红色	碎片	无	微有	无	10.82
石林碎片	柠檬黄	碎片、烟末、粉尘	无	微有	无	9.79
石林碎片	橘黄	碎片、烟末	大量	无	无	11.18
大理碎片	柠檬黄	烟末、碎片	无	微有	无	13.40
RS5-8	柠檬黄、棕褐	碎片、小片、大中片	无	微有	无	11.23
昆烟碎片 4	杂色	碎片	无	微有	无	14.30
南华碎片	柠檬黄、橘黄、棕黑	碎片、烟末、粉尘	中度	少量	无	12.26
保山碎片	黄棕	碎片、烟末	中度	无	无	13.72
昆明加香烟末	棕红	烟末、膨胀丝、梗丝	少量	微有	无	11.81

续表

原料名称	颜色	尺寸	含梗率情况	含沙率情况	异物杂质	水分/%
昆明加香烟末	棕红、棕色	烟末、膨胀丝、梗丝	少量	微有	无	13.03
昆明加香烟末	棕红、棕色	烟末	微有	微有	无	13.39
昆明加香烟末	棕红	烟末	无	微有	无	11.68
玉溪加香烟末	棕红	烟片、烟末	无	微有	无	12.13
红河加香烟末	棕红	烟末	无	微有	无	11.46
会泽烟末	棕红	烟末	无	微有	无	9.81
石林烟末	杂色	烟末、梗、粉尘	中度	微有	无	14.98
石林烟末	柠檬黄、橘黄	烟末、梗、粉尘	中度	少量	无	11.26
通海烟末	棕褐、棕红	烟末、膨胀丝、梗丝	无	中度	无	13.47
楚雄加香烟末	棕红	烟末	无	微有	无	13.87
楚雄不加香烟末	柠檬黄、橘黄	烟末、梗、粉尘	无	少量	无	10.82
泸西烟末	杂色	粉尘、碎片、烟末	无	少量	无	9.79
玉溪不加香烟末	杂色	烟末、梗、粉尘	少量	少量	无	11.18
玉溪不加香烟末	橘黄、杂色	烟末、粉尘	无	少量	无	13.40
玉溪不列级烟叶	橘黄、柠檬黄、杂色	把烟	大量	微有	少量	15.02
楚雄不列级烟叶	橘黄、柠檬黄、杂色	把烟	大量	微有	少量	15.38

表 2-3 再造烟叶原料物理指标分析——烟梗类

原料名称	尺寸	含叶率情况	含沙情况	异物杂质	水分/%
红河短梗	短梗	无	无	无	10.31
陆良梗	短梗	微有	无	无	11.02
楚雄短梗	短梗	无	无	无	10.58
省烟烟梗	短梗、长梗	微有	无	无	11.37
曲靖梗	短梗、碎梗	中度	无	无	12.06
昆烟短梗	短梗	微有	无	无	13.04
昆烟三明长梗	长梗	无	无	无	10.79
南华梗	短梗、碎梗	微有	无	无	11.04
昭通长梗	长梗	无	无	无	11.41
玉溪上等短梗	短梗	无	无	无	12.06
宣威短梗	短梗	少量	无	无	12.87
泸西短梗	短梗、碎梗	少量	无	无	11.28
楚雄未烤白肋梗	短梗	无	无	无	11.64
楚雄白肋长梗	长梗	无	无	无	11.27
昆烟长梗	长梗	无	无	无	10.31
昆烟贵州长梗	长梗	无	无	无	12.07
昆烟梗签	梗签、短梗和烟丝	中度	无	无	11.71
泸西碎梗	碎梗、短梗和碎片	中度	无	无	12.08

2.2.2 再造烟叶原料化学指标分析

对不同种类原料化学成分进行分析,结果见表2-4。同地区不同种类原料之间化学指标差异较明显,不同地区同种原料之间也存在较大差异;从理化指标分析来看,由于再造烟叶所用的原料均是烟叶生产和卷烟生产各环节中产生的副产物,且各来源点管理方式不一致,致使原料质量水平参差不齐,波动较大。

表2-4 再造烟叶原料化学指标分析　　　　　　　　　　单位:%

原料名称	烟碱	总糖	还原糖	总氮	Cl^-	K^+	糖碱比	两糖差	钾氯比	氮碱比
保山碎片	1.68	10.6	9.21	2.37	0.60	2.59	6.31	1.39	4.32	1.41
保山碎片	1.87	12.49	10.21	2.03	0.53	3.06	6.68	2.28	5.77	1.09
保山碎片	4.14	16.43	15.64	2.73	0.73	2.11	3.97	0.79	2.89	0.66
保山碎片	2.38	11.90	10.55	2.45	0.40	2.35	5.00	1.35	5.88	1.03
楚雄上等芝麻片	1.28	18.73	14.46	1.62	0.44	2.54	14.69	4.28	5.83	1.27
楚雄不加香烟末	1.74	25.95	20.79	1.82	0.40	2.57	14.91	5.16	6.43	1.05
楚雄中等芝麻片	0.99	18.48	14.16	1.50	0.45	3.09	18.67	4.32	6.94	1.51
大理碎片	1.02	22.40	15.60	1.60	0.61	2.95	21.96	6.80	4.84	1.57
大理下等芝麻片	3.36	14.47	12.39	2.64	0.40	2.06	4.31	2.08	5.18	0.79
红河晒黄烟碎片	2.77	3.14	2.89	3.68	0.99	1.56	1.13	0.25	1.58	1.33
红河上部碎片	2.44	13.55	11.33	2.39	0.65	1.82	5.55	2.22	2.80	0.98
红河下部碎片	1.46	13.49	11.05	2.26	0.63	2.53	9.24	2.44	4.02	1.55
红河烟末	2.13	18.07	15.81	1.89	0.43	2.00	8.48	2.26	4.65	0.89
红河中部碎片	1.81	18.00	14.53	2.04	0.64	2.18	9.94	3.47	3.41	1.13
会泽加香烟末	1.43	21.14	17.92	2.15	0.61	2.60	14.78	3.22	4.26	1.50
江川碎片	2.58	16.56	13.96	2.29	0.53	2.25	6.42	2.60	4.25	0.89
昆烟废末	2.32	16.17	13.30	2.39	0.54	2.21	6.97	2.87	4.09	1.03
昆明碎片3	1.68	18.37	15.70	1.99	0.77	2.74	10.93	2.67	3.56	1.18
昆明碎片4	2.73	10.90	8.50	2.06	0.50	2.10	3.99	2.40	4.20	0.75
昆烟加香烟末	2.04	22.57	19.93	2.22	0.57	2.16	11.06	2.64	3.79	1.09
昆烟机碎	2.52	14.85	13.78	2.52	0.77	2.21	5.89	1.07	2.87	1.00
临沧把烟	1.93	15.45	13.54	2.33	0.63	3.48	8.01	1.91	5.51	1.21
陆良烟末	1.19	5.77	5.11	2.19	0.54	1.91	4.85	0.66	3.54	1.84
南华碎片	1.00	10.86	8.73	1.99	0.69	2.93	10.86	2.13	4.25	1.99
曲靖碎片	1.71	12.30	10.39	2.34	0.61	1.97	7.19	1.92	3.22	1.37
石林烟末	1.38	10.06	8.87	2.40	0.70	2.55	7.29	1.19	3.64	1.74

续表

原料名称	烟碱	总糖	还原糖	总氮	Cl⁻	K⁺	糖碱比	两糖差	钾氯比	氮碱比
新疆香料烟	1.42	5.93	4.45	2.02	1.32	2.08	4.18	1.48	1.58	1.42
玉溪上等芝麻片	1.71	14.22	11.58	2.00	0.58	2.86	8.32	2.64	4.93	1.17
玉溪下等芝麻片	2.04	16.60	13.70	2.09	0.65	2.29	8.14	2.90	3.52	1.02
玉溪不加香烟末	1.43	10.69	8.98	2.19	0.55	2.22	7.48	1.71	4.04	1.53
玉溪加香烟末	1.19	19.96	15.63	2.31	0.71	3.09	16.77	4.33	4.35	1.94
玉溪中等芝麻片	1.86	16.19	12.43	2.14	0.30	2.29	8.70	3.76	7.63	1.15
昭通碎片	1.80	11.50	9.38	1.99	0.38	3.00	6.39	2.12	7.88	1.10
会泽烟灰棒	1.75	21.60	18.10	1.94	0.62	2.41	12.37	20.98	3.89	1.11
红河烟灰棒	1.59	18.70	15.80	2.01	0.70	2.69	11.78	18.00	3.84	1.26
昆烟烟灰棒	1.59	19.20	16.40	2.01	0.76	2.60	12.04	18.44	3.42	1.26
曲靖烟灰棒	0.66	10.20	8.10	1.36	0.37	1.79	15.45	9.83	4.84	2.06
玉溪烟灰棒	1.67	20.80	17.00	1.79	0.56	2.96	12.46	20.24	5.29	1.07

2.2.3 再造烟叶单等级原料均匀性分析

2.2.3.1 单等级烟梗原料长度和外观指标均匀性

如图 2-2 所示，再造烟叶原料烟梗尺寸一般在 5~50 mm，均匀性较差。由单等级烟末原料抽样检测结果表明（详见表 2-4 和图 2-2），标识相同的同一原料由于卷烟厂各个生产环节的退回、回收、收集同时存在，单等级的烟末原料均匀性较差。

（a） （b）

图 2-2 再造烟叶原料烟梗（a）和单等级烟末（b）的均匀性较差

2.2.3.2 单等级烟末原料化学指标均匀性

某烟厂碎片烟末样品的常规化学指标检测结果表明，其常规化学成分的波动性很大，总糖、氯和钾波动均大于20%，烟碱波动为10%，详见图2-3。

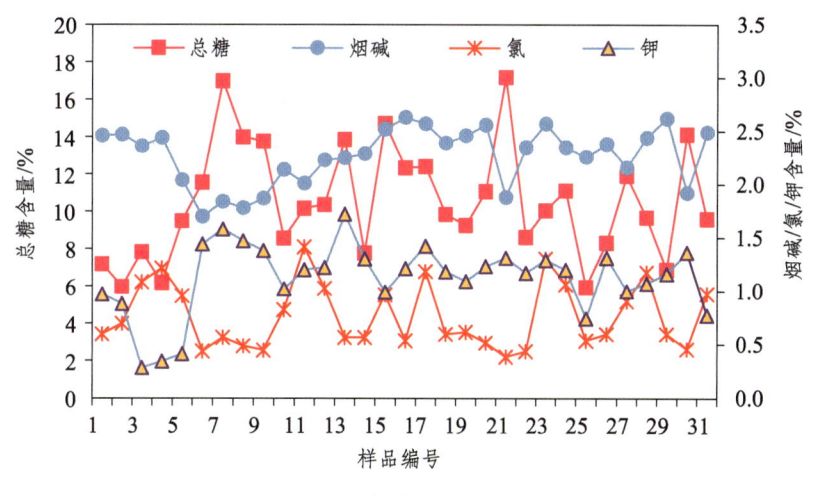

图 2-3 原料化学指标对比图

2.2.4 再造烟叶原料上料批次间配方原料均匀性分析

2.2.4.1 成批配方原料均匀性（化学指标）

不同型号产品 A 和 B 成批配方原料常规化学指标检测结果如图 2-4 和图 2-5 所示，从图可见，成批配方原料均匀性（化学指标）较差，波动较大。其中产品 A 的总糖波动为 15%，烟碱波动 8%，氯波动为 4%，钾波动 11%；产品 B 的总糖波动为 18%，烟碱波动 9%，氯波动为 3%，钾波动 9%。

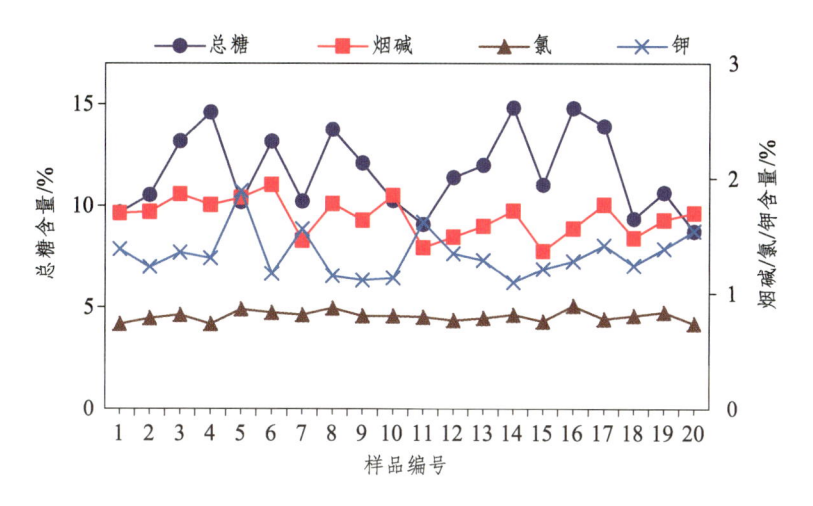

图 2-4 产品 A 原料混合后常规化学成分

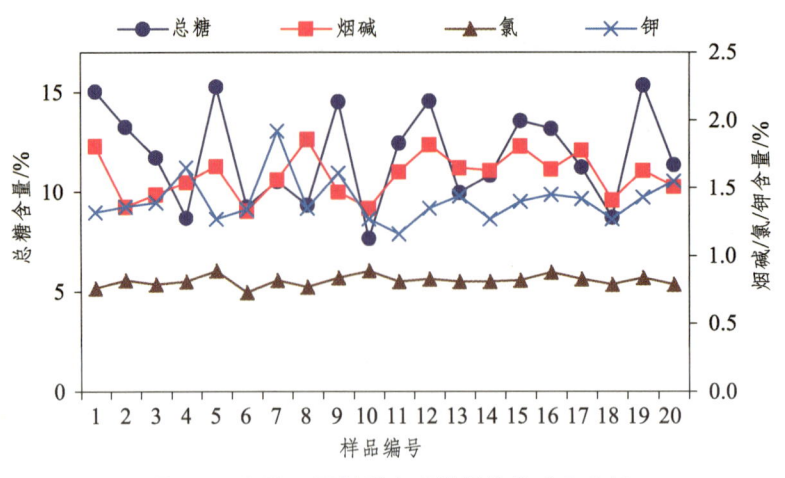

图 2-5　产品 B 原料混合后常规化学成分分析

2.2.4.2　均质化预处理

原料均质化的目的是为后续粉体、膏体状烟草原料的加工提供稳定的来料，是技术研发的模块化配方设计的基础，和再造烟叶实现均质化重要保障的源头。

1. 单一投料混均和倒柜

从表 2-5、图 2-6 可知，单次投料混匀后，原料化学指标与数据平均值处于平衡状态，说明基于现有装备能够支持重组烟草拟要求的均质目标。

表 2-5　单一投料混配理化成分检测结果　　　　　　　　　　　　单位：%

物料名称	水分	总糖	还原糖	烟碱	总氮	硝酸盐	钾	氯
保/混后 01	10.9	9.04	7.71	2.29	2.65	0.47	3.02	0.85
保/混后 02	10.59	8.27	7.09	2.58	2.71	0.34	2.82	0.78
保/混后 03	10.92	7.98	7.2	2.6	2.84	0.52	2.99	0.92
保/混后 04	10.85	7.3	6.47	2.73	2.89	0.41	2.81	0.81
保/混后 05	11.55	7.36	6.58	2.39	2.72	0.4	2.85	0.82
保/混后 06	11.1	7.18	6.31	2.45	2.81	0.49	2.99	0.92
保/混后 07	10.65	8.15	7.12	2.58	2.86	0.34	2.77	0.76
平均值	10.94	7.90	6.93	2.52	2.78	0.42	2.89	0.84
最大值	11.55	9.04	7.71	2.73	2.89	0.52	3.02	0.92
最小值	10.59	7.18	6.31	2.29	2.65	0.34	2.77	0.76
极差	0.96	1.86	1.40	0.44	0.24	0.18	0.25	0.16
标准偏差	0.45	0.52	0.41	0.10	0.07	0.08	0.11	0.08
相对标准偏差	4.11	6.53	5.96	3.86	2.55	17.79	3.85	9.66
均匀度	95.89	93.47	94.04	96.14	97.45	82.21	96.15	90.34

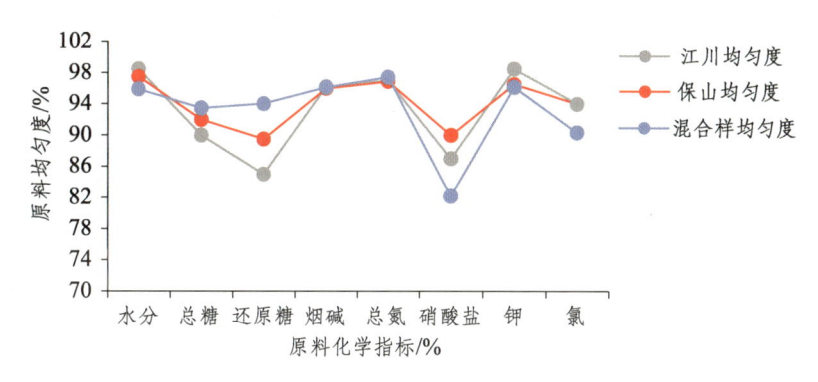

图 2-6　原料理化成分均匀度对比分析图

从表 2-6、图 2-7 可知，通过预混后再次倒柜获得原料均匀度比一次预混效果好。因而在时间和工艺允许的条件下，可以采用此方式进一步提高原料的均质化。

表 2-6　单一投料倒柜预混理化成分检测结果分析　　　　　　　　　　单位：%

物料名称	水分	总糖	还原糖	烟碱	总氮	硝酸盐	钾	氯
保/混后 01	11.27	7.46	6.62	2.53	2.74	0.38	2.78	0.79
保/混后 02	11.57	8.83	7.81	2.48	2.8	0.39	2.92	0.82
保/混后 03	11.06	7.9	7.02	2.52	2.86	0.34	2.78	0.96
保/混后 04	10.82	7.08	6.15	2.52	2.9	0.37	2.73	0.75
保/混后 05	10.63	7.45	6.23	2.36	2.83	0.41	2.87	0.82
平均值	11.07	7.74	6.77	2.48	2.83	0.38	2.82	0.83
最大值	11.57	8.83	7.81	2.53	2.90	0.41	2.92	0.96
最小值	10.63	7.08	6.15	2.36	2.74	0.34	2.73	0.75
极差	0.94	1.75	1.66	0.17	0.16	0.07	0.19	0.21
标准偏差	0.22	0.41	0.48	0.09	0.04	0.04	0.07	0.11
相对标准偏差	1.95	5.30	7.11	3.72	1.24	9.29	2.52	12.91
均匀度	98.05	94.70	92.89	96.28	98.76	90.71	97.48	87.09

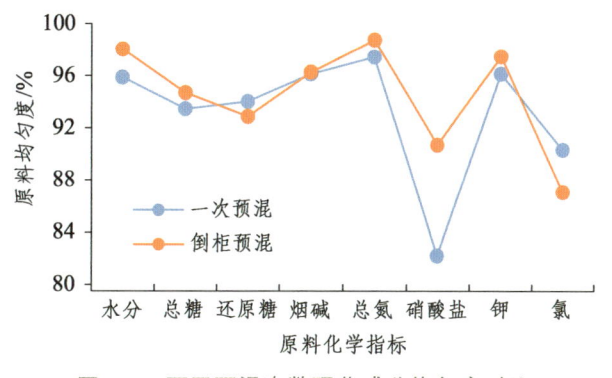

图 2-7　不同预混次数理化成分均匀度对比

2. 混合投料和倒柜

从表 2-7、图 2-8 可知,一次性混合投料原料的化学成分含量差异较小。

表 2-7 混合投料一次预混理化成分检测结果分析　　　　　　　　　单位:%

物料名称	水分	总糖	还原糖	烟碱	总氮	硝酸盐	钾	氯
组混后 01	11.18	7.92	7.29	2.56	2.93	0.39	2.79	0.86
组混后 02	10.89	7.92	7.26	2.48	2.87	0.42	2.9	0.84
组混后 03	10.66	6.95	6.04	2.44	2.86	0.49	2.95	0.82
组混后 04	11.22	7.83	6.7	2.47	2.81	0.43	2.85	0.87
组混后 05	10.52	6.85	5.97	2.57	2.95	0.36	2.81	0.81
组混后 06	10.82	7.2	6.47	2.44	2.9	0.41	2.77	0.83
组混后 07	11.1	7.39	6.59	2.38	2.61	0.41	3	0.83
平均值	10.91	7.44	6.62	2.48	2.85	0.42	2.87	0.84
最大值	11.22	7.92	7.29	2.57	2.95	0.49	3.00	0.87
最小值	10.52	6.85	5.97	2.38	2.61	0.36	2.77	0.81
极差	0.70	1.07	1.32	0.19	0.34	0.13	0.23	0.06
标准偏差	0.29	0.27	0.33	0.10	0.18	0.03	0.12	0.01
相对标准偏差	2.66	3.68	4.97	3.92	6.45	6.94	4.29	1.38
均匀度	97.34	96.32	95.03	96.08	93.55	93.06	95.71	98.62

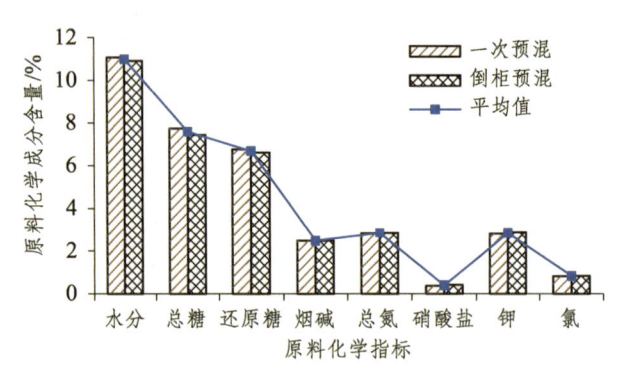

图 2-8 不同的投料方式一次预混混合原料对比分析

从表 2-8、图 2-9 可知,先混合再倒柜的方式,出料原料的均匀度相对其他方式要高,这是原料均质化采用的主要方式。

表 2-8 混合投料倒柜预混理化成分检测结果分析　　　　　　　　　单位:%

物料名称	水分	总糖	还原糖	烟碱	总氮	硝酸盐	钾	氯
组混后 01	10.97	7.73	6.58	2.32	2.64	0.44	3.05	0.91
组混后 02	11	7.47	6.62	2.43	2.81	0.44	2.88	0.93

续表

物料名称	水分	总糖	还原糖	烟碱	总氮	硝酸盐	钾	氯
组混后 03	11.44	7.59	6.74	2.4	2.8	0.43	3.03	0.88
组混后 04	11.67	7.58	6.83	2.4	2.83	0.5	3	0.86
组混后 05	11.14	7.23	6.17	2.31	2.79	0.47	3.06	0.89
平均值	11.24	7.52	6.59	2.37	2.77	0.46	3.00	0.89
最大值	11.67	7.73	6.83	2.43	2.83	0.50	3.06	0.93
最小值	10.97	7.23	6.17	2.31	2.64	0.43	2.88	0.86
极差	0.70	0.50	0.66	0.12	0.19	0.07	0.18	0.07
标准偏差	0.27	0.21	0.36	0.05	0.02	0.04	0.03	0.02
相对标准偏差	2.36	2.73	5.43	2.19	0.75	7.70	1.00	1.71
均匀度	97.64	97.27	94.57	97.81	99.25	92.30	99.00	98.29

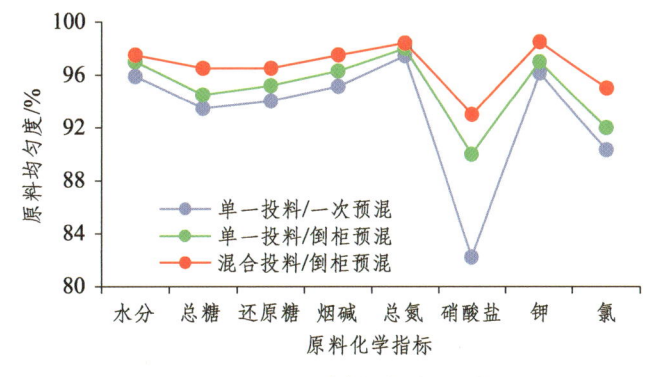

图 2-9 不同投料方式对比分析

3. 缓存性多次转柜

从表 2-9、图 2-10 可知，混配后原料的均匀度都较高，但无论缓存性的倒/转柜执行几次，大部分指标随倒柜次数呈现均匀度更好的趋势。从运行效率和能耗考虑，减少必要的缓存性倒/转柜能节约投资和能耗。

表 2-9 烟草原料理化成分均匀度　　　　　　　　　　　　　单位：%

预混模式	水分	总糖	还原糖	烟碱	总氮	硝酸盐	钾离子	氯
未倒柜	95.10	95.63	96.81	95.03	96.81	88.29	96.67	89.71
倒柜 1 次	91.33	97.44	96.72	95.05	96.67	87.26	98.28	93.79
倒柜 2 次	94.37	95.92	96.44	96.14	97.05	92.58	98.32	92.47
倒柜 3 次	97.71	96.81	96.85	93.00	96.41	86.49	96.36	92.18
平均值	94.63	96.45	96.71	94.80	96.74	88.65	97.41	92.04

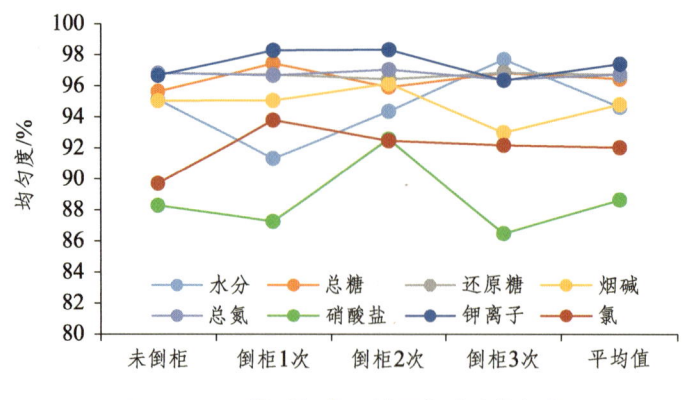

图 2-10 预混后烟草原料理化成分均匀度

通过多种方式的原料均质作业方式研究，最终选用预混投料+倒柜混合的方式。而系列试验的开展，取得两方面的成效：①解决预设原料子模的预混均质的技术难题，同时解决了模块化配方原料配方设计环节最为关键的原料均质难题；②达成了与传统再造烟叶生产线"共用、通用"设备的目的，为后续"原料集中预处理中心"的筹划积累了前期数据。

2.2.5 烟梗的理化特性分析

2.2.5.1 烟梗密度分析

通过对 3 个品种（K326、红大、云烟 87）128 个烟梗样品粉末（过 60 目筛）密度和 960 个叶片密度进行了描述统计分析（表 2-10）。K326 的烟梗密度分布在 0.77~1.25 g/cm³，红大的烟梗密度分布在 0.83~1.11 g/cm³，云烟 87 的烟梗密度分布在 0.83~1.11 g/cm³，叶片密度分布在 0.51~1.01 g/cm³，K326、红大和云烟 87 烟梗的变异系数均在 10%以下，变异程度较小，表明不同品种烟梗的密度差异较小。

表 2-10 不同品种烟梗密度描述统计   单位：g/cm³

品种	平均值	标准差	变异系数/%	峰度	偏度	最小值	最大值	P 值
K326	0.99	0.08	8.45	2.23	0.02	0.77	1.25	0.02
红大	0.95	0.07	7.54	-0.39	0.35	0.83	1.11	0.03
云烟 87	0.98	0.08	7.93	-0.3	-0.41	0.83	1.11	0.02
叶片密度	0.74	0.13	16.98	1.16	-0.17	0.51	1.01	0.01

通过对不同品种不同部位烟梗密度和叶片密度进行对比分析表明，烟梗密度均值在 0.94~1.02 g/cm³，叶片密度均值在 0.71~0.76 g/cm³，叶片密度比烟梗密度平均值低 0.21~0.25 g/cm³，上中部烟梗密度大小为 K326>云烟 87>红大>叶片密度，下部烟梗密度大小为云烟 87>红大>K326>叶片密度。K326 烟梗密度大小为上部>中部>下部，云烟 87 为下部>上部>中部，红大为上部>下部>中部。

不同产地上部叶烟梗密度多重比较分析结果如表 2-11 所示，烟梗密度变化范围为 0.89~1.05 g/cm³，玉溪上部烟梗密度显著高于保山和红河烟梗密度。

表 2-11　不同产地上部叶烟梗密度

产地	保山	大理	红河	临沧	玉溪	昭通
密度	0.92^{bAB}	0.96^{abAB}	0.89^{bB}	0.96^{abAB}	1.05^{aA}	0.99^{abAB}

注：LSD 多重比较，小写字母表示 5% 显著水平，大写字母表示 1% 极显著水平。下同。

不同产地中部叶烟梗密度多重比较分析结果如表 2-12 所示，烟梗密度变化范围为 0.89～1.14 g/cm³，玉溪中部烟梗密度显著高于其他地区的烟梗密度，保山、大理、昭通烟梗密度差异不显著。

表 2-12　不同产地中部叶烟梗密度

产地	保山	大理	玉溪	昭通
密度	0.89^{bB}	0.93^{bB}	1.14^{aA}	0.94^{bB}

不同产地下部梗密度多重比较分析结果如表 2-13 所示，烟梗密度变化范围为 0.90～1.06 g/cm³，红河、文山下部烟梗密度显著高于保山烟梗密度。

表 2-13　不同产地下部叶烟梗密度

产地	保山	红河	临沧	文山	昭通
密度	0.90^{bA}	1.06^{aA}	0.96^{abA}	1.03^{aA}	0.98^{abA}

2.2.5.2　烟梗化学成分分析

选取云南烟叶产区 K326、红大和云烟 87 三个品种的中部叶样品，每个样品 1 kg，把每片烟叶的烟梗和叶分开，分别检测每个样品叶、梗的化学成分，并进行对比分析。结果见表 2-14 至表 2-22。

如表 2-14 所示，K326 烟叶的总糖、烟碱、淀粉含量显著高于烟梗，K326 烟叶的氧化钾、氯、蛋白质含量显著低于烟梗，K326 烟叶的还原糖、总氮含量与烟梗差异不显著。

表 2-14　K326 中部叶、梗常规化学成分对比分析

样品	总糖	还原糖	总氮	烟碱	氧化钾	氯	蛋白质	淀粉
烟叶	32.88^{aA}	22.60^{aA}	2.02^{aA}	3.03^{aA}	2.03^{bB}	0.10^{bA}	5.20^{bB}	2.67^{aA}
烟梗	24.16^{bB}	19.88^{aA}	1.54^{aA}	0.23^{bB}	4.86^{aA}	0.70^{aA}	9.32^{aA}	1.12^{bA}

如表 2-15 所示，K326 烟叶的 pH、总多酚、石油醚提取物、氨基氮含量显著高于烟梗，总灰分、水溶性灰分碱度、总挥发酸含量显著低于烟梗。

表 2-15　K326 中部叶、梗其他化学成分对比分析

样品	总灰分	水溶性灰分碱度	pH	总挥发碱	总挥发酸	总多酚	石油醚提取物	氨基氮
烟叶	11.10^{bA}	0.52^{bB}	5.21^{aA}	0.06^{aA}	0.09^{bB}	3.37^{aA}	6.69^{aA}	0.49^{aA}
烟梗	14.30^{aA}	1.27^{aA}	4.89^{bA}	0.09^{aA}	0.19^{aA}	0.78^{bB}	1.38^{bB}	0.23^{bB}

如表 2-16 所示，K326 烟叶的果胶含量显著高于烟梗，K326 烟叶的细胞壁物质、木质素、

全纤维素含量显著低于烟梗。

表 2-16　K326 中部叶、梗细胞壁物质对比分析

样品	细胞壁物质	果胶	木质素	全纤维素
烟叶	28.36^{bB}	8.65^{aA}	2.25^{bB}	17.41^{bB}
烟梗	33.76^{aA}	4.03^{bB}	4.50^{aA}	24.35^{aA}

如表 2-17 所示，红大烟叶的总糖、总氮、烟碱含量显著高于烟梗，红大烟叶的氧化钾、蛋白质、氯含量显著低于烟梗，红大烟叶的还原糖、淀粉含量与烟梗差异不显著。

表 2-17　红大中部叶、梗常规化学成分对比分析

样品	总糖	还原糖	总氮	烟碱	氧化钾	氯	蛋白质	淀粉
烟叶	31.96^{aA}	22.92^{aA}	1.67^{aA}	3.26^{aA}	1.84^{bB}	0.41^{aA}	4.20^{bB}	2.08^{aA}
烟梗	25.24^{bA}	20.68^{aA}	1.26^{bA}	0.23^{bB}	4.76^{aA}	1.73^{aA}	7.10^{aA}	1.44^{aA}

如表 2-18 所示，红大烟叶的 pH、总多酚、石油醚提取物、氨基氮含量显著高于烟梗，总灰分、水溶性灰分碱度、总挥发酸含量显著低于烟梗。

表 2-18　红大中部叶、梗其他化学成分对比分析

样品	总灰分	水溶性灰分碱度	pH	总挥发碱	总挥发酸	总多酚	石油醚提取物	氨基氮
烟叶	11.76^{bA}	0.15^{bB}	5.27^{aA}	0.07^{aA}	0.08^{bB}	6.55^{aA}	6.34^{aA}	0.56^{aA}
烟梗	14.10^{aA}	1.31^{aA}	4.94^{bA}	0.06^{aA}	0.20^{aA}	0.86^{bB}	1.28^{bB}	0.25^{bB}

如表 2-19 示，红大烟叶的果胶含量显著高于烟梗，红大烟叶的细胞壁物质、木质素、全纤维素含量显著低于烟梗。

表 2-19　红大中部叶、梗细胞壁物质对比分析

样品	细胞壁物质	果胶	木质素	全纤维素
烟叶	27.62^{bB}	8.40^{aA}	2.16^{bB}	16.85^{bB}
烟梗	30.87^{aA}	4.33^{bB}	3.73^{aA}	22.07^{aA}

如表 2-20 所示，云烟 87 烟叶的总糖、烟碱含量显著高于烟梗，云烟 87 烟叶的氧化钾、氯、蛋白质含量显著低于烟梗，云烟 87 烟叶的还原糖、总氮、淀粉含量与烟梗差异不显著。

表 2-20　云烟 87 中部叶、梗常规化学成分对比分析

样品	总糖	还原糖	总氮	烟碱	氧化钾	氯	蛋白质	淀粉
烟叶	33.03^{aA}	23.25^{aA}	1.83^{aA}	3.12^{aA}	1.76^{bB}	0.17^{bA}	4.76^{bA}	3.10^{aA}
烟梗	23.82^{bA}	19.05^{aA}	1.68^{aA}	0.20^{bB}	7.22^{aA}	0.94^{aA}	7.47^{aA}	0.81^{aA}

如表 2-21 所示，云烟 87 烟叶的 pH、总多酚、石油醚提取物、氨基氮含量显著高于烟梗，总灰分、水溶性灰分碱度、总挥发酸含量显著低于烟梗。

表 2-21　云烟 87 中部叶、梗其他化学成分对比分析

样品	总灰分	水溶性灰分碱度	pH	总挥发碱	总挥发酸	总多酚	石油醚提取物	氨基氮
烟叶	10.13^{bA}	0.56^{bA}	5.30^{aA}	0.06^{aA}	0.05^{bB}	3.61^{aA}	7.08^{aA}	0.51^{aA}
烟梗	14.45^{aA}	1.32^{aA}	4.81^{bB}	0.11^{aA}	0.21^{aA}	1.00^{bB}	1.78^{bB}	0.27^{bA}

如表 2-22 所示，云烟 87 烟叶的果胶含量显著高于烟梗，烟叶的木质素含量显著低于烟梗。云烟 87 烟叶的细胞壁物质、全纤维素含量与烟梗差异不显著。

表 2-22　云烟 87 中部叶、梗细胞壁物质对比分析

样品	细胞壁物质	果胶	木质素	全纤维素
烟叶	28.74^{aA}	6.88^{aA}	2.57^{bA}	18.88^{aA}
烟梗	29.93^{aA}	4.26^{bB}	4.06^{aA}	20.82^{aA}

2.2.5.3　烟梗致香成分分析

云南烤烟烟梗样品（品种为 K326、云烟 87 和红大，部位为中部梗）主要致香成分分析结果如表 2-23 所示。

表 2-23　不同品种烟梗致香成分　　　　　　　　　　　单位：μg/g

指标	K326	云烟 87	红大	NC297
3-甲基-丁醛	0.60^{aA}	0.65^{aA}	0.43^{aA}	0.50^{aA}
2-甲基-丁醛	0.32^{aA}	0.36^{aA}	0.25^{aA}	0.27^{aA}
3-羟基-2-丁酮	0.26^{bA}	0.48^{aA}	0.29^{bA}	0.23^{bA}
吡啶	0.41^{aA}	0.43^{aA}	0.53^{aA}	0.30^{aA}
3-甲基-2-丁烯醛	0.06^{aA}	0.09^{aA}	0.08^{aA}	0.08^{aA}
己醛	0.13^{aA}	0.16^{aA}	0.16^{aA}	0.16^{aA}
面包酮	0.27^{aA}	0.23^{aA}	0.16^{aA}	0.14^{aA}
糠醛	2.79^{aA}	2.33^{aA}	2.27^{aA}	3.07^{aA}
2-甲基-丁酸	0.07^{aA}	0.08^{aA}	0.11^{aA}	0.20^{aA}
糠醇	0.32^{aA}	0.32^{aA}	0.28^{aA}	0.29^{aA}
2-环戊烯-1,4-二酮	0.79^{aA}	0.51^{aA}	0.51^{aA}	0.94^{aA}
1-(2-呋喃基)-乙酮	0.22^{aA}	0.13^{aA}	0.12^{aA}	0.20^{aA}
丁内酯	0.14^{aA}	0.18^{aA}	0.13^{aA}	0.10^{aA}
2-吡啶甲醛	0.09^{aA}	0.11^{aA}	0.09^{aA}	0.11^{aA}
糠酸	0.23^{aA}	0.25^{aA}	0.20^{aA}	0.26^{aA}
苯甲醛	0.16^{aA}	0.16^{aA}	0.12^{aA}	0.17^{aA}
5-甲基糠醛	0.18^{abA}	0.13^{bA}	0.12^{bA}	0.19^{aA}
苯酚	0.11^{aA}	0.14^{aA}	0.15^{aA}	0.16^{aA}
6-甲基-5-庚烯-2-酮	0.25^{aA}	0.34^{aA}	0.30^{aA}	0.21^{aA}

续表

指标	K326	云烟87	红大	NC297
2-戊基呋喃	0.23^{aA}	0.25^{aA}	0.25^{aA}	0.22^{aA}
2,4-庚二烯醛 A	0.12^{aA}	0.14^{aA}	0.22^{aA}	0.24^{aA}
4-吡啶甲醛	0.07^{aA}	0.10^{aA}	0.09^{aA}	0.08^{aA}
1H-吡咯-2-甲醛	0.11^{aA}	0.08^{aA}	0.07^{aA}	0.08^{aA}
2,4-庚二烯醛 B	0.21^{aA}	0.19^{aA}	0.22^{aA}	0.16^{aA}
甲基环戊烯醇酮	0.12^{aA}	0.15^{aA}	0.15^{aA}	0.15^{aA}
苯甲醇	0.16^{aA}	0.16^{aA}	0.12^{aA}	0.17^{aA}
苯乙醛	3.33^{aA}	3.10^{aA}	2.77^{aA}	4.65^{aA}
2-乙酰基-3,4,5,6-四氢吡啶	0.09^{aA}	0.06^{aA}	0.07^{aA}	0.02^{aA}
1-(1H-吡咯-2-基)-乙酮	1.01^{aA}	0.95^{aA}	0.73^{aA}	0.86^{aA}
2-甲氧基-苯酚	0.03^{bB}	0.04^{bB}	0.04^{bB}	0.07^{aA}
芳樟醇	0.05^{aA}	0.04^{aA}	0.06^{aA}	0.05^{aA}
壬醛	0.13^{aA}	0.14^{aA}	0.18^{aA}	0.18^{aA}
1-(3-吡啶基)-乙酮	0.04^{aA}	0.04^{aA}	0.06^{aA}	0.04^{aA}
苯乙醇	0.86^{aA}	1.07^{aA}	1.05^{aA}	1.05^{aA}
5-甲基-1H-吡咯-2-甲醛	0.18^{aA}	0.12^{aA}	0.09^{aA}	0.14^{aA}
多羟基吡喃	0.03^{aA}	0.03^{aA}	0.01^{aA}	0.02^{aA}
2-乙酰基-1,4,5,6-四氢吡啶	0.16^{aA}	0.15^{aA}	0.15^{aA}	0.10^{aA}
2,6-壬二烯醛	0.06^{aA}	0.07^{aA}	0.07^{aA}	0.07^{aA}
阿托醛	0.17^{aA}	0.13^{aA}	0.15^{aA}	0.14^{aA}
6-甲基-2-庚酮	0.10^{aA}	0.12^{aA}	0.13^{aA}	0.11^{aA}
苯并[b]噻吩	0.06^{aA}	0.06^{aA}	0.07^{aA}	0.06^{aA}
藏花醛	0.08^{aA}	0.08^{aA}	0.10^{aA}	0.10^{aA}
2,3-二氢苯并呋喃	0.04^{aA}	0.04^{aA}	0.06^{aA}	0.05^{aA}
胡薄荷酮	0.05^{aA}	0.05^{aA}	0.04^{aA}	0.06^{aA}
苯并噻唑	0.24^{aA}	0.20^{aA}	0.21^{aA}	0.23^{aA}
吲哚	0.17^{aA}	0.17^{aA}	0.17^{aA}	0.23^{aA}
2-甲氧基-4-乙烯基苯酚	0.42^{aA}	0.55^{aA}	0.76^{aA}	0.46^{aA}
茄酮	5.29^{aA}	9.34^{aA}	6.35^{aA}	6.60^{aA}
β-大马酮	0.80^{aA}	0.52^{aA}	0.64^{aA}	0.68^{aA}
β-二氢大马酮	0.15^{aA}	0.10^{aA}	0.11^{aA}	0.14^{aA}
香叶基丙酮	0.29^{aA}	0.24^{aA}	0.36^{aA}	0.24^{aA}
β-紫罗兰酮+未知物	0.64^{aA}	0.88^{aA}	0.69^{aA}	0.69^{aA}
3-(1-甲基乙基)(1H)吡唑[3,4-b]吡嗪	0.26^{aA}	0.23^{aA}	0.29^{aA}	0.19^{aA}

续表

指标	K326	云烟87	红大	NC297
2,3'-联吡啶	0.29^{aA}	0.29^{aA}	0.29^{aA}	0.45^{aA}
二氢猕猴桃内酯	0.24^{aA}	0.23^{aA}	0.25^{aA}	0.26^{aA}
巨豆三烯酮A	0.20^{aA}	0.17^{aA}	0.20^{aA}	0.16^{aA}
巨豆三烯酮B	0.54^{aA}	0.46^{aA}	0.58^{aA}	0.42^{aA}
巨豆三烯酮C	0.08^{aA}	0.08^{aA}	0.10^{aA}	0.08^{aA}
巨豆三烯酮D	0.58^{aA}	0.61^{aA}	0.79^{aA}	0.50^{aA}
十四醛	0.62^{aA}	0.83^{aA}	0.56^{aA}	0.58^{aA}
肉豆蔻酸	0.14^{aA}	0.18^{aA}	0.20^{aA}	0.25^{aA}
2,3,6-三甲基-1,4-萘二酮	0.08^{aA}	0.08^{aA}	0.15^{aA}	0.13^{aA}
葸	0.32^{aA}	0.40^{aA}	0.42^{aA}	0.47^{aA}
茄那士酮	0.67^{aA}	1.10^{aA}	0.53^{aA}	1.71^{aA}
新植二烯	34.37^{aA}	32.70^{aA}	29.51^{aA}	35.07^{aA}
十五酸	0.52^{aA}	0.57^{aA}	0.52^{aA}	0.43^{aA}
邻苯二甲酸二丁酯	0.88^{aA}	0.82^{aA}	0.99^{aA}	1.11^{aA}
金合欢基丙酮A	1.02^{aA}	0.75^{aA}	1.24^{aA}	0.78^{aA}
棕榈酸甲酯	2.22^{aA}	3.43^{aA}	3.20^{aA}	2.18^{aA}
棕榈酸	20.45^{aA}	20.73^{aA}	22.52^{aA}	36.59^{aA}
棕榈酸乙酯	4.14^{aA}	5.98^{aA}	5.27^{aA}	5.42^{aA}
寸拜醇	5.78^{aA}	4.03^{aA}	3.46^{aA}	5.20^{aA}
亚麻酸甲酯	12.33^{aA}	21.53^{aA}	18.14^{aA}	17.77^{aA}
植醇	4.00^{aA}	3.66^{aA}	4.45^{aA}	2.94^{aA}
西柏三烯二醇	5.62^{aA}	12.08^{aA}	8.19^{aA}	5.02^{aA}
金合欢基丙酮B	0.33^{aA}	0.39^{aA}	0.39^{aA}	0.48^{aA}

注：小写字母、大写字母分别表示5%和1%的显著水平。

2.2.5.4 不同产地烟梗化学成分分析

对不同产地K326烟梗的常规化学成分进行多重比较分析，如表2-24所示，红河地区的总糖、还原糖含量均显著高于保山、大理、临沧、昭通、玉溪，临沧地区的烟梗总氮含量显著低于其他各地区，其他地区之间的差异不显著，红河和大理地区烟梗的烟碱含量显著高于昭通地区，各地区烟梗的蛋白质含量差异不显著，红河地区烟梗的水溶性氯含量显著高于玉溪和昭通地区，临沧地区烟梗的氧化钾含量显著高于保山、红河、玉溪、昭通地区，昭通地区烟梗的氧化钾含量极显著低于其他地区。

表 2-24 不同产地 K326 烟梗的常规化学成分

产地	总糖	还原糖	总氮	烟碱	蛋白质	水溶性氯	氧化钾
保山	22.47^{bB}	18.47^{bcB}	1.43^{abA}	0.29^{abA}	7.50^{aA}	1.46^{abA}	8.24^{bcABC}
大理	23.84^{bB}	16.62^{cB}	1.24^{abA}	0.40^{aA}	8.09^{aA}	1.08^{abA}	8.91^{abAB}
红河	31.22^{aA}	25.35^{aA}	1.62^{aA}	0.40^{aA}	6.65^{aA}	1.88^{aA}	7.58^{cBC}
临沧	23.45^{bB}	18.72^{bcB}	1.15^{bA}	0.33^{abA}	9.30^{aA}	1.09^{abA}	9.75^{aA}
玉溪	25.90^{bAB}	20.49^{bAB}	1.55^{aA}	0.30^{abA}	7.63^{aA}	0.95^{bA}	7.44^{cC}
昭通	24.16^{bB}	19.88^{bcAB}	1.54^{aA}	0.23^{bA}	9.32^{aA}	0.70^{bA}	4.86^{dD}

对不同产地红大烟梗的常规化学成分进行多重比较分析，如表 2-25 所示，玉溪地区的总糖、还原糖含量均显著高于保山、大理地区，保山地区的烟梗总氮含量显著高于大理、昭通地区，保山和大理地区烟梗的烟碱含量显著高于玉溪、昭通地区，各地区烟梗的蛋白质含量差异不显著，保山和大理地区烟梗的水溶性氯含量显著高于玉溪地区，保山和大理地区烟梗的氧化钾含量极显著高于玉溪、昭通地区。

表 2-25 不同产地红大烟梗的常规化学成分

产地	总糖	还原糖	总氮	烟碱	蛋白质	水溶性氯	氧化钾
保山	20.80^{cB}	14.04^{cB}	1.58^{aA}	0.53^{aA}	7.90^{aA}	2.32^{aA}	7.97^{aA}
大理	22.66^{bcAB}	17.50^{bcAB}	1.16^{bB}	0.48^{aA}	7.24^{aA}	2.14^{aA}	8.99^{aA}
玉溪	27.63^{aA}	21.56^{aA}	1.31^{abAB}	0.27^{bAB}	5.51^{aA}	0.41^{bA}	5.93^{bB}
昭通	25.24^{abAB}	20.68^{abAB}	1.26^{bAB}	0.23^{bB}	7.10^{aA}	0.73^{abA}	4.76^{bB}

对不同产地云烟 87 烟梗的常规化学成分进行多重比较分析，如表 2-26 所示，红河地区的总糖、还原糖含量均显著高于保山、临沧、昭通地区，红河地区的烟梗总氮含量显著高于文山地区，临沧地区烟梗的烟碱含量显著高于其他地区，各地区烟梗的蛋白质和氧化钾含量差异不显著，红河地区烟梗的水溶性氯含量显著高于文山、昭通地区。

表 2-26 不同产地云烟 87 烟梗的常规化学成分

产地	总糖	还原糖	总氮	烟碱	蛋白质	水溶性氯	氧化钾
保山	22.33^{cB}	16.32^{cB}	1.28^{abA}	0.40^{bAB}	8.60^{aA}	1.94^{abAB}	9.07^{aA}
红河	32.43^{aA}	23.96^{aA}	1.84^{aA}	0.35^{bAB}	6.99^{aA}	2.30^{aA}	7.69^{aA}
临沧	23.08^{cB}	16.83^{cB}	1.29^{abA}	0.67^{aA}	8.83^{aA}	1.80^{abAB}	8.97^{aA}
文山	28.85^{abAB}	21.18^{abAB}	1.16^{bA}	0.27^{bB}	8.01^{aA}	0.54^{cB}	7.28^{aA}
昭通	23.82^{bcB}	19.05^{bcAB}	1.68^{abA}	0.20^{bB}	7.47^{aA}	0.94^{bcAB}	7.22^{aA}

对不同产地 K326 烟梗的其他化学成分进行多重比较分析，如表 2-27 所示，临沧地区烟梗的总灰分含量显著高于玉溪地区，保山地区的水溶性灰分碱度含量显著高于红河、临沧、玉溪、昭通地区，红河地区烟梗的 pH 显著低于其他地区，昭通地区烟梗的总挥发碱含量显著高于大理、红河、临沧、玉溪地区，临沧、玉溪地区烟梗的总挥发酸含量显著高于保山、大理、红河地区，红河地区的总多酚含量显著高于大理、临沧、昭通地区，玉溪地区的石油醚提取物含量显著高于保山、红河、昭通地区，大理地区的淀粉含量显著低于红河地区，玉溪

地区烟梗的氨基氮含量显著高于保山、大理、临沧、昭通地区。

表 2-27　不同产地 K326 烟梗的其他化学成分

产地	总灰分	水溶性灰分碱度	pH	总挥发碱	总挥发酸	总多酚	石油醚提取物	淀粉	氨基氮
保山	14.47^{abAB}	2.08^{aA}	4.91^{aA}	0.07^{abAB}	0.18^{bAB}	1.03^{abcAB}	0.89^{cBC}	1.39^{abA}	0.18^{bA}
大理	14.62^{abAB}	1.79^{abA}	4.93^{aA}	0.06^{bAB}	0.17^{bB}	0.70^{cB}	1.47^{abABC}	1.09^{bA}	0.20^{bB}
红河	14.30^{abAB}	1.06^{dC}	3.99^{bA}	0.05^{bAB}	0.17^{bB}	1.35^{aA}	0.88^{cC}	1.83^{aA}	0.25^{abAB}
临沧	15.58^{aA}	1.63^{bcAB}	4.87^{aA}	0.04^{bB}	0.24^{aA}	0.82^{bcB}	1.70^{abA}	1.35^{abA}	0.16^{bB}
玉溪	13.48^{bB}	1.35^{cdBC}	4.87^{aA}	0.06^{bAB}	0.23^{aA}	1.05^{abAB}	1.81^{aA}	1.28^{abA}	0.31^{aA}
昭通	14.30^{abAB}	1.27^{cdBC}	4.89^{aA}	0.09^{aA}	0.19^{abAB}	0.78^{cB}	1.38^{bcABC}	1.12^{bA}	0.23^{bAB}

对不同产地红大烟梗的其他化学成分进行多重比较分析，如表 2-28 所示，保山地区烟梗的总灰分含量显著高于玉溪、昭通地区，大理地区的水溶性灰分碱度含量显著高于保山地区，玉溪地区烟梗的 pH 显著高于大理、昭通地区，保山地区烟梗的总挥发碱含量显著高于大理、玉溪、昭通地区，玉溪、昭通地区烟梗的总挥发酸含量显著高于大理地区，各地区烟梗的总多酚和石油醚提取物含量差异不显著，保山地区烟梗的氨基氮含量显著高于大理地区。

表 2-28　不同产地红大烟梗的其他化学成分

产地	总灰分	水溶性灰分碱度	pH	总挥发碱	总挥发酸	总多酚	石油醚提取物	淀粉	氨基氮
保山	17.93^{aA}	1.04^{bA}	4.95^{abA}	0.11^{aA}	0.17^{abA}	0.62^{aA}	1.23^{aA}	0.66^{bA}	0.30^{aA}
大理	15.74^{abAB}	1.75^{aA}	4.93^{bA}	0.05^{bcB}	0.15^{bA}	0.72^{aA}	1.75^{aA}	0.89^{abA}	0.19^{bA}
玉溪	12.46^{cC}	1.43^{abA}	5.21^{aA}	0.03^{cB}	0.21^{aA}	0.87^{aA}	1.77^{aA}	0.87^{abA}	0.28^{abA}
昭通	14.10^{bcBC}	1.31^{abA}	4.94^{bA}	0.06^{bB}	0.20^{aA}	0.86^{aA}	1.28^{aA}	1.44^{aA}	0.25^{abA}

对不同产地云烟 87 烟梗的其他化学成分进行多重比较分析，如表 2-29 所示，保山、临沧地区烟梗的总灰分含量显著高于文山地区，保山地区的水溶性灰分碱度含量显著高于红河、昭通地区，临沧地区烟梗的 pH 显著高于其他地区，昭通地区烟梗的总挥发碱含量显著高于保山、红河、文山地区，保山、文山、昭通地区烟梗的总挥发酸含量显著高于红河、临沧地区，各地区烟梗的总多酚和石油醚提取物含量差异不显著，保山地区烟梗的氨基氮含量显著高于文山地区。

表 2-29　不同产地云烟 87 烟梗的其他化学成分

产地	总灰分	水溶性灰分碱度	pH	总挥发碱	总挥发酸	总多酚	石油醚提取物	淀粉	氨基氮
保山	15.80^{aAB}	1.93^{aA}	4.84^{bB}	0.06^{bAB}	0.23^{aA}	0.77^{abcAB}	1.34^{bcABC}	0.77^{bAB}	0.23^{abA}
红河	14.33^{abAB}	1.00^{cB}	4.86^{bA}	0.05^{bB}	0.16^{bB}	0.66^{bcB}	1.10^{cBC}	0.96^{abA}	0.36^{aA}
临沧	16.55^{aA}	1.66^{abAB}	5.18^{aA}	0.08^{abA}	0.16^{bB}	0.54^{cB}	1.56^{abAB}	0.59^{bB}	0.30^{abA}
文山	13.35^{bB}	1.60^{abAB}	4.83^{bB}	0.05^{bB}	0.25^{aA}	1.14^{aA}	0.97^{cC}	1.50^{aA}	0.18^{bA}
昭通	14.45^{abAB}	1.32^{bcAB}	4.81^{bB}	0.11^{aA}	0.21^{abAB}	1.00^{abAB}	1.78^{aA}	0.81^{bAB}	0.27^{abA}

对不同产地 K326 烟梗的细胞壁物质进行多重比较分析,如表 2-30 所示,各产地细胞壁物质总含量显著不大,大理地区烟梗的果胶含量显著高于红河地区,与其他地区差异不大,红河地区烟梗的木质素含量极显著高于保山、大理、玉溪、昭通地区,昭通地区烟梗的全纤维素含量显著高于保山、红河、临沧、玉溪地区。

表 2-30　不同产地 K326 烟梗的细胞壁物质　　　　　　　　　单位:%

产地	细胞壁物质	果胶	木质素	全纤维素
保山	32.20^{aA}	4.65^{abA}	5.65^{bcBC}	20.80^{bcB}
大理	34.11^{aA}	4.84^{aA}	5.37^{cBC}	22.86^{abA}
红河	32.50^{aA}	3.80^{bA}	7.89^{aA}	19.27^{cB}
临沧	33.93^{aA}	4.49^{abA}	6.82^{abAB}	21.25^{bcAB}
玉溪	31.83^{aA}	4.30^{abA}	5.53^{cBC}	20.91^{bcB}
昭通	33.76^{aA}	4.03^{abA}	4.50^{cC}	24.35^{aA}

对不同产地红大烟梗的细胞壁物质进行多重比较分析,如表 2-31 所示,玉溪地区烟梗的细胞壁物质总含量显著高于大理、昭通地区,昭通地区烟梗的果胶含量显著低于保山地区,玉溪地区烟梗的木质素含量显著高于保山、大理、昭通地区,各地区烟梗的全纤维素含量无显著差异。

表 2-31　不同产地红大烟梗的细胞壁物质

产地	细胞壁物质	果胶	木质素	全纤维素
保山	35.92^{abAB}	5.62^{aA}	5.69^{abAB}	23.50^{aA}
大理	33.68^{bcAB}	5.18^{abA}	5.214^{bAB}	22.26^{aA}
玉溪	38.11^{aA}	4.90^{abA}	7.19^{aA}	24.62^{aA}
昭通	30.87^{cB}	4.33^{bA}	3.73^{cB}	22.07^{aA}

对不同产地云烟 87 烟梗的细胞壁物质进行多重比较分析,如表 2-32 所示,临沧地区烟梗的细胞壁物质总含量显著高于文山、昭通地区,各地区烟梗的果胶含量无显著差异,临沧地区烟梗的木质素含量显著高于保山、文山、昭通地区,保山地区烟梗的全纤维素含量显著高于文山地区。

表 2-32　不同产地云烟 87 烟梗的细胞壁物质

产地	细胞壁物质	果胶	木质素	全纤维素
保山	33.44^{abAB}	4.42^{aA}	5.02^{bCD}	23.02^{aA}
红河	32.25^{abcAB}	3.96^{aA}	6.76^{aAB}	20.21^{abA}
临沧	34.97^{aA}	4.06^{aA}	7.29^{aA}	22.19^{abA}
文山	30.78^{bcAB}	4.15^{aA}	5.51^{bBC}	20.04^{bA}
昭通	29.93^{cB}	4.26^{aA}	4.06^{cD}	20.82^{abA}

2.2.5.5 不同品种烟梗化学成分分析

通过对不同品种进行常规化学成分进行对比分析,如表2-33所示,红大和K326烟梗的烟碱含量显著高于云烟87,红大和K326的烟碱含量差异达到极显著水平,但红大蛋白质含量极显著低于K326和云烟87,红大水溶性氯显著高于K326,云烟87氧化钾含量显著高于红大。其他常规化学成分差异不显著。

表2-33 不同品种烟梗常规化学成分对比分析

品种	总糖	还原糖	总氮	烟碱	蛋白质	水溶性氯	氧化钾
红大	22.64^{aA}	17.13^{aA}	1.46^{aA}	0.42^{aA}	7.06^{bB}	1.72^{aA}	6.87^{bA}
K326	24.21^{aA}	18.75^{aA}	1.49^{aA}	0.30^{bB}	7.90^{aA}	1.26^{bA}	7.30^{abA}
云烟87	23.48^{aA}	17.42^{aA}	1.42^{aA}	0.39^{aAB}	7.94^{aA}	1.37^{abA}	7.84^{aA}

不同品种其他化学成分对比分析结果如表2-34所示,红大烟梗的总灰分含量显著高于K326,云烟87的水溶性灰分碱度含量显著高于红大,云烟87的总挥发酸含量极显著高于红大。不同品种的其他化学成分成分间差异不显著。

表2-34 不同品种烟梗其他化学成分对比分析

品种	总灰分	水溶性灰分碱度	pH	总挥发碱	总挥发酸	总多酚	石油醚提取物	淀粉	氨基氮
红大	15.76^{aA}	1.29^{bB}	4.89^{aA}	0.07^{aA}	0.18^{bB}	0.88^{aA}	1.32^{aA}	2.76^{aA}	0.23^{aA}
K326	14.76^{bA}	1.48^{abAB}	4.80^{aA}	0.07^{aA}	0.20^{aAB}	0.89^{aA}	1.37^{aA}	1.22^{aA}	0.25^{aA}
云烟87	15.41^{abA}	1.64^{aA}	4.93^{aA}	0.08^{aA}	0.21^{aA}	0.93^{aA}	1.37^{aA}	0.98^{aA}	0.24^{aA}

通过对不同品种进行细胞壁物质进行对比分析,如表2-35所示,各品种的细胞壁物质总含量差异不显著,红大的果胶含量极显著高于K326和云烟87,红大的木质素含量极显著低于K326和云烟87,各品种间全纤维素含量差异不明显。

表2-35 不同品种烟梗细胞壁物质

品种	细胞壁物质含量	果胶	全纤维素	木质素
红大	34.08^{aA}	4.97^{aA}	23.49^{aA}	4.71^{bB}
K326	33.68^{aA}	4.52^{bB}	22.45^{aA}	5.67^{aA}
云烟87	33.43^{aA}	4.35^{bB}	22.52^{aA}	5.49^{aA}

2.2.5.6 不同部位烟梗化学成分分析

不同部位烟梗常规化学成分对比分析如果如表2-36所示,上部烟梗的总糖、还原糖、蛋白质含量显著低于云中部和下部,烟碱为上中下部件均呈现极显著差异,含量为上部>中部>下部,总氮、水溶性氯、氧化钾含量差异不显著。

表 2-36　不同部位烟梗常规化学成分对比分析

部位	总糖	还原糖	总氮	烟碱	蛋白质	水溶性氯	氧化钾
上部	20.86^{bB}	14.69^{bB}	1.54^{aA}	0.48^{aA}	6.92^{bA}	1.62^{aA}	6.69^{bA}
中部	20.68^{aA}	19.12^{aA}	1.41^{aA}	0.36^{bB}	7.96^{aA}	1.36^{aA}	7.60^{aA}
下部	24.34^{aA}	19.03^{aA}	1.46^{aA}	0.22^{cC}	8.18^{aA}	1.27^{aA}	7.86^{aA}

通过对不同部位烟梗进行其他化学成分进行对比分析，如表 2-37 所示，下部烟梗的总灰分含量显著高于中部，下部烟梗的水溶性灰分碱度含量显著高于中部和下部，上部烟梗的总挥发碱含量显著高于中下部烟梗。不同部位的其他化学成分成分间差异不显著。

表 2-37　不同部位烟梗其他化学成分对比分析

部位	总灰分	水溶性灰分碱度	pH	总挥发碱	总挥发酸	总多酚	石油醚提取物	淀粉	氨基氮
上部	15.52^{abA}	1.35^{bB}	4.89^{aA}	0.09^{aA}	0.19^{aA}	0.87^{aA}	1.29^{aA}	2.24^{aA}	0.25^{aA}
中部	14.77^{bA}	1.45^{bAB}	4.84^{aA}	0.06^{bB}	0.20^{aA}	0.88^{aA}	1.44^{aA}	1.16^{aA}	2.24^{aA}
下部	15.87^{aA}	1.75^{aA}	4.90^{aA}	0.07^{bB}	0.20^{aA}	0.98^{aA}	1.29^{aA}	1.24^{aA}	0.23^{aA}

通过对不同部位烟梗进行细胞壁物质进行对比，如表 2-38 所示，细胞壁物质含量为上中下部均呈现显著差异，含量为上部>中部>下部，上部烟梗的果胶和全纤维素含量极显著高于中下部，上中部烟梗的木质素含量极显著高于下部。

表 2-38　不同部位烟梗细胞壁物质

部位	细胞壁物质含量	果胶	木质素	全纤维素
上部	36.79^{aA}	5.09^{aA}	5.58^{aA}	25.00^{aA}
中部	32.93^{bB}	4.45^{bB}	5.54^{aA}	21.86^{bB}
下部	31.44^{cB}	4.19^{bB}	4.74^{bB}	21.74^{bB}

2.2.5.7　不同品种烟梗化学成分统计分析

由表 2-39 可知，K326、云烟 87 和红大的上部烟梗、中部烟梗、下部烟梗的细胞壁物质、果胶、全纤维素以及 pH 的变异系数较小，其余各化学成分指标的变异系数较大，表明烟梗的这些指标差异较大。

表 2-39　K326 烟梗化学成分统计分析

烤烟品种	指标	上部平均	变异系数/%	中部平均	变异系数/%	下部平均	变异系数/%
K326	总糖	20.74	16.16	25.34	16.23	24.82	12.95
	还原糖	14.94	22.31	19.99	19.43	19.4	11.84
	总氮	1.58	21.08	1.45	20.69	1.54	33.1
	烟碱	0.36	34.37	0.32	36.69	0.15	62.63
	蛋白质	7.39	27.65	8.04	27.87	8.06	29.65
	水溶性氯	1.55	63.05	1.11	70.18	1.4	55.21

续表

烤烟品种	指标	上部平均	变异系数/%	中部平均	变异系数/%	下部平均	变异系数/%
K326	氧化钾	6.47	36.73	7.65	22.09	7.17	30.37
	总灰分	15.53	13.06	14.24	8.97	15.57	12.12
	水溶性灰分碱度	1.37	53.43	1.47	26.39	1.67	26.86
	pH	4.85	2.91	4.78	12.26	4.83	4.36
	总挥发碱	0.09	34.94	0.06	38.29	0.08	44.04
	总挥发酸	0.19	29.56	0.2	19.41	0.18	28.32
	总多酚	0.76	54.02	0.96	32.84	0.81	35.11
	淀粉	0.97	43.63	1.31	40.86	1.2	35.32
	石油醚提取物	0.97	56.46	1.47	34.14	1.51	24.67
	氨基氮	0.26	38.3	0.24	32.82	0.26	35.06
	细胞壁物质	37.95	6.23	32.87	7.52	30.86	9.85
	果胶	5.32	14.37	4.34	15.83	4.13	17.86
	全纤维素	25.35	5.84	21.58	10.56	21.67	9.51
	木质素	6.01	20.1	5.81	22.26	4.69	22
云烟87	总糖	20.76	17.4	25.23	17.45	24.27	15.35
	还原糖	14.52	24.27	18.82	17.76	18.81	18.97
	总氮	1.41	24.57	1.41	28.05	1.44	28.23
	烟碱	0.52	37.41	0.38	59.17	0.24	46.76
	蛋白质	7.08	27.2	8.12	19.72	8.65	31.28
	水溶性氯	1.53	66.87	1.43	63.92	1.13	48.55
	氧化钾	6.9	27.07	8.08	18.11	8.56	19.93
	总灰分	15.51	14.02	14.97	12.05	15.85	14.44
	水溶性灰分碱度	1.47	42.58	1.55	27.7	1.91	26.57
	pH	4.93	4.3	4.9	4.05	4.95	3.07
	总挥发碱	0.1	33.02	0.07	43.69	0.07	52.49
	总挥发酸	0.2	19.7	0.21	21.44	0.21	27.67
	总多酚	0.79	33.06	0.84	40.74	1.20	50.81
	淀粉	0.69	35.07	0.92	51.69	1.36	70.04
	石油醚提取物	1.56	23.6	1.38	28.95	1.16	26.51
	氨基氮	0.25	35.42	0.26	36.52	0.20	43.93
	细胞壁物质	36.36	6.86	32.31	8.32	31.64	10.84
	果胶	4.62	11.48	4.19	13.32	4.25	12.26
	全纤维素	24.88	10.97	21.44	9.11	21.28	12.24
	木质素	5.74	23.7	5.59	23.37	5.11	31.40
红大	总糖	21.15	19.19	23.1	14.03	23.84	22.84

续表

烤烟品种	指标	上部平均	变异系数/%	中部平均	变异系数/%	下部平均	变异系数/%
红大	还原糖	14.64	29.89	17.97	20.47	19.01	31.25
	总氮	1.71	32.73	1.31	19.78	1.41	24.01
	烟碱	0.54	35.7	0.4	45.32	0.27	57.38
	蛋白质	6.35	28.65	7.44	26.77	7.34	19.79
	水溶性氯	1.84	75.83	1.79	79.66	1.4	78.2
	氧化钾	6.63	22.51	6.86	28.62	7.24	45.64
	总灰分	15.54	21.59	15.65	16.69	16.31	18.69
	水溶性灰分碱度	1.14	35.1	1.28	49.23	1.52	58.53
	pH	4.86	4.21	4.91	3.24	4.91	3.55
	总挥发碱	0.08	38.28	0.06	41.52	0.08	30.82
	总挥发酸	0.17	21.69	0.18	19.37	0.18	17.55
	总多酚	1.11	36.95	0.78	27.4	0.75	48.59
	淀粉	1.02	32.33	1.13	46.23	1.03	42.6
	石油醚提取物	1.26	30.16	1.38	34.89	1.29	21.83
	氨基氮	0.24	40.4	0.22	35.83	0.24	32.98
	细胞壁物质	36.1	9.34	33.81	11.37	31.76	11.89
	果胶	5.58	10.78	4.95	16.52	4.13	20.48
	全纤维素	24.77	8.87	22.89	10.68	22.83	12.35
	木质素	4.8	19.58	4.99	25.25	4.01	10.38

2.3 "三位一体"标准化原料体系构建

针对原料分散杂乱、品质特征模糊等普遍存在的问题，按照将烟草废弃物料转换为重组烟草工业原料的基本目标，在掌握产品与原料品质特性内在机理的基础上，提出"三位一体"构建标准化原料体系的原则，应用合理有效的多元预处理分类技术，同时结合开发的现代近红外快检技术和化学模式识别分类技术，构建"三位一体"标准化原料体系，获得质量相对稳定均匀、品质特征明晰、理化指标明确的"标准化系列原料"，并通过计算机信息集成，建立"三位一体"的标准化原料管理信息系统，实现了产品配方设计由经验技术型与计算机辅助配方设计相结合的研究型运行模式。使产品开发的质量设计基本实现可调可控，保障规模化产品生产的充分柔性化和产品质量的稳定性。

2.3.1 "三位一体"标准化原料体系构建的总体设计

2.3.1.1 "三位一体"标准化原料体系构建的基本思想和目的

通常，在产品开发过程中，对原料的应用主要依靠感官评价和参考来源地、外观质量、物理性状和化学成分等信息进行经验技术型的产品开发，由于原料来源分散杂乱、品质特征模糊不稳定等普遍存在的问题，加之原料质量判定存在主观不确定因素，从而造成诸多生产过程质量控制和产品质量波动问题。构建"三位一体"标准化原料体系，最直接的工艺目的就是对原料进行科学合理的多元预处理和分类，同时在掌握产品与原料品质特性内在机理的基础上，把复杂多变、分散随机的原料品质转变为可控、可研、均匀统一的品质，生产具有一定数量规模的质量稳定，品质特征明晰、理化指标明确的标准化系列原料（碎片、烟末、梗料、烟灰棒及其附属品等）。由此可知，"三位一体"标准化原料体系的内涵就是：一是一定的品质特征，二是质量规格的统一性，三是一定的数量规模。每一个"标准化原料（如碎片、烟末、梗料等）"必须是"三位一体"的高度统一。遵循"三位一体"的基本原则来构建标准化原料体系，使将来规模化产品制造及产品的均质化得到有效保证。

2.3.1.2 构建"三位一体"标准化原料体系的技术路线

构建"三位一体"标准化原料体系，除涉及多元预处理技术、近红外快检技术与化学模式识别分类技术的开发应用，还包括原料感官质量评价和计算机标准化原料质量信息管理系统构建等重要内容，其主要技术路线见图2-11。

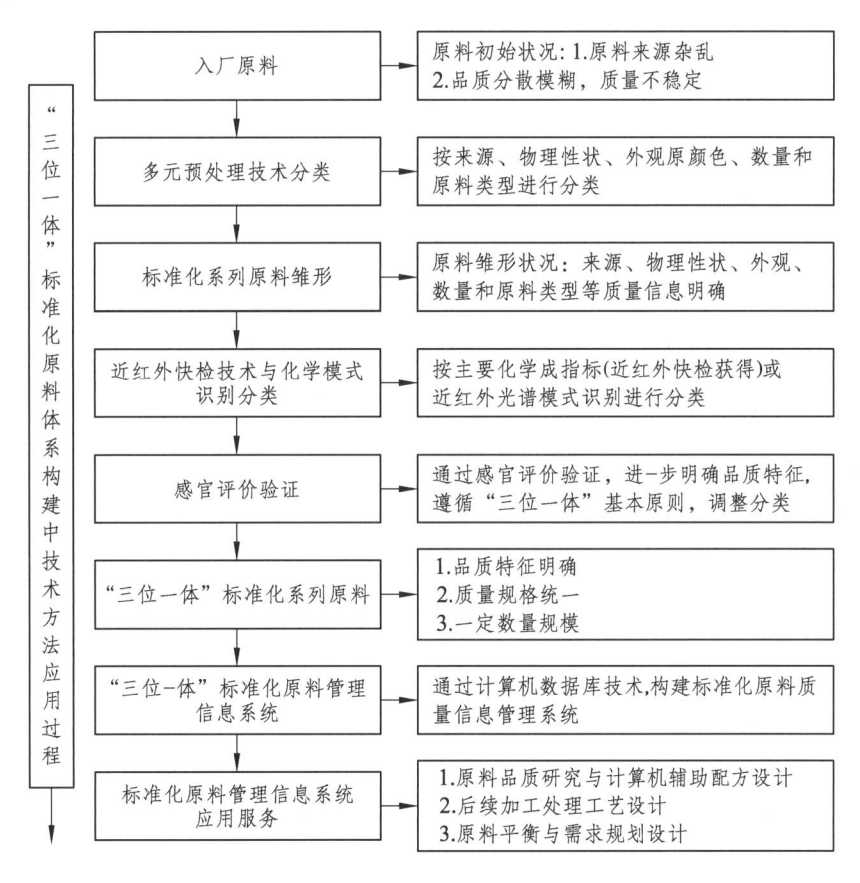

图2-11 "三位一体"原料标准化体系构建路线

2.3.1.3 "三位一体"标准化原料体系的组成与基本功能

"三位一体"标准化原料体系主要由以下四部分构成,见图2-12。

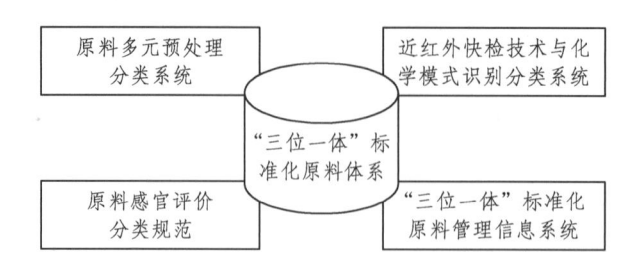

图2-12 "三位一体"标准化原料体系的组成

1. 原料多元预处理分类系统

该系统的基本功能主要按原料来源(卷烟厂、复烤厂、商业公司)、原料类型及类别(烟草的类型、品种、部位、等级、年份)、物理性状(如叶类的把烟、片烟、碎片、烟末;梗类的长梗、短梗、梗签及灰棒等)数量等,通过多种预处理设备(净化除杂系统、梗叶分离系统、破碎筛分系统、模块组混配系统等)进行加工,构成三位一体标准化系列原料的分类及加工系统。

2. 近红外快检技术与化学模式识别分类系统

该系统的基本功能是采用近红外快检技术测定主要化学成分(热水可溶物、总氮、烟碱、总糖、还原糖、氯和钾等),并结合化学模式识别分类技术,辅助原料品质分类、原料模块化配方及产品本方替代。

3. 原料感官评价分类规范

按企业原料感官评价规范,对原料进行感官评价,通过感官评价验证,进一步明确原料品质特征,综合以上分类信息,遵循"三位一体"基本原则,调整分类,最终形成"三位一体"的标准化系列原料。

2.3.1.4 "三位一体"标准化原料需求管理信息系统

该系统的主要功能是对"三位一体"标准化原料的需求信息进行系统管理,并服务于:① 原料品质研究与计算机辅助产品配方设计;② 后续加工处理工艺设计;③ 原料平衡与需求规划设计。

2.3.2 "三位一体"标准化原料体系的构建运作

"三位一体"标准化原料体系的构建流程如图2-13所示。在实践生产过程中原料分类需要依据原料来源信息程度进行适度分类,如有优质特色原料分类需求(如组建优质特色模块或需要离线加工)或后续提出针对性的工艺处理需求(如含杂率高的灰棒需要离线处理)可依据需求进行专项分类。

分类后的原料采用近红外光谱快速检测化学指标或采用统一的感官评价方法形成内在质量指标进行模块分组设计。同时依据产品原料需求采用计算机辅助配方设计,确定产品的模块配方和原料模块配方。最后选择适宜的预处理工艺灵活配置，对于单等级化学指标波动较大的原料组模需要进行均质化混配处理，以进一步提高原料的稳定性。

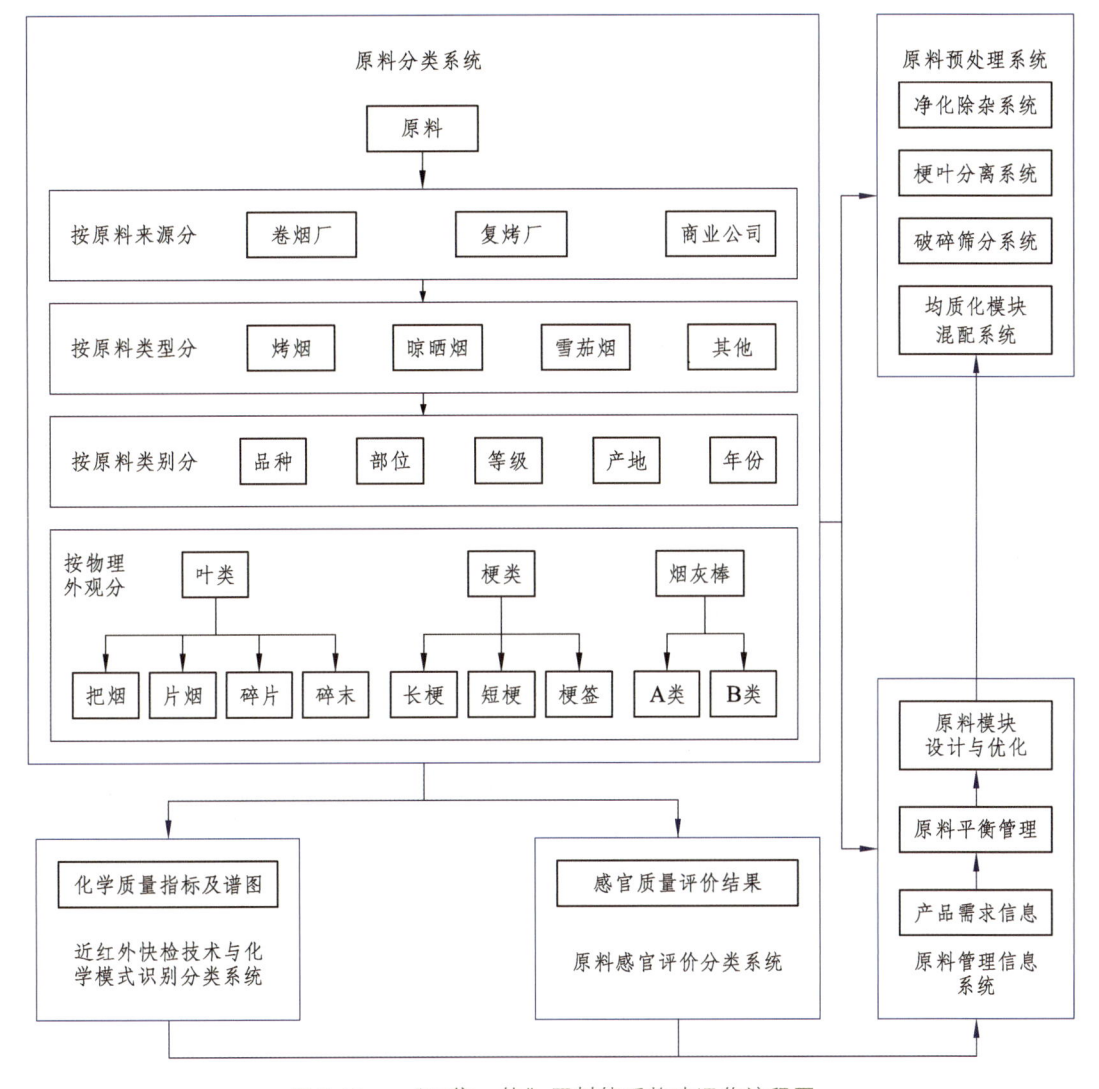

图 2-13 "三位一体"原料体系构建运作流程图

参考文献

[1] 王保兴，陈国辉，汪旭，等. 近红外光谱技术在烟草领域的应用进展[J]. 光谱实验室，2006（05）：1075-1084.

[2] 段焰青，孔祥勇，李青青，等. 近红外光谱法预测烟草中的纤维素含量[J]. 烟草科技，2006（08）：16-20.

[3] 郝建辉，王海涛，张碰元，等. 聚类分析技术在造纸法再造烟叶原料配方中的应用[J]. 中国烟草科学，2010，31（04）：72-75.

[4] 邱晔，米兰，秦瑜，等. 一种烟草碎末内在感官质量的评价方法：CN105242011B[P].

[5] 杨式华，李晓亚，李伟，等. FT-NIR法快速测定烟草中的水溶性糖[J]. 云南化工，2011，38（01）：36-38.

[6] 卫青，施建在，郑彬，等. 造纸法再造烟叶原料化学成分与感官质量间关系的研究[J]. 中国农学通报，2012，28（12）：264-268.

[7] 刘维涓，马东萍，李永福，等. 一种烟梗原料的预处理方法：CN101766329B[P]. 2012-06-06.

[8] 李正武，余红涛，徐广晋，等. 一种再造烟叶原料废弃烟叶预处理梗叶分离工艺：CN103734899A[P]. 2014-04-23.

[9] 李正武，余红涛，徐广晋，等. 一种再造烟叶原料预处理工艺：CN103734896A[P]. 2014-04-23.

[10] 李正武，余红涛，徐广晋，等. 再造烟叶原料预处理梗叶分离及除杂设备：CN103769368A[P]. 2014-05-07.

[11] 宁夏，李永福，容辉，等. 一种再造烟叶成批原料评价抽样方法：CN103575562A[P]. 2014-02-12.

[12] 秦瑜，熊珍，邱晔，等. 造纸法再造烟叶生产原料现状探讨[J]. 现代农业科技，2015（22）：302-303+305.

[13] 熊珍，米兰，秦瑜，等. 再造烟叶生产原料化学成分因子分析[J]. 安徽农业科学，2015，43（30）：8-10+13.

[14] 黄晶，王建民，孙毅，等. 烟梗、烟叶配比对薄片产品得率的影响[J]. 湖北农业科学，2015，54（19）：4771-4773+4776.

[15] 邱晔，米兰，秦瑜，等. 一种再造烟叶生产原料配方预混系统：CN105581365A[P]. 2016-05-18.

[16] 刘恩芬，李波，武士杰，等. 原料预混处理在造纸法再造烟叶生产中的应用研究[J]. 江西农业学报，2017，29（12）：72-76.

[17] 秦瑜，米兰，熊珍，等. 一种再造烟叶生产原料水分调节的方法及设备：CN105686058B[P]. 2017-09-19.

[18] 王艳红，周桂园，张文军，等. 检验再造烟叶及烟草原料感官质量评价数据有效性的方法：CN108760985A[P]. 2018-11-06.

[19] 张文军，熊珍，周桂园，等. 一种造纸法再造烟叶原料梗叶分离方法：CN106723295B[P]. 2018-07-27.

[20] 秦瑜，李锐，李忠任，等. 一种含烟梗预处理的造纸法再造烟叶成品化学成分预测方法：CN107173844B[P]. 2018-08-21.

[21] 熊珍，周桂园，屠彦刚，等. 一种预测造纸法再造烟叶化学成分含量的方法：CN107183777B[P]. 2018-10-23.

[22] 吉松毅，潘志新，矣勇波，等. 造纸法再造烟叶原料预处理工艺及装备研究[J]. 湖北农业科学，2019，58（22）：178-181+184.

[23] 秦瑜，熊珍，张文军，等. 基于造纸法再造烟叶原料预测产品化学成分的方法[J]. 云南民族大学学报（自然科学版），2019，28（02）：130-134.

[24] 米兰，王保兴，周桂园，等. 再造烟叶烟梗原料化学成分及梗膏感官质量分析[J]. 湖北农

业科学，2019，58（05）：80-84.

[25] 曹环，容辉，孙毅，等. 两种不同烟梗预处理工艺在造纸法再造烟叶生产中的对比研究[J]. 纸和造纸，2019，38（01）：32-35.

[26] 董高峰，米兰，刘晶，等. 一种烟梗原料的筛选分组方法及其在再造烟叶中的应用：CN109549245A[P]. 2019-04-02.

[27] 苏丹丹，王小升，张文军，等. 不同梗叶比例对造纸法再造烟叶片基的影响[J]. 纸和造纸，2019，38（01）：28-31.

[28] 王茜茜，况志敏，刘建平，等. 一种新型再造烟叶生产用原料储存装置：CN214431704U[P]. 2021-10-22.

[29] 王茜茜，况志敏，刘建平，等. 一种新型再造烟叶生产用原料预混装置：CN213853190U[P]. 2021-08-03.

[30] 王茜茜，况志敏，刘建平，等. 一种再造烟叶生产用原料输送装置：CN213848713U[P]. 2021-08-03.

3 传统再造烟叶与烟叶的特征差异

为满足云南中烟创新产品开发需求，利用再造烟叶重组技术特性，开发还原烟叶原料型重组烟草产品。由于传统造纸法再造烟叶生产工艺的局限性，再造烟叶的热水可溶物含量一般为35%左右（烟叶原料的热水可溶物在50%以上），当涂布率超过40%时，产品出现结块并对后续卷烟生产使用造成重大的影响，因此，如何突破提升目前造纸法再造烟叶涂布率低、成品稳定性和均匀性较差等问题已成为重组烟草产品开发的关键之一。

本章分别从物理指标及微观结构、化学指标、耐加工特性及致香成分等方面系统地对比分析了再造烟叶与天然烟叶及卷烟叶组的差异，为还原烟叶原料型重组烟草产品和其他类型的重组烟草产品开发提供基础依据。

3.1 物理指标差异分析

传统再造烟叶与天然烟叶的色差对比如图3-1所示。不同造纸法再造烟叶产品的 L 值较为接近，平均为50.87，云南中部烟叶的 L^* 值（明度值）平均值为49.77，与再造烟叶差异不明显，然而再造烟叶的 a^* 值（红绿值）和 b^* 值（黄蓝值）与天然烟叶相差较大，天然烟叶的 a^* 值（红绿值）和 b^* 值（黄蓝值）均大于再造烟叶。

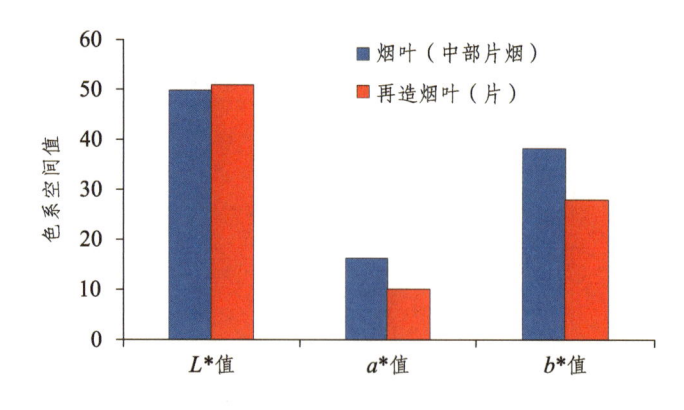

图3-1 再造烟叶与天然烟叶（C3F）的色泽差异对比

注：① CIE1976 $L^*a^*b^*$ 色空间：L^* 表示明度值（偏大白，偏小黑），a^* 表示红绿值（偏大红，偏小绿），b^* 表示黄蓝值（偏大黄，偏小蓝）。
② 图中数据均为平均值。

再造烟叶、天然烟叶及卷烟叶组热水可溶物的检测结果如图 3-2 示。一类烟的卷烟叶组的热水可溶物值与天然烟叶的热水可溶物值较为接近，再造烟叶的热水可溶物值显著小于卷烟叶组及天然烟叶的热水可溶物值，仅为天然烟叶的 58.45%。

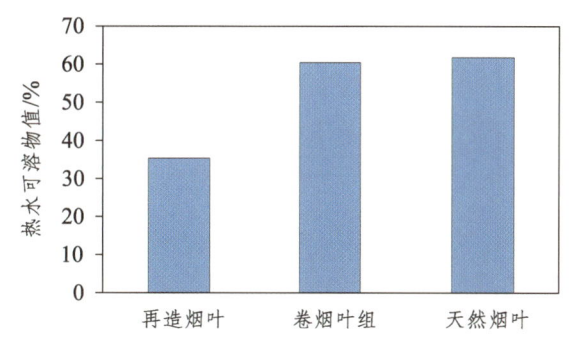

图 3-2　再造烟叶与天然烟叶及卷烟叶组热水可溶物值差异

再造烟叶与天然烟叶的微观结构如图 3-3 所示，再造烟叶与天然烟叶微观结构显著不同，再造烟叶的组织结构紧密，表面平整，附有颗粒状物质，截面未有明显孔隙分布；天然烟叶的组织结构疏松，表面光滑致密，呈褶皱状，截面分布有大量孔隙，内孔容积约为再造烟叶的 20 倍。

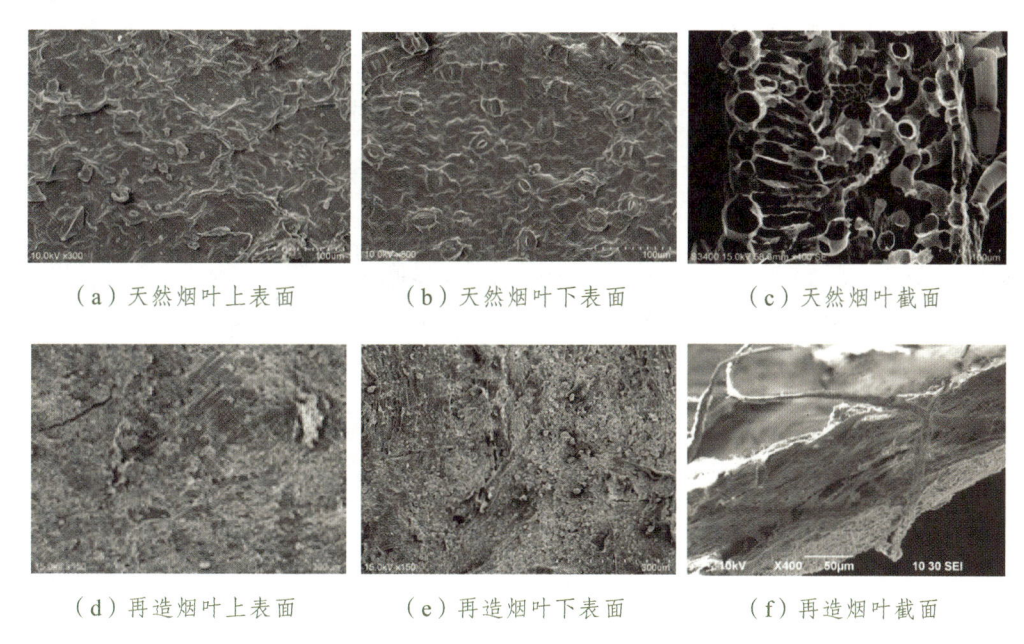

（a）天然烟叶上表面　　（b）天然烟叶下表面　　（c）天然烟叶截面

（d）再造烟叶上表面　　（e）再造烟叶下表面　　（f）再造烟叶截面

图 3-3　再造烟叶与天然烟叶上表面、下表面与截面的微观结构

再造烟叶的真密度和表观密度约为天然烟叶的 1.2 倍（图 3-4），再造烟叶的堆积密度远小于天然烟叶，约为天然烟叶的 56.91%。

再造烟叶与天然烟叶的吸湿和放湿特性如图 3-5 所示。再造烟叶干燥过程中的放湿速率与天然烟叶较为接近，但回潮过程中的吸湿速率大于天然烟叶。

图 3-4 再造烟叶与天然烟叶的密度差异

(a)

(b)

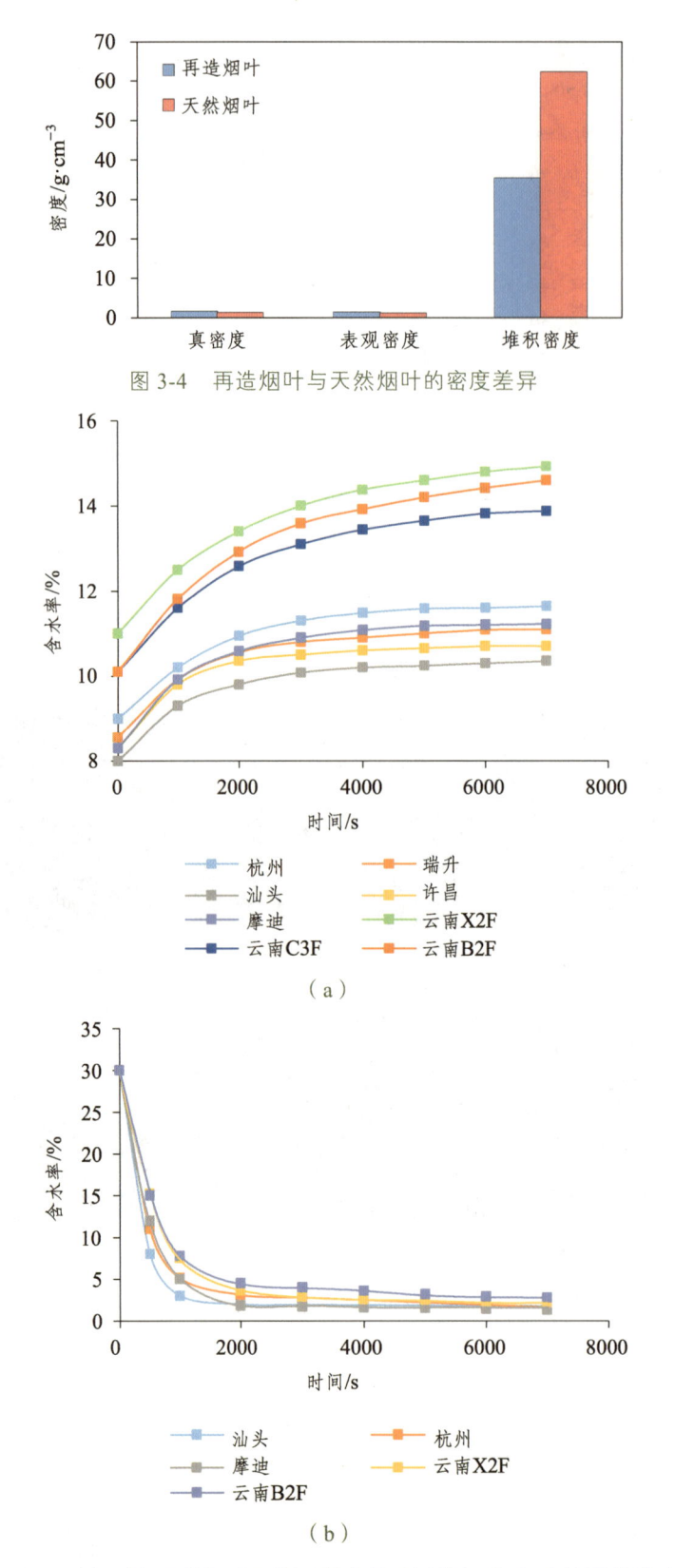

图 3-5 再造烟叶与天然烟叶回潮过程中的吸湿特性（a）和放湿特性（b）

如表 3-1 所示，再造烟叶的填充值约为天然烟叶的 1.36 倍，再造烟叶的抗张强度约为天然烟叶的 3.5 倍。

表 3-1　再造烟叶与天然烟叶的填充值、抗张强度（平均值）

样品类别	填充值/cm³·g⁻¹	抗张强度/kN·m⁻¹
天然烟叶（中部）	3.76	0.14
再造烟叶	5.12	0.48

3.2　化学指标差异分析

再造烟叶与天然烟叶的化学指标检测结果如表 3-2 所示，再造烟叶产品之间的化学指标差异较小，但再造烟叶与卷烟叶组及天然烟叶的化学指标有明显差异。天然烟叶的总糖和还原糖约为再造烟叶的 3 倍，卷烟叶组的总糖和还原糖约为再造烟叶的 2 倍；卷烟叶组与天然烟叶的总植物碱含量为再造烟叶的 2 倍以上；再造烟叶与天然烟叶的总氮含量较为接近，但小于卷烟叶组的总氮；卷烟叶组及天然烟叶的硝酸盐含量显著小于再造烟叶；再造烟叶的钾离子和氯离子含量与卷烟叶组及天然烟叶较为接近；再造烟叶的氮碱比是烟叶和卷烟烟丝的 2 倍左右。

表 3-2　再造烟叶与天然烟叶的化学指标检测结果　　　　　　　　　　　　单位：%

样品类别	样品代码	总糖	还原糖	总植物碱	总氮	硝酸盐	钾	氯	两糖比	糖碱比	氮碱比	钾氯比
天然烟叶*	B2F	29.38	23.54	3.42	2.08	—	1.61	0.44	0.80	8.59	0.61	3.66
	C3F	34.62	26.71	2.32	1.65	—	1.79	0.44	0.77	14.92	0.71	4.07
	X2F	33.31	26.2	1.74	1.48	—	2.07	0.52	0.79	19.14	0.85	3.98
卷烟叶组	TR-01	24.05	21.69	2.71	2.38	0.05	1.80	0.52	0.90	8.87	0.88	3.48
	TR-02	22.24	19.82	2.57	2.39	0.05	2.00	0.46	0.89	8.64	0.93	4.34
	平均	23.14	20.75	2.64	2.38	0.05	1.90	0.49	0.89	8.75	0.91	3.91
再造烟叶	平均	10.17	8.58	0.78	1.28	0.35	2.33	0.62	0.84	13.04	1.64	3.74

注：*2016—2020 年的 1000 个云南烟叶样品的平均值。

3.3　耐加工特性差异分析

耐加工特性方面主要从造碎率、耐水性、摩擦系数等指标考察了再造烟叶与天然烟叶的区别。再造烟叶与天然烟叶的切丝造碎率检测结果如表 3-3 所示，再造烟叶的切丝造碎率约为天然烟叶的 4.7 倍。

表 3-3　再造烟叶与天然烟叶的切丝造碎率检测结果

样品类别	样品代码	切丝造碎率/%
天然烟叶	中部	1.41
再造烟叶	RT-01	5.39
	RT-02	5.84
	RT-03	8.66
	RT-04	6.76
	RT-05	6.93
	RT-06	6.51
	平均	6.68

再造烟叶与天然烟叶的耐水性和摩擦系数分析检测结果如表 3-4 所示。再造烟叶的耐水性平均在 12 min 以内，天然烟叶在 60 min 以上，天然烟叶耐水性远大于再造烟叶；再造烟叶的静摩擦系数和动摩擦系数均小于天然烟叶。

表 3-4　再造烟叶与天然烟叶的耐水性和摩擦系数检测结果

样品类别	耐水性/min	静摩擦系数	动摩擦系数
天然烟叶	60	0.31～0.46	0.05～0.20
再造烟叶	12	0.48～0.64	0.35～0.54

3.4　致香成分差异分析

再造烟叶、卷烟烟丝致香成分结果如表 3-5 所示，从致香成分总量来看，卷烟烟丝的致香成分总量显著高于再造烟叶，再造烟叶的致香成分总量仅是卷烟烟丝的 30% 左右。

表 3-5　再造烟叶和卷烟烟丝致香成分检测结果

序号	保留时间/min	化合物名称	再造烟叶	TR-01	TR-02
1	2.29	1-戊烯-3-酮	0.45	0.29	0.41
2	2.48	3-羟基-2-丁酮	0.07	0.20	0.33
3	2.69	3-甲基-1-丁醇	0.09	0.07	0.18
4	2.71	丙二醇	0.28	0.27	0.32
5	2.83	吡啶	0.28	0.18	0.17
6	3.26	3-甲基-2-丁烯醛	0.06	0.14	0.10
7	3.44	己醛	0.14	0.28	0.35
8	3.54	面包酮	0.16	0.05	0.04
9	3.91	糠醛	1.26	3.19	2.75
10	4.18	2-甲基-丁酸	—	0.08	0.12
11	4.22	糠醇	0.35	1.02	0.74

续表

序号	保留时间/min	化合物名称	再造烟叶	TR-01	TR-02
12	4.71	2-环戊烯-1,4-二酮	0.54	1.20	1.03
13	5.18	1-(2-呋喃基)-乙酮	0.06	0.15	0.11
14	5.21	丁内酯	0.11	0.31	0.19
15	5.84	2-吡啶甲醛	0.09	0.09	0.06
16	5.92	糠酸	0.16	0.25	0.28
17	6.08	苯甲醛	0.17	0.16	0.13
18	6.11	5-甲基糠醛	0.06	0.14	0.11
19	6.38	己酸	—	0.32	0.25
20	6.53	6-甲基-5-庚烯-2-酮	0.30	0.44	0.30
21	6.61	2-戊基呋喃	0.26	0.14	0.08
22	6.73	2,4-庚二烯醛 A	0.21	—	—
23	6.80	4-吡啶甲醛	0.12		
24	6.98	2,4-庚二烯醛 B	0.21	—	—
25	7.34	2-乙基-1-己醇	—	0.09	0.09
26	7.37	甲基环戊烯醇酮	—	0.33	0.16
27	7.43	苯甲醇	0.88	1.35	1.04
28	7.63	苯乙醛	0.51	0.63	0.45
29	7.91	1-(1H-吡咯-2-基)-乙酮	0.28	1.18	0.82
30	8.18	顺-α,α-5-三甲基-5-乙烯基四氢化呋喃-2-甲醇	—	—	—
31	8.25	3,7-二甲基-2,6-辛二烯醛	0.23		
32	8.48	2-甲氧基-苯酚	0.06		
33	8.66	芳樟醇	0.06	0.25	0.16
34	8.75	壬醛	0.11		
35	8.77	3,5,5-三甲基-2-环戊烯-1-酮	0.05	—	
36	8.84	1-(3-吡啶基)-乙酮	0.09	0.10	0.05
37	8.96	苯乙醇	0.39	1.31	0.69
38	9.12	1-甲基-1H-吡咯-2-甲醛	0.04	—	
39	9.55	氧化异佛尔酮+未知物	0.34	0.24	0.15
40	9.67	2,6-壬二烯醛	0.14	0.10	0.06
41	9.72	反式-薄荷酮	—	3.17	
42	9.92	顺式-薄荷酮	—	0.65	
43	10.07	薄荷醇	—	0.72	0.36
44	10.47	苯并[b]噻吩	0.13	—	
45	10.54	乙基麦芽酚	0.05	0.24	0.13

续表

序号	保留时间/min	化合物名称	再造烟叶	TR-01	TR-02
46	10.59	藏花醛	0.05	—	—
47	10.62	癸醛	0.09	—	—
48	10.97	胡薄荷酮	0.06	—	—
49	11.10	2,3-二氢苯并呋喃	0.28	—	—
50	12.35	吲哚	0.32	0.55	0.33
51	12.69	2-甲氧基-4-乙烯基苯酚	0.55	1.86	1.26
52	13.09	三醋酸甘油酯	—	1.53	4.06
53	13.26	丁子香酚	—	1.19	0.65
54	13.44	茄酮	1.92	16.26	13.93
55	13.81	β-大马酮	1.37	6.36	5.62
56	14.29	β-二氢大马酮	0.63	2.15	1.86
57	14.44	去氢去甲基烟碱	0.50	0.31	0.17
58	14.83	香叶基丙酮	1.15	2.15	1.56
59	15.00	紫苏萆	—	1.33	—
60	15.45	β-紫罗兰酮+未知物	1.40	3.43	2.64
61	16.01	3-(1-甲基乙基)(1H)吡唑[3,4-b]吡嗪	—	2.03	1.53
62	15.98	丁基化羟基甲苯	0.20	—	—
63	16.35	2,3'-联吡啶	0.39	1.37	0.96
64	16.43	二氢猕猴桃内酯	1.04	3.20	2.23
65	16.78	未知物	—	2.67	—
66	17.01	巨豆三烯酮 A	1.36	2.57	2.05
67	17.05	未知物	—	3.58	—
68	17.12	未知物	—	3.17	—
69	17.16	未知物	—	3.56	—
70	17.37	巨豆三烯酮 B	3.10	9.52	6.98
71	18.07	巨豆三烯酮 C	0.82	2.48	1.98
72	18.30	巨豆三烯酮 D	2.59	8.50	7.21
73	18.64	3-氧代-α-紫罗兰醇	0.33	0.67	0.58
74	19.80	十四醛	0.95	0.82	0.56
75	20.11	肉豆蔻酸甲酯	0.77	0.58	0.77
76	20.56	肉豆蔻酸	0.84	2.30	1.61
77	20.62	苯甲酸苄酯	—	3.18	1.38
78	20.74	降茄二酮	1.18	—	—
79	21.02	蒽	1.16	0.87	0.89

续表

序号	保留时间/min	化合物名称	再造烟叶	TR-01	TR-02
80	21.43	茄那士酮	2.24	2.25	1.77
81	21.89	新植二烯	120.01	457.59	408.25
82	21.91	未知物	—	6.70	4.27
83	22.33	邻苯二甲酸二丁酯	11.00	30.48	9.32
84	23.03	金合欢基丙酮 A	6.15	9.39	7.71
85	23.08	棕榈酸甲酯	2.02	13.43	14.32
86	23.60	棕榈酸+未知物	11.07	82.67	74.86
87	24.01	棕榈酸乙酯	1.01	8.06	8.96
88	24.95	寸拜醇	6.54	11.85	10.29
89	25.41	亚麻酸甲酯	8.96	28.60	29.83
90	25.55	植醇	9.37	—	—
91	27.17	西柏三烯二醇	11.47	19.40	14.30
92	28.62	金合欢基丙酮 B	1.87	0.95	0.75
		总量	223.48	778.37	657.63
		总量-新植二烯	103.47	320.78	249.38

综上所述，再造烟叶的物理指标、微观结构、化学指标、耐加工特性及香气物质等方面与天然烟叶存在明显差异，这也是再造烟叶对卷烟烟支理化指标和烟气指标具有调节功能的基础。

参考文献

[1] 张碰元，范运涛，刘维涓，等. 不同烟碎片制备的造纸法再造烟叶致香成分分析比较[J]. 光谱实验室，2008（06）：1239-1243.

[2] 刘维涓，王亚明，刘刚，等. 烤烟烟叶与造纸法再造烟叶热裂解产物的对比分析[J]. 林产化学与工业，2009，29（06）：86-92.

[3] 殷艳飞，王浩雅，段如敏，等. 一种造纸法再造烟叶平滑度及其两面差的测定方法：CN104101323A[P]. 2014-10-15.

[4] 赵英良，殷艳飞，郝明显，等. 涂布对造纸法再造烟叶纸基物理性能的影响[J]. 中华纸业，2015，36（08）：40-42.

[5] 吴丽君，段如敏，殷艳飞，等. 再造烟叶质量差异性分析与研究[J]. 食品工业，2016，37（04）：192-196.

[6] 陈正春，李伟，矣勇波，等. 造纸法再造烟叶产品结块影响因素研究[J]. 中国标准化，2018（22）：165-166.

[7] 刘恩芬，彭丽娟，陈正春，等. 缓解造纸法再造烟叶产品结块的技术研究[J]. 纸和造纸，2020，39（05）：13-15.

4 再造烟叶微观结构表征及热力学特性分析

4.1 再造烟叶微观结构表征

造纸法将烟草原料的纤维疏解再重新以自然无序的形式交织成再造烟叶，其具有密度小、填充值大、机械性能好、焦油量低等优点。目前造纸法是再造烟叶的主要生产技术，其加工工艺对再造烟叶的"微观"结构和吸食品质、物理性能起到关键作用。

4.1.1 再造烟叶表面 SEM 比较

图 4-1 是再造烟叶产品的 SEM，国产再造烟叶的有序结构较国外 A 再造烟叶稍强，国内 B 产品尤为明显。而国外 A 产品在 1000 倍放大情况下难以看到有序结构，表面细碎的颗粒具有比较杂乱的立体几何形貌，可能是生产过程中添加的碳酸钙等无机盐晶体。

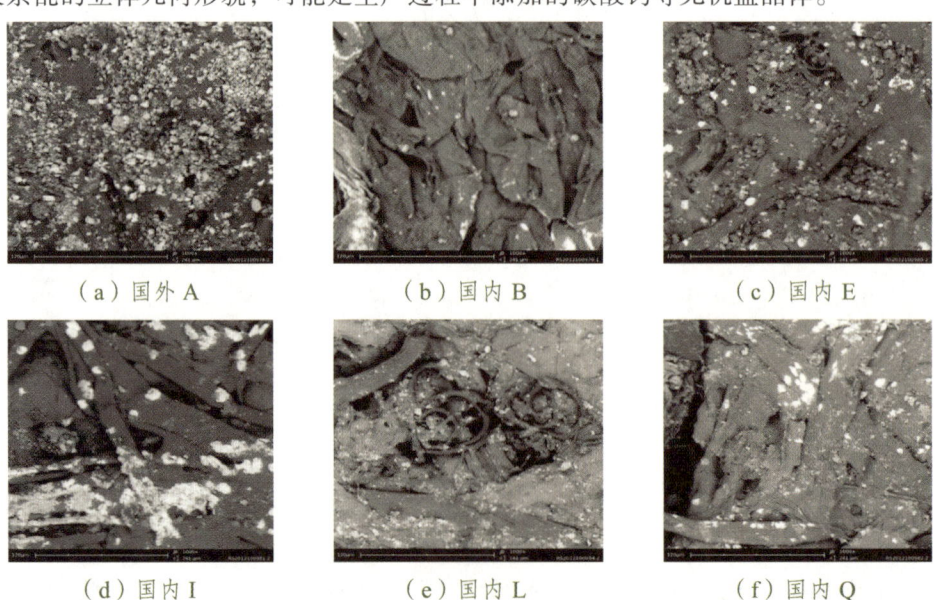

(a) 国外 A　　(b) 国内 B　　(c) 国内 E

(d) 国内 I　　(e) 国内 L　　(f) 国内 Q

图 4-1　再造烟叶的表面 SEM 照片（放大 1000 倍）

4 再造烟叶微观结构表征及热力学特性分析

为了对国外 A 产品和国内产品的碳酸钙形貌做进一步的考察，其高放大倍数的 SEM 如图 4-2 所示。国外 A 产品的碳酸钙形貌不规整，碳酸钙尺寸不均一。而国内产品中所添加的碳酸钙主要为"纺锤"形貌，其形貌较规整。主要是国内产品的碳酸钙较易聚集，一方面可能是由于碳酸钙的添加工艺环节不同，另一方面改性的助剂可溶解部分碳酸钙，且助剂的加入将碳酸钙"包裹"起来，致使碳酸钙聚集，不利于分散。

（a）国内产品　　　　（b）国外 A

图 4-2　国产产品和国外产品的碳酸钙形貌图

4.1.2　再造烟叶 XRD 表征

利用广角 X 射线衍射（WAXD）观察了国内外不同企业生产的再造烟叶产品填料碳酸钙，其表征结果如图 4-3 所示，国外 A 产品中碳酸钙含量较高，且可能还含有其他无机盐。

（a）　　　　（b）

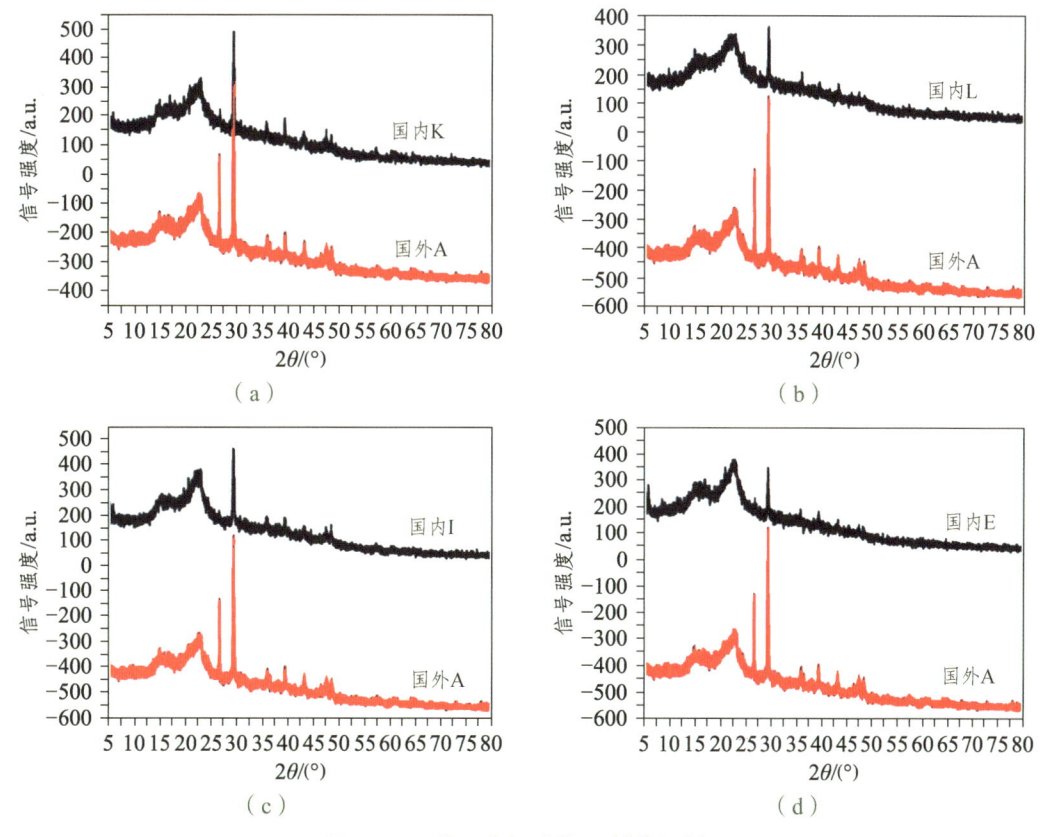

（c）　　　　（d）

图 4-3　5 种再造烟叶的 X 射线衍射图

4.1.2.1 再造烟叶 WAXD 结果比较

由图 4-3 可知，各个再造烟叶产品在衍射角 5°~80°有很多尖锐的衍射峰，5 种产品中均出现了碳酸钙的衍射峰，即 2θ 为 29.8°、36.3°、39.8°、43.4°、47.3°和 48.9°的衍射峰，分别对应（104）、（110）、（113）、（202）、（018）和（116）衍射面。此外，国外 A 产品的碳酸钙含量最大，这与 SEM 结果完全一致。

4.1.2.2 碳酸钙与国外 A 产品的 WAXD 结果比较

由图 4-3 可知，国外 A 产品在衍射角 5°~80°具有独特的衍射峰，即 2θ 为 26.5°的衍射峰，而其他产品中均没有出现此衍射峰。为了进一步确定国外 A 产品填料的组成成分，对国外 A 产品和国内某企业所用填料碳酸钙进行了 WAXD 比较，结果如图 4-4 所示。

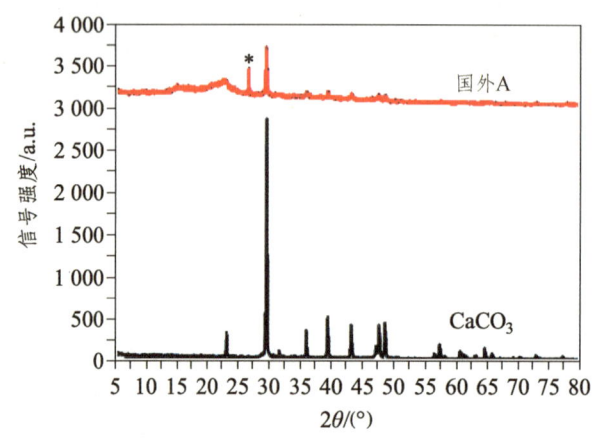

图 4-4 国外 A 产品和绵竹碳酸钙的 X 射线衍射图

由图 4-4 可知，国外 A 产品的 X 射线衍射图中存在碳酸钙以外的衍射峰，即图中的标记处。为了进一步证明，国外 A 产品中各衍射峰对应的物质成分，对其 X 射线衍射图进行了比对分析，其结果如图 4-5 所示。

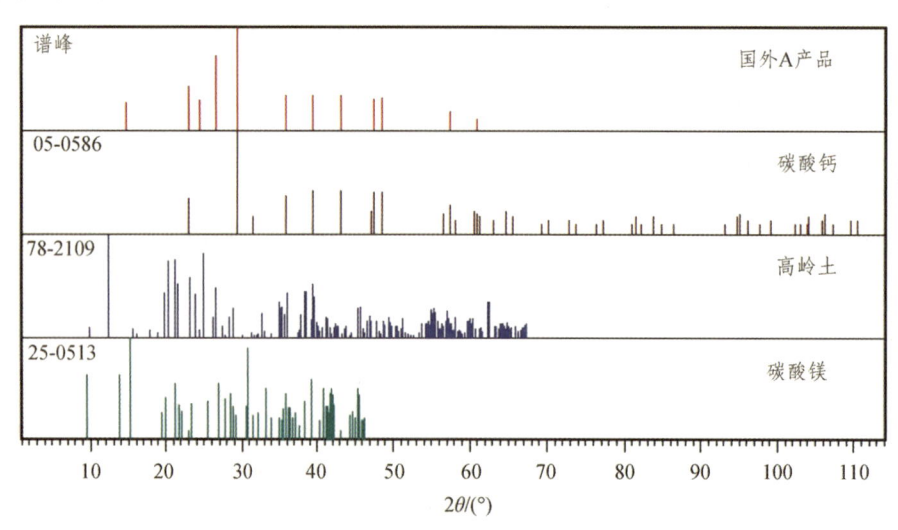

图 4-5 国外 A 产品与碳酸钙、高岭土、碳酸镁谱峰对比图

国外 A 产品与标准碳酸钙的 WAXD 谱图相比，多了以下几个衍射峰，2θ 分别为 14.7°、24.4°和 26.5°。其中，2θ 为 14.7°对应的是纤维素的 X 射线衍射峰；而 2θ 为 24.4°、26.5°与高岭土、碳酸镁中的部分谱峰对应，即国外 A 产品中可能含有碳酸镁和高岭土等成分。

4.1.3　国内外再造烟叶碳酸钙含量

再造烟叶中碳酸钙含量的高低，会影响再造烟叶的填充性、松厚度、灰分和燃烧速度等性能。国内外再造烟叶产品的碳酸钙和热水可溶物的测定结果见表 4-1。国外 A 产品的热水可溶物相对偏低，而国外 A 产品中碳酸钙含量达到 7.79%，高于国内再造烟叶产品，与 SEM 和 XRD 的表征结果一致。

表 4-1　再造烟叶热水可溶物和碳酸钙含量的测定结果

样品名	热水可溶物/%	碳酸钙/%
国外 A	36.61	7.79
国内 I	37.50	4.78
国内 K	38.29	5.40
国内 L	40.44	2.64
国内 Q	34.79	5.08

4.1.4　物理性能的比较

再造烟叶的结构是影响再造烟叶物理性能的主要因素之一。从表 4-2 可知，国外 A 再造烟叶结构均匀，细碎颗粒较多，填充性能适中。国内 E 再造烟叶正是由于结构松散且再造烟叶的表面具有孔洞，所以填充值较高。国内 L 再造烟叶产品的结构较紧密，导致其填充值低。其他再造烟叶产品的填充值在标准控制范围内（通常再造烟叶产品的标准填充值：≥5 cm³/g），填充值的结果与再造烟叶的 SEM 结果一致。

表 4-2　国内外再造烟叶的填充值和含水率的测定结果

样品名称	填充值/cm³·g⁻¹	含水率/%
国外 A	5.77	8.81
国内 B	5.58	9.84
国内 E	5.72	9.66
国内 I	5.48	9.85
国内 K	5.63	9.15
国内 L	4.87	10.33
国内 Q	5.28	10.77

综上所述，通过对国内外再造烟叶样品的微观结构与物理性能的分析比较，发现再造烟叶结构决定其物理性能。国产再造烟叶的表面结构较光滑，碳酸钙的分布不均匀，且烟梗、烟叶抄造得不均匀，致使烟梗和烟叶纤维在再造烟叶上聚集。国外再造烟叶表面结构无序，

细碎颗粒较多，产品中含大量碳酸钙晶体，填充值处于平均水平。此外，国内产品碳酸钙的形貌比较规整；国外产品碳酸钙的形貌不规整，且尺寸不均一。

4.2 造纸法再造烟叶的热力学特性分析

4.2.1 针叶木浆的热力学分析

针叶木浆主要是由纤维素、半纤维素和木质素组成，半纤维素主要在 225～350 ℃ 分解，纤维素主要在 325～375 ℃ 分解，木质素在 250～500 ℃ 分解。纤维素是由 β-D-葡萄糖通过 C—C 苷键连接起来的链状高分子化合物，半纤维素是脱水糖基的聚合物，当温度高于 500 ℃，纤维素和半纤维素将挥发成气体并形成少量炭。木质素是具有芳香族特性的、非结晶性的、具有三维空间结构的高聚物，木质素中的芳香族成分受热时分解比较慢，主要形成炭。

在给定的升温速率下，随着温度的升高，N_2 气氛的针叶木浆热裂解主要过程分为四个阶段（图 4-6）。

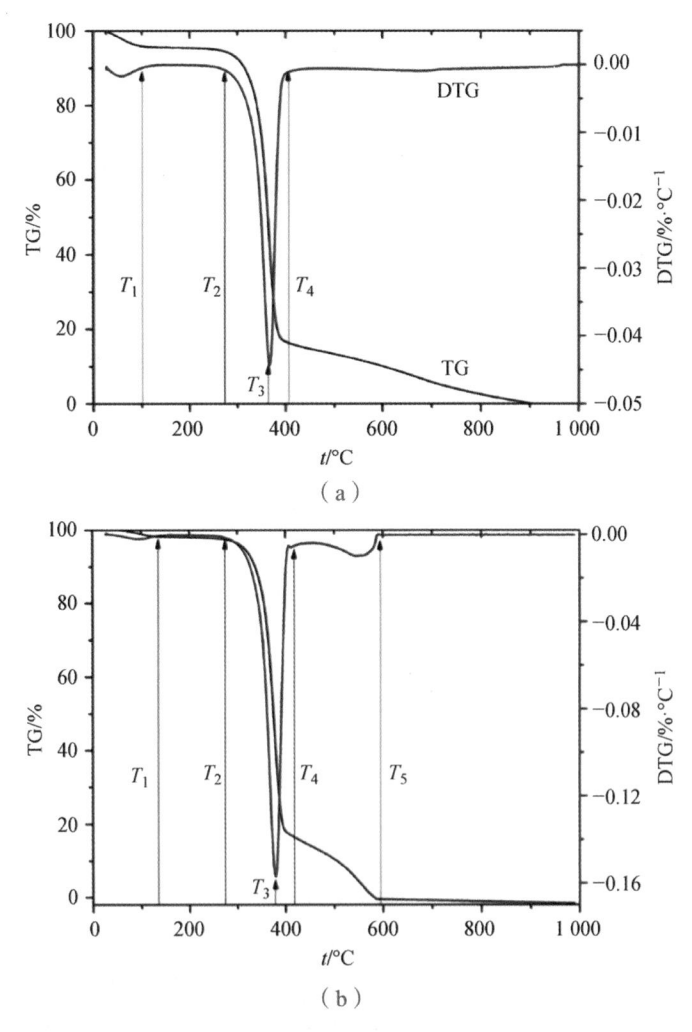

图 4-6 针叶木浆在 N_2（a）和 N_2+O_2（9%）（b）气氛下的热裂解失重过程

第一区域是从室温到 T_1 的部分，在该区域中针叶木浆除了温度升高外，针叶木浆开始失去自由水。在 T_1 至 T_2 的第二区域内，热重曲线基本成一平台，期间发生微量的失重。这是针叶木浆中的纤维素发生解聚及"玻璃化转变"现象的一个缓慢过程。第三区域是从 T_2 到 T_4 阶段，该区域是针叶木浆热裂解过程的主要阶段，80%左右的失重都发生在该区域。在该范围内纤维素等热裂解生成小分子气体和大分子的可冷凝挥发份而造成明显的失重，并在 T_3 时，针叶木浆的失重速率达到最大值。此阶段吸收的热量占整体反应的主要部分。最后一个区域对应于残留物的缓慢分解，并在最后生成部分炭和灰分。

N_2+O_2（9%）气氛的针叶木浆热裂解主要经历分为五个阶段（图4-6）。前三个阶段与 N_2 气氛的针叶木浆热裂解相似。第四区域是从 T_4 至 T_5 阶段，该区域内高温难分解的物质（如炭）在氧气作用下，氧化分解，因此此阶段也是吸收热量的阶段。最后一个区域基本没有失重，热重曲线和DTG曲线均为一平台，最后生成灰分。

针叶木浆不同气氛及不同升温速率的热失重分析结果表明：① 在氮气气氛下，其热重主要分为四个阶段；而在 N_2+O_2（9%）下，其热重分为五个阶段。② 升温速率增加，各个阶段的起始和终止温度向高温侧轻微移动，并且主反应区间也增加。③ 在相同的升温速率条件下，氧气的存在可以降低各个阶段起始和终止温度，且主反应区间也减小。此外，氧气的存在可以加速物质的氧化分解，其失重速率比相同升温速率条件下氮气气氛下的失重速率要高，且最终的剩余物比例也比在氮气气氛下热分解的剩余物比例小。由于阔叶木浆的热力学特性与针叶木浆相近，不再赘述。

4.2.2 再造烟叶基片的热力学分析

在给定的升温速率下，随着温度的升高，N_2 气氛的基片热裂解经历主要分为五个阶段（图4-7）。

第一区域是从室温到 T_1 的部分，在该区域中基片除了温度升高外，基片开始失去自由水，且挥发性物质受热引起的。随着温度的升高，基片上的单糖和其他一些小分子物质因热裂解而引起失重，在该区域失重约为7%。在 T_1 至 T_3 的第二区域内，基片热裂解的主要阶段，57%左右的失重都发生在该区域。在该范围内纤维素、木质素等热裂解生成小分子气体和大分子的可冷凝挥发份而造成明显的失重，并在 T_2 时，基片的失重速率达到最大值。此阶段吸收的热量占整体反应的主要部分。此外，在260 °C 左右，DTG曲线有一个小峰，这是由于半纤维素和助留助滤剂瓜尔胶的分解。第三区域是从 T_3 到 T_4 阶段，该区域为残留物的缓慢分解，TG曲线呈现缓慢的失重，其失重约为14%。第四区域是从 T_4 至 T_5 阶段，DTG曲线有一个峰，这可能是由于基片中的金属盐和填料碳酸钙的分解，致使基片受热失重，其失重比例约为8.5%。最后一个区域对应于残留物的缓慢分解，并在最后生成部分炭和灰分。

N_2+O_2（9%）气氛的基片热裂解经历主要分为五个阶段（图4-7）。前两个阶段与 N_2 气氛的基片热裂解经历相似。第三区域是从 T_3 到 T_4 阶段，20%左右的失重发生在该阶段，这是由于氧气使得第二区域所形成的焦炭氧化分解，从而致使TG曲线迅速降低。第四区域是从 T_4 至 T_5 阶段，DTG曲线有一个峰，这可能是由于基片（含填料）中的金属盐和填料碳酸钙的分解，致使基片受热失重，其失重约为6.5%。最后一个区域基本没有失重，热重曲线和DTG曲线均为一平台，最后生成灰分。

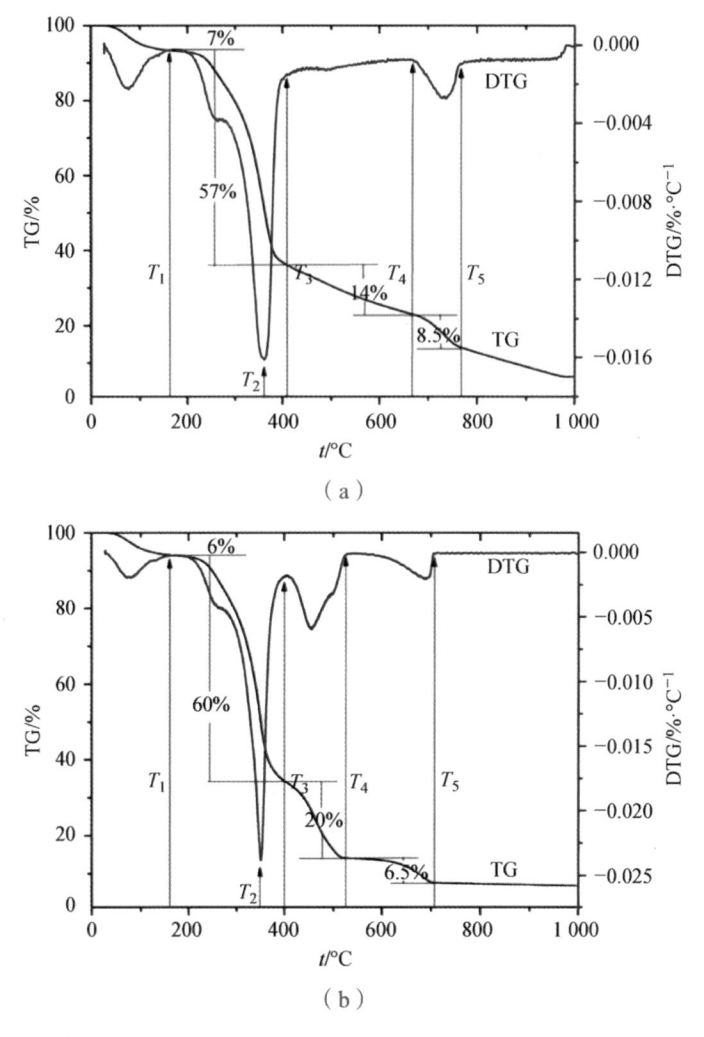

图 4-7 基片在 N_2（a）和 N_2+O_2（9%）（b）气氛下的热裂解失重过程

4.2.3 涂布液（固体）的热力学分析

将某烤烟型再造烟叶的涂布液在(105 ± 2) ℃的烘箱中，烘至绝大部分水分失去，且不流动为止，将该固体进行热失重分析。在 10 ℃/min 的升温速率下，随着温度的升高，涂布液（固体）热裂解过程如图 4-8 所示。

涂布液（固体）的热裂解行为与木浆纤维和基片的热裂解行为有明显不同，涂布液（固体）的热裂解没有明显的温度区间。在氮气气氛下，涂布液（固体）连续失重，这可能是由于涂布液（固体）中的成分较复杂。众所周知，涂布液是由梗膏、叶膏、外源性烟用香精香料（植物提取物）及其他添加剂组成，其成分中具有单糖、多糖、酯类、酮类等成分，且由于其各类化合物之间可形成共聚物，其化学性能较复杂，因此，其热裂解出现连续失重的现象。另外，由 DTG 曲线可以看出，在 $100\sim340$ ℃ 区间，涂布液（固体）有明显的热失重。

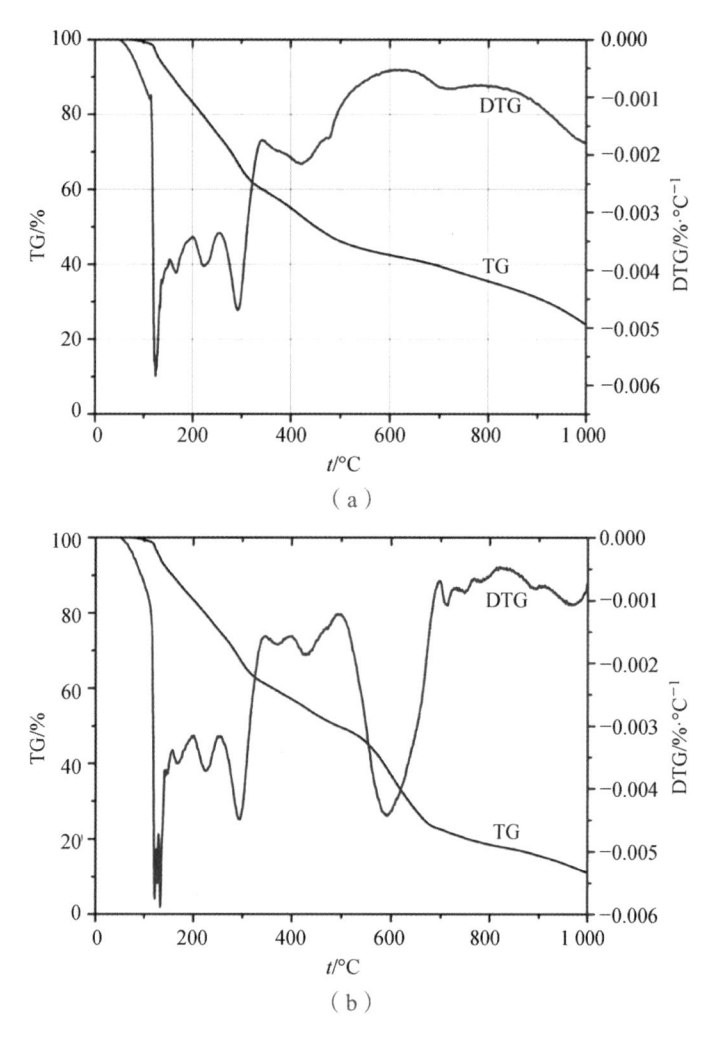

图 4-8 涂布液（固体）在 N_2（a）和 N_2+O_2（9%）（b）气氛下的热裂解失重过程

在 N_2+O_2（9%）气氛下，随着温度升高，涂布液（固体）连续失重，这可能是由于涂布液（固体）中的成分较复杂。另外，由 DTG 曲线可以看出，在 100~340 ℃ 区间，涂布液（固体）有明显的热失重；在 500~700 ℃ 区间，涂布液（固体）有明显的快速失重。且在 700 ℃ 时，其失重率达到 78% 左右。

涂布液（固体）不同气氛的热失重分析结果表明：① 涂布液（固体）的热裂解行为与木浆纤维和基片的热裂解行为有明显不同，涂布液（固体）的热裂解没有明显的温度区间。② 升温速率增加，各个阶段的起始和终止温度向高温侧轻微移动，并且主反应区间也增加。③ 在相同的升温速率条件下，高于 400 ℃ 时，氧气的存在可以加速物质的氧化分解，其失重速率比相同升温速率条件下氮气气氛下的失重速率要高，且最终的剩余物比例也比在氮气气氛下热分解的剩余物比例小。

4.2.4 再造烟叶的热力学分析

在 10 ℃/min 的升温速率下，随着温度的升高，再造烟叶的热裂解经历五个阶段（图 4-9）。

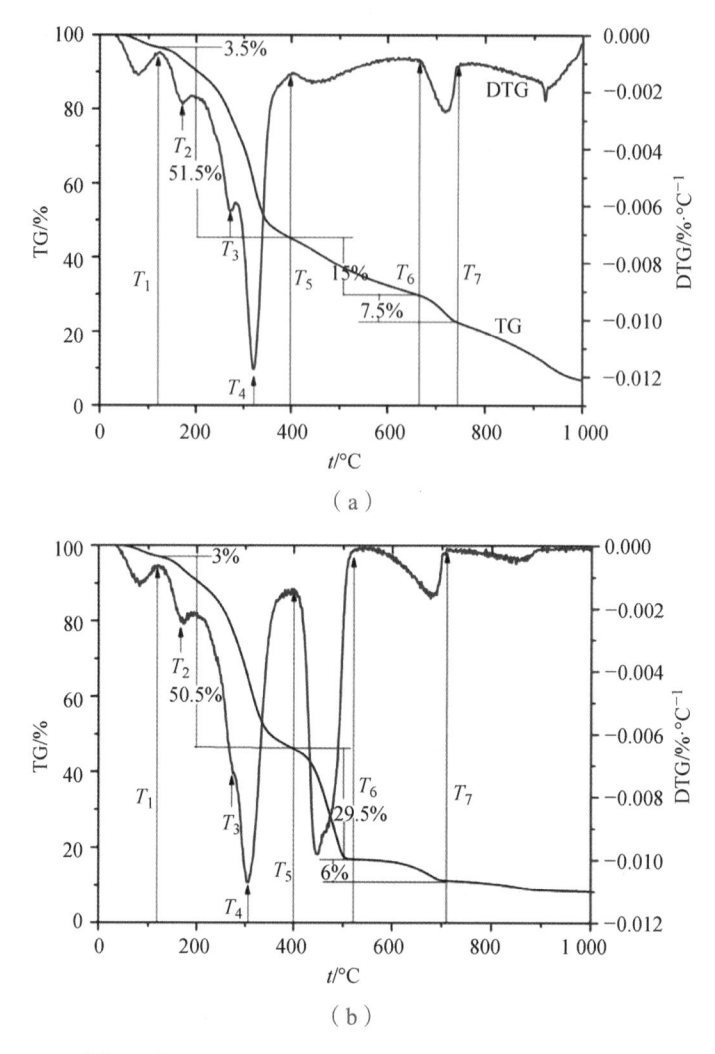

图 4-9　再造烟叶在 N_2（a）和 N_2+O_2（9%）（b）气氛下的热裂解失重过程

再造烟叶在 N_2 气氛下，第一区域是从室温到 T_1 的部分，在该区域中再造烟叶除了温度升高外，再造烟叶开始失去自由水和挥发性物质，在该区域失重约为 3.5%。在 T_1 至 T_5 的第二区域内，再造烟叶热裂解的主要阶段，51.5%左右的失重都发生在该区域。在该范围内纤维素、木质素、半纤维素、单糖等热裂解生成小分子气体和大分子的可冷凝挥发份而造成明显的失重，并在 T_4 时，再造烟叶的失重速率达到最大值。此阶段吸收的热量占整体反应的主要部分。此外，在 170 ℃ 左右（T_2），DTG 曲线有一个小峰，这是试样中的单糖和其他一些小分子物质因热裂解而引起的；在 260 ℃ 左右（T_3），DTG 曲线有一个小峰，这是由于半纤维素和助留助滤剂瓜尔胶的分解。第三区域是从 T_5 到 T_6 阶段，该区域为残留物的缓慢分解，TG 曲线呈现缓慢的失重，其失重约为 15%。第四区域是从 T_6 至 T_7 阶段，DTG 曲线有一个热失重峰，这可能是由于再造烟叶中的金属盐和填料碳酸钙的分解，致使再造烟叶受热失重，其失重比例约为 7.5%。最后一个区域对应于残留物的缓慢分解，并在最后生成部分炭和灰分。

再造烟叶在 N_2+O_2（9%）气氛下，前两个阶段与 N_2 气氛下的热裂解相似。第三区域是从 T_5 到 T_6 阶段，29.5%左右的失重发生在该阶段，这是由于氧气使得第二区域所形成的焦炭氧化分解,从而致使 TG 曲线迅速降低。第四区域是从 T_6 至 T_7 阶段,DTG 曲线有一个热失重峰,这可能是由于再造烟叶中的金属盐和填料碳酸钙的分解,致使再造烟叶受热失重,其失重比例约为 6%。最后一个区域对应于残留物的缓慢分解,并在最后生成部分炭和灰分。

4.2.5 不同升温速率和不同气氛下热失重的比较

不同升温速率下,再造烟叶热裂解的 TG 曲线和 DTG 曲线(图 4-10)具有一致的趋势,随着升温速率的增加,各个阶段的起始和终止温度向高温侧轻微移动,并且主反应区间也增加。这是因为达到相同温度,升温速率越高,试样经历的反应时间越短,从而反应程度越低。同时升温速率影响到测点与试样、外层试样与内部试样间的传热温差和温度梯度,导致热滞后现象加重,致使曲线向高温侧移动。随着升温速率的增加,再造烟叶热裂解的炭产量逐渐减少。这里所定义的炭产量,并非整个热裂解过程的最终残留物含量,而是指主反应区域的炭生成量。高升温速率对炭的生成具有抑制作用,有利于挥发物质的生成。

(a)

(b)

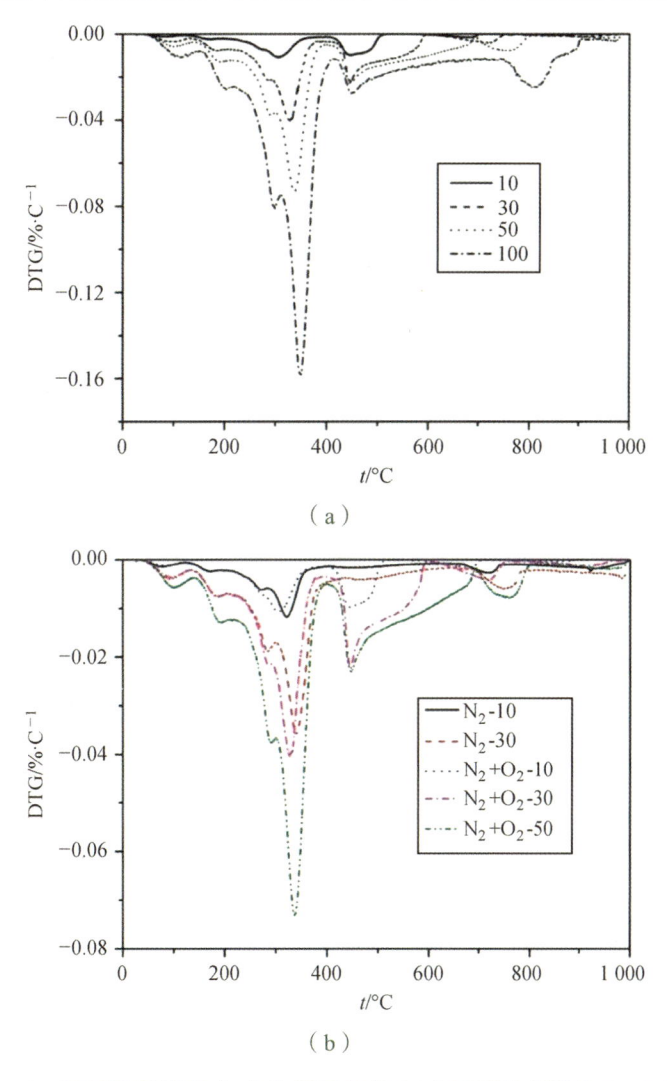

图 4-10 不同升温速率(a)和不同气氛(b)下再造烟叶的 DTG 曲线

不同气氛不同升温速率下再造烟叶的DTG曲线表明，在有氧气和无氧气条件下，试样热失重有明显差距。氧气可以使试样在400~800 ℃具有明显大于无氧气条件下试样在400~800 ℃区间的热失重。随着升温速率的增加，热失重区间的起始和终止温度向高温侧移动。

4.3 造纸法再造烟叶的热裂解特性分析

为了更好地研究再造烟叶在不同的燃烧温度下其热解产物的状况，利用热裂解分析手段模拟针叶木浆、基片和再造烟叶的燃烧状态，并根据热力学性能的分析，选择了三个燃烧温度区间对针叶木浆、基片和再造烟叶的热裂解产物进行分析和研究。

4.3.1 针叶木浆

4.3.1.1 N_2气氛

表4-3给出了针叶木浆在N_2条件下，在不同温度区间下的热裂解产物的相对峰面积值占比。从总体上看，针叶木浆在三个温度区间的热裂解产物主要有酚类、酮类、醛类、烯烃类等物质。其中，在300~700 ℃和300~900 ℃温度区间下的热裂解产物种类均明显多于300~500 ℃区间下的，且在这两个温度区间下均含有一定量的苯及其同系物，而300~500 ℃条件下的热裂解产物中基本不含此类化合物。

表4-3 针叶木浆在不同温度区间下热裂解产物的分析结果

保留时间/min	化合物名称	峰面积归一化百分含量/% 300~500 ℃	300~700 ℃	300~900 ℃
2.35	巴豆醛	0.85	1.74	0.81
2.44	1-羟基-2-丙酮	0.85	0.58	0.62
3.21	1,2-丙二醇	0.46	0.3	0.1
3.28	3-戊烯-2-酮	—	—	0.24
3.43	2-甲基-呋喃	2.55	5.48	2.95
4.52	糠醛	42.95	14.29	8.88
4.65	3-甲基-2(5H)-呋喃酮	0.54	—	—
5.42	糠醇	1.82	0.54	0.47
6.15	2-环戊烯-1,4-二酮	—	0.33	—
6.71	糠基甲酸酯	—	0.54	0.28
6.84	1-(2-呋喃基)-乙酮	0.38	0.38	0.22
6.91	2(5H)-呋喃酮	0.33	0.87	0.66
7.15	2-羟基-2-环戊烯-1-酮	0.4	—	—
7.91	5-甲基-2-糠醛	3.68	1.87	1.13
8.21	苯甲醛	0.35	0.58	0.22
8.79	苯酚	—	0.23	0.25

续表

保留时间 /min	化合物名称	峰面积归一化百分含量/% 300~500 °C	300~700 °C	300~900 °C
9.15	2H-吡喃-2,6(3H)-二酮	—	0.34	0.35
10.09	2-羟基-3-甲基-2-环戊烯-1-酮	0.25	0.27	0.28
10.21	2-环己烯-1,4-二酮	—	0.2	0.11
10.95	2-甲基-苯酚	—	0.6	0.43
11.39	糠酸	—	—	0.39
11.57	4-甲基-苯酚	—	0.25	0.21
11.63	2,5-呋喃二甲醛	—	0.92	0.54
11.8	2-糠酸甲酯	0.47	0.5	0.41
12	2-甲氧基-苯酚	0.24	—	—
12.44	壬醛	0.64	—	—
12.57	2-甲基-苯并呋喃	—	0.32	0.22
12.67	麦芽酚	—	—	0.4
13.69	3,5-二甲基-苯酚	—	0.44	0.26
13.76	1-甲基-1H-茚	—	—	0.33
13.93	2-甲基茚	—	0.36	0.29
14.19	2,3-二羟基苯甲醛	—	0.76	1.15
14.47	薄荷醇	1.05	0.48	0.27
14.68	2-(2-呋喃基甲基)-5-甲基-呋喃	0.23	—	—
15.16	1,2-苯二酚	—	1.18	1.47
15.38	癸醛	1.29	—	—
15.96	5-羟甲基-糠醛	5	10.2	12.2
16.77	1,3-二甲基-1H-茚	—	—	0.15
16.93	4-甲基-1,2-苯二酚	—	—	0.66
17.36	2,6-二羟基苯乙酮	0.38	0.59	0.48
17.69	5-氯-2-甲氧基-苯酚	0.54	—	—
17.87	1-甲基-萘	—	—	0.7
18.2	3-羟基-苯甲醛	—	—	0.72
18.34	2-甲基-萘	—	1.03	0.57
21.19	2-甲基-5-羟基苯并呋喃	—	—	0.21
21.25	1,6-二甲基萘	—	—	0.27
21.48	1,6-脱水-β-D-吡喃型葡萄糖	1.64	—	—
22.02	联苯烯	—	—	0.51
22.1	香叶基丙酮	0.69	0.35	—

续表

保留时间 /min	化合物名称	峰面积归一化百分含量/% 300~500 ℃	300~700 ℃	300~900 ℃
22.8	D-阿洛糖	—	—	1.75
23.51	二苯呋喃	—	0.17	0.41
23.79	1,4,6-三甲基-萘	—	—	0.18
24.36	2-甲基-1-萘醇	—	—	0.3
24.74	芴	—	0.17	0.5
25.58	4-甲基-二苯并呋喃	—	—	0.52
26.51	1-甲基-9H-芴	—	0.52	0.45
26.63	9-甲基-9H-芴	—	0.14	0.31
27.2	十四酸	—	0.16	0.3
27.51	2,4,6-三甲氧基苯甲醛	—	—	0.13
27.63	菲	—	—	0.19
29.07	2-甲基-蒽	—	—	0.05
29.5	十六酸	—	0.06	0.32
	总量	67.58	47.74	45.82

注：① "—"表示未检出。
② N_2 气氛下。

在三个不同温度区间条件下，针叶木浆的裂解产物主要是糠醛、2-甲基-呋喃和5-甲基-2-糠醛等物质。在针叶木浆热裂解过程中，300~500 ℃ 区间糠醛的含量达到 42.95%，随着温度的升高，其含量占比随之降低。

针叶木浆热裂解，随着热裂解温度的升高，针叶木浆中沸点较低、相对分子量较小的物质首先气化挥发出来；失去杂原子后碳氢化合物碎片进一步受热发生聚合、缩合和裂解等复杂反应。同时，芳香族化合物其侧链或官能团较不稳定，会从苯环上断裂下来，气化或进一步发生其他反应。在较高的温度下，碳氢化合物也趋向于形成在高温下比较稳定的芳烃，芳烃则趋向于形成更稳定的稠环芳烃化合物。所以，在检测结果中可以看出，300~700 ℃ 和 300~900 ℃ 条件下针叶木浆产生了更多大分子量的烃类化合物、醛酮类化合物、稠环芳烃。这类化合物进过热解区后进入主流烟气，由于自身熔沸点较高，很容易冷凝形成焦油。

此外，从表4-3中还可以看出，随着热裂解温度的升高，针叶木浆中产生的酚类物质的总量（以绝对峰面积表示）增幅较大，但是其总量却随着热裂解温度的升高而降低。结合针叶木浆在氮气条件下的热性能分析，针叶木浆在 280~410 ℃（T_2 至 T_4 阶段）具有较大的热失重，在随后的高温区域，针叶木浆持续失重，在该温度区间剩余的物质可继续分解或者环化生成更为稳定的稠环芳烃类物质，因此，高温段，稠环芳烃等物质的含量增加。

为了考察不同温度区间对各化合物含量是否具有显著性差异，采用 Minitab16 数据统计分析软件，对各类指标为变量进行不同温度区间的配对 T 检验，研究各温度区间对化合物的影响是否显著。若 $P<0.05$，则认为温度区间对化合物含量达到了显著性水平，否则，则认为温

度区间对各化合物的影响不显著。T 检验的结果见表 4-4。

表 4-4　各温度区间对热裂解化合物含量的配对 T 检验

	温度区间/℃		温度区间/℃		温度区间/℃	
	300~500	300~700	300~700	300~900	300~500	300~900
P 值	0.619		0.044		0.330	

由表 4-4 可知，300~700 ℃ 与 300~900 ℃ 对热裂解产物达到了显著水平，P 值为 0.044，而 300~500 ℃ 与 300~700 ℃、300~500 ℃ 与 300~900 ℃ 对热裂解产物均未达到显著性水平。

4.3.1.2　N_2+O_2（9%）气氛

表 4-5 给出了针叶木浆在 N_2+O_2（9%）条件下，在不同温度区间下的热裂解产物的相对峰面积占比。

表 4-5　针叶木浆在不同温度区间下热裂解产物的分析结果

保留时间/min	化合物名称	峰面积归一化百分含量（%）		
		300~500 ℃	300~700 ℃	300~900 ℃
2.36	巴豆醛	0.84	1.42	1.07
2.45	1-羟基-2-丙酮	1.06	0.77	0.48
2.68	1,2-乙二醇	—	—	0.21
3.22	1,2-丙二醇	1.05	1.31	0.76
3.43	2-甲基-呋喃	2.67	5.51	3.04
3.81	2-甲基-2-丁烯醛	—	—	0.11
3.91	丁二醛	—	—	0.15
4.66	3-甲基-2(5H)-呋喃酮	0.4	0.77	—
4.95	糠醛	41.54	12.66	7.74
5.43	糠醇	1.75	0.43	0.46
6.71	糠基甲酸酯	0.83	0.34	0.13
6.86	1-(2-呋喃基)-乙酮	0.39	0.27	0.17
6.91	2(5H)-呋喃酮	0.73	0.92	0.58
7.16	2-羟基-2-环戊烯-1-酮	—	—	0.27
8.21	苯甲醛	0.3	0.32	0.27
8.29	5-甲基-2-糠醛	3.09	1.27	1
8.79	苯酚	—	—	0.2
9.14	2H-吡喃-2,6(3H)-二酮	0.34	0.34	—
10.1	2-羟基-3-甲基-2-环戊烯-1-酮	0.26	0.17	0.16

续表

保留时间/min	化合物名称	峰面积归一化百分含量（%） 300~500 ℃	300~700 ℃	300~900 ℃
10.65	2-羟基-苯甲醛	0.22	0.78	0.29
10.95	2-甲基-苯酚	0.3	0.49	0.64
11.37	糠酸	—	0.47	0.41
11.56	4-甲基-苯酚	—	—	0.16
11.62	2,5-呋喃二甲醛	0.17	0.79	0.87
11.78	1-(2-呋喃基)-2-羟基乙酮	—	0.37	0.37
12.01	2-甲氧基-苯酚	0.21	—	—
12.45	壬醛	2.85	—	—
12.56	2-甲基-苯并呋喃	0.29	0.24	0.24
12.65	麦芽酚	—	—	0.25
12.94	二氢-6-甲基-2H-吡喃-3(4H)-酮	—	—	0.37
13.7	3,5-二甲基-苯酚	—	—	0.34
13.75	1-甲基-1H-茚	—	0.28	0.46
14.11	二氢-4-羟基-2(3H)呋喃酮	—	1.02	0.77
14.19	2,3-二羟基苯甲醛	—	0.36	—
14.47	薄荷醇	0.3	0.49	0.31
14.79	3,5-二羟基-2-甲基-4H吡喃-4-酮	—	—	1.97
15.15	1,2-苯二酚	0.52	1.17	1.14
15.38	癸醛	0.96	—	—
15.45	1,4:3,6-二酐-α-D-吡喃葡萄糖	—	0.7	0.85
15.7	2,3-二氢-苯并呋喃	0.8	—	—
15.99	5-羟甲基-糠醛	6.71	15.45	9.58
16.77	1,3-二甲基-1H-茚	—	0.33	0.22
16.92	4-甲基-1,2-苯二酚	—	—	0.67
17.1	壬酸	0.75	—	—
17.36	2,6-二羟基苯乙酮	0.45	—	—
17.49	2,3-二氢-1H-茚-1-酮	—	—	0.34
17.7	5-氯-2-甲氧基-苯酚	0.5	—	—
17.86	1-甲基-萘	—	—	0.72
18.19	3-羟基-苯甲醛	—	—	0.62
18.33	2-甲基-萘	—	—	0.62
18.4	2-羟基-5-甲基苯乙酮	1.08	—	—
19.18	2-甲基-1,4-苯二酚	—	0.52	0.41

续表

保留时间/min	化合物名称	峰面积归一化百分含量（%）		
		300～500 ℃	300～700 ℃	300～900 ℃
19.38	2,6-二甲氧基-苯酚	0.28	—	—
19.77	1,2,3-三甲基茚	—	—	0.2
20.01	1,1,3-三甲基茚	—	—	0.34
20.12	2-乙烯基-萘	—	—	0.47
20.45	邻乙烯基甲苯	—	—	0.21
21.17	2-甲基-5-羟基苯并呋喃	—	—	0.26
21.25	1,6-二甲基萘	—	—	0.41
21.35	1,7-二甲基萘	—	—	0.71
21.60	1,6-脱水-β-D-吡喃型葡萄糖	1.97	4.17	—
21.77	1,4-二甲基-萘	—	—	0.51
22.01	联苯烯	—	—	0.82
22.69	D-阿洛糖	—	1.22	1.07
23.36	2-萘酚	—	—	0.25
23.50	二苯呋喃	—	—	0.5
23.70	2,3,6-三甲基-萘	—	—	0.74
24.36	2-甲基-1-萘醇	—	—	0.44
24.65	芴	—	—	1.46
25.04	1-异丙基-萘	—	—	0.34
25.38	4-甲基-二苯并呋喃	—	—	1.34
25.43	芴-9-甲醇	—	—	0.44
25.74	9H-芴-9-醇	—	—	0.54
26.51	1-甲基-9H-芴	—	—	1.67
26.63	9-甲基-9H-芴	—	—	0.83
27.51	4-(2-苯基乙烯基)苯酚	—	—	0.56
27.63	菲	—	—	0.57
28.12	2,3-二甲基-9H-芴	—	—	0.15
29.00	1-甲基-蒽	—	—	0.22
29.07	2-甲基-蒽	—	—	0.12
29.29	3-甲基-菲	—	—	0.11
29.50	十六酸	—	0.12	0.15
	总量	73.61	55.47	54.85

注：① "—"表示未检出。
② N_2+O_2（9%）气氛下。

对各类指标为变量进行不同温度区间的配对 T 检验,结果见表 4-6。300～500 ℃、300～700 ℃ 与 300～900 ℃ 对热裂解产物均未达到显著性水平,其 P 值均大于 0.05。

表 4-6　各温度区间对热裂解化合物含量的配对 T 检验

	温度区间/℃	温度区间/℃	温度区间/℃
	300～500　300～700	300～700　300～900	300～500　300～900
P 值	0.451	0.173	0.383

对比表 4-3 可以看出,氧气存在下,其检测到物质的含量在各温度区间均有所增加,这是由于氧气可以加速物质的氧化分解,且氧气的存在可以使物质分解得更彻底,减少焦炭的产生。

4.3.2　片　基

4.3.2.1　N_2 气氛

表 4-7 给出了片基在 N_2 条件下,在不同温度区间下的热裂解产物的相对峰面积占比。

表 4-7　片基在不同温度区间下热裂解产物的分析结果

保留时间/min	化合物名称	峰面积归一化百分含量/% 300～500 ℃	300～700 ℃	300～900 ℃
2.35	巴豆醛	1.19	1.33	0.53
2.44	1-羟基-2-丙酮	0.7	0.64	0.29
2.69	1,2-乙二醇	—	0.67	0.25
3.22	1,2-丙二醇	0.2	0.25	0.07
3.27	3-戊烯-2-酮	0.19	0.13	0.1
3.44	2-甲基-呋喃	2.33	2.58	1.05
4.96	糠醛	12.12	5.68	3.9
5.43	糠醇	0.27	0.1	0.09
5.62	乙基苯	—	0.09	0.05
5.8	p-二甲苯	—	0.29	0.2
6.15	2-环戊烯-1,4-二酮	1.61	0.54	0.46
6.32	苯乙烯	0.18	0.25	0.1
6.72	2-甲基-2-环戊烯-1-酮	—	0.1	0.08
6.84	1-(2-呋喃基)-乙酮	0.22	0.16	0.12
6.91	2(5H)-呋喃酮	0.16	0.28	0.31
7.21	2-羟基-2-环戊烯-1-酮	—	0.21	—
8.21	苯甲醛	0.31	0.23	0.17
8.3	5-甲基-2-糠醛	2.14	0.93	0.62
8.66	糠酸甲酯	1.37	0.31	0.19

续表

保留时间/min	化合物名称	峰面积归一化百分含量/% 300~500 ℃	峰面积归一化百分含量/% 300~700 ℃	峰面积归一化百分含量/% 300~900 ℃
8.79	苯酚	0.19	0.35	0.22
8.99	α-羟基-γ-丁内酯	—	0.17	0.12
9.57	1H-吡咯-2-甲醛	—	0.06	0.07
10.1	2-羟基-3-甲基-2-环戊烯-1-酮	0.19	0.31	0.2
10.21	D-柠檬烯	0.52	0.43	0.27
10.51	2,3-二甲基-2-环戊烯-1-酮	—	—	0.09
10.64	2-羟基-苯甲醛	0.34	—	—
10.95	2-甲基-苯酚	—	0.28	0.25
11.33	苯乙酮	—	—	0.09
11.54	4-甲基-苯酚	0.29	0.42	0.5
11.64	2,5-呋喃二甲醛	—	0.13	0.21
11.8	2-糠酸甲酯	—	0.18	0.16
12.01	2-甲氧基-苯酚	0.19	0.15	0.16
12.5	4-甲基苯甲醇	—	—	0.15
12.56	2-甲基-苯并呋喃	0.09	0.15	0.47
12.64	麦芽酚	0.34	0.3	0.32
13.05	1-丁烯基-苯	—	0.04	0.07
13.47	苯乙腈	—	0.06	0.09
13.71	2,4-二甲基-苯酚	—	0.15	0.22
13.75	1-甲基-1H-茚	—	0.26	0.3
13.92	2-甲基-1H-茚	—	0.16	0.18
14.31	3-乙基-苯酚	—	—	0.14
14.4	辛酸	—	0.13	0.23
14.58	2,3-二甲基-苯酚	—	—	0.15
14.79	3-甲基苯乙酮	0.92	—	—
15.02	2-甲氧基-4-甲基-苯酚	—	0.28	0.26
15.16	1,2-苯二酚	0.56	0.75	0.8
15.46	1,4:3,6-二酐-α-D-吡喃葡萄糖	—	0.43	0.48
15.7	2,3-二氢-苯并呋喃	0.52	0.96	1.09
15.96	5-羟甲基-糠醛	1.6	2.15	2.08
16.3	1-乙基-4-甲氧基-苯	—	0.26	0.37
16.77	1,3-二甲基-1H-茚	—	0.99	1.02
17.09	壬酸	0.33	—	—

续表

保留时间/min	化合物名称	峰面积归一化百分含量/% 300~500 ℃	峰面积归一化百分含量/% 300~700 ℃	峰面积归一化百分含量/% 300~900 ℃
17.36	2,6-二羟基苯乙酮	0.22	0.12	0.34
17.48	2,3-二氢-1H-茚-1-酮	—	—	0.5
17.84	吲哚	0.49	—	—
17.87	1-甲基-萘	—	0.66	0.85
18.05	香芹酚	0.28	—	—
18.18	4-羟基-苯甲醛	0.2	0.36	0.58
18.34	2-甲基-萘	—	—	0.57
18.4	2-甲氧基-4-乙烯基苯酚	1.04	0.74	0.63
18.45	2,4-癸二烯醛	0.36	—	—
19.28	烟碱	0.76	—	—
19.56	丁香酚	1.14	—	—
19.78	茄酮	1.16	0.6	0.62
20.01	1,1,3-三甲基茚	—	0.73	0.78
20.13	2-乙烯基-萘	—	—	0.38
20.31	3-甲基-1H-吲哚	0.29	0.49	0.68
20.42	1-十四烯	—	0.31	0.52
20.65	香兰素	0.56	0.62	0.79
20.83	2,7-二甲基-萘	—	0.64	1.04
20.92	(E)-2-甲氧基-4-(1-丙烯基)苯酚	1.66	1.41	1.4
21.25	2,3-二甲基-萘	—	0.78	0.45
21.35	1,6-二甲基-萘	—	—	0.79
22.21	金合欢烯	0.15	0.24	—
22.64	D-阿洛糖	2.15	1.16	1.73
22.83	烟碱烯	0.6	—	—
22.85	1-异丙基-萘	—	0.37	0.4
22.96	1-十五碳烯	—	0.63	0.67
23.33	α-金合欢烯	—	0.66	0.83
23.8	4,6,8-三甲基-萘	—	0.57	1.25
24.15	1,6,7-三甲基-萘	—	0.55	0.64
24.69	巨豆三烯酮	0.23	0.28	0.23
24.74	芴	—	0.41	1
24.82	1-十六碳烯	0.33	0.78	0.91
25.06	2,6-二甲氧基-4-(2-丙烯基)-苯酚	0.7	—	—

续表

保留时间/min	化合物名称	峰面积归一化百分含量/% 300~500 ℃	300~700 ℃	300~900 ℃
25.16	十四醛	0.47	—	—
25.38	[1,1'-二苯基]-4-甲醛	—	—	0.6
25.59	4-甲基-二苯并呋喃	—	0.4	0.8
26.34	1-十七碳烯	—	0.5	0.51
26.43	E-2-十四烯-1-醇	0.53	0.28	—
26.51	9-甲基-9H-芴	—	—	0.77
26.65	十五醛	1.15	1.33	1.14
26.8	2-甲基-9H-芴	—	—	0.47
26.96	4-羟基-2-甲氧基肉桂醛	0.42	—	—
27.39	2,3,6-三甲基-1,4-萘二酮	0.51	0.56	0.54
28.13	3,7,11,15-四甲基-2-十六烯	0.19	0.27	0.29
28.2	新植二烯	6.05	3.12	2.21
28.27	6,10,14-三甲基-2-十五酮	1.06	0.73	0.55
28.68	3,7,11,15-四甲基-2-十六烯-1-醇	—	0.64	0.54
29.07	角鲨烯	0.52	0.54	1.63
29.13	金合欢基丙酮	0.54	0.29	0.28
29.39	氧代环十七碳-8-烯-2-酮	—	—	0.16
29.5	十六酸	—	0.2	0.13
	总量	52.83	46.29	48.54

注：① "—"表示未检出。
② N_2 气氛下。
③ 试样：片基。

对各类指标为变量进行不同温度区间的配对 T 检验，结果见表 4-8，300~500 ℃ 与 300~900 ℃ 对片基热裂解产物达到了显著水平，P 值为 0.046，而 300~500 ℃ 与 300~700 ℃、300~700 ℃ 与 300~900 ℃ 对片基热裂解产物均未达到显著性水平。

表 4-8　各温度区间对热裂解化合物含量的配对 T 检验

	温度区间/℃ 300~500　300~700	温度区间/℃ 300~700　300~900	温度区间/℃ 300~500　300~900
P 值	0.052	0.927	0.046

4.3.2.2　N_2+O_2（9%）气氛

表 4-9 给出了片基在 N_2+O_2（9%）条件下，在不同温度区间下的热裂解产物的相对峰面积值。

表 4-9 片基在不同温度区间下热裂解产物的分析结果

保留时间/min	化合物名称	峰面积归一化百分含量/% 300~500 ℃	300~700 ℃	300~900 ℃
2.36	巴豆醛	1.04	0.54	0.43
2.44	1-羟基-2-丙酮	0.67	0.4	0.27
2.68	1,2-乙二醇	—	0.37	0.34
3.44	2-甲基-呋喃	2.62	1.22	0.78
4.96	糠醛	13.45	3.54	2.53
5.43	糠醇	0.31	0.1	0.04
5.79	p-二甲苯	—	—	0.11
6.15	2-环戊烯-1,4-二酮	2.08	0.52	0.35
6.33	苯乙烯	—	0.05	0.06
6.72	2-甲基-2-环戊烯-1-酮	—	0.05	0.04
6.85	1-(2-呋喃基)-乙酮	0.21	0.1	0.07
6.91	2(5H)-呋喃酮	—	0.39	0.24
8.21	苯甲醛	0.2	0.13	0.09
8.3	5-甲基-2-糠醛	2.2	0.58	0.41
8.66	糠酸甲酯	1.49	0.17	0.23
8.79	苯酚	0.16	0.21	0.17
8.98	α-羟基-γ-丁内酯	—	0.15	0.08
9.14	2H-吡喃-2,6(3H)-二酮	—	0.21	0.12
9.56	1H-吡咯-2-甲醛	0.07	0.09	0.05
10.1	2-羟基-3-甲基-2-环戊烯-1-酮	0.18	0.23	0.13
10.21	D-柠檬烯	0.58	0.32	0.23
10.66	茚	—	—	0.17
10.95	2-甲基-苯酚	0.13	0.18	0.16
11.39	糠酸	—	0.37	0.08
11.55	4-甲基-苯酚	0.22	0.46	0.34
11.63	2,5-呋喃二甲醛	—	0.21	0.19
11.78	2-糠酸甲酯	—	0.17	0.11
12.01	2-甲氧基-苯酚	0.14	0.1	0.08
12.65	麦芽酚	0.43	0.43	0.22
13.47	苯乙腈	—	0.05	0.05
13.55	2,3-二氢-3,5-二羟基-6-甲基-4H-吡喃-4-酮	—	0.07	0.04
13.71	2,4-二甲基-苯酚	—	0.15	0.11
13.76	1-甲基-1H-茚	—	0.18	0.18

续表

保留时间/min	化合物名称	峰面积归一化百分含量/% 300~500 ℃	峰面积归一化百分含量/% 300~700 ℃	峰面积归一化百分含量/% 300~900 ℃
13.93	2-甲基-1H-茚	—	0.11	0.13
14.24	4-乙基-苯酚	—	0.67	0.39
14.31	3-乙基-苯酚	—	0.1	0.26
14.58	2,3-二甲基-苯酚	—	0.11	0.06
14.8	3-甲基苯乙酮	0.56	—	—
15.03	2-甲氧基-4-甲基-苯酚	—	0.25	0.12
15.16	1,2-苯二酚	1.01	1.16	0.79
15.45	1,4:3,6-二酐-α-D-吡喃葡萄糖	—	0.53	0.33
15.72	2,3-二氢-苯并呋喃	—	1.32	0.76
15.97	5-羟甲基-糠醛	1.74	2.49	2.2
16.77	1,3-二甲基-1H-茚	—	1.01	0.12
16.94	3-甲基-邻苯二酚	—	0.76	0.88
17.09	壬酸	0.36	—	—
17.36	2,6-二羟基苯乙酮	0.3	0.31	—
17.48	2,3-二氢-1H-茚-1-酮	—	0.48	0.34
17.75	4-甲基-1,2-苯二酚	—	0.69	0.52
17.84	吲哚	0.45	—	—
17.86	1-甲基-萘	—	0.55	0.94
18.05	香芹酚	0.27	—	—
18.15	4-羟基-苯甲醛	0.57	0.39	0.47
18.25	5-乙酰基-2-糠醛	—	0.24	—
18.4	2-甲氧基-4-乙烯基苯酚	1	1.21	0.66
18.87	7-甲基-苯并呋喃	—	0.33	0.16
19.09	4-(2-丙烯基)-苯酚	—	—	0.32
19.19	2-甲基-1,4-苯二酚	—	—	0.31
19.3	烟碱	0.57	—	—
19.56	丁子香酚	1.24	—	—
19.79	茄酮	1.24	0.77	0.46
20.01	1,2,3-三甲基茚	—	1.06	0.6
20.32	3-甲基-1H-吲哚	0.27	0.84	0.5
20.42	5-十四碳烯	—	0.36	0.41
20.57	1-(3-羟基苯基)-乙酮	—	—	0.23
20.66	香兰素	0.81	0.93	0.61

续表

保留时间 /min	化合物名称	峰面积归一化百分含量/% 300~500 ℃	300~700 ℃	300~900 ℃
20.84	2,7-二甲基萘	—	1.08	1.3
20.92	(E)-2-甲氧基-4-(1-丙烯基)苯酚	0.33	0.34	0.28
21.03	7-甲基茚满-1-酮	—	—	0.27
21.25	2,3-二甲基-萘	—	0.38	0.35
21.35	1,6-二甲基-萘	—	0.62	0.64
21.77	1,7-二甲基-萘	—	—	0.32
22.05	(Z)-2-甲氧基-4-(1-丙烯基)-苯酚	1.4	1.5	0.95
22.83	烟碱烯	0.42	—	—
22.96	1-十五碳烯	—	0.73	1.04
23.33	E,E-α-金合欢烯	—	0.83	0.63
23.8	4,6,8-三甲基-萘	0.33	0.69	0.8
24.1	1,4,5-三甲基-萘	—	0.53	0.54
24.15	1,6,7-三甲基-萘	—	—	0.61
24.74	芴	—	0.47	1.64
24.83	1-十六碳烯	—	1.12	0.99
25.06	2,6-二甲氧基-4-(2-丙烯基)-苯酚	0.12	0.47	—
25.59	4-甲基-二苯并呋喃(氧芴)	—	0.4	0.9
26.12	8-十七碳烯	—	0.79	—
26.34	1-十七碳烯	—	0.48	0.57
26.65	十六醛	0.99	1.18	1.37
27.22	十四酸	—	—	0.32
27.39	2,3,6-三甲基-1,4-萘二酮	0.33	0.53	0.7
28.14	3,7,11,15-四甲基-2-十六烯	0.19	0.21	0.45
28.2	新植二烯	9.76	2.31	2.97
28.27	6,10,14-三甲基-2-十五酮	0.9	0.4	0.81
28.53	金合欢醇	—	0.02	0.36
28.69	3,7,11,15-四甲基-2-十六烯-1-醇	0.84	—	—
29.07	角鲨烯	0.5	0.85	0.47
29.13	金合欢基丙酮	0.62	0.21	0.41
29.39	氧代环十七碳-8-烯-2-酮	—	0.09	0.25

续表

保留时间/min	化合物名称	峰面积归一化百分含量/% 300~500 ℃	300~700 ℃	300~900 ℃
29.52	十六酸	—	—	0.66
29.64	3,7,11,15-四甲基-1,3,6,10,14-十六碳五烯	—	0.13	0.41
29.86	二十碳烯	—	—	0.32
30.38	3,7,11,15-四甲基-1,6,10,14-十六碳四烯-3-醇	0.06	0.02	0.15
33.41	2,6,10,14,18-五甲基-2,6,10,14,18-二十碳五烯	—	—	0.1
	总量	53.36	44.79	42.65

注：① "—"表示未检出。
② N_2+O_2（9%）气氛下。
③ 试样：片基。

在三个不同温度区间条件下，片基的裂解产物主要是糠醛、2-甲基-呋喃、茄酮和新植二烯等物质，部分成分来源于烟草纤维。此外，对比针叶木浆在 N_2+O_2（9%）气氛下的热裂解结果（表 4-5），可以明显看出：片基（含填料）热裂解产物糠醛的含量远远低于针叶木浆中糠醛的含量。

对各类指标为变量进行不同温度区间的配对 T 检验，结果见表 4-10。300~500 ℃ 与 300~900 ℃ 对片基热裂解产物达到了显著水平，P 值为 0.045，而 300~500 ℃ 与 300~700 ℃、300~700 ℃ 与 300~900 ℃ 对片基热裂解产物均未达到显著性水平。

表 4-10　各温度区间对热裂解化合物含量的配对 T 检验

	温度区间/℃ 300~500　300~700	温度区间/℃ 300~700　300~900	温度区间/℃ 300~500　300~900
P 值	0.079	0.135	0.045

4.3.3　再造烟叶

4.3.3.1　N_2+O_2（9%）气氛

表 4-11 给出了再造烟叶在不同温度下的热裂解产物的相对峰面积值。

表 4-11　再造烟叶在不同温度下热裂解产物的分析结果

保留时间/min	化合物名称	峰面积归一化百分含量/% 300~500 ℃	300~700 ℃	300~900 ℃
1.59	乙酸	2.553	1.018	0.637
1.91	巴豆醛	0.543	0.599	0.451
2.29	1,3-二噁茂-2-酮	0.723	0.115	0.094
2.56	1,2-丙二醇+3-戊烯-2-酮	—	0.192	0.124

续表

保留时间 /min	化合物名称	峰面积归一化百分含量/% 300~500 ℃	峰面积归一化百分含量/% 300~700 ℃	峰面积归一化百分含量/% 300~900 ℃
2.73	2-甲基-呋喃	1.316	0.628	0.468
2.94	甲苯	—	0.224	0.137
3.90	糠醛	14.762	4.253	2.572
4.29	糠醇[2-呋喃甲醇]	1.435	0.525	0.109
4.59	1,3-二甲基-苯	—	0.242	0.140
4.89	4-环戊烯-1,3-二酮	7.635	1.282	0.689
5.04	苯乙烯	—	0.230	0.152
5.37	2-甲基-2-环戊烯-1-酮	—	0.248	0.105
5.49	1-(2-呋喃基)-乙酮	0.431	0.303	0.368
5.54	2(5H)-呋喃酮	—	0.430	0.480
6.67	苯甲醛	—	0.108	0.274
6.73	5-甲基-2-糠醛 [5-甲基-2-呋喃甲醛]	7.037	1.674	0.611
6.82	3-乙烯基-吡啶	—	0.334	0.450
7.07	呋喃羧酸甲酯	0.732	—	—
7.18	苯酚	0.741	0.821	0.574
7.51	1-丙烯基-苯	—	0.152	0.079
7.62	苯并呋喃	—	0.264	0.111
8.38	2-羟基-3-甲基-2-环戊烯-1-酮	—	0.275	0.110
8.47	1,4-环己-2-烯二酮	—	0.188	0.091
8.75	2,3-二甲基-2-环戊烯-1-酮	—	0.178	0.100
8.88	茚	—	0.240	0.158
8.89	苯乙醛	1.014	0.240	0.158
9.18	2-甲基-苯酚	—	0.399	0.328
9.44	反式-p-柠檬-2-烯	—	0.143	0.110
9.50	苯乙酮	—	0.290	0.255
9.74	4-甲基-苯酚	—	1.044	0.921
9.93	3-甲基-苯甲醛	—	0.232	0.232
10.16	2-甲氧基-苯酚	0.615	0.349	0.226
10.33	苯甲酸甲酯	7.856	—	—
10.54	未知物	1.714	0.512	0.535
10.59	壬醛	1.932	—	—
10.63	2,7-二甲基-氧杂松香酯	—	0.143	0.109

续表

保留时间 /min	化合物名称	峰面积归一化百分含量/% 300~500 °C	300~700 °C	300~900 °C
10.98	1-(2-呋喃基)-2-羟基乙酮	—	0.173	0.139
11.58	苯甲基氰	—	0.928	0.208
11.88	2,4-二甲基-苯酚	—	0.651	0.463
12.09	1-甲基-1H-茚	—	0.559	0.327
12.45	苯甲酸+4-乙基-苯酚	7.048	1.317	1.141
12.67	1-(3-甲基苯基)-乙酮	—	0.311	0.257
13.03	1(4-甲基苯基)-乙酮	1.727	0.845	0.802
13.25	木焦油酚 [2-甲氧基-4-甲基-苯酚]	—	0.409	0.262
13.44	1,2-苯二酚	1.078	0.464	0.342
13.63	癸醛	1.654	—	—
13.64	1,4:3,6-二酐-α-D-吡喃葡萄糖	—	0.108	0.339
13.85	2-乙基-1H-苯并咪唑	—	0.275	0.167
13.94	香豆满[2,3-二氢-苯并呋喃]	—	0.833	0.731
14.18	5-羟甲基-糠醛	3.648	0.751	1.271
14.28	2,3,6-三甲基-苯酚	—	0.463	0.453
14.47	4-乙基-3-甲基-苯酚	—	0.303	0.272
14.84	1,3-二甲基-1H-茚	—	0.786	0.184
14.98	2,3-二甲基-1H-茚	—	0.508	0.341
15.11	1,1-二甲基-1H-茚	—	0.710	0.265
15.26	1,2 二氢-6-甲基萘	—	0.915	0.632
15.46	2,3-二氢-1H-茚-1-酮	—	0.971	0.598
15.78	2-甲基-萘	—	1.680	1.163
16.08	2,3-二氢-2-甲基-1H-茚-1-酮	—	0.542	0.528
16.16	1-甲基-萘	—	0.576	0.412
16.25	2-甲氧基-4-乙烯基苯酚	0.874	1.281	0.448
16.31	1-甲基茚-2-酮	—	0.215	0.304
16.59	1-萘酚	—	0.871	0.663
16.80	4-(2-丙烯基)-苯酚	—	0.423	0.350
16.94	烟碱	20.618	3.572	3.113
17.17	反式-m-丙烯基-愈创木酚	—	0.610	0.518
17.34	1S-α-蒎烯	2.238	1.294	1.028
17.49	1,2,3-三甲基茚	—	0.916	0.604

续表

保留时间 /min	化合物名称	峰面积归一化百分含量/% 300~500 °C	300~700 °C	300~900 °C
17.58	联二苯	1.260	0.889	0.675
17.73	3-甲基-1H-吲哚	—	1.088	0.888
17.81	2-乙基-2,3-二氢-1H-茚	—	0.656	0.554
17.98	香兰素(4-羟基-3-甲氧基-苯甲醛)	—	1.174	0.414
18.07	1,3-二甲基-萘	—	1.088	1.067
18.20	7-甲基茚满-1-酮	—	0.955	0.605
18.35	1,7-二甲基-萘	—	1.084	1.787
18.60	1,2,3,4-四氢-5,6-二甲基-萘	—	1.443	1.208
18.91	丁子香酚	—	1.283	0.916
18.96	香叶基丙酮	0.804	0.760	0.649
19.29	2,3-二氢-5,7-二甲基-1H-茚-1-酮	—	0.558	0.569
19.51	烟碱烯[3-(1-甲基-1H-吡咯-2-基)-吡啶]	1.614	1.785	1.534
19.61	1-十五碳烯	—	1.449	0.943
19.74	十五烷	—	0.833	0.859
20.06	二苯呋喃(氧芴)	—	1.698	3.103
20.23	1,4,6-三甲基-萘	—	1.888	2.447
20.33	2,3'-二吡啶	0.346	1.041	0.964
20.43	2,3-二氢-1,1,5,6-四甲基-1H-茚	—	1.344	1.334
20.62	2,3,6-三甲基-萘	—	1.444	1.363
20.84	巨豆三烯酮 A	0.576	1.424	2.193
21.11	巨豆三烯酮 B	1.074	0.815	1.357
21.14	芴	—	0.948	0.914
21.22	1-十七碳烯	—	1.048	1.084
21.35	2-甲基-1,1'-联二苯	—	2.033	1.089
21.48	9-甲基-9H-芴	—	0.824	1.087
21.63	巨豆三烯酮 C	0.751	0.815	0.861
21.75	2,5-二甲氧基苯甲酸	—	0.691	0.767
21.84	巨豆三烯酮 D	0.908	1.231	1.357
21.95	9H-芴-9-醇	—	0.111	1.998
22.81	十七烷	—	1.638	1.922
22.89	1-甲基-9H-芴	—	1.019	2.295
23.04	Z-2-十二烯-1-醇	—	1.593	1.663

续表

保留时间/min	化合物名称	峰面积归一化百分含量/% 300~500 ℃	峰面积归一化百分含量/% 300~700 ℃	峰面积归一化百分含量/% 300~900 ℃
23.17	3-甲基-9H-芴	—	0.599	1.056
23.25	未知物	—	1.993	2.105
23.45	9H-芴-9-酮	0.487	1.703	2.012
23.64	十四酸	—	0.108	0.734
24.05	菲	—	0.386	0.557
24.50	9,9-二甲基-9H-芴	—	0.428	0.469
24.63	2-(1-环戊烯-1-基)-萘	—	0.561	0.882
24.73	新植二烯	2.200	1.884	2.062
24.82	6,10,14-三甲基-2-十五酮	0.514	0.731	0.974
25.80	金合欢醇	—	0.524	1.079
26.24	十六酸	—	0.555	0.770
	总量	100.458	88.257	83.449

注：① "—" 表示未检出。
② N_2+O_2（9%）气氛下。

在三个不同实验温度条件下，再造烟叶的裂解产物主要是糠醛、5-甲基-2-糠醛、烟碱、新植二烯等物质。

对各类指标为变量进行不同温度区间的配对 T 检验，结果见表 4-12。300~500 ℃ 与 300~700 ℃、300~500 ℃ 与 300~900 ℃ 对再造烟叶热裂解产物达到了显著水平，P 值为 0.017 和 0.016，而 300~700 ℃ 与 300~900 ℃ 对再造烟叶热裂解产物均未达到显著性水平。

表 4-12 各温度区间对热裂解化合物含量的配对 T 检验

	温度区间/℃ 300~500 300~700	温度区间/℃ 300~700 300~900	温度区间/℃ 300~500 300~900
P 值	0.017	0.294	0.016

从表 4-11 和表 4-12 中可以看出，热裂解温度与再造烟叶的热裂解化合物之间存在显著性差异，即热裂解温度的升高，对其裂解化合物具有显著影响。此外，再造烟叶中产生的酚类物质的总量（以绝对峰面积表示）增幅较大。除了烟草中的糖类和多酚，如绿原酸等，通过热裂解会产生大量的酚类外，再造烟叶中高分子聚合物，如木质素和纤维素，也是烟气中单酚的最主要的前体。再造烟叶中纤维素等的含量相对比较高，这些前体物质可能是导致热裂解产物中酚类物质增加的重要原因。

4.3.3.2 再造烟叶与片基的裂解产物对比

再造烟叶是由片基和涂布液通过浸涂、烘干、切片等工艺制备而成的，理论上讲，再造烟叶的热裂解化合物含量为片基和涂布液热裂解化合物含量的加和。

由表 4-13 可知，在各温度区间，再造烟叶与片基的热裂解化合物含量之和的差异较明显。这是因为再造烟叶热裂解产物中含有大量产物（如烟碱等）来自涂布液的贡献，再造烟叶产品中片基（含碳酸钙）含量通常约占 60%，热水可溶物约占 40%。

表 4-13　再造烟叶与片基各温度区间热裂解化合物含量之和

样品名称	温度区间/ °C		
	300~500	300~700	300~900
片基/%	53.36	44.79	42.65
再造烟叶/%	100.46	88.26	83.45

注：N_2+O_2（9%）气氛下。

参考文献

[1] LANZETTA M, DI BLASI C, BUONANNO F. An experimental investigation of heat-transfer limitations in the flash pyrolysis of cellulose[J]. Ind Eng Chem Res, 1997, 36: 542-552.

[2] 陈祖刚，蔡冰，王建新，等. 国内外造纸法薄片工艺与品质比较[J]. 烟草科技，2002，2：4-10.

[3] 石淑兰，何福望. 制浆造纸分析与检测[M]. 北京：中国轻工业出版社，2003.

[4] 廖艳芬. 纤维素热裂解机理试验研究[D]. 杭州：浙江大学，2003.

[5] WANG W S, WANG Y, YANG L G, et al. Studies on thermal behavior of reconstituted tobacco sheet[J]. Thermochimica Acta, 2005, 437: 7-11.

[6] 杨伟祖，谢刚，王保兴，等. 烤烟烟叶和烟梗的热裂解产物的研究[J]. 色谱，2006，24（6）：606-610.

[7] 郭盛. 造纸法薄片生产工艺的研究[D]. 武汉：湖北工业大学，2008.

[8] 白晓莉，霍红，蒙延峰，等. 烟草薄片微观结构的 SEM 表征及物理性能比较[J]. 食品工业，2009，5：33-35.

[9] 孔臻，李斌，常纪恒，等. 膨胀叶丝微观结构的 SEM 表征[J]. 烟草科技，2009，258（1）：14-17.

[10] 白晓莉，霍红，蒙延峰，等. 烟叶、梗丝和薄片的性能测试与比较[J]. 食品工业，2009，4：49-51.

[11] 孙德平，王亮，王凤兰，等. 重质碳酸钙在造纸法烟草薄片基片生产中的应用[J]. 技术进步，2010，24：54-58.

[12] 韩富根. 烟草化学[M]. 北京：中国农业出版社，2010.

[13] 白晓莉，霍红，蒙延峰，等. 几种烟草薄片的热性能分析[J]. 北京师范大学学报（自然科学版），2010，46：696-699.

[14] 牛勇，刘刚，刘维涓，等. 全梗全叶再造烟叶热裂解产物与感官质量关系研究[J]. 光谱实验室，2010，27（04）：1314-1318.

[15] 张艳林，胡劲，李军，等. 应用于造纸法再造烟叶的碳酸钙改性研究[J]. 材料导报，2016，30（03）：60-64.

[16] 李山，李军，唐自文，等. 造纸法再造烟叶涂布中碳酸钙的分散性及浸透性研究[J]. 中华纸业，2017，38（06）：42-46.

[17] 郑建宇，张文军，熊珍，等. 碳酸钙对造纸法再造烟叶质量的影响[J]. 纸和造纸，2018，37（03）：27-29.

[18] 张文龙，容辉，赵晓东，等. 野山茶的热裂解及其对卷烟主流烟气中7种有害成分释放量的影响[J]. 云南农业大学学报（自然科学版），2018，33（06）：1105-1112.

[19] 付祺,李锋,史近文,等. 不同气氛和温度区间造纸法再造烟叶基片热裂解产物研究[J]. 轻工学报，2019，34（02）：16-23.

[20] 吴丽君，王保兴，向海英，等. 利用颗粒梗提高造纸法再造烟叶填料留着率及灰分的方法：CN105661618B[P]. 2017-05-10.

5 烟草特征组分重组技术研究

烟草中的化学成分非常复杂，可分为糖类化合物、含氮化合物、烟草生物碱、烟草色素、烟草香味物质、矿物质等几大类。这些成分的构成，尤其是其中的烟草化学成分含量及相互之间的比例关系对烟草的品质特性有决定性影响，它们不仅对卷烟香气风格的形成有重要作用，而且对卷烟的烟气指标影响较大；如水溶性总糖和还原糖、蛋白质、烟碱、多酚、氨基酸、非挥发性有机酸、高级脂肪酸、叶绿素、类胡萝卜素、蜡及油脂、梅拉德反应产物等物质，它们不仅对卷烟香气风格的形成有重要作用，而且对卷烟的烟气化学指标影响较大。

有效调节烟草制品中化学成分含量及相互之间的比例关系的技术手段的研发和实现，是能否实现重组烟草的关键所在。在以往研究成果基础上，确定了重组烟草开发技术路线及研发目的，通过研究不同溶剂对烟草的化学成分选择性、萃取效果，筛选萃取溶剂，选择适宜的萃取技术，利用萃取分离技术将烟梗、烟叶原料中有效成分按主要香气成分、关键化学成分等特性萃取、分离、富集及分段处理，制备出不同的化学成分模块；按烟草内在成分的要求，添加不同比例的化学成分模块，按重组烟草制品设计要求实现烟草的化学成分分离与重组。

5.1 萃取技术线路及溶剂选择

烟草中的化学组成对烟草的品质特性具有决定性的影响，同类物质由于其分子特性及分子量大小，在溶解性方面表现出不同的特点。不同萃取溶剂的选择性、萃取率以及萃取物成分对烟草制品感官品质影响较大。生产实际表明，由于水的萃取性能限制，导致烟草原料中关键致香成分在加工过程中损失较大，影响到烟草制品的抽吸品质，同时也降低了原料的使用价值；随着高档卷烟产品对烟草制品感官抽吸质量日益提高，针对品质较好的烟草原料，需要考虑采用非水溶剂萃取工艺，尽可能地使烟草中香气成分得到有效的收集与回填添加，以改善产品的香气品质与抽吸自然感。按图 5-1 所示技术路线进行了重组烟草原料分段定向萃取的离线处理工艺研究。

按图 5-1 所示开发技术路线采用非极性和中等极性的溶剂萃取烟碎片或烟末，提取其中的有效成分，并通过系列分离手段，得到烟草特征致香成分，其技术路线见图 5-2。

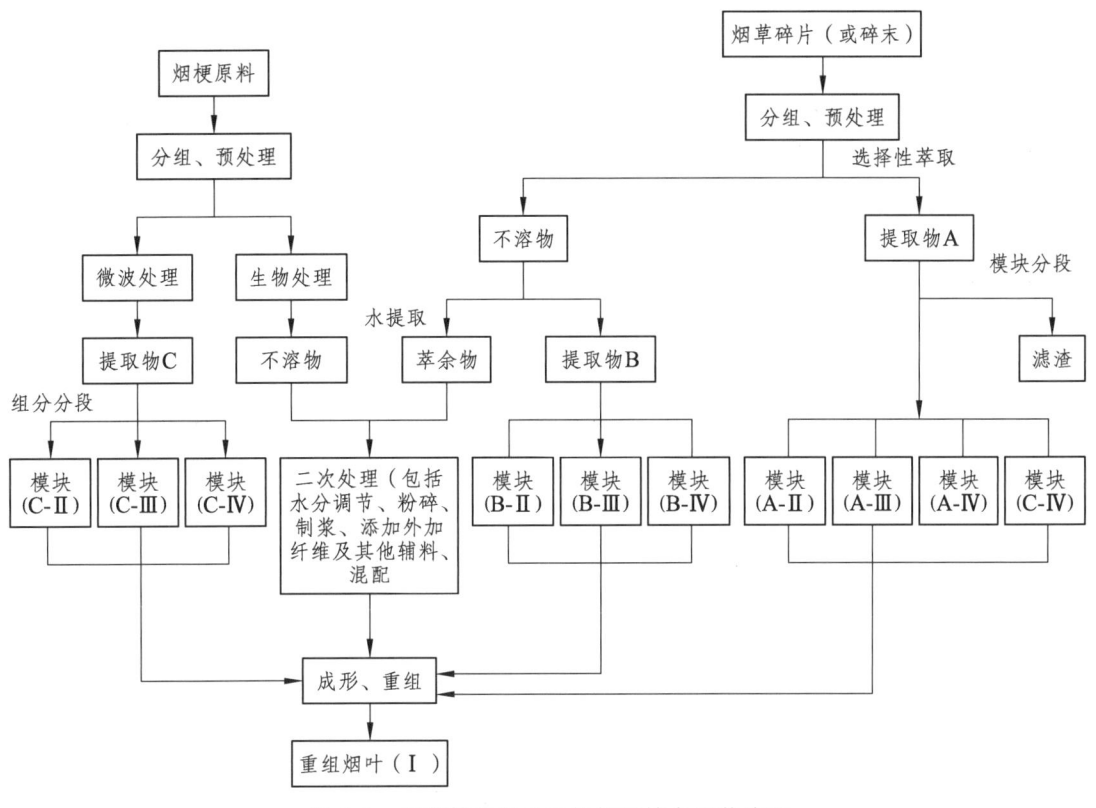

图 5-1　烟草特征组分重组加工技术工艺流程

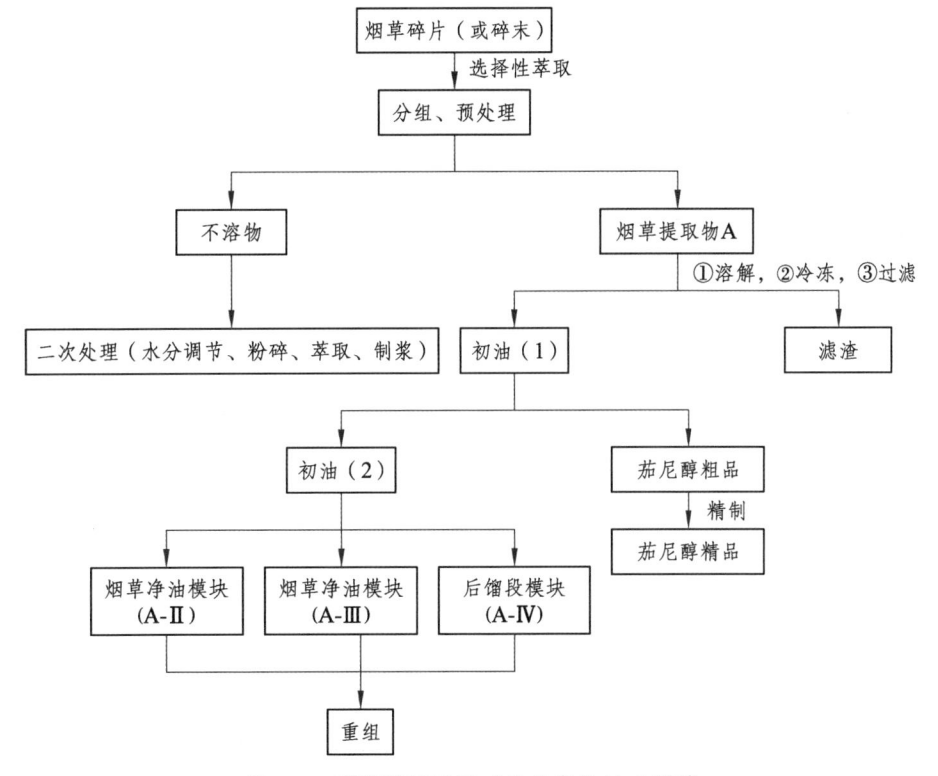

图 5-2　烟草关键致香成分分离的技术路线

该技术路线采用选择萃取技术对原料进行有效萃取，使脂溶性成分和醇溶性成分得到有效提取，萃取物再采用适宜的分离技术进行分段处理得到系列产品，提取后的原料再用于制备重组烟草，通过该技术路线可得到 5 种产品，其中产品烟草净油Ⅰ（A-Ⅱ）、产品烟草净油Ⅱ（A-Ⅲ）及后馏段（A-Ⅳ）根据图 5-1 技术线路及重组烟草质量设计的要求，按不同比例添加重组、成形，得到具备不同功效的重组烟草制品。

5.1.1 萃取溶剂筛选研究

溶剂极性的强弱，决定着从烟草中萃取物成分的不同，根据相似相溶原理，极性强的溶剂，溶出物的极性大，极性弱的溶剂，产物极性也较弱。为保证烟草致香成分及茄尼醇得到充分提取而水溶性成分得到完好保留，我们从水、乙醇、丙酮、石油醚、6#溶剂油中，通过不同溶剂提取烟草原料的选择性比较、溶剂萃取后水提物提取率、化学成分分析、感官质量评价，筛选出用于烟草特征组分分离溶剂。

按表 5-1 试验条件对烤烟碎片进行萃取，每次萃取后，用 1000 mL 溶剂快速洗涤滤渣，合并滤液，减压浓缩后称量，计算提取率。

表 5-1 烟叶碎片萃取溶剂筛选试验条件

溶剂名称	提取温度/°C	固液比	提取时间/min	提取次数
水	60~65	1∶8	40	2
乙醇	回流	1∶8	120	2
丙酮	回流	1∶8	120	2
石油醚	回流	1∶8	120	2
6#溶剂油	回流	1∶8	120	2

不同溶剂萃取物主要化学成分分析数据如表 5-2 所示，烃类溶剂能有效提取原料中的烟草致香成分和茄尼醇，而对糖类等水溶性成分提取率较低，具有较强的选择性；特别是采用 6#溶剂油提取选择性更好。因此，采用 6#溶剂油作为提取烟草致香成分和茄尼醇的溶剂。

表 5-2 不同溶剂萃取物中主要化学成分分析数据 单位：%

溶剂名称	水溶性糖	烟碱	茄尼醇	提取率	烟草致香成分得率
水	20.37	2.25	未检出	48.64	0.57
乙醇	5.28	2.93	1.88	18.42	1.25
丙酮	1.27	2.64	3.76	8.27	2.50
石油醚	0.17	3.62	9.47	3.54	3.54
6#溶剂油	0.20	3.55	10.09	3.79	3.79

5.1.2 提取后原料的可用性研究

5.1.2.1 溶剂残留

溶剂残留检测结果如表 5-3 所示，溶剂萃取晾干 72 h 后，碎片、碎末溶剂残留分别为 0.005%、0.009%，因此，萃取后原料需设置脱溶工序。

5 烟草特征组分重组技术研究

表 5-3　回收溶剂后原料摆放时间与溶剂残留

原料类别	晾干时间/h		
	24	48	72
碎片	0.11%	0.04%	0.005%
碎末	0.28%	0.08%	0.009%

5.1.2.2　溶剂萃取前、后水提物提取率变化

不同烟碎片、烟末溶剂萃取前、后水提物提取率变化如表 5-4 所示。

表 5-4　不同烟碎片、烟末溶剂萃取前、后水提物提取率变化　　　单位：%

烟碎片				烟末			
原料名称	原料水提物收率	6#溶剂萃取后水提物收率	差值	原料名称	原料水提物含量	6#溶剂萃取后水提物含量	差值
昆烟碎片3	40.86	41.24	0.38	大理末	50.15	51.01	0.86
红河上碎片	41.06	41.44	0.38	楚雄末	43.85	43.88	0.03
红河中碎片	43.58	42.87	-0.68	会泽末	46.06	45.83	-0.23
红河下碎片	42.31	42.63	0.32	玉溪末	48.96	50.35	1.39
江川碎片	44.25	44.35	0.1	泸西末	38.2	38.57	0.37
南华碎片	42.3	41.97	-0.38	曲靖末	53.67	54.39	0.72
省公司机碎片	41.88	41.46	-0.42	红河末	48.93	47.86	-1.07
玉溪上等芝麻片	46.28	46.4	0.12	石林天合末	49.67	48.89	-0.78
玉溪中等芝麻片	43.25	43.09	-0.16	通海末	48.76	48.27	-0.49
玉溪下等芝麻片	42.98	43.14	0.16	昆烟烟灰棒	42.06	43.17	1.11
平均值			-0.018	平均值			0.19

从表 5-4 可以看出，10 种烟碎片、10 种烟碎末溶剂萃取前、后水提物提取率基本一致，碎片粒径对不同溶剂萃取前、后水提物含量有影响；6#溶剂萃取物中主要是烟草致香成分、烟碱、茄尼醇等；为更好地了解 6#溶剂对总糖、总氮、总烟碱萃取选择性，进行了不同烟碎片、烟末的溶剂萃取前、后水提物总糖总糖、总氮、总烟碱选择性萃取研究。

5.1.2.3　溶剂萃取前、后水提物总糖、总氮、总烟碱萃取选择性

溶剂萃取前、后水提物总糖、总氮、总烟碱萃取选择性如表 5-5 至表 5-7 所示。

从表 5-5 可以看出，8 种烟碎片、6 种烟碎末溶剂萃取前、后水提物提取率变化趋势基本一致。6#溶剂萃取后水提物总糖含量下降，烟碎片、烟碎末分别下降了 0.58%、0.75%。

表 5-5　溶剂萃取前、后水提物总糖变化　　　　　　　　　　　　　　　　　单位：%

原料名称	直接水提总糖	萃余物水提总糖	差值	原料名称	直接水提总糖	萃余物总糖	差值
红河上碎片	10.53	9.66	-0.87	大理末	16.47	15.55	-0.92
红河中碎片	11.46	11.07	-0.39	楚雄末	20.57	19.55	-1.02
红河下碎片	13.67	13.28	-0.39	会泽末	16.02	15.24	-0.78
江川碎片	16.14	15.75	-0.39	玉溪末	19.16	18.31	-0.85
南华碎片	16.01	15.7	-0.31	泸西末	14.19	13.7	-0.49
玉溪上等芝麻片	20.53	19.91	-0.62	曲靖末	16.49	16.03	-0.46
玉溪中等芝麻片	13.22	12.24	-0.98				
玉溪下等芝麻片	11.9	11.19	-0.71				
平均			-0.58	平均			-0.75

从表 5-6 可以看出，8 种烟碎片、6 种烟碎末溶剂萃取前、后水提物总氮提取率变化趋势基本一致。6#溶剂萃取前、后水提物总氮含量提高，烟碎片、烟碎末分别提高了 0.29%、0.34%。

表 5-6　溶剂萃取前、后水提物总氮变化　　　　　　　　　　　　　　　　　单位：%

原料名称	直接水提总氮	萃余物水提总氮	差值	原料名称	直接水提总氮	萃余物水提总氮	差值
红河上碎片	2.87	2.9	0.03	大理末	1.7	2.01	0.31
红河中碎片	2.51	2.84	0.33	楚雄末	2.16	2.36	0.2
红河下碎片	2.36	2.8	0.44	会泽末	2.33	2.65	0.32
江川碎片	2.29	2.57	0.28	玉溪末	2.4	2.73	0.33
南华碎片	2.1	2.21	0.11	泸西末	2.51	3.08	0.57
玉溪上等芝麻片	1.67	2.2	0.53	曲靖末	2.65	2.96	0.31
玉溪中等芝麻片	2.37	2.61	0.24				
玉溪下等芝麻片	2.66	3	0.34				
平均			0.29	平均			0.34

从表 5-7 可以看出，10 种烟碎片、6 种烟末溶剂萃取前、后水提物总氮提取率变化趋势基本一致。6#溶剂萃取前、后水提物总烟碱含量下降，烟碎片、烟碎末分别下降了 0.052%、0.045%。

表 5-7　溶剂萃取前、后水提物总烟碱变化　　　　　　　　　　　　　　　　单位：%

原料名称	直接水提烟碱	萃余物水提烟碱	差值	原料名称	直接水提烟碱	萃余物水提烟碱	差值
昆烟碎片3	0.47	0.42	-0.05	大理末	0.93	0.89	-0.04
红河上碎片	1.18	1.09	-0.09	楚雄末	0.89	0.88	-0.01
红河中碎片	0.48	0.44	-0.04	会泽末	1.34	1.29	-0.05
红河下碎片	0.71	0.65	-0.06	玉溪末	1.08	0.99	-0.09
江川碎片	1.33	1.26	-0.07	泸西末	1.11	1.11	0

续表

原料名称	直接水提烟碱	萃余物水提烟碱	差值	原料名称	直接水提烟碱	萃余物水提烟碱	差值
南华碎片	0.74	0.71	-0.03	曲靖末	0.88	0.84	-0.04
省公司机碎片	0.65	0.61	-0.04	石林天合末	0.75	0.66	-0.09
玉溪上等芝麻片	0.42	0.39	-0.03				
玉溪中等芝麻片	0.52	0.47	-0.05				
玉溪下等芝麻片	1.36	1.3	-0.06				
平均			-0.052	平均			-0.045

5.1.2.4 溶剂萃取前、后水提物原料感官评价

溶剂萃取前、后水提物原料感官评价结果如表 5-8 所示，溶剂萃取后提取物在香气、劲头、杂气、余味、刺激等方面与对照一致；采用 6 # 溶剂萃取后的原料可用于烟草制品的生产，不会影响到烟草制品的品质。

表 5-8 溶剂萃取前、后水提物原料评吸结果

原料类别	香气	劲头	杂气	余味	刺激
提取后昆烟碎片	香气量充足	适中	稍有枯焦气	稍有滞舌感	较轻
对照	香气量充足、清香	适中	稍有枯焦气	稍有滞舌感	较轻

5.1.3 溶剂萃取工艺优化验证

为了保证溶剂萃取的原料有效地用于重组烟草生产，需考虑萃取后原料中溶剂残留，为工艺设计提供设计依据。

5.1.3.1 提取后原料脱溶处理工艺

水蒸气法、热空气法脱溶试验结果如表 5-9 所示，水蒸气法回收后含水率在 50%~70%，回收后溶剂残留量在 0.5%~1%；热空气法回收后含水率<7%，回收后溶剂残留量<0.01%。

表 5-9 溶剂回收方式对原料的影响

溶剂回收方式	回收后含水率/%	回收后溶剂残留量/%
水蒸气法	50~70	0.5~1
热空气法	<7	<0.01%

提取后的原料首先应考虑便于运输，水分含量不能高于 15%，原料中溶剂含量不得高于 0.01%，以保障烟草制品抽吸品质的稳定。为此应采取相应的工艺手段回收原料中的溶剂，水蒸气蒸馏会使原料含水率增加，导致运输不便，原料变质等问题。

热空气回收法，先用一定温度热空气从原料中回收溶剂，然后再将含有机溶剂的热空气冷却，回收溶剂。该方法溶剂回收率高，原料含水率低，便于贮存运输和异地建厂，同时原料溶剂残留量低，可满足生产对原料的要求。

5.1.3.2 脱溶后原料的水提取工艺研究

脱溶后原料，可采用两种方式应用于重组烟草制备，一是以单一原料的方式，另一种是以配方形式。见表5-10、表5-11。

表 5-10 因素水平表

水平	A：提取温度/℃	B：提取时间/min	C：固液比
1	40	30	1∶6
2	50	40	1∶8
3	60	60	1∶10

表 5-11 提取实验正交表

实验号	A	B	C	提取率/%
1	1	1	1	63.8
2	1	2	2	81.5
3	1	3	3	89.7
4	2	1	2	84.3
5	2	2	3	92.6
6	2	3	1	65.7
7	3	1	3	90.4
8	3	2	2	83.5
9	3	3	1	66.2
K1	78.3	79.5	65.2	
K2	80.8	85.9	83.1	
K3	80.0	73.9	90.9	
R	2.5	12.0	25.7	

从表5-11极差分析可以看出，主要影响提取率的因素为固液比，其次为提取时间，最小者为温度。最佳提取条件为提取温度60 ℃、提取时间40 min、固液比为1∶10，但考虑固液比加大，提取液浓度降低，浓缩成本增加。提取固液比选择1∶8左右为好，与传统再造烟叶提取条件相符。

5.2 烟叶原料组分分离研究——分子蒸馏技术

分子蒸馏技术是一种特殊的液-液分离技术，它不同于传统蒸馏依靠沸点差分离原理，而是靠不同物质分子运动平均自由程的差别实现分离。当液体混合物沿加热板流动并被加热，轻、重分子会逸出液面而进入气相，由于轻、重分子的自由程不同，因此，不同物质的分子从液面逸出后移动距离不同，若能恰当地设置一块冷凝板，则轻分子达到冷凝板被冷凝排出，而重分子达不到冷凝板沿混合液排出。这样，达到物质分离的目的。

分子蒸馏技术具有其他分离技术无法比拟的优点：① 操作温度低（远低于沸点）、真空度高（空载≤1 Pa）、受热时间短（以秒计）、分离效率高等，特别适宜于高沸点、热敏性、易氧化物质的分离；② 可有效地脱除低分子物质（脱臭）、重分子物质（脱色）及脱除混合物中杂质；③ 其分离过程为物理分离过程，可很好地保护被分离物质不被污染，特别是可保持天然提取物的原来品质；④ 分离程度高，高于传统蒸馏及普通的薄膜蒸发器。

采用分子蒸馏技术对烟叶原料萃取物进行了分离，以便较好地富集烟草特征香味成分，并应用于重组烟草的开发，取得较好的结果。

5.2.1 非极性溶剂萃取研究

5.2.1.1 QRT-18 烟叶配方原料

QRT-18 烟叶配方原料如表 5-12 所示。

表 5-12 烟叶配方材料

烟叶原料名称	原料编码	比例/%
昆烟碎片 3	P03KY003	12（红大）
昆烟碎片 3	P03KY003	3.6
玉溪上等芝麻片	PSDYX001	3.6
玉溪中等芝麻片	PZDYX001	8.4
红河中部碎片	PZBHH001	12
楚雄上等芝麻片	PSDCX001	3.6
楚雄中等芝麻片	PSDCX001	3.6
大理上等芝麻片	PSDDL001	2.4
大理中等芝麻片	PZDDL001	2.4
昆明加香烟末	MJXYX003	8.4

QRT-18 烟叶配方各原料化学常规检测结果如表 5-13 所示，混合后 QRT-18 烟叶配方原料化学常规检测结果如表 5-14 所示。

表 5-13 QRT-18 原料化学常规检测结果

原料名称	原料编号	使用比例/%	烟碱/%	总糖/%	还原糖/%	总氮/%	Cl⁻/%	K⁺/%	糖碱比	两糖差	钾氯比	氮碱比
昆烟碎片 3	P03KY003	12（红大）	2.73	10.9	8.5	2.06	0.5	2.1	3.99	2.4	4.2	0.75
昆烟碎片 3	P03KY003	3.6	1.68	18.37	15.7	1.99	0.77	2.74	10.93	2.67	3.56	1.18
玉溪上等支麻片	PSDYX001	3.6	1.71	14.22	11.58	2	0.58	2.86	8.32	2.64	4.93	1.17
玉溪中等支麻片	PZDYX001	8.4	1.86	16.19	12.43	2.14	0.3	2.29	8.7	3.76	7.63	1.15
红河中部碎片	PZBHH001	12	1.81	18	14.53	2.04	0.64	2.18	9.94	3.47	3.41	1.13
楚雄上等支麻片	PSDCX001	3.6	1.28	18.73	14.46	1.62	0.44	2.54	14.69	4.28	5.83	1.27
楚雄中等支麻片	PSDCX001	3.6	0.99	18.48	14.16	1.5	0.45	3.09	18.67	4.32	6.94	1.51
大理上等支麻片	PSDDL001	2.4	1.02	22.4	15.6	1.6	0.61	2.95	21.96	6.8	4.84	1.57
大理中等支麻片	PZDDL001	2.4	3.36	14.47	12.39	2.64	0.4	2.06	4.31	2.08	5.18	0.79
昆明加香烟末	MJXYX003	8.4	2.04	22.57	19.93	2.22	0.57	2.16	11.06	2.64	3.79	1.09
平均值			1.97	16.87	13.61	2.03	0.52	2.35	9.76	3.26	4.8	1.09
标准偏差			0.74	3.63	3.02	0.34	0.14	0.39	5.77	1.4	1.42	0.26
变异系数/%			37.46	21.5	22.21	16.72	25.83	16.49	59.1	42.94	29.59	23.92

表 5-14 混合后 QRT-18 烟叶配方原料化学常规检测结果

序号	烟碱/%	总糖/%	还原糖/%	总氮/%	Cl⁻/%	K⁺/%	糖碱比	两糖差	钾氯比	氮碱比
1	1.93	15.86	13.81	2.12	0.50	2.41	8.23	2.05	4.77	1.10
2	2.12	16.90	13.34	1.98	0.53	2.53	7.97	3.56	4.78	0.93
3	1.87	17.41	13.20	2.15	0.50	2.31	9.31	4.21	4.64	1.15
4	2.05	16.00	13.95	2.06	0.52	2.46	7.80	2.05	4.73	1.00
5	2.11	15.90	13.75	1.87	0.49	2.50	7.54	2.15	5.09	0.89
平均值	2.02	16.41	13.61	2.04	0.51	2.44	8.17	2.80	4.80	1.01
标准偏差	0.11	0.70	0.32	0.11	0.02	0.09	0.69	1.01	0.17	0.11
变异系数/%	5.54	4.28	2.37	5.57	3.20	3.52	8.39	36.17	3.58	10.87

从表 5-13 和表 5-14 可以看出，混合后烟叶配方化学常规指标平均值与混合前原料平均值一致，总糖、K^+、还原糖、烟碱、Cl^-、总氮含量分别为 16.87%、2.35%、13.61%、2.02%、0.52%、2.04%；混合后烟叶配方的标准偏差、变异系数可以反映混合均匀情况。

5.2.1.2 烟草特征成分分离与富集

分子蒸馏设备如图 5-3 所示，烟草特征成分分离和富集的生产工艺流程如图 5-4 和图 5-5 所示，6#溶剂油萃取得率及分子蒸馏段不同馏分得率如表 5-15 所示。

图 5-3 分子蒸馏设备

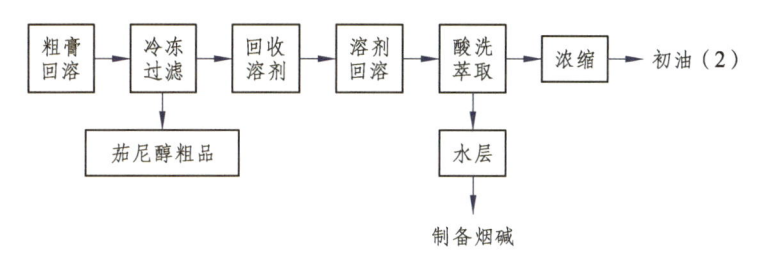

图 5-4 初油（2）生产工艺流程简图

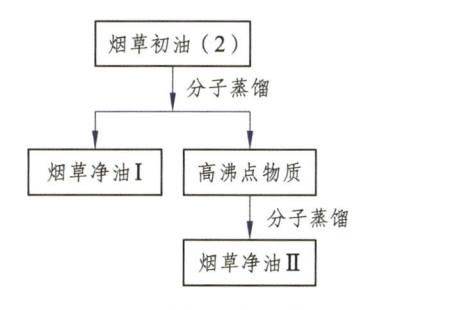

图 5-5 分子蒸馏制备烟草净油

表 5-15　6#溶剂油萃取得率及分子蒸馏段得率

产品名称	萃取膏体	初油（2）	烟草净油 I	烟草净油 II	后馏段
得率/%	2.76	1.28	0.08~0.10	0.6~0.7	0.63

从表 5-15 可以看出，6#溶剂油萃取膏体得率为 2.76%，初油（2）得率为 1.28%，烟草净油 I 得率为 0.08%~0.10%，烟草净油 II 得率为 0.6%~0.7%，后馏段得率为 0.63%。

5.2.1.3　由分子蒸馏段制备的关键模块的质量指标及化学成分

1. A-II 模块烟草净油 I（烟草挥发性净油）

挥发性成分分子量相对较小，沸点相对较低，主要包括烟碱、新植二烯以及巨豆三烯酮、茄酮、3-氧化-α-紫罗兰醇、二氢猕猴桃内酯等。

烟草净油 I 质量检测结果如表 5-16 所示。

表 5-16　烟草净油 I 质量检测结果

序号	重量/g	外观	相对密度 (d_{20}^{20})	折光指数 (n_D^{20})	酸值	挥发性成分总量 (m/m)/%
1	101	棕色液体，澄清	0.9917	1.5176	4.3	35
2	104	棕黄色液体，澄清	0.9809	1.5140	5.4	32
3	112	棕黄色液体，澄清	0.9842	1.5142	5.5	38

如表 5-17 所示，烟草净油 I 中烟碱含量为 61.81%。

表 5-17　烟草净油 I 中烟碱含量

样品	1	2	3	平均值
烟碱/%	62.19	61.59	61.65	61.81

如表 5-18 所示，烟草净油 I 中新植二烯含量为 17.53%。

表 5-18　烟草净油 I 中新植二烯含量

样品	1	2	3	平均值
新植二烯/%	15.81	15.15	21.63	17.53

2. A-III 模块烟草净油 II（烟草半挥发性净油）

半挥发性成分主要有西柏三烯醇、维生素 E、高级脂肪酸等物质，这些物质分子量相对较大，沸点相对较高，因此可以采用沸点差异将这些物质分离。

烟草净油 II 质量指标如表 5-19 所示。

表 5-19　烟草净油Ⅱ质量指标

序号	重量/g	外观	相对密度 (d_{20}^{20})	折光指数 (n_D^{20})	酸值	挥发性成分总量（m/m）/%
1	83	浅红棕色稠厚液体，澄清	0.9658	1.5024	39.1	5
2	89	浅红棕色稠厚液体，澄清	0.9660	1.5024	41.7	4
3	128	浅红棕色稠厚液体，澄清	0.9714	1.5024	41.3	2

烟草净油Ⅱ（烟草半挥发性净油）西柏三烯醇含量见表 5-20，烟草净油Ⅰ中西柏三烯醇含量为 27.13%。

表 5-20　烟草净油Ⅱ（含烟碱半挥发性烟草净油）西柏三烯醇含量

样品	1	2	3	平均值
西柏三烯醇/%	28.84	24.77	27.76	27.13

烟草净油Ⅱ（烟草半挥发性净油）的烟碱含量见表 5-21，烟草净油Ⅱ（烟草半挥发性净油）的烟碱含量为 3.81%。

表 5-21　烟草净油Ⅱ（含烟碱烟草半挥发性净油）的烟碱含量

样品	1	2	3	平均值
烟碱含量/%	4.60	5.57	1.26	3.81

烟草净油Ⅱ的致香成分分析结果见图 5-6 及表 5-22。

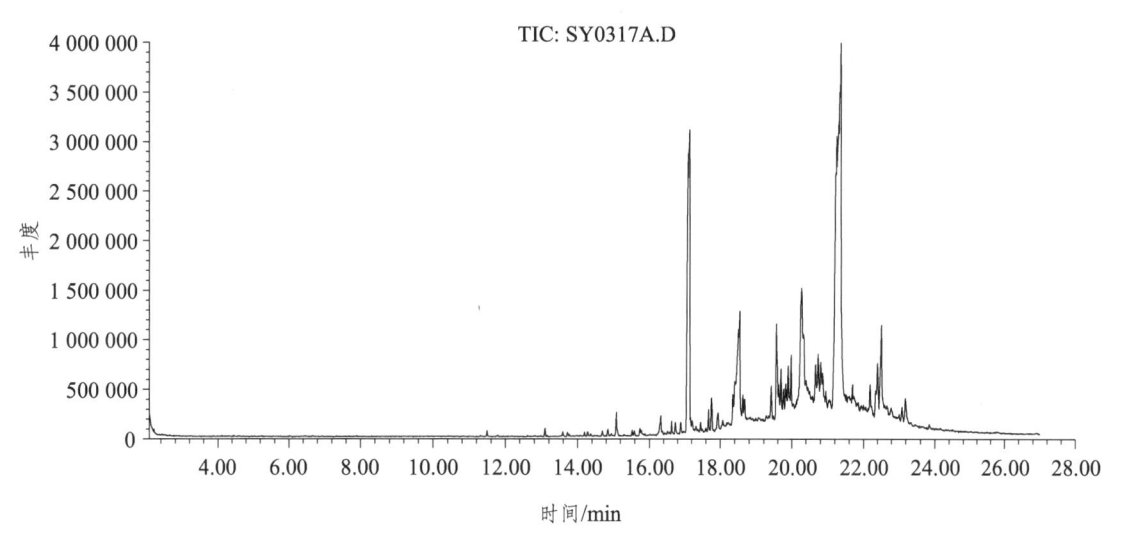

图 5-6　烟草净油Ⅱ的 GC-MS 离子流量图

表 5-22　分子蒸馏烟草净油 II 的化学成分分析

编号	保留时间/min	化合物名称	相对峰面积/%
1	11.49	茄酮	0.07
2	13.10	降茄二酮	0.09
3	13.59	二甲基苯并噁唑	0.08
4	13.73	2,3'-联吡啶	0.04
5	14.29	巨豆三烯酮 A	0.05
6	14.52	巨豆三烯酮 B	0.12
7	14.85	巨豆三烯酮 C	0.09
8	15.01	巨豆三烯酮 D	0.15
9	15.09	三氧代-α紫罗兰醇	0.37
10	15.53	十六烷	0.06
11	15.56	二氢猕猴桃内酯	0.17
12	15.59	三甲基十二烷	0.07
13	16.33	十四酸	0.44
14	16.63	十四烷	0.18
15	16.74	三甲基十二烷	0.24
16	16.90	茄那士酮	0.18
17	17.13	新植二烯	10.03
18	17.34	十三酸	0.17
19	17.46	邻苯二甲酸异丁酯	0.17
20	17.60	2-甲基-十三烷	0.15
21	17.68	十六烷	0.32
22	17.95	棕榈酸甲酯	0.62
23	18.08	反-2-α-红没药烯环氧化物	0.54
24	18.41	棕榈酸	0.72
25	18.54	棕榈酸	4.83
26	18.63	棕榈酸乙酯	0.70
27	18.68	十七烷	0.90
28	19.42	寸拜醇	0.91
29	19.63	十八烷	0.69
30	19.83	1,1-二甲基十六烷	1.00
31	20.28	石竹烯氧化物	5.96
32	20.95	苧烯二氧化物	0.84
33	21.35	西柏三烯二醇	26.42
34	23.19	十烷醇	1.06
35	23.85	邻苯二甲酸二异辛酯	0.09

综上所述，通过分子蒸馏技术制备的烟草净油产品充分富集了烟叶原料中的致香成分，同时去除了大量影响产品品质的大分子物质如果胶、蜡质等，增加了产品的可用性。

5.2.2 溶剂萃取后烟叶水提物分段研究

5.2.2.1 不同浓度乙醇分段化学成分模块的得率

萃余物提取按固液比 10∶1，用 60 ℃清水搅拌提取 30 min×2，每次提取后进行固、液分离，合并两次提取液，用旋转薄膜蒸发仪脱除水分至恒重；按液固比 6∶1，用 95%乙醇溶液提取 6#溶剂萃余物水提物（B），后经过滤，分离得到清液和不溶物，将清液浓缩脱溶制备得化学成分模块 B-Ⅱ；再用 50%乙醇溶液溶解不溶物，后经冷冻、过滤，分离得到化学成分模块 B-Ⅲ、B-Ⅳ。不同浓度乙醇分段化学成分模块的得率见表 5-23 所示。

表 5-23 不同化学成分模块的得率

模块名称	得率/%			
	1	2	3	平均值
B-Ⅱ	13.36	13.96	12.56	13.29
B-Ⅲ	13.94	13.94	13.94	13.94
B-Ⅳ	22.9	22.3	23.7	22.97

从表 5-23 可以看出，95%乙醇萃取 6#溶剂萃余物水提物，将清液浓缩脱溶制备得化学成分模块 B-Ⅱ，得率为 13.29%，再用 50%乙醇溶液溶解不溶物，后经冷冻、过滤，分离得到化学成分模块 B-Ⅲ、B-Ⅳ，得率分别为 13.94%、22.97%。

5.2.2.2 烟叶配方不同模块化学成分分析

烟叶配方不同模块化学成分分析结果见表 5-24 和图 5-7。

表 5-24 不同模块化学成分分析

模块名称	总糖/%	钾离子/%	还原糖/%	总植物碱/%	氯离子/%	总氮/%	糖碱比	两糖差	钾氯比	氮碱比
B-Ⅱ	7.12	1.05	5.29	4.89	0.21	3.17	1.45	1.82	5.06	0.65
B-Ⅲ	26.13	3.43	22.97	2.12	0.77	2.25	12.32	3.16	4.47	1.06
B-Ⅳ	12.92	2.17	10.78	0.53	0.24	1.72	24.36	2.14	9.17	3.24

烟叶配方不同模块化学指标和谐调性指标变化情况如图 5-7 所示。

从化学成分模块 B-Ⅱ、B-Ⅲ至 B-Ⅳ，总糖、还原糖、钾离子、氯离子，呈先升后降趋势，B-Ⅲ段总糖、还原糖最高，达到了 26.13%、22.97%；总植物碱、总氮呈下降趋势，相较而言，总氮下降趋势缓和。从化学成分模块 B-Ⅱ、B-Ⅲ至 B-Ⅳ，糖碱比、氮碱比呈升高趋势，从 1.45 增加到 24.36，氮碱比从 0.65 增加至 3.24；两糖差呈先升后降趋势，钾氯比呈先降后升趋势。

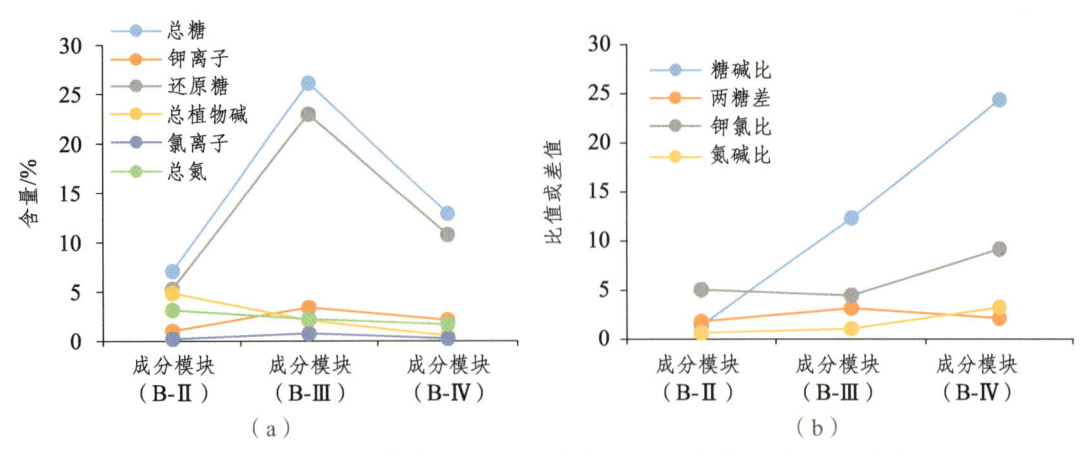

图 5-7 烟叶配方不同模块化学成分指标变化（a）及谐调性指标变化情况（b）

5.3 烟梗原料组分分离研究

5.3.1 烟梗配方不同浓度乙醇分段化学成分模块的得率

QRT-18 烟梗原料如表 5-25 所示。烟梗原料按固液比 8∶1，用 60 ℃ 清水搅拌提取 30 min×2，每次提取后进行固、液分离，合并两次提取液，用旋转薄膜蒸发仪脱除水分至恒重；按液固比 6∶1，用95%乙醇溶液溶解提取物 C，后经冷冻、过滤，分离得到清液和不溶物，将清液浓缩脱溶制备得化学成分模块 C-Ⅱ；再用 50%乙醇溶液溶解不溶物，后经冷冻、过滤，分离得到化学成分模块 C-Ⅲ、C-Ⅳ。

表 5-25 QRT-18 烟梗材料

原料名称	原料编码	比例/%
昆烟短梗	GD0KY	12
曲靖长梗	GC0QJ	8
昆明碎梗	GQ0KY	6
楚雄短梗	GD0CX	6
针叶木浆	—	8

烟梗配方不同模块得率如表 5-26 所示，95%乙醇溶剂溶解烟梗水提物，制备得化学成分模块 C-Ⅱ，得率为 15.93%；再用 50%乙醇溶液溶解不溶物，后经冷冻、过滤，分离得到化学成分模块 C-Ⅲ、C-Ⅳ，得率分别为 13.91%、23.37%。

表 5-26 不同浓度乙醇分段化学成分模块的得率

模块名称	得率/%			
	1	2	3	平均值
C-Ⅱ	15.96	16.26	15.56	15.93
C-Ⅲ	13.86	13.9	13.98	13.91
C-Ⅳ	23.4	22.9	23.8	23.37

5.3.2 不同模块化学成分分析

烟梗配方不同模块化学成分分析结果如表 5-27 所示。不同模块化学成分指标和谐调性指标变化情况如图 5-8 所示。

表 5-27 不同模块化学成分分析

模块名称	总糖/%	钾离子/%	还原糖/%	总植物碱/%	氯离子/%	总氮/%	糖碱比	两糖差	钾氯比	氮碱比
C-Ⅱ	5.03	1.12	3.78	3.69	0.35	1.90	1.36	1.25	3.20	0.51
C-Ⅲ	21.20	3.67	19.40	1.60	1.30	1.35	13.25	1.80	2.82	0.84
C-Ⅳ	9.13	2.32	7.70	0.40	0.40	1.03	22.83	1.43	5.80	2.58

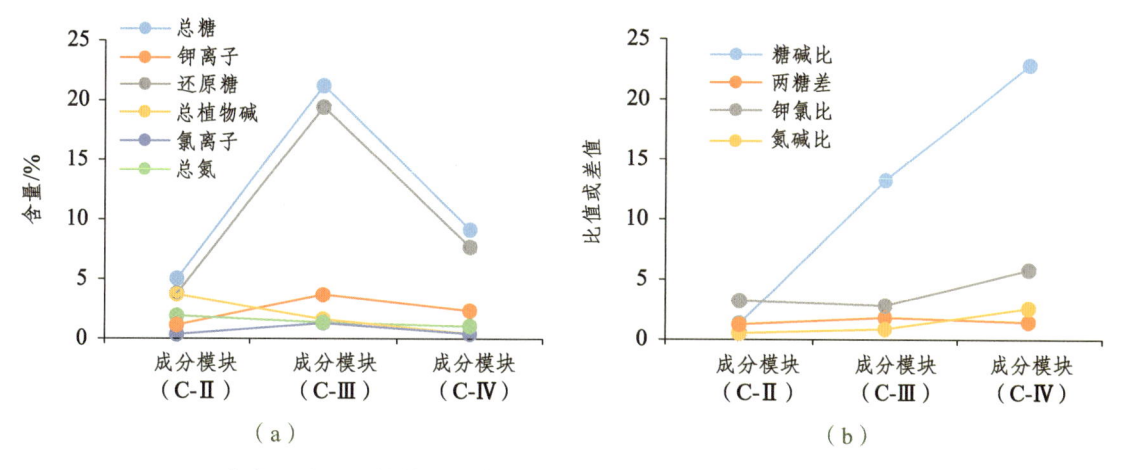

图 5-8 烟梗配方不同模块化学成分指标变化（a）和谐调性指标变化情况（b）

从表 5-27、图 5-8 可以看出，烟梗配方不同模块化学成分变化趋势与烟叶配方相同。总糖、还原糖、钾离子、氯离子从化学成分模块 C-Ⅱ、C-Ⅲ、C-Ⅳ，呈先升高后降低趋势，C-Ⅲ段总糖、还原糖最高，达到了 21.20%、19.40%、3.67%、1.30%；总植物碱、总氮从化学成分模块 C-Ⅱ、C-Ⅲ、C-Ⅳ呈下降趋势，相较而言，总氮下降趋势缓和；糖碱比、氮碱比从化学成分模块 C-Ⅱ、C-Ⅲ、C-Ⅳ，呈升高趋势，从 1.36 增加到 22.83，氮碱比从 0.51 增加至 2.58；两糖差呈先增高后下降趋势，钾氯比呈先下降后上升趋势。

5.4 烟草特征成分重组研究

5.4.1 QRT-18 样品制备

按图 5-1 和图 5-2 技术路线及工艺条件制备烟梗、烟叶不溶物及化学成分模块 A-Ⅱ、A-Ⅲ、A-Ⅳ，化学成分模块 B-Ⅱ、B-Ⅲ、B-Ⅳ，化学成分模块 C-Ⅱ、C-Ⅲ、C-Ⅳ。用打浆机将烟梗、烟叶不溶物混合打浆；疏解针叶木浆；用抄片器制备片基；按比例重组化学成分模块 A-Ⅱ、A-Ⅲ、A-Ⅳ，化学成分模块 B-Ⅱ、B-Ⅲ、B-Ⅳ和化学成分模块 C-Ⅱ、C-Ⅲ、C-Ⅳ量（按不同模块得率计算具体比例），具体比例如表 5-28 所示。

表 5-28　化学成分模块添加比例

模块名称	A-Ⅱ	A-Ⅲ	A-Ⅳ	B-Ⅱ	B-Ⅲ	B-Ⅳ	C-Ⅱ	C-Ⅲ	C-Ⅳ
比例/%	100	100	100	100	80	50	60	50	30

将重组的化学成分模块与 QRT-18 基料混合配置成重组烟叶 QRT-18 产品涂布料。重组烟叶 QRT-18 产品成形、干燥，调节水分至 10.0%～13.0%。

5.4.2　QRT-18 理化指标和烟气指标

QRT-18 产品物理指标检测结果如表 5-29 所示，QRT-18 产品厚度为 0.22 mm，定量为 110.6 g/m^2，抗张强度为 0.54 kN/m，填充值为 5.2 cm^3/g，燃烧速率为 0.47 mm/s。

表 5-29　物理指标检测结果

样品名称	水分/%	厚度/mm	定量/g·m^{-2}	抗张强度/kN·m^{-1}	填充值/cm^3·g^{-1}	燃烧速率/mm·s^{-1}
KM-CZYC	11.7	0.22	110.6	0.54	5.2	0.47

QRT-18 产品烟草常规化学指标检测结果见表 5-30，QRT-18 产品烟草常规化学指标总糖为 14.8%，还原糖为 9.38%，总植物碱为 1.25%，总氮为 1.07%，钾离子为 2.53%，氯离子 0.58%。

表 5-30　重组烟叶 QRT-18 产品烟草常规化学指标　　　　　　　　　　　单位：%

样品名称	总糖	钾离子	还原糖	总植物碱	氯离子	总氮
KM-CZYC	14.8	2.53	9.38	1.25	0.58	1.07

表 5-31 是 QRT-18 产品主流烟气常规检测结果。QRT-18 产品主流烟气常规总粒相物为 6.08 mg/支，水分为 1.44 mg/支，烟气烟碱量为 0.47 mg/支，焦油量为 6.31 mg/支，抽吸口数为 6.1 口/支，一氧化碳为 10.7 mg/支，QRT-18 产品主流烟气 CO/焦油比为 1.70，CO/口比为 1.75。

表 5-31　重组烟叶 QRT-18 产品主流烟气常规

总粒相物/mg·支$^{-1}$	水分/mg·支$^{-1}$	烟气烟碱量/mg·支$^{-1}$	焦油量/mg·支$^{-1}$	抽吸口数/口·支$^{-1}$	CO/mg	CO/焦油	CO/口
6.08	1.44	0.47	6.31	6.1	10.7	1.70	1.75

注：测试环境大气压(81±5) kPa。

综上所述，QRT-18 产品的物理指标、烟草常规化学指标、主流烟气常规检测结果、QRT-18 产品谐调性指标及产品烟气特性的 CO/焦油比等均符合重组烟草产品标准要求。

5.5　烟叶原料特色提取分离技术

5.5.1　烟草内源香气成分分离技术研究

对部分烟叶原料进行生物酶处理和分段提取技术研究，获得烟草内源香气结构分段产物，为定制化再造烟叶开发过程中专用料香的开发提供技术支撑。

将烟叶原料加入95%的乙醇水溶液中回流提取1 h，温度为75 ℃，经冷却、过滤后加入丙二醇减压浓缩得到产物YCTQW-01。

滤渣转入水中加热至45 ℃，而后加入复合酶制剂（纤维素酶、果胶酶、葡聚糖酶、淀粉酶、木聚糖酶、蛋白酶）。酶促反应完成后，加入95%的乙醇水溶液，80 ℃下回流提取，经冷却、过滤后加入丙二醇减压，得到产物YCTQW-02（B段产物）。

滤渣加入60%的乙醇水溶液，85 ℃下回流提取，经冷却、过滤后加入丙二醇减压浓缩，得到产物YCTQW-03（C段产物）。

滤渣加入40%的乙醇水溶液，85 ℃下回流提取，经冷却、过滤后加入丙二醇减压浓缩得到产物YCTQW-04（D段产物）。

滤渣加入20%的乙醇水溶液，85 ℃下回流提取，经冷却、过滤后加入丙二醇减压浓缩得到产物YCTQW-05（E段产物）。

对分段提取产物的常规化学指标进行检测，结果如表5-32、图5-9所示。随着溶剂极性的提高和提取次数的增加，烟叶分段产物中常规化学成分有明显变化，B段的各项成分含量最高，C段明显降低，主要成分降低了约8倍，而C段和D段已基本接近检测限，含量可以忽略。

对分段提取产物的致香成分进行检测，结果如表5-33和图5-10所示。分段产物中共鉴定了41种物质，其中醇类3种，酮类11种，酯类4种，醛类2种，酚类5种，酸类7种，碱类5种，烯烃4种。采用AMDIS方式进行积分运算，按半定量方法计算，B段挥发性成分总量最高，达到413 μg/g，共检测到41个化合物；C段的挥发性成分总量次之，总量为193 μg/g，检测到27个化合物；D段和E段各成分含量和化合物数量都极低，总量分别为59 μg/g和31 μg/g，化合物数量分别为11个和8个。

表5-32 分段提取产物常规化学指标检测结果

样品名称	总糖/%	还原糖/%	总植物碱/%	总氮/%	硝酸盐/%	钾/%	氯/%	两糖比	糖碱比	氮碱比	钾氯比
K326 B段	8.72	7.89	1.32	0.92	0.21	1.13	0.55	0.91	6.63	0.70	2.05
K326 C段	0.40	1.07	0.04	0.15	0.04	0.23	0.06	2.69	10.47	4.03	3.95
K326 D段	—	0.39	—	0.07	0.02	0.08	0.04	—	2.69	—	2.08
K326 E段	—	0.35	—	0.06	0.02	0.01	0.04	—	4.73	—	0.27
红大 B段	9.95	8.73	2.06	1.12	0.11	1.29	0.58	0.88	4.82	0.55	2.21
红大 C段	0.51	0.93	0.08	0.17	0.03	0.31	0.07	1.81	6.04	2.04	4.36
红大 D段	—	0.47	—	0.11	0.02	0.25	0.04	—	7.80	—	5.91
红大 E段	—	0.40	—	0.06	0.02	0.05	0.04	6.09	—	—	1.17

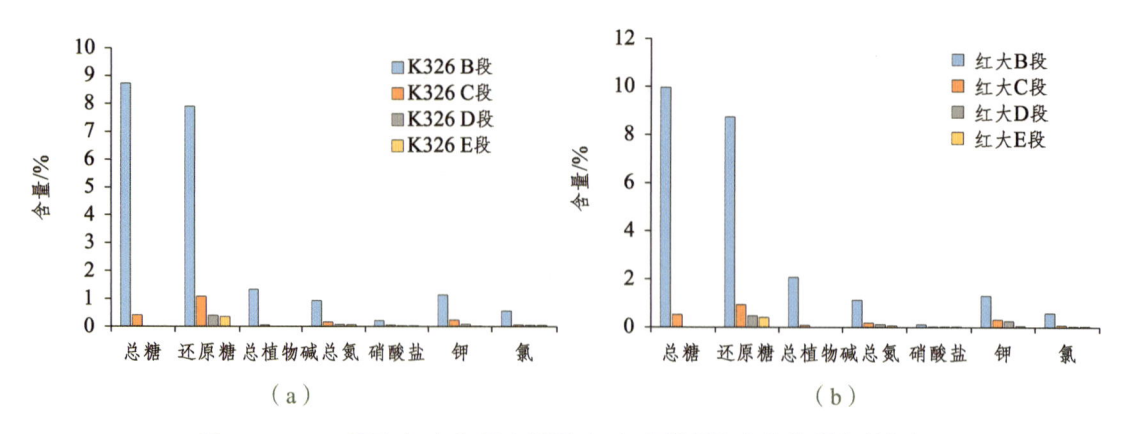

图 5-9 K326 烟叶（a）和红大烟叶（b）分段提取产物常规化学指标

表 5-33 红大烟叶分段产物挥发性成分检测结果　　　　　　　单位：μg/g

化合物名称	B 段	C 段	D 段	E 段
乙酸异丁酯	0.08	0.06	—	—
异戊酸	0.02	—	—	—
2-甲基丁酸	0.09	—	—	—
苯甲醇	1.05	0.71	—	—
泛酰内酯	0.23	0.11	—	—
2-乙酰基吡咯	0.18	0.08	—	—
苯乙醇	0.47	0.18	—	—
麦芽酚	2.77	0.93	—	—
5,6-二氢-6-戊基-2H-吡喃-2-酮	0.14	—	—	—
2,3-二羟基-4-甲基-1,4-丁内酯	0.44	—	—	—
2,3-二氢苯并呋喃	0.05	—	—	—
邻苯二酚	0.06	—	—	—
乙酸苯乙酯（内标）	25.00	25.00	25.00	25.00
对苯二酚	0.07	—	—	—
2-羟基-5-甲基苯乙酮	0.29	—	—	—
甲基环戊烯酮	0.11	—	—	—
烟碱	179.77	76.47	16.15	4.61
茄酮	3.97	0.97	0.09	—
香兰素	0.21	0.07	—	—
麦斯明	0.30	0.08	—	—
对羟苯基乙醇	0.03	—	—	—
5-甲基水杨醛	6.22	1.82	0.22	—
2-羟基丁香酚	0.05	—	—	—
2,4-二叔丁基酚	0.01	—	—	—
新烟碱	0.22	0.02	—	—
2,3'-联吡啶	0.04	—	—	—

续表

化合物名称	B 段	C 段	D 段	E 段
二氢猕猴桃内酯	0.50	0.30	—	—
4-羟基苯基乙酸	0.03	—	—	—
3,5-二甲氧基苯乙酮	0.96	0.09	—	—
异香草酸	0.06	—	—	—
巨豆三烯酮 a	2.99	—	—	—
4-羟基-β-二氢大马酮	1.29	0.13	—	—
巨豆三烯酮 b	3.15	1.05	—	—
巨豆三烯酮 c	3.00	—	—	—
9-羟基-4,7-巨豆二烯-3-酮	4.41	1.63	0.24	0.02
4-(3-羟丁基)-3,5,5-三甲基环己-2-烯-1-酮	1.29	0.87	0.12	—
可替宁	1.29	0.85	0.22	0.02
乙酰丁香酮	0.19	—	—	0.02
肉豆蔻酸	0.64	0.64	—	—
新植二烯	57.86	19.45	5.07	0.21
愈创木烯	2.89	—	—	—
棕榈酸甲酯	0.00	—	—	—
揽香醇	1.71	—	—	—
棕榈酸	28.32	8.28	—	—
东莨菪内酯	33.61	13.85	6.44	—
亚麻酸	17.56	10.67	1.22	0.23
硬脂酸	0.75	0.78	—	—
维生素 E	28.28	27.98	4.33	0.87
总量	412.66	193.06	59.11	30.99

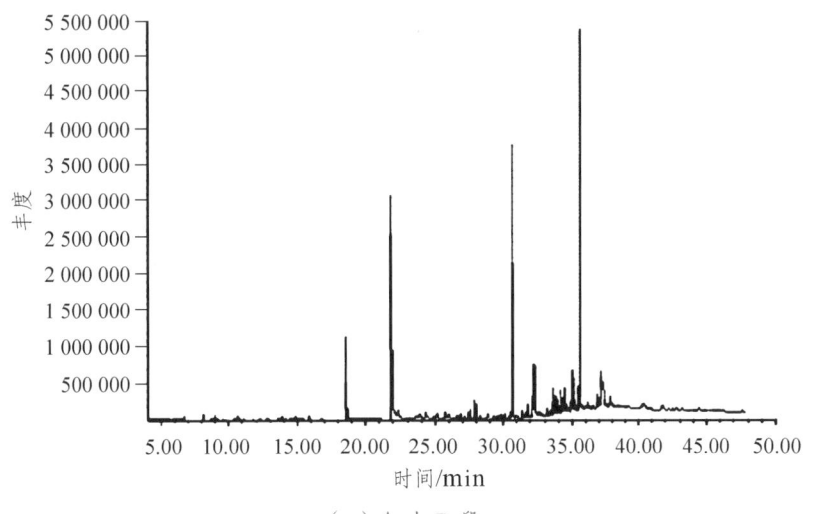

(a) 红大 B 段

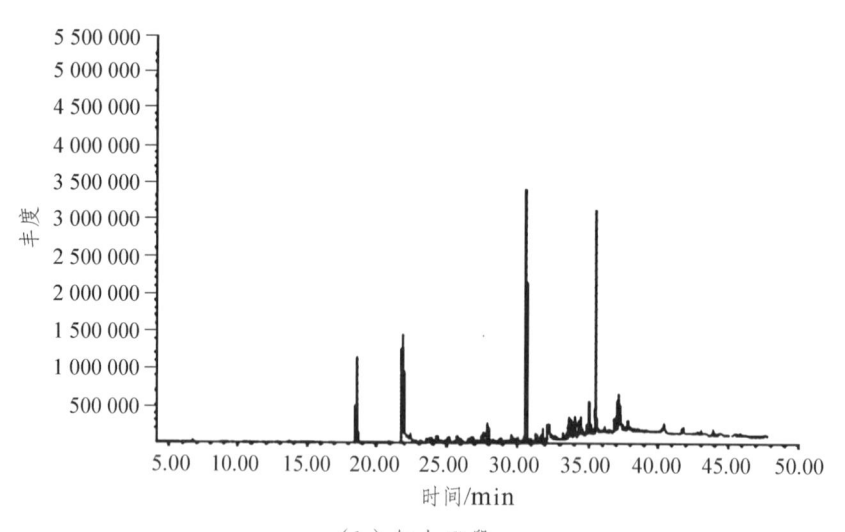

(b) 红大 C 段

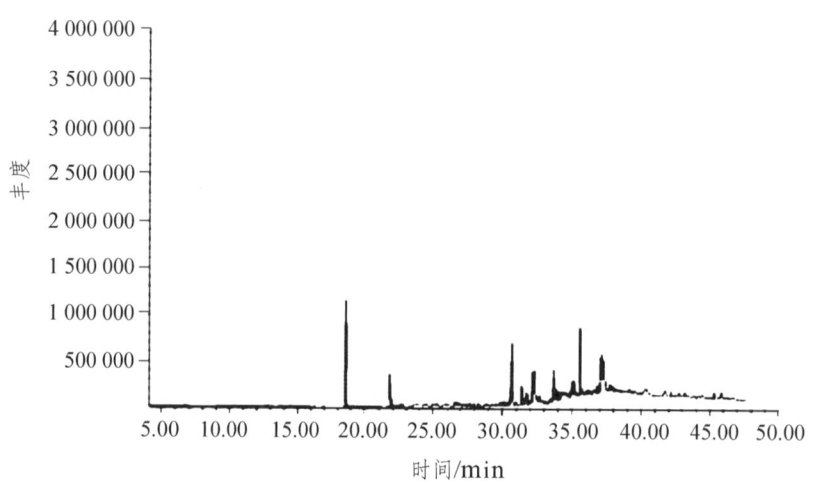

(c) 红大 D 段

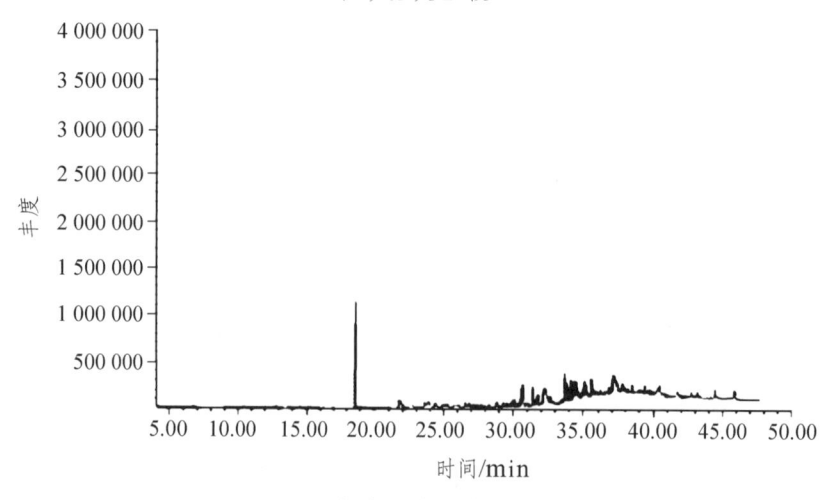

(d) 红大 E 段

图 5-10 红大 B、C、D、E 段挥发性成分 TIC 图

5.5.2 烟草内源香气成分分离组分评价

对分段提取产物的感官质量进行评价，结果如表 5-34 所示。越靠前段的分段产物，其对香气中的头香部分贡献较大，体基香部分贡献较少，越靠后段的分段产物，其对体基香部分的贡献较大，对头香部分的贡献较小。

表 5-34 红大烟叶分段产物感官质量评价结果

样品名称	感官质量评吸结果
某叶组空白	清香韵，带甜香、烘烤香、坚果香和辛香韵，带青杂气、木质杂气微带枯焦杂气，细腻度、成团性及飘逸感适中，口腔、喉部、鼻腔微有刺激，余味微回甜，微回苦回涩
B 段+叶组	烟气浓度有提升，香气量提升明显，头香较好，烟香丰富性提升明显，质感提升，余味生津回甜，口腔干净度和舒适度提升明显
C 段+叶组	烟气浓度有提升，香气量提升，烟香丰富性提升，质感提升，余味回甜，口腔干净度和舒适度提升
D 段+叶组	体基香部分提升，头香稍弱，香气量、烟香丰富性、质感微有提升，余味微回甜
E 段+叶组	体基香部分提升，头香感受不明显，香气量、烟香丰富性、质感微有提升

参考文献

[1] 唐自文，孔宁川，刘欣宇. 分子蒸馏分离烟草提取物溶剂选择性萃取试验研究[J]. 云南化工，2003（02）：46-47.

[2] 艾心灵，王洪新，朱松. 烟草中绿原酸、烟碱和茄尼醇的超声波辅助提取[J]. 烟草科技，2007（04）：45-48.

[3] 陈国辉. 近红外光谱分析技术在烟草化学中的应用研究[D]. 昆明：云南师范大学，2007.

[4] 段焰青，王家俊，杨涛，等. FT-NIR 光谱法定量分析烟草薄片中 5 种化学成分[J]. 激光与红外，2007（10）：1058-1061.

[5] 王玉，王保兴，武怡，等. 烟叶重要香味物质的近红外快速测定[J]. 光谱实验室，2007（02）：69-72.

[6] 陈燕梅，刘财清，陈建民. 一种同时提取烟草中茄尼醇和烟碱并测定其含量的简便方法[J]. 中国烟草科学，2009，30（02）：71-73.

[7] 杨彦明，唐自文，付宇，等. 造纸法再造烟叶浸取工艺研究[J]. 应用化工，2009，38（03）：425-428.

[8] 邓小华. 烟叶中新植二烯富集及应用[J]. 食品工业，2009，30（02）：36-38.

[9] 杨靖，于存峰，郑峰洋，等. 分子蒸馏在云烟萃取物分离中的应用[J]. 香料香精化妆品，2009（01）：10-12+16.

[10] 王萍，杨俊鹏，王娜，等. 分子蒸馏处理香料烟浸膏制备烟用香料[J]. 香料香精化妆品，2010（06）：31-34.

[11] 卫青，刘维涓，王保兴，等. 利用近红外光谱检测造纸法再造烟叶提取液与烟膏物化指标的方法：CN101710072A[P]. 2010-05-19.

[12] 李文昱，廖元杰，车靖，等. 造纸法再造烟叶中烟梗疏解提取与常规提取的比较[J]. 纸和

造纸, 2011, 30 (12): 45-46.

[13] 侯轶, 李友明, 李启明, 等. 乙醇水溶液提取烟草废弃物的研究[J]. 烟草科技, 2013 (11): 56-60.

[14] 李姗姗, 唐自文, 陈岭峰, 等. 解纤提取对造纸法再造烟叶品质的影响[J]. 纸和造纸, 2014, 33 (09): 47-51.

[15] 余红涛, 陈远祥, 关平, 等. 一种造纸法再造烟叶提取液组合预处理工艺: CN103720029A[P]. 2014-04-16.

[16] 孙德坡, 尚善斋, 赵伟, 等. 造纸法再造烟叶萃取和涂布液工艺研究综述[J]. 郑州轻工业学院学报 (自然科学版), 2014, 29 (06): 17-21.

[17] 李晓芹, 杜咏梅, 张怀宝, 等. 烟草绿原酸、芸香苷、烟碱和茄尼醇的提取技术研究[J]. 中国烟草科学, 2015, 36 (01): 1-4.

[18] 杨艳芹, 袁凯龙, 夏琛, 等. 分子蒸馏分离废次烟末致香成分及在烟草中的应用[J]. 应用化学, 2015, 32 (12): 1448-1454.

[19] 陶文梅, 唐自文, 史近文, 等. 造纸法再造烟叶原料提取过程中有机酸的溶出规律[J]. 烟草科技, 2015, 48 (08): 55-59.

[20] 赵英良, 段孟, 史近文, 等. 造纸法再造烟叶提取过程中关键化学成分的溶出规律[J]. 湖北农业科学, 2015 (1): 114-117.

[21] 黄明, 姚建武, 姚元军, 等. 造纸法再造烟叶烟草提取液醇沉净化处理研究[J]. 食品与机械, 2016, 32 (11): 198-201.

[22] 李华雨, 常岭, 王相凡, 等. 再造烟叶生产中浓缩温度对提取液中中性香味成分的影响[J]. 烟草科技, 2016, 49 (07): 60-69.

[23] 危彬. 烟草萃取物的分离分类及其香味成分研究[D]. 合肥: 中国科学技术大学, 2016.

[24] 夏炎, 崔秀明, 杨华武, 等. 新型特征风格烟草提取物的提取分离工艺研究[J]. 食品工业, 2016, 37 (07): 33-39.

[25] 危彬, 丁朦朦, 邹鹏, 等. 分子蒸馏技术用于烟叶碎片超临界流体萃取物的精细分离[J]. 分析仪器, 2016 (02): 49-57.

[26] 杨猛, 刘冉, 张美凤, 等. 造纸法再造烟叶浸提分离工艺的设计[J]. 纸和造纸, 2016, 35 (08): 12-15.

[27] 侯轶, 胡亚成, 李友明, 等. 不同溶剂提取后烟梗和碎烟片表面结构及提取物成分的变化[J]. 烟草科技, 2016, 49 (06): 36-44.

[28] 黄传喜, 黄兰, 葛少林, 等. 再造烟叶碎片原料中主要中性香味物质分析[J]. 香料香精化妆品, 2017 (01): 21-25+45.

[29] 谢志强, 向海英, 刘晶, 等. 一种再造烟叶原料提取浓缩液的净化方法: CN105942571B[P]. 2017-11-10.

[30] 张文军, 周桂园, 蒋培华, 等. 一种提升造纸法再造烟叶烟草原料提取率的方法: CN107183782A[P]. 2017-09-22.

[31] 李姗姗, 徐广晋, 李军, 等. 一种烟草原料水提物中悬浮物含量的测定方法: CN106053714B[P]. 2017-11-17.

[32] 张博, 李小兰, 黄善松, 等. 云南烟草提取物中主要中性香味成分的对比研究[J]. 化学试

剂，2018，40（11）：1079-1082+1086.

[33] 向海英，刘晶，白晓莉，等. 一种再造烟叶原料提取液的净化方法：CN105944403B[P]. 2018-07-24.

[34] 帖金鑫，李永生，郝贤伟，等. 超临界萃取-分子蒸馏分离烟末香味成分提升再造烟叶可用性[J]. 中国烟草学报，2019，25（05）：15-24.

[35] 袁岐山，张东豫，朱琦，等. 浓香型烟叶浸膏分子蒸馏轻组分微波裂解产物分析研究[J]. 农产品加工，2019（17）：69-71+75.

[36] 邹鹏，戴魁，张亚平，等. 云南烟叶提取物的分子蒸馏分离及在卷烟中应用[J]. 烟草科技，2019，52（05）：40-49.

[37] 王保兴，刘晶，李永福，等. 一种低强度熏蒸加香延长留香时间的再造烟叶及其制备方法：CN109363226A[P]. 2019-02-22.

[38] 宋光富，张艇，薛芳，等. 采用乙醇提取及喷香方式对造纸法再造烟叶品质的影响[J]. 西南大学学报（自然科学版），2020，42（03）：146-155.

[39] 陈佳伟，黄晶，郑彬，等. 造纸法再造烟叶生产过程常规化学成分提取率的计算方法[J]. 福建分析测试，2020，29（05）：42-45.

[40] 武士杰，潘志新，林瑜，等. 再造烟叶原料烟草可溶物成分高效提取技术研究[J]. 南方农业，2020，14（26）：164-166.

[41] 陆颖昭，李龙，李德贵. 高值化烟草提取物的应用研究进展[J]. 安徽农业科学，2021，49（22）：14-17.

[42] 徐秀娟，鲁平，史清照，等. 雪茄烟叶精油主要成分分析及作用评价[J]. 烟草科技，2021，54（11）：59-68+83.

[43] 王艳青，祖萌萌，常岭，等. 低浓度有机溶剂提取技术对造纸法再造烟叶品质的影响研究[J]. 轻工科技，2021，37（05）：26-29.

[44] 刘晶，刘王，李忠，等. 一种再造烟叶原料提取装置：CN213819821U[P]. 2021-07-30.

[45] 代学志，徐广晋，孙旭海，等. 一种新型涂布造纸法专用再造烟叶香气回填辅助装置：CN214594131U[P]. 2021-11-05.

[46] 李雪梅，张承明，王晋，等. 一种靶向萃取制备烘烤香型再造烟叶的方法：CN109222201B[P]. 2021-09-14.

[47] 凌军，王猛，杨光宇，等. 一种酸甜味感复合再造烟叶及其制备方法与应用：CN110013045B[P]. 2021-10-26.

[48] 刘晶，刘王，钱颖颖，等. 一种再造烟叶原料循环提取装置：CN216165120U[P]. 2022-04-05.

6 重组烟草生物技术开发与应用

生物技术（包括生物酶技术和微生物发酵技术）已成为重组烟草品质提升的重要途径，可以有效降解再造烟叶中的蛋白质、果胶、纤维素、木质素等大分子物质，调节其内在化学成分，增加主要的致香成分，提高其香气及谐调性，降低杂气，改善吸味，从而提升再造烟叶的内在品质；同时，生物技术在软化烟梗纤维，提高打浆效率，有效降低能耗等方面也具有重要作用。本章主要介绍了生物技术尤其是酶解和微生物发酵技术在重组烟草的研究及应用。详细介绍利用生化技术（微生物发酵、酶解）对原料、提取液及浆料进行处理的系统研究，达到调控涂布料的化学组分构成、片基的化学组分构成和组织结构的目的，提升涂布料对造纸法再造烟叶风格特征、感官质量的贡献度，以及改善片基的理化性质，从而实现造纸法再造烟叶品质的提升，提高重组烟草对卷烟的贡献度，形成以生化技术调控为核心的再造烟叶提质技术创新体系，为重组烟草工业化生产应用奠定基础。

6.1 生物技术提高再造烟叶品质的机制

造纸法再造烟叶的主要原料是烟梗、烟末、梗签、烟碎片及残次烟叶等，辅料为木浆纤维、填料及相关添加剂等。在实际生产过程中，提取大多是用水浸提烟草原料，这种浸提方法对烟梗、烟末中的有效成分溶出率不高；制备工艺只是一个原材料的物理重组过程，大分子化合物基本不发生转化，片基中仍存留有大量水不溶性的多糖、蛋白质、果胶、淀粉等成分。因此，与天然烟叶相比较造纸法再造烟叶的总糖、还原糖、烟碱量较低，蛋白质、木质素含量偏高，体现在其感官质量上，烟味淡薄，杂气、木质气重，烟气粗糙，刺激性大，余味不舒适，影响了再造烟叶在卷烟产品中的使用比例。

降低再造烟叶的杂气，改善口感，增浓烟香，是许多烟草生产企业迫切希望解决的技术难题，通过改变生产工艺、加香加料方法等可以提高重组烟草产品的质量，但是这些传统的方法对造纸法再造烟叶质量的改善程度还是有限，在某些质量指标方面改善不大。另一方面通过生物技术的引入也能提升重组烟草的质量，尤其是调节重组烟草某些组分和提升重组烟草品质方面具有其独特作用。

6.2 烟梗生物酶技术处理

6.2.1 烟梗的生物酶制剂处理

生物制剂处理试验技术路线如图 6-1 所示，生物复合酶制剂（CZ-M）的用量为 0.6%（按烟梗绝干量计算），经过优化实验确定烟梗复合酶 CZ-M 处理烟梗的温度为 50 ℃，处理时间为 0~28 h。

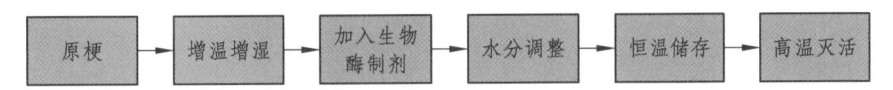

原梗 → 增温增湿 → 加入生物酶制剂 → 水分调整 → 恒温储存 → 高温灭活

图 6-1　烟梗的生物复合生物酶技术处理试验技术路线

6.2.2 生物酶技术处理对烟梗物理特性的影响

生物酶处理后的烟梗色泽加深，柔韧性增加，耐加工性增强。不同处理时间烟梗内部结构的变化如图 6-2 所示。

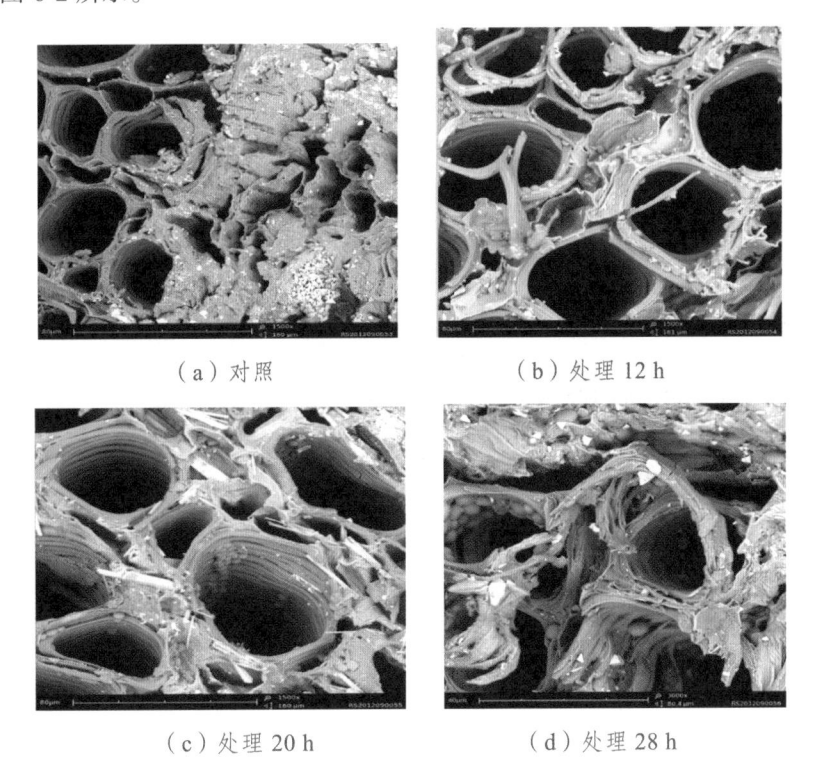

（a）对照　　（b）处理 12 h

（c）处理 20 h　　（d）处理 28 h

图 6-2　不同处理时间烟梗内部结构电子显微图

从图 6-2 可以看出，随生物酶处理时间增加，虽然烟梗主体框架结构没有发生变化，但维管束结构开始疏解、松散，集中纤维素结构开始降解；但处理 28 h 后，烟梗维管束结构开始坍塌，主体框架结构开始发生变化。

6.2.3 生物酶技术处理对烟梗化学成分的影响

生物复合酶不同处理时间对烟梗常规化学成分的影响如图 6-3 所示。生物酶处理过程中，总糖，还原糖含量随时间的延长，逐渐降低，在 16 h 变化存在一个"拐点"，在 20 h 时变化趋缓；其他物质含量则基本稳定不变。

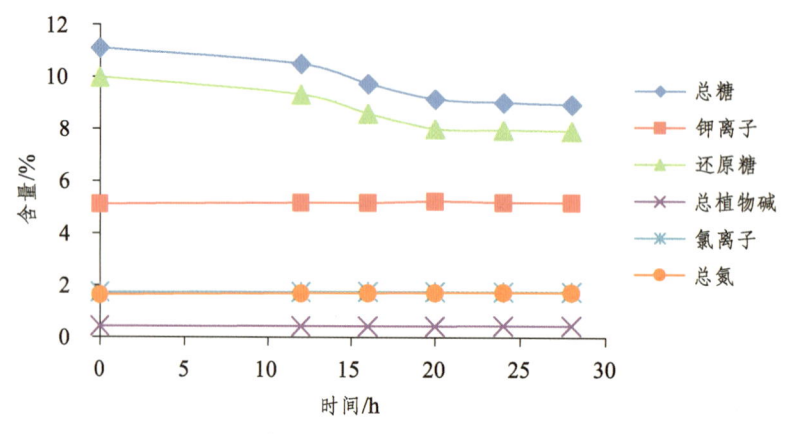

图 6-3 不同处理时间烟梗常规化学成分的变化情况

酶处理后的烟梗中大分子成分细胞壁物质、蛋白质、棕纤维素和果胶与不加酶处理的烟梗对比细胞壁物质、蛋白质、纤维素和果胶含量更低，表明加酶处理确实可以使烟梗中大分子成分明显降低；研究结果表明加酶萃取烟梗中的蛋白质、果胶等的转化率均明显高于热水萃取，这说明加酶萃取比热水萃取对于降低烟梗中的蛋白质等大分子成分效果更好。

众所周知，片基中存在较多的大分子成分是造成再造烟叶烟气的苦味、木质气、枯焦气息增加的主要原因。因此，将这种经过酶处理后的烟梗固形物部分抄制成片基，对于改善再造烟叶的口感和减少刺激性是非常有利的。

6.2.4 生物酶技术处理对烟梗的致香成分的影响

香气物质是构成卷烟香吃味质量的重要因素，其中主要的香气物质有美拉德反应产物、类胡萝卜素降解产物、新植二烯、芳香族氨基酸代谢产物、西柏烷类降解产物几大类。生物酶制剂不同处理时间烟梗关键致香成分（美拉德反应产物、类胡萝卜素降解产物、新植二烯及西柏烷类降解产物）变化情况如表 6-1 和图 6-4 所示。

表 6-1 不同生物酶处理时间烟梗主要香气成分的变化   单位：μg/g

	致香成分	CK	12 h	16 h	20 h	24 h	28 h
美拉德反应产物	2-戊基呋喃	0.22	0.235	0.215	0.231	0.226	0.234
	1-甲基-1H-吡咯-2-甲醛	0.306	0.289	0.278	0.281	0.273	0.269
	糠醛	4.9	5.127	5.321	5.437	5.455	5.442
	5-甲基-糠醛	0.521	0.543	0.532	0.529	0.534	0.536
	2-乙酰基-1,4,5,6-四氢吡啶	0.274	0.282	0.278	0.295	0.301	0.31
	合计	6.221	6.476	6.624	6.773	6.789	6.791

续表

致香成分		CK	12 h	16 h	20 h	24 h	28 h
类胡萝卜素降解产物	β-大马酮	0.512	0.523	0.543	0.531	0.56	0.548
	巨豆三烯酮 A	0.085	0.124	0.135	0.139	0.142	0.132
	巨豆三烯酮 B	0.431	0.478	0.453	0.483	0.491	0.493
	巨豆三烯酮 C	0.058	0.048	0.06	0.063	0.065	0.064
	巨豆三烯酮 D	0.473	0.467	0.489	0.543	0.529	0.537
	β-二氢大马酮	0.072	0.121	0.143	0.163	0.169	0.167
	合计	1.631	1.761	1.823	1.922	1.956	1.941
新植二烯		17.142	16.456	21.342	26.765	28.456	25.351
西柏烷类降解产物茄酮		2.252	2.312	2.436	2.768	2.891	2.856

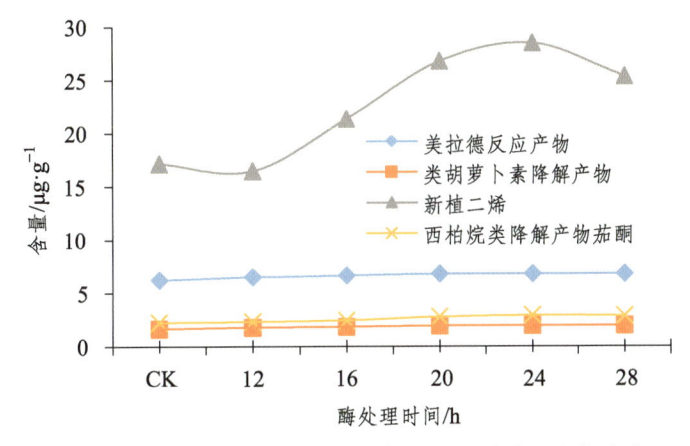

图 6-4　不同生物酶处理时间烟梗关键致香成分产物变化

糖类和氨基酸反应所生成的美拉德反应产物是烟草香气的重要来源之一，能够使烟气的香气质变好，香气量增加。由表 6-1 和图 6-4 可以看出，香气成分中美拉德反应产物的总量提高了 9.16%。其中，糠醛作为一种重要的致香成分生物酶处理后，糠醛的含量提高了 11.06%。此外，5-甲基-糠醛、2-乙酰基-1,4,5,6-四氢吡啶等物质的含量也有一定的增加。类胡萝卜素的降解产物具有明显的致香作用，有利于醇和烟气和增加香气量，主要有大马酮、巨豆三烯酮等。经分析知生物酶处理后，类胡萝卜素的降解产物的含量呈上升趋势，总计提高了 19.0%；新植二烯和西柏烷类化合物茄酮的含量均有所增加。

总之，烟梗经生物复合酶处理后，烟梗主要香气成分的含量随着处理时间的增加而增加，各种香气成分的比例更趋谐调，有利于改善烟气的感官质量，生物酶处理 20~28 h 香气物质变化比较稳定。

6.2.5　感官评价

烟梗产品由于烟梗本身的香气量较少，主要关注木质杂气、刺激等，所以烟梗品质的优劣主要表现在杂气、刺激上。将生物复合酶处理前、后的烟梗切丝后，进行抽吸感官评价，其感官评吸结果见表 6-2。

表 6-2　生物酶处理前后烟梗感官质量评价结果

样品		光泽	香气质	香气量	谐调	杂气	刺激性	余味
样品 1	处理前	=	=	=	=	=	=	=
	处理后	=	↑	↓	↑	↑	↑	↑
样品 2	处理前	=	=	=	=	=	=	=
	处理后	=	↑	↓	↑	↑	↑	↑

注："↑"为优势,"↓"为劣势。

从表 6-2 可以看出，生物复合酶处理后烟梗品质得到显著提升，主要表现在木质杂气、刺激性降低，香气柔顺，余味亦有所改善，但是香气量有所下降。总体来说，生物酶处理后烟梗可用性增强。

6.3　利用生物酶技术调控烟草浆料大分子化合物

6.3.1　浆料蛋白质的调控

6.3.1.1　蛋白酶的筛选与使用条件确定

1. 中性蛋白酶

pH 对浆料蛋白质酶解效果的影响结果如表 6-3 所示。pH 6.8 左右时，酶的活性最高，pH 6.4～7.2 是酶解反应较为适宜的 pH 范围。

表 6-3　pH 对浆料蛋白质酶解效果的影响

	pH				
	6.0	6.4	6.8	7.2	7.6
蛋白质脱除率/%	46.65	50.82	50.95	49.68	47.91

注：温度 45 ℃，粒径 30～20 目，浆料浓度 2%，酶用量 800 U/g。

温度对浆料蛋白质酶解效果的影响结果如表 6-4 所示。酶的活性在 45 ℃ 左右最高，适宜的酶解温度为 35～55 ℃。

表 6-4　温度对浆料蛋白质酶解效果的影响

	温度/℃			
	25	35	45	55
蛋白质脱除率/%	45.13	49.56	50.95	48.55

注：pH 6.8，粒径 30～20 目，浆料浓度 2%，酶用量 800 U/g。

浆料粒径对浆料蛋白质酶解效果的影响结果如表 6-5 所示。随着浆料固形物粒径变小，蛋白质的脱除效率提高。适宜酶解的浆料固形物的粒径控制在 20 目以上，对应浆料的打浆度为 12 °SR。

表 6-5　粒径对浆料蛋白质酶解效果的影响

	粒径/目		
	>7	30~20	40~30
蛋白质脱除率/%	45.04	50.95	51.88

注：温度 45 °C，pH 6.8，浆料浓度 2%，酶用量 800 U/g。

浆料浓度对浆料蛋白质酶解效果的影响结果如表 6-6 所示。随着浆料浓度的提高，蛋白质的脱除率下降，酶解时浆料浓度控制在 2%以下较为适宜。

表 6-6　浆料浓度对浆料蛋白质酶解效果的影响

	浆料浓度/%		
	1	2	4
蛋白质脱除率/%	51.58	50.95	44.50

注：温度 45 °C，pH 6.8，粒径 30~20 目，酶用量 800 U/g。

酶用量对浆料蛋白质酶解效果的影响结果如表 6-7 所示。综合考虑酶解效果、酶解时间、酶用量引起的经济成本等因素，酶用量在 400~800 U/g 比较合适。

表 6-7　酶用量对浆料蛋白质的酶解效果的影响

	酶用量/U·g^{-1}					
	200	400	600	800	1000	1200
蛋白质脱除率/%	42.98	46.78	47.53	50.95	51.20	51.58

注：温度 45 °C，pH 6.8，浆料浓度 2%，粒径 30~20 目。

反应时间对浆料蛋白质酶解效果的影响结果如表 6-8 所示。酶的用量在 800 U/g 以上时，酶解时间设定为 2 h 为宜；当酶的用量在 400~600 U/g 时，酶解时间设定 3 h 时为宜。

表 6-8　浆料蛋白质含量随反应时间的变化情况

酶用量/U·g^{-1}	蛋白质含量/%						
	0 h	1 h	2 h	3 h	4 h	5 h	6 h
800	7.91	4.29	3.92	3.74	3.66	3.57	3.55
1200	7.91	4.27	3.88	3.59	3.58	3.53	3.52

注：温度 45 °C，pH 6.8，粒径 30~20 目，浆料浓度 2%。

通过对造纸法再造烟叶梗浆蛋白质的酶解研究得到以下结论：① 利用中性蛋白酶酶解蛋白质，降低造纸法再造烟叶梗浆蛋白质含量的方法是可行的；② pH、温度、浆料固形物粒径、浆料浓度、酶用量以及酶解时间对梗浆蛋白质酶解均有影响；③ 梗浆蛋白质酶解适宜的条件为：pH 6.4~7.2、温度 35~55 °C、浆料固形物粒径在 20 目以上（打浆度 12 °SR）、浆料浓度不高于 2%、酶用量 400~800 U/g（按绝干浆计），酶解时间控制在 2~3 h，梗浆蛋白质的脱除率可达 50%以上。

2. 酸性蛋白酶

表 6-9 至表 6-13 是 pH、温度、打浆度、浆料浓度、酶用量的各单一因素对浆料蛋白质的酶解影响。

表 6-9 pH 对浆料蛋白质酶解效果的影响

	pH					
	6.8	5.6	5.3	4.6	4.0	3.6
蛋白质脱除率/%	22.39	23.49	27.07	24.19	21.99	9.95

注：温度 45 ℃，打浆度 13 °SR，浆料浓度 3%，酶用量 1200 U/g。

表 6-10 温度对浆料蛋白质酶解效果的影响

	温度/℃			
	25	35	45	55
蛋白质脱除率/%	19.65	20.84	24.19	20.61

注：pH 4.6，打浆度 13 °SR，浆料浓度 3%，酶用量 1200 U/g。

表 6-11 打浆度对浆料蛋白质酶解效果的影响

	打浆度/°SR						
	10	13	18	23	28	33	47
蛋白质脱除率/%	21.95	24.19	24.07	22.93	25.03	24.93	28.91

注：温度 45 ℃，pH 4.6，浆料浓度 3%，酶用量 1200 U/g。

表 6-12 浆料浓度对浆料蛋白质酶解效果的影响

	浆料浓度/%		
	1	3	5
蛋白质脱除率/%	30.44	24.19	31.9

注：温度 45 ℃，pH 4.6，打浆度 13 °SR，酶用量 1200 U/g。

表 6-13 酶用量对浆料蛋白质的酶解效果的影响

	酶用量/U·g^{-1}			
	400	800	1200	2400
蛋白质脱除率/%	25.40	24.19	22.09	22.44

注：温度 45 ℃，pH 4.6，打浆度 13 °SR，浆料浓度 3%。

综上所述，酸性蛋白酶对梗浆蛋白质的酶解有一定效果，且各试验因素对酸性蛋白酶酶解梗浆蛋白质的影响与中性蛋白酶试验结果一致。但是，与中性蛋白酶酶解效果相比，酸性蛋白酶的效果稍差。

6.3.1.2 片基中蛋白质调控

非酶解浆料和酶解浆料的化学成分如表 6-14 所示。可以看出，经过中性蛋白酶酶解后的浆料蛋白质含量明显降低，蛋白质脱除率为33.8%。

表6-14 非酶解浆料和酶解浆料化学成分测定结果

原料类型	化学成分含量/%	
	蛋白质	果胶
非酶解	6.13	10.16
蛋白质酶解浆料	4.06	10.49

将非酶解浆料和酶解浆料按一定比例配比，抄造成片基如表6-15所示，不加木浆纤维的片基5个，含木浆纤维片基3个，并对片基的物理指标和常规化学指标进行了分析检测。

表6-15 片基试样制备情况

样品编号	类型	原料配比（m/m）		
		木浆纤维	非酶解浆料	酶解浆料
B-1	对照样品	—	100	0
B-2	蛋白质酶解浆料	—	75	25
B-3	蛋白质酶解浆料	—	50	50
B-4	蛋白质酶解浆料	—	25	75
B-5	蛋白质酶解浆料	—	0	100
B-6	对照样品	20	80	0
B-7	蛋白质酶解浆料	20	40	40
B-8	蛋白质酶解浆料	20	0	80

注："—"表示未检出。

在线生产片基B-CK和制备的8个片基的物理指标包括定量、厚度、紧度、松厚度、抗张强度、耐破度以及料液吸收性的检测结果如表6-16所示。

表6-16 片基物理指标检测结果

样品编号	定量 /g·m^{-2}	厚度 /mm	紧度 /g·cm^{-3}	松厚度 /cm^3·g^{-1}	抗张强度 /kN·m^{-1}		耐破度 /kPa	料液吸收性/s	
					纵向	横向		Max	t95
B-CK	76.95	0.249	0.31	3.24	0.71	0.41	46.0	0.129	0.254
B-1	61.69	0.214	0.29	3.47	0.40	0.29	11.4	0.198	0.459
B-2	58.37	0.199	0.29	3.41	0.52	0.32	15.3	0.067	0.241
B-3	60.03	0.240	0.25	3.99	0.37	0.26	12.6	0.082	0.197
B-4	62.45	0.231	0.27	3.70	0.44	0.36	18.5	0.085	0.197
B-5	62.28	0.208	0.30	3.34	0.71	0.47	22.7	0.077	0.169
B-6	62.12	0.230	0.27	3.71	0.65	0.39	24.7	0.067	0.132
B-7	61.17	0.228	0.27	3.73	0.41	0.35	19.1	0.075	0.142
B-8	61.30	0.252	0.24	4.11	0.44	0.28	22.7	0.093	0.171

在线生产片基B-CK和制备的8个片基的常规化学指标包括总糖、还原糖、烟碱、钾、氯

以及总氮的检测结果如表 6-17 所示。可以看出，蛋白质酶解浆料后制备的片基加木浆纤维和不加木浆纤维，蛋白质的下降率最高可达到 30%以上。

表 6-17　片基常规化学指标检测结果

样品编号	化学成分的含量/% 总氮	化学成分的含量/% 蛋白质	蛋白质下降率/%
B-CK	1.01	6.32	—
B-1	0.96	6.03	—
B-2	0.84	5.28	12.4
B-3	0.80	4.97	17.6
B-4	0.74	4.61	23.5
B-5	0.65	4.04	33.0
B-6	0.79	4.91	—
B-7	0.73	4.54	7.5
B-8	0.52	3.28	33.2

注："—"表示未检出。

6.3.1.3　蛋白酶降解蛋白质对再造烟叶感官质量的影响

评吸结果见表 6-18。从评吸结果可以看出，处理后的再造烟叶烟气稍淡，香气量有所欠缺，但是杂气明显减少，刺激性减轻，对吸食品质有所改善。

表 6-18　蛋白酶处理对再造烟叶感官评吸的影响

样品	香气	杂气	余味	尽头	刺激性	谐调性
未处理	充足	较重	不净，不舒适	较大	较大	尚谐调
处理	淡薄	微有	略净，略舒适	适中	较小	较谐调

6.3.2　浆料果胶的调控

6.3.2.1　果胶酶适用条件的确定

pH 对浆料果胶酶解效果的影响结果如表 6-19 所示，pH 4.0 左右时，酶的活性最高。

表 6-19　pH 对浆料果胶酶解效果的影响

	pH 3.5	pH 4.0	pH 4.5	pH 5.0
果胶脱除率/%	75.28	96.40	75.70	33.99

注：温度 50 ℃，粒径 30~20 目，浆料浓度 1%，酶用量 500 U/g。

温度对浆料果胶酶解效果的影响结果如表 6-20 所示，酶的活性在 50 ℃左右最高。

表 6-20 温度对浆料果胶酶解效果的影响

	温度/°C		
	45	50	55
果胶脱除率/%	57.47	96.40	76.01

注：pH 4.0，粒径 30~20 目，浆料浓度 1%，酶用量 500 U/g。

浆料浓度对浆料果胶酶解效果的影响结果如表 6-21 所示，浆料浓度对浆料果胶的脱除效果影响较为明显，酶解时浆料浓度控制在 3%以下较为适宜。

表 6-21 浆料浓度对浆料果胶酶解效果的影响

	浆料浓度/%		
	1	3	5
果胶脱除率/%	98.56	96.40	72.19

注：温度 50 ℃，pH 4.0，粒径 30~20 目，酶用量 500 U/g。

浆料粒径对浆料果胶酶解效果的影响结果如表 6-22 所示，浆料固形物粒径大于等于 20 目，酶解效果均比较理想，适宜酶解的浆料固形物的粒径控制在 40~30 目，对应浆料的打浆度为 25 °SR。

表 6-22 粒径对浆料果胶酶解效果的影响

	粒径/目		
	>7	30~20	40~30
果胶脱除率/%	75.26	96.40	98.36

注：温度 50 ℃，pH 4.0，浆料浓度 1%，酶用量 500 U/g

酶用量对浆料果胶酶解效果的影响结果如表 6-23 所示。综合考虑酶解效果、酶解时间、酶用量引起的经济成本等因素，酶用量在 500~700 U/g 比较合适。

表 6-23 酶用量对浆料果胶的酶解效果的影响

	酶用量/U·g^{-1}		
	300	500	700
果胶脱除率/%	22.25	96.40	98.56

注：温度 50 ℃，pH 4.0，浆料浓度 1%，粒径 30~20 目。

通过对造纸法再造烟叶梗浆果胶的酶解研究得到以下结论：① 利用酸性果胶酶酶解果胶，降低造纸法再造烟叶梗浆果胶含量的方法是可行的；② pH、温度、浆料固形物粒径、浆料浓度、酶用量以及酶解时间对梗浆果胶酶解均有影响；③ 梗浆果胶酶解适宜的条件为：pH 4、温度 50 ℃、浆料固形物粒径在 20 目以上（打浆度 12 °SR）、浆料浓度不高于 5%、酶用量 500~700 U/g（按绝干浆计），酶解时间控制在 2~3 h，梗浆果胶的脱除率可达 90%。

6.3.2.2 片基中果胶调控

非酶解浆料和酶解浆料的化学成分如表 6-24 所示。经过果胶酶酶解后的浆料果胶含量明显降低，果胶脱除率为91.6%。

表6-24 非酶解浆料和酶解浆料化学成分测定结果

原料类型	化学成分含量/%	
	蛋白质	果胶
非酶解	6.13	10.16
果胶酶解浆料	6.15	0.85

重组烟草片基的组成如表6-25所示，不加木浆纤维的片基5个，含木浆纤维片基3个。

表6-25 片基试样制备情况

样品编号	类型	原料配比（m/m）		
		木浆纤维	非酶解浆料	酶解浆料
B-CK	对照样品	—	100	0
B-1	果胶酶解浆料	—	75	25
B-9	果胶酶解浆料	—	50	50
B-10	果胶酶解浆料	—	25	75
B-11	果胶酶解浆料	—	0	100
B-12	对照样品	20	80	0
B-6	果胶酶解浆料	20	40	40
B-13	果胶酶解浆料	20	0	80

注："—"表示未检出。

在线生产片基B-CK和制备的7个片基的物理指标包括定量、厚度、紧度、松厚度、抗张强度、耐破度以及料液吸收性的检测结果如表6-26所示。

表6-26 片基物理指标检测结果

样品编号	定量/g·m^{-2}	厚度/mm	紧度/g·cm^{-3}	松厚度/cm^3·g^{-1}	抗张强度/kN·m^{-1} 纵向	抗张强度/kN·m^{-1} 横向	耐破度/kPa	料液吸收性/s Max	料液吸收性/s t95
B-CK	76.95	0.249	0.31	3.24	0.71	0.41	46.0	0.129	0.254
B-1	61.69	0.214	0.29	3.47	0.40	0.29	11.4	0.198	0.459
B-9	62.71	0.234	0.27	3.73	0.36	0.26	11.8	0.123	0.272
B-10	62.35	0.228	0.27	3.65	0.40	0.25	15.0	0.138	0.271
B-11	62.75	0.214	0.29	3.40	0.42	0.31	12.7	0.167	0.288
B-12	62.71	0.217	0.29	3.45	0.47	0.26	15.3	0.143	0.297
B-6	62.12	0.230	0.27	3.71	0.65	0.39	24.7	0.067	0.132
B-13	60.55	0.226	0.27	3.73	0.42	0.26	14.4	0.071	0.136

在线生产片基和制备的8个片基的果胶的检测结果如表6-27所示，可以看出，浆料经果胶酶酶解后制备的片基，果胶含量明显下降，表明果胶酶用于调控再造烟叶浆料果胶是可行的。

表 6-27　片基化学指标检测结果

样品编号	果胶/%
B-CK	9.83
B-1	7.86
B-9	5.51
B-10	3.37
B-11	1.12
B-12	8.15
B-6	4.19
B-13	0.73

6.3.3　浆料木质素的调控

纸浆造纸工业上多采用高温高压强碱法去除木质素，但会造成严重的污染。在烟草领域为了保证产品的吸食安全，必然要采取温和的处理方法，而生物降解则是一种较理想的途径。

pH 对浆料木质素酶解效果的影响结果如表 6-28 所示，pH 为 5.0 左右时，漆酶+介体对木质素的降解效果最佳。

表 6-28　pH 对浆料木质素酶解效果的影响

	pH			
	4.0	4.5	5.0	5.5
木质素脱除率/%	18.66	20.51	21.67	19.70

注：温度 40 ℃，浆料浓度 2%，介体浓度 1%，粒径 30～20 目，酶用量 200 U/g。

温度对浆料木质素酶解效果的影响结果如表 6-29 所示，温度为 40 ℃时，木质素的降解效果最佳。

表 6-29　温度对浆料木质素酶解效果的影响

	温度/ ℃		
	35	40	50
木质素脱除率/%	20.74	21.67	20.97

注：pH 5.0，浆料浓度 2%，介体浓度 1%，粒径 30～20 目，酶用量 200 U/g。

介体浓度对浆料木质素酶解效果的影响结果如表 6-30 所示。综合考虑降解效果、酶解时间、介体量引起的经济成本等因素，选择介体乙酰丁香酮含量为 1%较为合适。

表 6-30　介体浓度对浆料木质素酶解效果的影响

	介体（乙酰丁香酮）浓度/%			
	0.5	1	2	4
木质素脱除率/%	13.56	21.67	21.78	21.90

注：温度 40 ℃，pH 5.0，浆料浓度 2%，粒径 30～20 目，酶用量 200 U/g。

浆料粒径对浆料木质素酶解效果的影响结果如表 6-31 所示。20 目作为适宜的浆料粒径，对应的烟梗浆料打浆度为 12 °SR。

表 6-31 粒径对浆料木质素酶解效果的影响

	粒径/目		
	>7	30~20	40~30
果胶脱除率/%	15.64	21.67	21.90

注：温度 40 ℃，pH 5.0，浆料浓度 2%，介体浓度 1%，酶用量 200 U/g。

浆料浓度对浆料木质素酶解效果的影响结果如表 6-32 所示。综合考虑降解效果和反应容器体积的利用率，浆料浓度选择 2% 为宜。

表 6-32 浆料浓度对浆料果胶酶解效果的影响

	浆料浓度/%		
	1	2	4
木质素脱除率/%	22.13	21.67	19.47

注：温度 40 ℃，pH 5.0，介体浓度 1%，粒径 30~20 目，酶用量 200 U/g。

酶用量对浆料木质素酶解效果的影响结果如表 6-33 所示，200 U/g 是较为合适的酶用量。

表 6-33 酶用量对浆料木质素的酶解效果的影响

	酶用量/U·g^{-1}			
	50	100	200	300
木质素脱除率/%	12.40	19.15	21.67	22.01

注：温度 40 ℃，pH 5.0，浆料浓度 2%，介体浓度 1%，粒径 30~20 目。

通过漆酶+乙酰丁香酮介体体系对烟梗浆料中木质素降解的实验形成以下研究结论：① 漆酶、介体乙酰丁香酮用量、pH、酶解时间、温度、浆料粒径及浆料浓度对烟梗浆料中木质素的降解具有不同程度的影响；② 木质素降解的最适宜条件为：漆酶用量 200 U/g，介体乙酰丁香酮浓度 1%，pH=5.0，时间 2 h，温度 40 ℃，粒径 30~20 目，浆料浓度 2%；在该条件下，木质素的降解率可达 21.67%。

综上，在造纸法再造烟叶制浆工艺过程中加入果胶酶、半纤维素酶和蛋白酶复合酶制剂，能够有效降解再造烟叶原料烟梗中的蛋白质、果胶及纤维素等。根据以上三种酶制剂的最优工作环境的探索，可结合原料品质状况及生产实际采用三种酶制剂单品种逐级或三种酶制剂复合对浆料进行处理，改善浆料质量，从而提升片基质量，有利于改善造纸法再造烟叶的感官质量。

6.4 微生物发酵技术调控糖类物质研究

总糖、还原糖、两糖差、糖碱比对感官质量有较大影响，它们在一定程度上基本能够反映烟草产品的感官质量。此外，烟草制品品质不仅通过糖的单独分解来表现，而且还通过烟草产品中氨基酸与糖进行梅拉德反应而产生许多香气和吸味的重要成分来表现，因此烟草制品中糖类化合物的含量还必须和含氮化合物的含量保持在一个比较合理的范围内。水溶性总糖，在烟支燃吸时一方面能产生酸性反应，抑制烟气中碱性物质的碱性，使烟气的酸碱平衡适度，降低刺激性，产生令人满意的吃味，但糖含量过高，烟气会变得平淡。为此，我们采用生物技术开发了调控再造烟叶水溶性总糖的专项技术，并将应用于生产过程，进而对再造烟叶水溶性总糖进行在线调控，最终实现工业化生产。

6.4.1 再造烟叶原料常规化学成分的分析

烟碎片和烟梗原料进行化学常规检测如表 6-34 和表 6-35 所示。烟碎片中水溶性总糖平均含量在 19.00%～20.00%，糖碱比较为均衡，钾氯比>4.0。烟梗中水溶性总糖含量虽比烟碎片中略低，烟碱含量偏低，导致糖碱比过大，钾氯比<4.0，表明：与烟叶膏相比，烟梗膏化学谐调性较差，要提高烟梗梗膏的品质，还需要开发调节烟梗膏化学谐调性相关技术。

表 6-34 烟碎片原料主要化学常规分析

原料名称	总糖/%	烟碱/%	钾/%	氯/%	糖碱比	钾氯比
昆明碎片	18.06	2.12	2.44	0.72	8.52	3.39
红河上部碎片	19.07	2.35	2.37	0.69	8.11	3.43
红河中部碎片	18.76	2.03	2.60	0.71	9.24	3.66
红河下部碎片	18.62	1.84	2.75	0.81	10.12	3.40
江川碎片	21.52	1.85	2.38	0.39	11.63	6.10
南化碎片	14.51	2.64	2.72	0.53	5.50	5.13
石林碎片	22.29	1.81	3.22	0.58	12.31	5.55
玉溪上部碎片	17.09	2.89	1.93	0.86	5.91	2.24
玉溪中部碎片	26.01	2.10	2.57	0.69	12.39	3.72
玉溪下部碎片	21.34	1.94	2.92	0.54	11.00	5.41
平均值	19.73	2.16	2.60	0.65	9.13	4.00

表 6-35 烟梗原料的主要化学成分检测结果

原料名称	总糖/%	烟碱/%	钾/%	氯/%	糖碱比	钾氯比
保山烟梗	18.61	0.69	2.17	0.76	26.97	2.86
曲靖烟梗	18.93	0.67	2.14	0.92	28.25	2.33
陆良烟梗	16.34	0.58	2.25	0.94	28.17	2.39
红河碎烟梗	21.19	0.64	2.33	1.10	33.11	2.12
南华烟梗	17.06	0.68	2.14	0.59	25.09	3.63
省烟白肋烟梗	18.78	0.60	2.31	0.72	31.30	3.21
石林短梗	17.25	0.72	2.56	0.78	23.96	3.28
玉溪短梗	16.49	0.74	1.92	1.18	22.28	1.63
昭通烟梗	24.55	0.72	2.24	0.92	34.10	2.43
会泽烟梗	20.24	0.65	2.41	0.73	31.14	3.30
平均值	18.94	0.67	2.25	0.86	28.27	2.62

在研究再造烟叶水溶性总糖降低调控过程中，首先确定了烟梗及烟梗膏作为调控的研究重点，这是因为烟叶碎片和叶膏的品质相对较好，调控后可能会对产品品质造成负面影响，而烟梗和烟梗膏中糖含量相对较高，致香成分含量较低，适宜进行降糖处理。通过分析再造烟叶生产过程和产品性质可知，产品中绝大部分水溶性总糖均是由生产涂布环节引入的，片基中的水溶性总糖含量极低。通过以上分析，确定了研究重点为调控原料中梗组部分、烟梗膏及涂布液中的水溶性总糖的含量。

6.4.2 微生物发酵技术调控糖类物质

通过筛选适宜的、效果稳定的微生物菌株在适当的工艺条件下对烟梗原料、提取液发酵处理，达到调节造纸法再造烟叶产品中糖类化合物含量的目的。由于微生物发酵技术对生产条件要求较高，以试验样品感官质量为评价依据，开展烟草提取液的发酵影响因素筛选以及影响的显著性研究，并进行优化验证，最终确定相应的控制条件及可以达到的调控范围。

6.4.2.1 烟梗固体发酵

从表6-36可以看出，经发酵处理后得到的烟梗粉末较对照样：总糖含量有40%的降幅，还原糖降幅达35.5%，糖碱比也更趋于合理。

表6-36 发酵前后烟梗化学常规检测数据　　　　　　　　　　　　　　单位：%

样品名称	总糖	钾离子	还原糖	总植物碱	氯离子	总氮
对照梗粉末	25.0	4.03	21.7	0.44	2.63	2.27
发酵梗粉末	15.0	4.37	14.0	0.50	2.86	2.37

因为该方法涉及微生物处理技术，处理效果及稳定性成为关注的重点，为此进行了的平行试验验证其稳定性，实验结果如表6-37所示。

表6-37 烟梗固形物化学常规检测数据　　　　　　　　　　　　　　单位：%

样品名称	总糖	钾离子	还原糖	总植物碱	氯离子	总氮
0#	8.65	2.48	7.89	0.33	1.40	1.38
1#	2.20	2.71	1.92	0.34	1.43	1.55
2#	2.21	2.79	1.95	0.36	1.56	1.55
3#	2.24	2.72	1.93	0.35	1.58	1.54

表6-38为经过复合菌株发酵后，烟梗固体中的总糖和还原糖的降幅明显，在处理条件相对稳定的情况下，烟梗进入制浆前的理化指标相对稳定，说明可以将该方法应用于实际生产过程中。

表6-38 稳定性验证试验结果　　　　　　　　　　　　　　单位：%

样品名称	水溶性总糖	还原糖	水溶性总糖降幅	还原糖降幅
0#	8.65	7.89	无	无
1#	2.20	1.92	75	76

续表

样品名称	水溶性总糖	还原糖	水溶性总糖降幅	还原糖降幅
2#	2.21	1.95	74	75
3#	2.24	1.93	74	76
标准误差	0.00043	0.00023	0.00001	0.00000

基于生产应用，我们拟采用"润梗→发酵"和"润梗→粗解纤→发酵"的方式，与对照样品比较，验证水溶性总糖在两种不同工艺的水溶性总糖变化趋势。试验过程：使用两倍于烟梗原料质量的 80 ℃ 的水润梗，打浆度为(6±1)°SR，接菌量为原料质量的 1.5%，密闭发酵 16 h。梗组经发酵、提取、固液分离后的固形物与常规工艺处理的叶组及木浆制成试验室片基，在片基上涂叶梗膏配制的涂布液（叶膏、梗膏质量比=60∶40）制成试验室小样，涂布率控制在(35±1)%。结果如表 6-39 所示。

表 6-39 不同发酵工艺对水溶性总糖降幅效果影响　　　　　　　　　　单位：%

样品名称	总糖	钾离子	还原糖	总植物碱	氯离子	总氮
对照样	11.2	2.28	9.36	1.17	1.33	1.66
未解纤发酵	10.1	2.40	8.62	1.27	1.44	1.66
解纤发酵	9.54	2.05	8.11	1.22	1.11	1.57

解纤发酵后的再造烟叶样品中的总糖和还原糖含量比对照样分别降低 14.8%和 13.4%，未解纤发酵样品中总糖和还原糖含量比对照组降低 9.8%和 7.9%；解纤发酵后的再造烟叶样品中总糖和还原糖较未解纤发酵组样品分别降低 5.5%和 5.9%。可知通过"润梗→粗解纤→发酵"的方式在降低再造烟叶产品中水溶性总糖含量上的效果要优于"润梗→发酵"的方式，原因是解纤后的梗组原料比表面积增加，致使菌种有更多与其中糖分接触和消耗的机会，通过评吸比较，解纤发酵组样品在香气质感和刺激性表现上要优于未解纤发酵组；且经过发酵的两组样品在抽吸效果上均优于对照组样品，主要表现在香气的质感醇和性和丰富性增加、刺激降低、余味改善。

微生物菌株可以实现烟梗固体发酵，但在生产应用的过程中由于条件限制，实现烟梗原料固体发酵有一定难度。

6.4.2.2　烟梗水提液发酵

1. 微生物菌株的筛选

选取酵母菌类、地衣芽孢杆菌类、枯草芽孢杆菌类、放线菌类、霉菌类、乳酸菌类中的多株菌种在烟梗提取液中进行接种发酵试验，根据评吸结果，最终发现菌株 JW-07 在烟草提取液中具有较好的繁殖力能消耗提取液中的糖类物质，且利用经过该菌株发酵处理过的烟草提取物所制备的再造烟叶小样，在吸味和舒适性上均有一定改善。确定后续试验将利用 JW-07 进行水溶性总糖定量调控技术研究。

2. 灭菌工艺研究

为了有效控制烟梗水提物发酵反应的终点，我们对灭菌工艺进行了研究并确定了相关的工艺参数,即在发酵后期在夹套发酵装置中通入高温蒸汽,使整个系统温度在 90 ℃ 维持 20 min,即可终止反应,而后即可根据现行涂布液调配工艺进行调配。

6.4.2.3 烟梗提取液 pH 对 JW-07 发酵作用的影响

由于造纸法再造烟叶生产过程中难以调控烟梗提取液 pH,而 JW-07 菌株的最适生长 pH 在 4.0~6.0 恰巧烟梗提取液的 pH 在 5.0 左右,所以我们先探究了 pH 对 JW-07 菌株在烟梗提取液中发酵的影响。

取 10 份烟梗提取液,将其 pH 分别调至 4.0~8.0(间隔 0.5),再分别接入 1% 的 JW-07 菌株,置于 35 ℃ 的恒温振荡器上反应 2 h,反应完成后沸水浴灭菌 1 h,测定其水溶性总糖及还原糖含量,测定结果见表 6-40。

表 6-40 不同 pH 下的烟梗提取液发酵结果

烟梗 pH	水溶性总糖/%	还原糖/%	总糖降幅/%	还原糖降幅/%	糖氮比	糖碱比
4.0	31.03	28.13	2.19	0.37	12.08	28.35
4.5	28.57	27.04	9.97	4.41	11.05	26.96
5.0	27.30	25.11	13.97	6.80	10.19	24.52
5.5	27.33	23.40	13.87	13.16	10.53	24.28
6.0	27.66	27.19	12.82	0.48	10.30	24.96
6.5	27.75	26.71	12.53	0.87	10.87	25.50
7.0	27.94	26.45	11.95	0.97	11.07	25.96
7.5	27.96	26.25	11.88	2.58	11.05	26.35
8.0	28.68	26.02	9.60	3.41	11.13	26.96

可见,当 pH 达到 5.0~5.5 时水溶性总糖及还原糖的降幅均达到了很高的水平,并且糖氮比在此范围内也更趋于合理,糖碱比在此范围内最小,而且正好符合烟梗提取液的 pH 范围。烟草提取液的 pH 在 5.0±0.2 内,说明烟草提取液的 pH 在反应的最佳 pH 范围内。

6.4.2.4 菌株 JW-07 调控烟梗水提物中糖类物质影响因素筛选

影响菌株在烟梗上进行固体发酵降解糖分的因素主要为:温度、时间和接菌量。为此我们设计了一组正交试验来筛选各因素的影响,见表 6-41。

表 6-41 菌株 JW-07 在玉溪短梗水提液中调控糖类物质正交试验表

水平	时间/h	温度/℃	接菌比/%	固含量/%
1	5	30	0.1	10.23
2	10	40	0.5	22.67
3	15	50	1	30.59

根据表 6-42 和表 6-43 可以看出，无论是对水溶性总糖的降幅还是对还原糖的降幅，发酵过程中四种主要影响因素的影响主次顺序均为：固含量>温度>时间>接菌比。水溶性总糖及还原糖降幅在 5~10 h 内是先增加后减小的，温度在 30~40 ℃ 内也是先增加后减小，随着接菌比的增加，水溶性总糖及还原糖的降幅逐渐增加，而随着固含量的增大结果正好相反。

表 6-42　菌株 JW-07 玉溪短梗水提液正交试验结果（总糖）

	时间/h	温度/℃	接菌比/%	固含量/%	总糖降幅/%
试验 1	1	1	0.1	1	1.00
试验 2	1	2	0.2	2	6.67
试验 3	1	3	0.3	3	23.96
试验 4	2	1	0.2	3	61.37
试验 5	2	2	0.3	1	27.23
试验 6	2	3	0.1	2	4.35
试验 7	3	1	0.3	2	4.76
试验 8	3	2	0.1	3	68.66
试验 9	3	3	0.2	1	7.96
极差	20.441	22.098	6.686	46.068	

表 6-43　菌株 JW-07 玉溪短梗水提液正交试验结果（还原糖）

	时间/h	温度/℃	接菌比/%	固含量/%	还原糖降幅/%
试验 1	1	1	0.1	1	1.07
试验 2	1	2	0.2	2	3.34
试验 3	1	3	0.3	3	16.61
试验 4	2	1	0.2	3	65.10
试验 5	2	2	0.3	1	18.15
试验 6	2	3	0.1	2	2.52
试验 7	3	1	0.3	2	1.00
试验 8	3	2	0.1	3	74.83
试验 9	3	3	0.2	1	0.45
极差	21.582	25.581	14.223	49.890	

6.4.2.5　菌株 JW-07 发酵处理烟梗水提物最佳条件的确定

1. 固含量筛选试验

固含量作为对发酵降糖影响效果最大的因素，研究其对处理结果的影响规律。在 35 ℃ 接入 1%菌种（与绝干物质的质量比）处理 5 h，总糖和还原糖降幅与固含量的关系见图 6-5。

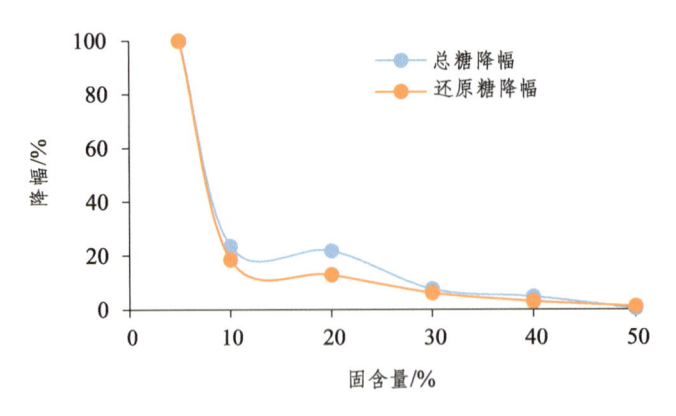

图 6-5 水溶性总糖及还原糖降幅趋势图

由图 6-5 可以看出，随着固含量的增加，总糖及还原糖的降幅大大减小，当烟草提取液的固含量达到 50%时总糖及还原糖的降幅极小，当固含量达到 5%时总糖及还原糖的降幅达到最大值。

利用发酵后的烟梗提取液制得烟支样品，感官抽吸评价结果见表 6-44。

表 6-44 感官评吸结果

固含量/%	嗅香 5%	韵调 20%	香气 10%	香气质 10%	杂气 20%	余味 15%	刺激 20%	总分 100%
对照	5.0	16.7	6.3	6.6	16.4	11.2	12.9	75.1
5	5.0	16.9	6.5	6.8	16.5	11.7	13.1	76.5
10	5.0	17.3	7.1	7.3	16.8	11.6	13.3	78.4
20	5.0	17.2	7.5	7.3	16.7	11.6	13.1	78.4
30	5.0	18.2	8.3	7.9	16.2	13.1	16.1	84.8
40	5.0	17.8	8.0	7.4	16.5	11.4	13.4	79.5
50	4.9	17.0	7.0	7.5	16.5	11.1	13.2	77.2

根据抽吸评价结果可以看出，在固含量为 30%的时候抽吸评价分值较高；经过发酵处理的烟梗提取液制得的样品抽吸均比未处理样品的抽吸效果好。

2. 发酵温度筛选试验

图 6-6 是不同发酵温度对水溶性总糖及还原糖降幅的影响。随着反应温度的增加，水溶性总糖及还原糖的降幅是先增大后减小的，反应温度达到 34 ℃的时候水溶性总糖及还原糖的降幅均达到最大值，分别为 19.78%和 13.71%。因此，当反应温度达到 34 ℃时水溶性总糖、还原糖的降幅均达到最大值，这也确定了发酵试验的最佳反应温度为 34 ℃。

不同温度发酵后的烟梗提取液制得烟支样品感官评价结果见表 6-45。经过 5 位评委对样品的抽吸评价结果表明，反应温度为 34 ℃的样品抽吸品质较好，对烟梗提取液进行发酵处理，可以改善再造烟叶产品的抽吸品质。

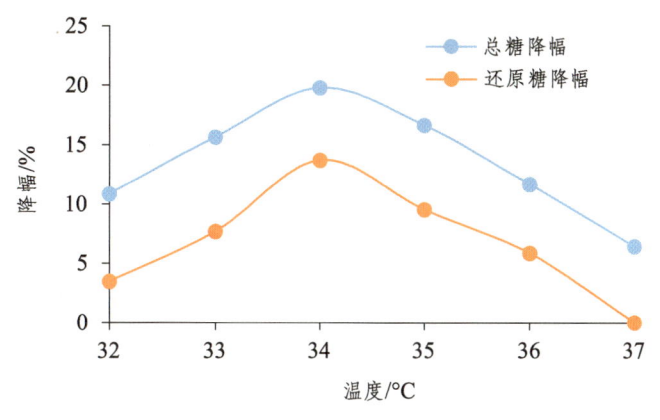

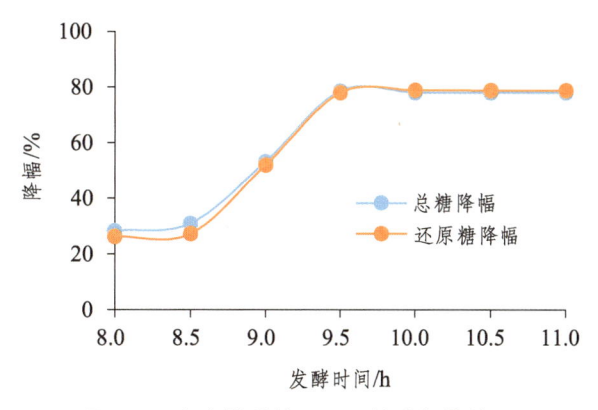

图 6-6 水溶性总糖及还原糖降幅趋势图

表 6-45 感官评吸结果

发酵温度 /°C	嗅香 5%	韵调 20%	香气 10%	香气质 10%	杂气 20%	余味 15%	刺激 20%	总分 100%
对照	5.0	16.9	6.5	6.7	16.4	11.2	12.8	75.5
32	5.0	16.9	6.6	6.8	16.5	11.7	13.1	76.6
33	5.0	17.3	7.1	7.3	16.8	11.6	13.3	78.4
34	5.0	17.5	8.6	7.6	16.7	11.6	15.1	82.1
35	5.0	17.1	8.3	7.5	16.2	11.5	13.3	78.9
36	5.0	17.1	8.0	7.4	16.5	11.4	13.4	78.8
37	5.0	17.1	7.0	7.5	16.5	11.1	13.2	77.3

3. 发酵时间筛选试验

发酵时间对水溶性总糖及还原糖的降幅影响如图 6-7 所示，随着反应时间的增加，水溶性总糖及还原糖的降幅是先增大后趋于平稳，反应时间在 8.5～9.5 h 水溶性总糖及还原糖的降幅大大提高，当反应超过 9.5 h 以后，水溶性总糖及还原糖的降幅便达到了最大限度。

图 6-7 水溶性总糖及还原糖降幅趋势图

利用发酵后的烟梗提取液制得烟支样品，感官评吸结果见表 6-46。

表 6-46 感官评吸结果

发酵时间/h	嗅香 5%	韵调 20%	香气 10%	香气质 10%	杂气 20%	余味 15%	刺激 20%	总分 100%
对照	5.0	16.9	6.5	6.7	16.4	11.2	12.8	75.5
8	5.0	16.8	6.8	6.9	16.5	11.2	13.0	76.2
8.5	5.0	16.7	6.8	6.8	16.8	11.1	13.3	76.5
9	5.0	16.7	6.7	6.7	16.7	11.3	13.1	76.2
9.5	5.0	16.7	6.8	6.5	16.4	11.3	13.3	76.0
10	5.0	16.6	6.9	6.5	16.5	11.4	13.4	76.3
10.5	5.0	16.7	6.8	6.6	16.5	11.3	13.2	76.1
11	5.0	16.6	6.8	6.5	16.4	11.4	13.2	75.9

可以看出，发酵试验可以增加烟支的香气，改善烟支抽吸的刺激性，利用酵母菌株对烟梗提取液进行发酵虽然可以改变烟气的抽吸品质，但是当糖类化合物含量处于较低水平时，其品质上的提升并不明显。

4. 接菌比例筛选试验

根据水溶性总糖及还原糖降幅的数值及趋势（图 6-8）可以看出，水溶性总糖及还原糖的降幅是先增大后随着接菌比的增加而趋于平稳。这说明当在烟梗提取液中接入的菌株达到一定值时，烟梗提取液中酵母菌株达到饱和，不能继续完成增加对糖类化合物的消耗，而且还原糖的降幅始终大于水溶性总糖的降幅。由此可见，当酵母菌株添加量过大时，烟梗提取液中水溶性双糖及多糖不能满足酵母菌株的生产需求，且当接菌比较大时，消耗的还原糖比消耗其他糖类化合物要多。

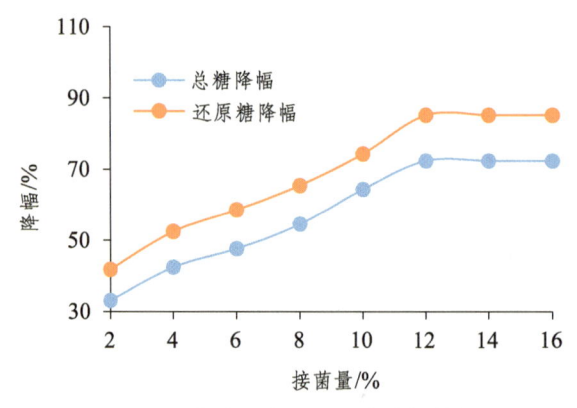

图 6-8 水溶性总糖及还原糖降幅趋势图

利用发酵后的烟梗提取液制得烟支样品，感官评吸结果见表 6-47。

表 6-47 感官评吸结果

接菌比/%	嗅香 5%	韵调 20%	香气量 10%	香气质 10%	杂气 20%	余味 15%	刺激 20%	总分 100%
0	5	16.9	6.5	6.7	16.4	11.2	12.8	75.5
2	5	16.8	6.9	6.9	16.8	11.3	13.3	77.0

续表

接菌比/%	嗅香 5%	韵调 20%	香气量 10%	香气质 10%	杂气 20%	余味 15%	刺激 20%	总分 100%
4	5	16.7	6.8	6.8	16.6	11.3	13.5	76.7
6	5	16.7	6.7	6.7	16.4	11.2	13.8	76.5
8	5	16.7	6.6	6.5	16.1	10.9	13.5	75.3
10	5	16.6	6.7	6.5	15.8	11.1	12.8	74.5
12	5	16.7	6.7	6.5	15.8	10.8	12.6	74.1
14	5	16.6	6.7	6.5	15.7	10.8	12.5	73.8
16	5	16.5	6.7	6.6	15.6	10.7	12.5	73.6

可以得出，在烟梗提取液中进行发酵试验可以改善样品的香气量与香气质，但是酵母菌株加入过多，会使烟支的抽吸品质下降。

6.5 微生物发酵技术改善烟梗浆料和提取液品质的研究

6.5.1 菌种筛选应用研究

6.5.1.1 烟梗培养基初筛结果

将所有分离纯化出的菌株转接到烟梗培养基上培养 2~7 d，查看菌株长势，根据菌株的生长情况共筛选出长势较好的细菌 68 株和真菌 112 株。部分图片见图 6-9。

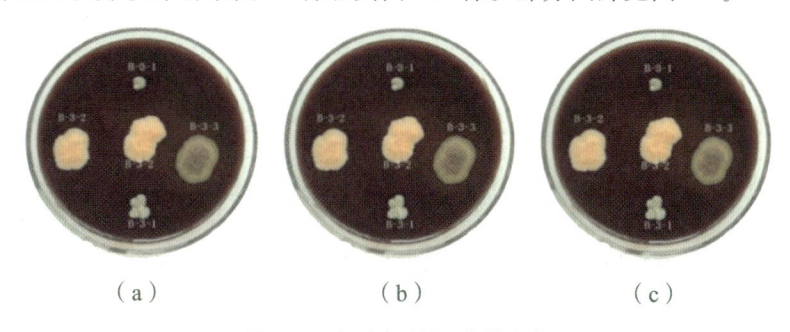

图 6-9 部分初筛烟叶微生物

6.5.1.2 优势菌株复筛结果

将所有筛选出能够在烟梗培养基上生长的菌种，转接到液态培养基中富集培养，真菌在常温，细菌在 37 ℃ 培养 5 d 后，真菌采用重量法测微生物量，细菌采用比浊法测微生物量。经测定，共筛选出 10 株细菌（OD 值>2），分别是：A-5-1、A-5-13、A-5-8、A-5-15、A-5-23、A-5-18、A-8-1、ZX-B-5-1、B-2-4-2、A-6-3。共筛选出 14 株真菌（生物量≥8），分别是 5-2、10-5、4-1、9-5、4-3、Z-B-5-2-2、7-4、4-1-1、6-1（2）、A-3-50-1、Z-A-7-2、A-4-50-1、A-2-50-2、A-2-50-1。

6.5.1.3 产纤维素酶烟叶微生物筛选结果

利用所筛选到的菌株,采用透明圈法,以羧甲基纤维素钠(CMC)作为底物,以出现透明圈作为筛选指标,共筛选出133株产纤维素酶产生菌,其透明圈直径在1.3~2.5 cm(图6-10)。将透明圈较大的菌株20株经酶活测定,其酶活在21.84~459.4 U,其中酶活力大于100 U的有4株,见表6-48。

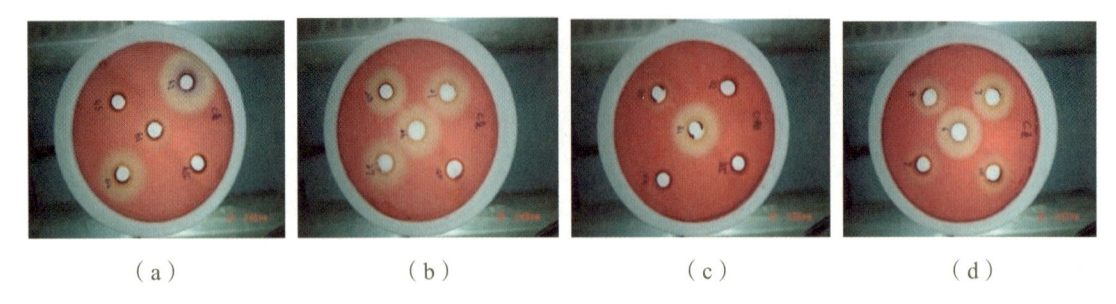

(a)　　　　　　　　(b)　　　　　　　　(c)　　　　　　　　(d)

图6-10　纤维素酶在平板上形成的透明圈

表6-48　筛选菌株纤维素酶活性

菌株号	透明圈直径/cm	纤维素酶活力/U
B-2-6-1	2.5	459.4
B-3-2-1	2.5	257.4
A-6-2-2	2.2	140.6
A-5-2	2.0	126.8

6.5.1.4 产木聚糖酶烟叶微生物筛选结果

以木聚糖作为底物,以出现透明圈作为筛选指标,共筛选出144株产木聚糖酶产生菌,其透明圈直径在1.5~3.3 cm(图6-11)。将透明圈较大的菌株20株经酶活测定,其酶活在15.348~311.026 U,其中酶活力大于100 U的有12株,见表6-49。

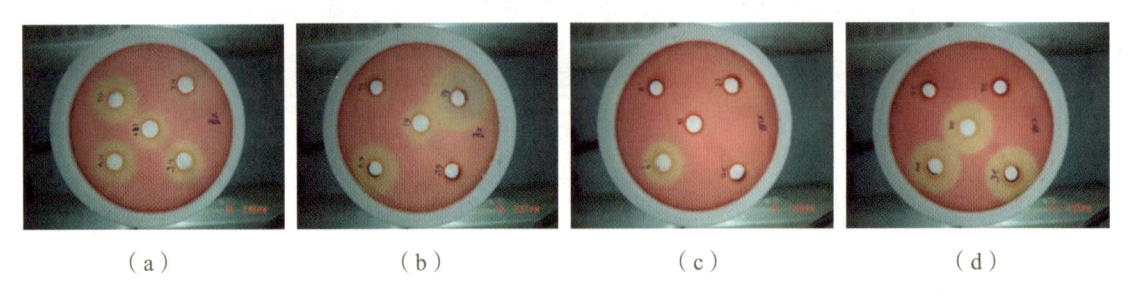

(a)　　　　　　　　(b)　　　　　　　　(c)　　　　　　　　(d)

图6-11　产木聚糖酶在平板上的透明圈

表6-49　筛选菌株木聚糖酶活性

菌株号	透明圈直径/cm	木聚糖酶活力/U
B-2-2-1	2.7	116.3
B-2-2-2	2.8	189.8
B-2-6-1	3.2	217.9

续表

菌株号	透明圈直径/cm	木聚糖酶活力/U
B-2-6-2	2.6	167.1
A-6-2-1	2.1	130.5
A-6-2-2	2.2	149.4
A-5-2	2.2	174.8
5	2.5	155.8
5-3-2	2.0	127.6
6-1（2）	2.5	107.9
7	3.1	124.8
3-4	3.3	311.0

6.5.1.5 产果胶酶烟叶微生物筛选结果

以果胶作为底物，以出现透明圈作为筛选指标，共筛选出 139 株产果胶酶产生菌，其透明圈直径在 1.1~2.4 cm（图 6-12）。将透明圈较大的菌株 20 株经酶活测定，其酶活在 11.96~131.0 U，其中酶活力大于 80 U 有 6 株，见表 6-50。

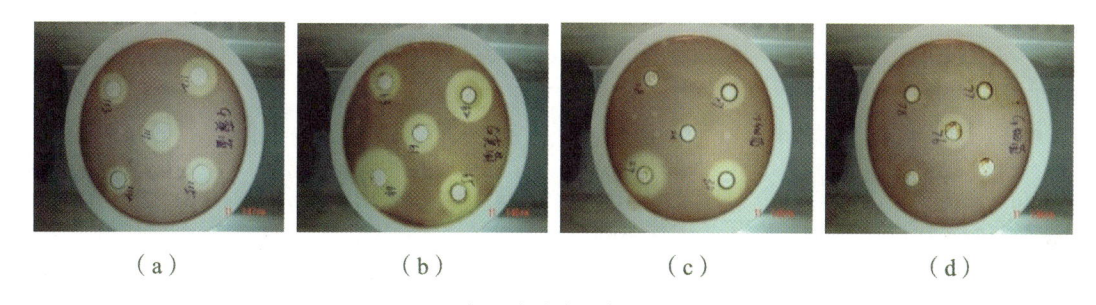

图 6-12 产果胶酶在平板上的透明圈

表 6-50 筛选优势菌株果胶酶活性

菌株号	透明圈直径/cm	果胶酶酶活/U
B-3-2-2	2.0	80.52
B-3-2-1	2.1	94.63
B-2-2-1	2.4	181.2
B-2-2-2	2.2	112.6
A-6-2-1	2.1	131.0
A-5-2	2.1	112.4

6.5.1.6 产淀粉酶烟叶微生物筛选结果

以淀粉作为底物，以出现透明圈作为筛选指标，共筛选出 94 株产淀粉酶产生菌，其透明圈直径在 1.1~3.0 cm（图 6-13）。将透明圈较大的菌株 20 株经酶活测定，其酶活在 11.96~214.8 U，其中酶活力大于 100 U 的有 9 株，见表 6-51。

(a)　　　　　　　(b)　　　　　　　(c)　　　　　　　(d)

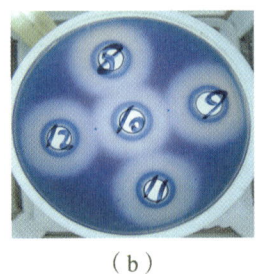

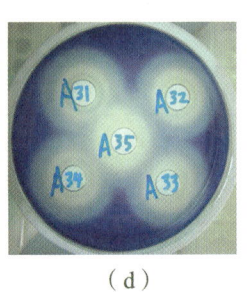

图 6-13　产淀粉酶在平板上的透明圈

表 6-51　筛选优势菌株淀粉酶活性

菌株号	透明圈直径/cm	淀粉酶酶活/U
B-2-2-1	2.2	116.6
B-2-2-2	2.1	102.8
A-6-2-1	3.0	214.8
A-6-2-2	2.0	129.9
5	2.3	177.6
5-3-1	1.8	100.8
GA-4-1-1	2.7	142.6
7	2.2	122.6
3-4	2.3	179.8

6.5.1.7　产蛋白酶烟叶微生物筛选结果

利用所筛选到的菌株，采用透明圈法，以酪蛋白作为底物，以出现透明圈作为筛选指标，共筛选出 154 株产淀粉酶产生菌，其透明圈直径在 1.3~3.6 cm（图 6-14）。将透明圈较大的菌株 20 株经酶活测定，其酶活在 1.205~46.41 U，其中酶活力较大的菌株有 5 株，见表 6-52。

(a)　　　　　　　(b)

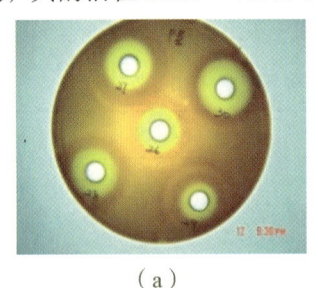

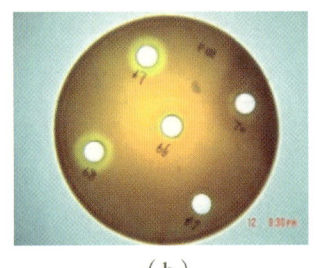

图 6-14　产蛋白酶在平板上的透明圈

表 6-52　筛选优势菌株蛋白酶活性

菌株号	透明圈直径/cm	蛋白酶酶活/U
B-2-2-1	3.2	43.11
B-2-2-2	2.9	25.53
B-2-6-1	3.0	27.98
A-6-2-1	3.6	46.41
7-2	3.0	25.31

6.5.1.8 温度对酶活力的影响研究

根据筛选出的 14 株优势菌株,采用酶活定量检测方法,研究不同温度(30 ℃、40 ℃、50 ℃)对酶活力的影响。根据吸光值的大小来间接反应酶活力的大小,在不同温度下吸光值测定结果如表 6-53 所示。由表 6-53 可知,1#菌株最适宜温度为 40~50 ℃,对多糖都有较好的降解效果;2#菌株最适宜温度为 30 ℃,对各多糖有显著的降解效果;3#菌株在 40 ℃下对半纤维素降解效果明显;4#菌株在 40 ℃下对纤维素、淀粉有明显降解效果;5#菌株最适宜温度为 40~50 ℃,可降解果胶、木聚糖、淀粉;6#菌株最适宜温度为 40 ℃,对半纤维素、淀粉、纤维素有明显降解效果;7#菌株最适宜温度为 40 ℃,对半纤维素和纤维素降解效果显著;8#菌株在 50 ℃时,对果胶降解效果明显;9#、11#、12#菌株在 40 ℃,对淀粉都有明显降解效果;10#菌株在 40 ℃时,对木聚糖有显著降解效果;13#、14#菌株在 50 ℃时,对淀粉和木聚糖降解效果显著。

表 6-53 优势菌株适宜温度的优化表

序号	编号	温度/℃	果胶酶(OD 值)	木聚糖酶(OD 值)	纤维素酶(OD 值)	淀粉酶(OD 值)
1	B-2-2-1	30	0.130	0.375	0.244	0.188
		40	0.299	0.389	0.437	0.517
		50	0.283	0.593	0.426	0.445
2	B-2-2-2	30	0.699	0.928	0.955	0.577
		40	0.405	0.848	0.790	0.747
		50	0.460	0.703	0.409	0.499
3	B-2-6-1	30	0.544	0.652	0.602	0.377
		40	0.359	0.886	0.485	0.507
		50	0.361	0.664	0.411	0.516
4	B-2-6-2	30	0.154	0.206	0.282	0.099
		40	0.087	0.260	0.347	0.338
		50	0.070	0.163	0.068	0.128
5	A-6-2-1	30	0.093	0.266	0.16	0.161
		40	0.159	0.321	0.165	0.279
		50	0.164	0.268	0.149	0.334
6	A-6-2-2	30	0.247	0.400	0.387	0.218
		40	0.262	0.602	0.777	0.750
		50	0.274	0.445	0.364	0.388
7	A-5-2	30	0.089	0.167	0.192	0.080
		40	0.093	0.431	0.229	0.263
		50	0.101	0.222	0.140	0.209
8	5	30	0.028	0.253	0.055	0.102
		40	0.004	0.059	0.000	0.027
		50	0.577	0.166	0.011	0.157

续表

序号	编号	温度/°C	果胶酶（OD值）	木聚糖酶（OD值）	纤维素酶（OD值）	淀粉酶（OD值）
9	5-3-1	30	0.060	0.231	0.057	0.154
		40	0.043	0.292	0.119	0.243
		50	0.046	0.216	0.073	0.137
10	5-3-2	30	0.157	0.294	0.089	0.171
		40	0.077	0.355	0.284	0.163
		50	0.084	0.215	0.108	0.164
11	GA-4-1-1	30	0.002	0.083	0.014	0.049
		40	0.000	0.105	0.024	0.1
		50	0.006	0.068	0.036	0.079
12	6-1(2)	30	0.000	0.119	0.016	0.048
		40	0.000	0.111	0.000	0.124
		50	0.002	0.07	0.000	0.077
13	7	30	0.039	0.149	0.110	0.058
		40	0.016	0.247	0.090	0.161
		50	0.055	0.292	0.074	0.167
14	3-4	30	0.017	0.225	0.080	0.056
		40	0.020	0.152	0.000	0.149
		50	0.000	0.343	0.039	0.159

6.5.1.9 优势菌株应用评价结果

1. 优势菌株在梗膏的应用效果

将优势菌株 1#、2#接种到梗提取液，培养 2 d，经感官质量评价表明，发酵烟膏烟气细腻，透发性较好，刺激、杂气较轻。常规化学检测结果如表 6-54，发酵后的梗膏总糖和还原糖含量明显降低。

表 6-54 化学常规检测结果 单位：%

样品名称	总糖	钾离子	还原糖	总植物碱	氯离子	总氮
对照	10.2	3.28	8.79	0.23	1.31	0.71
1#	4.49	2.66	4.33	0.18	1.08	0.40
2#	2.59	5.99	2.35	0.22	2.57	0.63

2. 粗酶液在再造烟叶的应用

利用制得的粗酶液对再造烟叶产品进行酶解处理，确定了其适宜的酶解条件，酶解时间 2 h，温度 40 °C，效果最好，经感官质量评价表明，该粗酶液对品质较差的再造烟叶品质改善较明显，烟气较细腻，刺激性和杂气明显降低，对产品品质改善较明显。

6.5.2 微生物发酵技术在再造烟叶中的应用

针对生物技术在再造烟叶生产线应用的工艺及其参数进行研究并确认。酶制剂应用点见图 6-15，酶制剂添加位点为梗叶混合提取段，按原料投料量的 20% 添加酶制剂，40 ℃ 处理 45 min。

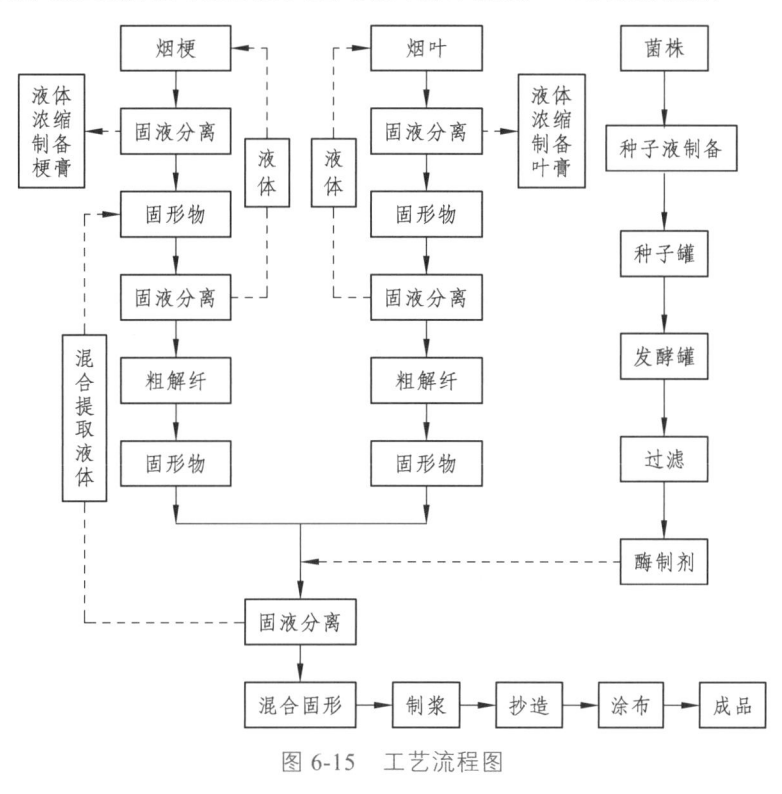

图 6-15　工艺流程图

6.5.2.1 微观结构分析

生物处理后再造烟叶的微观结构扫描电镜如图 6-16 所示。经生物处理后再造烟叶纤维的主体框架较未处理样品的纤维疏松，而且生物处理后纤维分丝状态更为明显，与纤维之间的搭接作用更好。同时，生物处理后纤维的润胀程度较未处理的纤维好，纤维柔软，而未处理的纤维呈扁平状。

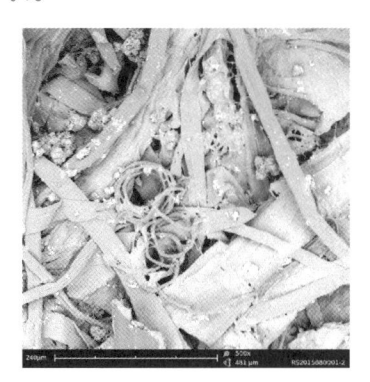

（a）生物处理后　　　　（b）生物处理前

图 6-16　生物处理后再造烟叶的微观结构

6.5.2.2 化学常规分析

从表 6-55 中试结果可以看出，试验样（RT-13-MIC）与对照样（RT-13）化学常规成分变化较小。

表 6-55 中试生产烟草常规化学指标　　　　　　　　　　　　单位：%

样品名称	总糖	钾离子	还原糖	总植物碱	氯离子	总氮
RT-13	11.2	2.51	9.44	1.02	1.04	1.64
RT-13-MIC	11.1	2.48	9.17	0.99	1.01	1.61

6.5.2.3 致香成分分析

从致香成分检测结果看（表 6-56），实验样与对照样相比，总的致香成分增加 10%左右，其中主要致香成分大马酮、氧化异佛尔酮、新植二烯、巨豆三烯酮、棕榈酸等均有不同程度的增加。表明微生物处理可以增加致香成分，对香气量有显著贡献。生物技术处理的试验样致香成分总量增加 10%左右，表明应用生物技术能够提高再造烟叶产品香味成分。

表 6-56 中试产品与对照样品致香成分分析结果　　　　　　单位：μg/g

化合物名称	RT-13	RT-13-MIC
1-戊烯-3-酮	0.338	0.505
3-羟基-2-丁酮	0.082	0.087
3-甲基-1-丁醇	0.073	0.049
丙二醇	0.189	0.199
吡啶	0.314	0.279
3-甲基-2-丁烯醛	0.038	0.034
己醛	0.11	0.094
面包酮	0.229	0.212
糠醛	1.385	1.298
糠醇	0.516	0.468
2-环戊烯-1,4-二酮	0.908	0.871
1-(2-呋喃基)-乙酮	0.047	0.031
丁内酯	0.111	0.11
2-吡啶甲醛	0.105	0.101
糠酸	0.198	0.179
苯甲醛	0.12	0.13
5-甲基糠醛	0.046	0.032
6-甲基-5-庚烯-2-酮	0.035	0.035
2,4-庚二烯醛 A	0.042	0.047
1H-吡咯-2-甲醛	0.042	0.054

续表

化合物名称	RT-13	RT-13-MIC
2,4-庚二烯醛 B	0.036	0.049
甲基环戊烯醇酮	0.036	0.032
苯甲醇	0.528	0.535
苯乙醛	0.542	0.392
6,11-二甲基-2,6,10-十二碳三烯-1-醇	0.04	0.045
1-(1*H*-吡咯-2-基)-乙酮	0.44	0.427
芳樟醇	0.042	0.038
壬醛	0.068	0.067
1-(3-吡啶基)-乙酮	0.03	0.055
苯乙醇	0.241	0.243
1-甲基-1*H*-吡咯-2-甲醛	0.066	0.054
氧化异佛尔酮+未知物	0.362	0.304
2,6-壬二烯醛	0.07	0.079
苯并[b]噻吩	0.078	0.066
藏花醛	0.064	0.062
胡薄荷酮	0.032	0.032
2,3-二氢苯并呋喃	0.11	0.115
吲哚	0.138	0.146
2-甲氧基-4-乙烯基苯酚	0.566	0.551
茄酮	1.513	1.541
β-大马酮	1.22	1.138
β-二氢大马酮	0.543	0.492
去氢去甲基烟碱	0.155	0.172
香叶基丙酮	0.446	0.516
β-紫罗兰酮+未知物	0.763	0.79
丁基化羟基甲苯	0.102	0.099
2,3'-联吡啶	0.246	0.29
二氢猕猴桃内酯	0.51	0.532
巨豆三烯酮 A	0.613	0.819
巨豆三烯酮 B	2.077	1.952
巨豆三烯酮 C	0.622	0.61
巨豆三烯酮 D	2.244	2.072
3-氧代-α-紫罗兰醇	0.227	0.215
十四醛	0.56	0.656

续表

化合物名称	RT-13	RT-13-MIC
降茄二酮	0.605	0.602
蒽	0.542	0.558
茄那士酮	1.817	1.844
新植二烯	133.614	148.846
邻苯二甲酸二丁酯	2.079	2.145
金合欢基丙酮 A	3.761	4.091
棕榈酸甲酯	2.717	3.043
棕榈酸+未知物	3.333	5.702
棕榈酸乙酯	1.372	1.578
寸拜醇	6.373	6.84
亚麻酸甲酯	5.499	6.235
植醇	4.402	4.897
西柏三烯二醇	5.69	6.238
金合欢基丙酮 B	1.127	1.116
总量-新植二烯	59.576	64.894

从表6-57可以看出生物技术处理后,再造烟叶产品主流烟气致香成分显著增加,增加量为8.61%,这与产品挥发性致香成分有所差异,但与评吸结果相一致,表明主流烟气致香成分可能比产品挥发性致香成分与感官品质相关性更大。其中主流烟气致香成分增加量在50%以上的有2,3′-二吡啶、3-氧代-α-紫罗兰醇、棕榈酸甲酯、莨菪亭、豆甾烷-3,5-二烯、亚油酸等。

表6-57 主流烟气致香成分分析 单位：μg/g

物质名称	对照	生物处理
2,3-丁二酮	0.62	0.78
乙酸	2.05	1.95
苯	1.89	1.54
2,3-戊二酮	0.27	0.32
丙酸	0.25	0.23
丙二醇	9.00	9.59
吡啶	1.46	1.47
甲苯	1.72	1.78
4-羟基-2-戊酮	0.52	0.44
3-甲基吡啶	0.34	0.22
糠醛	0.26	0.24
4-羟基-4-甲基-2-戊酮	12.19	11.36

续表

物质名称	对照	生物处理
糠醇	0.53	0.40
邻二甲苯	0.39	0.48
对二甲苯	0.72	0.84
苯乙烯	0.52	0.58
2-甲基-2-环戊烯-1-酮	0.40	0.46
5-甲基-2-呋喃甲醛	0.23	0.16
2,4-二羟基-2,5-二甲基-3(2H)-呋喃-3-酮	0.13	0.08
苯酚	0.53	0.49
1,3,5-三甲基苯	0.41	0.49
D-柠檬烯	2.71	2.00
茚	2.59	2.32
甘油	31.68	30.83
4-甲基-苯酚	0.53	0.49
麦芽酚	0.4	0.32
2-羟基吡啶	1.59	1.86
2,3-二氢-3,5-二羟基-6-甲基-4H-吡喃-4-酮	7.51	7.61
4-乙基-苯酚	0.45	0.47
苯甲酸	0.79	0.65
3,5-二羟基-2-甲基-4H-吡喃-4-酮	2.01	1.87
1,4:3,6-二脱水-α-D-吡喃葡糖	1.97	2.2
2,3-二氢-苯并呋喃	0.70	0.72
5-(羟甲基)-2-呋喃甲醛	7.37	7.66
吲哚	1.89	3.10
氢醌	3.57	3.72
2-甲氧基-4-乙烯基苯酚	1.05	1.38
2-羟基苯甲醛	2.26	2.51
烟碱+三甘酯	230.69	244.17
3-甲基-1H-吲哚	0.20	0.16
茄酮	1.06	0.97
香草醛	2.44	2.00
麦斯明	2.31	3.02
丁香酚	0.66	0.85
烟碱烯	1.23	1.49
1,6-脱水-β-D-吡喃型葡萄糖	7.38	8.41

续表

物质名称	对照	生物处理
2,3'-二吡啶	2.19	3.43
2,5-二甲氧基-4-甲苯甲醛	1.54	2.62
巨豆三烯酮 A	1.26	1.09
巨豆三烯酮 B	1.72	1.75
巨豆三烯酮 C	1.39	1.44
巨豆三烯酮 D	1.85	2.24
3-氧代-α-紫罗兰醇	2.24	3.13
邻羟基联苯	1.23	1.54
2,2'-异亚丙基二(5-甲基呋喃)	1.88	2.36
4-烯丙基-2,6-二甲氧基苯酚	1.41	2.78
肉豆蔻酸	2.02	2.58
新植二烯	7.54	8.60
棕榈酸甲酯	0.99	2.06
棕榈酸	7.47	9.48
莨菪亭	6.20	7.91
9H-吡啶并[3,4-b]吲哚	0.66	0.65
亚油酸甲酯	4.70	6.46
亚麻酸甲酯	1.50	2.28
植醇	1.46	2.27
硬脂酸甲酯	1.50	2.28
硬脂酸	1.19	1.21
亚油酸	2.19	3.06
亚麻酸	5.65	6.80
9-十八碳烯酰胺	0.40	0.49
2,2'-亚甲基二[6-叔丁基-4-甲基-苯酚]	1.34	2.5
芥酸酰胺	1.32	1.38
角鲨烯	0.98	0.85
胆甾烷-3,5-二烯	1.09	1.21
豆甾烷-3,5-二烯	0.66	0.67
胆甾基-5-烯-3-醇	0.65	0.67
维生素 E	7.67	9.07
菜油甾醇	2.32	2.56
豆甾醇	2.65	3.12
γ-谷甾醇	1.26	1.37
总计	429.59	466.59
增量/%	—	8.61

6.5.2.4 细胞壁物质分析

从表 6-58 中试结果可以看出,微生物发酵技术能够显著降低再造烟叶中果胶含量,降幅 11.21%,纤维素略有降低,幅度较小(在3%左右),与实验室结果一致,木质素也有所降低,表明微生物发酵技术能够降低再造烟叶中大分子细胞壁物质含量,将其大量分解转化。

表 6-58 中试纤维素、木质素、果胶检测　　　　　　　　　单位:%

样品名称	*纤维素	降幅	*木质素	降幅	*果胶	降幅
RT-13	33.68	—	2.89	—	19.54	—
RT-13-MIC	32.77	2.70	3.05	—	17.35	11.21

6.5.2.5 梗膏致香成分分析

从表 6-59 可以看出,生物技术处理正常梗比对照梗膏致香成分比对照样高 10%,而高梗比梗膏致香成分与对照总量差异不大,其中试验样与对照样相比增加 2 倍及以上的主要成分有 3-甲基丁醛、3-甲基-1-丁醇、2,3'-联吡啶、茄酮、二氢猕猴桃内酯、β-紫罗兰酮+未知物、3-氧代-α-紫罗兰醇、新植二烯、西柏三烯二醇,此外,在对照样中新检出丁酸、戊酸、丁子香酚等三种物质;而试验样与对照样相比降低 2 倍以上的物质有 β-二氢大马酮、巨豆三烯酮(B、C、D)、金合欢基丙酮(A、B)。从以上分析可以看出微生物发酵技术有助于提高梗膏香味成分,能够为梗膏的增量应用提供技术支持。

表 6-59 中试梗膏致香成分分析

化合物名称	RT-13	RT-13-MIC
3-甲基丁醛	0.472	1.272
2-甲基丁醛	0.421	0.598
1-戊烯-3-酮	0.974	0.978
3-羟基-2-丁酮	0.74	0.636
3-甲基-1-丁醇	0.212	0.195
吡啶	0.318	0.338
丁酸	—	0.666
己醛	0.979	0.627
面包酮	0.212	0.277
3-甲基-2-(5H)-呋喃酮	0.773	0.62
糠醛	2.649	2.844
2-甲基丁酸	0.562	0.115
糠醇	0.634	1.755
戊酸	—	0.885
2-环戊烯-1,4-二酮	0.625	0.946
1-(2-呋喃基)-乙酮	0.217	0.268
丁内酯	0.315	0.386

续表

化合物名称	RT-13	RT-13-MIC
2-吡啶甲醛	0.148	0.114
糠酸	0.272	0.39
苯甲醛	0.114	0.088
5-甲基糠醛	0.135	0.207
4-吡啶甲醛	0.526	0.599
1H-吡咯-2-甲醛	0.539	0.863
甲基环戊烯醇酮	0.415	0.615
苯甲醇	0.275	0.358
苯乙醛	3.835	3.812
1-(1H-吡咯-2-基)-乙酮	0.697	1.132
芳樟醇	0.44	0.553
苯乙醇	0.175	0.216
1-甲基-1H-吡咯-2-甲醛	0.988	0.147
苯并[b]噻吩	0.914	0.118
吲哚	0.52	0.556
2-甲氧基-4-乙烯基苯酚	0.315	0.359
茄酮	0.299	0.544
β-大马酮	0.352	0.425
β-二氢大马酮	0.768	0.122
β-紫罗兰酮+未知物	0.138	0.215
2,3′-联吡啶	0.522	0.963
二氢猕猴桃内酯	0.113	0.213
巨豆三烯酮 A	0.246	0.699
巨豆三烯酮 B	0.752	0.189
巨豆三烯酮 C	0.647	0.125
巨豆三烯酮 D	0.914	0.162
3-氧代-α-紫罗兰醇	0.017	0.495
新植二烯	0.800	3.135
金合欢基丙酮 A	0.457	0.147
棕榈酸甲酯	0.193	0.187
棕榈酸	1.996	1.197
亚麻酸甲酯	0.839	0.871
植醇	0.481	0.694
西柏三烯二醇	0.383	0.641
金合欢基丙酮 B	0.935	0.394
总计	31.3	35.0

6.5.2.6 感官评价

对中试产品评价（表 6-60）发现，生物试验样品在杂气、余味（残留）、香气清晰度、透发性方面改善明显，但刺激稍大，且在圆润感方面稍欠，综合考虑 RT-13 的产品风格，选择试验样好的明显占多数，说明该项技术对于降低杂气，提升香气方面确实有明显作用。

表 6-60 中试感官质量评价结果

产品名称	描述	评价结果	备注
RT-13	香气质略粗糙、香气量不足、刺激略大、杂气稍重、甜润感差	6人参加评价，5人评价结果为：试验样>对照样；1人评价结果为：对照样>试验样	对照样梗投料 44%，梗膏用量43%
RT-13 生物处理	香气质、香气量与对照比有很大提高，刺激小、杂气轻、甜润感稍好		试验样梗投料 65%，梗膏用量60%

综上所述，生物技术是通过微生物发酵产物的作用，软化烟梗纤维，提高打浆效率，降低高低浓打浆能耗；分解烟梗中的果胶、木质素等大分子物质，生成小分子物质，使各成分之间达到一个更谐调的比例，促进美拉德反应，提高梗叶膏香味成分，从而提高产品抽吸品质；生物技术与再造烟叶生产工艺匹配度高，处理效果稳定，整个过程不引入非烟成分，保证了其不会带来负面的效果，因此，生物技术高品质、高效果、低投入、无添加的技术特点，是未来再造烟叶品质提升、技术创新的发展趋势，具有广泛的发展前景。

6.6 降低重组烟草苯并[a]芘释放量和 H 值的微生物发酵技术开发

6.6.1 真菌和细菌的筛选

通过对 77 株真菌和 54 株细菌的降解转化产物进行了研究，确定了可降解转化豆甾醇的真菌 6 株，其降解产物均为豆甾醇结构上的修饰产物，即甾醇母核并没有降解；确定了 2 株可降解烟草中豆甾醇的细菌——土壤不动杆菌 *Acinetobacter soli* 和皮特不动杆菌 *Acinetobacter pittii*，其降解率为 60%～70%。

鉴于实验过程中酸值的变化，以耐酸值较高的土壤不动杆菌 *Acinetobacter soli* 为优势高活性的微生物进行微生物处理实验，施加于再造烟叶片基及涂布液中，以再造烟叶中酚类及甾醇等苯并[a]芘前体化合物降解率和评吸结果为依据，完善工艺流程，达到降低卷烟烟气中苯并[a]芘及其他有害成分。实验方案如图 6-17。

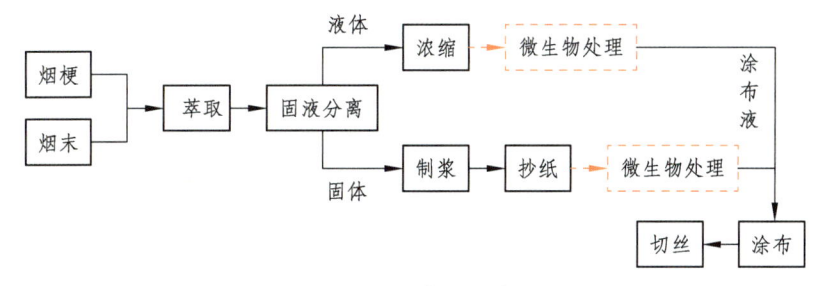

图 6-17 实验方案

6.6.2 片基微生物处理技术研究

片基物理性能对再造烟叶性能存在很大的影响,实验结果表明:随着微生物处理时间的增加,片基的抗张强度、填充值、定量、耐破强度及单层厚度等明显降低;平衡含水率、松厚度和柔软度都是随微生物处理时间增加而增加。

6.6.3 涂布液微生物处理技术研究

接种量的影响,分别取 5%、10%、15%比例接种,在 25 ℃下进行发酵。经过 8 h,发现接种高密度的微生物培养液中活体菌增殖快,活体菌数量增加明显,微生物处理效率高。

涂布液浓度的影响研究表明,在涂布液浓度为 20%时,菌体生长和繁殖速度快,有利于微生物处理。

温度的影响研究表明,最适温度为 20~34 ℃,过高或过低的温度都会使微生物细胞膜的正常功能丧失。在最适生长温度,微生物的世代时间最短,生长速率最快,活菌数增加最快。25 ℃最有利微生物处理。

涂布液 pH 的影响研究表明,在萃取浓缩液 pH 在 3.9~6.3 条件下(在造纸法再造烟叶生产线涂布液 pH 范围内),微生物耐受性好,pH 为 5 时微生物生长较快,但总的来说在该范围内 pH 对微生物生长量的影响不大。

综上,在接种量为 15%,涂布液浓度为 20%、温度为 30 ℃、pH 为 5 的条件下最适宜于微生物的发酵。

6.6.4 微生物处理对各项烟草化学成分的影响

涂布液含有糖、蛋白质及主要的香气物质,为此对微生物处理后再造烟叶的化学成分进行了研究。在 15%的接种浓度,涂布液浓度为 20%、温度为 35 ℃、pH 为 5 的优化条件下,测定萃取浓缩液 pH 和可溶性总糖的变化。并分别取发酵 0,2,4,6,8 h 的涂布液固液分离后,经过涂布、干燥过程后成为成品。其常规化学指标分析结果见表 6-61。

表 6-61 微生物处理对各项烟草化学成分的影响　　　　　　　　　　单位:%

时间/h	烟碱	钾	硝酸盐	氯	总糖	还原糖	总氮	蛋白质
0	0.81	3.18	0.19	1.13	11.31	10.23	1.32	4.69
2	0.81	3.21	0.18	1.08	10.02	8.95	1.26	4.51
4	0.82	3.09	0.19	1.12	7.31	6.11	1.19	4.37
6	0.81	3.12	0.21	1.09	4.02	3.12	1.11	4.12
8	0.83	3.16	0.17	1.11	1.76	1.07	1.03	4.03

6.6.5 微生物处理对再造烟叶烟气影响的研究

6.6.5.1 对苯并[a]芘的影响

将微生物处理的再造烟叶手工打制成烟支后,再造烟叶的抽吸口数、总粒相物(TPM)及苯并[a]芘数据见表 6-62。

表 6-62　再造烟叶卷烟抽吸口数、TPM 及 B[a]P

样品名	抽吸口数	TPM/mg·支$^{-1}$	焦油/mg·支$^{-1}$	B[a]P/ng·支$^{-1}$
空白	6.67	4.75	3.80	4.98
P2-T2	6.42	4.35	3.48	3.76
P2-T4	6.33	4.22	3.37	3.44
P4-T2	6.23	3.88	3.10	3.09
P4-T4	6.03	3.62	2.89	2.67

注：样品编号 PX-TY 指片基微生物处理 X h，涂布液微生物处理 Y h。

由表 6-62 可知，微生物处理后再造烟叶样品的抽吸口数均低于对照样，微生物处理技术可以提高燃烧速率。微生物处理样品的 TPM 总量和苯并[a]芘含量均低于对照样。微生物处理，不仅改善了再造烟叶的燃烧性，同时降低了再造烟叶中苯并[a]芘的前体化合物。

6.6.5.2　对烟气有害成分及危害指数 H 值的影响

再造烟叶主流烟气中 HCN、NNK、NH$_3$、苯酚、巴豆醛和 CO 等有害成分的分析结果见表 6-63，随着微生物处理时间的增加，CO、HCN、NNK 及氨降低，苯酚及巴豆醛增加；H 值随微生物处理时间的增加而减小，当片基和涂布液分别微生物处理 4 h，其 H 值降低率达 9.0%。

表 6-63　原料萃取的再造烟叶烟气数据

	CO/mg·支$^{-1}$	HCN/μg·支$^{-1}$	NNK/ng·支$^{-1}$	NH$_3$/μg·支$^{-1}$	苯酚 μg·支$^{-1}$	巴豆醛/μg·支$^{-1}$	H 值
空白	10.94	54.5	9.6	2.7	1.5	9.53	6.11
P2-T2	10.67	49.7	9.3	2.4	1.62	9.78	5.77
P2-T4	10.35	48.3	9.4	2.4	1.71	10.13	5.75
P4-T2	9.88	43.2	8.9	2.2	1.79	11.09	5.52
P4-T4	9.78	42.8	8.8	2.3	1.78	11.76	5.49

注：样品编号 PX-TY 指片基微生物处理 X h，涂布液微生物处理 Y h。

综上所述，使用土壤不动细菌 *Acinetobacter soli* 微生物处理技术，可以改善再造烟叶的燃烧性能，降低烟气中的苯并[a]芘、CO、HCN、NNK 及氨，苯酚及巴豆醛出现增加。微生物处理 4 h 后，H 值降低 9%。

6.7　适用于云产卷烟品牌的再造烟叶产品开发及应用

6.7.1　适用于卷烟产品的重组烟草产品开发及应用

以卷烟产品 A 为例，卷烟产品 A 烟香饱满充足、清甜香韵突出、香气明亮清晰，满足感强，杂气轻，稍有刺激，余味较干净舒适，属于典型的云南清香卷烟产品。基于卷烟产品 A 品质特点，叶组配方设计时，突出与卷烟产品 A 的结合度与谐调性，重点突出叶组清甜韵，保持香气饱满充足、余味较舒适的特点；考虑再造烟叶应用增量的影响，设计时兼顾叶组的香气量、丰富性及烟气的厚实饱满度，同时结合原料库存情况，充分考虑产品发展的可持续性。我们将微生物发酵技术应用到再造烟叶的产品开发与生产，开发出了适用于卷烟产品 A 的再造烟叶 BRT-01。

6.7.1.1　原料模块设计

通过筛选，确定 BRT-01 产品的原料配方模块如表 6-64 所示。

表 6-64　BRT-01 产品的原料配方模块

产品编号	模块类型		比例/%
BRT-01	叶组	YX-6	25
		HHSW-2	5
		HHSW-4	10
		HHSN-3	20
	梗组	RT-13Mic	45

通过叶组配比试验，BRT-01 叶组烟气饱满度稍好，有较强的清甜韵，香气清晰，杂气尚轻，余味尚舒适干净，总体质量符合卷烟产品 A 的需求水平。

6.7.1.2　基料配方设计

通过筛选，确定 BRT-01 产品的基料配方模块如表 6-65 所示。

表 6-65　BRT-01 基料配方设计

编号	基料代码/名称	比例/%
1	甘油	0.05
2	焦甜香模块	0.08
3	FL-01	0.15
4	FL-02	0.08
5	FL-03	0.05
6	烟草提取物	0.05
7	FL-04	0.05
8	FL-05	0.05
9	FL-06	0.05
10	FL-07	0.05
11	FL-08	0.04
12	FL-09	0.03
13	FL-10	0.1

该基料配方烟气及香气平衡性较好，有好的清甜韵，香气较清晰，烟气柔和性尚好，甜润性尚好，烟气厚实性尚好，烟气相对饱满，整体品质较好。

6.7.1.3 中试放样及其评价

1. 中试放样生产

BRT-01 中试放样生产的工艺参数设计如表 6-66 所示。

表 6-66 中试放样生产的工艺参数设计

工艺参数		设计值
提取段	叶提取温度/°C	65±5
	梗提取温度/°C	75±5
	叶提取时间/min	30
	梗提取时间/min	30
浓缩段	叶膏密度/g·cm^{-3}	1.190±0.005
	梗膏密度/g·cm^{-3}	1.190±0.005
	涂布液密度/g·cm^{-3}	1.180±0.005
	涂布液固形物含量/%	44±2
制浆段	低浓打浆度/°SR	20~24
	低浓湿重/g	3.5~4.2
抄造段	上网浓度/%	0.8±0.1
	上浆浓度/%	2.80±0.02
	片基绝干定量/g·m^{-2}	60±2
	薄片绝干定量/g·m^{-2}	96±4
	涂布量/g·m^{-2}	36±2
	进涂布水分/%	30±5
	分切后水分/%	16~20
	成品水分/%	11.0~12.5

生物处理：梗一级提取工艺参照表 6-66 工艺参数执行，添加生物制剂 RCT-MIC 加入点为梗二级提取罐，添加量为40%（以烟梗投料量计），补水至原工艺量，搅拌均匀，二级提取温度为 40~45 °C，提取时间 30 min。

2. 中试放样产品评价

中试放样产品的物理指标、常规化学成分检测结果如表 6-67 所示。

表 6-67 常规化学成分和物理指标检测结果

指标		数值
常规化学指标	氯/%	1.06
	烟碱/%	1.17
	总糖/%	12.45
	还原糖/%	10.72
	钾/%	2.39

续表

指标		数值
常规化学指标	总氮/%	1.51
	硝酸盐/%	0.57
物理指标	定量/g·m^{-2}	107.67
	层积厚度/mm	0.19
	填充值/cm^3·g^{-1}	4.83
	抗张强度/kN·m^{-1}	0.56
	水分/%	10.90
	热水可溶物/%	33.47

6.7.1.4 再造烟叶在卷烟产品中的应用

1. 感官质量评价

通过再造烟叶中试放样评价及在卷烟产品中的小样应用试验评价,确定再造烟叶于卷烟产品中中试应用效果评价。分别采用对比评吸和三角评吸的方法进行评价,结果如表 6-68 和表 6-69 所示。

表 6-68 对比评吸结果

样品	参评人数	成对比较检验差异人数	选择人数	评吸结果
卷烟产品 A	17	13	对照样>中试样:6 中试样>对照样:11	中试样好于对照样,但没有显著性差异

表 6-69 三角评吸结果

样品	参评人数	最少正确识别人数	1/3 人数	评吸结果 正确识别人数	判定
卷烟 A	17	10	6	9	保持一致

三角评吸结果表明:中试样品与对照样感官质量一致性水平为保持一致。对比评吸结果表明:中试样好于对照样,但没有显著差异。

2. 烟气分析

卷烟应用再造烟叶产品后,卷烟烟气常规指标和七项成分检测结果如表 6-70 和表 6-71 所示。

表 6-70 烟气指标分析检测结果

卷烟类型	样品名称	抽吸口数	总粒相物/mg·支$^{-1}$	焦油/mg·支$^{-1}$	烟气烟碱/mg·支$^{-1}$	水分/mg·支$^{-1}$	CO/mg·支$^{-1}$
卷烟 A	对照样	7.66	11.71	10.54	0.95	1.13	11.03
	实验样	7.42	11.07	10.02	0.93	1.01	10.82

表 6-71　烟气指标分析检测结果

卷烟类型	试样名称	CO /mg·支$^{-1}$	苯酚 /μg·支$^{-1}$	巴豆醛 /μg·支$^{-1}$	HCN /μg·支$^{-1}$	苯并[a]芘 /ng·支$^{-1}$	氨 /μg·支$^{-1}$	NNK /μg·支$^{-1}$	H 值
卷烟 A	对照样	10.9	18.5	15.8	113	10.30	7.5	5.16	9.0
	实验样	10.4	17.7	15.0	116	9.83	6.6	4.64	8.5

可以看出，开发产品应用于卷烟后，所有烟气指标均有所降低，烟气 CO 符合盒标要求。烟气七项成分除 HCN 外，均有所降低，卷烟 H 值降低了 0.5，降幅 5.6%，表明开发产品具有一定的减害功能。

6.7.2　其他产品开发及其在卷烟中的应用情况

基于生物技术，开发产品整体品质较好，尤其是在降低木质气方面有明显改善，配方适用性好，满足卷烟产品的应用要求，实现了重组烟草产品规模化生产和应用，所有品牌卷烟的重组烟草使用比例均有明显提升。

6.8　结　论

（1）中性蛋白酶酶解梗浆蛋白质的效果优于酸性蛋白酶；中性蛋白酶酶解适宜条件：pH 6.4～7.2、温度 35～55 ℃、粒径 20 目以上、浆料浓度不高于 2%、酶用量 400～800 U/g，酶解时间 2～3 h，梗浆蛋白质的脱除率可达 50%以上。

（2）酸性果胶酶可用于酶解梗浆的果胶；pH、温度、浆料固形物粒径、浆料浓度、酶用量对酶解均有影响；酸性果胶酶酶解适宜条件：pH 4、温度 50 ℃、粒径 20 目、浆料浓度不高于 5%、酶用量 500～700 U/g，酶解时间 2～3 h，梗浆果胶的脱除率可达 90%。

（3）梗浆木质素漆酶酶解的适宜条件：pH 5、温度 40 ℃、浆料浓度不高于 2%、介体浓度 2%、酶用量 200 U/g，梗浆木质素的脱除率可达 20%以上。

经生物技术处理的烟梗，品质改善显著，致香成分开始增多，内部结构开始变化、抽吸品质开始显著改善。生物技术处理的烟梗，烟梗色泽加深，耐加工性增强；内部维管束结构疏解、松散，集中纤维素结构降解；随生物酶处理时间增加，烟梗总糖、还原糖含量逐渐降低，其他常规化学成分含量基本稳定不变；生物酶处理后，烟梗品质得到显著提升，主要表现在木质杂气、刺激性降低，香气柔顺，余味亦有所改善，但是香气量有所下降。

微生物发酵能有效降解再造烟叶原料中果胶和木质素等大分子物质、软化烟梗纤维、改变纤维结构，提高打浆效率，节约打浆能耗；能够提高梗膏致香成分，特别是主流烟气致香成分显著提高；能够显著提升再造烟叶产品品质，在杂气、余味、香气清晰度、透发性方面有明显改善；此外，生物技术与再造烟叶现有生产设备和工艺匹配度较高，处理效果好并且稳定，对生产不会产生负面影响。

实现了微生物酶制剂在再造烟叶中的工业化应用，基于再造烟叶生产工艺，在梗叶混合提取段，投加微生物酶制剂，其他生产工艺流程不变。微生物发酵技术通过微生物发酵作用，提升了产品的品质，从而显著增加了重组烟草在卷烟中的应用比例。生物技术与再造烟叶生产工艺匹配度高，处理效果稳定，微生物处理成本可控，具有高品质、高效果、低投入、无添加的技术特点。

参考文献

[1] SPANN B M. Reconstituted tobacco from venezuelan by-products by enzyme conversion[J]. Philip Morris Research Center, 1965.

[2] BERNASEK, EDWARD, BRIDLE, et al. Tobacco processing: US4887618[P]. 1989.

[3] TEAGUE R A. Tobacco treatment process: US5343879[P]. 1994.

[4] 郑勤安. 造纸法再造烟叶生产过程中微生物增质剂的应用研究[J]. 浙江工业大学学报，2004，32（4）：442-446.

[5] 艾继涛. 双菌种发酵提高烟草薄片和废次烟叶品质研究[D]. 北京：中国农业大学，2006.

[6] 李鲁，葛少林. 烟草薄片中蛋白质的酶解研究[J]. 安徽农业科学，2009，37（27）：13079-13086.

[7] 段孟，李仙，李正勇，等. 一株产木质素降解酶真菌在造纸法再造烟叶中的应用[J]. 中国烟草科学，2009，30（3）：69-72.

[8] 郑小嘎，赵昌政，韦绪伦，等. 酶法改善造纸法烟草薄片品质初探[J]. 山东食品发酵，2010（1）：11-13.

[9] 吴亦集，沈光林，陶红，等. 造纸法再造烟叶原料的加酶萃取[J]. 烟草科技，2011（7）：33-36.

[10] 张文同. 雪茄烟草薄片中酶萃取技术的应用[J]. 食品工业，2011（5）：75-77.

[11] 毛耀，刘志昌，姚元军，等. 烟草木质素的 Fe-CA 仿酶降解[J]. 烟草科技，2011（6）：48-51.

[12] 戴丽君，黄申元，郑彬，等. 酵母在造纸法再造烟叶中的初步应用研究[J]. 江西农业学报，2011，23（1）：18-19.

[13] 张勃，贾玉红，端李祥，等. 微生物发酵烟梗水提物的制备及其在再造烟叶中的应用[J]. 河南农业科学，2012，41（3）：56-60.

[14] 王建兵，王得强，占小林. 特定真菌在造纸法再造烟叶中的应用研究[J]. 食品工业，2012（9）：70-72.

[15] 刘晶，徐广晋，向海英，等. 烟梗浆料蛋白质的酶解研究[J]. 南方农业学报，2014，45（11）：2036-2040.

[16] 唐自文，陈岭峰，张云龙，等. 一株产果胶酶工程菌 A-511 在造纸法再造烟叶中的应用[J]. 纸和造纸，2015，34（10）：48-51.

[17] 许春平，孙斯文，郝辉，等. 烟梗果胶酶解条件优化及热裂解分析[J]. 浙江农业学报，2015，27（04）：657-664.

[18] 卫青，崔洪亮，曹环，等. 一株烟叶内源菌的鉴定及其在烟草提取物中的应用[J]. 安徽农业科学，2019，47（07）：197-200.

[19] 黄申，马宁，王琼波，等. 再造烟叶浓缩液增香菌的筛选、鉴定与发酵优化[J]. 轻工学报，2020，35（02）：33-41.

[20] 刘恩芬,赵晓晨,王军,等. 造纸法再造烟叶生产过程中梗膏提质酶技术的应用研究[J]. 纸和造纸，2020，39（03）：27-31.
[21] 罗海涛，刘思奎，何力，等. 不同酶处理对再造烟叶梗膏的提质效果[J]. 贵州农业科学，2020，48（08）：123-128.
[22] 徐菲菲，田海龙，李东亮，等. 复合酶法降低烟草薄片刺激性的研究[J]. 江苏农业科学，2020，48（14）：227-233.
[23] 左满兴，薛磊，崔洪亮，等. 增香复合微生物对造纸法再造烟叶香味成分的影响[J]. 安徽农业科学，2020，48（19）：194-197+234.
[24] 黄申,闫美玲,芦尧,等. 不同香型再造烟叶浓缩液化学成分和微生物组差异性研究[J]. 轻工学报，2021，36（05）：51-58.
[25] 张登，王琦，赵东辉，等. 生物发酵技术在再造烟叶降糖中的控制和应用[J]. 中华纸业，2021，42（16）：12-17.

7 膜技术在烟草提取液中的研究及应用

再造烟叶生产加工过程中对烟草可溶物净化常采用筛分、离心分离或加入一定沉降剂对烟草提取物进行分离，但存在烟草提取物分离不干净，烟草提取物中悬浮物颗粒杂质不能有效去除，对感官品质起负面作用的果胶、蛋白质等物质难以选择性调控而残留在提取物中，直接浓缩后涂布于片基上，造成再造烟叶成品杂气重、刺激大、烟气混浊等缺点，从而影响再造烟叶在卷烟配方中的适配性。

另外再造烟叶生产加工过程中，其原料的提取、分离和浓缩是确保产品得率、品质和成本控制的一个重要工艺环节，其中提取浓缩是生产中耗能较大的工艺段（浓缩段蒸汽耗用量占总量40%），在烟草可溶物浓缩过程中，常采用蒸发浓缩，蒸发浓缩时间长、温度高、蒸汽能耗大，设备易结垢，过程中烟草可溶物中的挥发性物质及半挥发性物质损失较大，低沸点香气物质溢出等会造成烟草中有效物质的损失，从而影响再造烟叶产品品质。降低再造烟叶的生产成本和提高其品质是再造烟叶生产的重要课题。降低烟草致香成分及烟碱的损失对于再造烟叶品质的提升具有显著作用。

本章探讨了利用膜技术处理烟草提取液的可行性，以烟草提取液为研究对象，力求通过不同过滤精度膜的过滤组合对烟草提取液的浓缩得率及浓缩排放液化学成分的研究，确定合适的烟草提取液膜浓缩工艺模式；以膜浓缩+蒸发浓缩两段式浓缩方式的研究，明确膜浓缩+蒸发浓缩两段式浓缩方式的技术优势；以膜浓缩工艺模式为基础，通过增添若干级不同精度的膜过滤，形成合理的膜分离、膜浓缩工艺模式，实现烟草提取液化学成分的合理分组，明确各组分段对再造烟叶品质的影响，为再造烟叶化学成分的调控和品质提升提供依据，利用膜分离对涂布料化学成分进行重构。

在此基础上，建成一条日处理 50 m^3/d 烟草提取液的膜分离膜浓缩工艺中试生产线。利用该中试生产线，探索膜分离、膜浓缩技术在重组烟草中的规模化应用奠定坚实基础。

7.1 膜技术

7.1.1 基本原理

膜技术是利用膜的筛分作用对物料进行选择性分离，通过在膜两边施加一个推动力（如浓度差、压力差或电位差等）时，使物料侧组分选择性地透过膜，以达到分离提纯的目的。它的功能就是利用膜表面孔的机械筛分的原理，将不同大小的物质分离开，达到分离的目的（图 7-1）。

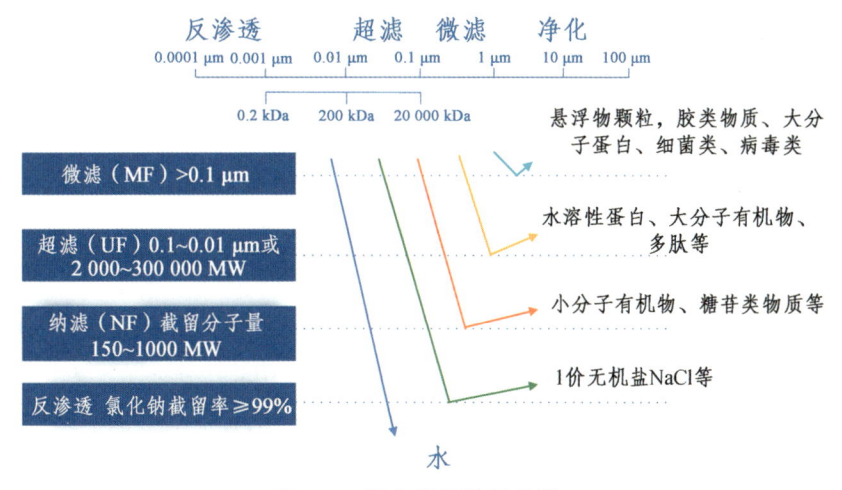

图 7-1 膜分离及截留图谱

膜技术与传统的分离技术如蒸馏、吸附、吸收、萃取分离等相比，膜分离具有过程简单、经济性较好、没有相变、分离系数较大、节能、高效、无二次污染、可在常温下连续操作、可直接放大、可专一配膜等优点。目前常用的膜分离浓缩技术有膜微滤、超滤、纳滤及反渗透技术。

7.1.1.1 微 滤

一种以静压差作为推动力，利用膜的筛分作用进行过滤分离的膜技术之一。微滤膜的特点是其中整齐、均匀的多孔结构设计，在静压差的作用之下小于膜孔的粒子通过膜，比膜孔大的粒子则被拦截在滤膜的表面，从而实现有效的分离。另外，微滤膜是均匀的多孔薄膜，厚度在 90~150 μm，过滤的粒径在 0.1~10 μm，操作压力在 0.01~0.2 MPa。

7.1.1.2 超 滤

超滤是指在一定的压力下，含有小分子的溶液经过被支撑的膜表面时，其中的溶剂和小分子溶质会透过膜，而大分子的则被拦截，作为浓缩液被回收。超滤膜过滤粒径在 5~50 nm，操作压力在 0.1~0.25 MPa。

7.1.1.3 纳 滤

纳滤是一种在反渗透基础上发展起来的膜分离技术，纳滤膜的拦截粒径一般在 0.5~5 nm，操作的压力在 0.5~1 MPa，拦截的分子量为 200~1000，对水中的分子量为数百的有机小分子具有很好的分离性能。

7.1.1.4 反渗透

反渗透也可以称为高滤，是渗透的一种逆过程，通过在待过滤的液体一侧加上比渗透压更高的压力，使得原溶液中的溶剂压缩到半透膜的另一边。反渗透膜的过滤粒径在 0.1~1.0 nm，操作压力在 1~10 MPa。

7.1.2 技术特点

（1）可实现精密分离，对烟草提取液成分进行选择性分离和去除。
（2）运行温度低、稳定性好，可实现低温浓缩和自动化控制。
（3）纯物理过程加工，有效保留烟草浓缩液的内源性物质。
（4）降低能耗和生产成本。
（5）清洁、环保膜分离设备制作材质清洁、环保，工作现场清洁卫生，符合国家产业政策。

7.1.3 应用领域

膜技术已在许多领域得到应用，例如烟草提取液分离浓缩、超纯水生产、锅炉水软化、医药的浓缩、果汁的澄清、城市污水处理、化工废液中有用物质的回收等。膜分离技术已经得到了世界各国的普遍重视。

7.2 膜技术应用于烟草提取液的浓缩

烟草提取液的浓缩是再造烟叶生产过程中的重要工序之一，目前，再造烟叶生产上烟草提取液的浓缩皆采用减压蒸发浓缩方式，由于该浓缩方式需要发生两次相变，两次相变导致能耗高；另一方面，提取液中的挥发性烟草致香成分损失较大，损失量介于 30%~60%；烟碱亦有一定量的损失（与烟草提取液 pH 密切相关）。为降低能耗，减少烟草致香成分及烟碱的损失量，将已在果汁、中药生产中实现应用的膜浓缩技术引入再造烟叶浓缩工序。

7.2.1 膜浓缩控制膜的确定

膜浓缩技术是基于分子筛效应，利用一定孔径（分离精度）的分离膜将需要富集的物质高效截留，溶剂则穿过膜作为透过液移除。膜浓缩时，膜孔径越大，则透过液中分子或离子粒径较小的物质含量越高，因此对于成分组成复杂的体系，选用不同孔径的分离膜将影响需要富集的成分（有效成分）的保留率。膜浓缩技术用于再造烟叶生产过程中烟草提取液的浓缩时，提取液中有效成分应尽可能保留，即排放液（膜的透过液）的主体成分为水及对再造烟叶有负面影响的硝酸根、亚硝酸根离子和氯离子等，而糖、烟碱、烟草致香成分等应尽可能保留。能实现烟草提取液浓缩，同时满足排放液中烟草有效成分基本为零的分离膜称为控制膜。控制膜是膜浓缩系统必须具备的膜，是膜浓缩系统中孔径最小的膜，作为膜浓缩系统的最后一级。

7.2.1.1 不同纳滤膜对排放液中还原糖及烟碱含量的影响

分别将 500 L 经过 200 nm 微滤膜和 20~30 nm 超滤处理的烟梗提取液以纳滤膜 A、B、C 进行浓缩，浓缩至截留液 100 L 时，透过液（排放液）中还原糖及烟碱的含量见表 7-1。

表 7-1　排放液中还原糖及烟碱的含量

名称	还原糖/%	烟碱/%
纳滤膜 A	0.13	0.03
纳滤膜 B	0.08	0.01
纳滤膜 C	<LOD	<LOD

随着膜孔径的减小，排放液中还原糖及烟碱的含量逐渐下降，纳滤膜 C（1~2 nm）的排放液还原糖及烟碱含量基本为零，表明纳滤膜 C 可以高效截留提取液中的烟草有效成分，纳滤膜 C 可以作为膜浓缩的控制膜。

7.2.1.2　不同纳滤膜对排放液中致香成分含量的影响

过纳滤膜 A、B、C 排放液的致香成分含量见表 7-2、图 7-2。

表 7-2　过纳滤膜 A、B、C 排放液的致香成分含量　　　　　　　单位：μg/g

名称	纳滤膜 A	纳滤膜 B	纳滤膜 C
致香成分总量	5.683	4.062	0.374
醇类总量	2.449	1.684	0.272
酮类总量	2.065	1.459	0.102
酯类总量	0.605	0.554	—
酚类总量	—	—	—
酸类总量	0.564	0.365	—
烯烃总量	—	—	—
醛类总量	—	—	—
杂环类总量	—	—	—

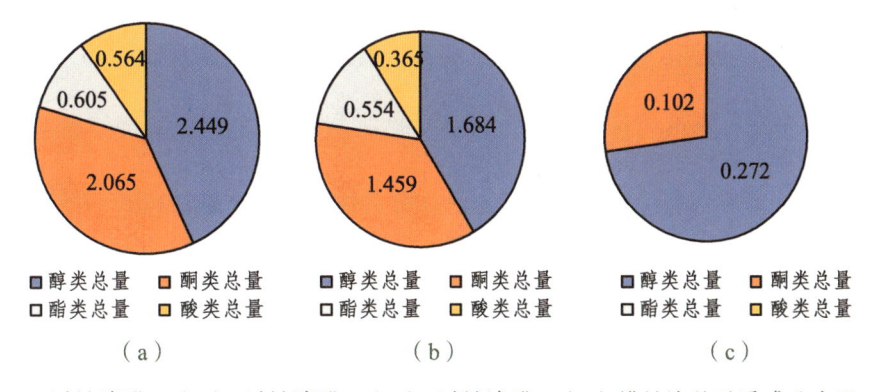

图 7-2　过纳滤膜 A（a）、过纳滤膜 B（b）、过纳滤膜 C（c）排放液的致香成分含量(μg/g)

随着膜孔径的减小，排放液中的致香成分的总量逐渐下降，纳滤膜 C（1~2 nm）的排放液的致香成分的含量较低，可以忽略不计，表明纳滤膜 C 可以高效截留提取液中的致香成分，纳滤膜 C 可作为膜浓缩的控制膜。

7.2.2 膜浓缩程度的确定

烟草提取液浓缩时,控制膜为孔径 1~2 nm 的纳滤膜,该纳滤膜只允许粒径较小的水分子、氯离子、硝酸根离子通过,提取液中的其他烟草成分皆被截留。因此截留液中单位体积中的质点数较高(渗透压与溶液单位体积中的质点数成正比),截留液的渗透压大;透过液(此时为排放液)中单位体积中的质点数较少,渗透压较低。截留液与透过液的渗透压差值较大,浓缩时需要较大的外压克服截留液和透过液之间的渗透压差,这也是纳滤需要较高外压驱动的原因。随着浓缩的进行,截留液浓度升高,单位体积中的质点数升高,截留液与透过液之间的渗透压差升高,需要更大的外压才能使浓缩进行下去,导致浓缩能耗的上升。当截留液浓度上升到一定程度,继续采用膜浓缩时,膜浓缩能耗与减压蒸发浓缩能耗相比失去优势,因此从经济性角度出发,膜浓缩应控制浓缩程度。

纳滤膜 C 对提取液浓缩程度耗电量的影响见表 7-3。

表 7-3 浓缩程度对耗电量的影响

浓缩程度	理论脱水量/kg	耗电量/kW	吨脱水耗电量/kW·t^{-1}	每吨水脱水成本/元·t^{-1}
5.0%	—	—	—	
10%	500	36.5	73	36.5
15%	667	57.3	86	43
20%	750	73.6	98	49
25%	800	110.4	138	69
30%	833	150.3	180	90

注:电费按每千瓦时 0.5 元计算。

从表 7-3 可知,采用纳滤膜 C 对烟草提取液进行浓缩,浓缩至固含量 20%时,随着浓缩程度的提升,吨脱水量能耗缓慢上升,具有较好的经济性;当浓缩至固含量超过 20%时,随着浓缩程度的提升,吨脱水量能耗急剧上升,膜浓缩的经济性变差。因此,采用纳滤膜 C 浓缩烟草提取液适宜的浓缩程度为浓缩至固含量 20%。

7.2.3 不同过滤精度膜组合对烟草提取液浓缩效率的影响

膜浓缩用于烟草提取液的浓缩,只有达到一定的浓缩效率,方有实际应用价值,浓缩过程中膜通量是表征膜浓缩效率的参数。当膜面积确定时,膜通量取决于膜孔的通畅性和外压,只有当外压超过截留液和透过液的渗透压差时,才会有通量,外压超过截留液和透过液之间的渗透压差越大,通量越大,膜孔的通畅性越好,膜通量越大,当膜孔全部被堵塞后,膜通量将为零,失去浓缩功能。因此,膜浓缩时,要保持一定的膜通量,必须防止膜孔被堵塞,并保持外压超过截留液和透过液之间的渗透压差。当采用孔径 1~2 nm 的纳滤膜对烟草提取液浓缩时,提取液中的悬浮杂质容易附着在膜的表面堵塞膜孔,可溶性大分子随着浓缩的进行,浓度升高,也容易析出,附着在膜的表面堵塞膜孔。浓缩过程中,提取液中其余截留成分对膜孔亦存在间歇性的堵塞作用,并随着浓度的升高,间歇堵塞作用增强。为提高孔径 1~2 nm 的纳滤膜对烟草提取液的浓缩通量,必须先除去浓缩液中的悬浮杂质和可溶性的大分子物质,并控制截留液其余烟草物质的浓度。显然,采用不同孔径过滤膜的组合分级浓缩是实现 1~2 nm 的纳滤膜对烟草提取液浓缩具有合适通量的技术途径。

验证主要采用微滤膜组件、超滤膜组件、纳滤膜组件（纳滤膜组件 A、B、C 分别对应纳滤膜组件 NF1、NF2、NF3），具体参数见表 7-4。

表 7-4　膜组件（管式）参数

指标	微滤膜	超滤膜	纳滤膜 NF1	纳滤膜 NF2	纳滤膜 NF3
膜材料	PTFE	聚酰胺	聚酰胺	聚酰胺	聚酰胺
膜孔径/nm	200	20~30	5~10	3~5	1~2
膜面积/m^2	64	528	528	1056	528
膜长度/mm	3	1016	1016	1016	1016
温度操作范围/℃	20~70	20~50	20~50	20~50	20~50
运行压力/10^{5}Pa	2~4	5~20	5~25	5~40	10~40

通过设计的膜组合方式（表 7-5）研究不同膜孔径组合对烟草提取液浓缩效率的影响。

表 7-5　选定的膜的组合方式

序号	组合方式
1	MF+NF3
2	DF+NF3
3	MF+DF+NF3
4	MF+DF+NF1+NF3
5	MF+DF+NF2+NF3
6	MF+DF+NF1+NF2+NF3

不同精度的过滤膜组合对烟草提取液脱水量的影响见表 7-6。

表 7-6　不同精度的过滤膜组合对烟草提取液脱水量的变化　　　　单位：t

过滤膜组合	时间/h										
	2	4	6	6.3	6.5	7	8	10	12	12.6
MF+NF3 脱水量	1.3	2.2	3.1	—	—	—	3.8	4.5	5.1	5.4
DF+NF3 脱水量	1.4	2.7	3.9	—	—	—	4.9	5.4	—	—
MF+DF+NF3 脱水量	2.0	3.5	4.8	—	—	5.4	—	—	—	—
MF+DF+NF1+NF3 脱水量	2.1	3.7	5.0	—	5.4	—	—	—	—	—
MF+DF+NF2+NF3 脱水量	2.2	3.8	5.1	5.4	—	—	—	—	—	—
MF+DF+NF1+NF2+NF3 脱水量	2.4	4.1	5.4	—	—	—	—	—	—	—

从表 7-6 可知，不同膜组合方式对烟草提取液 NF3 脱水速度有明显差异，当组合方式当中同时具备微滤、超滤时，NF3 的脱水速度相对较快，组合方式 3、4、5、6 脱除 5.4 t 水所需要的时间分别为 7 h、6.5 h、6.3 h、6 h，所需时间接近；当组合方式不同时具备微滤和超滤时，NF3 的脱水速度相对较慢，脱除 5.4 t 水所需要的时间分别为 12.6 h、10 h。兼顾脱水速度（浓缩效率）、工序的复杂性和投资，选择 MF+DF+NF3 的烟草提取液的浓缩方式较为适宜。

7.2.4 膜浓缩对烟草提取液浓缩能耗的影响

50 ℃ 5000 kg 原料采用膜浓缩和蒸发浓缩至固含量 20.41 所需要的能耗见表 7-7。

表 7-7 膜浓缩和蒸发浓缩至固含量 20.41%所需要的能耗

	电耗/kW·h	蒸汽耗量/t	总能耗（电）/kW·h
膜浓缩	252	—	252
蒸发浓缩	104.78	2.13	1666.07

注：蒸汽温度 180 ℃，1 t 180 ℃ 的蒸汽换算成耗电量为 733 kW·h。

50 ℃ 5000 kg 原料采用膜浓缩+蒸发浓缩和蒸发浓缩至固含量 40%所需要的能耗见表 7-8。

表 7-8 膜浓缩+蒸发浓缩和蒸发浓缩至固含量 40%所需要的能耗

	电耗/kW·h	蒸汽耗量/t	总能耗（电）/kW·h
膜浓缩+蒸发浓缩	276.65	0.5	643.15
蒸发浓缩	129.43	2.63	2057.58

注：蒸汽温度 180 ℃，1 t 180 ℃ 的蒸汽换算成耗电量为 733 kW·h。

由表 7-8 可知：5000 kg 烟草提取液从固含量 6.50%浓缩至 40%，采用两段式的膜浓缩+蒸发浓缩方式所需要的能耗为 643.15 kW·h，远低于蒸发浓缩需要的能耗 2057.58 kW·h，与蒸发浓缩相比，膜浓缩+蒸发浓缩所需能耗大幅降低，降幅达 68.74%。

7.2.5 膜浓缩对涂布浓缩浸膏化学成分的影响

采用微滤+超滤+纳滤的膜组合方式对烟草提取液进行浓缩时，因此膜浓缩与蒸发浓缩相比将降低浓缩液中的氯离子、钾离子及硝酸根离子含量较低。

烟草提取液分别采用膜浓缩和蒸发浓缩至固含量为 20.41%时，浓缩液的常规化学成分见表 7-9。

表 7-9 20.41%固含量的浓缩液常规化学成分　　　　　　　　　　　单位：%

序号	名称	总氮	烟碱	总糖	钾	氯离子	硝酸盐
1	原液	0.13	0.29	2.45	0.30	0.12	0.03
2	膜浓缩	0.40	0.90	7.58	0.89	0.23	0.05
3	蒸发浓缩	0.41	0.88	7.59	0.95	0.38	0.09

从图 7-3 可见，5000 kg 烟草提取液从固含量 6.50%浓缩至 20.41%，膜浓缩和蒸发浓缩对烟碱的损失率分别为 1.1%和 3.3%，膜浓缩对烟草提取液中的烟碱具有更高的保留率；膜浓缩和蒸发浓缩对糖的损失率分别为 1.4%和 1.3%，表明膜浓缩和蒸发浓缩对的糖类物质的影响很小；膜浓缩后的涂布液中氯离子（0.23%）和硝酸盐（0.05%）的含量明显低于蒸发浓缩后涂布液的氯离子（0.38%）和硝酸盐（0.09%）含量。

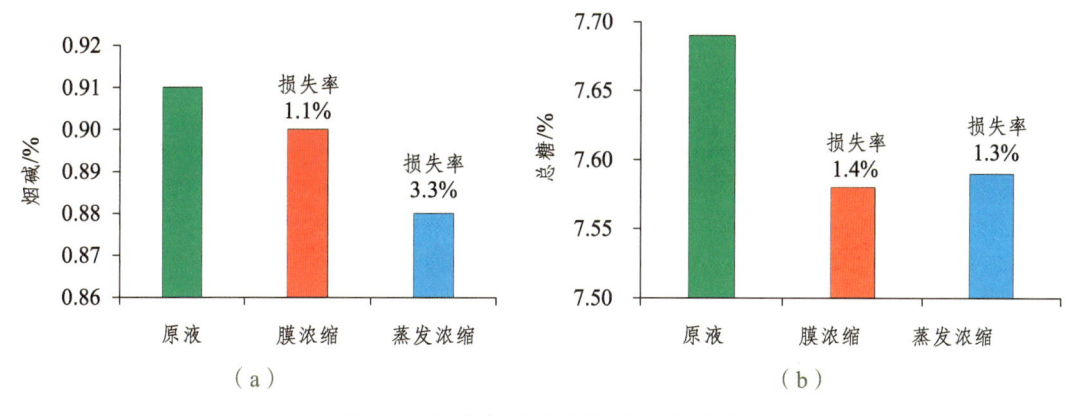

图 7-3 烟碱（a）和总糖（b）损失率

烟草提取液分别采用膜浓缩+蒸发浓缩和蒸发浓缩至固含量为 40%时，浓缩液的常规化学成分见表 7-10。

表 7-10 40%固含量的浓缩液常规化学成分 单位：%

序号	名称	总氮	烟碱	总糖	钾	氯离子	硝酸盐
1	原液	0.13	0.29	2.45	0.30	0.12	0.03
2	膜浓缩+蒸发浓缩	0.80	1.80	15.22	1.72	0.47	0.09
3	蒸发浓缩	0.81	1.75	15.19	1.77	0.76	0.19

从图 7-4 可见，5000 kg 烟草提取液从固含量 6.50%浓缩至 40%，两段式的膜浓缩+蒸发浓缩和蒸发浓缩对烟碱的损失率分别为 2.2%和 4.95%，表明两段式的膜浓缩+蒸发浓缩对烟草提取液中的烟碱具有更高的保留率；两段式的膜浓缩+蒸发浓缩和对糖的损失率分别为 1.1%和 1.3%，表明两段式的膜浓缩+蒸发浓缩和蒸发浓缩对烟糖类物质的影响很小；膜浓缩+蒸发浓缩后的涂布液中氯离子（0.47%）和硝酸盐（0.09%）的含量明显低于蒸发浓缩后涂布液的氯离子（0.76%）和硝酸盐（0.19%）含量。

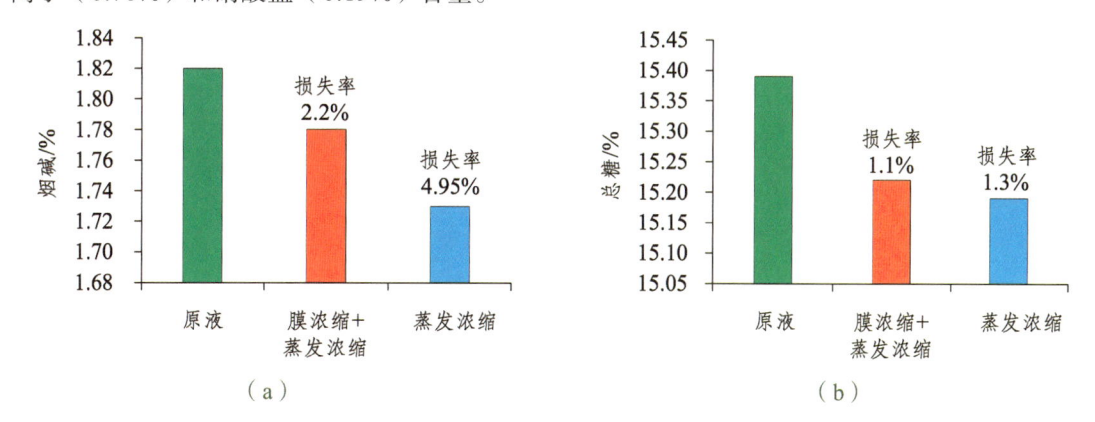

图 7-4 烟碱（a）和总糖（b）损失率

烟草提取液分别采用膜浓缩和蒸发浓缩至固含量为 20.41%时，浓缩液的烟草挥发性致香成分见表 7-11。

表 7-11　膜浓缩和蒸发浓缩对烟草提取液中性致香成分含量

序号	保留时间/min	化合物名称	致香成分含量/$\mu g \cdot g^{-1}$ 叶提取液	膜浓缩液	蒸发浓缩液
1	2.955	3-羟基-2-丁酮	0.613	2.102	0.647
2	3.228	3-甲基丁醇	0.135	0.473	0.194
3	4.544	糠醛	0.078	0.197	0.075
4	4.762	2-甲基丁酸	0.043	0.151	0.043
5	4.894	糠醇	0.172	0.508	0.228
6	5.369	4-环戊烯-1,3-二酮	0.059	0.176	0.113
7	6.651	吡啶-2-甲醛	0.007	0.012	0.011
8	6.931	苯甲醛	0.096	0.317	0.154
9	8.345	苯甲醇	1.038	3.645	1.635
10	8.517	苯乙醛	0.522	1.419	0.932
11	8.868	2-乙酰基吡咯	0.236	0.652	0.446
12	9.344	4-甲氧基苯酚	0.051	0.122	0.089
13	9.578	芳樟醇	0.019	0.042	0.020
14	9.88	苯乙醇	0.956	2.627	1.749
15	11.487	苯并噻吩	0.204	0.354	0.301
16	11.979	2,3-二氢苯并呋喃	1.673	4.265	3.528
17	13.294	吲哚	0.145	0.361	0.340
18	14.274	茄酮	2.974	7.809	6.587
19	14.685	β-大马酮	0.825	2.194	1.746
20	14.803	β-二氢大马酮	0.233	0.636	0.495
21	15.145	β-紫罗兰酮	0.148	0.392	0.312
22	15.221	二氢乙位紫罗兰酮	0.152	0.418	0.367
23	17.782	二氢猕猴桃内酯	0.731	2.196	1.833
24	18.663	巨豆三烯酮 B	0.804	2.157	1.719
25	19.551	巨豆三烯酮 D	0.726	1.923	1.342
26	19.867	3-氧代-α-紫罗兰醇	0.195	0.574	0.427
		致香成分总量	12.835	35.722	25.333

注：膜浓缩液和蒸发浓缩液固含量皆为 20.41%。

从图 7-5 可见，烟草提取液从固含量 6.5%浓缩至 20.41%时，膜浓缩因膜吸附导致的烟草中性香气成分的损失率（11.36%）明显低于蒸发浓缩因挥发导致的烟草中性香气成分的损失率（37.12%），表明膜浓缩方式具有更高的烟草中性香气成分的保留率。膜浓缩方式与蒸发浓缩方式相比，中性致香成分损失率下降 68.75%。

图 7-5 中性致香成分损失率

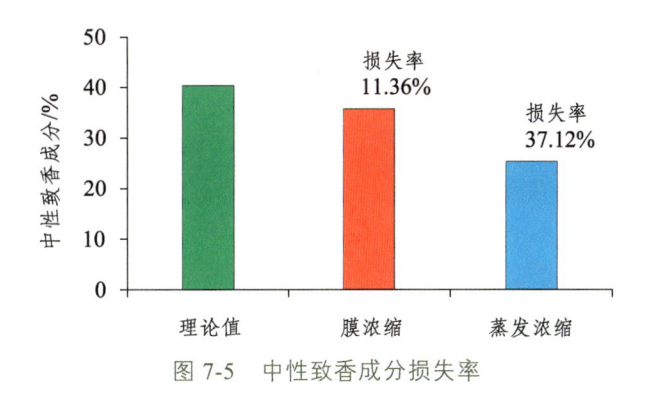

烟草提取液分别采用膜浓缩和蒸发浓缩至固含量为 40%时,浓缩液的烟草挥发性致香成分见表 7-12。

表 7-12　两段式的膜浓缩+蒸发浓缩和蒸发浓缩对烟草提取液中性致香成分含量

序号	保留时间/min	化合物名称	叶提取液	膜浓缩+蒸发浓缩液	蒸发浓缩液
1	2.955	3-羟基-2-丁酮	0.613	3.425	0.855
2	3.228	3-甲基丁醇	0.135	0.746	0.309
3	4.544	糠醛	0.078	0.323	0.126
4	4.762	2-甲基丁酸	0.043	0.258	0.072
5	4.894	糠醇	0.172	0.854	0.317
6	5.369	4-环戊烯-1,3-二酮	0.059	0.276	0.183
7	6.651	吡啶-2-甲醛	0.007	0.016	0.020
8	6.931	苯甲醛	0.096	0.525	0.224
9	8.345	苯甲醇	1.038	4.983	2.359
10	8.517	苯乙醛	0.522	2.467	1.582
11	8.868	2-乙酰基吡咯	0.236	1.174	0.735
12	9.344	4-甲氧基苯酚	0.051	0.239	0.145
13	9.578	芳樟醇	0.019	0.077	0.062
14	9.88	苯乙醇	0.956	4.256	2.169
15	11.487	苯并噻吩	0.204	0.627	0.602
16	11.979	2,3-二氢苯并呋喃	1.673	7.835	6.224
17	13.294	吲哚	0.145	0.674	0.631
18	14.274	茄酮	2.974	13.602	10.466
19	14.685	β-大马酮	0.825	4.073	3.057
20	14.803	β-二氢大马酮	0.233	1.198	0.806
21	15.145	β-紫罗兰酮	0.148	0.754	0.562
22	15.221	二氢乙位紫罗兰酮	0.152	0.773	0.650

续表

序号	保留时间/min	化合物名称	致香成分含量/μg·g^{-1}		
			叶提取液	膜浓缩+蒸发浓缩液	蒸发浓缩液
23	17.782	二氢猕猴桃内酯	0.731	3.891	3.064
24	18.663	巨豆三烯酮 B	0.804	4.153	2.615
25	19.551	巨豆三烯酮 D	0.726	3.627	2.117
26	19.867	3-氧代-α-紫罗兰醇	0.195	1.036	0.634
		致香成分总量	12.835	61.862	40.586

注：膜浓缩液和蒸发浓缩液固含量皆为 40%。

从图 7-6 可见，烟草提取液从固含量 6.5%浓缩至 40%时，两段式的膜浓缩+蒸发浓缩因膜吸附导致的烟草中性香气成分的损失率（23.25%）明显低于蒸发浓缩因挥发导致的烟草中性香气成分的损失率（49.65%），表明两段式的膜浓缩+蒸发浓缩方式具有更高的烟草中性香气成分的保留率，两段式的膜浓缩+蒸发浓缩方式与蒸发浓缩方式相比，烟草涂布液的中性致香成分损失率下降 53.17%。

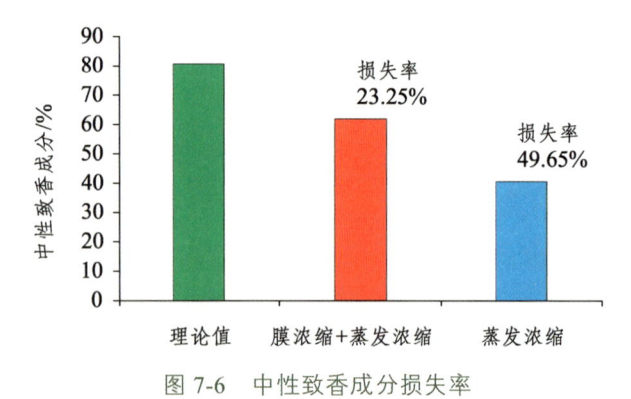

图 7-6　中性致香成分损失率

膜浓缩+蒸发浓缩和蒸发浓缩对烟草涂布液感官质量的影响见表 7-13，膜浓缩+蒸发浓缩制备的涂布液的感官质量明显优于蒸发浓缩。

表 7-13　膜浓缩+蒸发浓缩与蒸发浓缩感官质量对比情况

样品	感官品质对比描述
样品 1	烟气浓度适中，烟香纯净自然，香气柔和细腻，杂气较少，微有木质气息和刺激
样品 2	烟气浓度适中，烟香较纯净自然，略有刺激，余味略干净，杂气较少，略有木质杂气

注：样品 1 和样品 2 涂布率皆为 40%，样品 1 为膜浓缩+蒸发浓缩制备的涂布液，样品 2 为蒸发浓缩制备的涂布液，涂布液的固含量皆为 40%。

7.2.6　小　结

确定了 1～2 nm 纳滤膜可作为膜浓缩的控制膜，通过不同孔径膜的组合方式对烟草提取液浓缩效率的研究，确定了 MF（200 nm）+DF（20～30 nm）+NF3（1-2 nm）膜组合适宜作为烟草提取液的膜浓缩方式,确定了以固含量 20%作为适宜的浓缩终点。明确了膜浓缩具备的能耗和浓缩液品质优势,具体表现在:① 膜浓缩的能耗约为蒸发浓缩能耗的 15%。② 烟草提取液浓缩至固含量 20%时,膜浓缩制备的涂布液烟碱的损失率小于 20%,致香成分小于 20%。③ 烟草提取液浓缩至固含量 40%时,膜浓缩+蒸发浓缩方式的能耗约为减压蒸发浓缩方式能耗的 35%。④ 烟草提取液浓缩至固含量 40%时,膜浓缩+蒸发浓缩制备的涂布液的烟碱和中性致香成分的损失量皆下降 50%以上。⑤ 膜浓缩+蒸发浓缩制备的涂布液的感官质量明显优于蒸发浓缩制备的涂布液的感官质量。

7.3 膜技术应用于烟草提取液的分离

7.3.1 不同过滤精度膜对烟草化学成分的截留影响

通过不同精度膜的组合对烟草提取液浓缩效率及排放液化学成分的分析,确定了 MF(200 nm)+DF(20～30 nm)+NF3(1～2 nm)膜组合方式作为烟草提取液的膜浓缩方式。MF 段能高效截留烟草提取液中的悬浮杂质,NF3 能除去烟草提取液中的水及无机盐中的氯化物及硝酸盐。该膜组合浓缩方式能实现再造烟叶无机盐氯化物和硝酸盐的含量的调控。

烟草提取液中的糖类物质、糖苷类物质、烟碱、有机酸盐、烟草致香成分分子结构不一样,粒径存在差异,由于这些物质的分子量较小,分子或离子粒径较小,因此可以在纳滤精度范围内选择合适孔径的膜进行分离。

7.3.1.1 MF 对烟草提取液化学成分截留影响

200 nm 微滤膜过滤烟草提取液,截留液和透过液的烟草常规化学成分、悬浮杂质、中性致香成分的含量分别见表 7-14 至表 7-16。

表 7-14 的结果表明:① 200 nm 微滤膜对烟草提取液中的烟碱、钾、氯离子和硝酸盐没有截留作用;② 200 nm 微滤膜对烟草提取液中的部分含氮物质和某些糖类物质具有截留作用;③ 截留液(2)的分析结果进一步证实 200 nm 微滤膜具有选择性截留作用。

表 7-14 200 nm 微滤膜对烟草提取液常规化学成分截留的影响   单位:%

序号	样品名称	总氮	烟碱	总糖	钾	氯离子	硝酸盐
1	叶提取液	0.13	0.26	2.73	0.32	0.11	0.05
2	MF 截留液 1	0.25	0.25	2.87	0.29	0.10	0.05
3	MF 透过液	0.12	0.26	2.60	0.32	0.11	0.05
4	MF 截留液 2	0.17	0.01	0.18	0.01	0.01	<LOD

注:MF 截留液 2 为 MF 截留液 1 加水反复过滤 5 次时的截留液。

表 7-15 的结果表明:200 nm 微滤膜对烟草提取液中的悬浮杂质、分子量较大的难溶性蛋白质和果胶具有很好的截留作用。

表 7-15 200 nm 微滤膜对烟草提取液悬浮杂质及不溶性大分子物质的截留影响

序号	样品名称	悬浮物/%	蛋白质/%	果胶/%
1	叶提取液	0.92	0.53	0.02
2	MF 截留液 1	8.32	0.66	0.28
3	MF 透过液	0.02	0.47	未检出
4	MF 截留液 2	8.01	0.63	0.13

注：MF 截留液 2 为 MF1 截留液 1 加水反复过滤 5 次时的截留液。

表 7-16 的结果表明，200 nm 微滤膜对烟草提取液中的中性致香成分截留作用不明显。

表 7-16 200 nm 微滤膜对烟草提取液中性致香成分的截留影响

序号	保留时间/min	化合物名称	致香成分含量/$\mu g \cdot g^{-1}$ 叶提取液	200 nm 透过液	200 nm 截留液
1	2.955	3-羟基-2-丁酮	0.453	0.396	0.436
2	3.228	3-甲基丁醇	0.044	0.039	0.036
3	4.544	糠醛	0.094	0.063	0.075
4	4.762	2-甲基丁酸	0.032	0.027	0.032
5	4.894	糠醇	0.146	0.093	0.091
6	5.369	4-环戊烯-1,3-二酮	0.049	0.041	0.043
7	6.651	吡啶-2-甲醛	0.009	0.008	0.021
8	6.931	苯甲醛	0.067	0.06	0.043
9	8.345	苯甲醇	0.863	0.725	0.716
10	8.517	苯乙醛	0.301	0.278	0.253
11	8.868	2-乙酰基吡咯	0.24	0.192	0.197
12	9.344	4-甲氧基苯酚	0.045	0.039	0.04
13	9.578	芳樟醇	0.013	0.015	0.022
14	9.88	苯乙醇	0.704	0.628	0.67
15	11.487	苯并噻吩	0.313	0.399	0.419
16	11.979	2,3-二氢苯并呋喃	1.325	1.201	1.582
17	13.294	吲哚	0.187	0.143	0.121
18	14.274	茄酮	2.139	1.845	1.857
19	14.685	β-大马酮	0.562	0.503	0.644
20	14.803	β-二氢大马酮	0.102	0.096	0.106
21	15.145	β-紫罗兰酮	0.095	0.075	0.097
22	15.221	二氢乙位紫罗兰酮	0.114	0.098	0.185

续表

序号	保留时间/min	化合物名称	致香成分含量/μg·g^{-1} 叶提取液	200 nm 透过液	200 nm 截留液
23	17.782	二氢猕猴桃内酯	0.467	0.461	0.494
24	18.663	巨豆三烯酮 B	0.594	0.543	0.863
25	19.551	巨豆三烯酮 D	0.537	0.488	0.795
26	19.867	3-氧代-α-紫罗兰醇	0.174	0.153	0.191
		致香成分总量	9.669	8.609	10.029

200 nm 微滤膜过滤烟草提取液、截留液和透过液的结合态烟草致香成分和以结合态烟草致香成分为基础计算的糖苷物质含量分别见表 7-17、表 7-18。

表 7-17 的结果表明：200 nm 纳滤膜对烟草提取液中的结合态烟草中性致香成分具有一定的截留作用，并且其截留率随着结合态烟草致香成分碳原子数的增加呈增大趋势。

表 7-17　200 nm 微滤膜对烟草提取液结合态烟草致香成分的截留影响

序号	保留时间/min	化合物名称	结合态致香成分含量/μg·g^{-1} 叶提取液	MF 透过液	MF 截留液	MF 截留率/%
1	2.719	2-甲基-丁醛	0.019	0.017	0.013	8.41
2	3.071	3-羟基-2-丁酮	0.136	0.116	0.047	14.58
3	3.348	3-甲基-1-丁醇	0.027	0.024	0.028	11.77
4	4.303	4-甲基-2(H)-呋喃酮	0.007	0.005	0.021	31.97
5	4.688	糠醛	0.037	0.031	0.048	17.11
6	5.000	糠醇	0.049	0.042	0.056	14.53
7	5.510	2-环戊烯-1,4-二酮	0.009	0.008	0.008	9.30
8	6.787	5-甲基-2-呋喃甲醇	0.021	0.016	0.039	21.95
9	7.004	5-甲基呋喃醛	0.014	0.011	0.029	22.81
10	7.086	苯甲醛	0.012	0.009	0.027	26.83
11	7.285	苯酚	0.024	0.018	0.049	26.35
12	8.446	苯甲醇	0.385	0.276	0.892	28.36
13	8.672	苯乙醛	0.182	0.140	0.341	23.25
14	8.950	1-(1H-吡咯-2-基)乙酮	0.118	0.097	0.169	18.01
15	9.207	2-甲氧基-苯酚	0.034	0.023	0.092	32.94
16	9.729	芳樟醇	0.070	0.055	0.121	21.86
17	10.002	苯乙醇	0.644	0.506	1.080	21.40
18	10.686	3-羟基-丁内酯	2.286	1.740	4.320	23.89
19	10.882	对乙基苯酚	0.164	0.128	0.276	22.03

续表

序号	保留时间/min	化合物名称	叶提取液	MF 透过液	MF 截留液	MF 截留率/%
20	11.306	5-羟甲基二氢呋喃-2-酮	1.511	1.076	3.576	28.80
21	11.700	藏花醛	0.006	0.004	0.018	32.66
22	11.922	2,3-二氢苯并呋喃	0.098	0.077	0.146	21.51
23	13.133	3-羟基丁醛	0.914	0.740	1.376	19.00
24	13.356	吲哚	0.061	0.041	0.159	33.24
25	13.646	2-甲氧基-4-乙烯基苯酚	0.246	0.187	0.479	23.84
26	14.439	茄酮	0.997	0.612	3.123	38.61
27	14.580	2-十一烯醛	0.005	0.003	0.014	38.78
28	14.859	β-大马酮	0.683	0.402	2.252	41.11
29	14.953	β-二氢大马酮	0.164	0.092	0.562	43.83
30	15.303	β-紫罗兰酮	0.052	0.034	0.153	35.16
31	15.382	二氢乙位紫罗兰酮	0.168	0.086	0.672	48.92
32	16.042	香叶基丙酮	0.047	0.026	0.152	44.97
33	17.961	二氢猕猴桃内酯	0.257	0.151	0.872	41.36
34	18.472	巨豆三烯酮 A	0.837	0.563	2.089	32.74
35	18.837	巨豆三烯酮 B	4.720	2.738	15.842	41.99
36	19.717	巨豆三烯酮 C	1.788	0.971	6.522	45.69
37	20.560	巨豆三烯酮 D	4.641	2.461	17.120	46.97
38	21.358	3-氧代-α-紫罗兰醇	0.013	0.008	0.032	38.46
39	23.168	新植二烯	3.858	0.695	24.350	81.98
40	23.228	植酮	0.208	0.098	0.690	52.89
41	23.947	3-环己基苯酚	1.679	1.210	3.790	27.93
42	24.236	金合欢基丙酮 A	0.630	0.287	2.450	54.44
43	29.833	金合欢基丙酮 B	0.438	0.215	1.670	50.91
44	26.809	西柏三烯二醇	7.794	2.877	38.885	470.26
		结合态致香成分总量	36.055	18.916	134.651	

表 7-18 的结果表明：200 nm 微滤膜对烟草提取液中的悬浮杂质和分子较大、粒径较大的难溶性蛋白质和果胶有较好的截留作用，对烟草提取液中的糖苷物质具有一定的截留作用，对烟草提取液中的烟草致香成分截留作用较小，对烟碱、糖、有机酸盐和无机酸盐没有截留作用。

表 7-18　200 nm 微滤膜对烟草提取液糖苷类物质的截留影响

序号	化合物名称	叶提取液的糖苷	MF 透过液的糖苷	MF 截留液的糖苷
		糖苷类物质含量/$\mu g \cdot g^{-1}$		
1	2-甲基-丁醛	0.054	0.049	0.037
2	3-羟基-2-丁酮	0.386	0.330	0.134
3	3-甲基-1-丁醇	0.077	0.068	0.080
4	4-甲基-2(H)-呋喃酮	0.020	0.013	0.056
5	糠醛	0.101	0.083	0.129
6	糠醇	0.130	0.111	0.149
7	2-环戊烯-1,4-二酮	0.024	0.022	0.022
8	5-甲基-2-呋喃甲醇	0.050	0.039	0.095
9	5-甲基呋喃醛	0.035	0.027	0.072
10	苯甲醛	0.031	0.023	0.068
11	苯酚	0.067	0.049	0.133
12	苯甲醇	0.963	0.690	2.230
13	苯乙醛	0.429	0.329	0.801
14	1-(1H-吡咯-2-基)乙酮	0.294	0.241	0.420
15	2-甲氧基-苯酚	0.070	0.047	0.189
16	芳樟醇	0.144	0.113	0.248
17	苯乙醇	1.499	1.178	2.514
18	3-羟基-丁内酯	5.917	4.504	11.181
19	对乙基苯酚	0.382	0.298	0.642
20	5-羟甲基二氢呋喃-2-酮	3.622	2.579	8.570
21	藏花醛	0.012	0.008	0.037
22	2,3-二氢苯并呋喃	0.231	0.181	0.343
23	3-羟基丁醛	2.596	2.103	3.909
24	吲哚	0.146	0.098	0.379
25	2-甲氧基-4-乙烯基苯酚	0.511	0.389	0.996
26	茄酮	1.829	1.123	5.731
27	2-十一烯醛	0.010	0.006	0.028
28	β-大马酮	1.259	0.741	4.152
29	β-二氢大马酮	0.301	0.169	1.031
30	β-紫罗兰酮	0.097	0.063	0.282
31	二氢乙位紫罗兰酮	0.309	0.158	1.233
32	香叶基丙酮	0.087	0.048	0.279
33	二氢猕猴桃内酯	0.489	0.287	1.657
34	巨豆三烯酮 A	1.551	1.043	3.870
35	巨豆三烯酮 B	8.744	5.073	29.349

续表

序号	化合物名称	叶提取液的糖苷	MF 透过液的糖苷	MF 截留液的糖苷
36	巨豆三烯酮 C	3.313	1.799	12.083
37	巨豆三烯酮 D	8.598	4.559	31.717
38	3-氧代-α-紫罗兰醇	0.021	0.013	0.052
39	新植二烯	6.107	1.100	38.540
40	植酮	0.334	0.157	1.107
41	3-环己基苯酚	3.224	2.324	7.279
42	金合欢基丙酮 A	1.020	0.464	3.965
43	金合欢基丙酮 B	0.709	0.348	2.703
44	西柏三烯二醇	11.917	4.4	59.471
	糖苷物质总量	67.708	37.446	237.965

表头:糖苷类物质含量/$\mu g \cdot g^{-1}$

7.3.1.2 DF 对烟草提取液化学成分截留影响

20～30 nm 超滤膜过滤 MF 烟草提取液的透过液,其截留液和透过液的烟草常规化学成分、中性致香成分的含量分别见表 7-19 至表 7-23。

表 7-19 的结果表明:① 20～30 nm 超滤膜对烟草提取液中的烟碱、钾、氯离子和硝酸盐没有截留作用;② 20～30 nm 超滤膜对烟草提取液中的某些糖类物质具有截留作用;③ DF 截留液 1 DF 截留液 2 的分析结果进一步证实 20～30 nm 超滤膜具有选择性截留作用。

表 7-19 20～30 nm 超滤膜对烟草提取液常规化学成分截留影响 单位:%

名称	总氮	烟碱	总糖	钾	氯离子	硝酸盐
MF 透过液	0.12	0.26	2.60	0.32	0.11	0.05
DF 截留液 1	0.87	0.27	2.65	0.37	0.11	0.05
DF 透过液	0.06	0.26	2.57	0.32	0.11	0.05
DF 截留液 2	0.73	0.01	0.12	0.01	0.01	<LOD

注:DF 截留液 2 为 DF 截留液 1 加水循环过滤 5 次时的截留液。

表 7-20 的结果表明:20～30 nm 超滤膜能高效截留烟草提取液中存在的可溶性蛋白质。

表 7-20 20～30 nm 超滤膜对烟草提取液可溶性大分子蛋白质的截留影响

序号	样品名称	蛋白质/%	果胶/%
1	MF 透过液	0.47	0.02
2	DF 截留液 1	5.17	0.28
3	DF 透过液	0.04	未检出
4	DF 截留液 2	4.56	0.13

表头: 可溶性大分子

注:DF 截留液 2 为 DF 截留液 1 加水反复过滤 5 次时的截留液。

表 7-21 的结果表明:20～30 nm 超滤膜对烟草提取液中的中性致香成分具有一定的截留

作用。该膜对碳原子数介于4~5中性致香成分没有截留作用,对碳原子数介于6~10中性致香成分具有一定的截留作用,对碳原子数为13的中性致香成分具有较好的截留作用。

表7-21 20~30 nm超滤膜对烟草提取液致香成分的截留影响

序号	保留时间/min	化合物名称	致香成分含量/μg·g^{-1} MF透过液	DF透过液	DF截留液
1	2.955	3-羟基-2-丁酮	0.396	0.42	0.47
2	3.228	3-甲基丁醇	0.039	0.04	0.043
3	4.544	糠醛	0.063	0.059	0.084
4	4.762	2-甲基丁酸	0.027	0.023	0.055
5	4.894	糠醇	0.093	0.081	0.101
6	5.369	4-环戊烯-1,3-二酮	0.041	0.038	0.077
7	6.651	吡啶-2-甲醛	0.008	0.007	0.017
8	6.931	苯甲醛	0.06	0.04	0.161
9	8.345	苯甲醇	0.725	0.615	1.328
10	8.517	苯乙醛	0.278	0.207	0.603
11	8.868	2-乙酰基吡咯	0.192	0.129	0.874
12	9.344	4-甲氧基苯酚	0.039	0.013	0.236
13	9.578	芳樟醇	0.015	0.007	0.094
14	9.88	苯乙醇	0.628	0.325	0.975
15	11.487	苯并噻吩	0.399	0.327	0.883
16	11.979	2,3-二氢苯并呋喃	1.201	0.86	1.584
17	13.294	吲哚	0.143	0.113	0.162
18	14.274	茄酮	1.845	0.382	11.365
19	14.685	$β$-大马酮	0.503	0.085	3.189
20	14.803	$β$-二氢大马酮	0.096	0.01	0.835
21	15.145	$β$-紫罗兰酮	0.075	0.012	0.662
22	15.221	二氢乙位紫罗兰酮	0.098	0.014	0.861
23	17.782	二氢猕猴桃内酯	0.461	0.179	2.328
24	18.663	巨豆三烯酮B	0.543	0.127	4.309
25	19.551	巨豆三烯酮D	0.488	0.145	4.172/
26	19.867	3-氧代-$α$-紫罗兰醇	0.153	0.031/	1.065
		致香成分总量	8.609	4.258	32.361

20~30 nm超滤膜过滤烟草提取液的MF透过液,形成的DF截留液和DF透过液的结合态烟草致香成分和以结合态烟草致香成分为基础计算的糖苷物质含量分别见表7-22、表7-23。

从表7-22可知:DF透过液中检出3种结合态的烟草中性致香成分,总量为0.052 μg/g,MF透过液的结合态的烟草中性致香成分的总量为18.916 μg/g,20~30 nm超滤膜对结合态烟草致香成分的截留率为99.73%,表明20~30 nm超滤膜对结合态烟草中性致香成分具有极强的截留作用。

表 7-22　20～30 nm 超滤膜对烟草提取液中结合态烟草中性致香成分的截留影响

序号	保留时间/min	化合物名称	结合态致香成分含量/$\mu g \cdot g^{-1}$ MF 透过液	DF 透过液	DF 截留液
1	2.719	2-甲基-丁醛	0.017	—	0.149
2	3.071	3-羟基-2-丁酮	0.116	—	1.070
3	3.348	3-甲基-1-丁醇	0.024	—	0.221
4	4.303	4-甲基-2(H)-呋喃酮	0.005	—	0.037
5	4.688	糠醛	0.031	0.015	0.256
6	5.000	糠醇	0.042	—	0.336
7	5.510	2-环戊烯-1,4-二酮	0.008	—	0.125
8	6.787	5-甲基-2-呋喃甲醇	0.016	—	0.152
9	7.004	5-甲基呋喃醛	0.011	—	0.102
10	7.086	苯甲醛	0.009	—	0.123
11	7.285	苯酚	0.018	—	0.168
12	8.446	苯甲醇	0.276	0.021	2.264
13	8.672	苯乙醛	0.140	—	1.782
14	8.950	1-(1H-吡咯-2-基)乙酮	0.097	—	0.963
15	9.207	2-甲氧基-苯酚	0.023	—	0.467
16	9.729	芳樟醇	0.055	—	0.398
17	10.002	苯乙醇	0.506	0.016	4.672
18	10.686	3-羟基-丁内酯	1.740	—	16.031
19	10.882	对乙基苯酚	0.128	—	1.342
20	11.306	5-羟甲基二氢呋喃-2-酮	1.076	—	9.298
21	11.700	藏花醛	0.004	—	0.126
22	11.922	2,3-二氢苯并呋喃	0.077	—	0.792
23	13.133	3-羟基丁醛	0.740	—	6.483
24	13.356	吲哚	0.041	—	0.575
25	13.646	2-甲氧基-4-乙烯基苯酚	0.187	—	1.287
26	14.439	茄酮	0.612	—	5.301
27	14.580	2-十一烯醛	0.003	—	0.087
28	14.859	β-大马酮	0.402	—	3.423
29	14.953	β-二氢大马酮	0.092	—	0.858
30	15.303	β-紫罗兰酮	0.034	—	0.426
31	15.382	二氢乙位紫罗兰酮	0.086	—	0.934
32	16.042	香叶基丙酮	0.026	—	0.467
33	17.961	二氢猕猴桃内酯	0.151	—	1.552
34	18.472	巨豆三烯酮 A	0.563	—	6.021
35	18.837	巨豆三烯酮 B	2.738	—	22.561

续表

序号	保留时间/min	化合物名称	结合态致香成分含量/μg·g⁻¹		
			MF 透过液	DF 透过液	DF 截留液
36	19.717	巨豆三烯酮 C	0.971	—	8.739
37	20.560	巨豆三烯酮 D	2.461	—	22.149
38	21.358	3-氧代-α-紫罗兰醇	0.008	—	0.072
39	23.168	新植二烯	0.695	—	6.255
40	23.228	植酮	0.098	—	0.882
41	23.947	3-环己基苯酚	1.210	—	10.890
42	24.236	金合欢基丙酮 A	0.287	—	2.583
43	29.833	金合欢基丙酮 B	0.215	—	1.935
48	26.809	西柏三烯二醇	2.877	—	25.128
		结合态致香成分总量	18.916	0.052	169.482

由表 7-23 可知：20～30 nm 超滤膜对烟草提取液中的糖苷、可溶性蛋白质和糖苷类物质具有极强的截留作用，对烟草提取液中碳原子数超过 13 的烟草致香成分具有较好的截留作用，对烟碱、糖、有机酸盐、无机酸盐没有截留作用。

表 7-23　20～30 nm 超滤膜对烟草提取液糖苷成分的截留影响

序号	化合物名称	糖苷成分含量/μg·g⁻¹		
		MF 透过液糖苷	DF 透过液糖苷	DF 截留糖苷
1	2-甲基-丁醛	0.049	—	0.430
2	3-羟基-2-丁酮	0.330	—	3.040
3	3-甲基-1-丁醇	0.068	—	0.628
4	4-甲基-2(H)-呋喃酮	0.013	—	0.098
5	糠醛	0.083	0.043	0.688
6	糠醇	0.111	—	0.891
7	2-环戊烯-1,4-二酮	0.022	—	0.336
8	5-甲基-2-呋喃甲醇	0.039	—	0.372
9	5-甲基呋喃醛	0.027	—	0.252
10	苯甲醛	0.023	—	0.311
11	苯酚	0.049	—	0.458
12	苯甲醇	0.690	0.053	5.660
13	苯乙醛	0.329	—	4.188
14	1-(1H-吡咯-2-基)乙酮	0.241	—	2.394
15	2-甲氧基-苯酚	0.047	—	0.958
16	芳樟醇	0.113	—	0.817
17	苯乙醇	1.178	0.037	10.876
18	3-羟基-丁内酯	4.504	—	41.492

续表

序号	化合物名称	MF透过液糖苷	DF透过液糖苷	DF截留糖苷
		糖苷成分含量/μg·g^{-1}		
19	对乙基苯酚	0.298	—	3.124
20	5-羟甲基二氢呋喃-2-酮	2.579	—	22.283
21	藏花醛	0.008	—	0.262
22	2,3-二氢苯并呋喃	0.181	—	1.861
23	3-羟基丁醛	2.103	—	18.418
24	吲哚	0.098	—	1.371
25	2-甲氧基-4-乙烯基苯酚	0.389	—	2.677
26	茄酮	1.123	—	9.728
27	2-十一烯醛	0.006	—	0.171
28	β-大马酮	0.741	—	6.311
29	β-二氢大马酮	0.169	—	1.574
30	β-紫罗兰酮	0.063	—	0.785
31	二氢乙位紫罗兰酮	0.158	—	1.714
32	香叶基丙酮	0.048	—	0.857
33	二氢猕猴桃内酯	0.287	—	2.949
34	巨豆三烯酮A	1.043	—	11.155
35	巨豆三烯酮B	5.073	—	41.797
36	巨豆三烯酮C	1.799	—	16.190
37	巨豆三烯酮D	4.559	—	41.034
38	3-氧代-α-紫罗兰醇	0.013	—	0.117
39	新植二烯	1.100	—	9.900
40	植酮	0.157	—	1.415
41	3-环己基苯酚	2.324	—	20.914
42	金合欢基丙酮A	0.464	—	4.180
43	金合欢基丙酮B	0.348	—	3.131
48	西柏三烯二醇	4.400	—	38.431
	糖苷物质总量	37.446	0.133	336.238

7.3.1.3 NF1对烟草提取液化学成分截留影响

5~10 nm超滤膜过滤DF烟草提取液的透过液,截留液和透过液的烟草常规化学成分、中性致香成分的含量分别见表7-24、表7-25。

由表7-24可知:5~10 nm纳滤膜对烟草提取液中的氯离子和硝酸盐没有截留作用,对烟碱具有较好的截留作用,对糖类物质具有一定的截留作用,对钾截留作用较小。NF1截留液2分析结果进一步表明5~10 nm纳滤膜具有选择性截留作用。

表 7-24　5～10 nm 纳滤膜对烟草提取液常规化学成分截留影响　　　　单位：%

样品名称	总氮	烟碱	总糖	钾	氯离子	硝酸盐
DF 透过液	0.06	0.26	2.57	0.32	0.11	0.05
NF1 截留液 1	0.49	2.43	4.29	0.35	0.11	0.05
NF1 透过液	0.01	0.04	2.35	0.31	0.11	0.05
NF1 截留液 2	0.45	2.01	0.04	0.02	未检出	未检出

注：NF1 截留液 2 为 NF1 截留液 1 加水反复过滤 5 次时的截留液。

由表 7-25 可知：5～10 nm 纳滤膜对碳原子数达 13 的烟草中性致香成分具有极强的截留作用，对碳原子数介于 7～9 的烟草中性致香成分具有一定的截留作用，对碳原子数介于 4～5 的烟草中性致香成分的截留作用较差。

表 7-25　NF1 膜对烟草提取液中性致香成分的截留影响

序号	保留时间/min	化合物名称	致香成分含量/μg·g^{-1} DF 透过液	NF1 透过液	NF1 截留液
1	2.955	3-羟基-2-丁酮	0.42	0.391	0.504
2	3.228	3-甲基丁醇	0.04	0.046	0.516
3	4.544	糠醛	0.059	0.038	0.128
4	4.762	2-甲基丁酸	0.023	0.007	0.117
5	4.894	糠醇	0.081	0.037	0.353
6	5.369	4-环戊烯-1,3-二酮	0.038	0.02	0.121
7	6.651	吡啶-2-甲醛	0.007	—	—
8	6.931	苯甲醛	0.04	—	0.132
9	8.345	苯甲醇	0.615	0.256	3.025
10	8.517	苯乙醛	0.207	0.064	1.749
11	8.868	2-乙酰基吡咯	0.129	0.035	1.287
12	9.344	4-甲氧基苯酚	0.013	0.003	0.106
13	9.578	芳樟醇	0.007	—	0.055
14	9.88	苯乙醇	0.325	0.138	1.754
15	11.487	苯并噻吩	0.327	0.077	2.196
16	11.979	2,3-二氢苯并呋喃	0.86	0.225	5.372
17	13.294	吲哚	0.113	0.021	0.849
18	14.274	茄酮	0.382	0.016	2.853
19	14.685	β-大马酮	0.085	—	0.658
20	14.803	β-二氢大马酮	0.01	—	0.124
21	15.145	β-紫罗兰酮	0.012	—	0.131
22	15.221	二氢乙位紫罗兰酮	0.014	—	0.126

续表

序号	保留时间/min	化合物名称	致香成分含量/μg·g^{-1} DF 透过液	NF1 透过液	NF1 截留液
23	17.782	二氢猕猴桃内酯	0.179	—	1.691
24	18.663	巨豆三烯酮 B	0.127	—	1.24
25	19.551	巨豆三烯酮 D	0.145	—	1.532
26	19.867	3-氧代-α-紫罗兰醇	0.031—	—	0.275
		致香成分总量	4.258	1.514	26.894

注：中性致香成分物质总量（不计新植二烯及烟碱）。

5~10 nm 纳滤膜对烟草提取液中的烟碱具有较强截留作用，对糖类物质具有较弱截留作用，对碳原子数介于 4~9 的中性致香成分具有一定的截留作用，对碳原子数为 13 的中性致香成分具有极强的截留作用。对以钾表征的有机酸盐具有一定的截留作用，对以钾、氯离子和硝酸盐表征的无机酸盐截留作用较差。

7.3.1.4 NF2 对烟草提取液化学成分截留影响

3~5 nm 纳滤膜过滤 NF1 烟草提取液的透过液，截留液和透过液的烟草常规化学成分、中性致香成分的含量分别见表 7-26、表 7-27。

由表 7-26 可知：3~5 nm 超滤膜对烟草提取液中的以氯离子和硝酸盐表征的无机酸盐没有截留作用，对烟草提取液中的有机酸盐有一定截留作用，对烟草提取液中的烟碱具有极强的截留作用，对烟草提取液中的糖类物质具有很好的截留作用。NF2 截留液 2 分析结果进一步表明，3~5 nm 纳滤膜具有选择性截留作用。

表 7-26　3~5 nm 纳滤膜对烟草提取液常规化学成分截留影响　　　　单位：%

样品名称	总氮	烟碱	总糖	钾	氯离子	硝酸盐
NF1 透过液	0.01	0.04	2.35	0.31	0.11	0.05
NF2 截留液 1	0.10	0.41	22.50	0.44	0.11	0.05
NF2 透过液	0.01	未检出	0.15	0.29	0.11	0.05
NF2 截留液 2	0.10	0.39	12.7	0.02	未检出	未检出

注：NF2 截留液 2 为 NF2 截留液 1 加水反复过滤 5 次时的截留液。

由表 7-27 可知：3~5 nm 纳滤膜对碳原子数介于 4~5 的烟草中性致香成分具有一定的截留作用，对碳原子数介于 6~8 的烟草中性致香成分具有很强的截留作用。

表 7-27　NF2 膜对烟草提取液中性致香成分的截留影响

序号	保留时间/min	化合物名称	含量/μg·g^{-1} NF1 透过液	NF2 透过液	NF2 截留液
1	2.955	3-羟基-2-丁酮	0.391	0.208	2.15
2	3.228	3-甲基丁醇	0.046	0.027	0.262

续表

序号	保留时间/min	化合物名称	含量/μg·g^{-1} NF1透过液	NF2透过液	NF2截留液
3	4.544	糠醛	0.038	0.025	0.157
4	4.762	2-甲基丁酸	0.007	0.002	0.014
5	4.894	糠醇	0.037	0.029	0.093
6	5.369	4-环戊烯-1,3-二酮	0.02	—	0.011
7	6.651	吡啶-2-甲醛	—	—	—
8	6.931	苯甲醛	—	—	—
9	8.345	苯甲醇	0.256	0.018	1.846
10	8.517	苯乙醛	0.064	0.006	0.163
11	8.868	2-乙酰基吡咯	0.035	0.002	0.089
12	9.344	4-甲氧基苯酚	0.003	—	0.008
13	9.578	芳樟醇	—	—	—
14	9.88	苯乙醇	0.138	0.002	1.179
15	11.487	苯并噻吩	0.077	0.009	0.526
16	11.979	2,3-二氢苯并呋喃	0.225	—	0.271
17	13.294	吲哚	0.021	—	0.05
18	14.274	茄酮	0.016	—	0.091
19	14.685	β-大马酮	—	—	—
20	14.803	β-二氢大马酮	—	—	—
21	15.145	β-紫罗兰酮	—	—	—
22	15.221	二氢乙位紫罗兰酮	—	—	—
23	17.782	二氢猕猴桃内酯	—	—	0.007
24	18.663	巨豆三烯酮B	—	—	—
25	19.551	巨豆三烯酮D	—	—	0.002/
26	19.867	3-氧代-α-紫罗兰醇	—	—	—
		致香成分总量	1.224	0.328	6.917

注：中性致香成分物质总量（不计新植二烯及烟碱）。

3~5 nm 纳滤膜对烟草提取液中的烟碱具有极强截留作用，对糖类物质具有很强截留作用，对有机酸盐有一定的截留作用，对无机酸盐的截留作用较弱，表明 3~5 nm 纳滤膜对碳原子数介于 4~5 的烟草中性致香成分具有一定的截留作用，对碳原子数介于 6~8 的烟草中性致香成分具有很强的截留作用。

7.3.1.5　NF3 对烟草提取液化学成分截留影响

1~2 nm 超滤膜过滤 NF2 烟草提取液的透过液、截留液和透过液的烟草常规化学成分和烟草中性致香成分含量见表 7-28、表 7-29。

由表 7-28 可知：1~2 nm 超滤膜对烟草提取液中的以氯离子和硝酸盐表征的无机酸盐具

有一定的截留作用，对以钾表征的有机酸盐具有较强的截留作用，对烟糖类物质和烟碱具有极强的截留作用。NF3 截留液 2 的钾依然保持高含量（1.31%），进一步表明 1~2 nm 膜对烟草提取液中以氯离子和硝酸盐表征的无机酸盐具有一定的截留作用，对以钾表征的有机酸盐具有较强的截留作用。

表 7-28　1~2 nm 纳滤膜对烟草提取液常规化学成分截留影响　　单位：%

样品名称	总氮	烟碱	总糖	钾	氯离子	硝酸盐
NF2 透过液	0.01	未检出	0.15	0.29	0.11	0.05
NF3 截留液 1	0.05	0.02	1.48	1.43	0.17	0.09
NF3 透过液	0.01	未检出	未检出	0.15	0.10	0.04
NF3 截留液 2	0.04	0.02	1.41	1.31	未检出	未检出

注：NF3 截留液 2 为 NF3 截留液 1 过滤反复 5 次时的截留液。

由表 7-29 可知：1-2 nm 纳滤膜对烟草提取液中碳原子数超过 4 的烟草中性致香成分、烟碱、糖类物质具有极强的截留作用，对以钾表征的有机酸盐具有较强的截留作用，对以氯离子和硝酸盐表征的无机酸盐具有一定的截留作用。

表 7-29　NF3 膜对烟草提取液中性致香成分的截留影响

序号	保留时间/min	化合物名称	致香成分含量/μg·g^{-1} NF2 透过液	NF3 透过液	NF3 截留液
1	2.955	3-羟基-2-丁酮	0.208	—	2.174
2	3.228	3-甲基丁醇	0.027	—	0.218
3	4.544	糠醛	0.025	—	0.179
4	4.762	2-甲基丁酸	0.002	—	0.017
5	4.894	糠醇	0.029	—	0.153
6	5.369	4-环戊烯-1,3-二酮	—	—	0.025
7	6.651	吡啶-2-甲醛	—	—	—
8	6.931	苯甲醛			
9	8.345	苯甲醇	0.018	—	0.099
10	8.517	苯乙醛	0.006	—	0.014
11	8.868	2-乙酰基吡咯	0.002		
12	9.344	4-甲氧基苯酚	—	—	—
13	9.578	芳樟醇			
14	9.88	苯乙醇	0.002	—	0.013
15	11.487	苯并噻吩	0.009	—	0.021
16	11.979	2,3-二氢苯并呋喃	—		
17	13.294	吲哚			
18	14.274	茄酮			
19	14.685	β-大马酮			

续表

序号	保留时间/min	化合物名称	致香成分含量/μg·g^{-1}		
			NF2透过液	NF3透过液	NF3截留液
20	14.803	β-二氢大马酮	—	—	—
21	15.145	β-紫罗兰酮	—	—	—
22	15.221	二氢乙位紫罗兰酮	—	—	—
23	17.782	二氢猕猴桃内酯	—	—	—
24	18.663	巨豆三烯酮 B	—	—	—
25	19.551	巨豆三烯酮 D	—	—	—
26	19.867	3-氧代-α-紫罗兰醇	—	—	—
		致香成分总量	0.328	—	2.913

注：中性致香成分物质总量（不计新植二烯及烟碱）。

7.3.2 膜分离膜组合方式的确定

MF、DF、NF1、NF2 和 NF3 的膜孔径分别为 200 nm、20~30 nm、5~10 nm、3~5 nm 和 1~2 nm，对烟草提取液中的物质具有不同的截留作用，MF 主要截留悬浮杂质和难溶性的大分子物质，DF 主要截留可溶性高分子物质，NF1 主要截留烟碱，NF2 主要截留糖类物质，NF3 主要截留有机酸盐和无机酸盐，NF3 的透过液（排放液）主要为无机酸盐。以 MF+DF+NF3 膜浓缩膜组合为基础，通过增加纳滤形成的膜浓缩膜分离组合方式有 MF+DF+NF1+NF3、MF+DF+NF2+NF3 和 MF+DF+NF1+NF2+NF3 三种方式。分离和浓缩连续运行时，获得的组分段及各组分主要化学成分见表 7-30。

表 7-30 膜组合方式对烟草提取液化学成分分组的影响

膜组合方式	MF 截留液	DF 截留液	NF1 截留液	NF2 截留液	NF3 截留液
MF+DF+NF1+NF3	悬浮杂质	可溶性高分子、糖苷	烟碱		糖+有机酸盐
MF+DF+NF2+NF3	悬浮杂质	可溶性高分子、糖苷		烟碱+糖	有机酸盐
MF+DF+NF1+NF2+NF3	悬浮杂质	可溶性高分子、糖苷	烟碱	糖	有机酸盐

从表 7-30 可见：对于 MF+DF+NF1+NF2+NF3 组合的膜浓缩膜分离方式，由于烟碱、糖、有机酸盐主要分别集中在 NF1、NF2 和 NF3 的截留液中，因此这种组合方式可以在较为宽泛的范围内实现再造烟叶涂布料烟碱、糖和有机酸盐含量相对比率的调控，结合 NF3 排放液的主要成分为无机盐，DF 的主要成分为可溶性大分子物质和糖苷类物质，MF 的主要成分为悬浮杂质，因此 MF+DF+NF1+NF2+NF3 组合的膜浓缩膜分离方式可以在较为宽泛的范围内实现再造烟叶涂布料主要化学成分的调控。

因此，MF+DF+NF1+NF2+NF3 膜组合方式，可以较好地实现再造烟叶烟草提液浓缩和化学成分的分组分离，适合作为再造烟叶烟草提液浓缩和化学成分的分组分离的膜组合方式。

以烟草提取液进料量 5000 kg，各级透过液占该级过滤液量的 90% 计，MF+DF+NF1+NF2+NF3 膜组合方式分段运行对烟草提取液化学成分分离效果的影响如下。

7.3.2.1　MF+DF+NF1+NF2+NF3 膜组合方式

各组分段的物质总量、固含量、干物质量、占干物质总量的比例见表 7-31。

表 7-31　MF+DF+NF1+NF2+NF3 膜组合对烟草提取液分组物质量的影响

样品	物质总量/kg	固含量/%	干物质量/kg	干物质比例/%
进料量	5000	8.45	422.50	
MF 截留液	500	18.31	91.55	21.67
DF 截留液	450	23.06	103.77	24.56
NF1 截留液	405	27.43	111.09	26.29
NF2 截留液	365	24.85	90.70	21.51
NF3 截留液	329	8.53	28.06	6.63
NF3 排放液	2951	0.37	10.92	2.58

从表 7-31 可见：① 固含量为 8.45% 的烟草提取液经 MF+DF+NF1+NF2+NF3 膜组合方式逐级过滤，按各级膜过滤产生的透过液占该级过滤液量的 90% 分段运行后形成 5 个可用于涂布料化学成分调控的烟草提取液组分，占烟草提取液干物质总量的 97.35%，5 个组分混合后的固含量为 20.17%。② 各烟草提取液组分的固含量、干物质量、干物质比率不同，以 NF1 截留液的固含量、干物质量及干物质比率最高，以 NF3 截留液的固含量、干物质量及干物质比率最低；干物质量上，MF 截留液、DF 截留液、NF1 截留液、NF2 截留液、NF3 截留液之比接近 3∶3.5∶4∶3∶1。

7.3.2.2　MF+DF+NF1+NF2+NF3 膜组合方式

各组段主要化学成分的干物质量见表 7-32。

表 7-32　MF+DF+NF1+NF2+NF3 膜组合方式的各组分段中主要化学成分的干物质量

样品	悬浮杂质	可溶性大分子	烟碱	糖苷	糖类	有机酸盐	无机酸盐
烟草提取液原液	46	23.5	13	0.34	136.50	40.00	20.00
MF 截留液	46.30	5.14	1.37	0.13	15.67	3.82	2.05
DF 截留液	—	20.03	1.18	0.13	11.50	4.56	1.63
NF1 截留液	—	—	9.84	—	17.37	3.85	1.52
NF2 截留液	—	—	1.50	—	82.13	5.11	1.37
NF3 截留液	—	—	0.07	—	4.87	19.25	2.14
NF3 排放液	—	—	—	—	—	1.98	8.94

注：① 悬浮物杂质包括难溶性大分子物质（蛋白质和果胶）；
② 无机酸盐的计算：无机盐以氯化钾和硝酸盐计；
③ 关于有机酸盐的计算：以柠檬酸、苹果酸和草酸单钾盐计，有机酸钾为总钾减去无机钾，无机钾含量=氯离子含量+硝酸盐含量/1.5。

由表 7-32 和表 7-33 可知：悬浮物杂质和难溶性大分子物质主要存在于 MF 段截留液，可溶性大分子主要存在 DF 段截留液，糖苷主要存在于 MF 和 DF 截留液，烟碱主要存在于 NF1 截留液，糖类主要存在于 NF2 段截留液，有机酸盐主要存在于 NF3 段截留液，无机酸盐主要存在于 NF3 排放液。

表 7-33　烟草中主要化学成分在各组分段中的分配比例

样品	分配比例/%						
	悬浮杂质	可溶性大分子	烟碱	糖苷	糖类	有机酸盐	无机酸盐
烟草提取液原液	100	100	100	100	100	100	100
MF 截留液	100	21.87	10.54	38.24	11.48	9.55	10.25
DF 截留液	—	85.23	9.08	38.24	8.42	11.40	8.15
NF1 截留液	—	—	75.69	—	12.73	9.63	7.60
NF2 截留液	—	—	11.54	—	60.17	12.76	6.85
NF3 截留液	—	—	0.54	—	3.57	48.13	10.70
NF3 排放液	—	—	—	—	—	4.95	44.70

由表 7-34 可知：MF 段的主要化学成分是悬浮杂质，占该段干物质总量的 50.57%；NF2 段的主要化学成分是糖类，占该段干物质总量的 90.55%；NF3 段的主要化学成分是有机酸盐，占该段干物质总量的 68.60%；烟碱主要在 NF1 段，占该段干物质总量的 8.88%；可溶性大分子物质主要在 DF 段，占该段干物质总量的 19.3%；糖苷主要在 MF 和 DF 段，分别占每段干物质总量的 0.14%和 0.13%；无机盐主要在 NF3 截留液和排放液中，分别占每段干物质总量的 7.63%和 81.87%。

表 7-34　MF+DF+NF1+NF2+NF3 膜组合方式各组分段中主要化学成分占干物质总量的比例

样品	各组分段中主要化学成分占干物质总量的比例/%						
	悬浮杂质	可溶性大分子	烟碱	糖苷	糖类	有机酸盐	无机酸盐
MF 截留液	50.57	5.61	1.50	0.14	17.12	4.17	2.24
DF 截留液	—	19.3	1.14	0.13	11.08	4.39	1.57
NF1 截留液	—	—	8.88	—	15.64	3.47	1.37
NF2 截留液	—	—	1.65	—	90.55	5.63	1.51
NF3 截留液	—	—	0.25	—	17.36	68.60	7.63
NF3 排放液	—	—	—	—	—	18.13	81.87

7.3.2.3　MF+DF+NF1+NF2+NF3 膜组合方式

由表 7-35 可知，致香成分主要分布在 DF 和 NF1 段，NF2 和 NF3 段致香成分含量相对较低。

表 7-35　各段致香成分总量

样品	含量/μg·g^{-1}	总量/mg
原液	9.669	48345.000
MF 截留液	10.029	5014.500
DF 截留液	32.361	14562.450
NF1 截留液	26.894	10892.070
NF2 截留液	6.917	2524.705
NF3 截留液	2.913	958.377
NF3 排放液	0	0

7.3.3　小　结

为了实现对再造烟叶涂布液化学成分的调控，明确烟草提取液膜分离膜浓缩的工艺模式，不同孔径的膜组合能实现烟草提取液化学成分的分组：

（1）MF（200 nm）+DF（20~30 nm）+NF1（5~10 nm）+NF2（3~5 nm）+NF3（1~2 nm）的膜浓缩膜组合方式可将烟草提取液浓缩至固含量20%以上并将烟草提取液分成 MF 截留液、DF 截留液、NF1 截留液、NF2 截留液、NF3 截留液五个组分。

（2）MF（200 nm）截留液组分的主要化学成分为悬浮杂质和分子较大、粒径较大的难溶性蛋白质、果胶；DF（20~30 nm）截留液组分的主要化学成分为可溶性蛋白质和糖苷类物质；NF1（5~10 nm）截留液组分的主要化学成分为烟碱和碳原子数为 13 的烟草中性致香成分；NF2（3~5 nm）截留液组分的主要化学成分为糖类物质和碳原子数介于 4~5 的烟草中性致香成分；NF3（1-2nm）截留液组分的主要化学成分为以钾表征的有机酸盐和以氯离子和硝酸盐表征的无机酸盐。

（3）MF+DF+NF1+NF2+NF3 膜分离膜浓缩组合方式能够实现涂布液化学成分的重组和调控，该组合方式可以作为烟草提取液的适宜的膜分离膜浓缩方式。

7.4　膜技术处理烟草提取液生产应用

7.4.1　膜技术处理烟草提取液中试生产线

以云南某再造烟叶企业为例，该再造烟叶生产企业建设了 55 m^3/d 膜分离浓缩中试生产线，工艺采用"微滤+超滤+纳滤"的处理方式，由预处理系统和膜分离浓缩系统组成，预处理系统用于过滤去除烟草提取液中的杂质，膜分离浓缩系统用于对烟草提取液中的化学组分进行精细分离。主要技术指标：MF 过滤精度：0.2 μm，DF 过滤精度：20~30 nm，NF1 过滤精度：5~10 nm，NF2 过滤精度：3~5 nm，NF3 过滤精度：1~2 nm，日处理能力≥55 m^3。处理工艺流程 MF+DF+NF1/NF2+NF3。工艺流程如图 7-7 所示，中试生产线设备如图 7-8 所示。

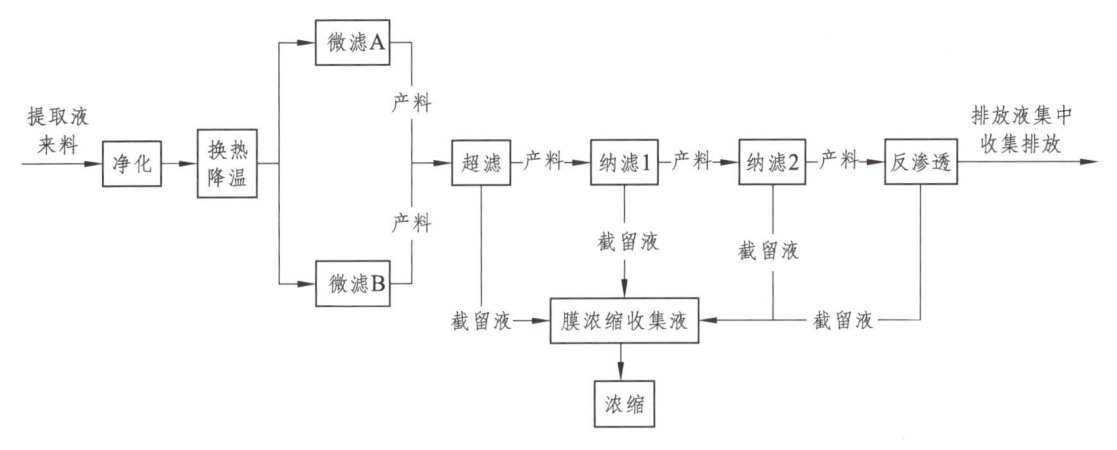

图 7-7 膜分离浓缩处理中试生产线工艺路线

（a）　　　　　　　　　　（b）

图 7-8 膜分离浓缩处理中试生产线设备

膜系统进料量按 55 t 计，生产时间以每天 22 h 计，单位时间处理量 2.5 m³/h。进膜的物料标准见表 7-36，满足膜进料标准的物料经膜处理后，对膜系统的处理要求见表 7-37。

表 7-36 烟草提取液进料标准

名称	浓度/%	悬浮物含量/%
指标	8~10	≤2

表 7-37 膜系统处理要求

编号	项目	指标
1	膜孔径	—
2	每天液体回收率	≥95%
3	设备运行稳定性	标准物料通过膜系统连续运行，按照乙方给出的清洗标准清洗后，膜系统处理能力能满足 2.5 m³/h 的处理量（不含膜再生时间）
4	清洗用水	采用酸碱水循环清洗，酸碱 pH 为 2~12，整个系统清洗用水为 12 t/次
5	截留液	截留液体积约为原料体积的 40%，平均固含量≥20%
6	膜清洗周期	批次运行，24 h 清洗一次，清洗时间为 2 h

7.4.2 膜分离浓缩技术在再造烟叶产品中的应用

根据再造烟叶产品提质改造产品开发要求，针对 M1、M2 沉降后梗、叶烟草提取液，利用 55 m³/d 中试膜分离浓缩设备微滤膜设备处理后的梗、叶提取液，进入膜分离浓缩系统前梗、叶提取液前处理：采用絮凝自然沉降处理烟草提取液，经处理的后梗、叶烟草提取液上清液然后进 80 目数的滤网，滤出液经过换热器进行换热备用，进入膜分离浓缩系统前梗、叶烟草提取液上清液悬浮物含量≤0.5%，温度≤50 ℃。具体技术路线如图 7-9 所示。

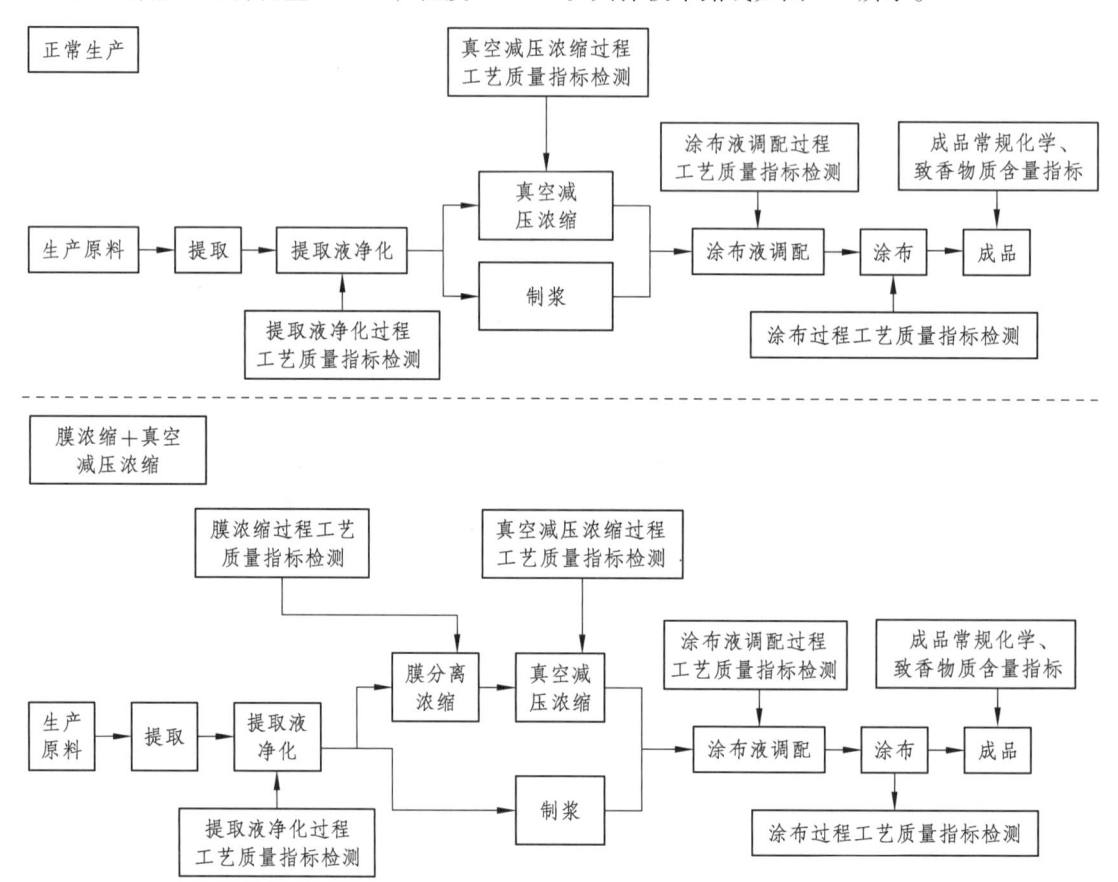

图 7-9 膜分离浓缩处理烟草提取液中试生产工艺路线

7.4.2.1 膜分离浓缩处理关键工艺控制指标

各工序关键工艺控制指标见表 7-38 至表 7-40。

表 7-38 膜分离浓缩关键工艺控制指标

控制点	序号	生产工艺参数	控制值	单位
预处理系统	1	进料悬浮物含量	≤0.5	%
	2	进出口压差	≤1	10^5 Pa
MF 系统	1	进料温度	≤50	℃
	2	进膜压力	4	10^5 Pa

续表

控制点	序号	生产工艺参数	控制值	单位
MF 系统	3	出膜压力	0.5~1	10^5 Pa
	4	产水通量	≥3.5	m³/h
	5	产品得率	≥90	%
DF 系统	1	DF 循环罐液位	≤0.5	m
	2	进料温度	25~50	°C
	3	进膜压力	≤16	10^5 Pa
	4	出膜压力	≤14	10^5 Pa
	5	产水通量	≥6	m³/h
	6	产品得率	≥92	%
NF 系统(原 NF1 与 NF2 合并)	1	NF 循环罐液位	≤1	m
	2	进料温度	25~50	°C
	3	进膜压力	≤25	10^5 Pa
	4	出膜压力	≤20	10^5 Pa
	5	产水通量	≥4	m³/h
	6	产品得率	≥92	%
NF3 系统	1	NF3 循环罐液位	≤0.5	m
	2	进料温度	25~50	°C
	3	进膜压力	≤25	10^5 Pa
	4	出膜压力	≤20	10^5 Pa
	5	产水通量	≥3.5	m³/h
	6	产品得率	≥92	%
外排水系统	1	运行电流	≥5	A
	2	污水池液位	≤1	m

表 7-39 M1 提质改造产品浓缩制膏工序关键工艺控制指标

工段	控制指标			
	指标项	指标范围	指标项	指标范围
浓缩	制叶膏温度/ °C	70±1	制梗膏温度/ °C	70±1
	蒸发浓缩叶膏固含量/%	50.5±1	蒸发浓缩梗膏固含量/%	45.5±1
	蒸发浓缩叶膏密度/g·cm⁻³	1.200±0.005	感官指标	无酸味、腐味
	蒸发浓缩梗膏密度/g·cm⁻³	1.200±0.005	感官指标	无酸味、腐味
	膜分离浓缩制叶膏温度/ °C	50±1	膜分离浓缩叶膏固含量/%	50.5±1
	膜分离浓缩梗膏温度/ °C	50±1	膜分离浓缩梗膏固含量/%	45.5±1
	膜分离浓缩梗、叶膏密度/g·cm⁻³	1.200±0.005	感官指标	无酸味、腐味

表 7-40　M2 提质改造产品浓缩制膏工序关键工艺控制指标

工段	控制指标			
	指标项	指标范围	指标项	指标范围
浓缩	制叶膏温度/°C	70±1	制梗膏温度/°C	70±1
	蒸发浓缩叶膏固含量/%	48.5±1	蒸发浓缩梗膏固含量/%	44±1
	蒸发浓缩叶膏密度/g·cm^{-3}	1.195±0.005	感官指标	无酸味、腐味
	蒸发浓缩梗膏密度/g·cm^{-3}	1.195±0.005	感官指标	无酸味、腐味
	膜分离浓缩制叶膏温度/°C	50±1	膜分离浓缩叶膏固含量/%	48.5±1
	膜分离浓缩梗膏温度/°C	50±1	膜分离浓缩梗膏固含量/%	44±1
	膜分离浓缩梗、叶膏密度/g·cm^{-3}	1.195±0.005	感官指标	无酸味、腐味

7.4.2.2　膜分离浓缩处理再造烟叶产品提质改造产品开发梗叶膏配比试验

以感官质量评价为导向，利用膜分离浓缩技术处理后的 M1、M2 梗、叶膏，对涂布液化学成分进行有效调控（即通过利用膜分离浓缩处理后的梗、叶膏替换正常生产梗、叶膏进行有效组配），梗、叶配方分别为对照：梗（正常生产）+叶（正常生产），提质改造：梗（膜处理）+叶（正常生产）、梗（正常生产）+叶（膜处理）、梗（膜处理）+叶（膜处理），对应产品编号分别为 DZ1、DZ2、MCL1、MCL2、MCL3、MCL4、MCL5、MCL6，制作实验室小样产品的梗叶膏配比及所用技术见表 7-41、表 7-42。

表 7-41　M1 提质改造膜处理再造烟叶设计方案

产品编号	叶梗膏配比	备注
M1	70∶30	正常生产的梗膏和叶膏
MCL4	70∶30	梗（膜处理）+叶（正常生产）
MCL5	70∶30	梗（正常生产）+叶（膜处理）
MCL6	70∶30	梗（膜处理）+叶（膜处理）

表 7-42　M2 提质改造膜处理再造烟叶设计方案

产品编号	叶梗膏配比	备注
M2	75∶25	正常生产的梗膏和叶膏
MCL1	75∶25	梗（膜处理）+叶（正常生产）
MCL2	75∶25	梗（正常生产）+叶（膜处理）
MCL3	75∶25	梗（膜处理）+叶（膜处理）

由表 7-43 及表 7-44 可知，M1 及 M2 经膜分离浓缩处理后，总氮、烟碱及总糖指标略有上升，钾离子、氯离子及硝酸根离子下降。

表 7-43　M1、M2 提质改造前后梗叶膏常规化学指标分析　　　　　　　单位：%

序号	产品名称	总氮	烟碱	总糖	钾	氯离子	硝酸盐
处理前	M2 叶膏	1.08	1.34	11.26	2.32	0.67	0.28
	M2 梗膏	0.94	0.52	13.18	4.13	2.32	1.67
	M1 叶膏	1.12	1.48	11.64	2.12	0.92	0.39
	M1 梗膏	1.03	0.49	12.23	3.78	2.13	1.68
处理后	M2 叶膏	0.92	1.68	11.92	1.98	0.42	0.12
	M2 梗膏	0.81	0.69	14.19	3.96	0.87	0.38
	M1 叶膏	0.96	1.57	11.68	1.94	0.49	0.17
	M1 梗膏	0.86	0.65	15.43	3.16	0.96	0.42

表 7-44　M1、M2 提质改造前后涂布液常规化学指标分析　　　　　　　单位：%

序号	产品名称	总氮	烟碱	总糖	钾	氯离子	硝酸盐
处理前	DZ1	1.05	1.14	11.74	2.77	1.08	0.63
	DZ2	1.09	1.18	11.82	2.62	1.28	0.78
处理后	MCL1	1.01	1.18	11.99	2.73	0.72	0.31
	MCL2	0.93	1.39	12.24	2.52	0.61	0.28
	MCL3	0.89	1.43	12.49	2.48	0.53	0.19
	MCL4	1.04	1.23	12.78	2.43	0.93	0.40
	MCL5	0.98	1.25	11.85	2.39	0.88	0.39
	MCL6	0.93	1.29	12.81	2.31	0.63	0.25

由表 7-45 可知 M1 及 M2 经膜分离浓缩处理后，致香成分总量相对于未经膜分离浓缩处理的保留量增加，致香成分损失率下降。

表 7-45　M1、M2 提质改造前后涂布液致香成分指标分析　　　　　　　单位：μg/g

序号	产品名称	醇类	酮类	醛类	内酯类	总量
处理前	DZ1	6.59	26.94	3.13	16.87	53.53
	DZ2	6.66	26.38	3.07	14.78	50.89
处理后	MCL1	8.70	28.37	4.87	18.02	59.96
	MCL2	10.76	30.68	4.43	20.37	66.24
	MCL3	13.38	34.77	6.08	20.94	75.18
	MCL4	8.95	28.81	4.35	17.69	59.81
	MCL5	10.66	31.07	4.02	18.51	64.26
	MCL6	13.21	32.46	6.55	20.66	72.89

由表 7-46 可知，M1 及 M2 经膜分离浓缩处理后，感官质量指标主要表现为烟气清晰度增加，烟气质感更细腻柔和，烟香纯净自然，杂气较少，余味干净舒适。膜分离浓缩样品感官

质量相对于对照样品在烟气清晰度、质感、舒适性及余味方面得到较大改善。

表 7-46 M1、M2 提质改造前后感官指标分析

序号	产品名称	感官质量评价
处理前	DZ1	清甜香风格，烟气浓度较高，烟香较饱满，略显浑浊，微有杂气，余味有残留
	DZ2	烟草本香突出，烟气浓度较高，烟香略显纯净，微有浑浊感，余味有残留
处理后	MCL1	清甜香风格，烟气浓度适中，烟香较饱满，烟气清晰度较好，微有杂气，余味略干净
	MCL2	清甜香风格，烟气浓度适中，烟香较饱满及丰富，烟气清晰度较好，余味干净舒适
	MCL3	清甜香风格，烟气浓度略有下降，烟香较纯净自然，烟气质感柔和细腻，清晰度较好，余味干净舒适
	MCL4	烟草本香突出，烟气浓度较高，烟气质感较柔和，烟香较丰富，微有杂气，余味略干净
	MCL5	烟草本香突出，烟气浓度微有下降，烟气质感较柔和，清晰度较好，烟香较纯净，余味干净
	MCL6	烟草本香突出，烟气浓度有下降，烟气清晰，质感柔和细腻，烟香纯净自然，余味干净舒适

通过对 M1 及 M2 产品进行膜处理梗、叶膏替换，并设计不同梗叶膏配比，综合化学指标、致香成分含量及感官评价指标可知，对于 M1 和 M2 产品膜分离浓缩梗（膜处理）+叶（膜处理）即 MCL3 和 MCL6 相对于其他梗、叶膏配比质量较好，满足产品品质的要求。

由于提质改造的再造烟叶产品 MCL3 和 MCL6 较好，因此选择其进行卷烟适配性研究，选取的卷烟品牌为 RZ-01 和 YX-01。

分别采用对比评吸法和三角评吸法进行评价，结果如表 7-47 至表 7-50 所示。

表 7-47 样品制作说明

产品	对照样	试验样
RZ-01	正常生产配方	以研究样替代 RZ-01 中的再造烟叶
说明：对照样、试验样均为在小试验线制丝。		

表 7-48 对比评吸结果

样品	参评人数	成对比较检验差异人数	选择人数	评吸结果
RZ-01	17	13	对照样>试验样：6 试验样>对照样：11	试验样好于对照样，但没有显著性差异

表 7-49 样品制作说明

产品	对照样	试验样
YX-01	正常生产配方	以研究样替代 RZ-01 中的再造烟叶
说明：对照样、试验样均为在小试验线制丝。		

表 7-50 对比评吸结果

样品	参评人数	成对比较检验差异人数	选择人数	评吸结果
YX-01	20	15	对照样>试验样：3 试验样>对照样：17	试验样好于对照样，但没有显著性差异

参考文献

[1] 杜锐,李猷,袁润蕾,等.膜技术提高造纸法再造烟叶的感官品质[J].烟草科技,2008（02）:39-41.

[2] 张静楠,张峻松.基于膜分离技术提高碎片浓缩液质量的研究[J].福建分析测试,2015,24（02）:27-29.

[3] 彭文博,熊福军,张宇,等.一种基于膜分离技术的造纸法再造烟叶的方法：CN103349351B[P].2016-03-09.

[4] 葛少林,项磊,颜海洋,等.陶瓷膜技术在再造烟叶萃取液预处理中的应用[J].膜科学与技术,2019,39（04）:104-108+117.

[5] 胡念武,刘雄斌,罗广丰,等.一种基于膜分离技术的再造烟叶化学成分调控方法：CN109363228A[P].2019-02-22.

[6] 张龙,张锋,陶杰,等.再造烟叶萃取液膜分离净化浓缩系统及其处理工艺：CN110314548A[P].2019-10-11.

[7] 武士杰,关平,潘志新,等.一种再造烟叶提取液加热浓缩的膜蒸馏装置：CN209188537U[P].2019-08-02.

[8] 郑建宇,刘晶,周桂园,等.超滤膜组合技术对烟草提取物化学成分的影响[J].烟草科技,2019,52（12）:70-78.

[9] 张锋,张龙,陶杰,等.再造烟叶萃取液膜分离净化浓缩系统：CN210229648U[P].2020-04-03.

[10] 高猛峰.烟草薄片萃取液膜浓缩技术研究[D].上海：华东理工大学,2021.

[11] 胡念武,刘雄斌,高颂,等.碳化硅陶瓷膜在烟梗提取液深度净化中的应用[J].武汉理工大学学报,2021,43（01）:23-27.

[12] 刘婷,马腾,刘彦杰,等.一种造纸法再造烟叶浓缩液陶瓷膜过滤中试装置：CN216497963U[P].2022-05-13.

8 电渗析技术在烟草提取液中的研究及应用

如何解决原料供给的结构性矛盾已成为各再造烟叶生产企业的首要问题，一方面需要拓展碎片的来源，但全国烤烟种植和卷烟产量是一定的，碎片产生量也是有限的，因此，拓展碎片原料来源并不能从根本上解决碎片供给不足的问题；另一方面再造烟叶生产企业需要进一步改进生产工艺和技术，提高原料利用率和烟梗的使用比例，以减少碎片原料的使用量。但由于烟梗中氯离子和硝酸盐根离子含量偏高，研究表明，氯离子影响烟草的吸湿性和燃烧性，烟叶的含氯量低于1%燃烧性较好，含氯量高于2%将造成严重熄火。而硝酸根离子在卷烟燃烧过程中会与烟碱反应生成致癌的亚硝胺（TSNAs），对人体的健康造成严重危害。硝酸根离子含量还与卷烟主流烟气 NO_x 释放量密切相关。因此如何开发相关配套技术，降低烟梗中氯离子和硝酸根离子含量，提高烟梗的使用比例，无疑是解决再造烟叶企业原料结构性矛盾最有效的技术途径。

目前再造烟叶企业生产过程中会使用烟梗原料配比为20%~40%，受烟梗氯离子和硝酸根离子含量影响，导致再造烟叶产品会出现氯离子和硝酸根离子含量超标的问题，尽管新修订的烟草行业标准《再造烟叶》（YC/T 16—2014）删除了对造纸法再造烟叶的氯含量的限量标准，但部分卷烟企业仍对氯离子和硝酸根离子含量的限量要求。因此，控制造纸法再造烟叶的氯离子和硝酸根离子是再造烟叶生产企业必须要解决的实际问题。烟草企业主要通过包括降低烟梗比例和提高低氯烟梗比例等方法来控制产品氯含量。然而随着造纸法再造烟叶的需求和产能的增大，生产原料供给的结构性矛盾不断加剧，现行依赖原料含氯差异控制产品氯含量的技术已不能满足要求，发展不受烟草原料氯含量限制的再造烟叶氯离子和硝酸根含量控制技术势在必行。

本章探讨了利用电渗析技术调控再造烟叶产品无机盐含量的可行性，以烟草提取液为研究对象，考察了电渗析对烟草提取液主要无机酸根离子、金属离子、有机酸根离子的影响，考察了电渗析对造纸法再造烟叶常规化学成分、常规烟气指标及感官质量的影响，电渗析技术可以脱除烟梗提取液中的氯离子、硝酸根、铵根、钾离子等离子型物质，电渗析对烟梗提取液中无机酸盐、有机酸盐及金属盐等的脱除速度有明显差异。电渗析可同时降低烟梗提取液氯离子和硝酸根的含量，可以利用盐类物质脱除速度的差异，控制电渗析时间，提高脱氯和脱硝酸盐的选择性。电渗析通过改变涂布料的化学成分构成——非离子型化学成分和离子型化学成分的相对含量影响造纸法再造烟叶的常规烟气指标。研究表明电渗析技术可用于调控烟草提取液的盐类物质，电渗析调控再造烟叶的氯和硝酸盐在技术上是可行的，具有高效、成本低廉、应用价值高的优点。

8.1 电渗析技术

8.1.1 基本原理

电渗析技术是电化学过程和渗析扩散过程的结合，在外加直流电场的驱动下，利用离子交换膜的选择透过性（即阳离子可以透过阳离子交换膜，阴离子可以透过阴离子交换膜），阴、阳离子分别向阳极和阴极移动。离子迁移过程中，若膜的固定电荷与离子的电荷相反，则离子可以通过；如果它们的电荷相同，则离子被排斥，达到水中的离子与水分离的过程，从而实现溶液淡化、浓缩、精制或纯化等目的。

8.1.2 技术特点

电渗析器和离子交换、反渗透一样，也是分离、提取物质的一种方法，目前电渗析技术已发展成一个大规模的化工单元过程，在膜分离领域占有重要地位。

（1）装置设计使用灵活：可按照不同的要求，能够灵活地采用不同形式的系统设计或组装方式，达到并联可增加产水量，串联可提高脱盐率，循环或局部循环可缩短或延长工艺流程的目的。整个操作简单，易于实现机械化和自动化控制。系统脱盐率根据需要可在 30%~99%内选择。原水回收率较高，一般能达到 40%~90%。运行过程中可保证进水处理量能在 30%~120%内选择。

（2）能量消耗低：电渗析器过程无相变，因而能量消耗低，经济效益显著，是目前比较经济的水处理技术之一，与蒸馏法相比，电渗析的能耗只有蒸馏法的 1/4~1/40。同时在常温下进行，产品性能影响小，适用于氨基酸、维生素等热敏的活泼化合物的生产，减少了其结构破坏的可能性或副反应的发生，稳定了产品质量。

（3）无环境污染：电渗析器运行时，工艺过程洁净，与离子交换法相比，电渗析不需要再生过程，所以不用酸、碱频繁再生，延长再生周期五倍以上。电渗析以直流电为驱动力来进行水中的离子与水分离，不需要从外界向待处理水中添加任何物质，因此能够大量减少药剂的作用，仅在定时清洗时用少量的酸或碱，即可实现提取有价值成分，达到浓缩、分离、净化、提纯和精制产品的目的，对环境基本无污染。

（4）使用寿命长：电渗析过程在常温常压下进行，与反渗透相比，电渗析的工作压力只有 0.2 MPa，因而不需使用高压泵和压力容器，且装置预处理工艺简便，设备经久耐用。分离专用膜一般可用 5 年以上，电极可用 5 年以上，隔板可用 10 年以上。

（5）抗污染能力强：渗析只对电解质的离子起选择性迁移作用，而对非电解质不起作用。因此，电渗析除用于含盐水的淡化与浓缩外，还可用于电解质与非电解质的分离。电渗析技术由于不是过滤型，具有较强的抗污染能力，对原水的水质要求相对较低，其独特的分离方法是反渗透无法替代的，在废液处理、食品、医药、化工分离等领域具有极大的应用市场和发展前途。

8.1.3 应用领域

目前电渗析器应用范围广泛,它广泛用于水的淡化除盐、海水浓缩制盐、精制乳制品、果汁脱酸精制和提纯、制取化工产品等方面,还可以用于食品、轻工等行业制取纯水,电子、医药等工业制取高纯水的前处理。电渗析器适用于电子、医药、化工、火力发电、食品、啤酒、饮料、印染及涂装等行业的给水处理,也可用于物料的浓缩、提纯、分离等物理化学过程,还可以用于废水、废液的处理与贵重金属的回收。

电渗析技术是目前所有膜分离过程中唯一涉及化学变化的分离过程。在许多领域与其他方法相比,它能有效地将生产过程与产品的分离过程融合起来,具有其他方法不可比拟的优势。比如新出现的四室电渗析器提取乳酸新技术,不但将乳酸从发酵液中分离出来,同时将它由钙盐转化成酸的形式,与传统工艺相比工序简单、耗能少、产率高。因此电渗析在节能和促进传统技术的升级方面具有很大的潜力。

8.2 电渗析技术应用于再造烟叶无机盐的调控

8.2.1 电渗析对氯离子的脱除效果

在不同电渗析时间点,淡室物料(烟梗提取液)氯离子、电导率及 pH 的变化情况(图 8-1)表明,电渗析可以有效脱除烟草提取液中的氯离子,在 20 min 时即可脱除超过 40%的氯离子,40 min 可以脱除 85%以上的氯离子,60 min 氯离子脱除率可达 96%。整个电渗析过程中电导率呈下降趋势,其中电导率在前 50 min 下降趋势明显,随后趋于平缓。淡室物料的氯离子含量(y)与电导率(x)呈极显著线性相关,拟合方程为 $y = 11.029x^{0.4191}$($R^2=0.9817$),表明在实际生产过程中可以通过测定淡室物料电导率预测氯离子的脱除率,进而实现对氯离子脱除程度的控制。pH 先上升再下降,但下降不明显(<5%)。

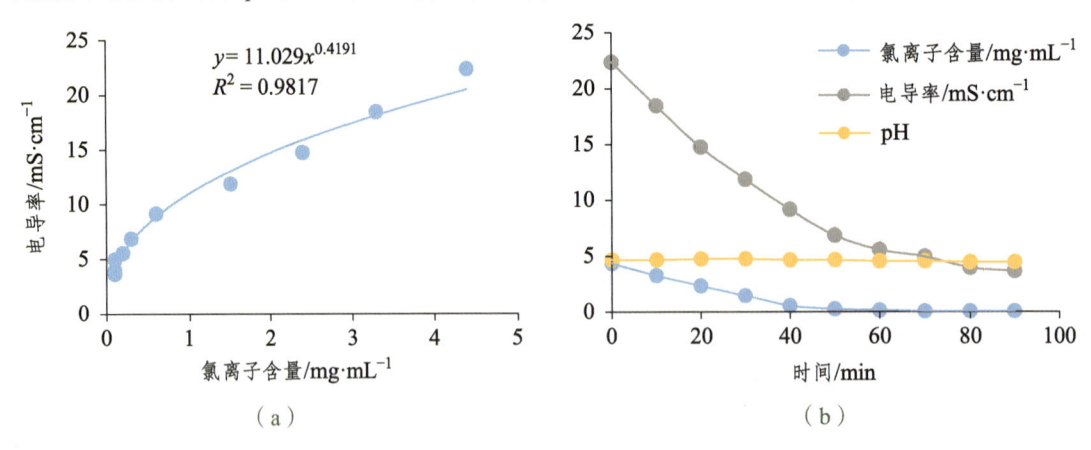

图 8-1 淡室物料氯离子含量、电导率与 pH 随电渗析时间的变化

8.2.2 电渗析对主要无机酸盐的影响

电渗析过程中,烟梗提取液中以氯离子、硝酸根、硫酸根和磷酸根形式表征的对应无机酸盐的含量及脱除率随时间的变化趋势如图 8-2 所示。

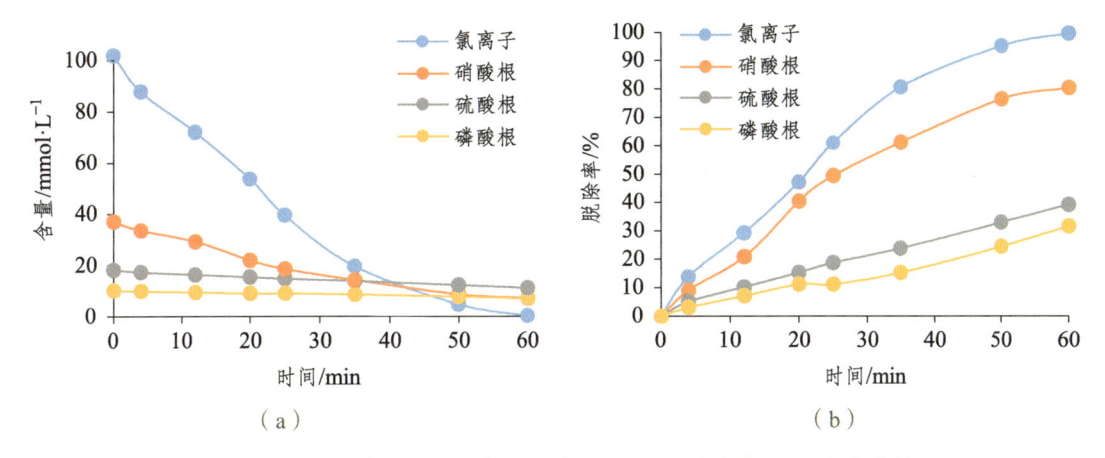

图 8-2　不同电渗析时间阴离子的含量（a）和脱除率（b）变化趋势

电渗析过程中，烟梗提取液始终维持弱酸性（pH 4.86~4.66），氯化物和硝酸盐主要以 Cl^- 和 NO_3^- 存在，硫酸盐以 SO_4^{2-} 和 HSO_4^- 存在，磷酸盐以 PO_4^{3-}、HPO_4^{2-} 和 $H_2PO_4^-$ 存在。

从图 8-2 可知：电渗析过程中，氯化物和硝酸盐的含量快速下降，表明电渗析可以快速脱除氯化物和硝酸盐；硫酸盐和磷酸盐含量呈缓慢下降，表明电渗析对硫酸盐和磷酸盐的脱除较为缓慢。四种简单无机酸盐的脱除速度顺序为：氯化物>硝酸盐>硫酸盐>磷酸盐。

8.2.3　电渗析对主要金属盐类的影响

电渗析过程中，烟梗提取液中以钾离子、镁离子和钙离子形式表征的对应金属盐的含量及脱除率随时间的变化趋势如图 8-3 所示。

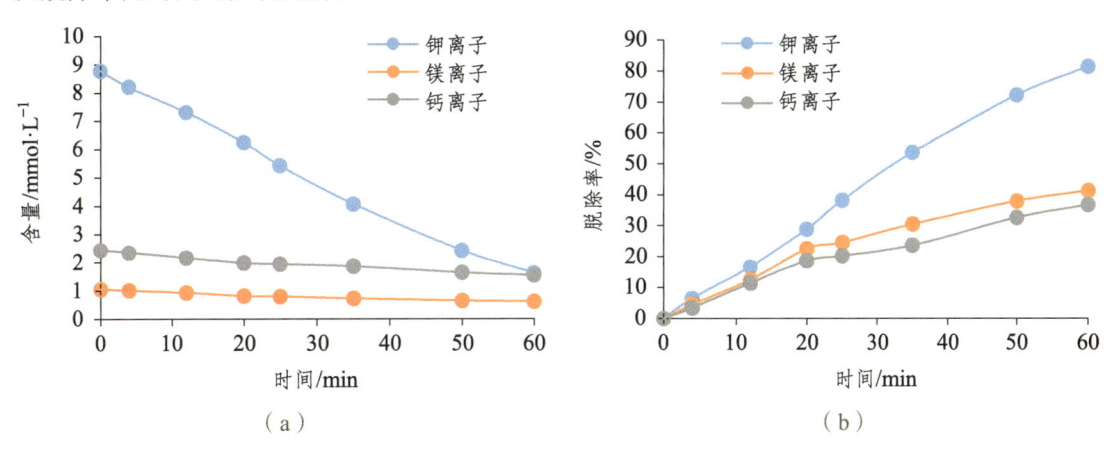

图 8-3　不同电渗析时间阳离子的含量（a）和脱除率（b）变化趋势

在弱酸性的烟梗提取液中，钾盐、镁盐和钙盐均以可溶性盐形式存在。钾盐在溶液中完全电离，以 K^+ 形式存在；镁盐、钙盐主要以 Mg^{2+}、Ca^{2+} 形式存在。

从图 8-3 可知，电渗析对不同金属盐的脱除存在差异，钾盐的脱除速度相对较快，镁盐和钙盐的脱除速度相对较慢，三种金属盐的脱除速度顺序为：钾盐>钙盐>镁盐，脱除率顺序为：钾盐>镁盐>钙盐。金属盐类物质的脱除速度与金属离子在电场作用下的定向迁移速率相关。

值得注意的是，电渗析过程中，K^+ 比 Cl^- 脱除速度慢，溶液的钾氯比随电渗析时间的延长而升高，从初始的 2.43 到 20 min 的 3.27，电渗析 35 min 时，溶液的钾氯比则达到 5.83，因此可以利用电渗析技术提高造纸法再造烟叶产品的钾氯比，但钾氯比升高对造纸法再造烟叶品质的影响有待于进一步的研究。镁和钙属于碱土金属，具有凝结烟灰的作用。虽然电渗析会脱除部分的钙盐和镁盐，但与造纸法再造烟叶生产中添加的碳酸钙量相比，则要小得多，也预示着电渗析导致的钙镁盐损失对造纸法再造烟叶产品的影响较小。

8.2.4 电渗析对主要有机酸盐的影响

电渗析过程中，烟梗提取液中以苹果酸根、草酸根和柠檬酸根形式表征的对应有机酸盐的含量及脱除率随时间的变化趋势如图 8-4 所示。

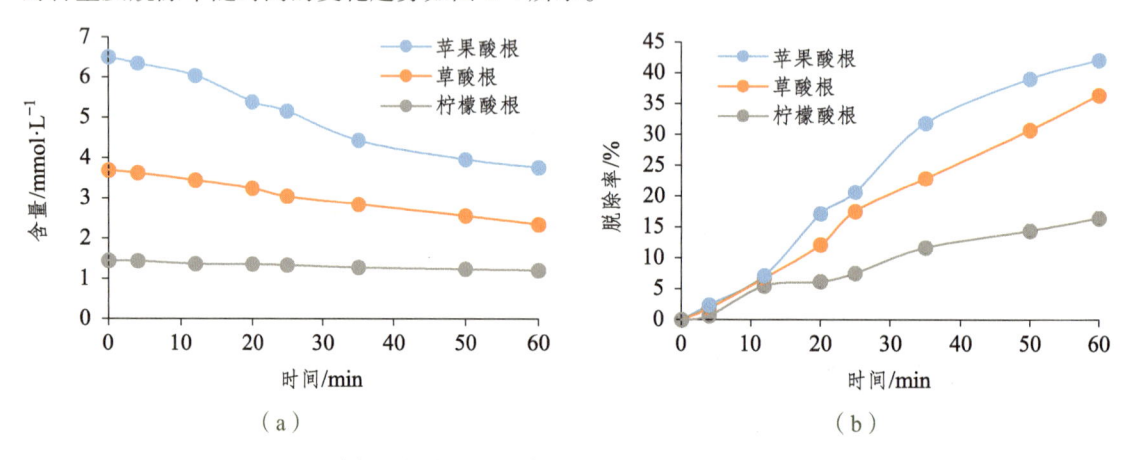

图 8-4 不同电渗析时间有机酸根离子的含量（a）和脱除率（b）变化趋势

苹果酸盐和草酸盐属于二元酸盐，柠檬酸盐为三元酸盐。在弱酸性的烟梗溶液中，三种盐皆主要以酸式盐形式存在。电渗析过程中，以[$C_4H_4O_5^{2-}$]反映的苹果酸盐呈较快下降趋势，表明苹果酸盐的脱除速度相对较快；以[$C_2O_4^{2-}$]和[$C_5H_5O_7^{3-}$]反映的草酸盐和柠檬酸盐呈缓慢下降趋势，表明草酸盐和柠檬酸盐脱除速度相对较慢。三种有机酸盐的脱除速度和脱除率顺序皆为：苹果酸盐>草酸盐>柠檬酸。影响有机酸盐脱除速度的因素与影响无机酸盐的脱除速度的因素一致，主要为离子价态、水合离子半径；影响有机酸盐脱除率的因数同样为盐的初始浓度，盐的脱除速度和电渗析时间。

利用电渗析脱氯，提取液中苹果酸盐和柠檬酸盐的含量也将有一定程度的下降，下降幅度与脱氯程度的相关。当脱氯量低于 50%时，苹果酸盐和柠檬酸盐的损失量不超过 20%，电渗析导致的苹果酸盐和柠檬酸盐损失对后续再造烟叶产品品质的影响较小。

另外，NO_3^- 的脱除速度同样较快，表明利用电渗析技术调控烟梗提取液氯离子时，也可以降低烟梗提取液硝酸盐的含量，这有利于提高造纸法再造烟叶产品的安全性，缺点是由于 K^+ 脱除速度也较快，K^+ 损失量较大。电渗析会改变烟梗提取液盐类物质的组成及盐类物质与非盐类物质的比例，势必影响产品的化学及烟气指标，以及产品的感官质量与安全性。

8.2.5 烟梗提取液脱氯量与脱盐量的相关性

电渗析的选择性较低，在脱除氯和硝酸盐的同时，对其他可溶性盐类成分也有一定的脱除，因此我们探讨了脱氯量和脱盐量的相关性，按照10%的脱氯量梯度进行脱氯，同时测定其脱盐量，结果如图8-5所示。可以看出，随着脱氯量的增加，脱盐量也增加，具有显著相关性，可以用一元二次方程 $y = 0.0029x^2 - 0.0579x + 3.3333$（$R^2 = 0.9506$）。

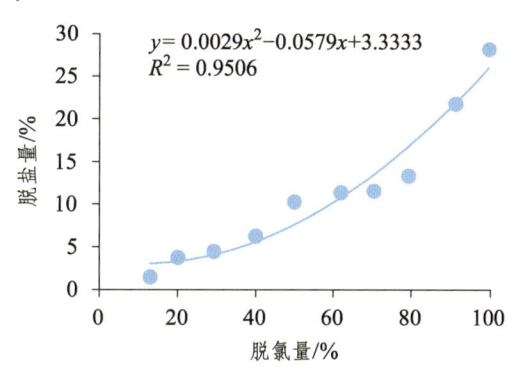

图 8-5　电渗析脱氯和脱盐量的相关性

8.2.6　烟梗提取液的电渗析脱盐及再造烟叶样品制备

烟梗提取液电渗析脱盐的氯离子脱除率、脱盐量如表8-1所示。可以看出，氯离子的脱除率均控制在设定的目标范围内，脱盐量随着脱氯率的增加不断增加，脱氯超过60%，脱盐量达到10%以上，氯离子脱除率99.5%时，脱盐量达到28.2%。制备造纸法再造烟叶样品6个，具体如表8-1所示。

表 8-1　烟梗提取液电渗析脱盐及再造烟叶样品制备情况

序号	氯离子脱除率/%	脱盐量/%	制备样品编号
1	0	0	ED-0
2	20.1	3.8	ED-20
3	40.0	6.3	ED-40
4	60.4	11.5	ED-60
5	79.3	13.4	ED-80
6	99.5	28.2	ED-100

8.2.7　电渗析脱盐对造纸法再造烟叶常规化学指标的影响

电渗析脱盐制备的造纸法再造烟叶试样的常规化学指标检测结果如表8-2所示，其变化率如图8-6所示。可以看出，随脱氯量的增加，再造烟叶试样的总糖、还原糖、烟碱含量是增加的，相对而言，总糖、还原糖增加的幅度大于烟碱；氯、硝酸盐、钾、总氮均呈下降趋势，下降幅度顺序为：氯>硝酸盐>钾>总氮。另外，随着脱氯量的增加，样品的糖氮比、钾氯比均呈增加趋势。

表 8-2 再造烟叶试样常规化学指标检测结果

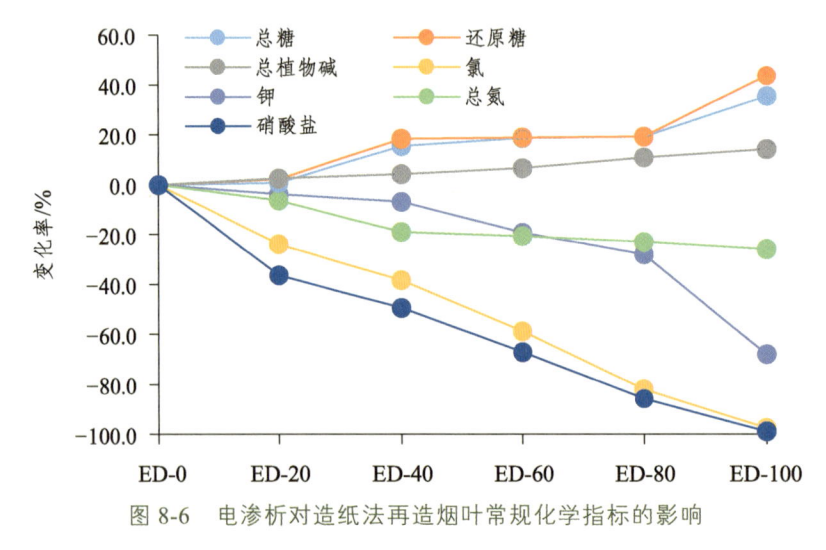

样品编号	化学成分含量/%						
	总糖	还原糖	总植物碱	氯	钾	总氮	硝酸盐
ED-0	15.04	12.32	1.20	2.01	3.69	1.74	0.91
ED-20	15.15	12.59	1.23	1.53	3.55	1.63	0.58
ED-40	17.36	14.57	1.25	1.24	3.44	1.41	0.46
ED-60	17.85	14.65	1.28	0.83	2.98	1.38	0.3
ED-80	17.92	14.68	1.33	0.36	2.66	1.34	0.13
ED-100	20.38	17.71	1.37	0.05	1.18	1.29	0.01

图 8-6 电渗析对造纸法再造烟叶常规化学指标的影响

电渗析脱盐后，烟梗提取液中除氯、硝酸盐和钾外，总糖、还原糖、烟碱、总氮等指标也有一定幅度的下降，盐类物质的组成及盐类物质与非盐类物质的比例也发生了改变，从而引起了制备样品的化学成分的变化。总糖、还原糖、烟碱等指标的含量增加，是因为这些成分在烟梗提取液中的相对含量增加了，总氮表征的是所有含氮物质的情况，在电渗析过程中，除脱除了硝酸盐等含氮化合物外，对铵根离子、氨基酸等也有一定的脱除，从而导致样品的总氮含量呈下降趋势。

8.2.8 电渗析脱盐对造纸法再造烟叶常规烟气指标的影响

电渗析脱盐制备的造纸法再造烟叶试样的常规烟气指标检测结果如图 8-7 所示。随脱氯量的增加，再造烟叶试样烟气的总粒相物、水分、烟碱量、焦油量、抽吸口数及一氧化碳释放量均呈上升趋势，单口一氧化碳释放量先降低再增加，脱氯超过 60%，单口一氧化碳释放量增加，值得注意的是 CO/Tar 值呈下降趋势。烟支燃烧时产生的烟气成分的含量受到许多因素的影响，与烟支物理指标、化学组成和吸烟环境有关。电渗析脱盐后，再造烟叶样品的常规化学指标的改变导致了常规烟气指标的变化。

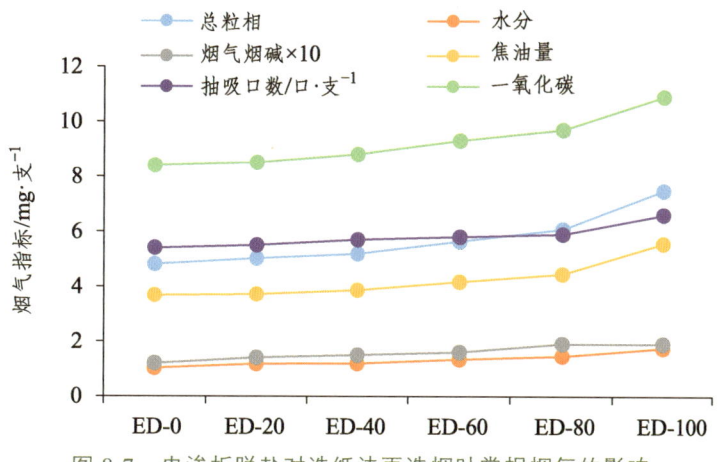

图 8-7 电渗析脱盐对造纸法再造烟叶常规烟气的影响

8.2.9 电渗析脱盐对造纸法再造烟叶感官质量的影响

6 个再造烟叶样品的感官质量得分情况如表 8-3 所示。可以看出，脱氯 20%和 40%的样品总体感官品质有一定改善，香气质、香气量、香气清晰性、烟气细腻性有相对明显的改善，木质杂气、刺激性、涩口感略有增强。脱氯超过 60%的样品总体感官品质呈下降之势，香气量、烟气量均减弱，杂气、刺激增加，涩口感及残留增强。另外，脱氯后，样品的灰分得到明显改善。

脱氯 60%以内时样品在香气量、香气清晰性、烟气细腻性有相对明显的改善，整体品质有好的改善。但同时带来杂气、刺激、涩口感略有增加。脱氯比例大于 60%后，样品的总体抽吸品质呈下降之势，带来的抽吸品质缺陷较多，已不利于抽吸品质的改善。

表 8-3 电渗析脱氯再造烟叶样品感官质量得分情况

样品	香气特征 30			烟气特征 15		杂气 15		刺激性 15		余味 25			合计
	香气质 10	香气量 5	混浊 15	浓度 5	细腻度 10	木质气 10	其他 5	刺激 10	灼烧 5	干净度 10	涩口感 10	干燥感 5	
ED-0	5.50	2.50	8.00	2.50	6.00	5.50	2.50	6.50	3.00	6.00	5.00	3.00	56.00
ED-20	5.50	2.67	8.50	2.58	6.42	5.08	2.50	6.08	3.08	6.00	5.08	3.08	56.58
ED-40	5.83	2.75	8.67	2.67	6.25	5.25	2.50	5.92	3.08	6.17	4.75	2.92	56.75
ED-60	5.40	2.30	8.50	2.40	6.50	5.30	2.40	6.00	3.10	6.20	5.10	2.70	55.90
ED-80	4.90	2.20	8.20	2.30	6.40	5.30	2.30	5.90	2.80	5.90	4.70	2.70	53.60
ED-100	4.80	2.10	7.90	2.30	6.10	4.90	2.20	5.50	2.60	5.80	4.40	2.70	51.30

8.2.10 脱氯程度对再造烟叶烟气指标的影响

涂布液全部采用梗膏，对不同脱氯量的梗膏涂布后的再造烟叶进行烟气 CO 释放量的影响见图 8-8。

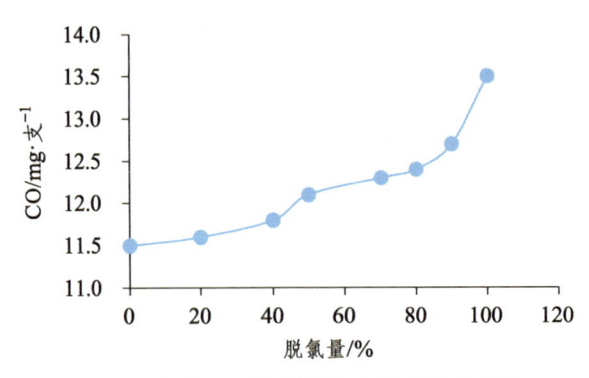

图 8-8　烟气 CO 随梗提取液脱氯量的变化

当脱氯量<40%时，对再造烟叶烟气 CO 释放量影响较小；当脱氯量达到 50%~80%时，再造烟叶烟气 CO 释放量有 5%~8%的增幅；当脱氯量达到 90%~100%时，再造烟叶烟气 CO 释放量有 10%~20%的增幅，这主要是由于 K^+ 降低所致。

研究结果表明有机酸的钾盐如苹果酸钾盐、柠檬酸钾并不会降低烟草的燃烧性，而且通常情况下其对再造烟叶的吸食品质没有负面影响。表 8-4 是经电渗析的涂布液中补充有机酸钾盐（苹果酸单钾、苹果酸双钾、柠檬酸钾）后对其再造烟叶烟气 CO 释放量的影响情况。

表 8-4　补盐后烟气检测结果

有机酸盐	回填比例/%	烟气 CO/mg	降幅/%
—	对照	10.5	—
苹果酸单钾盐	100	9.9	5.71
	200	9.8	6.67
苹果酸双钾盐	100	9.2	12.4
	200	9.45	10.0
苹果酸双钾+柠檬酸钾	100	9.5	9.5
	200	9.4	10.5
	300	8.6	18.1

注：对照为添加 50%脱氯梗膏+叶膏的再造烟叶。

可见，有机酸钾盐对于再造烟叶烟气 CO 的降低均有明显的效果，当产品涂布液中使用电渗析膏体后，相对于对照涂布液（未使用电渗析膏体），Cl^- 降幅达 40%~50%甚至以上，可考虑在涂布液中添加适当有机酸钾盐调控再造烟叶 CO 释放量。

综上所述，电渗析技术可高效脱除提取液的氯离子和硝酸盐，脱除率可达 99%以上，通过脱除烟梗提取液中的氯离子可调控再造烟叶产品中氯含量，此方法具有可调控性强、物料损失较小等优点。

以烟草提取液为研究对象，考察了电渗析对烟草提取液主要无机酸根离子、金属离子、有机酸根离子的影响，考察了电渗析对造纸法再造烟叶常规化学成分、常规烟气指标及感官质量的影响，并进行了中试验证试验，表明电渗析技术可用于调控烟草提取液的盐类物质，电渗析调控再造烟叶的氯和硝酸盐在技术上是可行的，具有高效、成本低廉、应用价值高的优点。

8.3 电渗析技术处理烟草提取液生产应用

以云南某再造烟叶企业为例,该再造烟叶生产企业建设了 20 t/d 电渗析中试生产线,工艺采用"陶瓷膜+电渗析"的处理方式,由陶瓷膜系统和电渗析脱盐系统组成,陶瓷膜系统用于过滤去除烟梗提取液中的杂质以及果胶、蛋白质等大分子物质,电渗析脱盐系统用于脱除提取液中的盐类物质。主要技术指标:陶瓷膜截留量≤5%,单组陶瓷膜通量 1.5 m³/h,电渗析脱氯率在 0~98%内可控可调,50%脱氯时,电渗析物料损失率<10%,处理后物料不产生异味,日处理能力≥20 m³。

8.3.1 电渗析技术处理烟草提取液生产应用关键设备的开发

8.3.1.1 净化过滤系统-陶瓷膜选择

沉降后上清液中杂质含量相对较多,直接进入电渗析进行脱氯容易导致电渗析膜堆污染,影响膜通量及膜处理效率,因此,在进入电渗析处理前,需对料液进行净化处理。选择不同孔径的净化过滤系统对 10%浓度的提取液进行前处理,分别记录其膜通量随时间的变化趋势(图 8-9 和图 8-10)。

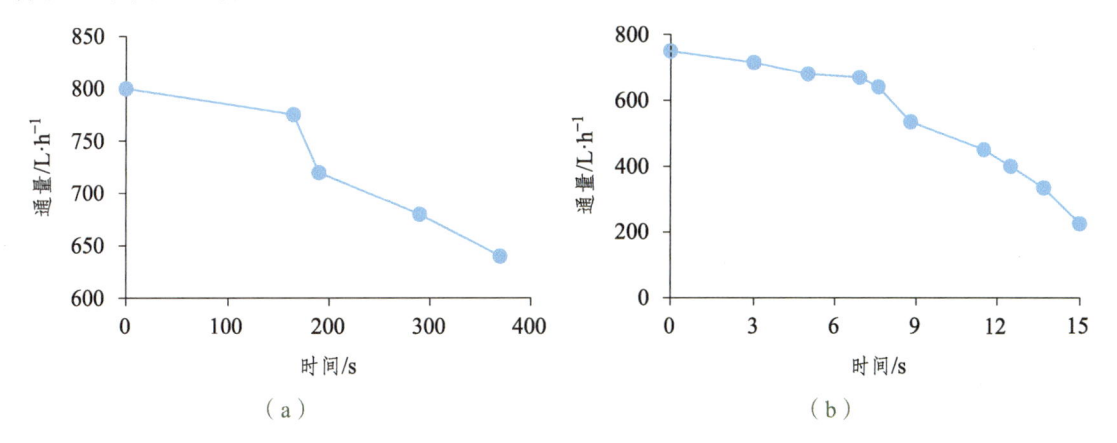

图 8-9 10 W 超滤膜通量(a)和 5 W 超滤膜通量(b)随时间变化趋势图

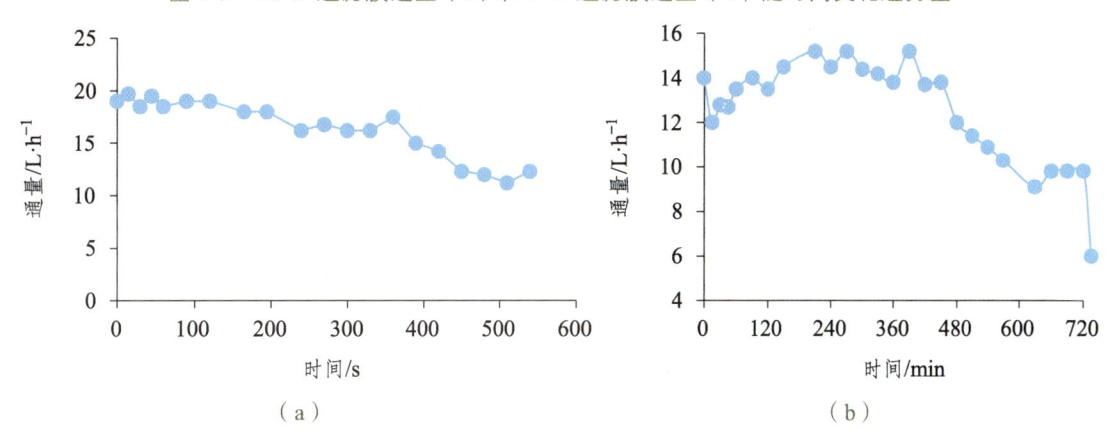

图 8-10 200 nm 陶瓷膜通量(a)和 50 nm 陶瓷膜通量(b)随时间变化趋势图

分子量截留分别为 5 W 和 10 W 的超滤膜过滤梗上清液，膜通量快速下降，表明超滤方式不适合梗上清液电渗析的预处理；孔径为 200 nm 陶瓷膜过滤梗上清液，通量呈缓慢下降趋势，运行 6 h 后，通量尚能保持初始状态的 80%，表明陶瓷膜适合梗上清液电渗析的预处理。200 nm 和 50 nm 陶瓷膜处理梗上清液时，膜通量的变化表现出一定的差异性，相同的处理时间，200 nm 的陶瓷膜处理效率高于 50 nm 的处理效率，从设备投资的经济性考虑，选择 200 nm 的陶瓷膜作为梗上清液的电渗析预处理设备。

陶瓷膜对高分子物质的截留情况见图 8-11 和图 8-12。

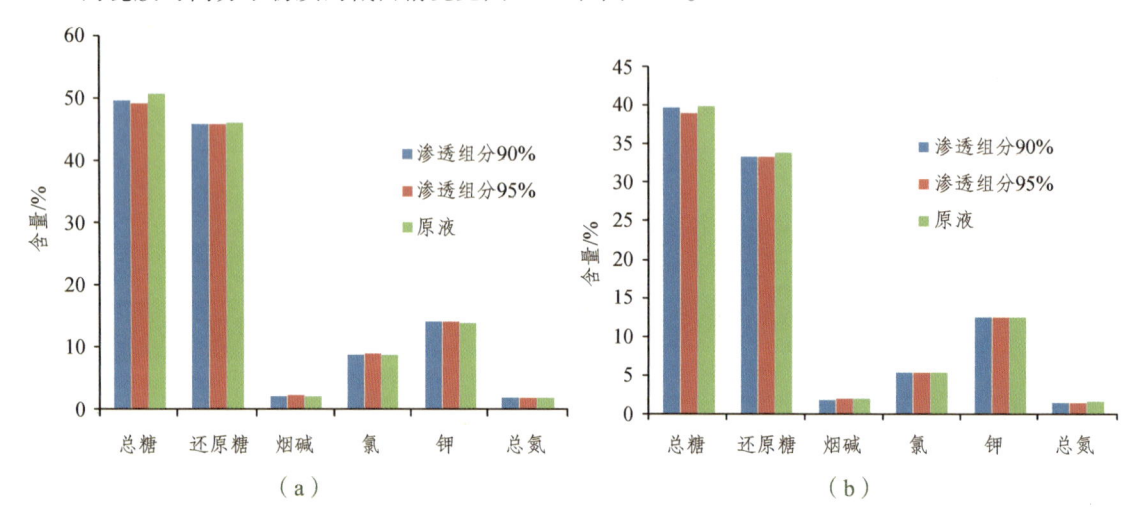

图 8-11　200 nm 陶瓷膜（a）和 50 nm 陶瓷膜（b）处理后渗透组分的常规化学分析

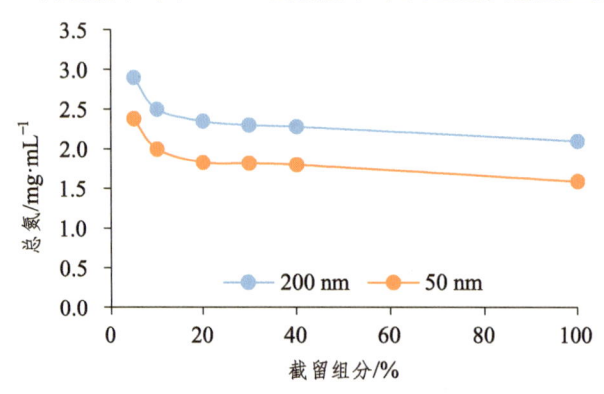

图 8-12　200 nm 和 50 nm 陶瓷膜过滤过程中总氮含量的变化

注：截留组分 100% 即为原液。

5% 截留组分中高分子含量占烟梗提取液固含物比例见表 8-5。

表 8-5　5% 截留组分中高分子占提取液固含物比例

5% 截留组分	高分子/提取液固含物
200 nm	1.07 ~ 1.23
50 nm	1.57 ~ 1.81

200 nm 和 50 nm 陶瓷膜处理梗上清液时，渗透液与原液相比，常规化学成分变化不明显，

截留液与原液相比，常规化学成分变化较明显，突出表现在含氮量的升高，系截留高分子的蛋白质所引起。

渗透液制备的产品感官质量好于原液制备的产品，主要表现在刺激性的下降和余味更舒适。

无机陶瓷膜分离技术是基于多孔陶瓷介质的筛分效应而进行的物质分离技术，采用"错流过滤"方式：即在压力驱动下，原料液在膜管内侧膜层表面以一定的流速高速流动，小分子物质（液体）沿与之垂直方向透过微孔膜，大分子物质（或固体颗粒）被膜截留，使流体达到分离浓缩和纯化的目的。建立于无机材料科学基础上的无机陶瓷膜具有聚合物分离膜所无法比拟的一些优点：耐高温，可实现在线消毒；化学稳定性好，能抗微生物降解；对于有机溶剂、腐蚀气体和微生物侵蚀表现良好的稳定性；机械强度高，耐高压，有良好的耐磨、耐冲刷性能；孔径分布窄，分离性能好，渗透量大，可反复清洗再生，使用寿命长。

根据运行的数据统计结果，同时考虑系统的处理效率，制定了 200 nm 陶瓷膜进料标准，见表 8-6。

表 8-6 进料标准

名称	浓度/%	悬浮物含量/%
指标	8~10	≤1.2

8.3.1.2 电渗析膜

离子交换膜是电渗析膜堆的最重要配件，是本工艺的核心产品。IONTECH 是采用特殊配方及工艺生产制造的阴阳离子交换膜，研究表明此种膜具有最佳的工程效果，此类产品属于机械性能改进的特种电渗析膜，膜面致密，能有效防止有用物料的损失；交换容量高，能在较短时间内脱除较多离子；面电阻低，使用能耗较低；膜面密封效果好，不易泄漏；化学性能更稳定，耐酸、碱性更好，更耐污染。其性能参数如表 8-7 所示。

表 8-7 电渗析性能参数

指标名称	单位	技术指标值 IONTECH-CM-08	IONTECH-AM-08
含水率	%	35~50	30~45
交换容量≥	mol/kg（干）	2.6	2.4
膜面电阻（0.1 mol NaCl）≤	$\Omega \cdot cm^2$	10	12
选择透过率（0.1mol KCl/0.2 mol KCl）≥	%	92	90
脱盐率（一次）	%	30~40	30~40
爆破强度≥	MPa	0.6	0.6
尺寸变化率（纵、横）≤	%	2	2
化学稳定性	pH	1~13	1~13
热稳定性	°C	5~40	5~40
厚度	mm	0.42±0.03（干）	0.42±0.03（干）
面积	mm^2	400×1600	400×1600
水的压差透过时间（0.2 MPa，0.1 mL）	min	80~90	80~100

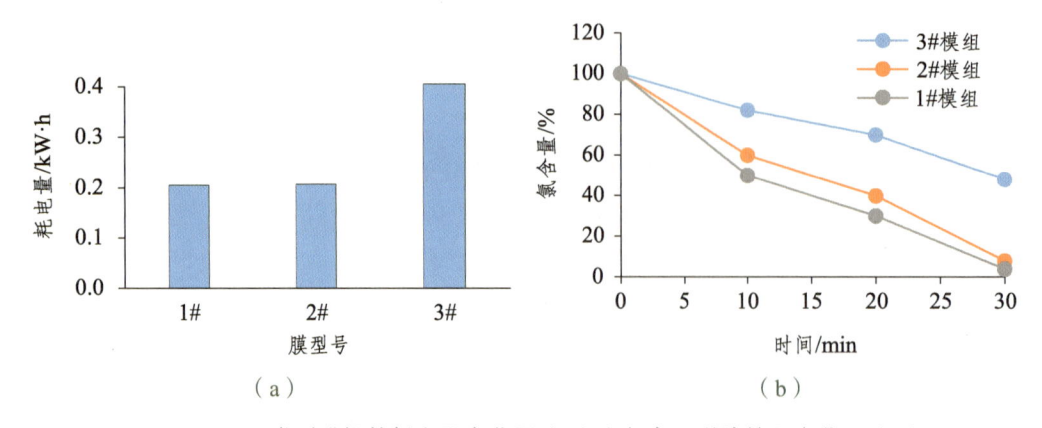

图 8-13　不同类型膜组其耗电量变化图（a）和氯离子脱除效果变化图（b）

不同的膜因材质的差异，性能也有差异，对不同的物料具有不同的适应性（图 8-13）。从对物料氯离子的脱除速度及脱除相同量所需要的能耗角度看，1 号膜更适宜烟草物料的脱氯。

8.3.2　电渗析技术处理烟草提取液生产应用总体工艺设计

选定 200 nm 陶瓷膜作为电渗析系统的预处理，经陶瓷膜处理后的透过液进入电渗析系统，电渗析系统承担了主要的脱盐任务。经电渗析膜脱盐装置处理，烟梗提取液中的氯离子被分离出来，梗上清液处理工艺流程如图 8-14 所示。

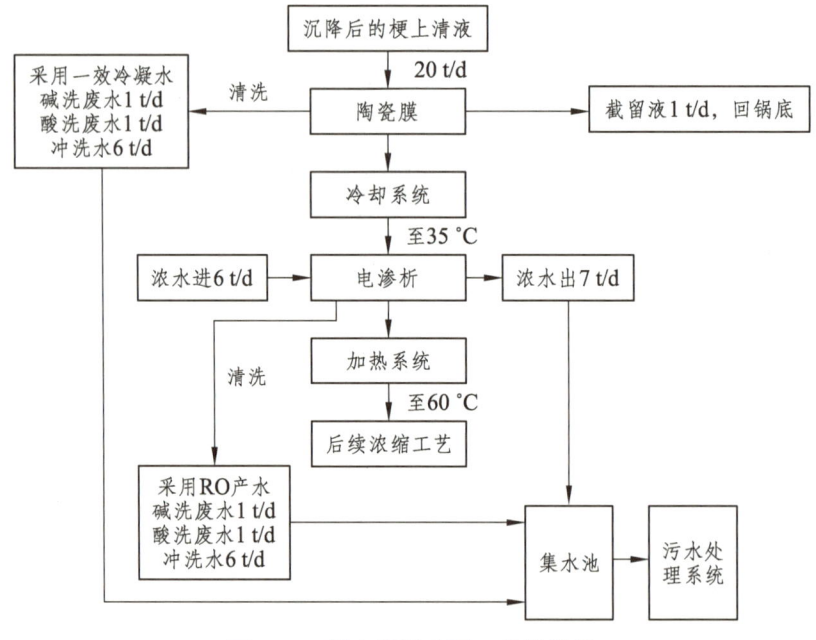

图 8-14　梗上清液处理工艺流程图

8.4　电渗析技术处理烟草提取液生产运行情况

电渗析技术处理烟草提取液生产现场如图 8-15 所示。该中试生产线由 2 组 16 m² 陶瓷膜构成的预处理系统和 4 台 128 m² 电渗析器构成的电渗析系统组成，设计能力为日处理烟梗提取液 20 m³。调试运行结果表明，该中试验证平台技术指标达到设计要求，运行时主要技术指标如下：陶瓷膜截留量≤5%，单组陶瓷膜通量 1.5 m³/h，电渗析脱氯量在 0~98% 内可控可调，50% 脱氯时，电渗析物料损失率<10%，处理后物料不产生异味，日处理能力≥20 m³。

(a)　　　　　　　　　　　　(b)

图 8-15　电渗析中试生产线

目前，电渗析中试生产线已完全实现与再造烟叶生产车间的连接，可满足有调控需求的再造烟叶产品的使用。电渗析中试验证平台试运行以来，共在 3 个在产产品中得以应用：C1、C2、C3。以下对三个产品的试运行数据进行总结，C2 的所有产品均使用电渗析技术，根据梗膏化学指标实际进行电渗析梗膏的添加，满足了产品质量控制要求。

8.4.1　陶瓷膜净化梗提取液的效果

表 8-8 是梗沉降上清液的数据检测结果，各检测指标变异系数相对较大，其中悬浮物变异系数最大，来料悬浮物和固含量直接影响陶瓷膜的处理效率。

表 8-8　梗沉降上清液检测结果　　　　　　　　　　　　单位：%

名称	水溶性糖	总植物碱	氯	钾	总氮	硝酸盐	悬浮物	固含量
样本量	119	120	120	120	119	120	136	143
平均值	3.51	0.15	0.34	0.97	0.43	0.18	1.48	12.16
变异系数	17.02	36.22	16.47	15.47	15.36	20.29	54.84	11.14
最大值	4.95	0.44	0.44	1.18	0.60	0.25	5.7	16.81
最小值	2.11	0.05	0.05	0.147	0.127	0.004	0.25	8.68

梗上清液经陶瓷膜前处理后，各检测指标均有不同程度的变化（表 8-9、表 8-10 和图 8-16），由于陶瓷膜的截留作用，经陶瓷膜后梗提液的固含量下降，降幅约 8.31%，由于提取液浓度发生变化，扣除浓度变化对其他指标的影响因素，对其他指标占绝干物的比例进行统计比较。下降幅度最大的为悬浮物（降幅 53.57%），其次为水溶性糖（降幅 4.95%），氯（增幅 5.71%）、钾（增幅 5.64%）占绝干物的比例有一定的增加，有少许增加但幅度不大的是总植物碱、总氮和硝酸盐。

表 8-9　陶瓷膜处理后提取液检测结果　　　　　　　　　　　　　　　　　单位：%

名称	水溶性糖	总植物碱	氯	钾	总氮	硝酸盐	悬浮物	固含量
样本量	119	120	120	120	119	120	136	143
平均值	3.06	0.14	0.33	0.94	0.40	0.17	0.63	11.15
变异系数	24.34	38.83	17.15	14.95	19.41	27.84	68.55	11.84
最大值	4.88	0.42	0.43	1.15	0.94	0.25	3.52	13.57
最小值	1.12	0.030	0.05	0.22	0.11	0.01	0.03	5.63

表 8-10　陶瓷膜处理前后提取液平均值（占绝干物比例）的比较　　　　　单位：%

名称	水溶性糖	总植物碱	氯	钾	总氮	硝酸盐	悬浮物	固含量
进陶瓷膜前	28.87	1.23	2.80	7.98	3.54	1.48	12.17	12.16
进陶瓷膜后	27.44	1.26	2.96	8.43	3.59	1.52	5.65	11.15
变化率/%	-4.95	2.44	5.71	5.64	1.41	2.70	-53.57	-8.31

注："-"值表示过陶瓷膜后指标降低。

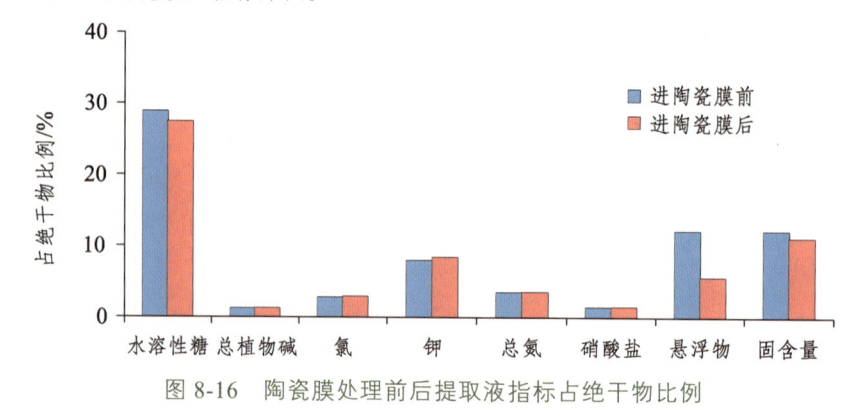

图 8-16　陶瓷膜处理前后提取液指标占绝干物比例

8.4.2　电渗析脱盐效果

电渗析处理后提取液的固含量下降，平均降幅为 11.48%，三种盐类指标的平均降幅为：硝酸盐>氯>钾，由于其他主要指标降幅明显，水溶性糖增幅达 14.81%，总氮增幅 10.14%，总植物碱变化幅度不大（表 8-11、表 8-12、图 8-17）。

表 8-11　电渗析处理后提取液检测结果　　　　　　　　　　　　　　　　单位：%

名称	水溶性糖	总植物碱	氯	钾	总氮	硝酸盐	固含量
样本量	119	120	120	120	119	120	143
平均值	3.11	0.12	0.07	0.38	0.39	0.02	9.87
变异系数	22.12	46.26	51.90	26.56	36.90	151.77	32.36
最大值	4.75	0.40	0.27	0.82	1.11	0.16	44.02
最小值	0.98	0.007	0	0.18	0.10	0	6.96

表 8-12 电渗析处理前后提取液平均值（占绝干物比例）的比较　　　　　单位：%

项目	水溶性糖	总植物碱	氯	钾	总氮	硝酸盐	固含量
电渗析前	27.44	1.26	2.96	8.43	3.59	1.52	11.15
电渗析后	31.51	1.22	0.71	3.85	3.95	0.20	9.87
变化率/%	14.81	-3.17	-76.04	-54.33	10.14	-86.71	-11.48

注："-"值表示过电渗析后指标降低。

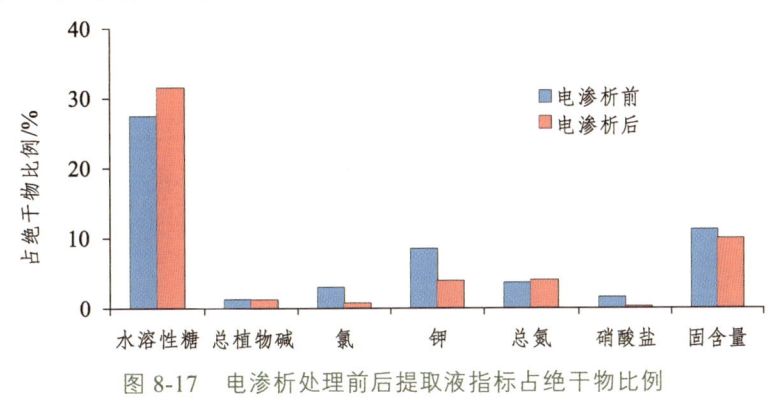

图 8-17 电渗析处理前后提取液指标占绝干物比例

8.4.3 中试生产线提取液脱盐效果

提取液经电渗析中试验证平台处理后，由于经陶瓷膜和电渗析的处理，提取液的固含量逐渐降低，总氮和水溶性糖占比升高，三个盐类指标的降幅大小依次为：硝酸盐>氯>钾，总植物碱占比变化较小（表 8-13 和图 8-18）。

表 8-13 中试生产线处理前后提取液平均值（占绝干物比例）及变化幅度　　　单位：%

项目	水溶性糖	总植物碱	氯	钾	总氮	硝酸盐	固含量
进陶瓷膜前	28.87	1.23	2.80	7.98	3.54	1.48	12.16
出电渗析	31.51	1.22	0.71	3.85	3.95	0.20	9.87
变化率/%	9.16	-1.44	-74.63	-51.74	11.74	-86.31	-18.83

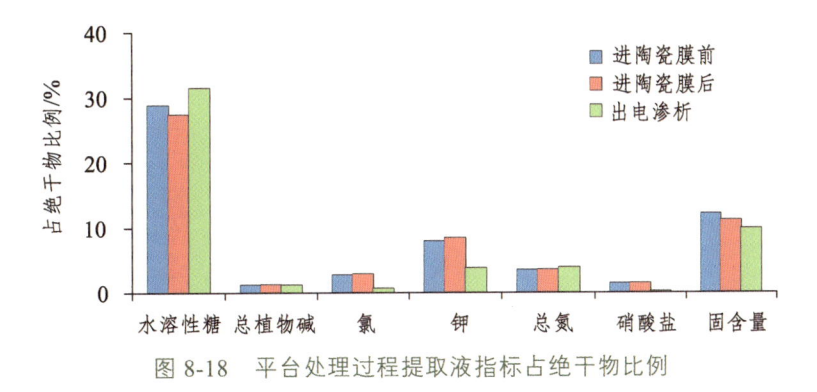

图 8-18 平台处理过程提取液指标占绝干物比例

8.4.4 电渗析脱氯的中试效果感官评价

对氯离子和硝酸盐调控技术的原料配方和生产工艺参数进行了适当调整，烟梗提取液中的氯离子利用电渗析技术进行离线处理：烟梗提取液过滤除去细小颗粒，在淡室注入 5 kg 烟梗提取液，浓室注入等量自来水，电压设置为 20 V，电渗析时间 45 min（氯离子脱除率约 80%），收集淡室物料，浓缩至所需浓度后，与叶膏等按一定比例进行涂布液调配。

对调控产品进行了常规化学成分检测，结果如表 8-14 所示。与对照样品相比，调控产品 DL 氯离子含量下降 50.83%，降低幅度超过 15%；硝酸盐含量下降 44.6%。

表 8-14　氯和硝酸盐调控功能性产品化学指标　　　　　　　　　　　单位：%

样品名称	总糖	钾离子	还原糖	总植物碱	氯离子	总氮	硝酸盐
C	10.62	2.13	8.10	1.23	1.20	1.74	0.56
DL	10.83	1.05	8.19	1.25	0.59	1.41	0.31

将所得中试产品 DL 与对照产品 C 进行对比评价，经 7 人小组感官评价，结果如表 8-15 所示。低氯离子产品的烟气浓度、香气量无明显变化，但香气纯净度有所提升，杂气、刺激性方面有所降低，余味干净度和舒适性改善相对明显。

表 8-15　感官评价结果

样品	感官品质对比描述
C	浓度相对适中，香气质地较为粗糙，刺激较明显，烟气有灼热感，有枯焦杂气与木质杂气，口腔残留感较明显
DL	烟气浓度中等，香气较透发，丰富性相对较好，刺激小，无明显尖刺感，杂气较轻，木质杂气稀有，余味舒适、较干净，微有灼热感

综上所述，电渗析技术可高效脱除提取液的氯离子和硝酸盐，脱除率可达 99%以上，通过脱除烟梗提取液中的氯离子可调控再造烟叶产品中氯含量，此方法具有可调控性强、物料损失较小等优点。

8.4.5　电渗析梗膏与在线梗膏的数据比较

对电渗析中试验证平台试生产期间的电渗析梗膏和同一产品的在线梗膏进行数据统计（详见表 8-16 和表 8-17、图 8-19）。

表 8-16　梗膏数据监测结果　　　　　　　　　　　　　　　　　　　单位：%

项目		水溶性糖	总植物碱	氯	钾	总氮	硝酸盐	固含量
电渗析梗膏	平均值	15.36	0.69	0.21	1.95	1.04	0.09	45.98
	变异系数	6.96	8.72	69.79	13.76	14.83	112.30	2.68
	最大值	17.81	0.97	1.27	3.58	1.48	0.80	49.67
	最小值	11.77	0.56	0.09	1.41	0.43	0.00	42.87
在线梗膏	平均值	13.07	0.65	1.24	3.57	1.02	0.70	43.94
	变异系数	6.45	11.18	15.10	7.07	15.89	14.91	3.59
	最大值	15.80	1.00	1.63	4.18	1.46	1.06	51.05
	最小值	11.66	0.53	0.15	2.39	0.44	0.22	42.01

表 8-17　电渗析梗膏和在线梗膏（占绝干物比例）的比较　　　　单位：%

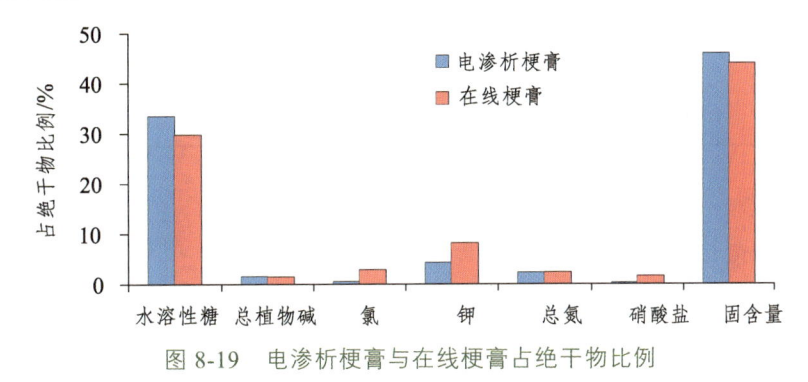

项目	水溶性糖	总植物碱	氯	钾	总氮	硝酸盐	固含量
电渗析梗膏	33.41	1.51	0.46	4.24	2.27	0.19	45.98
在线梗膏	29.75	1.49	2.83	8.14	2.32	1.59	43.94
变化率/%	12.31	1.29	-83.73	-47.88	-2.25	-88.14	4.64

图 8-19　电渗析梗膏与在线梗膏占绝干物比例

相对于在线梗膏，电渗析梗膏的水溶性糖占比增加明显，盐类离子降幅：硝酸盐>氯>钾，总植物碱、总氮变化幅度不大，由于提取液经陶瓷膜净化处理后，悬浮物明显下降，浓缩时均由相同密度作为膏体质量控制指标的电渗析梗膏和在线梗膏，测定水溶性固含物进行比较，电渗析梗膏的水溶性固含物均有一定升高。梗膏测试数据的变化趋势同提取液分析结果。

8.5　高梗再造烟叶产品的开发和再造烟叶产品的改造

8.5.1　高梗再造烟叶产品的开发

再造烟叶产品品质和产品稳定性与原料密切相关，当原料采购压力较大，烟草原料库存中烟梗原料占比较大时，原料配方中的梗原料占比会相应提高，由原料配方中的梗占比提升将带来以下变化：① 产品 Cl^-、NO_3^- 含量升高；② 烟气烟碱量降低；③ 烟气浓度不够，劲头偏低。为应对原料压力带来的配方变化，在烟梗配比增高的同时，再造烟叶品质仍能满足质量需求。

以在产某一再造烟叶产品的原料配方为基准，以脱氯量为 50% 的电渗析梗膏和正常叶膏进行配比完成片基涂布试验，涂布液按梗膏、叶膏固含量一致进行调配，以 50%正常梗膏+50%正常叶膏为对照样，具体试验设计见表 8-18。

表 8-18　试验设计

样品编号	梗膏占比/%	叶膏占比/%
对照	50	50
1#	60	40
2#	70	30
3#	80	20

续表

样品编号	梗膏占比/%	叶膏占比/%
4#	90	10
5#	100	0

注：梗膏、叶膏占比以绝干浓度计算。

正常梗膏与脱氯50%电渗析梗膏检测数据见表8-19。绝干梗膏中的氯离子降幅为50%时，硝酸盐降幅达52.15%，钾离子降幅达32.74%，总氮和总植物碱有变化。

表8-19　正常梗膏与脱氯50%电渗析梗膏的化学指标　　　　单位：%

名称	水溶性糖	总植物碱	氯	钾	总氮	硝酸盐	固含量
在线梗膏	11.66	0.64	1.157	3.38	1.14	0.7	42.87
在线梗膏（占绝干）	27.20	1.49	2.70	7.88	2.66	1.63	—
脱氯50%电渗析梗膏	13.93	0.72	0.66	2.60	1.29	0.38	49.1
脱氯50%电渗析梗膏（占绝干）	28.37	1.47	1.35	5.30	2.62	0.78	—
变化率/%	4.30	-1.34	-50.00	-32.74	-1.50	-52.15	—

注：变化率的"-"值代表电渗析梗膏的指标下降。

在线使用的叶膏的常规化学指标如表8-20所示。

表8-20　使用叶膏指标检测结果　　　　单位：%

名称	水溶性糖	总植物碱	氯	钾	总氮	硝酸盐	固含量
在线叶膏	12.78	1.37	0.90	2.27	1.11	0.49	47.31
在线叶膏（占绝干）	27.01	2.90	1.90	4.80	2.35	1.04	—

按照试验设计，每个样品的梗膏全部采用电渗析梗膏，不同样品的涂布液化学指标（按绝干计）情况如表8-21所示。

表8-21　全部采用电渗析梗膏的涂布液化学指标　　　　单位：%

样品编号	总糖	总植物碱	氯	钾	总氮	硝酸盐
对照	10.84	0.88	0.92	2.54	1.00	0.53
D-对照	11.08	0.87	0.65	2.02	0.99	0.36
D-1#	11.13	0.82	0.63	2.04	1.00	0.35
D-2#	11.19	0.76	0.61	2.06	1.02	0.34
D-3#	11.24	0.70	0.58	2.08	1.03	0.33
D-4#	11.29	0.65	0.56	2.10	1.04	0.32
D-5#	11.35	0.59	0.54	2.12	1.05	0.31

注："D-"表示使用电渗析梗膏。

与对照相比，使用相同比例电渗析梗膏的D-对照样的涂布液中氯、钾和硝酸盐都有明显降幅，降低幅度分别达到了 29.33%、20.35%和 31.89%，总糖有一定增幅。随着电渗析梗膏使用比例的升高，氯、硝酸根和钾离子呈下降趋势。

为保证开发的高梗再造烟叶产品的化学指标（氯离子）与对照最为接近，采用电渗析梗膏对涂布液化学指标进行调控，且从开发产品的经济性考虑，尽量控制电渗析梗膏的使用比例，各样品涂布液的电渗析梗膏使用比例和化学指标如表 8-22 所示。

表 8-22　高梗试验设计及涂布液化学指标　　　　　　　　　　　　　　　　　　　　单位：%

样品编号	正常梗膏	电渗析梗膏	叶膏	水溶性糖	总植物碱	氯	钾	总氮	硝酸盐
对照	50	—	50	10.84	0.88	0.92	2.54	1.00	0.53
1#	54	6	40	10.88	0.82	0.92	2.60	1.01	0.54
2#	58	12	30	10.91	0.76	0.92	2.66	1.02	0.54
3#	62	18	20	10.95	0.71	0.92	2.72	1.04	0.54
4#	66	24	10	10.98	0.65	0.92	2.78	1.05	0.55
5#	70	30	0	11.02	0.59	0.92	2.84	1.06	0.55

电渗析梗膏的使用比例最高占比为 30%，根据脱氯程度对电渗析梗膏的影响、梗叶比对再造烟叶 CO 释放量的影响研究结果，以上设计不会对烟气指标带来负面影响。

样品感官质量评价结果为：对照≥1#>2#>3#>4#>5#，随烟梗比例升高，烟气浓度逐渐降低，尤其是梗用量超过 70%以后，烟香损失较大，烟气浓度稀释明显，感官质量明显变差。1#样品：香气无明显下降，香气较清晰，木质杂气略有上升；2#样品香气量和烟气浓度有所下降，杂气微有上升，但余味干净舒适。

确定对 2#样品进行涂布液配方开发。对不同糖类、有机酸类和天然提取物类的添加效果分别进行了评价。涂布后再造烟叶的感官评吸结果见表 8-23。

表 8-23　糖类感官评吸结果

样品	添加浓度	评价结果				
		香气	刺激	谐调	杂气	余味
RT-A	0.1%	=	=	↓	↓	=
RT-A	0.2%	↓	=	↓	↓	=
RT-B	0.1%	↑	↓	=	=	=
RT-B	0.2%	↑	↓	↓	↓	↓
RT-C	0.1%	=	↑	=	=	↑
RT-C	0.2%	↑	↑	=	=	↑
RT-D	0.1%	↓	↑	↓	=	=
RT-D	0.2%	↓	↑	↓	=	=

注：①↑表示与对照相比有所提升；↓表示与对照相比有所下降；=表示与对照相当。
　　②添加浓度按烟膏量进行计算后添加。

添加 RT-A 后，舒适性改善不大，且谐调和杂气方面与对照相比有所下降；添加 RT-B 后，对照相比舒适性有所下降；添加 RT-C 后，与对照相比，舒适性提升，且对香气、谐调、杂气和余味没有负面影响；添加 RT-D 后，卷烟的舒适性有所提升，但是对卷烟的香气和谐调性影响较大。根据评吸结果,选择 RT-C 用于高梗再造烟叶开发的涂布液配方。

添加有机酸卷烟的感官评吸结果见表 8-24。添加 S-1 后,舒适性明显改善,余味较好,且对香气、谐调、杂气没有负面影响;添加 S-2 后,与对照相比舒适性没有明显改善,且香气稍沉闷;添加 S-3 后,与对照相比没有明显变化;添加 S-4 后,卷烟的舒适性、香气、谐调均不如对照。根据评吸结果,选择 S-1 用于高梗再造烟叶开发的涂布液配方。

表 8-24 有机酸类感官评吸结果

样品	添加浓度	评价结果				
		香气	刺激	谐调	杂气	余味
S-1	0.1%	=	↑	↑	=	↑
S-1	0.2%	↑	↑	=	=	↑
S-2	0.1%	↓	=	=	=	=
S-2	0.2%	↓	=	=	=	=
S-3	0.1%	=	=	=	=	=
S-3	0.2%	=	=	=	=	=
S-4	0.1%	↓	↓	↓	=	=
S-4	0.2%	↓	↓	↓	=	=

注:↑表示与对照相比有所提升;↓表示与对照相比有所下降;=表示与对照相当。

添加天然提取物的卷烟的感官评吸结果见表 8-25。R-4 可以赋予清甜香韵,并且对再造烟叶的其他抽吸品质如刺激、谐调、杂气、余味没有负面影响,选择其用于高梗再造烟叶开发的涂布液配方。

表 8-25 天然提取物类感官评价结果

样品	添加浓度	评价结果				
		香气特征	刺激	谐调	杂气	余味
R-1	0.1%	弱药草香	↑	↓	↓	=
R-1	0.2%	弱药草香	↑	↓	↓	=
R-2	0.1%	青香	↑	=	=	=
R-2	0.2%	青香	↑	=	=	=
R-3	0.1%	甜香	=	↓	=	=
R-3	0.2%	甜香	=	↓	↓	=
R-4	0.1%	果香	=	=	=	=
R-4	0.2%	果香	=	=	=	=

注:↑表示与对照相比有所提升;↓表示与对照相比有所下降;=表示与对照相当。

对 RT-C、S-1、R-4 进行复配后加入烟膏形成涂布液,对涂布后的再造烟叶进行烘干、平衡、切丝、打烟,感官质量评价结果见表 8-26。

表 8-26　高梗样品感官质量评价结果

样品编号	RT-C/%	S-1/%	R-4/%	梗膏/%	电渗析梗膏/%	叶膏/%	感官质量
GG	0.2	0.2	0.1	58	12	30	与对照比较，杂气、刺激性有一定改善，烟气谐调性增加

电渗析梗膏在高梗再造烟叶产品的开发中对于调节化学成分有明显效果，采用调香技术可在一定程度上改善高梗配方带来的抽吸品质问题，但高梗再造烟叶产品的开发需要综合原料配方技术，调香技术等多项技术的使用，需要集中、调动多方资源共同努力完成。

8.5.2　再造烟叶产品的改造

改造后 C4 产品的化学指标需满足：Cl^-（%）≤0.8%，NO_3^-（%）≤0.4%，产品化学指标的波动与原料配方及原料化学指标的波动密切相关，通过电渗析梗膏的使用调节产品化学指标可以实现对氯离子和硝酸根的调控，使用量由电渗析梗膏的离子脱除率、原梗膏中的离子含量和涂布液配方直接决定。

生产线取得 C4 在线梗膏和电渗析处理后的相应梗膏和生产监控数据见表 8-27。

表 8-27　生产监控数据

名称	Cl^-/%	NO_3^-/%	Cl^-（占绝干）/%	NO_3^-（占绝干）/%	固含量/%
C4 在线梗膏	1.20	0.65	2.90	1.57	41.41
C4 在线叶膏	0.91	0.44	1.92	0.93	47.41
C4 电渗析梗膏	0.164	0.023	0.36	0.049	45.98

据 C4 产品的涂布液配方中梗膏占 33%，叶膏占 67%，梗叶膏掺配后涂布液（40%固含量）氯离子为：0.90%，硝酸根为 0.8%，针对同一脱盐程度的电渗析梗膏，涂布液中的氯离子和硝酸根随电渗析梗膏用量的增加逐渐降低。而涂布液中氯离子和硝酸盐的比例与成品中的含量密切相关，离子型成分全部来源于烟膏，而片基中的含量近乎为 0，电渗析梗膏（绝干）占烟膏（绝干）比例为 10% 时，40%固含量的烟膏中 Cl^- 和 NO_3^- 的含量分别为 0.80%、0.40%，成品中的氯离子和硝酸盐必定小于 0.80%和 0.40%（表 8-28）。

表 8-28　烟膏（40%固含量）数据核算

编号	名称	氯离子（占绝干）/%	Cl^-/%	NO_3^-（占绝干）/%	NO_3^-/%
K	对照烟膏（叶膏、梗膏质量比=67:33）	2.24	0.90	1.14	0.46
X	烟膏（叶膏、梗膏、电渗析梗膏质量比=67:23:10）	1.99	0.80	0.99	0.40

添加 10%电渗析梗膏后的成品中的氯离子（%）和硝酸盐（%）推算示例：

成品 Cl^-（%）$= \dfrac{37 \times 1.99\%}{96} \times 100\% = 0.77\%$

成品 NO_3^-（%）$= \dfrac{37 \times 0.99\%}{96} \times 100\% = 0.38\%$

按照 C4 产品的烟膏进行梗叶膏配比，对照（K）使用正常梗膏，样品（X）为使用 10%的电渗析梗膏，采用 YX-6 片基进行烟膏涂布，感官评价结果见表 8-29。

表 8-29　C4 改造产品内在质量评价结果

评委	排序	X#	K#
A	X>K	3	0
B	X≈K	1	1
C	X≈K	1	1
D	X>K	3	0
E	X≈K	1	1
F	X≥K	2	0
G	X≈K	1	1
合计		12	4
排序		X>K	

注：显著优于">"为 3 分，稍优于"≥"为 2 分，基本无差异"≈"为 1 分。

电渗析梗膏在 10%的用量内不会对产品质量带来负面影响。目前，涂布液配方中对电渗析梗膏的用量为 0~10%，再造烟叶产品生产上可根据电渗析梗膏产量及产品指标需求在 0~10%内进行自主调控。近几年来，多个再造烟叶产品使用了电渗析调控技术，产品质量指标氯离子和硝酸根离子含量、感官质量均符合要求。

综上所述，应用电渗析技术降低梗提取液中无机盐含量的研究结果表明电渗析用于调控再造烟叶产品的无机盐含量在技术上是可行的，电渗析技术不仅能解决产品氯离子和硝酸盐含量偏高问题，缓解原料结构性矛盾，还能为产品化学成分、烟气成分的调控拓展空间，在特色产品、低危害产品的开发，产品质量的稳定，以及感官品质和安全性的提升方面都有广阔的应用空间。

可采用电渗析技术处理烟草提取液对提取液进行脱盐，利用该技术对不同离子成分脱除效率的差异实现对化学指标的有效定向分离和调控，提升产品品质，该方法再造烟叶质量调控由"做加法"向"做减法"的转变典型实例，同时我们首次实现电渗析技术在烟草领域的产业化应用。

参考文献

[1] 孔宁川，王保兴，徐广晋，等. 一种造纸法再造烟叶硝酸盐及亚硝酸盐含量的控制方法：CN103330277A[P]. 2013-10-02.
[2] 孔宁川，王保兴，郭生云，等. 一种造纸法再造烟叶氯含量的控制方法：CN103330278A[P].

[3] 葛少林，徐迎波，张玲珑，等. 一种造纸法再造烟叶萃取液阴离子组分调控方法：CN103082394A[P]. 2013-05-08.

[4] 孔宁川，王建，马迅，等. 一种降低造纸法再造烟叶铵根含量的方法：CN103815536A[P]. 2014-05-28.

[5] 佘世科，葛少林，张朝，等. 一种造纸法再造烟叶萃取液中铵离子的选择性调控方法：CN105148734A[P]. 2015-12-16.

[6] 葛少林，佘世科，张朝，等. 一种造纸法再造烟叶萃取液中硝酸盐和亚硝酸盐的选择性调控方法：CN105148735A[P]. 2015-12-16.

[7] 向海英，王建，马迅，等. 烟梗提取液中氯离子的电渗析法脱除[J]. 烟草科技，2015，48（01）：72-75.

[8] 丁朦朦. 基于电渗析技术的再造烟叶热解过程与烟气组分的研究[D]. 合肥：中国科学技术大学，2016.

[9] 葛少林，朱栋梁，徐迎波，等. 一种利用电渗析法降低再造烟叶浓缩液中TSNA和硝酸盐含量的方法：CN104351943B[P]. 2016-02-10.

[10] 陶文梅，史近文，卫青，等. 壳聚糖季铵盐在选择性降低造纸法再造烟叶氯离子上的应用：CN104687235B[P]. 2017-12-01.

[11] 孔宁川，王保兴，向海英，等. 一种低NNK释放量的造纸法再造烟叶的制备方法：CN104738807B[P]. 2017-11-10.

[12] 汪耀明，李为，李传润，等. 一种通过电渗析技术调控烟草提取或萃取液中糖碱比的方法：CN106474926A[P]. 2017-03-08.

[13] 汪耀明，李为，吴亮，等. 一种连续去除烟草提取或萃取液中氯和硝酸盐的方法：CN105481152B[P]. 2018-05-29.

[14] 刘晶，李姗姗，王保兴，等. 一种在线控制电渗析处理烟梗提取液离子脱除程度的方法：CN110693065A[P]. 2020-01-17.

[15] 张朝，孙丽莉，彭晓萌，等. 一种电渗析处理造纸法再造烟叶萃取液过程中膜污染的清洗方法：CN111672326A[P]. 2020-09-18.

[16] 葛少林，张召，颜海洋，等. 电渗析用于烟草薄片中氯离子和硝酸根离子选择性去除研究[J]. 安徽化工，2020，46（04）：19-24.

[17] 徐冰霞，孙丽莉，彭晓萌，等. 精制液电渗析处理对再造烟叶燃烧热解及烟气有害成分的影响[J]. 安徽农学通报，2021，27（15）：33-36.

9

超分子载体包埋技术研究

9.1 超分子

超分子化学被定义为"超越分子的化学",因为它旨在设计和实施基于通过非共价相互作用力(范德华力、氢键、疏水键、静电引力、电荷转移复合物、偶极相互作用力、主客体相互作用)结合在一起的功能化学系统。在超分子化学的不断向前发展的过程中,产生了一系列经典的超分子大环化合物,包括冠醚(Crown ether)、环糊精(Cyclodextrin)、柱芳烃(Pillar[n]arene)、半瓜环(Hemicucurbit[6]uril)、杯芳烃(Calix[n]arene)、开环瓜环(Acyclic cucurbit[n]uril)、瓜环(Cucurbit[n]uril)等(结构如下)。此类超分子大环化合物的衍生物极大地丰富了超分子化学的研究与应用。

冠醚　　　　　　　　　　环糊精

柱芳烃　　　　　半瓜环　　　　　杯芳烃

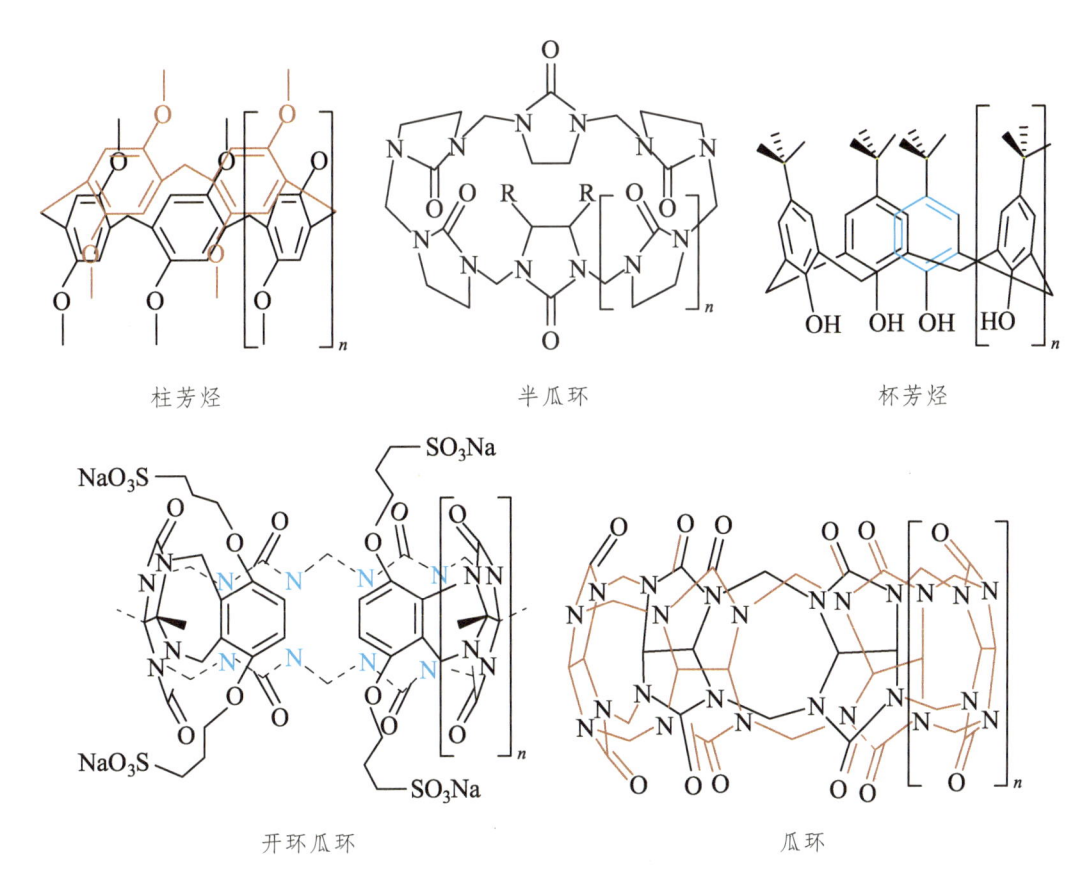

开环瓜环　　　　　瓜环

由于这些大环超分子化合物具有疏水的空腔，可以通过与客体化合物的主-客体相互作用与客体分子结合，从而表现出一系列超过原客体物质的优势，比如水溶性、稳定性、生物利用等，这极大地扩展了一些客体化合物的应用领域。而且其中环糊精、葫芦脲和开环葫芦脲的超分子主体的无毒性已被证明，且环糊精已在食品、药品等行业广泛应用。本章集中制备了几种大环分子，包括瓜环、半瓜环及开环瓜环，完成其中试放大制备，并探索了超分子包埋材料在重组烟草（尤其是加热卷烟）中的应用。

9.2　超分子载体的制备和表征

9.2.1　含苯环（或萘环）的开环瓜环/乙基香兰素包合物的制备及其性能表征

乙基香兰素，又称乙基香草醛，化学名为 3-乙氧基-4-羟基苯甲醛，化学结构式如下所示。呈甜巧克力香气及香兰素特有的芳香气，广泛应用于香料、化妆品、食品添加剂、医药等行业中。乙基香兰素属于广谱型香料，是当今世界上最重要的合成香料之一，是食品添加剂行业中不可缺少的重要原料。

然而，包括乙基香兰素在内的许多香料固有的缺点，如低温挥发性和保留时间短等，极大地限制了它们在食品、化妆品和烟草等行业的进一步应用，加工和储存条件不当可能会导致香气成分发生不可逆转的变化。

利用大环分子作为载体包封致香分子成为近年来流行的方式。大环化学是研究分子间通过非共价键相互作用形成的集合物的科学，是化学、材料、生物、物理等学科的交叉研究热点，其研究领域包括了分子识别、大环分子反应和催化、分子组装、分子和大环分子器件、分子运输和载体设计等。经典的大环分子主体包括环糊精、瓜环、柱芳烃、杯芳烃等。研究表明，大环分子主体可以与客体分子（如致香分子）形成非共价主客体包合物。在包合体系中，客体分子穿透大环分子的空腔，主要通过范德华力、氢键、静电作用结合形成相对稳定的结构。包合物可以增加不溶性物质的溶解度和某些药物分子的抗氧化活性，提高客体分子的化学稳定性和生物利用度。一些研究也表明包合物具有良好的缓释效果。而开环瓜环作为近几年合成出的一种新型的大环分子，具有较好的水溶性和低细胞毒性，其特性在于：具有柔性的 C 型疏水空腔结构（如下所示的分子模型），可以改变芳香侧壁上的基团从而得到具有不同性质和功能的开环瓜环[6]。得益于柔性的疏水空腔，开环瓜环在包封香料、缓释香气的挥发、增强香气质量方面有着比传统大环分子（如环糊精）更广泛的应用前景。

含苯环的开环瓜环（M1）

含萘环的开环瓜环（M2）

因此，通过制备乙基香兰素与含苯环的开环瓜环（M1）的包合物，将乙基香兰素包封在 M1 空腔内，来改善乙基香兰素的固有缺点（如低温挥发性和保留时间短等）。采用饱和水溶液法制备了乙基香兰素与含苯环的开环瓜环（M1）包合物，并采用荧光滴定、NMR、XRD、FT-IR、TGA 以及热释放分析等表征手段对它们的结合行为特征及热响应性能等进行了深入研究。

9.2.1.1 化学计量学

主体和客体之间的化学计量学可以通过荧光测量的 Job 曲线获得。图 9-1 表示了 M1（或 M2）/乙基香兰素包合物的 Job 曲线，它们的化学计量比为 1∶1。

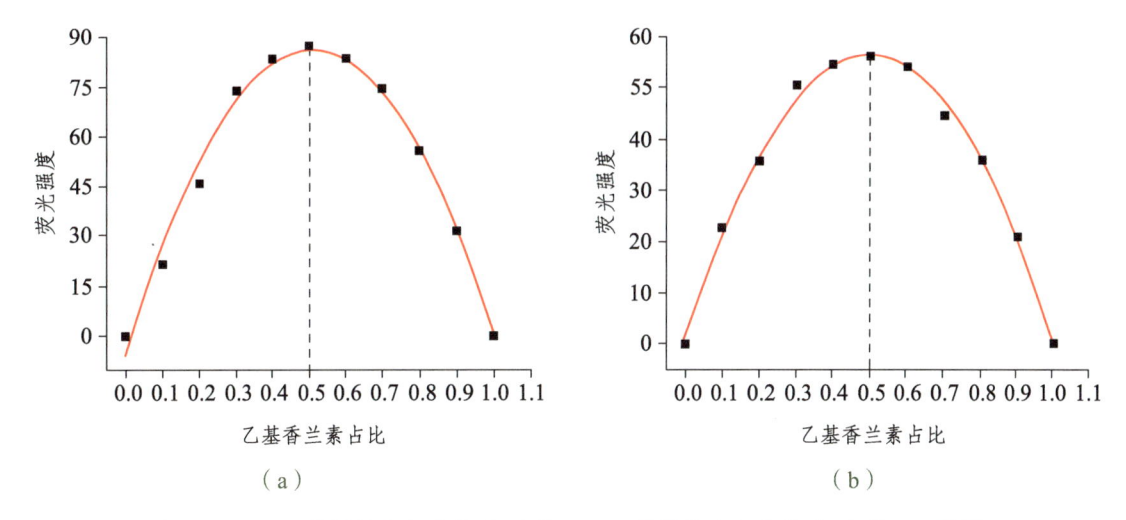

图 9-1　M1/乙基香兰素包合物（a）和 M2/乙基香兰素包合物（b）的 Job 曲线

9.2.1.2　光谱滴定法

图 9-2 是客体分子（乙基香兰素）的加入引起的荧光强度的变化，M1（或 M2）的荧光强度随着乙基香兰素浓度的增加而降低，利用非线性曲线拟合方法，得到了 M1（或 M2）/乙基香兰素包合物的结合常数分别为 1.93×10^5 M^{-1} 和 1.08×10^6 M^{-1}。

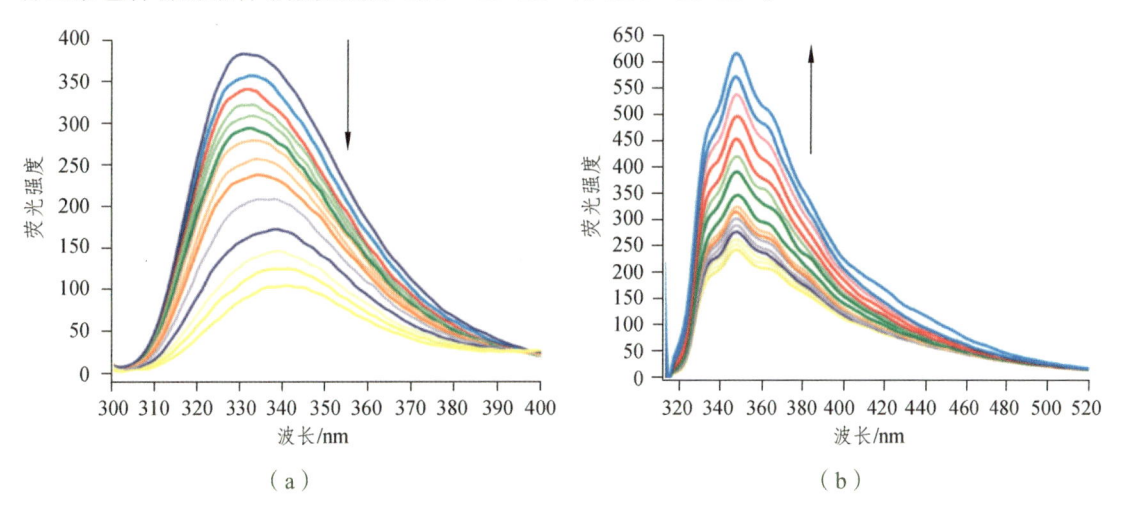

图 9-2　M1/乙基香兰素包合物（a）和 M2/乙基香兰素包合物（b）的荧光滴定曲线

9.2.1.3　^{1}H NMR 分析

核磁共振氢谱（NMR）是研究包合物形成的重要工具之一。当客体分子被包封在开环瓜环腔中时，由于化学环境的变化，客体分子中的一些质子会发生迁移。图 9-3 给出了 M2、M2/乙基香兰素固体包合物和乙基香兰素的 ^{1}H NMR 叠加谱图，乙基香兰素的化学位移发生了变化，表明它们之间形成了稳定的包合体系，并且乙基香兰素应该被包封进了 M2 的空腔。

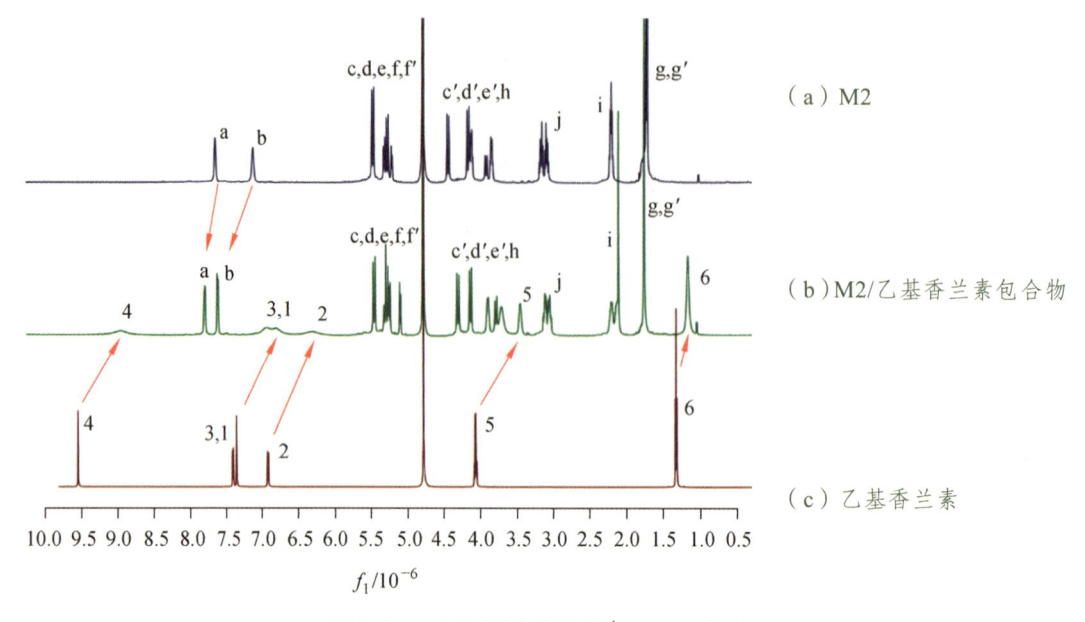

图 9-3　M2/乙基香兰素的 ^{1}H NMR 叠加

9.2.1.4　2D-ROESY NMR 分析

在核磁共振中，核 Overhauser 效应（NOE）被广泛用于确定质子在空间中的相对位置和三维构型。M2 和乙基香兰素包合物的 2D-ROESY NMR 谱图（图 9-4）表明乙基香兰素的—CH$_2$ 基团（H-5）应该位于 M2 腔内侧的苯环周围；乙基香兰素的—CH$_3$ 基团（H-6）应该靠近 M2 的丙磺酸钠外侧链，而乙基香兰素的芳香环则被包裹在 M2 的空腔中心（包结模式如下）。

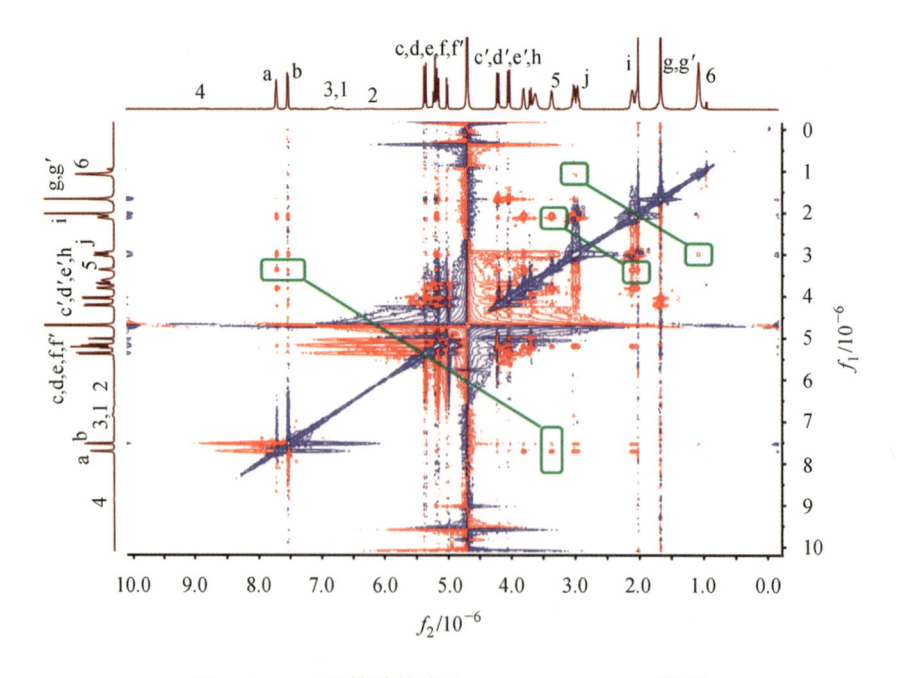

图 9-4　M2/乙基香兰素的 2D-ROESY NMR 谱图

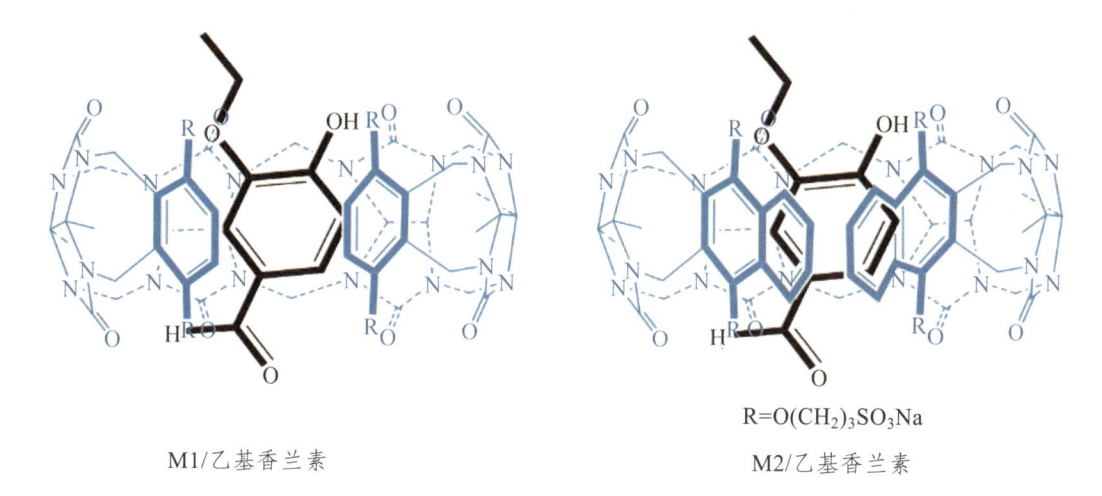

M1/乙基香兰素

R=O(CH$_2$)$_3$SO$_3$Na
M2/乙基香兰素

9.2.1.5 SEM 和 X 射线粉末衍射分析

M2、固体包合物 M2/乙基香兰素、乙基香兰素和 M2（1∶1）物理混合物、乙基香兰素的 SEM 如图 9-5 所示。

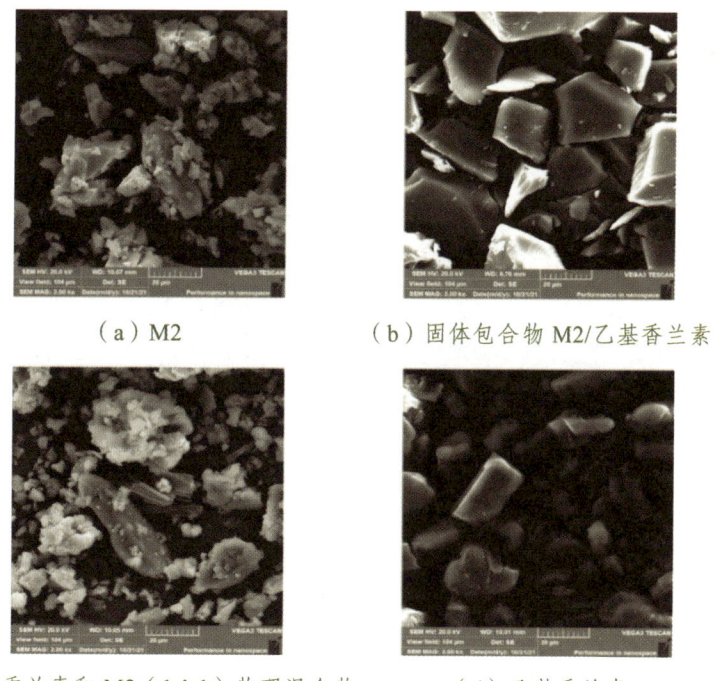

（a）M2　　　　　　　　　（b）固体包合物 M2/乙基香兰素

（c）乙基香兰素和 M2（1∶1）物理混合物　　　（d）乙基香兰素

图 9-5　SEM 谱图

X 射线粉末衍射图可以用来研究物质或者物质相互之间的长程有序结构。采用 X 射线粉末衍射分析了 M2、乙基香兰素、M2/乙基香兰素物理混合物（物质的量之比为 1∶1）和 M2/乙基香兰素包合物。如图 9-6 所示，从图中看出，M2 和乙基香兰素具有明显的晶形特征。在 M2/乙基香兰素包合物中观察到无定形的均匀宽峰，尤其是在 10°～30°（2θ）区间可以明显地看到乙基香兰素的尖峰消失，这可能归因于与 M2 包合后，乙基香兰素在某种程度上重新排列，比起单一的乙基香兰素单体具有更显著的不定形结构。与此相对应的是，M2/乙基香兰素物理混合物则是晶形的 M2 和乙基香兰素的简单叠加。这些数据表明 M2 和乙基香兰素之间已经形成了稳定的包合物体系。

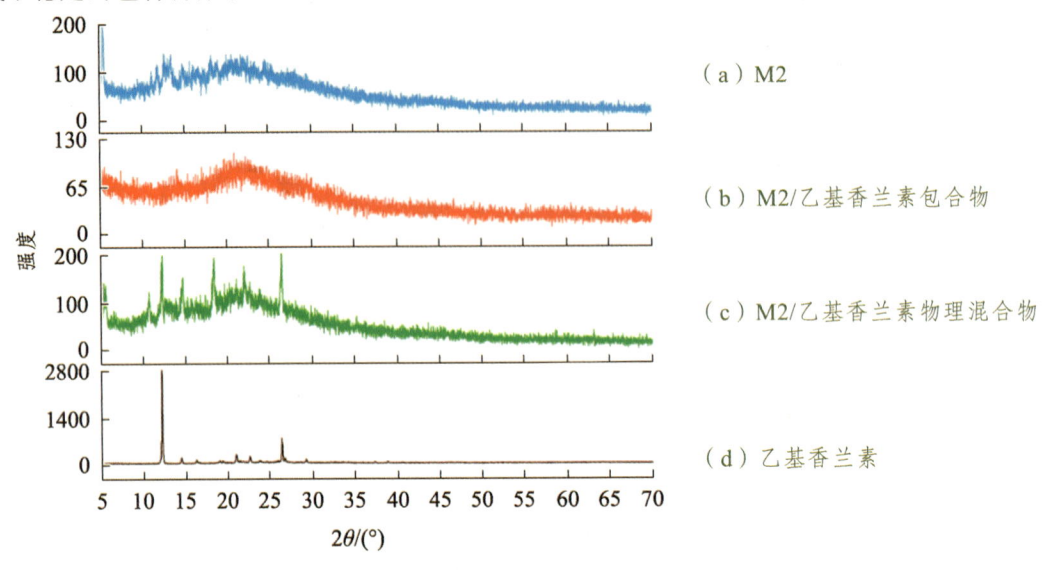

图 9-6　M2/乙基香兰素的 X 射线粉末衍射图叠加

9.2.1.6　FT-IR 分析

作为一种常用工具，FT-IR 通过研究峰的形状、位置和强度的变化来证明包裹体的形成。M2、乙基香兰素、M2/乙基香兰素物理混合物和 M2/乙基香兰素包合物的 FT-IR 光谱如图 9-7 所示。吸收峰的变化可能与 M2 和乙基香兰素之间形成的分子内氢键有关。这些变化进一步证实了包合物的形成。

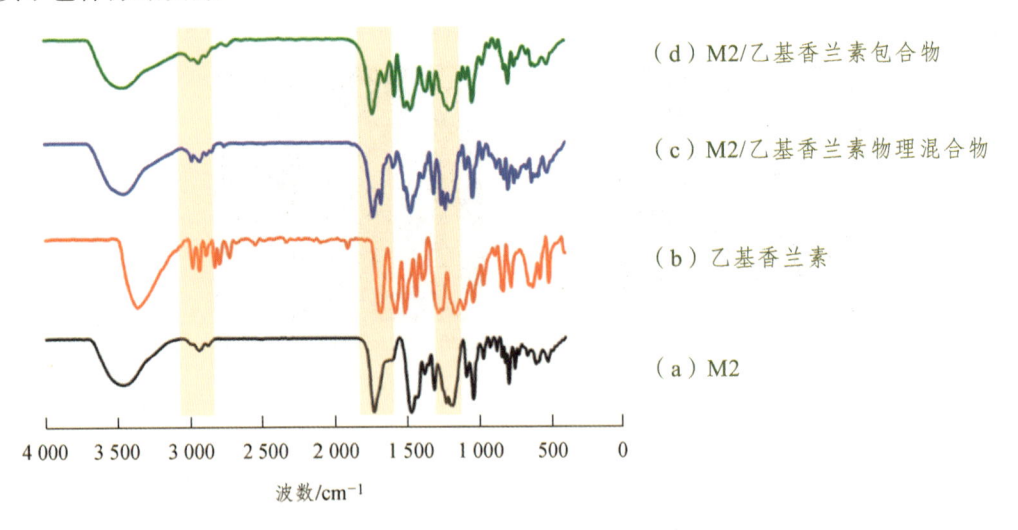

图 9-7　M2/乙基香兰素的 FT-IR 图叠加

9.2.1.7　TGA 分析（动态热释放）

对 M1、乙基香兰素以及它们的物理混合物和包合物进行了热重分析以考察它们的热稳定性，图 9-8 是它们的热重曲线。单独的乙基香兰素在 110 ℃ 开始迅速降解，在 320 ℃ 蒸发殆尽，这表明游离乙基香兰素在高温下容易损失。M1（或 M2）和乙基香兰素的物理混合物的曲线趋势反映出主体分子与客体分子二者曲线的简单叠加。对 M1（或 M2）与乙基香兰素形成的包合物的热重曲线进行分析，包合物的热重曲线在 30～140 ℃ 区间产生了 11.27% 的质量损失，这归因于水的挥发，然后在 160～310 ℃ 保持稳定。310 ℃ 开始逐步降低，310～400 ℃ 的质量损失约为 28.98%，这部分质量损失可归因于乙基香兰素的释放和 M1（或 M2）的熔化和分解。

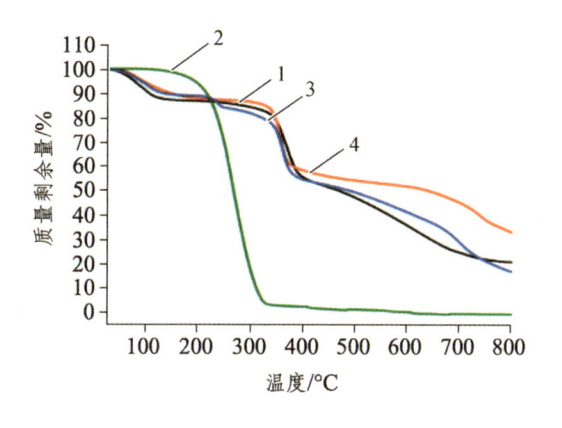

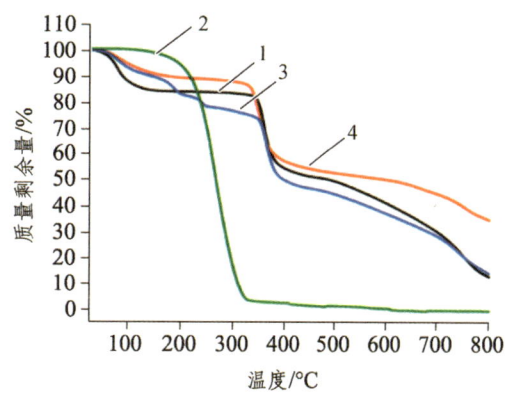

1—M1；2—乙基香兰素；3—M1/乙基香兰素物理混合物；4—M1/乙基香兰素包合物。

（a）M1/乙基香兰素

1—M2；2—乙基香兰素；3—M2/乙基香兰素物理混合物；4—M2/乙基香兰素包合物。

（b）M2/乙基香兰素

图 9-8　热重曲线

9.2.1.8　静态热释放分析

为了进一步评估开环瓜环包合后的乙基香兰素在未来应用中的潜力，分别在 25 ℃、60 ℃ 和 120 ℃ 下研究了包合物的静态热释放性能，如图 9-9 所示，包合物在 25 ℃ 时是相对稳定的，在测试时间内只有少量乙基香兰素从包合物中释放，在经过 72 h 的放置后，乙基香兰素的保留率高达 90% 左右。即使处于 60 ℃ 的温度下，包合物的释放性能依旧相对较弱，72 h 后客体乙基香兰素的保留率依旧保持在 70% 以上。这对改善乙基香兰素保留时间短的缺点提供了可行性方案。

当包合物处于 120 ℃ 环境中时，M1、M2 中的乙基香兰素释放速率明显增加，如图 9-9，在 5～25 h 内，乙基香兰素的保留率急剧下降，然后随着时间的延长，在 25～72 h 包合物中的乙基香兰素逐渐释放，最终乙基香兰素的保留率停留在 32% 和 48% 左右。这些结果表明，形成的包合物具有热响应性能，在温度较低时可以延缓乙基香兰素的损失，在高温下可实现控释，并可用于烟草等热控释香料的研究和开发等。

综上所述，使用一种具有 C 字形柔性空腔的 M1 和 M2 识别包封乙基香兰素，通过这种包埋方式有望改善乙基香兰素的保留时间短和不稳定等问题。此外，所形成的 M1（或 M2）/乙基香兰素包合物具有热响应性能，客体乙基香兰素能够随着温度的升高而加速释放。

(a) M1/乙基香兰素 (b) M2/乙基香兰素

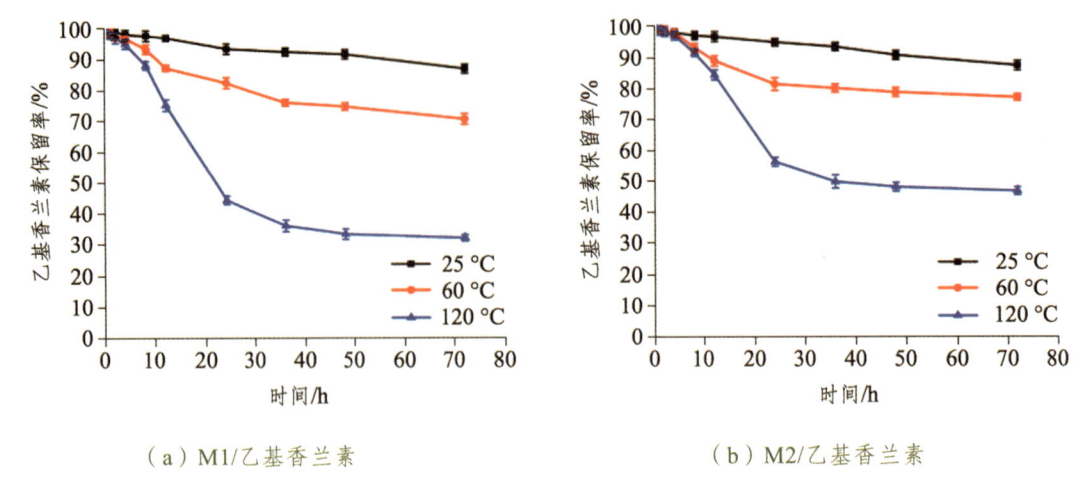

图 9-9　M1/乙基香兰素和 M2/乙基香兰素的热释放图

香兰素具有浓烈的奶香气味，作为食品添加剂在食品工业中有广泛用途。作为固体香料，香兰素直接使用不方便，且因为暴露于空气容易氧化失去活性，有效存留时间短。因此，如何更有效的使香兰素氧化速率减慢，保存更长时间被广泛关注。我们也采用与乙基香兰素的包埋方式，制备了香兰素与含萘环的开环瓜环（M2）的固体包合物，香兰素的热稳定性显著提高。

采用同样的方法，我们制备了 M1/乙酰基吡嗪和 M2/乙酰基吡嗪包合物，具有 C 字形柔性空腔的 M1 和 M2 识别包封乙酰基吡嗪（包埋模式如下），包埋方式改善了乙酰基吡嗪所存在的低温易挥发、保留时间短和不稳定等问题。所形成的乙酰基吡嗪包合物具有热响应性能，乙酰基吡嗪随着温度的升高而加速释放。

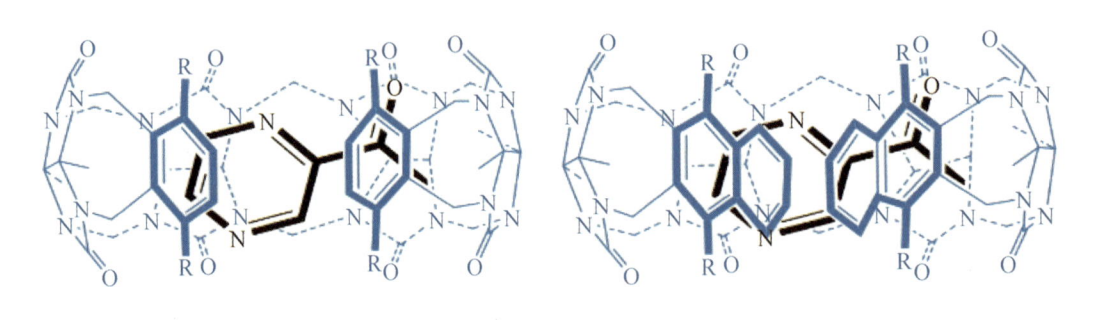

R=(CH$_2$)$_3$SO$_3$Na

M1/乙酰基吡嗪　　　　　　　　　　　　M2/乙酰基吡嗪

使用超声法制备 M2/2,5-二甲基吡嗪包合物（包结模式如下），动态热释放分析和静态热释放分析显示在高温条件包合物释放速率较低温条件下更快，并且包合物的热稳定性较单独的客体 2,5-二甲基吡嗪有明显的提升。

顺式茉莉酮是存在于茉莉花中的一种天然物质，具有扩散性极强的天然茉莉花香气和西芹籽样香气。顺式茉莉酮作为香料使用，已经被广泛应用于食品、化妆品、香水、洗漱用品等产品中，但是茉莉酮易挥发保留时间短和水溶性差等。

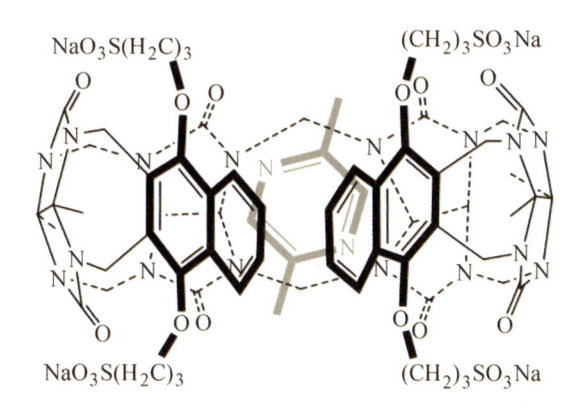

具有 C 字形柔性空腔的开环瓜环 M1 和 M2 识别包封茉莉酮（包结模式如下），能改善茉莉酮所存在的低温易挥发、保留时间短和不稳定等问题。此外，所形成的茉莉酮包合物具有热响应性能，茉莉酮物质能够随着温度的升高而加速释放。

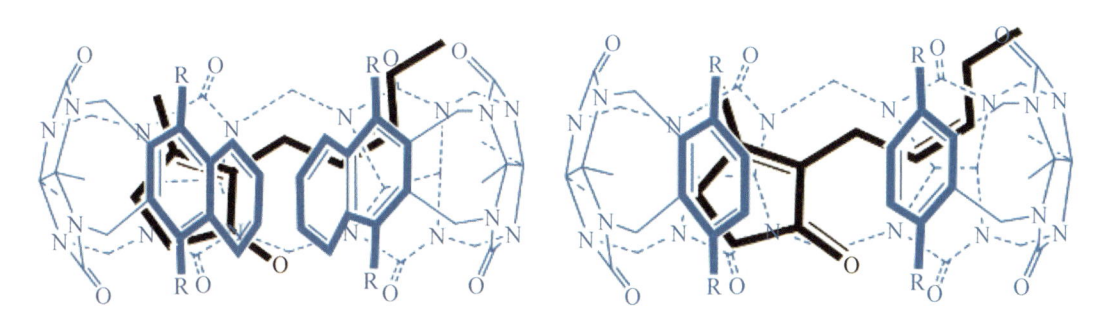

R=(CH$_2$)$_3$SO$_3$Na

M2 与茉莉酮　　　　　　　　　　　M1 与茉莉酮

9.2.2　瓜环[6]/烟碱和半瓜环[6]/烟碱包合物的制备及其性能研究

瓜环[6]/烟碱和半瓜环[6]/烟碱包合物的包结模式如下。

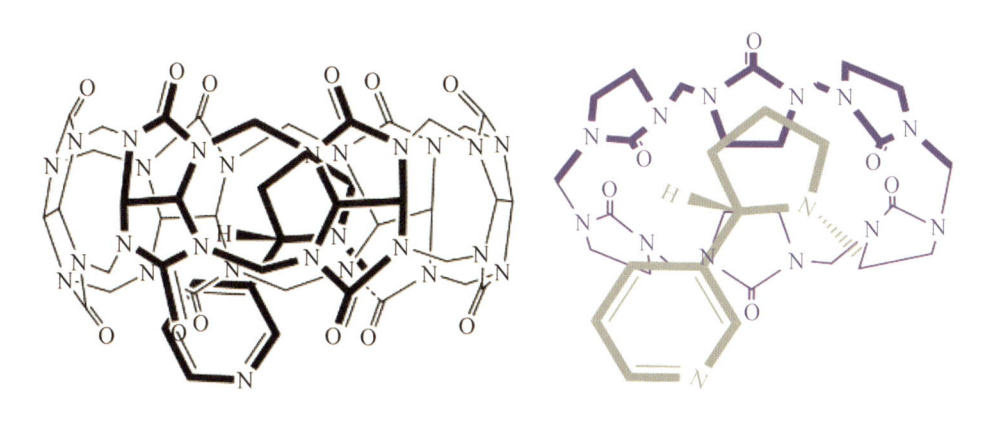

瓜环[6]/烟碱　　　　　　　　　　半瓜环[6]/烟碱

通过 TGA 研究了瓜环[6]/烟碱包合物中烟碱的热性能（图 9-10）。纯瓜环[6]的热重分析图中有两个失重峰：第一个峰在 100 ℃ 时因失水而失重，第二个高于 470 ℃ 失重，主要是因为瓜环[6]的降解。因为烟碱具有高度挥发性，因此在 50～230 ℃ 内，纯烟碱的热重分析中显示有一个主要的重量损失峰。热重数据表明，瓜环[6]/烟碱中的大量烟碱在加热过程中被较好地保存在瓜环空腔，并成功地储存在包合物样品中，烟碱的热稳定性显著增强。

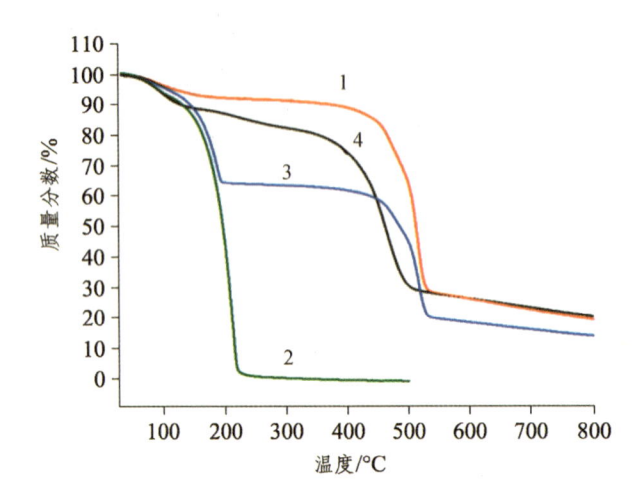

1—瓜环[6]；2—烟碱；3—瓜环[6]/烟碱物理混合物；4—瓜环[6]/烟碱包合物。

图 9-10　瓜环[6]/烟碱包合物的热重分析图

半瓜环[6]/烟碱包合物采用饱和水溶液法成功制备，通过对包合物热释放研究，发现烟碱的热稳定性显著提高。研究表明半瓜环[6]对烟碱的释放起到了较好的缓控释作用，包合物的这些优势都为烟碱的缓控释应用提供了方向。

9.2.3　半瓜环[6]/WS-23 和瓜环[6]/WS-23 包合物的制备及其性能研究

2-异丙基-N,2,3-三甲基丁酰胺（WS-23，结构如下）与薄荷醇相比，WS-23 的特点是具有持续持久的清凉提神作用。WS-23 作为薄荷卷烟的重要添加剂，可以掩盖卷烟的苦涩味，使卷烟感觉清新，提高卷烟烟气的谐调性和柔软度，减少口腔和喉咙的刺痛感。WS-23 还与其他香料和凉味剂兼容。因此，它被广泛应用于雾化电子烟、加热卷烟和传统卷烟等烟草制品。

半瓜环[6]/WS-23 包合物（包结模式如下）采用饱和水溶液法成功制备，通过对包合物热释放研究，发现 WS-23 的热稳定性显著提高。研究表明半瓜环[6]和瓜环[6]对 WS-23 的释放起到了较好的缓控释作用，包合物的这些优势都为 WS-23 的缓控释应用提供了方向。

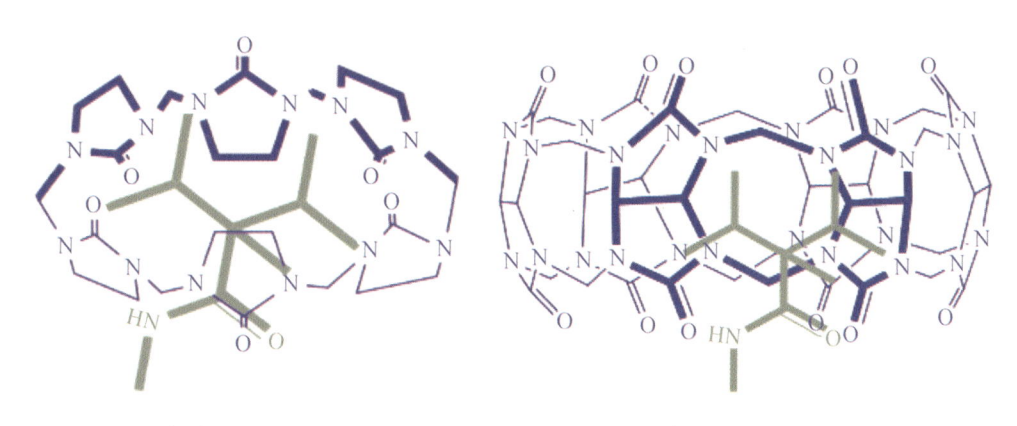

半瓜环[6]/WS-23　　　　　　　　瓜环[6]/WS-23

乙基香兰素、香兰素与半瓜环[6]形成包合物后，包合物的形成提高了乙基香兰素或香兰素的稳定性，并且乙基香兰素、香兰素能够随着温度的升高而加速释放。在低温下可延迟乙基香兰素或香兰素的损失，在高温下可实现控释。

半瓜环[6]/乙酰基吡嗪包合物（包结模式如下）采用饱和水溶液法成功制备，通过对包合物热释放研究，发现乙酰基吡嗪的热稳定性显著提高。研究表明半瓜环[6]对乙酰基吡嗪的释放起到了较好的缓控释作用，包合物的这些优势都为乙酰基吡嗪的缓控释应用提供了方向。

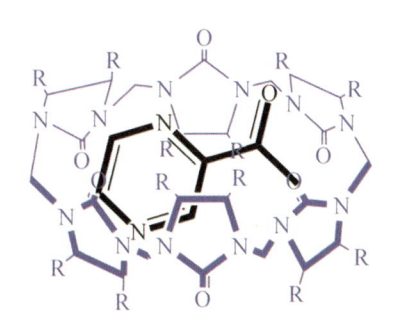

$R=(CH_2)_3SO_3Na$

以 β-环糊精、羟丙基-β-环糊精（HP-β-CD）、开环葫芦脲 M1、开环葫芦脲 M2 作为主体、丁香酚（EG）作为客体分别进行了 β-环糊精（β-CD）/丁香酚包合物、HP-β-CD/丁香酚包合物、M1/丁香酚包合物、M2/丁香酚包合物的制备。

9.3　包合物在再造烟叶中的应用研究

9.3.1　丁香酚包合物

不同超分子载体包合丁香酚负载再造烟叶后对其清晰度、质感、舒适性、余味、烟气浓度和烟香五个指标进行评价如表 9-1 和表 9-2 所示。

对于 HP-β-CD/丁香酚包合物负载再造烟叶后，舒适性和烟香得到了显著提升。开环葫芦脲 M1 和 M2 包合丁香酚后负载再造烟叶，其感官品质均得到了显著提升，而且均无负面影响。

表 9-1 不同超分子载体包合丁香酚后负载再造烟叶的感官评价结果

样品	清晰度	质感	舒适性	余味	烟气浓度	烟香
空白对照	=	=	=	=	=	=
样品对照	=	=	=	−	−	+
HP-β-CD/丁香酚	=	=	+	−	=	+
β-CD/丁香酚	=	+	−	+	=	+
M1/丁香酚	+	+	+	=	=	+
M2/丁香酚	+	=	+	+	+	+

注：① 空白对照即未添加任何成分的再造烟叶。
② 样品对照即添加纯丁香酚的再造烟叶；"+"代表比空白对照有改善。
③ "−"代表比空白对照稍差；"="代表与空白对照相同。

从表 9-2 的综合排序结果可知，整体来说，开环葫芦脲包合丁香酚负载再造烟叶后其品质提升上比用环糊精包合丁香酚的好。

表 9-2 不同超分子载体包合丁香酚后负载再造烟叶感官评价综合排序

样品	不同丁香酚包合物负载再造烟叶感官评吸综合排序
环糊精/丁香酚包合物	β-CD/丁香酚>HP-β-CD/丁香酚
开环葫芦脲/丁香酚包合物	M2/丁香酚>M1/丁香酚
总体评价	开环葫芦脲/丁香酚>环糊精/丁香酚

9.3.2 柠檬烯包合物的制备及在再造烟叶中的应用研究

不同超分子载体包合柠檬烯负载再造烟叶后对其清晰度、质感、舒适性、余味、烟气浓度和烟香五个指标进行评价，如表 9-3 所示。开环葫芦脲 M1 和 M2 包合柠檬烯后负载再造烟叶其感官品质均得到了显著提升。

表 9-3 不同超分子载体包合柠檬烯后负载再造烟叶的感官评价结果

样品	清晰度	质感	舒适性	余味	烟气浓度	烟香
空白对照	=	=	=	=	=	=
样品对照	=	=	=	=	−	+
HP-β-CD/柠檬烯	=	=	+	−	=	+
乙二胺-β-CD/柠檬烯	=	+	−	−	−	+
M1/柠檬烯	+	+	+	−	=	+
M2/柠檬烯	+	=	+	+	−	+

注：① 空白对照即未添加任何成分的再造烟叶。
② 样品对照即添加纯柠檬烯的再造烟叶。
③ "+"代表比空白对照有改善；"−"代表比空白对照稍差；"="代表与空白对照相同。

从表 9-4 的综合排序结果可知，开环葫芦脲包合柠檬烯负载再造烟叶后其品质提升上比用环糊精包合柠檬烯的好。

表 9-4 不同超分子载体包合柠檬烯后负载再造烟叶感官评价综合排序

样品	不同柠檬烯包合物负载再造烟叶感官评吸综合排序
环糊精/柠檬烯包合物	HP-β-CD/柠檬烯>乙二胺-β-CD/柠檬烯
开环葫芦脲/柠檬烯包合物	M1/柠檬烯>M2/柠檬烯
总体评价	开环葫芦脲/柠檬烯>环糊精/柠檬烯

9.3.3 反式茴香脑包合物的制备及在再造烟叶中的应用研究

不同超分子载体包合茴香脑负载再造烟叶后对其清晰度、质感、舒适性、余味、烟气浓度和烟香五个指标进行评价，如表 9-5 所示，Me-O-PA[5]/茴香脑包合物负载再造烟叶后其质感和烟香得到了显著提升，但是其舒适性、余味和烟气浓度降低了。

表 9-5 不同超分子载体包合茴香脑后负载再造烟叶的感官评价结果

样品	清晰度	质感	舒适性	余味	烟气浓度	烟香
空白对照	=	=	=	=	=	=
样品对照	−	−	−	−	−	+
Me-O-β-CD/茴香脑	=	=	+	−	=	+
Me-O-PA[5]/茴香脑	=	+	−	−	−	+
NASO$_3$-TCA/茴香脑	+	+	−	=	−	+
CB[6]/茴香脑	+	=	+	+	−	+

注：① 空白对照即未添加任何成分的再造烟叶。
② 样品对照即添加纯茴香脑的再造烟叶。
③ "+"代表比空白对照有改善；"−"代表比空白对照稍差；"="代表与空白对照相同。

从表 9-6 的综合排序结果可知，杯芳烃包合茴香脑负载再造烟叶后其品质提升上比用环糊精、葫芦脲、柱芳烃包合茴香脑的好。

表 9-6 不同超分子载体包合茴香脑后负载再造烟叶感官评价综合排序

样品	不同茴香脑包合物负载再造烟叶感官评吸综合排序
环糊精、柱芳烃/茴香脑包合物	Me-O-β-CD/茴香脑>Me-O-PA[5]/茴香脑
杯芳烃、葫芦脲/茴香脑包合物	NASO$_3$-TCA/茴香脑>CB[6]/茴香脑
总体评价	杯芳烃/茴香脑>葫芦脲/茴香脑>环糊精/茴香脑>柱芳烃/茴香脑

9.3.4 凉味剂包合物的制备及在再造烟叶中的应用研究

通过模拟环境情况，研究了相同环境温湿度条件下，凉味剂（凉味剂为 N-乙基-对薄荷基-3-羧酰胺）的变化规律，在模拟的存储环境下，凉味剂的半衰期为 25~30 d（图 9-11）。

分别以开环葫芦脲 M1、开环葫芦脲 M2 作为主体，凉味剂作为客体进行了 M1/凉味剂包合物和 M2/凉味剂包合物的制备。

不同超分子载体包合凉味剂负载再造烟叶后对其清晰度、质感、舒适性、余味、烟气浓度和烟香五个指标进行评价，如表 9-7 所示。

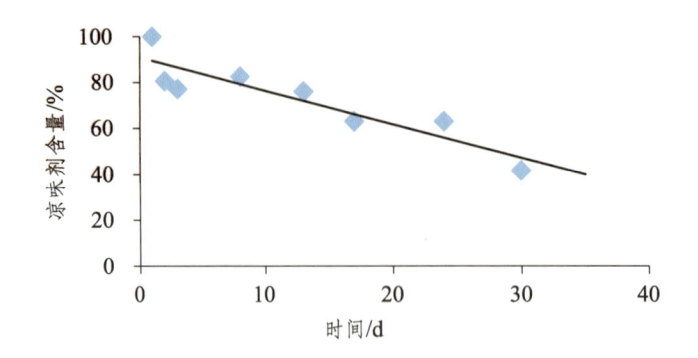

图 9-11 不同储存时间下凉味剂变化情况

对于 M1/凉味剂包合物，负载再造烟叶后，凉味较好且其清晰度、质感、舒适性和烟香均得到了明显的改善，对再造烟叶品质并未产生负面影响。M2/凉味剂包合物负载再造烟叶后，略有凉味，且其清晰度、舒适性、余味和烟香均得到显著改善，仅其烟气浓度有所降低。当燃吸再造烟叶时，由于温度的急剧升高，开环葫芦脲中的凉味剂受温度的影响，其与开环葫芦脲的结合性能减弱，便逐渐释放凉味剂香味成分。

表 9-7　不同超分子载体包合凉味剂后负载再造烟叶的感官评价结果

样品	清晰度	质感	舒适性	余味	烟气浓度	烟香
空白对照	=	=	=	=	=	=
样品对照	=	=	=	=	-	+
M1/凉味剂	+	+	+	=	=	+
M2/凉味剂	+	=	+	+	-	+

注：① 空白对照即未添加任何成分的再造烟叶。
② 样品对照即添加纯凉味剂的再造烟叶。
③ "+"代表比空白对照有改善；"-"代表比空白对照稍差；"="代表与空白对照相同。

对于负载在再造烟叶上的开环葫芦脲/凉味剂包合物，M1/凉味剂包合物的效果比 M2/凉味剂好，以 M1 为主体，对凉味剂进行包合后，包合物在模拟环境中、不同储存时间下的变化情况详见图 9-12。结果表明，凉味剂经包合后，延长其衰减期（由 25 d 延长至 180 d 以上）。

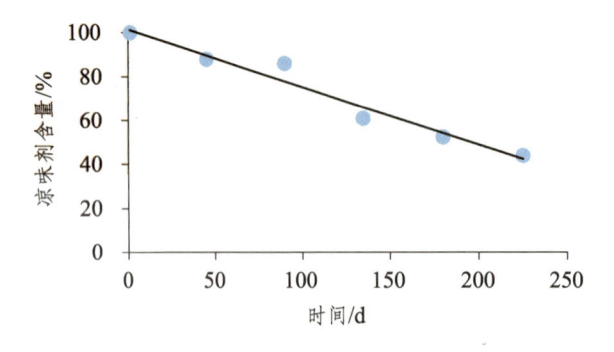

图 9-12　不同储存时间下凉味剂包合物变化情况

参考文献

[1] BÜCHI G, WÜEST H. An efficient synthesis of *cis*-jasmone[J]. The Journal of Organic Chemistry, 1966, 31(3): 977-978.

[2] BIRKETT M A, CAMPBELL C A, CHAMBERLAIN K, et al. New roles for *cis*-jasmone as an insect semiochemical and in plant defense[J]. Proceedings of the National Academy of Sciences, 2000, 97(16): 9329-9334.

[3] DĄBROWSKA P, BOLAND W. iso‐OPDA: An early precursor of *cis*-jasmone in plants?[J]. Chembiochem, 2007, 8(18): 2281-2285.

[4] SCOGNAMIGLIO J, JONES L, LETIZIA C S, et al. Fragrance material review on *cis*-jasmone[J]. Food and Chemical Toxicology, 2012, 50: 613-618.

[5] SCOGNAMIGLIO J, JONES L, LETIZIA C S, et al. Fragrance material review on hexenylcyclopentanone[J]. Food and chemical toxicology, 2012, 50: 604-607.

[6] MA D, HETTIARACHCHI G, NGUYEN D, et al. Acyclic cucurbit[*n*]uril molecular containers enhance the solubility and bioactivity of poorly soluble pharmaceuticals[J]. Nat Chem, 2012, 4(6):503-10.

[7] STEED J W, ATWOOD J L. Supramolecular chemistry[M]. New York: John Wiley & Sons, 2013.

[8] LEHN J M. Supramolecular chemistry: where from? where to?[J]. Chemical Society Reviews, 2017, 46(9): 2378-2379.

[9] KFOURY M, LANDY D, FOURMENTIN S. Characterization of cyclodextrin/volatile inclusion complexes: a review[J]. Molecules, 2018, 23(5).

[10] BAYRAM A, TONĞA A. *cis*-Jasmone treatments affect pests and beneficial insects of wheat(*Triticum aestivum* L.): the influence of doses and plant growth stages[J]. Crop Protection, 2018, 105: 70-79.

[11] 苏丹丹，吴德军，张文军，等. *β*-环糊精对造纸法再造烟叶保香的影响[J]. 西南农业学报，2021，34（06）：1215-1222.

[12] DONG G F, ZHOU J W, ZHOU G Y, et al. A heat-controlled release system of ethyl vanillin based on acyclic cucurbit[*n*]urils[J]. Int J Food Eng, 2022.

[13] YIN P P, ZHANG S Q, LIU J, et al. Preparation, binding behaviours and thermal stability of inclusion complexes between (*Z*)-jasmone and acyclic cucurbit[*n*]urils[J]. Int J Food Sci & Agri, 2022(in press).

10 超微粉体技术开发与应用

10.1 超微粉碎技术的研究应用现状

10.1.1 超微粉碎技术简介

超微粉碎是近 20 年迅速发展起来的一项高新技术，能把原材料加工成微米甚至纳米级的微粉。超微粉以其"体积效应"（即量子化效应）和"表面效应"显著区别于一般颗粒及传统的块体材料成为物质存在的一种新状态。

从物理学角度来分，人们将粒径为 0.1 μm 以下的粉末称为超微粉，从工程学角度划分，把 0.5 μm 以下的粉末称为超微粉，其实超微粉的粒径应是指颗粒在性能上出现与原固体完全不同的行为时的粒径。

超微粉碎是将各种物质粉碎成直径小于 10 μm 的微粒，其微粒具有微粉的特征。经过超微粉碎的物质，具有巨大的表面积和孔隙率，很好的溶解性，很强的吸附性、流动性。其能保留天然植物的属性和功能，提高天然植物制剂质量。虽然超微粉碎技术起步较晚，但已显露出特有的优势和广阔的应用前景。

根据原料和成品颗粒的大小或粒度，粉碎可分为粗粉碎，细粉碎，微粉碎和超微粉碎。超微粉碎通过对物料的冲击，碰撞，剪切，研磨，分散等手段而实现。

10.1.2 常用粉碎设备

1. 机械冲击式粉碎机

机械冲击式粉碎效率高、粉碎比大，结构简单，运转稳定，适合于中、软硬度物料的粉碎这种粉碎机不仅具有冲击和摩擦两种粉碎作用，而且还具有气流粉碎作用，超细粉体产品冲击式粉碎机由于是高速运转，要产生磨损问题，此外还有发热问题，对热敏性物质的粉碎要注意采取适宜措施。

2. 气流粉碎机

气流粉碎机是以压缩空气或过热蒸汽通过喷嘴产生的超音速高湍流气流作为颗粒的载体，颗粒与颗粒之间或颗粒与固定板之间发生冲击性挤压，摩擦和剪切等作用，从而达到粉碎的目的。与普通机械冲击式超微粉碎机相比，气流粉碎机可将产品粉碎得很细，粒度分布范围更窄，即粒度更均匀；又因为气体在喷嘴处膨胀可降温，粉碎过程没有伴生热量，所以粉碎温升很低。这一特性对于低熔点和热敏性物料的超微粉碎特别重要。

3. 普通球磨机

球磨机是用于超微粉碎的传统设备，其特点是粉碎比大，结构简单，机械可靠性强，磨损零件容易检查和更换，工艺成熟，适应性强，产品粒度小。但当产品粒度要达到 20 μm 以下时，效率低，耗能大，加工时间长。

4. 振动磨

振动磨是用弹簧支撑磨机体，由带有偏心块的主轴使其振动，运转时通过介质和物料一起振动，将物料进行粉碎，其特点是介质填充率高，单位时间内的作用次数高，因而其效率比普通球磨机高 10~20 倍，而能耗比其低数倍。通过调节振动的振幅，振动频率，介质类型。振动磨产品的平均粒径可达 2~3 μm 甚至以下，对于脆性较大的物质可比较容易地得到亚微米级产品。同时有较强的机械化学效应，且结构简单，能耗较低，磨粉效率高，易于工业规模生产。

5. 搅拌磨

搅拌磨是在球磨机的基础上发展起来的，是超微粉碎机中能量利用率最高的。搅拌磨在加工小于 20 μm 的物料时效率大大提高，成品的平均粒度最小可达到数微米。

10.1.3　超微粉碎的典型设备

超微粉的制备渠道分为两种：① 粉碎法，就是借助于机械作用不断粉碎粗颗粒物质而得到超微粉；② 造粉法，就是借助于分子或者离子、原子经过长大与成核两个时期进一步合成超微粉。如果以物料的状态来区别，分为气相法、液相法以及固相法三种。搅拌式磨机适用于最大粒度在微米以下的产品的粉碎；冲击式粉碎机可用来粉碎某些热敏性物料，能够解决之前冲击式粉碎机因为具有发热升温情况而阻碍其运用的问题；气流式粉碎机适用于低熔点和热敏性物料的超微粉碎；振动磨是用弹簧支撑磨机体，对于脆性非常大的物质能够获得亚微米级产品。

10.1.4　超微粉碎技术在食品中的应用前景

"超微粉体技术"属于一门跨领域的全新技术，不断得到更多的研究行业与部门关注。伴随食品工业的不断发展，人们对食品的要求逐渐升高，它在食品行业必将有广阔的应用市场。

10.2　固体香原料的筛选技术研究

以乌梅干为例，对不同产地的乌梅干进行了筛选，以甲地区和乙地区的乌梅干为例，并对其挥发性有机酸及非挥发性有机酸含量进行了检测，结果如表 10-1 所示。

表 10-1　梅子样品非挥发性有机酸和挥发性有机酸含量检测结果

有机酸		甲地区梅子样 1	乙地区梅子样 2
非挥发性有机酸 /mg·g^{-1}	草酸	5.18	1.03
	丙二酸	0.17	0.17
	丁二酸	0.18	0.41
	苹果酸	4.44	4.87
	柠檬酸	314.10	315.36
	棕榈酸	2.51	1.53
	亚油酸	1.02	1.89
	油酸	0.76	0.92
	亚麻酸	1.28	1.24
	硬脂酸	0.30	0.28
挥发性有机酸/μg·g^{-1}	异戊酸	5.70	37.53
	2-甲基丁酸	20.19	22.69
	戊酸	1.05	1.24
	3-甲基戊酸	0.07	0.09
	己酸	6.28	8.96
	苯甲酸	243.93	321.88
	辛酸	6.13	3.93
	苯乙酸	3.00	9.28

从表 10-1 数据可以看出，在非挥发性有机酸含量方面梅子样 1 和梅子样 2 的非挥发性有机酸总含量分别为 329.94 μg/g 和 327.70 μg/g，差异不明显；但在挥发性有机酸含量方面，梅子样 2 的异戊酸、苯甲酸、苯乙酸等含量远高于梅子样 1，梅子样 1 和梅子样 2 的挥发性有机酸总含量分别为 283.35 μg/g 和 396.32 μg/g。通过比较，为进一步凸显其在再造烟叶中的风格特征，最终筛选出梅子样 2 为最优样品在再造烟叶产品开发中使用。

10.3　固体香原料精制技术研究

对经过预处理的植物内外源香原料进行粗磨、精磨，使之达到均匀混合的目的，为后续固态负载工艺提供粒径尺寸适宜、质量稳定的固态粉末物料。

以乌梅干为例，工艺流程及技术参数（详见图 10-1 至图 10-4 和表 10-2）：对经过预处理的乌梅干进行水分调节，调节至适宜水分范围后，利用锤式粗磨机对其进行粗磨，粗磨后粒径保持在 20 ~ 60 目，方便提高后续混配时原料的均匀性；针对乌梅干粗磨后得到的乌梅粉易出现结块，输送过程中易出现粉尘污染的情况，采用真空上料进行输送，同时缓存期间需不停搅拌防止结块；对粗磨后的物料采用气流式磨进一步进行精磨，同样，经精磨后的物料在输送过程中为防止粉尘污染，采用真空上料进行输送，同时缓存期间需不停搅拌防止结块。

图 10-1　固态香原料的制备工艺流程

（a）　　　　　　　　　　　（b）

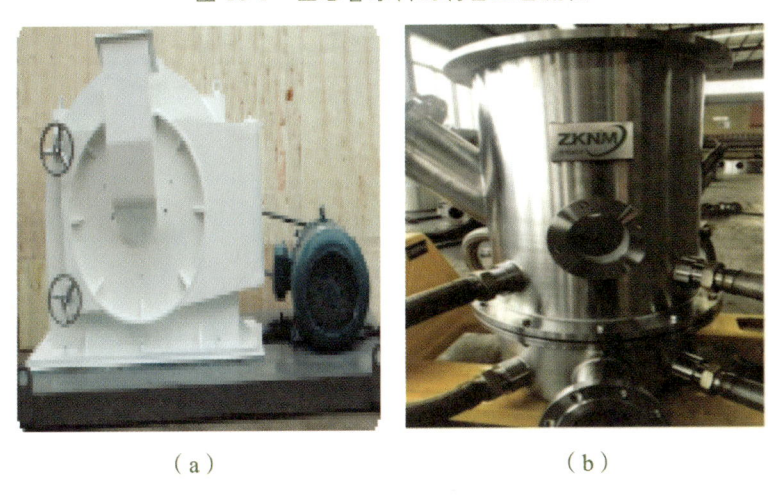

图 10-2　锤式粗磨和气流粉碎磨机

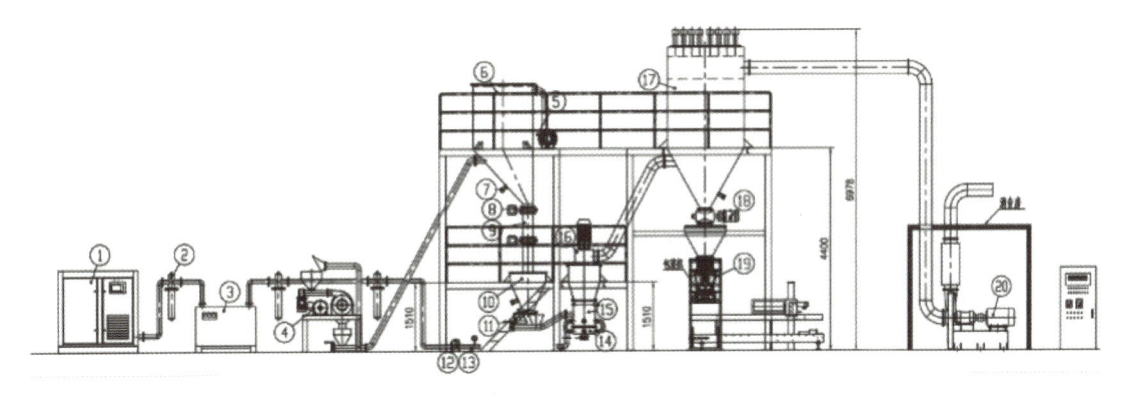

图 10-3　气流粉碎试验平台示意图

图 10-4　气流粉碎装置实物图

表 10-2　以乌梅干为例的粉碎过程技术参数

样品编号	技术	粒度（D_{90}）/目	电机	保护气	密封气
乌梅干	锤式粗磨	20～60	50 Hz/8.7 A	—	—
乌梅干	超音速气流	120～1600	140 Hz/0.90 A	0.3 MPa	0.4 MPa

不同目数的乌梅粉中位径检测结果如图 10-5 所示。

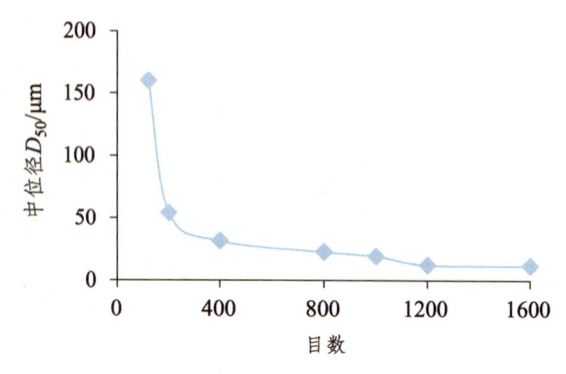

图 10-5　不同目数乌梅粉的中位径检测结果比较

由图 10-5 可以看出，随着超细烟粉目数的增加，中位径 D_{50} 逐渐降低，当目数增加至 1000 目时，中位径 D_{50} 为 19.11 μm。当目数达到 1600 目时，中位径 D_{50} 为 11.61 μm，而大多数高等植物细胞的直径通常在 10～100 μm（动、植物细胞的直径一般在 20～30 μm），也就是说当达到此目数时，大部分的乌梅细胞已经破壁。

不同目数的粒度分布结果统计如表 10-3 所示。

表 10-3　不同目数乌梅粉的粒度分布结果统计

粒径/μm	含量/%						
	120	200	400	800	1000	1200	1600
0.500	0.00	0.00	0.04	0.05	0.00	0.05	0.04
1.000	0.29	0.25	0.73	0.81	0.36	1.13	0.74
2.000	1.13	1.38	2.09	2.44	2.05	3.67	2.88
5.000	3.73	5.12	7.39	9.59	10.45	16.15	15.72
10.00	7.60	11.70	17.21	22.89	26.25	40.41	42.12
20.00	12.93	22.61	33.56	44.83	52.05	72.39	77.38
50.00	22.65	47.30	70.78	82.82	88.45	92.35	94.95
100.0	34.62	74.50	94.05	97.33	98.43	97.07	98.69
200.0	60.86	96.84	99.97	100.00	100.00	99.92	100.00
300.0	83.48	99.92	100.00	100.00	100.00	100.00	100.00

根据表 10-3 数据对小于 20 μm 及小于 30 μm 的粒径含量对应的累计数量的关系作图，如图 10-6 所示。

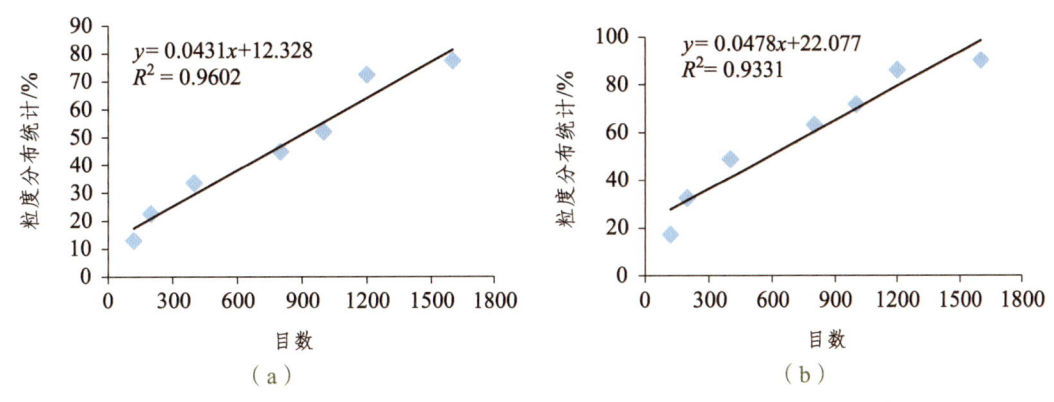

图 10-6　小于 20 μm（a）和小于 30 μm（b）的粒径含量对应的累计数量

由图 10-6 可知，根据目数和小于 20 μm 的乌梅超细粉的含量拟合出线性关系式为 $y=0.0431x+12.328$，相关系数 $R^2=0.9602$；根据目数和小于 30 μm 的烟草超细粉的含量拟合出线性关系式为 $y=0.0478x+22.077$，相关系数 $R^2=0.9331$。

若按乌梅细胞平均直径为 30 μm 来算，则当目数达到 1000 目时，52.05%的乌梅细胞已经破壁；目数达到 1200 目时，72.39%的乌梅细胞破壁；目数达到 1600 目时，77.38%的细胞破壁。若按乌梅细胞平均直径为 20 μm 来算，则当目数达到 1000 目时，52.05%的乌梅细胞已经破壁；目数达到 1200 目时，85.96%的乌梅细胞破壁；目数达到 1600 目时，90.12%的细胞破壁。

10.4　烟叶原料精制技术研究

粉状原料是现有多种专用再造烟叶制备工艺的投料主料，是专用再造烟叶的主体组分和烟草本香的主要来源。即使采用与菲莫国际近似的多级磨机串联方式，仍难避免粉碎过程中物料温度控制和粉体粒径的精确控制。

我们已经注意到机械磨可能导致的原料中挥发性成分损失的风险。因此，除陈皮类天然香料使用了冷冻粉碎技术外，侧重研究了机械、气流粉碎烟草原料的优劣，建立了超音速气流粉碎的处理工艺，制备的粉体具有粒度较均匀、颗粒表面光滑、形状规整、活性大、分散性好的特点。

10.4.1　不同粉碎方式比较

不同粉碎方式制得的烟末样品以及初始样（实验室粉碎过 60 目筛）常规化学指标检测结果见表 10-4。

表 10-4　不同粉碎技术样品烟草化学常规指标含量　　　　单位：%

加工方式	取样时间/min	温度 °C	烟碱	总糖	还原糖	总氮	K^+	Cl^-
—	初始	26	3.45	24.47	21.37	2.36	1.62	0.32
机械粉碎/B2F 烟末-JX300	15	28	3.33	23.48	20.67	2.44	1.60	0.29
	30	65	3.12	22.25	19.64	2.22	1.49	0.30
	45	102	2.98	20.45	18.98	2.32	1.56	0.28
	60	164	2.74	19.61	18.56	2.06	1.41	0.26

续表

加工方式	取样时间/min	温度 °C	烟碱	总糖	还原糖	总氮	K$^+$	Cl$^-$
气流粉碎/B2F 烟末-QL300	15	26	3.26	23.42	20.73	2.24	1.56	0.33
	30	27	3.38	23.12	20.81	2.16	1.49	0.28
	45	25	3.27	22.97	20.54	2.19	1.54	0.32
	60	29	3.21	23.01	20.48	2.17	1.50	0.27

从表 10-4 中可知，烟叶中的化学成分在样品粉碎过程中均会损失。特别是在机械粉碎方式下，随着粉碎时间增加，样品温度升高，烟碱含量明显减少，粉碎设备运行 60 min 后，样品烟碱含量下降约 20%；总糖及其他指标也有不同程度的明显降低。表明机械粉碎会导致烟叶化学明显流失，这可能是机械粉碎易发热造成的化学物质挥发或分解。

而超音速气流粉碎获得的烟叶粉末，与烟叶原料相比，样品温度较低，烟碱、总糖、还原糖等烟草常规指标变化较小，粉碎设备运行时间对原料的常规指标含量影响较小。而超音速气流粉碎较机械粉碎能更好地保留烟草化学成分，这与我们前期预判的气流粉碎"适用于低熔点、热敏性物料的粉碎"结果相吻合。

对不同粉碎方式制得的烟末样品以及初始样的致香成分分析结果见表 10-5。

表 10-5　不同粉碎技术样品致香成分含量结果　　　　单位：µg/g

序号	化合物名称	对照昆明B2F	机械粉碎/B2F 烟末-JX300			超音速气流粉碎/B2F 烟末-QL300		
			15 min	30 min	60 min	15 min	30 min	60 min
1	1-戊烯-3-酮	0.54	0.81	0.64	0.87	0.7	0.59	0.93
2	3-羟基-2-丁酮	0.1	0.13	0.13	0.08	0.17	0.1	0.12
3	3-甲基-1-丁醇	0.31	0.14	0.12	0.09	0.13	0.16	0.21
4	吡啶	0.25	0.2	0.2	0.13	0.28	0.28	0.21
5	3-甲基-2-丁烯醛	0.29	0.21	0.18	0.21	0.16	0.12	0.07
6	己醛	0.19	0.15	0.14	0.17	0.17	0.17	0.17
7	面包酮	0.31	0.36	0.32	0.31	0.46	0.49	0.53
8	糠醛	4.44	2.53	1.86	1.83	3.79	3.92	2.98
9	糠醇	0.8	0.72	0.54	0.73	1.01	0.81	0.65
10	2-环戊烯-1,4-二酮	2.24	1.37	1.17	1.17	1.16	2.13	1.18
11	1-(2-呋喃基)-乙酮	0.15	0.13	0.11	0.11	0.14	0.15	0.14
12	丁内酯	0.12	0.1	0.08	0.11	0.17	0.2	0.08
13	2-吡啶甲醛	0.09	0.11	0.08	0.12	0.1	0.1	0.08
14	糠酸	0.25	0.21	0.17	0.22	0.27	0.22	0.19
15	苯甲醛	0.21	0.15	0.14	0.25	0.23	0.3	0.25
16	5-甲基糠醛	0.24	0.1	0.08	0.06	0.13	0.12	0.12
17	苯酚	0.27	0.19	0.2	0.21	0.4	0.34	0.13

续表

序号	化合物名称	对照昆明B2F	机械粉碎/B2F烟末-JX300			超音速气流粉碎/B2F烟末-QL300		
			15 min	30 min	60 min	15 min	30 min	60 min
18	2-戊基-呋喃	0.38	0.32	0.35	0.35	0.35	0.33	0.33
19	2,4-庚二烯醛 A	0.06	0.07	0.08	0.08	0.14	0.1	0.06
20	4-吡啶甲醛	0.13	0.11	0.08	0.12	0.16	0.14	0.09
21	1H-吡咯-2-甲醛	0.08	0.09	0.06	0.1	0.11	0.09	0.09
22	2,4-庚二烯醛 B	0.11	0.16	0.13	0.19	0.16	0.14	0.11
23	苯甲醇	1.78	1.53	1.25	1.02	2.16	2.03	1.34
24	苯乙醛	0.68	0.19	0.3	0.37	1.03	0.52	0.27
25	2-甲基苯酚	0.15	0.09	0.08	0.11	0.18	0.28	0.13
26	1-(1H-吡咯-2-基)-乙酮	0.56	0.79	0.48	0.51	0.66	0.74	0.46
27	4-甲基苯酚	0.76	0.36	0.24	0.37	0.97	0.75	0.4
28	2-甲氧基-苯酚	0.26	0.11	0.08	0.08	0.23	0.25	0.1
29	芳樟醇	0.61	0.37	0.36	0.27	0.46	0.4	0.49
30	壬醛	0.3	0.17	0.2	0.22	0.31	0.21	0.13
31	1-(3-吡啶基)-乙酮	0.18	0.13	0.08	0.16	0.19	0.22	0.06
32	苯乙醇	1.55	1.03	0.68	0.98	1.81	1.86	1.64
33	氧化异佛尔酮+未知物	0.41	0.34	0.3	0.23	0.34	0.29	0.21
34	2,6-壬二烯醛	0.15	0.16	0.13	0.12	0.2	0.2	0.12
35	苯并[b]噻吩	0.24	0.2	0.2	0.24	0.19	0.18	0.21
36	藏花醛	0.26	0.23	0.22	0.22	0.29	0.27	0.23
37	胡薄荷酮	0.29	0.16	0.15	0.2	0.28	0.21	0.26
38	2,3-二氢苯并呋喃	0.23	0.11	0.12	0.2	0.28	0.25	0.14
39	吲哚	0.34	0.37	0.29	0.23	0.51	0.42	0.38
40	2-甲氧基-4-乙烯基苯酚	1.36	1.17	0.82	0.99	1.04	0.93	0.66
41	茄酮	25.65	19.24	15.8	12.93	10.96	14.4	12.37
42	β-大马酮	8.71	6.63	5.95	5.91	8.14	7.89	6.99
43	β-二氢大马酮	3.3	1.76	1.85	1.13	2.83	2.47	2.36
44	去氢去甲基烟碱	0.29	0.21	0.17	0.16	0.16	0.18	0.18
45	香叶基丙酮	2.41	2.65	2.36	1.66	2.48	2.78	2.09
46	β-紫罗兰酮	1.43	1.19	1.35	1.24	1.51	1.34	1.04
47	丁基化羟基甲苯	0.52	0.39	0.29	0.24	0.42	0.31	0.49
48	3-(1-甲基乙基)(1H)-吡唑[3,4-b]吡嗪	1.06	1.36	0.97	1.41	1.18	1.07	0.68

续表

序号	化合物名称	对照昆明 B2F	机械粉碎/B2F 烟末-JX300			超音速气流粉碎/B2F 烟末-QL300		
			15 min	30 min	60 min	15 min	30 min	60 min
49	2,3′-联吡啶	0.37	0.35	0.2	0.24	0.33	0.4	0.35
50	二氢猕猴桃内酯	1.95	2.15	1.49	1.74	1.81	1.64	2.23
51	巨豆三烯酮 A	2.89	2.24	1.91	1.31	2.7	2.8	2.19
52	巨豆三烯酮 B	11.3	9.58	8.35	6.67	11.06	12.51	9.41
53	巨豆三烯酮 C	2.45	1.9	1.56	1.97	2.3	2.16	1.78
54	巨豆三烯酮 D	11.35	9.81	8.48	7.08	11.18	10.7	9.62
55	3-氧代-α-紫罗兰醇	0.59	0.15	0.14	0.11	0.35	0.34	0.33
56	十四醛	7.76	2.95	3.37	2.3	1.65	2.22	1.76
57	十四酸甲酯	0.86	0.66	0.53	0.34	0.98	0.99	0.89
58	十四酸	0.66	0.3	0.25	0.29	0.29	0.32	0.43
59	2,3,6-三甲基-1,4-萘二酮	1.46	0.64	0.52	0.49	0.65	0.44	0.65
60	蒽	1.39	0.65	0.72	0.56	0.8	0.82	0.93
61	茄那士酮	4.09	3.01	2.87	1.93	1.85	2.3	1.31
62	新植二烯	574.8	547.57	529.41	491.11	554.2	536.9	566.52
63	十五酸	2.14	1.6	1.48	1.11	1.59	1.32	1.46
64	邻苯二甲酸二丁酯	2.29	1.95	1.79	1.31	2.99	2.8	2.53
65	金合欢基丙酮 A	10.28	8.29	7.15	10.13	9.53	11.42	10.31
66	十六酸甲酯	12.31	12.33	9.92	4.71	20.95	21.67	20.01
67	十六酸+未知物	15.63	9.22	5.01	12.24	30.1	25.32	24.18
68	十六酸乙酯	3.73	3.43	2	3.13	3.62	2.89	2.82
69	寸拜醇	10.88	10.37	10.78	9.67	11.72	10.35	10.46
70	亚麻酸甲酯	17.54	6.04	14.08	9.27	15.55	15.18	13.52
71	植醇	3.07	3.38	2.61	2.96	3.21	3.38	2.85
72	西柏三烯二醇	8.57	7.8	6.86	4.28	9.76	7.7	4.19
73	金合欢基丙酮 B	0.93	0.77	0.5	0.55	1.01	0.73	1.1
	总量	774.27	696.41	663.53	614.14	749.38	728.75	733.98

从表 10-5 可知，与常规化学成分类似，机械方式的样品粉碎会造成致香成分损失，且随着粉碎时长增加损失越大；超音速气流粉碎的致香成分损失低于机械粉碎，且不易受时长影响。该实验进一步确定了采用超音速气流粉碎的原料粉碎方式，以期保留烟叶原料的易挥发物质组分。

10.4.2 不同粉碎粒径比较

超音速气体粉碎烟叶的常规化学指标与其粒径的关系如图 10-7 所示。

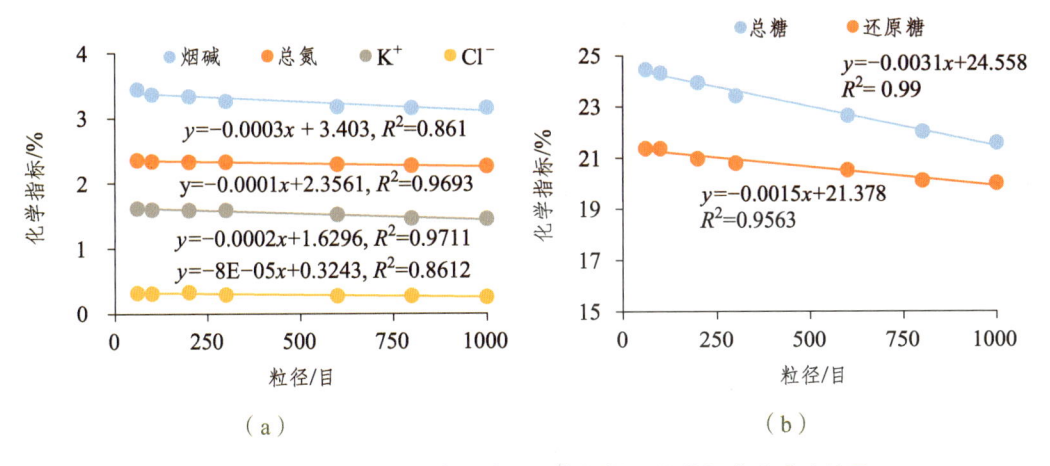

图 10-7 超音速气流粉碎烟叶不同粒径样品的常规化学成分结果

注：D_{90}均值，目数过高而无法过筛，通过粒径仪测量的样品与实际仍然存在一定偏差。

从图 10-7 可知，样品粉碎越细（样品目数的增加），烟草常规化学成分损失增加，对照样与 300 目和 1000 目比较，烟碱降幅分别为 5.2%和 8.4%；总糖降幅分别为 4.3%和 7.8%；还原糖降幅为 2.7%和 6.4%。可以认为烟叶样品粉碎得越细，常规化学成分含量随之越少。虽然烟粉越细越利于配方湿料的调制和产品均质的控制，但太细的粉末会给储存（吸潮结块）和涂布工艺（高速剪切粉碎）带来问题。需要结合具体工艺的设计，选定出合适的烟草原料粉碎粒径。

综上所述，超音速气流粉碎技术能更好地保留烟草易挥发物质，具有易调整、易控制（赫兹控制）的优势，是目前烟叶原料较适宜的加工技术方式；烟叶原料粉碎的粒径越细，挥发组分损失越多，需要结合具体工艺、配方湿料状态选择适宜的粒径范围；重组烟草涉及的粒径范围，基本按稠浆法 200~300 目、辊压法 80~120 目、造纸法 400~1200 目、造纸稠浆法 180~350 目进行控制。

10.5 超微烟草粉体成型工艺技术开发

由于造纸法再造烟叶原料来源的多元化和非均质化，其浸提、打浆工艺需面对提取不充分、打浆不均匀的问题，使抄造出来的片基表现出表面粗糙、横幅定量不稳定、均匀性较差、物理指标波动大、片基吸收性能差、涂布液加载困难的基本特征，而制备出的成品也表现出表面粗糙、涂布不均匀、涂布率高于 40%后产品结块、耐加工性指标波动较大的造纸法再造烟叶基本特征。

因此，开展超微烟草粉体成型工艺技术，突破并提升目前再造烟叶涂布率，提升成品稳定性、均匀性等成为大幅提升再造烟叶品质关键手段。

10.5.1 烟草粉体粒度筛选研究

将烟叶原料全部超微粉碎处理后,再按常规制备工艺进行片基的制备,以超微烟草粉体造纸抄造成型工艺获得高吸收性、高负载量的片基,经涂布后获得高涂布率,高热水可溶物含量的重组烟草(实验设计见图10-8)。

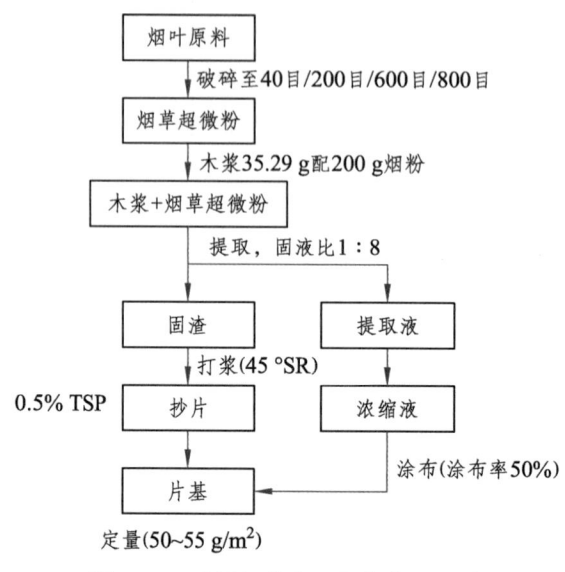

图 10-8 重组烟草产品制备实验设计

10.5.1.1 粉体粒度检测结果

粉体粒度的检测结果如表10-6所示。

表 10-6 粉体粒度检测结果

序号	中位粒径(D_{50})/μm	小于20 μm粒径含量/%	对应目数
1	—	—	40
2	74.68	23.78	265
3	37.63	34.39	511
4	23.19	45.86	778
5	17.02	55.08	991

注:粉体的目数通过$y=0.0431x+12.328$进行换算。

10.5.1.2 浆料留着率检测结果

不同目数的粉体抄造成型过程中浆料留着率检测结果如表10-7所示。

表 10-7 不同目数的粉体抄造成型过程中浆料留着率检测结果

序号	片基总重/g	浆料绝干重/g	留着率/%	对应目数
1	84.95	126.33	67.2	40
2	78.77	119.45	65.9	265

续表

序号	片基总重/g	浆料绝干重/g	留着率/%	对应目数
3	59.99	119.19	50.3	511
4	61.17	119.55	51.2	778
5	76.60	128.75	—	991

粉体的目数与浆料留着率的对应关系详见图 10-9。

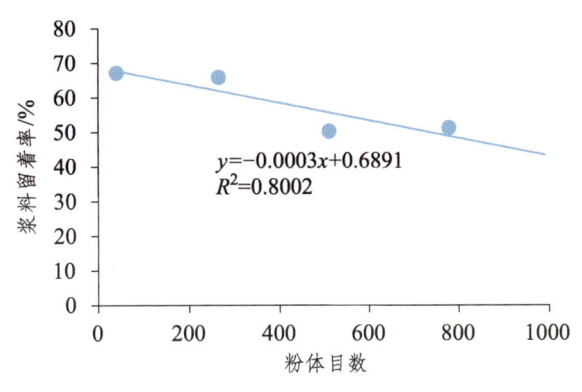

图 10-9 不同粉体目数对浆料留着率的影响

从图 10-9 中可以看出，剔除异常数据，随着粉体目数的增加，浆料的留着率逐渐降低，浆料的留着率与粉体的目数呈负相关的线性关系，可用关系式 $y = -0.0003x + 0.6891$ 来表示，线性相关系数 R^2 为 0.8002。分析其主要原因为超细粉体透过成型网，导致留着率降低。

10.5.1.3 片基物理指标检测结果

不同目数的粉体抄造成型的片基物理指标检测结果如表 10-8 所示。

表 10-8 不同目数的粉体抄造成型的片基物理指标检测结果

序号	粉体目数	定量/g·m^{-2}	厚度/mm	透气度/CU	纵向抗张/N·m^{-1}	横向抗张/N·m^{-1}	纵向拉伸率/%	横向拉伸率/%	松厚度/cm^3·g^{-1}
0	常规制备	60.4	0.139	4.19	1018	847	1.08	0.88	2.30
1	40	55.5	0.233	1097	923	555	2.62	2.34	4.20
2	265	52.5	0.156	182	1136	986	2.10	2.26	2.97
3	511	48.5	0.114	67	1002	921	2.19	1.64	2.35
4	778	56.0	0.113	84	1473	1015	2.66	2.02	2.02
5	991	55.5	0.125	43	1114	1084	1.92	2.07	2.25

以粉体的目数对片基的透气度、抗张强度、松厚度分别作图，见图 10-10 至图 10-12。

从图 10-10 可以看出，随着粉体目数的增加，片基的透气度迅速降低，粉体的目数与片基的透气度成幂函数的线性关系，可用 $y = 39221x^{-0.973}$ 来表示，线性相关系数 R^2 为 0.9668。

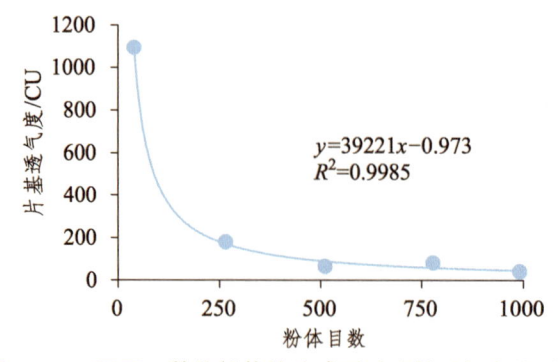

图 10-10　不同目数的粉体抄造成型对片基透气度的影响

从表 10-8 及图 10-11 的检测结果可以看出，除 40 目粉体抄造成型的片基抗张强度低于 1000 N/m 外，其余粉体抄造成型的片基抗张强度均在 1000 N/m 以上。高目数条件下粉体对片基抗张强度的影响较小。

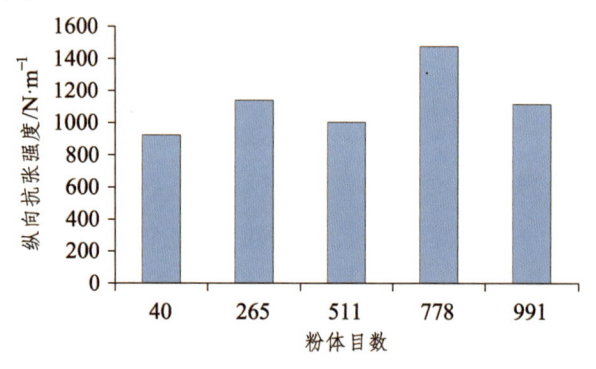

图 10-11　不同目数的粉体抄造成型对片基抗张强度的影响

从图 10-12 可以看出，粉体的目数与片基的松厚度呈负相关的线性关系，可用 $y = -0.0029x + 4.0307$ 来表示，线性相关系数 $R^2 = 0.904$。

对比常规工艺制备的再造烟叶片基及粉体成型工艺制备得到的片基：① 粉体工艺制备得到的片基具有较好的拉伸率，约为常规工艺的 2 倍。② 粉体制备工艺使用 15% 的木浆制备得到的片基与常规工艺使用 8% 的木浆制备得到的片基的抗张强度较为接近。③ 低目数条件下粉体成型工艺制备得到的片基具有较好的松厚度，当粉体的目数超过 500 目时，片基的松厚度与常规工艺的松厚度较为类似。

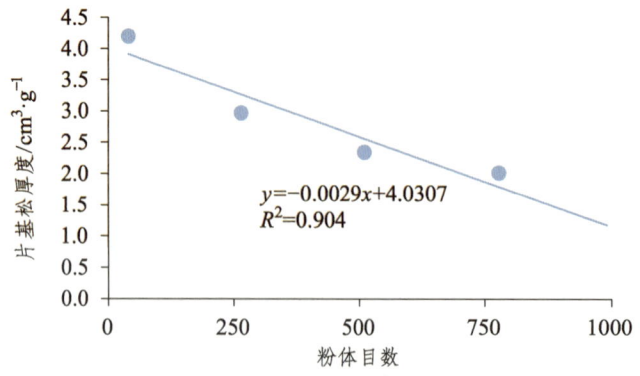

图 10-12　不同目数的粉体抄造成型对片基松厚度的影响

10.5.1.4 片基吸湿速率检测结果

不同目数的粉体抄造成型的片基吸湿速率检测结果如表 10-9 所示。

表 10-9 不同目数的粉体抄造成型的片基吸湿速率检测结果

序号	粉体目数	吸湿速率/cm·min^{-1}
0	常规制备	0.123
1	40	0.895
2	265	0.492
3	511	—
4	778	0.180
5	991	0.100

粉体的目数与片基吸湿速率的关系见图 10-13。

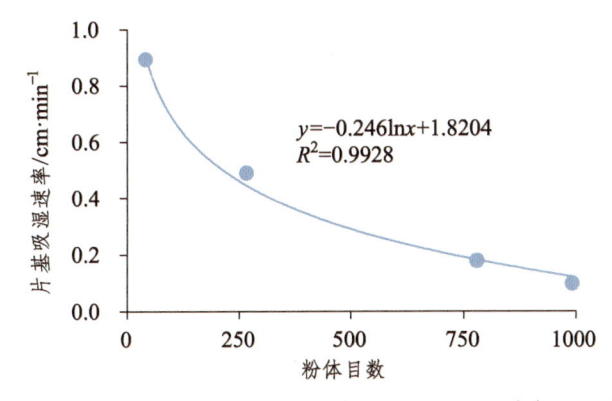

图 10-13 不同目数的粉体抄造成型对片基吸湿速率的影响

由图 10-13 可以看出，随着粉体目数的增加，片基的吸湿速率逐渐降低，片基的吸湿速率与目数成对数函数的线性关系，可用 $y = -0.246\ln x + 1.8204$ 来表示，线性相关系数 R^2 为 0.9928。分析原因，随着粉体粒度的增加，片基的松厚度逐渐下降，吸湿速率减低。

片基的松厚度与吸湿速率的关系见图 10-14。

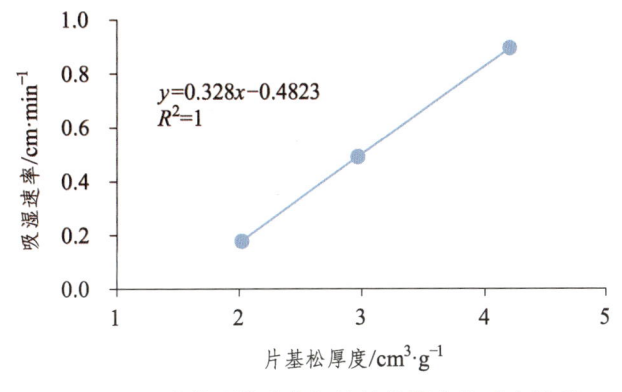

图 10-14 片基吸湿速率与片基松厚度的对应关系

从图 10-14 可以看出，片基的吸湿速率与松厚度呈正相关的线性关系，这意味着若要提升涂布率，粉体的目数要尽量降低。

10.5.1.5 成品切丝造碎率检测结果

不同目数的粉体抄造成型对成品切丝造碎率的检测结果如表 10-10 所示。

表 10-10 不同目数的粉体抄造成型对成品切丝造碎率的检测结果

序号	粉体目数	造碎率/%
0	常规制备	8.35
1	40	11.48
2	265	6.72
3	511	—
4	778	4.99
5	991	4.45

粉体的目数与成品的切丝造碎率的关系见图 10-15。随着粉体目数的增加，成品的切丝造碎率逐渐降低，成品的切丝造碎率与目数成对数函数的线性关系，可用 $y=-2.176\ln x+19.329$ 来表示，线性相关系数 R^2 为 0.9906。分析原因，随着粉体粒度的增加，其与木浆纤维的键合力增加，造碎率减少。

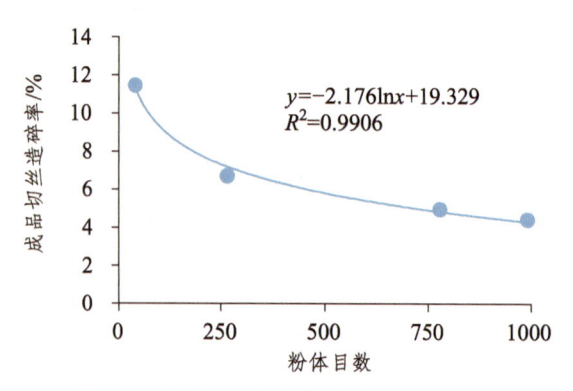

图 10-15 不同目数的粉体抄造成型对成品切丝造碎率的影响

10.5.1.6 小　结

通过粉体的目数对片基抗张强度、拉伸率、透气度、松厚度、吸湿效率的影响以及粉体目数对成品切丝造碎率的影响研究，综合考虑生产能耗、得率等各方面的因素，采用粉体成型工艺进行重组烟草制备过程中粉体的较适宜目数为 250~300 目，也就是小于 20 μm 粒径的含量应控制在 23.1%~25.3%。

10.5.2 外加纤维筛选研究

基于粉体成型工艺，外纤是提供片基成型的物质基础，其使用比例及纤维种类会对再造烟叶成品理化指标及感官质量造成重要的影响。基于粉体成型工艺，优化和筛选外纤种类及使用比例是关键因素。基于图 10-16 流程进行了不同外加纤维配比条件下的重组烟草制备。

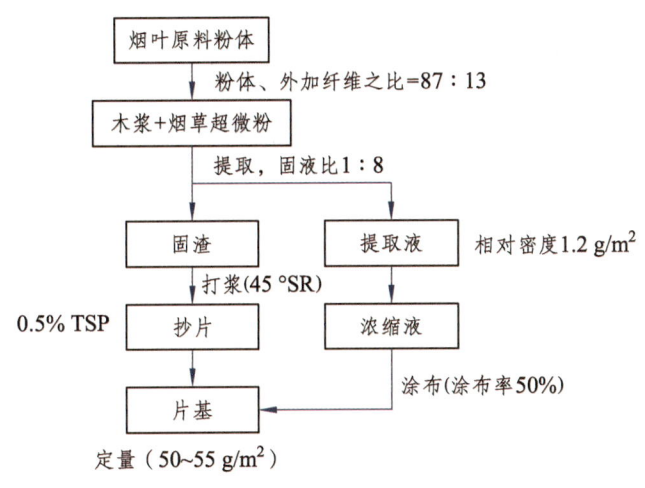

图 10-16 重组烟草产品制备实验设计（不同外纤配比）

10.5.2.1 木　浆

不同外纤添加量时抄造成型的片基物理指标检测结果如表 10-11 所示。

表 10-11　不同外纤添加量时抄造成型的片基物理指标检测结果

木浆添加比例/%	定量/g·m^{-2}	厚度/mm	松厚度/cm^3·g^{-1}	纵向抗张/N·m^{-1}	纵向拉伸率/%	透气度/CU
8	56.2	0.155	2.76	1027.08	1.96	172.28
10	54.4	0.169	3.11	974.74	1.61	178.75
12	60.3	0.159	2.64	1039.25	2.05	95.31
15	68.0	0.176	2.58	1222.06	2.39	28.74

根据表 10-11 中的数据分别作出外纤添加量对片基松厚度、纵向抗张强度及透气度的影响曲线（图 10-17）。

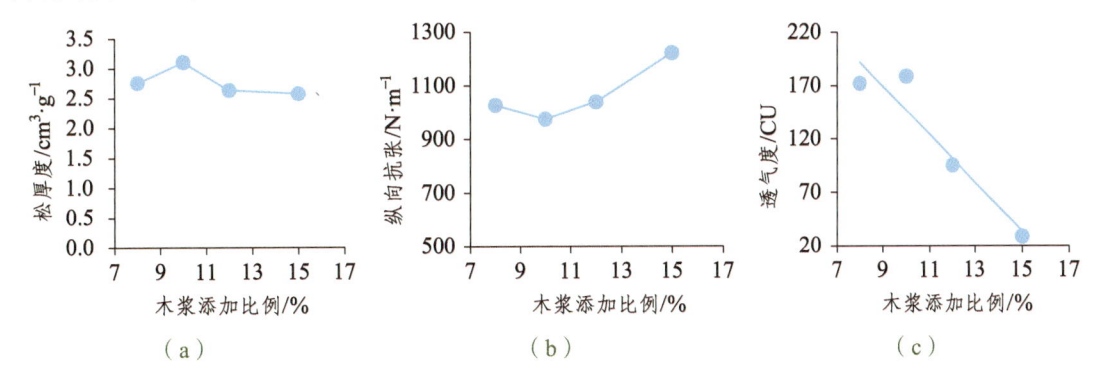

图 10-17　木浆添加比例与片基松厚度的关系

由图 10-17 可以看出，随木浆添加比例增加，片基的松厚度有所下降，片基的纵向抗张有所增加，片基透气度下降明显，并且有较高的线性相关性。木浆添加比例与片基透气度的线性关系，可用 $y = -22.583x + 372.83$ 来表示，线性相关系数 R^2 为 0.9024。

试验样品的感官质量评价结果如表 10-12 所示。

表 10-12　验样品感官质量评价结果

序号	样品信息	感官质量
1	8%木浆	烟气浓度高，体基香较足，烧纸味杂气基本被掩盖，烟气略显粗糙，细腻柔和感稍弱，头香稍弱
2	10%木浆	烟气浓度高，香气足，烧纸味杂气基本被掩盖，烟气略显粗糙，细腻柔和感稍弱，头香稍弱
3	12%木浆	烟气浓度高，烟气粗糙，木质杂气，烧纸味略显，细腻柔和感稍差，头香稍弱
4	15%木浆	烟气浓度高，烟气粗糙，木质杂气、枯焦杂气、烧纸味略显，细腻柔和感差，头香弱

从感官质量的评价效果可以看出，随着木浆使用比例的增加，产品的烧纸味逐渐增大，木质杂气逐渐变大，香气的粗糙感增强。

综上所述可得出如下结论：① 试验结果表明，木浆比例的优化并没有明显地体现出其对抗张强度、松厚度，切丝造碎率的影响，有可能存在在8%~15%的木浆使用比例范围内所成型的片基结构基础较一致的情况，这将对物料平衡的核算造成困难。② 从感官质量评价来看，木浆使用比例越低，对感官质量起正向的作用。③ 综合木浆使用比例及感官质量，考虑到生产工艺的可实现性，建议粉体成型过程中木浆的使用比例为 13%，即烟草原料与木浆的配比为 87：13。

10.5.2.2　外纤组合

不同外纤加入后浆料的留着率结果如表 10-13 所示。不同外纤下抄造片基浆料留着率有所不同，基本处于 50%左右。采用单一的外纤打浆时，漂白大麻浆和漂白亚麻浆的浆料留着率接近，均为约 51%，明显低于木浆的浆料留着率。将两种外纤以不同的比例相混合时，混合浆的浆料留着率基本处于两种外纤的浆料留着率之间，但6.5%木浆和6.5%漂白大麻浆混合时的浆料留着率值例外，原因还需具体探讨。

表 10-13　外加纤维考察配比表及留着率

序号	木浆	漂白大麻浆（长纤）	漂白亚麻浆（长纤）	留着率/%
1	13%	0	0	56.21%
2	10%	3%	0	50.25%
3	6.5%	6.5%	0	46.59%
4	3%	10%	0	54.57%
5	0	13%	0	51.37%
6	10%	0	3%	51.77%
7	6.5%	0	6.5%	52.84%
8	3%	0	10%	55.23%
9	0	0	13%	50.98%

不同外纤加入后抄造片基的吸湿速率如表 10-14 所示,不同外纤下片基的吸湿速率相差较大,采用单一外纤抄造的片基,漂白大麻浆和漂白亚麻浆的吸湿速率接近,均为约 0.0050 cm/s,而采用木浆抄造的片基的吸湿速率则明显低于漂白大麻浆和漂白亚麻浆。将漂白大麻浆和漂白亚麻浆以不同的比例与木浆混合时,片基的吸湿速率有增大也有减少,其中,以 6.5%木浆和 6.5%的漂白大麻浆混合以及 6.5%木浆和 6.5%的漂白亚麻浆混合时抄造得到的片基的吸湿速率较高,均高于单一外纤浆料抄造得到的片基的吸湿速率,也说明木浆和漂白大麻浆或漂白亚麻浆平均配比时抄造得到片基的涂布吸液性能较高。

表 10-14　不同外纤下抄造片基的吸湿速率对比表

序号	样品信息	从 0.5 cm 到 1.5 cm 耗时/s	吸湿速率/cm·s^{-1}
1	13%木浆	241.43	0.0041
2	10%木浆+3%漂白大麻浆长纤	390.67	0.0026
3	6.5%木浆+6.5%漂白大麻浆长纤	142.67	0.0070
4	3%木浆+10%漂白大麻浆长纤	328.93	0.0030
5	13%漂白大麻长纤	202.55	0.0049
6	10%木浆+3%漂白亚麻浆长纤	154.09	0.0065
7	6.5%木浆+6.5%漂白亚麻浆长纤	146.77	0.0068
8	3%木浆+10%漂白亚麻浆长纤	237.94	0.0042
9	13%漂白亚麻浆	200.19	0.0050

不同外纤加入后抄造片基的常规物理指标值如表 10-15 所示,不同外纤制浆对片基抗张强度和松厚度的影响详见图 10-8。

表 10-15　不同外纤下抄造片基的常规物理指标对比表

样品编号	定量（含水）/g·m^{-2}	绝干定量/g·m^{-2}	厚度/mm	松厚度/cm^3·g^{-1}	透气度/CU	纵向拉伸率/%	抗张强度/N·m^{-1} 纵向	抗张强度/N·m^{-1} 横向
常规	60.4	55	0.139	2.30	4.19	1.08	1019	847.7
1	58	55	0.118	2.04	30.58	3.08	1391	882
2	59.9	55	0.123	2.06	22.05	2.20	1110	1004
3	58.7	55	0.131	2.23	28.55	1.95	1132	648
4	58.1	55	0.137	2.36	42.52	2.06	1045	697
5	56.5	54	0.132	2.34	42.29	2.09	922	531
6	56.9	53	0.135	2.38	45.31	2.32	1190	882
7	59.6	54	0.143	2.39	41.42	1.97	1091	646
8	57.4	55	0.142	2.48	33.25	1.87	948	612
9	58.5	55	0.139	2.38	35.07	1.84	952	665

从图 10-18 可以看出,在确定外纤使用量为 13%的前提下,随着木浆添加比例逐渐减小,漂白大麻浆添加占比逐渐增大,所抄造片基的纵向抗张强度呈现下降趋势,从纯木浆外纤下的 1391 N/m 下降至 922 N/m,而漂白亚麻浆的添加也呈现出类似的趋势。由此说明,漂白大

麻浆和漂白亚麻浆的添加会促使片基的抗张强度有所下降，当全部木浆外纤替换为漂白大麻浆或漂白亚麻浆时，片基的纵向抗张强度下降约34%。

从图10-18中抗张强度和松厚度值的对比也可以看出，抗张强度值高的片基，其松厚度值较低，松厚度与纵向抗张强度和横向抗张强度之间均显示出负相关关系，这可能是片基的内部结构决定的，片基内部结构疏松，其松厚度值较大，而片基内部结构之间的结合不紧密则会导致抗张强度值较低。

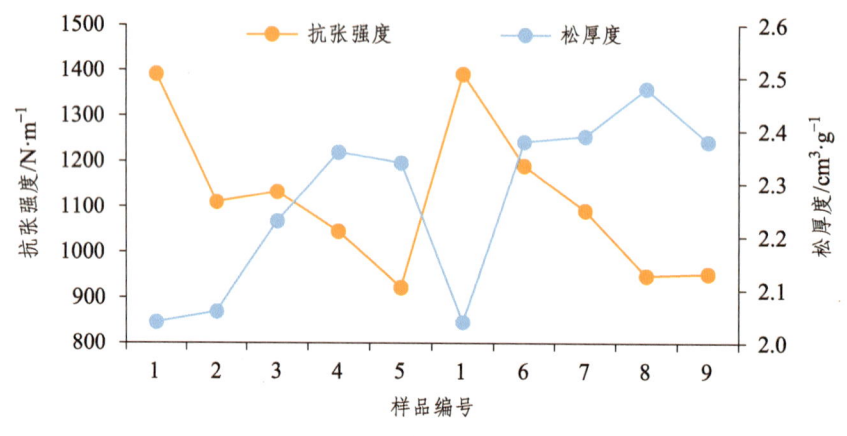

图10-18 不同外纤对抗张强度和松厚度的影响

不同外纤制浆对片基透气度的影响如图10-19所示，添加不同配比的木浆、漂白大麻浆和漂白亚麻浆下制备的片基透气度分布在22～45 CU内，高于常规方法制备得到的再造烟叶片基（4.19 CU），其中10%木浆和3%漂白亚麻浆混合制浆得到的片基的透气度最高。

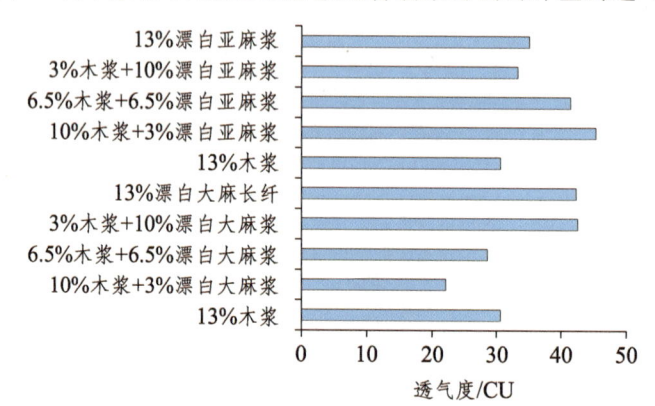

图10-19 不同外纤对片基透气度的影响

采用不同外纤时，得到的K326重组烟草产品的感官评价结果如表10-16所示，从内在感官评价结果看，采用3%木浆+10%漂白大麻浆或者3%木浆+10%漂白亚麻浆在感官质量较好。

表10-16 不同外纤下重组烟草产品的感官评价结果

序号	样品信息	感官质量评价结果
1	13%木浆	辛辣刺激感较强，木质杂气
2	10%木浆+3%亚麻浆	辛辣刺激感较减弱，木质杂气
3	6.5%木浆+6.5%亚麻浆	辛辣刺激感明显减弱，微木质杂气

续表

序号	样品信息	感官质量评价结果
4	3%木浆+10%亚麻浆	辛辣刺激感不明显,杂气不明显,烟气透发,带木香
5	13%亚麻浆	辛辣刺激感不明显,杂气不明显,烟气质感不如4号样品
6	10%木浆+3%大麻浆	辛辣刺激感较减弱,木质杂气
7	6.5%木浆+6.5%大麻浆	辛辣刺激感明显减弱,微木质杂气
8	3%木浆+10%大麻浆	辛辣刺激感不明显,杂气不明显,烟气甜润感、口腔津甜感较好
9	13%大麻浆	辛辣刺激感不明显,杂气不明显,烟气甜润感、口腔津甜感较好烟气质感不如8号样品
综合评价结论		4#及8#样品在烟气的表现上各有优缺点,需要结合原料的品种进一步进行验证

通过开展粉体粒度的筛和基于粉体成型工艺的外纤筛选研究表明:

(1) 与常规工艺相比,粉体工艺制备得到的片基具有较好的拉伸率(2倍于常规工艺);粉体制备工艺使用15%的木浆制备得到的片基与常规工艺使用8%的木浆制备得到的片基的抗张强度较为接近;低目数条件下粉体成型工艺制备得到的片基具有较好的松厚度,当粉体目数>500目时,片基的松厚度与常规工艺的松厚度较为类似。

(2) 通过粉体的目数对片基抗张强度、拉伸率、透气度、松厚度、吸湿效率的影响以及粉体目数对成品切丝造碎率的影响研究,综合考虑生产能耗、得率等各方面的因素,采用粉体成型工艺进行重组烟草制备过程中粉体的较适宜目数为250~300目,即小于20 μm粒径的含量应控制在23.1%~25.3%。

(3) 不同外纤下抄造片基浆料留着率(50%左右)相差不大,不同外纤下片基的吸湿速率相差较大,木浆和漂白大麻浆或漂白亚麻浆平均配比时抄造得到片基的吸湿速率较高、涂布吸液性能较高;随着木浆添加比例逐渐减小,漂白大麻浆或漂白亚麻浆添加占比逐渐增大,所抄造片基的纵向抗张强度呈现下降趋势,且松厚度与纵向抗张强度和横向抗张强度之间均显示出负相关关系;不同外纤对片基透气度影响不大,该工艺下使用木浆、漂白大麻浆及漂白亚麻浆得到片基的透气度值均高于常规方法制备得到的再造烟叶片基透气度值;采用3%木浆+10%漂白大麻浆或者3%木浆+10%漂白亚麻浆在感官质量较好。

10.5.3 涂布粉体粒径筛选试验

10.5.3.1 涂布粉体粒径检测结果

添加的烟叶粉体的粒径实际检测结果如表10-17所示。

表10-17 粉体粒径检测结果

序号	中位粒径(D_{50})/μm	对应目数
1	54.72	261
2	36.46	411
3	21.25	644
4	17.10	845

续表

序号	中位粒径（D_{50}）/μm	对应目数
5	13.01	1000
6	11.08	1192
7	10.01	1600（1400）

10.5.3.2 涂布样品的内在感官质量评价结果

不同粒径烟粉涂布样品的内在感官评价结果如表10-18所示。综合400~1600目样品的内在感官评价结果，800~1200目体现出较好的内在感官质量，结合粉体研磨能耗等情况，建议将涂布添加粉体粒径设为800~1000目。

表10-18 内在感官质量结果

序号	样品信息	评吸结论 A	评吸结论 B
1	K326-400目	烟气浓度高，量较足，满足感较好，透发性、质感稍差，显粗糙 K326 特征香，刺激大，辛辣感，微残留	量足，丰富，清甜、烤甜自然，浓度偏浓，余味较净，杂气轻，刺激稍显，喉部毛刺，烟气稍集中
2	K326-600目	质有提升，与K326-400较为接近	透发开扬，稍刺，烟气散，清晰度稍弱
3	K326-800目	K326特征香明显，烟气的成团性较好，骨架感较好，细腻度、柔和度尚好，透发性尚好，口腔津甜突出	清润、柔绵，透发蓬松，微透枯焦，丰富厚实感稍弱，刺激小，余味较净
4	K326-1000目	烟气的透发性较K326-800有提升，但稍显松散，骨架感不如K326-800，口腔津甜不如K326-800	香气清晰，蓬松透发，余味较净，强度略强，微刺，生津
5	K326-1200目	K326特征香明显、烘烤香明显，其余与K326-1600类似	烤香、焦甜香较足，香气集中，香气表现较好，余味较净，甜感稍弱，偏浓偏清
6	K326-1600目	K326特征明显，烟气烤甜、烘烤香明显，浓度高，透发性较好，细腻感较好，烟气强度大、刺激大，口腔津甜明显	香气细雅，烟气飘逸流畅，质较好，量稍弱，余味干净
综合评价结论		3#-4#，4#-5#整体评价较好，建议使用800~1000目的粉体做后续优化试验	随着目数上升，烟气特征有提升，香气特征量下降，质感上升，口感特性上升，4#和5#总体相对烟草特征稍好

综上所述，粉体成型过程中外纤的使用比例为13%，外纤可采用3%木浆+10%漂白大麻浆或者3%木浆+10%漂白亚麻浆，涂布添加粉体粒径为800~1000目。

10.6 固体香原料在再造烟叶中的应用研究

10.6.1 固态香原料（梅子）负载工艺技术

由于植物粉体的吸水润胀，在加入浓缩液后会导致其在浓缩液中分散不均匀，产生水包粉、沉淀等现象，进一步影响后续的生产加工，针对该问题，使用 0%、30%、50%、70%、90%的乙醇水溶液（质量比）作为分散剂，按固液比 1∶4 配制成梅子粉乙醇水浸膏，其分散效果如表 10-19 所示。随着乙醇浓度的增加，分散效果变好。

表 10-19 不同浓度的乙醇水溶液作为分散剂的分散效果（梅子粉 600 目，10%）

序号	分散剂	分散效果
1	0%乙醇水溶液	分散性较差，伴有严重的水包粉的包裹现象，需长时间剧烈搅拌，伴有气泡产生，吸水润胀较严重
2	30%乙醇水溶液	分散性较差，但较 0%时有提升，伴有明显的水包粉的包裹现象，需长时间搅拌，伴有气泡产生，吸水润胀较明显
3	50%乙醇水溶液	分散性有提升，伴有少量水包粉的包裹现象，搅拌后可分散，伴有适量气泡产生，吸水润胀现象改善
4	70%乙醇水溶液	分散性提升明显，水包粉的包裹现象不明显，适量搅拌下可均匀分散，伴有少量气泡产生，吸水润胀现象不明显
5	90%乙醇水溶液	分散性较好，未观测到水包粉的包裹现象，摇动下即可均匀分散，未观测到有气泡产生，无吸水润胀现象

对使用不同分散溶剂分散梅子粉，涂布后制备得到的样品并进行感官质量评价，评价结果如 10-20 所示。

表 10-20 不同浓度的乙醇水溶液作为分散剂的再造烟叶样品感官质量评价结果

序号	分散剂	感官质量评价结果
1	0%乙醇水溶液	分散性较差，伴有严重的水包粉包裹现象，需长时间剧烈搅拌，伴有气泡产生，吸水润胀较严重
2	30%乙醇水溶液	口腔的生津回甜感较好、梅子的特征酸香味稍有减弱，透发性适中，香气质感较好，微带焦枯气息，烟气的总体平衡感和谐调性较好
3	50%乙醇水溶液	口腔的生津回甜感较好、梅子的特征酸香味有减弱，透发性较好，香气质感较好，微带焦枯气息，烟气的总体平衡感和谐调性尚好
4	70%乙醇水溶液	梅子的特征酸香味减弱明显，风格特征稍有改变，透发性较好，香气质感较好
5	90%乙醇水溶液	梅子的特征酸香味减弱显著，风格特征有改变，透发性较好，香气质感较好

从表 10-20 可以看出，随着乙醇使用比例的提升，口腔的回甜生津感变化不明显，但梅子特征的酸香气息减弱。为此在分散过程中，应适当的控制乙醇溶液的使用比例，在保障粉末分散均匀同时确保产品抽吸品质的同时，最终确定分散溶液为 30%~50%的乙醇水溶液。

在目前造纸法再造烟叶涂布液浸涂工序中高比例添加固态香原料粉体（添加量10%以上）时涂布液的浓度和黏度发生较大变化，固态香原料粉体在涂布液中分散的均匀性较差，甚至会出现结块现象，糖及果胶含量高的固体香原料尤为明显，影响涂布后固体香原料分布的均匀性，造成再造烟叶产品品质稳定性较差。由于使用超微植物粉体后会对涂布液的黏度造成影响，影响生产过程中的片基吸收及涂布率的控制，为此，结合生产工艺，在保障成品抽吸品质，同时不影响生产涂布过程的条件下，对超微梅子粉末的使用比例进行了研究。

按照固液比为1:4事先采用乙醇水溶液对梅子粉体进行分散，然后在浓缩液中按浓缩液绝干添加不同比例的梅子粉分散液（换算成梅子粉绝干），搅拌分散均匀后采用黏度测试仪测定液体的黏度。梅子超细粉分散处理后浓缩液添加负载对浓缩液黏度的影响的检测结果如表10-21所示。

表10-21 梅子超细粉分散处理后浓缩液添加负载对浓缩液黏度的影响

序号	分散处理后的梅子超细粉添加比例（以浓缩液绝干计算）/%	折算成以外加产品质量计算/%	黏度/mPa·s
1	0	0.00	34
2	2	0.93	42
3	4	1.85	48
4	6	2.78	58
5	8	3.70	68
6	10	4.63	83
7	12	5.56	100
8	14	6.48	114
9	16	7.41	128
10	18	8.33	141
11	20	9.26	156
12	22	10.19	173
13	24	11.11	186

不同添加比例的分散处理烟草超细粉对浓缩液黏度对应关系如图10-20所示，随着分散处理后梅子超细粉的添加比例不断增加，浓缩液的黏度也不断增加，而且增加的关系呈现良好的线性关系，线性关系式为 $y = 6.5907x + 23.297$，相关系数为 $R^2=0.9898$。结合生产线涂布工艺对涂布液黏度的控制需求（涂布液黏度≤180 mPa·s），最终选定梅子粉末的使用比例为≤10%。

以乌梅为例，采用固体香原料精制技术验证乌梅型再造烟叶应用情况，具体方法为将乌梅超微粉碎至600目，将乌梅粉以10%的添加比例添加到烟草原料浓缩液中制备得到涂布液，制备乌梅型再造烟叶，再将其掺配到某卷烟叶组，分析整个流程中乌梅特征成分的保留情况。

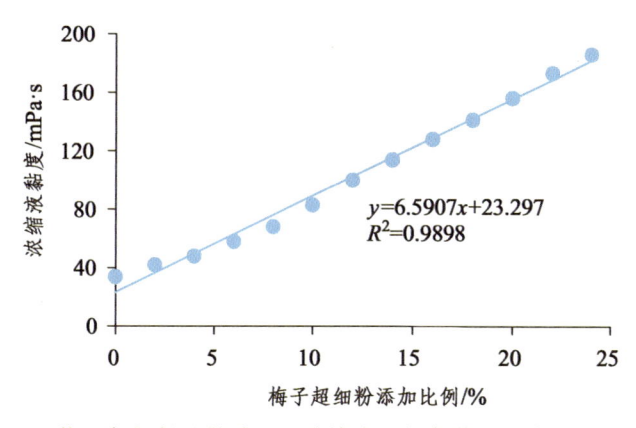

图 10-20　梅子超细粉分散处理后浓缩液添加负载对浓缩液黏度的影响

10.6.2　乌梅主要香气成分

在乌梅样品中共检测到 57 种主要香气成分，总量为 175.418 μg/g，其中醛类 9 种，占总量的 62.32%；酮类 10 种，占总量的 2.16%；醇类 13 种，占总量的 9.75%；酯类 9 种，占总量的 8.89%；酸类 4 种，占总量的 1.6%；酚类 4 种，占总量的 5.85%；呋喃及烯类 6 种；其他类 2 种，占总量的 2.4%。醛类物质的含量最高，占比 62.32%；其次含量较高的成分是醇类、酯类、酚类，组分占比均达到 10% 以上（详见表 10-22），均为乌梅的重要香气物质。

表 10-22　乌梅单体香气成分种类及含量表

成分	单组分种类	含量/μg·g^{-1}	组分占比/%
醛类	9	109.331	62.33
酮类	10	3.801	2.17
醇类	13	17.102	9.75
酯类	9	15.601	8.89
酸类	4	2.803	1.60
呋喃	5	8.488	4.84
烯类	1	3.821	2.18
酚类	4	10.269	5.85
其他	2	4.202	2.40
总量	57	175.418	100.00

10.6.3　再造烟叶样品 A 及乌梅型再造烟叶 B 香气成分及含量对比分析

再造烟叶样品 A 及乌梅型再造烟叶 B 的致香成分如表 10-23 所示。在再造烟叶样品 A 中共检测到 40 种香气成分，总量为 221.490 μg/g，其中，醇类物质的含量最高，占比 47.26%；其次含量较高的成分是酸类、酮类，组分占比均达到 30% 以上，均为再造烟叶类型样品重要的香气物质。在乌梅型再造烟叶 B 中共检测到 68 种香气成分，总量为 355.034 μg/g，其中，含量较高的成分是醇类、酸类、酮类，组分占比均达到 10%以上，均为乌梅型再造烟叶类型样品重要的香气物质。

表 10-23 再造烟叶样品 A 及乌梅型再造烟叶 B 香气成分及含量

	再造烟叶 A			乌梅型再造烟叶 B		
	单组分种类	含量/μg·g^{-1}	组分占比/%	单组分种类	含量/μg·g^{-1}	组分占比/%
总量	40	221.49	100.00	68	355.034	100.00
醛类	3	2.7	1.22	12	37.704	10.62
酮类	17	36.036	16.27	19	66.472	18.72
醇类	6	104.682	47.26	11	141.017	39.72
酯类	5	6.097	2.75	2	15.824	4.46
酸类	5	48.965	22.11	2	43.215	12.17
呋喃				3	2.743	0.77
烯类				2	3.869	1.09
酚类	2	3.582	1.62	2	5.374	1.51
其他	2	19.428	8.77	15	38.816	10.93

由表 10-23 可以看出，在再造烟叶样品 A 及乌梅型再造烟叶 B 中，共检测得到香气成分种类增加 70%，香气成分总量增加 60.29%。综上可知，经乌梅添加后的再造烟叶主香气成分如醛类、酮类、酯类等含量都有所上升，醇类及酸类组分含量下降。

10.7 还原烟叶原料型重组烟草产品开发及应用

10.7.1 还原烟叶原料型重组烟草产品开发

基于超微粉体造纸法一体成型工艺，以提升产品热水可溶物至≥50%为目标，通过相关配方及工艺技术集成，开发出烟叶原料型重组烟草产品。

10.7.1.1 重组烟草产品设计

还原烟叶原料型重组烟草产品为 ZX-01，其技术目标如表 10-24 所示，ZX-01 的感官质量目标为达到卷烟叶组相似的抽吸品质。

表 10-24 还原烟叶原料型重组烟草产品设计

	技术指标	指标要求
	含水率/%	11.0±1.5
物理	定量/g·m^{-2}	114±10
指标	厚度（层积法）/mm	0.16±0.02
	填充值/cm^3·g^{-1}	3.80±1.0

续表

	技术指标	指标要求
物理指标	抗张强度/kN·m^{-1}	≤1.0
	白片率/%	≤1.5
	连片粘连率/%	≤3.0
	热水可溶物/%	50.0±3.0
化学指标	总植物碱/%	2.20±0.20
	氯/%	≤1.00
	硝酸盐/%	≤0.50
	水溶性糖/%	20.00±1.50
	钾/%	1.60±0.50
	总氮/%	1.55±0.30
颜色指标	L^*	44.0±4.0
	a^*	11.70±1.5
	b^*	26.70±2.0

10.7.1.2 重组烟草产品原料配方

还原烟叶原料型重组烟草原料配方如表10-25所示，均为模块化碎片烟叶原料。

表10-25 还原烟叶原料型重组烟草原料配方

序号	ZX-01原料配方	比例/%
1	玉溪K326上等烤烟芝麻片（2016年）（200目）	14.0
2	2020年玉溪制丝芝麻片（碎片）（出口备货）（200目）	10.0
3	2020年烤烟碎片优质模块01/K/SP/B/ALL（200目）	30.0
4	2017年玉溪K326特色模块01/K/SP/A/TY201-202（200目）	15.0
5	大理红大上等烤烟芝麻片（2016年）（200目）	10.0
6	大理红大中等烤烟芝麻片（2016年）（200目）	10.0
7	玉溪K326中等烤烟芝麻片（2015年）（200目）	7.0
8	普洱2不列级烟叶复烤片烟（2014年）（200目）	4.0

10.7.1.3 重组烟草产品工艺设计

还原烟叶原料型重组烟草产品工艺流程如图10-21所示。
还原烟叶原料型重组烟草工艺控制目标如表10-26所示。

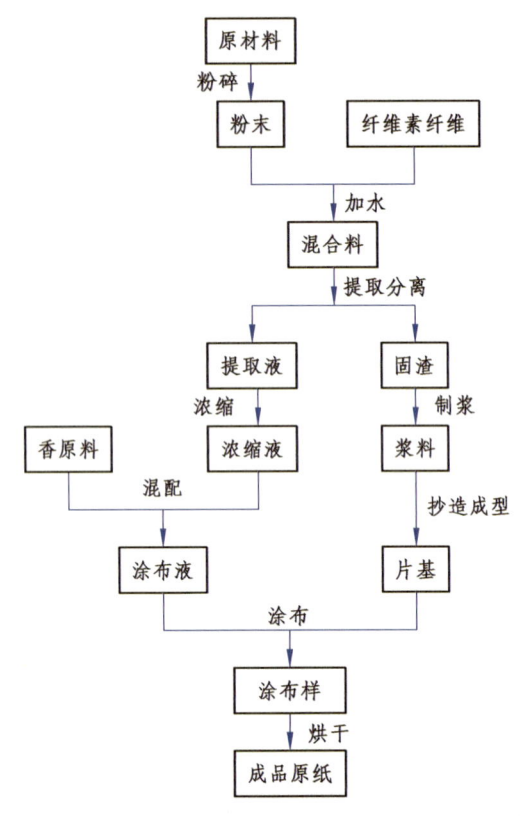

```
          原材料
            ↓ 粉碎
          粉末    纤维素纤维
            ↓      ↓
             加水
            混合料
            ↓ 提取分离
       ┌────┴────┐
      提取液      固渣
       ↓ 浓缩     ↓ 制浆
  香原料 浓缩液    浆料
       ↓ 混配     ↓ 抄造成型
      涂布液      片基
            ↓ 涂布
            涂布样
            ↓ 烘干
            成品原纸
```

图 10-21 还原烟叶原料型重组烟草产品工艺设计流程

表 10-26 还原烟叶原料型重组烟草工艺控制目标

	技术指标	指标要求
	原料投料	符合"生产配方单",与标样基本一致,无异味、碳化及霉变
	一级蒸发塔蒸汽温度/℃	≤70
	浆料及涂布液停留时间/h	≤8
生产内控指标	涂布液温度/℃	45.0±2.5
	隧道烘干机烘烤温度/℃	隧道烘干机≤100 ℃（注：车速 145 m/min）
	片基绝干定量/g·m^{-2}	55.0±1.5
	成品绝干定量/g·m^{-2}	105.8±2.0
	涂布率/%	50.0±2.0

10.7.1.4 重组烟草产品质量分析

对生产的还原烟叶原料型重组烟草产品的物理指标、化学指标、烟气指标进行检测分析,结果如表 10-27 至表 10-30 所示。

表 10-27 热水可溶物检测结果

产品名称	HWS 质量分数/%	备注
ZX-01	50.60	涂布率 CR=50%

表 10-28 化学指标检测结果 单位：%

样品名称	总糖	还原糖	总植物碱	总氮	硝酸盐	钾	氯
ZX-01	20.13	18.40	2.29	1.60	0.34	1.86	0.37

表 10-29 烟气指标检测结果

样品名称	抽吸口数/口·支$^{-1}$	TPM/mg·支$^{-1}$	焦油量/mg·支$^{-1}$	烟气烟碱量/mg·支$^{-1}$	一氧化碳/mg·支$^{-1}$	烟气水分/mg·支$^{-1}$
ZX-01	5.24	12.76	8.7	0.98	15.66	3.12

表 10-30 致香成分检测结果

序号	RT/min	组分名称	ZX-01/μg·g^{-1}
1	3.840	3-甲基-2-丁烯醛	0.214
2	3.908	丁酸	—
3	4.110	正己醛	0.162
4	4.273	面包酮	0.659
5	4.435	乙酸丁酯	0.524
6	4.866	糠醛	13.535
7	5.338	异戊酸	—
8	5.467	糠醇	1.450
9	5.618	乙基苯	—
10	6.281	4-环戊烯-1,3-二酮	2.077
11	7.142	2-乙酰基呋喃	0.555
12	7.198	4-羟基丁酸乙酰酯	—
13	7.264	2(5H)-呋喃酮	—
14	7.578	异丙基苯	—
15	7.943	惕格酸	0.054
16	8.446	吡啶-2-甲醛	0.103
17	8.747	5-甲基-2-呋喃甲醇	0.093
18	8.882	苯甲醛	0.396
19	9.026	5-甲基呋喃醛	0.632
20	9.853	δ-辛内酯	0.020
21	9.965	苯酚	—
22	9.980	甲基庚烯酮	0.599
23	10.149	2-正戊基呋喃	0.168
24	10.234	丁酸	—
25	10.358	(E,E)-2,4-庚二烯醛	0.235
26	10.598	正己酸	0.047
27	10.923	(E,E)-2,4-庚二烯醛	0.155

续表

序号	RT/min	组分名称	ZX-01/μg·g^{-1}
28	11.053	2-吡咯甲醛	—
29	11.982	苯甲醇	1.911
30	12.158	2,3-二甲基马来酸酐	—
31	12.318	苯乙醛	1.679
32	12.768	2,6-二甲基-2-反式-6-辛二烯	0.535
33	13.291	2-乙酰基吡咯	0.614
34	14.900	芳樟醇	0.660
35	15.071	壬醛	0.292
36	15.182	3-乙酰基吡啶	0.035
37	15.454	苯乙醇	1.149
38	15.538	5-甲基-2-乙酰基呋喃	0.018
39	15.774	异佛尔酮	—
40	16.825	4-氧代异佛尔酮	0.095
41	17.000	大根香叶烷	—
42	17.187	4-甲氧基苯乙烯	0.060
43	17.265	反-2-,顺-6-壬二烯醛	0.160
44	17.589	反式-2-壬醛	0.188
45	17.800	乙酸苄酯	0.004
46	18.183	薄荷脑	0.198
47	18.734	辛酸	—
48	18.987	α-松油醇	0.167
49	19.340	藏红花醛	0.093
50	19.695	癸醛	0.165
51	20.306	4-乙基-2-甲氧基苯酚	0.019
52	22.012	乙酸苯乙酯	10.000
53	23.594	吲哚	0.607
54	24.490	4-乙烯基-2-甲氧基苯酚	1.971
55	25.852	烟碱	14.276
56	26.030	丙醛二乙基乙缩醛	0.111
57	26.553	大马士酮	0.236
58	26.839	茄酮	11.903
59	27.564	大马士酮	10.474
60	28.792	β-大马酮	0.159
61	28.883	脱氢二氢-β-紫罗兰酮	2.414

续表

序号	RT/min	组分名称	ZX-01/μg·g^{-1}
62	29.173	edulan Ⅱ	0.479
63	29.354	β-紫罗兰酮	—
64	30.415	香叶基丙酮	2.005
65	31.615	波洁红醛	—
66	31.730	β-紫罗兰酮	—
67	32.242	茴香基丙酮	0.226
68	33.346	2,3'-联吡啶	0.184
69	33.356	二氢猕猴桃内酯	—
70	34.706	巨豆三烯酮 A	0.970
71	35.242	月桂酸	0.299
72	35.415	巨豆三烯酮 B	3.861
73	36.659	巨豆三烯酮 C	0.605
74	36.792	4-羟基-β-二氢大马酮	—
75	37.164	巨豆三烯酮 D	4.144
76	37.890	9-羟基-4,7-巨豆二烯-3-酮	—
77	40.706	法呢醇	—
78	41.695	麝香草酚	1.560
79	42.440	正十四碳酸	1.015
80	43.423	螺岩兰草酮	2.023
81	44.869	新植二烯	43.997
82	44.995	植酮	0.192
83	45.778	正十五酸	0.779
84	47.393	法尼基丙酮	4.223
85	47.681	棕榈酸甲酯	1.276
86	48.711	棕榈酸	28.855
87	48.791	邻苯二甲酸二丁酯	0.768
88	49.085	棕榈酸	5.462
89	50.575	4-甲基苯乙酮	0.055
90	51.483	异瑟模环烯醇	0.911
91	55.396	硬脂酸	0.869
92	56.219	异瑟模环烯醇	—
93	57.240	2,6-二甲基大茴香醚	—
94	64.898	法呢醇	0.288
		总量	186.916

综上所述，经过对生产的 ZX-01 重组烟草产品的质量进行检测分析和评价，并对标 ZX-01 重组烟草产品的技术目标，综合认为生产的 ZX-01 重组烟草产品质量达到了设计目标。

10.7.2 还原烟叶原料型重组烟草产品在卷烟中的应用情况

随着还原烟叶原料型重组烟草产品的开发及在卷烟创新产品中的应用研究，还原烟叶原料型重组烟草产品已在卷烟创新产品中得到广泛应用，如表 10-31 所示。

表 10-31 产品应用情况明细

重组烟草产品	卷烟产品	应用比例/%
ZX-01	ZXHNB-01	40
	ZXHNB-02	40
	ZXHNB-03	100

10.8 结 论

在系统分析目前常规再造烟叶产品品质缺陷、生产工艺缺陷的基础上，确定了重组烟草产品的品质定位及关键技术开发，开发了超微粉体造纸法一体成型工艺技术，突破了目前造纸法再造烟叶生产工艺对热水可溶物提升限制的技术瓶颈，即将烟草超微粉体进行提取、固液分离、浓缩，固相粉体与打浆后的木浆纤维进行混配、抄造成片基，提取液浓缩后调配成涂布液，在片基上涂布、烘干后成再造烟叶，其中再造烟叶成品中内源性烟草成分占比为 75%~85%。再造烟叶的热水可溶物含量可达到 50%以上，接近烟叶热水可溶物含量（50%~60%），与天然烟叶原料相比，常规有机化学成分的还原度达到 82.1%（常规再造烟叶为 37.25%），致香成分总量还原度达到 70%左右（常规再造烟叶仅达到 30%左右）。

通过对关键工艺如粉体的提取工艺、制浆工艺、抄造成型工艺、涂布工艺等对产品理化性能、物料平衡、生产得率、产品结块等关键指标的影响，优化生产工艺及参数。通过研究不同纤维（以木浆、亚麻浆及大麻浆为主）的添加对成品物理指标、化学指标、感官质量的影响，结合抄造成型工艺，筛选出较适宜的外纤种类及使用比例。对固液耦合涂布过程中使用的涂布烟粉的粒径进行优化，通过感官质量评价，筛选出最佳的涂布烟粉粒径，为重组烟草产品的优化提供理论支持。针对粉体造纸成型工艺，研究不同助剂对成品的物理性能（尤其是生产造碎）、助留助滤性能（尤其是留着率）、感官质量、产品结块的影响，筛选出较适宜的生产助剂及使用比例。

参考文献

[1] 杜仕国. 超微粉制备技术及其进展[J]. 功能材料，1997，28（3）：237-241.

[2] HOGGR. Breakage mechanisims and mill performance in ultrafine grinding[J]. Powder Technology, 1999, 105: 135-140.

[3] 叶进，赵晓联，胡晓军. 超微粉碎技术在食品加工中的应用[J]. 江苏食品与发酵，2002，109（2）：11-14.

[4] GARCIA F, BOLAY N L, FRANCES C. Rhelogical behaviour and related gramulametric properties of dense aggregated suspensions during an ultrafine comminution process[J]. Powder Technology, 2003, 103: 407-414.
[5] 谢瑞红, 王顺喜, 谢建新, 等. 超微粉碎技术的应用现状与发展趋势[J]. 中国粉体技术, 2009, 15（03）: 64-67.
[6] 王丽宏, 张延, 张宝彤, 等. 超微粉碎技术的特点及应用概况[J]. 饲料博览, 2013（10）: 13-16.
[7] 李锐, 曾晓鹰, 周桂园, 等. 一种含超微梅子粉末的再造烟叶及其制备方法: CN107232639A[P]. 2017-10-10.
[8] 张文军, 周桂园, 郑建宇, 等. 一种含超微烟草粉末的造纸法再造烟叶制备方法: CN107136553A[P]. 2017-09-08.
[9] 周桂园, 张文军, 吴建霖, 等. 一种含超微天然植物粉末的造纸法再造烟叶制备方法: CN107183778A[P]. 2017-09-22.
[10] ZHANG Y, LI R D, SHANG G L, et. al. Mechanical grinding alters physicochemical, structural, and functional properties of tobacco (*Nicotiana tabacum* L.) leaf powders[J]. Industrial Crops & Products, 2021, 173.
[11] 杨紫刚, 杨涛, 茶正雄, 等. 一种超微粉末植物薄片及其制备方法: CN109393543B[P]. 2021-07-20.
[12] 杨紫刚, 杨涛, 王晓耕, 等. 一种超微烟粉再造烟叶及其制备方法: CN109349677B[P]. 2021-03-26.
[13] 张文军, 周桂园, 魏明文, 等. 一种粉体成型涂布造纸工艺: CN112853811A[P]. 2021-05-28.
[14] 周桂园, 刘静, 张文军, 等. 一种粉体成型涂布造纸混合制浆方法: CN112617269A[P]. 2021-04-09.
[15] 梁毅, 熊珍, 钟翊钊, 等. 一种造纸法再造烟叶生产的粉体添加剂混配装置: CN216088802U[P]. 2022-03-22.

11 外加纤维在再造烟叶中的应用研究

造纸法再造烟叶是由烟梗、烟碎片和烟末加水进行萃取，经固液分离后得到残渣和液体，所得的残渣进行磨浆，并加入一定量的外加纤维作为骨架浆料抄造成片基，所得的液体进行浓缩并经加料加香后制备成涂布液涂布于片基上而制成。

再造烟叶主要由片基载体和涂布液两大核心部分构成，其中，再造烟叶的片基载体对其理化性能和感官品质等方面都起着至关重要的作用，片基载体的物理性能，即物理加工性能，直接关系到生产过程中是否断纸、产品吸收性和透气性等一系列问题；造纸法再造烟叶中涂布液是造纸法再造烟叶可溶性成分及香气成分的最主要来源，涂布液高低对再造烟叶成品的化学成分含量、感官品质甚至烟气释放量都起着至关重要的作用，而片基载体的吸收性能直接影响涂布率的高低。纤维形态与再造烟叶产品的物理性能息息相关，对于再造烟叶的重要性不言而喻。

11.1 再造烟叶原料特点及外加纤维对再造烟叶产品的影响

我们观察了低浓打浆方式下不同打浆度下的烟梗浆的微观形态（图11-1），发现烟梗浆纤维较少，呈细长带状、壁薄。纤维含量较少，烟梗低浓度打浆主要是长纤维束的切断作用、分丝帚化作用很小，烟梗浆料打浆度的提高主要来自长纤维束被切断；烟梗纤维适合轻度打浆（18°SR），且打浆时间不宜过长。

(a)　　　　　　　(b)　　　　　　　(c)

图11-1　烟梗浆显微镜图

不难看出，与造纸纤维原料相比烟草内源性原料中不管是烟碎片、烟末还是烟梗，都存在"纤维含量较少、杂细胞较多"这个共性的问题，需要通过添加外加纤维等外源性原料来弥补烟草纤维的短板，以此提高再造烟叶产品的物理加工性能。

对国内外的造纸法再造烟叶产品的纤维形态进行研究，显微镜下造纸法再造烟叶纤维整体及杂细胞分布情况表明（详见图 11-2 至图 11-4），不管是国内还是国外的造纸法再造烟叶产品均有较多的杂细胞，再造烟叶中长纤维绝大部分来自外加纤维；产品的纤维形态为：平均纤维长度（国内产品 1.25 mm、国外产品 1.67 mm），平均纤维宽度（国内产品 21.0 μm、国外产品 34.7 μm），平均纤维长宽比（国内产品 59.8，国外产品 47.8）。

（a）　　　　　　　　　　（b）

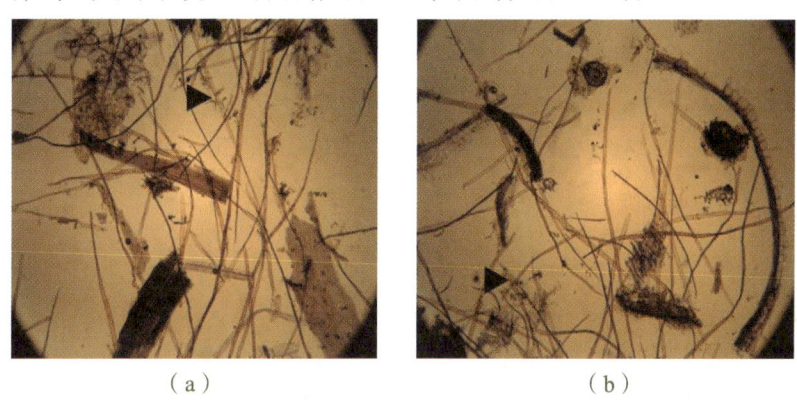

图 11-2　显微镜下造纸法再造烟叶纤维整体及杂细胞分布情况

（a）　　　　　　　　　　（b）

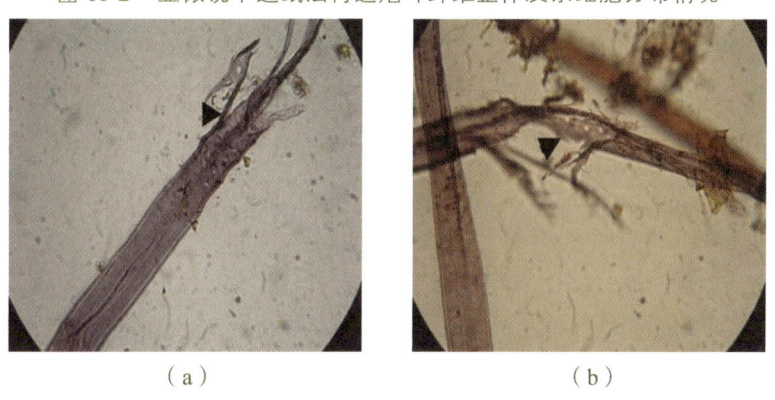

图 11-3　纤维分丝帚化

（a）　　　　　　　　　　（b）

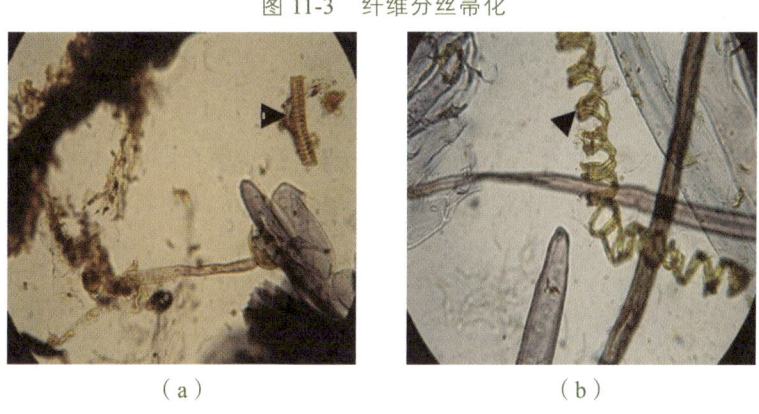

图 11-4　再造烟叶产品中的果胶

11.2 再造烟叶外加纤维应用技术

再造烟叶应用于卷烟,因此对其各方面,尤其是安全性方面的要求较高,应用于国内外再造烟叶的外加纤维主要包括木浆纤维、麻浆纤维、甘蔗纤维、竹浆纤维等天然植物纤维,也有部分非纤维在再造烟叶的相关应用研究报道。

11.2.1 天然植物纤维应用技术

11.2.1.1 木浆纤维及应用技术

1. 针叶木浆纤维及应用技术

国外再造烟叶及国内 14 家再造烟叶企业普遍使用的外加纤维是木浆纤维,针叶木由于其纤维长度和宽度有着明显的优势,其长度一般在 2.56~4.08 mm,能够对再造烟叶的物理强度起到良好的支撑作用,且其柔软度较好,因此针叶木纤维成为再造烟叶的首选外加纤维,不管是国外还是国内再造烟叶企业,其再造烟叶产品均有针叶木浆纤维。

我们开展了烟梗、碎片及木浆比例对造纸法再造烟叶物理性能的影响研究,结果表明随着针叶木浆用量的增加,再造烟叶的抗张指数和耐破指数呈上升趋势。木浆纤维,尤其是纤维长度有着明显优势的针叶木浆纤维,作为主流外加纤维,在再造烟叶中起到了骨架的作用,对再造烟叶的物理加工性能的影响较大,其添加量与再造烟叶的抗张强度、耐破度、填充值等指标有着明显的影响。

木浆纤维的加入除了会对再造烟叶物理加工性能带来一系列的影响,还会对再造烟叶的感官品质产生一定的影响。尽管如此,针叶木浆纤维在显著提高再造烟叶的填充值和抗张强度方面的优势是其他外加纤维无法比拟的,因此在再造烟叶生产过程中木浆纤维仍占主导地位,难以被其他纤维完全替代。

2. 阔叶木浆纤维及应用技术

国内造纸法再造烟叶的实际生产中,用来改善抄造性能等添加的阔叶木浆多为桉木浆,其纤维长度一般为 0.55~0.798 mm,作为纤维较针叶木浆纤维短一些的阔叶木浆纤维,在再造烟叶中也起着其独特的作用。

我们开展了漂白针叶木浆、未漂白亚麻浆、未漂白阔叶木浆和漂白阔叶木浆四种外加纤维对再造烟叶物理与常规烟气指标的影响研究,结果表明漂白针叶木浆能够提高再造烟叶的物理加工性能,而未漂白亚麻浆和漂白阔叶木浆则有利于烟气中焦油、CO 释放量等指标成分的降低。

正因为阔叶木浆纤维有着其自身的特点,因此在再造烟叶中也发挥其优势,国内再造烟叶企业中,除了使用针叶木浆纤维之外,还有许多企业是将针叶木浆与阔叶木浆纤维按一定的比例进行搭配后应用于再造烟叶。

11.2.1.2 麻浆纤维及应用技术

麻浆是麻类(苎麻、大麻、亚麻、剑麻、黄麻、红麻、蕉麻)纤维的总称,麻浆质地坚韧,强度较高,且其木质素和果胶含量较低,能够赋予再造烟叶产品较好的物理性能和感官品质；麻类纤维中亚麻和剑麻属于优质造纸原料，其价格也较高，达 2 万~3 万元/吨。

几种麻类的纤维形态及化学成分见表 11-1 和表 11-2。

表 11-1　几种麻类的纤维形态

名称	部位	平均长度/mm	平均宽度/μm	长宽比	壁厚/μm	腔径/μm	壁腔比
红麻	皮	2.92	22.23	131.35	14.1	8.31	1.73
	秆芯	0.671	27.9	24.05	5.1	22.8	0.22
大麻	皮	16	18.53	863.46	7.4	5.8	2.55
	秆芯	0.54	19.33	27.94	2.4	10.1	0.48

表 11-2　几种麻类的化学成分　　　　　　　　　　　　单位：%

		灰分	抽出物			果胶	木质素	戊聚糖	纤维素
			热水	1% NaOH	苯-醇				
红麻	秆	3.93	8.29	28.82	2.78	—	17.83	18.89	—
大麻	皮	2.85	10.5	30.76	—	2	4.03	4.91	69.51
	秆	2.24	5.78	29.96	—	—	14.97	18.29	51.32
黄麻		—	—	—	—	0.2	—	42.717	61~71.5
苎麻		—	2~5	4~8	—	1.9	0.6~0.7	—	68.6~76.2
剑麻		—	1.99	6.14	—	0.44	10.11	—	54.43

麻类纤维在烟草行业的应用较早见于卷烟纸，在木浆纤维广泛应用于再造烟叶中后，研究者们创新性地尝试了麻浆纤维在再造烟叶的应用研究。

我们采用混料设计中的单形格子点设计法对漂白剑麻浆、针叶木浆和阔叶木浆纤维的不同比例进行试验设计，回归分析得到分别以抗张指数和感官质量为响应值的拟合方程（图 11-5）：

$$Y_{抗张指数}=0.98988A+0.52842B+1.02098C$$
$$Y_{感官质量}=6.27233A+6.39233B+6.71879C$$

式中　Y——响应值；

A、B、C——针叶木浆、阔叶木浆和剑麻浆比例。

（a）　　　　　　　　　　　　　　（b）

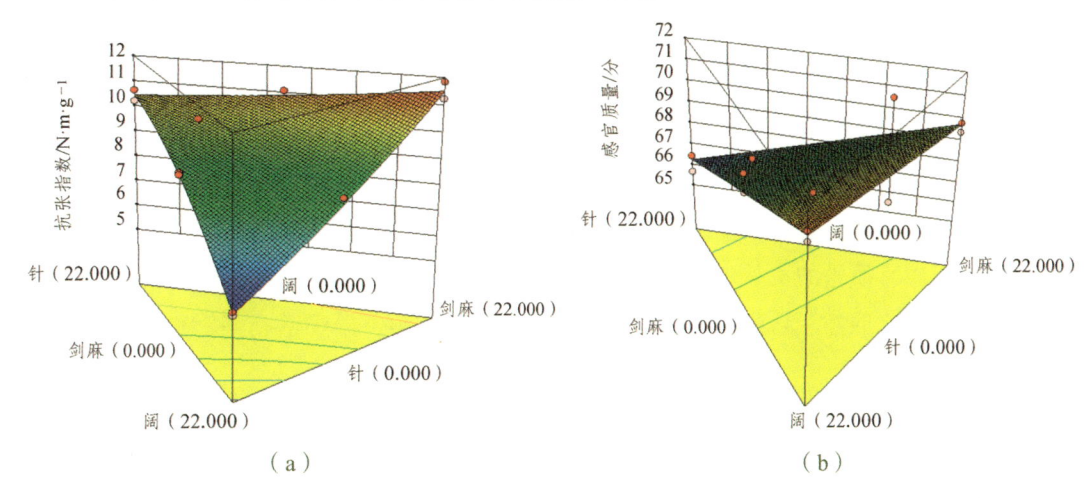

图 11-5　针叶、阔叶、麻浆对片基抗张指数（a）和再造烟叶感官质量（b）的影响

可以看出，剑麻浆在纤维长度上可以媲美针叶木浆，且其纤维形态与针叶木接近，且其对于再造烟叶的感官质量有着正面影响，但由于麻浆价格偏高，因此实际生产过程中一般麻浆用量不会过高。

11.2.1.3 甘蔗渣纤维及应用技术

甘蔗渣纤维属于草类纤维，其长度一般在 1.01~2.34 mm，虽不及针叶木浆纤维的长度优势，但其纤维长度也具有一定的优势，且其易于再生、来源广泛并含有一定的水溶性糖。

蔗渣的化学成分见表 11-3，蔗渣的成分以纤维素、半纤维素和木质素为主，糖类等其他化合物的含量较少，其纤维素含量达到 40%以上，在常见农作物秸秆中其纤维素含量最高。与其他纤维相比，蔗渣纤维具有较高含量的半纤维素和木质素，同时，其结构中含有大量的羟基等极性基团，亲水性强。

表 11-3 蔗渣的化学成分　　　　　　　　　　　单位：%

名称	灰分	抽出物					木素	纤维素	戊聚糖
		1% NaOH	热水	冷水	乙醚	苯-醇			
蔗渣	3.66	26.26	15.88	7.63	—	0.85	19.3	42.16	23.51
蔗髓	3.26	41.43	—	—	3.07	—	20.58	38.17	25.43
马尾松	0.33	22.87	6.77	2.21	4.43	—	28.42	51.86	8.54

注：此处纤维素是指硝酸-乙醇纤维素。

我们开展了蔗渣纤维替代阔叶浆或烟梗原料在造纸法再造烟叶生产中的应用研究，结果表明蔗渣纤维可以有效调控产品的化学指标，使用 5%~10%蔗渣纤维替代烟梗原料后，其再造烟叶中氯离子含量降幅达 10.7%，且总糖增加，烟碱降低。与此同时，蔗渣纤维用量在 5%~10%，对再造烟叶的感官品质有着正面影响（如透发性好、刺激小、杂气轻、绵长感较好）；但用量增至 20%后则会对感官品质带来明显的负面效果（如木质气和刺激明显增加）。

采用混料设计中的单形格子点设计法对蔗渣浆、针叶木浆和阔叶木浆纤维的不同比例进行试验设计，回归分析得到分别以抗张指数和感官质量为响应值的拟合方程（图 11-6）。

$$Y_{抗张指数}=0.9954A+0.53394B+0.60506C$$

$$Y_{感官质量}=6.26332A+6.4215B+6.55362C$$

式中　Y——响应值；

A、B、C——针叶木浆、阔叶木浆和蔗渣浆比例。

可以看出，蔗渣浆对再造烟叶片基的抗张强度有一定的贡献，介于针叶木浆和阔叶木浆之间，但对于感官质量的贡献却先于阔叶木和针叶木浆，毕竟再造烟叶生产过程中，抗张强度并非越高越好，而是要在满足生产需要的前提下尽量接近天然烟叶，减少或杜绝生产过程中"断纸"现象。

在我国森林资源较为匮乏、木材料纤维严重不足而导致木浆纤维大多依赖进口的情况下，甘蔗渣纤维具备"易于再生、来源丰富、品质稳定、纤维质量较好"等优势，且其可以为再造烟叶带来感官品质上的改善，因此甘蔗渣纤维在再造烟叶行业具有良好的应用前景。

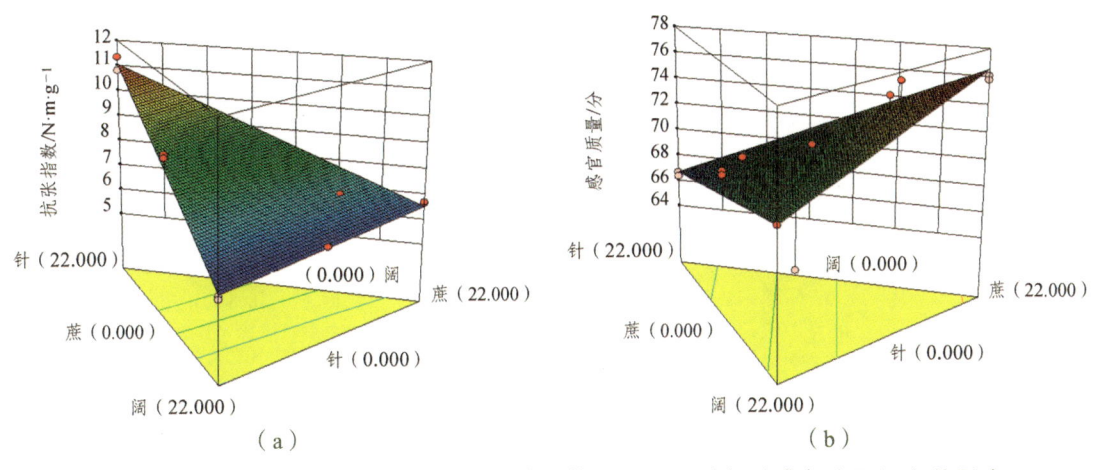

图 11-6 针叶、阔叶、蔗渣浆对片基抗张指数（a）和再造烟叶感官质量（b）的影响

11.2.1.4 竹浆纤维及应用技术

竹子属禾本科，有 40 属，品种达 1200 余种，竹子用于造纸在中国有着悠久的历史。在造纸行业，一般将竹子分为薄壁型（慈竹、黄竹、丹竹、箭竹等）和厚壁型（毛竹、巨竹、刺楠等）两大类。由于竹子的纤维性能受品种、地域、季节等因素的影响较大，故不同竹子在制浆性能、成纸特性等方面存在较大差异，但总体来说，竹子的造纸性能仅次于针叶木，接近阔叶木，属较优良的造纸原料。

表 11-4 和表 11-5 为部分竹子的纤维形态和化学成分，纤维形态方面：表中 12 种竹子的纤维长度在 1.70 ~ 3.22 mm，纤维宽度在 13.23 ~ 52.87 μm，平均长宽比在 45.39 ~ 158.46，纤维壁厚度在 4.92 ~ 13.81 μm，纤维腔径在 1.58 ~ 6.38 μm，平均壁腔比在 1.86 ~ 8.27，杂细胞含量在 15% ~ 50%。

表 11-4 部分竹子的纤维形态

名称	纤维长度/mm	纤维宽度/μm	长宽比	壁厚/μm	纤维腔径/μm	壁腔比	杂细胞/%
西凤竹	1.98	13.23	149.66	4.92	2.19	4.49	—
黄竹	1.82	13.75	132.36	5.73	2.31	4.96	—
慈竹	2.40	52.87	45.39	11.57	4.81	2.41	30
撑绿竹	1.70	15.37	110.61	5.83	2.01	5.80	—
绵竹	2.38	15.02	158.46	5.25	2.54	4.13	—
钓鱼竹	1.97	13.47	146.25	5.30	1.58	6.71	—
枝天慈	1.78	14.18	125.53	6.10	1.89	6.46	—
大龙竹	2.60	18.58	139.94	5.92	6.38	1.86	—
甜龙竹	3.11	47.70	65.20	11.98	1.95	6.14	50
小叶龙竹	3.22	33.03	97.49	13.81	1.67	8.27	15
麻竹	3.08	46.11	66.80	12.61	1.91	6.60	50
龙竹	2.72	26.37	103.15	7.87	2.16	3.64	30

注：纤维形态中的纤维长度、纤维宽度、壁厚、腔径等指标均为平均值。下同。

表 11-5　部分竹子原料的化学成分　　　　　单位：%

名称	灰分	抽出物 1% NaOH	热水	冷水	乙醚	苯-醇	木素	纤维素	戊聚糖	SiO$_2$
西凤竹	1.74	22.65	4.52	3.44	—	1.80	25.12	—	19.60	—
黄竹	2.68	28.38	12.18	10.86	0.27	3.45	28.00	50.1	19.00	2.15
慈竹	2.50	30.26	12.66	10.27	0.33	3.91	24.00	50.8	18.00	1.99
撑绿竹	2.61	22.73	5.43	4.26	—	1.73	23.75	—	20.08	—
绵竹	2.54	24.72	4.81	3.22	—	1.82	25.23	—	19.56	—
钓鱼竹	2.38	25.32	8.08	5.92	—	2.05	24.19	—	18.12	—
枝天慈	1.95	22.71	5.92	4.66	—	1.92	26.06	—	18.87	—
大龙竹	2.60	21.90	6.96	5.50	—	8.12	24.57	—	15.61	—
甜龙竹	1.80	17.24	4.42	3.10	—	2.65	25.43	50.55	16.67	0.50
小叶龙竹	2.87	27.09	13.51	12.06	0.30	2.83	28.2	49.3	15.90	2.54
麻竹	1.96	—	—	—	—	—	23.46	49.57	14.00	0.41
龙竹	1.33	31.06	16.03	14.81	0.53	4.90	23.7	46.9	16.50	0.66

通过对竹叶采用化学蒸煮、脱碱等处理制备了竹叶纤维，并将通过与烟草浆、木浆纤维等共同抄造成再造烟叶片基，通过该方法部分替代木浆纤维，竹叶纤维使用量为1%～3%时，所制备的再造烟叶产品的谐调性较好、木质气较轻，但超过3%后则会给再造烟叶产品的抽吸品质带来负面影响，如导致再造烟叶产品的刺激增加、余味残留增加。

采用配方设计法研究了针叶木浆纤维、阔叶木浆纤维和竹浆纤维三种外加纤维的配比对再造烟叶片基抗张指数和成品感官品质的影响，结果表明三种外加纤维中，针叶木浆纤维对片基的抗张指数贡献最大，但在感官最为不利，竹浆纤维对于抗张指数的贡献略高于阔叶木浆纤维而远不如针叶木浆，但其对产品感官品质贡献大于两种木浆。

采用混料设计中的单形格子点设计法对竹浆、针叶木浆和阔叶木浆纤维的不同比例进行试验设计，回归分析得到分别以抗张指数和感官质量为响应值的拟合方程（图11-7）：

$Y_{抗张指数} = 0.9795A + 0.54004B + 0.61744C$

$Y_{感官质量} = 6.28326A + 6.41702B + 6.46307C + 6.97368 \times 10^{-3}AB - 0.071628AC + 0.02117BC$

式中　Y——响应值；

A、B、C——针叶木浆、阔叶木浆和竹浆比例。

另外，我们对桑枝浆、蔗渣浆、龙须草浆、剑麻浆、竹浆等外加纤维按同种比例抄造成再造烟叶片基，参考《纸和纸板毛细吸液高度的测定（克列姆法）》（GB/T 461.1—2002）方法，对片基吸收性进行检测。结果见表11-6，表明竹浆纤维对涂布液和水的吸收性优于其他纤维，这可能是因为竹浆纤维的特殊中空结构使之具有良好的透气性和吸收性，使之在添加到再造烟叶后能够有效改善片基的吸收性。

(a)

(b)

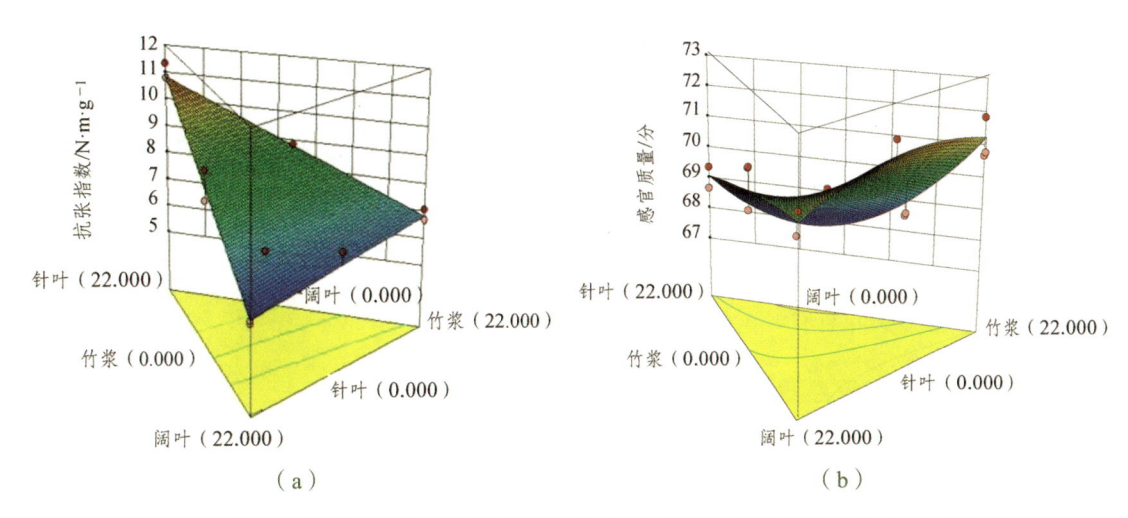

图 11-7 针叶、阔叶、竹浆对片基抗张指数（a）和再造烟叶感官质量（b）的影响

表 11-6 添加不同外加纤维的再造烟叶片基物的吸收性

样品编号	对涂布液的吸收性		对水的吸收性	
	mm·(10 min)$^{-1}$	mm·s^{-1}	2 cm (mm·s^{-1})	4 cm (mm·s^{-1})
蔗渣浆 1（本色）	5.8	0.0099	0.0627	0.0120
蔗渣浆 2（漂白）	6.4	0.0107	0.0733	0.0092
蔗渣浆 3（漂白）	6.6	0.0110	0.0826	0.0161
桑枝浆（本色）	6.8	0.0113	0.0596	0.0102
构皮浆（本色）	7	0.0117	0.0699	0.0100
龙须草浆（本色）	4.8	0.0080	0.0739	0.0116
苎麻浆（本色）	7.6	0.0127	0.1047	0.0225
剑麻浆 1（漂白）	6	0.0100	0.0782	0.0161
亚麻浆 1（漂白）	6	0.0100	0.0598	0.0077
亚麻浆 2（本色）	5.2	0.0087	0.0660	0.0081
剑麻浆 2（本色）	6.4	0.0107	0.0861	0.0162
竹浆 1（漂白）	5.8	0.0097	0.0985	0.0236
竹浆 2（漂白）	6.4	0.0107	0.1050	0.0169
竹浆 3（本色）	6.6	0.0110	0.0971	0.0213
竹浆 4（漂白）	8.8	0.0147	0.1005	0.0189
竹浆 5（本色）	4.6	0.0077	0.0815	0.0156
竹浆 6（本色）	9.6	0.0160	0.0955	0.0230
竹浆 7（本色）	8.75	0.0146	0.0897	0.0187
木浆 8（本色）	6.4	0.0107	0.0798	0.0123

注：① 外加纤维的外掺配比例为 11%。
② 表中片基样品对涂布液的吸收性是测定片基样品 10 min 内涂布液的上升高度；对水的吸收性是测定水在片基样品中上升了 2 cm 和 4 cm 高度所需时间。

11.2.1.5 甘草渣纤维及应用技术

作为一种优良的天然补益中草药，甘草经常在提取甘草素等药用成分后就被废弃或焚烧，不仅造成资源浪费而且会污染环境。近年来，研究者们致力于甘草渣资源附加值的挖掘，甘草渣纤维含量为37.37%，远高于烟梗（纤维含量18.25%）和烟末（纤维含量9.03%）的纤维含量，杂细胞含量少于烟梗，适合作为造纸原料，且甘草具有食品的属性且其废渣在制药后仍有甘草的香气，加上其有着与甘草浸膏高度一致的有效成分含量，因此，将甘草渣作为外加纤维应用于再造烟叶具有一定的可行性和应用前景。

11.2.1.6 其他天然植物纤维及应用技术

1. 秸秆纤维

秸秆是指水稻、玉米、小麦等禾本科农作物成熟脱粒后剩余的茎叶部分。我国是农业大国，因此秸秆资源十分丰富，秸秆纤维虽然无法与针叶木浆的纤维媲美，但仍有着一定的优势，是我国非木材纤维资源的主要组成部分（约占65%），属于重要的造纸原料。表11-7和表11-8列出了几种秸秆原料的纤维形态和化学成分。

表11-7 几种秸秆的纤维形态

原料种类	纤维长度/mm	纤维宽度/μm	长宽比	壁厚/μm	纤维腔径/μm	壁腔比	杂细胞/%
玉米秆	1.42	15.3	92.8	6.48	6.48	0.37	—
麦草秆	1.15	13.2	87	3	3.4	1.77	—
芦苇	1.12	9.7	115	3	3.4	1.77	35.5
荻苇	1.36	12.1	80	6.17	3.7	3.6	34.5
棉秆	0.83	27.7	30	2.7	18.9	0.3	—

表11-8 几种秸秆的化学成分　　　　　　　　　　　　　　　单位：%

名称	灰分	冷水	热水	1% NaOH	苯-醇	综纤维素	木素	戊聚糖
稻草秆	12.68	6.45	18.32	—	6.85	53.35	14.33	19.41
麦草秆	6.04	—	23.15	44.56	0.51	—	22.34	25.56
玉米秆	3.75	21.68	21.72	47.61	7.36	61.74	16.89	19.64

秸秆资源在造纸行业的可行性及应用研究屡见报道，在造纸法再造烟叶中的应用尝试也有文献报道。

我们开展了大麻秆芯浆（机械浆、NaOH-AQ浆、APMP浆）、稻麦草氧碱浆、蔗渣浆等几种禾本科纸浆纤维在造纸法再造烟叶中的应用研究（详见图11-8）。结果表明：随着外加植物纤维比例的增加，纸基的厚度、定量、松厚度变化不大，但抗张强度和涂布率明显增加，物理强度改善效果方面：漂白针叶浆>大麻秆芯APMP浆>大麻秆芯NaOH-AQ浆>蔗渣浆>麦草浆>稻草浆，添加了稻麦草浆、蔗渣浆和大麻秆芯浆的再造烟叶的涂布率高于添加漂白针叶浆再造烟叶的涂布率,这可能与结构疏松多孔的特点有关,多孔结构有利于涂布液吸收;再造烟叶的常规化学指标方面:按照大麻秆芯机械浆、APMP 浆、NaOH-AQ 浆、稻麦草氧碱浆、蔗渣浆、针叶浆的顺序,总糖、还原糖、钾离子、氯离子、总植物碱和总氮总体均呈下降的趋势,其中氯离子、总氮、总植物碱三个指标的变化波动较小,钾离子指标波动居中,而总糖和还原糖的波动较大。

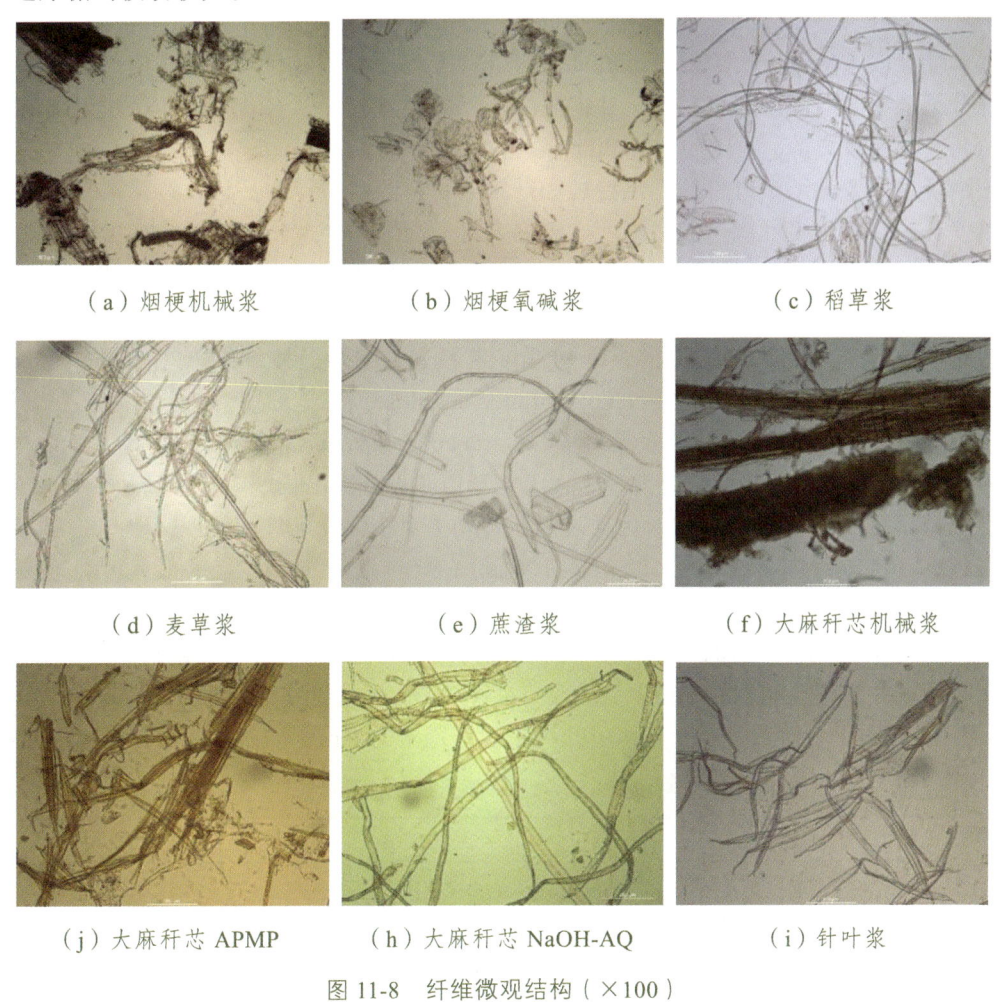

（a）烟梗机械浆　　　　（b）烟梗氧碱浆　　　　（c）稻草浆

（d）麦草浆　　　　（e）蔗渣浆　　　　（f）大麻秆芯机械浆

（j）大麻秆芯 APMP　　（h）大麻秆芯 NaOH-AQ　　（i）针叶浆

图 11-8　纤维微观结构（×100）

2. 茶　叶

茶叶含有茶碱、茶多酚和咖啡因等物质,茶碱有益于改善呼吸功能,茶多酚是一种具有防癌抗癌的强抗氧化剂,还能清除烟气中的自由基;咖啡因则有着类似于烟碱"对吸烟者会产生一定的生理满足感"的功能。

将茶叶全替代烟草原料,采用再造烟叶工艺或改良后的再造烟叶工艺制备成"茶叶再造烟叶"屡见不鲜,厦门卷烟厂林凯等则采用绿茶、红茶、白茶等废次茶叶部分替代烟草原料,将上述茶叶与烟叶作为原料,采用传统再造烟叶工艺制备成"茶叶再造烟叶"。

3. 水葱茎秆纤维

我们尝试过按一定比例将烟梗、烟碎片与水葱茎秆纤维经提取、浓缩、制浆、抄造、涂布、烘干工艺，得到高松厚度再造烟叶，利用该方法制备的高松厚度再造烟叶具有"烟气浓度较好、刺激性较小"的特点，该再造烟叶的松厚度得到较大提高。

11.2.2 非天然外加纤维——纳米纤维素及其应用技术

11.2.2.1 纳米纤维素简介

纳米纤维素（Nanocrystalline cellulose，NCC）是通过物理或化学的方法使天然纤维素降低，高分子链断裂，降低其聚合度，并提高结晶度而制得的纤维素晶体，其尺寸为纳米级，长度从几十到几百纳米，宽度为 1~100 nm。

纳米纤维素兼具纳米材料的理化特性和纤维素材料的生理特性，与天然纤维素相比，纳米纤维素具有许多优良性能，如高纯度、高聚合度、高结晶度、高亲水性、高杨氏模量、高强度、超精细结构和高透明性等，因此在食品、涂料、日化、药物缓释、可降解水凝胶、精细化工及高强度纳米材料等行业和领域被广泛应用。

根据原材料、制造工艺的不同，纳米纤维素可分为纳米晶体纤维素（Nanocrystaliiline cellulose, NCC）、纳米纤丝纤维素（Nanofibrillated cellulose, NFC）、细菌纳米纤维素（Bacteria nanocellulose，BNC）和细菌纤维素晶须（Bacteria cellulose nano whisker，BCW）。NCC 为经酸水解或 TEMPO 氧化法等使纤维素纤维在无定形区断裂分离出长度为几十到几百纳米，直径为几纳米的高结晶度针状体；NFC 为通过高压剪切力对植物纤维进行处理，使纤维分离后获得的直径在 20 nm 以内、长度在 500 nm~100 μm 的纤维素纤维；BNC 一般通过静态和振荡（搅拌）培养方法产生，纤维直径为 20~100 nm，比纳米纤维素更具结晶性、热稳定性、弹性和耐用性；BCW 是通过一定的物理或化学方法使天然的细菌纤维素降解，使其高分子链断裂，降低聚合度，并提高结晶度而制得，其宽度在 1~100 nm，长度在几十到几百纳米。

表 11-9 和图 11-9 至图 11-13 列出了几种纳米纤维素的性能参数及相应的 TEM 图。

表 11-9　几种纳米纤维素的性能参数

种类	长度/μm	直径/nm
纳米晶体纤维素 NCC	0.150	5
羧基纳米纤维素 NFC	5	10
未经改性型纳米纤维素 NFC	20	15~20
纳米纤维素丝 CF	300~700	1000

（a）外观　　（b）TEM 图

图 11-9　纳米纤维素晶体 NCC

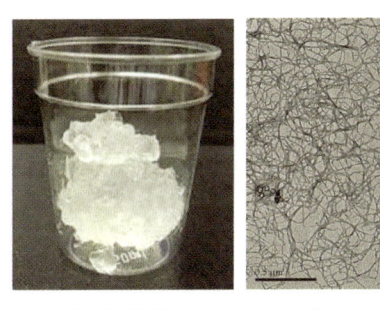

(a) 外观　　　(b) TEM 图

图 11-10　羧基型纳米纤维素凝胶

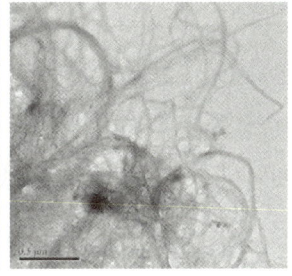

(a) 外观　　　(b) TEM 图

图 11-11　未经改性型纳米纤维素凝胶（NFC）

(a) 外观　　　(b) SEM 图

图 11-12　纳米纤维素丝 CF

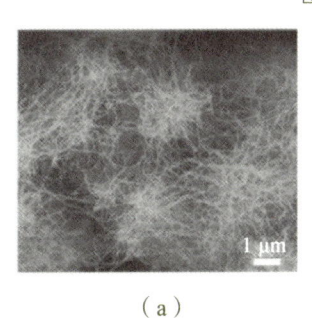

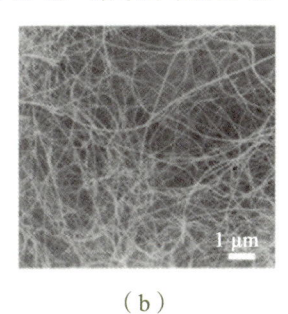

(a)　　　(b)　　　(c)

图 11-13　几种不同长度和直径的纳米纤丝纤维素 NFC 的 TEM 图

纳米纤维素因其原料来源不同，制得的形状、尺寸也不尽相同，表 11-10 列出了部分纳米纤维素的形貌特征。

表 11-10　部分不同来源的纳米纤维素形貌

纳米纤维素种类	原料来源	尺寸	形状
NCC	棉花	宽 1~5 nm，长 100 nm	棒状
NCC	动物纤维素	宽 1~5 nm，长 100 nm	棒状
NCC	海藻	宽 5~20 nm，长数毫米	棒状
NCC	细菌纤维素	宽 50 nm，厚 8 nm，长 300 nm	棒状
纤维素须	无灰滤纸纤维	直径 10 nm，长 300 nm	棒状
纤维素须	被囊动物	直径 20 nm，长 1000~2000 nm	棒状

11.2.2.2　纳米纤维素的制备方法

天然纤维素具有可降解性和生物相容性，通过化学或物理的方法可将其降解得到纳米纤维素，常见的制备方法包括酸水解法、酶水解法、生物法和机械法。

1. 酸水解法

酸水解法是纳米纤维素最为广泛的制备方法，主要是在加热搅拌或加热超声条件下，氢离子作用使纤维素链上的糖苷键断裂而发生水解后生成纳米纤维素，纤维素原料主要是木浆纤维素、微晶纤维素、无灰滤纸和棉短绒等，所使用的酸主要包括硫酸、盐酸/硫酸混合物、马来酸等，所制备的纳米纤维素性能受酸的种类和浓度、反应温度和时间、固液比等水解条件的影响。盐酸水解得到的纳米纤维素带的表面电荷数较少，无法形成胶体，而硫酸水解后，由于表面羟基酯化产生带电荷的磺酸基，得到高度稳定的水悬浮液。

2. 酶水解法

酶水解法是先用酸水解把天然纤维素转化为微晶纤维素，再用酶处理得到纳米级的纤维素晶体。纤维素酶有选择性地酶解无定形的纤维素而剩下部分纤维素晶体，最后得到产物的分子量比经过酸水解和未经处理的微晶纤维素都低，纤维素酶催化的产物中有纤维二糖，酶催化剂结合纤维二糖后，对纤维素的吸附是无效吸附，纤维二糖结合于活性中心附近，形成位阻效应，降低酶解速度和程度，抑制酶解反应，利用这种限制性制得纳米纤维素。

3. 生物法

生物法制备纳米纤维素主要是细菌纳米纤维素，一定条件下，由醋酸菌属、土壤杆菌属、根瘤菌属和八叠球菌属他反复看的某种微生物可以合成纳米纤维素。细菌纤维素的结构随菌株种类和培养条件的不同而不同。细菌合成的纳米纤维素在化学组成和分子结构上与天然纤维素相同，但又具有许多独特的性质：强持水能力、高生物相容性、良好的适应性和生物可降解性、良好的抗菌性。

4. 机械法

机械法是利用高速搅拌法、热压法、溶剂浇铸法、挤塑法等，通过外力使纤维素分子链断裂，提高结晶度来制得纳米纤维素。

11.2.2.3 纳米纤维素的表面改性方法

由于纤维素分子中的每个葡萄糖基环上均有三个羟基,纳米纤维素粒子间容易形成氢键,极容易发生团聚,团聚后的纳米纤维素通过物理方法很难再分散,限制了其应用前景。

纳米纤维素的表面改性在于增加其反应可及度从而提高纤维素在各种化学反应中的反应速度、反应程度和反应均一性,通过化学改性的方法对其进行表面修饰可改善纳米纤维素的再分散性。纳米纤维素的表面改性方法包括表面活性剂法和化学接枝法。表面活性剂法是指利用静电稳定机制和空间位阻机制的原理,在纳米纤维素再分散过程中向溶剂中加入适量表面活性剂进行活化,使纳米纤维素更稳定地分散在溶剂中;化学接枝法包括表面酯化法、表面醚化法及其他接枝方法,在纳米纤维素表面引入硅、醚、酯、氟等基团,以促进其稳定性的同时,赋予其新功能和新特性。

以卷烟纸用针叶木漂白硫酸盐浆为原料,分别表面羧基改性后经高压均质机均质制备成羧基型纳米纤维素,其不同氧化程度纳米纤维素的 TEM 图见图 11-14。

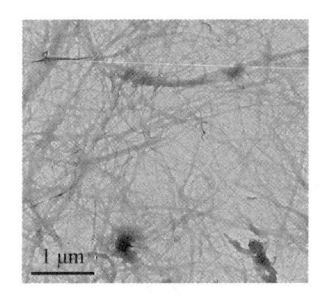

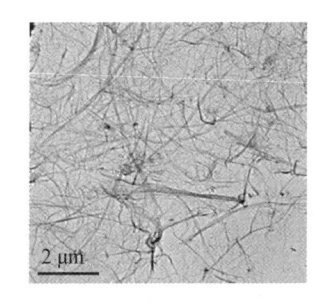

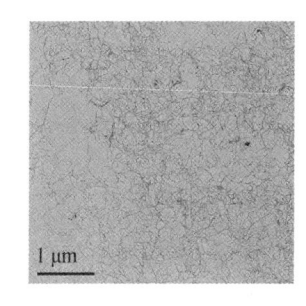

(a)羧基含量为 0.454 mmol/g (b)羧基含量为 0.671 mmol/g (c)羧基含量为 0.901 mmol/g

图 11-14 不同氧化程度纤维制备的纳米纤维素的 TEM 图

从图 11-14 中可以看出,纤维所带电荷量与纳米纤维素质量关系密切。当电荷密度为 0.454 mmol/g 时,纤维基本呈原纤维状态,纤维没有完全分离;当纤维表面电荷密度为 0.901 mmol/g 时,所制备的纳米纤维素外观形态呈丝状,分布均匀,尺寸均在纳米级别。

图 11-15 所示为不同醚化程度的阳离子纳米纤维素的 TEM 图,从图中可以看出,纤维所带电荷量与纳米纤维素质量关系密切。当电荷密度小于 0.378 mmol/g 时,纤维基本呈原纤维状态,纤维没有完全分离;当纤维表面电荷密度为 0.601 mmol/g 时,大多数纤维分离成纳米纤维素,部分纤维粗大,没有分离,如图 11-15(c)所示;而当电荷密度为 0.980 mmol/g 时,所制备的纳米纤维素外观形态呈丝状,分布均匀,尺寸均在纳米级别。

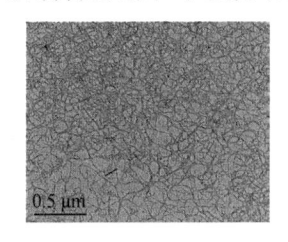

(a)阳离子电荷密度 0.378 mmol/g (b)阳离子电荷密度 0.441 mmol/g (c)阳离子电荷密度 0.601 mmol/g (d)阳离子电荷密度 0.980 mmol/g

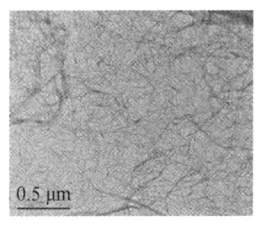

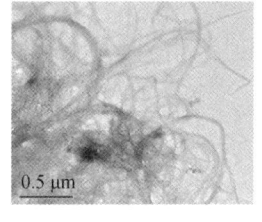

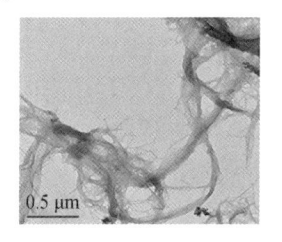

图 11-15 不同醚化程度的阳离子纳米纤维素的 TEM 图

11.2.2.4 纳米纤维素（NFC）在再造烟叶中的应用研究

以卷烟纸用针叶木漂白硫酸盐浆为原料，分别采用酶处理辅以机械研磨、表面羧基改性、阳离子改性后，经高压均质机均质制备成未改性纳米纤丝纤维素、羧基型纳米纤丝纤维素、阳离子型纳米纤丝纤维素，产品性状详见表 11-11 和图 11-16。

表 11-11 纳米纤丝纤维素 NFC 产品类型和尺寸

类型	长度尺寸/μm	外观形态
TEMPO 氧化	5~10	半透明凝胶
阳离子系列	10	半透明凝胶
	20	半透明凝胶
	30	半透明凝胶
	0.441	半透明凝胶
	0.601	半透明凝胶
	0.980	0.8±0.12b

（a）TEMPO 氧化的 NFC，固含量 0.51%　　（b）阳离子化 NFC，电荷量 0.980 mmol/g，固含量 0.93%　　（c）阳离子 NFC，电荷量 0.601 mmol/g，固含量：左 0.7%，右 0.29%　　（d）阳离子 NFC，电荷量 0.441 mmol/g，固含量 1.34%

图 11-16 不同类型 NFC 产品照片

在制备了不同类型的纳米纤丝纤维素（NFC）产品后，开展了 NFC 在再造烟叶中的应用研究。

1. 纳米纤丝纤维素 NFC 对浆料系统指标的影响

（1）打浆度

表 11-12 是在不同的木浆含量下，浆料中加入纳米纤维素纤维后浆料打浆度的变化情况，实验中是不同含量木浆与高浓浆混合后，打浆控制成浆的打浆度终值为 20 °SR，因此随着木浆加入量的变化，打浆度没有变化。随着纳米纤维素纤维的加入，在较低的纳米纤维素纤维加入量下，浆料的打浆度不受任何影响，当纳米纤维素纤维的加入量超过 0.1%时，浆料的打浆度升高，滤水性能下降。因为纳米纤维素纤维是一种非常细小的纤维，对浆料的滤水性有负面影响，导致打浆度上升。

表 11-12　木浆、纳米纤维添加量对打浆度的影响　　　　　　　　　　单位：°SR

NFC 添加量/%	木浆添加量/%							
	11	10	9	8	6	4	2	0
0	20	20	20	20	19	20	20	20
0.04	20	19	20	19	19	19	20	20
0.07	20	20	21	20	21	20	21	20
0.1	20	21	20	21	20	21	21	21
0.2	21	21	21	22	21	20	21	20
0.3	22	23	23	22	23	22	23	23
0.5	26	26	25	26	25	26	25	26

注：所使用的纳米纤维素为低阳电荷纳米纤丝纤维素 NFC，长度 20 μm，直径 10~20 nm，电荷量 0.279 mmol/g，下同。

（2）湿重

表 11-13 是木浆和纳米纤维素纤维加入后对浆料湿重的影响情况，结果表明：随着木浆加入量的增加，湿重增加，木浆所含长纤维的量要比烟草浆多，因此随着木浆含量的增加湿重增加。随着浆料中纳米纤维素纤维加入量的增加，对纤维湿重影响不明显，由表 11-13 可知：随着纳米纤维素纤维的增加，浆料的打浆度升高。而纳米纤维素纤维是极其细小的纤维，对纤维湿重的影响不明显。

表 11-13　木浆、纳米纤维添加量对湿重的影响　　　　　　　　　　单位：g

NFC 添加量/%	木浆添加量/%							
	11	10	9	8	6	4	2	0
0	5.22	5.09	5.66	5.45	4.50	4.18	3.57	3.86
0.04	5.32	5.12	5.65	5.50	4.35	4.25	3.67	3.90
0.07	5.28	5.19	5.56	5.49	4.57	4.20	3.34	3.78
0.1	5.25	5.11	5.67	5.43	4.51	4.23	3.53	3.81
0.2	5.24	5.13	5.62	5.46	4.53	4.12	3.52	3.76
0.3	5.32	5.05	5.63	5.48	4.52	4.15	3.51	3.83
0.5	5.19	5.19	5.56	5.46	4.47	4.14	3.67	3.88

（3）游离度

不同的木浆含量下，浆料中加入纳米纤维素纤维后浆料游离度的变化情况详见表 11-14，实验中是不同含量木浆与高浓浆混合后，打浆控制成浆的打浆度终值为 20 °SR，因此随着木浆加入量的变化，相对应的游离度没有变化。随着纳米纤维素纤维的加入，在较低的纳米纤维素纤维加入量下，浆料的游离度不受任何影响，当纳米纤维素纤维的加入量超过 0.1%时，浆料的游离度下降，滤水性能下降。因为纳米纤维素纤维是一种非常细小的纤维，对浆料的滤水性有负面影响，导致游离度下降。

表 11-14　木浆、纳米纤维添加量对游离度的影响　　　　　　　　　单位：mL

NFC 添加量/%	木浆添加量/%							
	11	10	9	8	6	4	2	0
0	610	610	620	610	610	600	610	600
0.04	610	600	610	600	600	610	600	610
0.07	600	600	610	610	610	600	610	610
0.1	610	620	610	600	600	610	600	610
0.2	590	600	590	590	580	600	600	580
0.3	570	560	580	570	590	560	560	580
0.5	490	500	480	500	480	490	480	480

（4）筛分

木浆添加量对浆料筛分的影响详见表 11-15。结果表明：随着浆料组分中木浆含量的增加，长纤维组分增加，细小纤维组分减少。选取了木浆含量为 11% 和 8% 的浆料，在浆料中加入不同量的纳米纤维素纤维，从表 11-16 和表 11-17 可以看出，纳米纤维素的加入对浆料的筛分没有明显的影响，浆料筛分组分保持不变。

表 11-15　木浆添加量对浆料筛分的影响

浆料筛分	木浆添加量/%							
	11	10	9	8	6	4	2	0
R30/%	54.83	55.26	60.49	58.40	56.26	54.84	49.34	47.47
R50/%	12.44	12.76	11.99	10.86	11.22	12.40	12.95	12.75
R100/%	10.20	10.77	9.79	9.71	9.34	10.06	11.56	10.80
R200/%	3.19	3.25	3.35	3.13	3.45	3.45	4.34	4.03
P200/%	19.33	17.96	14.38	17.90	19.73	19.26	21.81	22.96

表 11-16　纳米纤维添加量对浆料筛分的影响

浆料筛分	纳米纤维添加量/%						
	0	0.04	0.07	0.1	0.2	0.3	0.5
R30/%	54.83	54.72	54.9	54.79	54.91	54.87	54.92
R50/%	12.44	12.34	12.45	12.48	12.38	12.34	12.24
R100/%	10.20	10.1	10.27	10.13	10.23	10.24	10.31
R200/%	3.19	3.3	3.23	3.24	3.26	3.27	3.30
P200/%	19.33	19.54	19.15	19.36	19.22	19.28	19.23

注：木浆含量固定为 11%。

表 11-17　纳米纤维添加量对浆料筛分的影响

浆料筛分	纳米纤维添加量/%						
	0	0.04	0.07	0.1	0.2	0.3	0.5
R30/%	58.40	58.35	58.32	58.39	58.45	58.56	58.50
R50/%	10.86	10.81	10.78	10.82	10.85	10.81	10.90

续表

浆料筛分	纳米纤维添加量/%						
	0	0.04	0.07	0.1	0.2	0.3	0.5
R100/%	9.71	9.65	9.75	9.64	9.74	9.65	9.61
R200/%	3.13	3.20	3.15	3.25	3.19	3.18	3.23
P200/%	17.90	17.99	18.0	17.9	17.77	17.8	17.76

注：木浆含量固定为 8%。

综上所述，纳米纤维素纤维在较低的添加量下，对打浆度、湿重、游离度的影响不明显，当纳米纤维素纤维加入量超过 0.2%时，由于其自身的细小属性，提高了浆料的打浆度，降低了浆料的游离度。纳米纤维的加入对浆料的筛分、纤维形态没有明显影响。纳米纤维素添加对浆料性能的影响研究，为纳米纤维降低木浆含量技术提供了生产操作的数据，大量加入纳米纤维素会对浆料的滤水性能产生负面影响。

2. 纳米纤丝纤维素 NFC 对片基载体性能指标的影响研究

在四种不同纳米纤维素中，筛选出未经改性型纳米纤维素 NFC 在高浓烟草浆开展了应用研究，研究了纳米纤维素添加量对片基载体性能指标的影响，结果详见图 11-17、图 11-18。

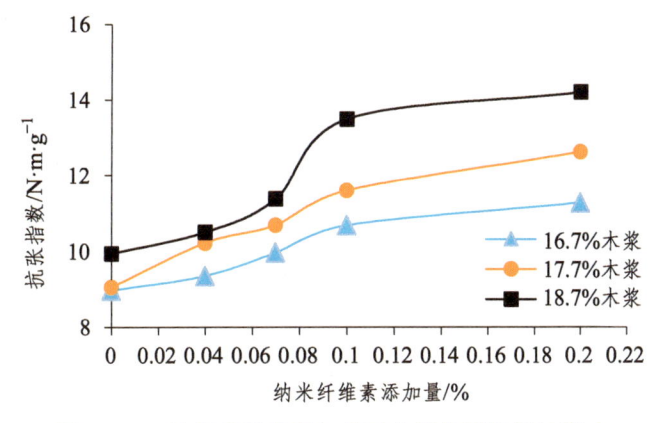

图 11-17 纳米纤维素添加量对片基抗张指数的影响

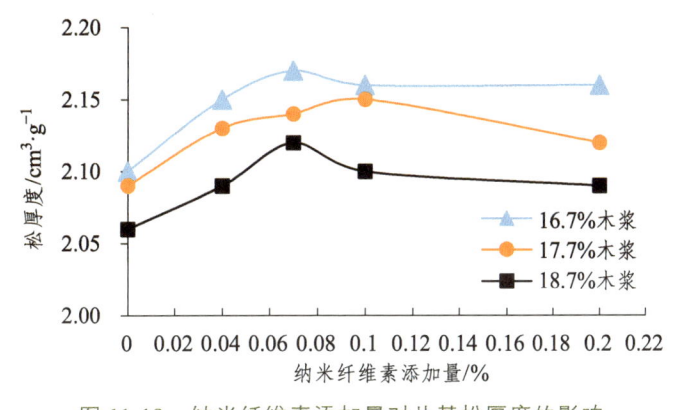

图 11-18 纳米纤维素添加量对片基松厚度的影响

从图中可以看出，纳米纤维素的添加能够有效降低片基中外加纤维的添加量；当外加纤维含量一定时，片基的抗张指数随着纳米纤维素添加量的增加而增加。例如，当外加纤维的添加量由 25%降低至 18.7%时，片基的抗张指数为 9.06 N·m/g，而添加 0.07%的纳米纤维素后片基的抗张指数为 10.69 N·m/g，高于木浆添加量为 25%的片基抗张指数（10.18 N·m/g）。对于片基的松厚度，纳米纤维素的添加能够使片基的松厚度略有上升。

3. 纳米纤丝纤维素 NFC 添加量对降低木浆含量的影响研究

以"高浓烟草浆经低浓打浆后"为原料，开展了几种 NFC 对烟草片基物理性能的影响研究，详见表 11-18。结果表明：纳米纤维素表面电荷对烟草片基的增强有一定的影响，添加 NFC 后对于片基抗张指数的贡献大小分别为低阳电荷含量纳米纤维素、未经改性的纳米纤维素、高阳电荷含量纳米纤维素，其原因推测为：相对于未经改性的纳米纤维素，带有阳电荷的纳米纤维素在抄造过程中更容易吸附在烟草浆料、外加纤维表面；另外，纳米纤维素种类对烟草片基松厚度、透气度，柔软度和吸收性基本没有影响。

表 11-18　几种不同 NFC 对烟草片基物理性能的影响

样品	松厚度 /cm³·g⁻¹	抗张指数 /N·m·g⁻¹	透气度 /μm·Pa⁻¹·s⁻¹	柔软度 (TS7)/mN	耐破指数 /kPa·m·g⁻¹	吸收性 mm
对照组	2.03	10.89	6.56	104.85	0.49	38
未改性 NFC	2.01	11.81	5.65	107.36	0.58	40
低阳电荷 NFC	2.01	12.00	6.28	122.13	0.63	37
高阳电荷 NFC	2.07	11.15	10.08	116.03	0.57	38

注：未改性 NFC 不带电，低阳电荷 NFC 电荷量 0.279 mmol/g，高阳电荷 NFC 电荷量 0.896 mmol/g。

对筛选出的低阳电荷 NFC（0.279 mmol/g）开展了其添加量对降低木浆含量后片基物理性能（抗张指数、裂断长、耐破指数、松厚度、透气度、柔软度、吸收性）的影响研究，结果详见图 11-19 至图 11-25。

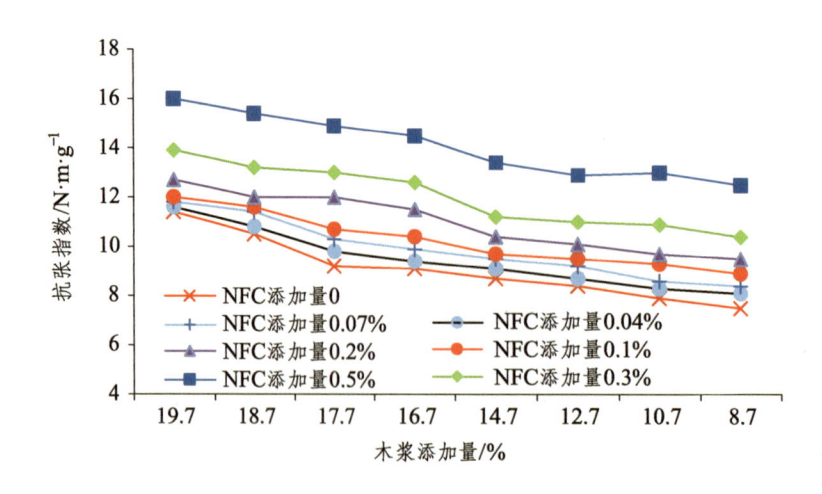

图 11-19　低阳电荷 NFC 添加量对片基抗张指数的影响（对照样：木浆 25%，抗张指数 10.81 N·m/g）

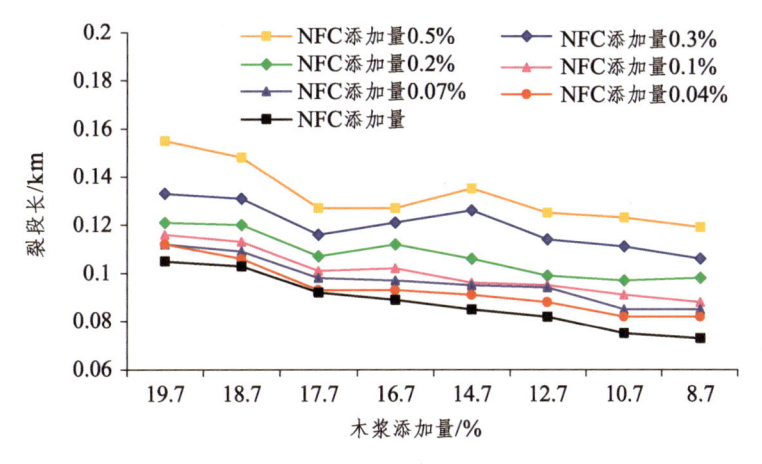

图 11-20　低阳电荷 NFC 添加量对片基裂断长的影响（对照样：木浆 25%，裂断长 0.107 km）

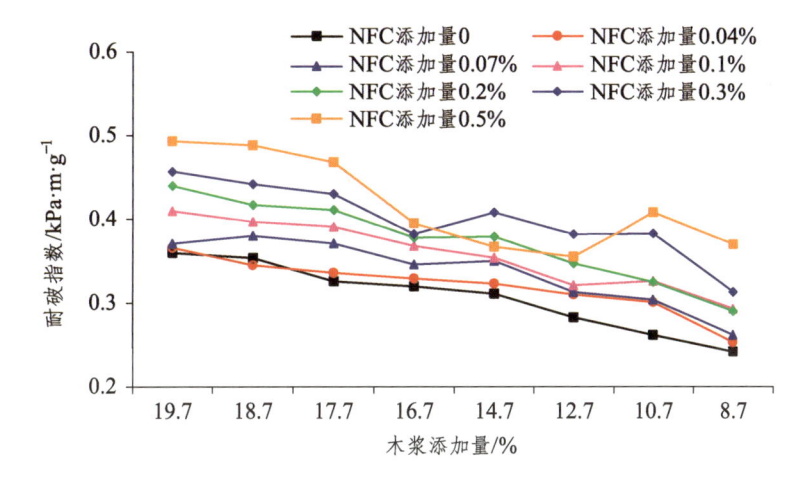

图 11-21　低阳电荷 NFC 添加量对再造烟叶耐破指数的影响
（对照样：木浆 25%，耐破指数 0.350 kPa·m/g）

从图 11-19 至图 11-21 可以看出纳米纤维素和木浆对抗张指数的影响趋势一致，片基抗张指数、裂断长、耐破指数等指标均随纳米纤维素/木浆添加量的增加而增加，与对照样（木浆 25%）相比，当纳米纤维素为 0.1%、木浆 18.7% 时，片基的抗张指数、裂断长、耐破指数分别为 11.47 N·m/g、0.113 km、0.397 kPa·m/g，均略高于对照样。上述三个指标均受纤维间结合力的影响，而纳米纤维素在片基中的作用主要是存在于纤维之间，利用其表面丰富的羟基、巨大的比表面积以及较高的杨氏模量，在纤维间形成氢键结合力，以及纳米纤维作用力，从而起到增强的作用。

当木浆含量一定时，随着纳米纤维素添加量的增加，片基的松厚度、透气度和柔软度基本保持不变（详见图 11-22 至图 11-24），而在纳米纤维素添加时，降低片基中木浆的添加量，其片基的松厚度、透气度和柔软度较对照样也并无明显变化，推测原因是纳米纤维素在片基的成形过程中，主要作用于纤维之间，其添加影响片基纤维间的结合力，并不会过多影响片基松厚度、透气度和柔软度，较低的纳米纤维素加入量对上述三个指标的负面影响并不明显。

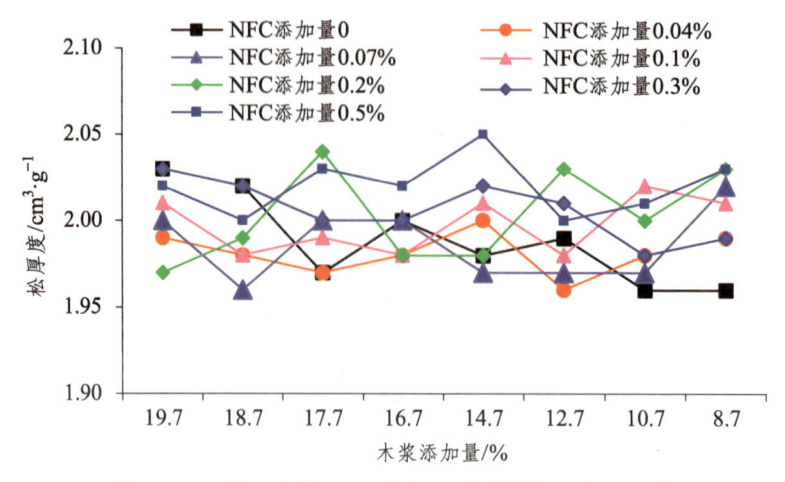

图 11-22 低阳电荷 NFC 添加量对片基松厚度的影响

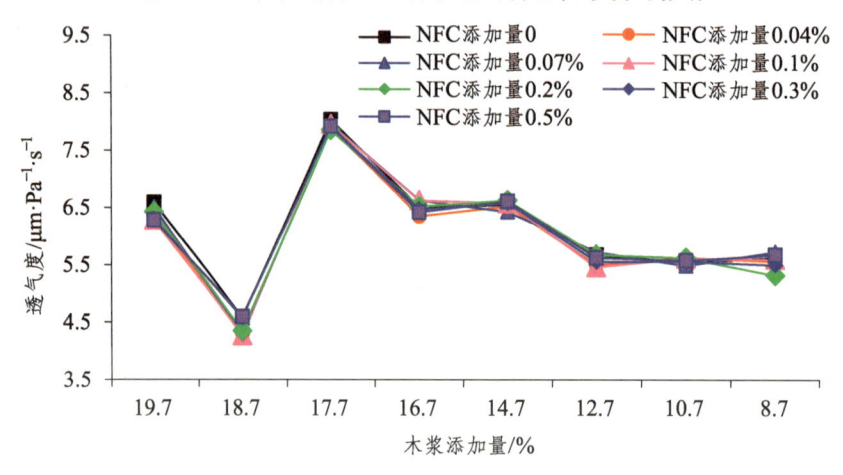

图 11-23 低阳电荷 NFC 添加量对片基透气度的影响

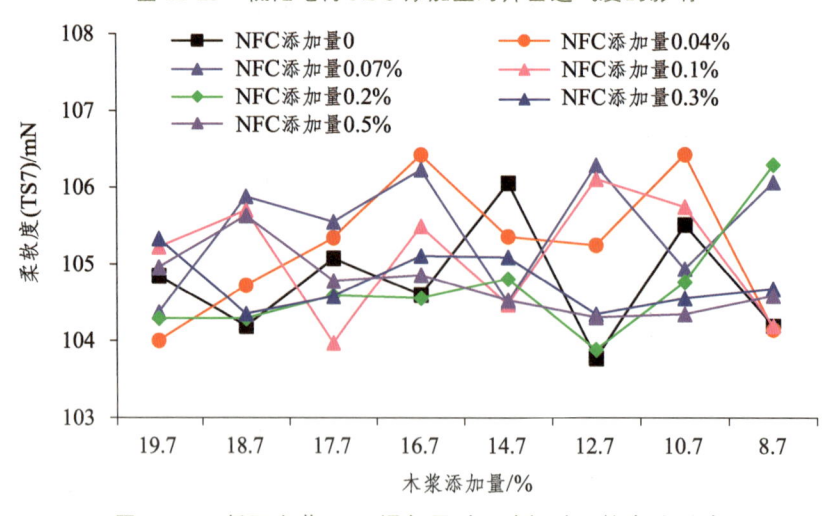

图 11-24 低阳电荷 NFC 添加量对再造烟叶柔软度的影响

从图 11-25 可以看出，随着木浆添加量的减少，片基的吸收性能得到改善，例如当木浆添加量为 19.7% 时，片基的吸收高度为 38.4 mm，当木浆含量降低至 17.7% 时，片基的吸收高度为 43.5mm。增加片基中纳米纤维素纤维的添加量，对片基吸收性影响不明显。烟草浆料的保水值要大于木浆纤维，木浆纤维含量的降低使其吸收性增加；另一方面，纳米纤维素尺寸在纳米级别，过多纳米纤维素的添加使其填充于烟草纤维与烟草纤维、烟草纤维与外加纤维之间，减小了片基的孔隙，从而减少了吸收面积，造成片基吸收性反而降低。

上述结果表明低阳电荷纳米纤维素（NFC）较为适宜的使用量是 0.1%，将木浆纤维从 25% 降低至 18.7%，且所抄造的再造烟叶物理性能与无纳米纤维素添加（外加纤维 25%）相接近。

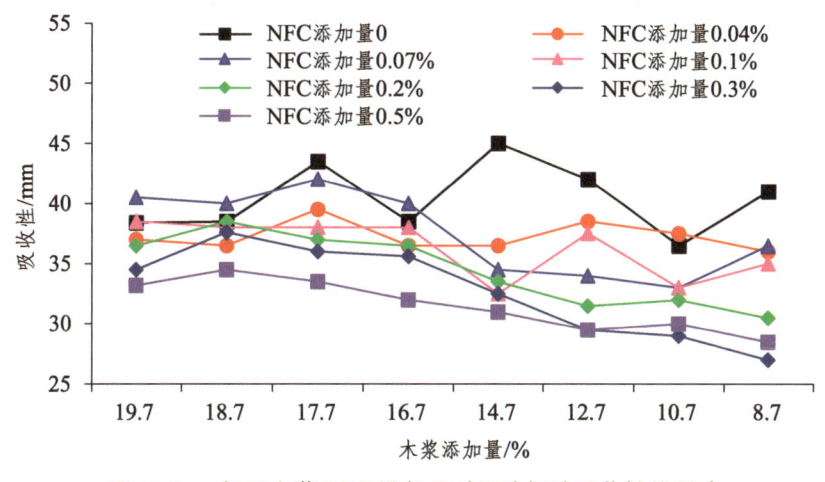

图 11-25　低阳电荷 NFC 添加量对再造烟叶吸收性的影响

4. 添加纳米纤丝纤维素后的片基微观形态

烟草片基表面及横截面扫描电镜图（图 11-26、图 11-27）结果表明：木浆添加量为 25%，无纳米纤维素添加时，烟草片基结构紧实、表面平整；而添加 0.1% 纳米纤维素，木浆添加量降低至 18.7% 时，烟草基片结构变得疏松，纤维间可清晰看到有细长的纤维存在，即为纳米纤丝纤维素的外观形态。

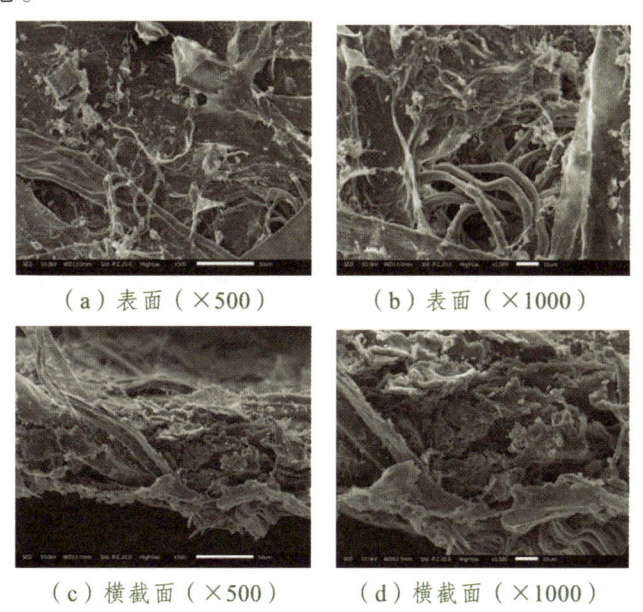

（a）表面（×500）　　（b）表面（×1000）

（c）横截面（×500）　　（d）横截面（×1000）

图 11-26　对照样（木浆 25%）烟草片基表面（a）(b) 和横截面（c）(d) 扫描电镜图

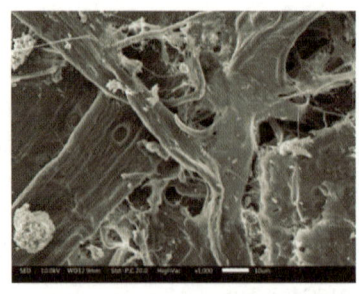

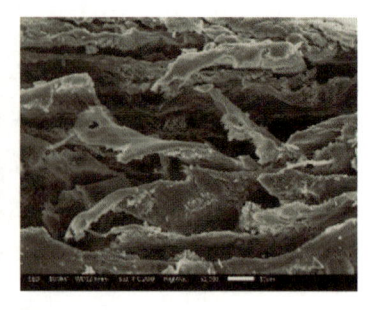

（a）木浆 18.7%　　　（b）木浆 18.7%+纳米纤维素 0.1%　（c）木浆 18.7%+纳米纤维素 0.1%

图 11-27　烟草片基表面（a）(b）及横截面（c）扫描电镜图（×1000）

参考文献

[1] 王菊华. 中国造纸原料纤维特性及显微图谱[M]. 北京：中国轻工业出版社，1999.

[2] 杨清，苏光荣，许丛恒，等. 版纳甜龙竹化学成分与制浆性能研究[J]. 中华纸业，2007，28（6）：83-85.

[3] 王昌命，王锦，邓启平，等. 云南主要的 16 种竹种之竹材结构及其造纸性能研究[J]. 西部林业科学，2008，37（2）：12-16.

[4] 杨清，苏光荣，段柱标，等. 西双版纳丛生竹的纤维形态与造纸性能[J]. 中国造纸学报，2008，23（4）：1-7.

[5] 叶代勇. 纳米纤维素的制备[J]. 化学进展，2009，19（10）：1568-1574.

[6] 刘晶，邱晔，王建，等. 国内外造纸法再造烟叶纤维形态分析[J]. 中华纸业，2012，33（16）：10-13.

[7] 冯洪涛，向海英，刘晶，等. 造纸法再造烟叶纤维形态与物理指标的相关性分析[J]. 中国农学通报，2014，30（3）：289-294.

[8] 殷艳飞，马迅，王保兴，等. 烟梗、碎片及木浆比例对造纸法再造烟叶物理性能的影响[J]. 中国造纸，2014，33（3）：35-38.

[9] 李文昱，肖选虎，刘维涓，等. 蔗渣纤维在造纸法再造烟叶生产中的应用[J]. 纸和造纸，2014，33（1）：18-20.

[10] 李庆华，王保兴，孔维玲，等. 一种用竹叶纤维部分替代木浆纤维制备再造烟叶的方法：CN104256881B[P]. 2016-02-24.

[11] 刘晶，马迅，殷艳飞，等. 配方设计法在造纸法再造烟叶外加纤维配比研究中的应用[J]. 纸和造纸，2016，35（6）：20-23.

[12] 李姗姗，马迅，向海英，等. 国内外造纸法再造烟叶纤维形态指标分析[J]. 纸和造纸，2016，35（01）：37-40.

[13] 陶文梅，刘维涓，李成斌，等. 一种高松厚度造纸法再造烟叶的制备方法：CN104738810B[P]. 2016-08-17.

[14] 陶文梅，刘维涓，李成斌，等. 具有疏松多孔表面物理结构的造纸法再造烟叶的制备方法：CN104738808B[P]. 2017-02-01.

[15] 许江虹，王浩雅，徐广晋，等. 外加纤维对再造烟叶物理与常规烟气指标的影响[J]. 湖北

农业科学, 2017, 56（2）: 276-280.

[16] 赵金涛. 几种禾本科纸浆纤维在造纸法再造烟叶中的应用研究[D]. 昆明: 昆明理工大学, 2017.

[17] 武士杰, 郭辉, 陈岭峰, 等. 利用纳米纤维素降低造纸法再造烟叶中木浆纤维的方法: CN107217532A[P]. 2017-09-29.

[18] 刘皓月, 刘忠, 刘洪斌, 等. 改性纳米纤维素对烟草浆料滤水和留着性能的影响[J]. 中国造纸, 2018, 37（12）: 25-29.

[19] 刘雄利, 张昊, 陈岭峰, 等. 纳米纤维素替代部分造纸法烟草基片中木浆纤维的研究[J]. 中国造纸, 2018, 37（01）: 14-18.

[20] 赵金涛, 张云龙, 林瑜, 等. 几种禾本科纸浆纤维在造纸法再造烟叶中的应用研究[J]. 林产工业, 2019（5）: 37-41.

12 多层重组烟草载体技术研究

造纸法再造烟叶的一个关键工艺是片基的抄造成型,将符合造纸要求的浆料悬浮液经流送系统、滤网脱水成型、机械挤压脱水和干燥等过程而抄制成片基。在此过程中,成型器作为关键核心设备,直接决定片基成型质量,是连接"备浆流送"和"纸页成形"两部分的关键枢纽。

目前国内造纸法再造烟叶生产线成型器,基本以敞开式流浆箱、气垫式流浆箱等单层成型的方式,气垫式流浆箱的布浆整流元件为匀浆辊,流浆箱内的浆流靠转动的匀浆辊整流,片基成形不均匀,横幅定量偏差大;敞开式流浆箱的手动工作量大、控制精度低、片基质量差,纵横向定量和水分波动大,虽然有的厂家尝试采用气垫式匀浆辊流浆箱,但成形质量并不理想。敞开式流浆箱、气垫式匀浆辊流浆箱的布浆整流元件为匀浆辊,流浆箱内的浆流靠转动的匀浆辊整流,片基成形不均匀,横幅定量偏差大,单靠调节唇板不能很好地控制横幅定量。

多层成形流浆箱是目前市场上在长网成形器和混合成形器上应用的最好的流浆箱,可在减少近50%设备重量和所占空间的同时获得较好的纸幅横幅水分、表面质量和成形匀度。纸的多层成形是指在湿态条件下多层纸浆重叠成形为一层纸幅的一种抄纸方式。它与一般抄纸的最大区别在于它抄的成纸在纸的厚度方向是由不同特性纤维的浆层组成的。这种特殊的纸页结构具有两个显著的优点:① 可以通过改变不同层纸浆纤维的配比,改善和提高纸页的质量;② 在内层利用二次纤维节约纤维成本。另外还可以使用细小纤维改善纸幅强度,改善片基干燥过程中掉毛、掉粉现象,提高了原料的利用率,提高网部留着率,减少细小纤维流失,降低白水浓度,减轻水处理负荷。除此之外,多层结构还能在层与层之间添加功能性物质等从而拓展其功能性。因此,开发适合再造烟叶生产的多层成型系统是提高再造烟叶品质、拓展功能性的重要手段之一。

12.1 多层载体理论研究

多层成形的纸页各层间横向截面采用不同浆料甚至不同填料和添加剂分布,所提供的表面性能、结构及物理强度性能满足纸页要求(图12-1、图12-2)。比如三层成形,即流浆箱中的导流片使流道分成三个独立供浆系统,每层分别由不同的浆料或助剂组成,喷射出来的浆流在混合之前通过夹网成形器成形,以达到提高纸和纸板质量以及优化浆料配制的目的。多层成型大多采用夹网成形，有利于提高纸板机车速。因此，多层成型已逐渐成为一种改进纸张质量、合理使用纤维原料，简化流送、成形设备，提高纸机车速的成形方式。

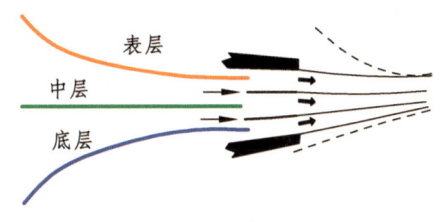

图 12-1　多层成形示意图

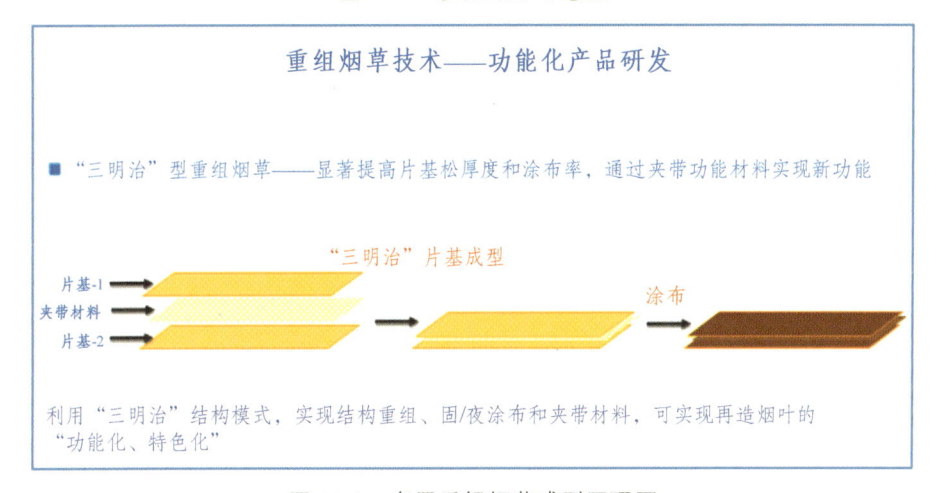

图 12-2　多层重组烟草成型原理图

12.2　多层载体技术研究

为解决传统造纸法再造烟叶单层载体负载率低、负载方式单一，烟草及功能性植物粉膏体难以高效负载的难题，开展了再造烟叶多层载体技术研究，制备了适用于高负载、耐加工的多层载体，使之具有良好的松厚度、吸收性、柔韧性及适当的干强和湿强等物理特性，以满足烟草组分及添加剂等物料在再造烟叶载体的高负载及保证再造烟叶上机运行稳定性；同时使之具有较高的均质化上料性能及组织结构疏松适宜，保障再造烟叶在燃烧状态下，易于均匀、稳定释放烟草组分及功能性植物特征香气物质。

多层载体的开发将大大拓展再造烟叶的应用范围，既可以用于传统的再造烟叶产品，也可以用于加热卷烟，开发多层载体的应用目标是加热卷烟。

实验方法：针叶浆、阔叶浆、麻浆采用一台间歇式水力碎浆机，配备双盘磨浆机进行打浆，再进入配浆池进行配浆；烟梗纤维采用双盘磨浆机进行疏解打浆，过渡池后进配浆池配浆，配浆池再分别进入抄造池。

烟草粉末：采用气流粉碎机粉碎成 300 目左右。

浆料上浆及布浆：采用两次白水稀释来达到上网浓度最低 0.02% 的要求，即 3 个抄造池来浆分别先经冲浆泵（变频）进行一次浓度稀释，再分别进入上浆泵（变频）进行二次浓度稀释，最后由上浆泵分别进入斜网流浆箱的布浆器。其中底层：麻浆，芯层：烟草浆或烟草粉末，面层：针叶浆及阔叶浆（按比例混配）（图 12-3）。

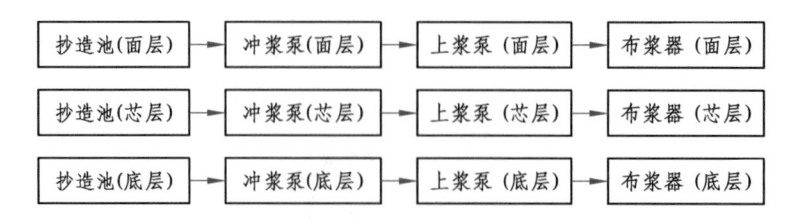

```
抄造池(面层) → 冲浆泵(面层) → 上浆泵(面层) → 布浆器(面层)
抄造池(芯层) → 冲浆泵(芯层) → 上浆泵(芯层) → 布浆器(芯层)
抄造池(底层) → 冲浆泵(底层) → 上浆泵(底层) → 布浆器(底层)
```

图 12-3 分层差异化上浆及多层布浆载体成型系统示意图

12.2.1 不同浆料比例对多层载体物理性能的影响

以目前云南中烟加热卷烟 Y 的需求为目标，其基准载体的物理性能要求详见表 12-1。

表 12-1 基准载体物理性能要求

项目	定量 /g·m^{-2}	厚度 /mm	柔软度 /mN	透气率 /mm·s^{-1}	抗张强度 /kN·m^{-1} 纵向	横向	裂断伸长率/% 纵向	横向	灰分/%
基准载体	41.5	0.098	139	410	0.102	0.315	1.15	1.42	0.11

按浆料配比梯度进行多层载体成型实验，不同浆料对多层载体柔软度的影响详见表 12-2，可以看出，加入烟梗浆后，载体柔软度呈上升趋势，同时随着针叶浆及阔叶浆的比例增加，载体柔软度降低，柔软性增加。

可以看出，表 12-2 中各浆料配比较相对较为适宜的是"麻浆 50%、针叶浆及阔叶浆 40%、烟梗浆 10%"。

表 12-2 麻浆、针叶浆、阔叶浆、烟梗浆配比对多层载体柔软度的影响

原料配比/% 麻浆	针叶浆及阔叶浆	烟梗浆	定量 /g·m^{-2}	厚度 /mm	柔软度 /mN	透气率 /mm·s^{-1}	抗张强度 /kN·m^{-1} 纵向	横向	裂断伸长率/% 纵向	横向	灰分/%
45	45	10	36.8	0.086	146.3	123	0.488	1.012	1.95	1.67	0.21
40	50	10	38.0	0.092	124.65	134	0.486	1.168	2.08	1.76	0.19
50	40	10	37.5	0.091	140.75	160	0.544	1.223	2.10	1.84	0.24
45	50	5	38.6	0.096	109.95	180	0.562	1.318	2.24	1.68	0.35

注：在多层斜网成型的抄造中加入湿强、分散剂、调整浆料配比等。

为优化多层载体物理性能，在浆料纤维配比上进行优化，考虑不加入烟梗浆料纤维：① 浆料纤维配比：外加纤维针叶浆、阔叶浆质量比=60∶40；② 助剂使用：PPE 添加量为 1.5%，瓜尔胶添加量为 1.5%，结果详见表 12-3。

表 12-3 助剂添加对载体物理性能的影响

项目	定量 /g·m^{-2}	厚度 /mm	松厚度 /cm^3·g^{-1}	柔软度 /mN	透气率 /mm·s^{-1}	抗张强度/kN·m^{-1} 纵向	横向	备注
基准载体	41.5	0.118	0.28	139	410	0.102	0.315	—
试样 1	45.9	0.141	0.31	140.5	320	0.569	1.312	无助剂

续表

项目	定量 /g·m^{-2}	厚度 /mm	松厚度 /cm^3·g^{-1}	柔软度 /mN	透气率 /mm·s^{-1}	抗张强度/kN·m^{-1} 纵向	抗张强度/kN·m^{-1} 横向	备注
试样2	48.7	0.145	0.30	145.35	315	0.61	1.32	PPE
试样3	44.6	0.142	0.32	144.65	340	0.549	1.387	瓜+PPE

从表12-3中可知，多层载体松厚度、抗张强度优于基准载体，柔软性略弱于基准载体，透气率略有提高，PPE加入后能够提升载体的湿强度。

期间，若对麻浆疏解程度不够，将出现如图12-4所示纤维成团絮聚现象。

为减少纤维絮聚，通过加入分散剂提高纤维的均匀性。将PEO作为分散剂，加入浆料流送系统中。试验过程中取一部分浆料溶解分散至水中作为对照样，同时取一部分浆料溶解分散至水中并加入分散剂作为试验样，观察纤维分散情况。浆料溶解后未加分散剂，纤维分布情况如图12-5所示。

图12-4 纤维絮团

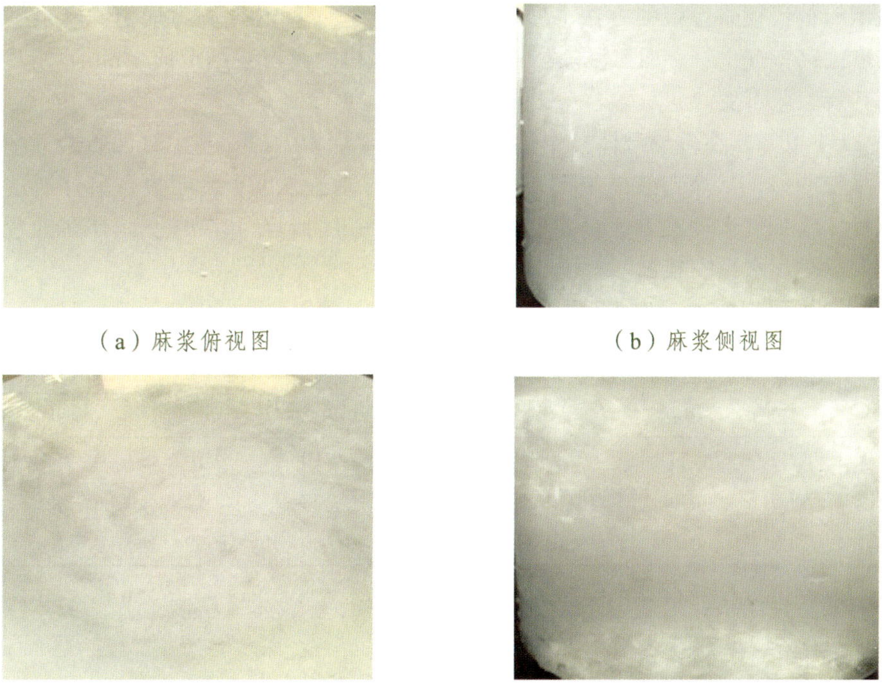

（a）麻浆俯视图　　　　　　（b）麻浆侧视图

（c）60%麻浆+40%针叶浆及阔叶浆俯视图　　（d）60%麻浆+40%针叶浆及阔叶浆侧视图

图12-5 通过加入分散剂观察纤维分散

浆料溶解后加入分散剂PEO，纤维分散性提高，如图12-6所示。

（a）麻浆俯视图　　　（b）60%麻浆+40%针叶浆及阔叶浆俯视图　　　（c）60%麻浆+40%针叶浆及阔叶浆侧视图

图 12-6　加入分散剂后纤维分散效果

因此，多层载体抄造过程中，不再使用瓜尔胶作为助剂，只添加 1.5% PPE 即可。

12.2.2　粉体对多层载体物理性能的影响

为进一步提高多层载体负载烟草有效组分，提高载体的负载性能，尝试在多层载体制备环节使用烟粉替代梗浆纤维的方法，对烟粉掺配进行验证，其比例为烟粉、麻浆、针叶浆及阔叶浆质量比=5∶60∶35，烟粉添加位点为水力碎浆机碎解麻浆结束前 1 min，使其余浆料混合均匀，其余工艺不变。

由表 12-4 可知，在多层载体抄造过程中添加 5% 烟粉后，片基柔软性、透气率、松厚度及横向下降较明显，从涂布效果来看，加入梗粉后片基湿强度下降明显，另外通过对样品进行感官质量评吸烟气浓度提升，满足感增加，但有一定的刺激和杂气。此外在抄造过程中烟粉流失较大，对污水影响较大。

表 12-4　多层载体中添加烟粉的载体物理性能

项目	定量 /g·m^{-2}	厚度 /mm	松厚度 /cm^3·g^{-1}	柔软度 /mN	透气率 /mm·s^{-1}	抗张强度/kN·m^{-1} 纵向	抗张强度/kN·m^{-1} 横向	备注
基准载体	41.5	0.118	0.28	139	410	0.102	0.315	
中试 1	38.5	0.11	0.29	132	278	0.517	0.982	烟粉
中试 2	39.0	0.12	0.308	128	260	0.524	0.848	烟粉

结合前期验证结果，形成以下"低定量高负载的多层载体"精制工艺，工艺控制指标如表 12-5 所示。

表 12-5　"低定量高负载的多层载体"精制工艺控制指标

配比	麻浆、针叶浆及阔叶浆质量比=60∶40			
碎浆工艺	针叶浆	浓度：(3±0.5)%	时间：(20±1)min	—
	阔叶浆	浓度：(3±0.5)%	时间：(20±1) min	PEO 添加量：0.05%

续表

配比		麻浆、针叶浆及阔叶浆质量比=60∶40			
精浆工艺	麻浆	浓度：(3.0±0.5)%	电流：90~100 A	时间：(40±2)min 循环精浆	
配浆	麻浆：针叶浆及阔叶浆=60∶40		浓度：(0.8±0.02)%	PEO 添加量：0.05%	
助剂	PPE	添加量：(1.5±0.1)%		调配浓度：0.25%	
	PEO	添加量：0.05%		调配浓度：0.04%	
过程设计：上网浓度：≤0.1% 定量：(39±2)g 水分：≤10% 卷重量：≥40 kg					

按照上述工艺进行中试生产验证，"低定量高负载"多层载体物理性能如表12-6和表12-7所示。

表12-6　"低定量高负载"多层载体物理性能

项目	定量 /g·m^{-2}	厚度 /mm	松厚度 /cm^3·g^{-1}	柔软度 /mN	透气率 /mm·s^{-1}	抗张强度/kN·m^{-1} 纵向	横向
基准载体	41.5	0.118	0.28	139	410	0.102	0.315
样品1	36.5	0.123	0.34	142	376	0.52	1.38
样品2	38.7	0.115	0.299	146	384	0.665	1.407

表12-7　"低定量高负载"多层载体布料后物理性能

项目	定量 /g·m^{-2}	负载性能 /%	厚度 /mm	松厚度 /cm^3·g^{-1}	柔软度 /mN	透气率 /mm·s^{-1}	抗张强度/kN·m^{-1} 纵向	横向
基准载体	94.8	128.4	128.43	0.188	185	256	1.165	0.802
样品1	97.5	167.1	167.12	0.173	177	247	1.542	1.782
样品2	98.7	155	155.04	0.180	180	236	1.763	1.807

由表12-6和表12-7可知，通过中试验证，选用麻浆、针叶浆及阔叶浆进行有效配比，所开发的"低定量高负载"多层载体可实现满足加热卷烟专用再造烟叶的需要，其抗张强度达1.5 kN/m以上，低定量载体可达30~45 g/m^2，实现了低定量载体的负载率从120%提升至160%~230%。

12.2.3　小　结

通过对针叶浆、阔叶浆及麻浆进行低浓及中浓浆料纤维处理后进行纤维特性分析及对载体物理性能分析，由分析结果可知，三种浆料纤维经过低浓处理后更适合用于湿料配方，以满足多层重组烟草载体加工工艺对抗张指数的要求，在中浓状态下，相比于低浓打浆条件，纤维中浓打浆过程中对纤维的切断作用减弱，纤维长度及长纤维组分高于低浓打浆的浆料，载体的松厚度在同一打浆度下高于低浓打浆条件的载体；吸水性能有所提高。针叶浆、阔叶浆及麻浆三种浆料纤维经过中浓处理后更适合用于高负载载体制备。

选用麻浆、针叶浆及阔叶浆进行有效配比，结合分层差异化上浆及多层布浆载体成型可实现满足多层重组烟草载体高强度、低定量载体的高负载难题，实现了低定量载体的负载率大幅提升的目标。

12.3 多层载体硬件设备的研发

目前的再造烟叶纸机采用长网成型方式，长网成型过程中，全部浆料直接喷到网上，并在网上进行强脱水成型，会导致留着率低、浆料流失严重、废水处理难度大等问题。

斜网纸机一般上网浓度只有万分之几（0.02%～0.08%），从而使长纤维能有足够的空间保持其悬浮状态防止絮聚；纸机车速一般较低，为纸幅提供足够的成型时间，从而保证成纸的匀度和透气性；整个抄造过程都没有过分地给纸幅施加压力，从而保证纸页的松厚度。综上所述，斜网成型器抄造的纸张具有均匀性好、高松厚、高透气的特点。

纸张的多层成型一般分为一次多层成型（分层成型法）（图 12-7）和多次多层成型（分页成型法）（图 12-8），前者是指浆料经多层流浆箱形成分层浆流，在成型网上逐层有序一次脱水成型成复合多层湿纸页，其主要工艺特性是多层流浆箱与层间液相复合，上下层间有混合过渡区，因此层间结合强度好，与单层一样不分层起泡，一次多层成型在长网、夹网、斜网纸机中均已应用；多次多层成型是指浆料经多个单层流浆箱分别上网脱水成型成多片湿纸页再复合成多层湿纸页，其主要工艺特征是层间固相结合，为多片湿纸页叠合，因而分层界限明显，没有混合过渡区，层间结合强度与分层起泡，常需在结合处辅以增强工序，多次多层成型在造纸行业如多圆网、多长网（叠网）、多斜网中广泛应用。

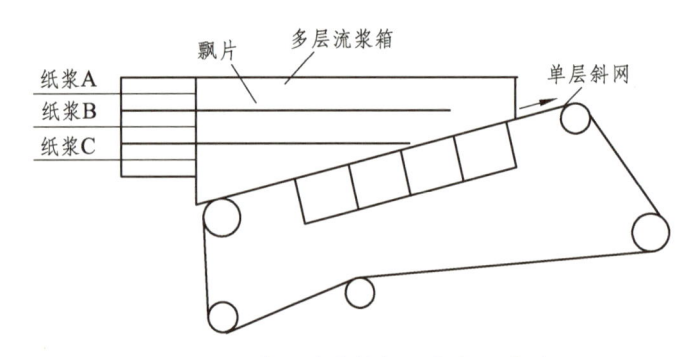

图 12-7 多层流浆箱与一次多层成型

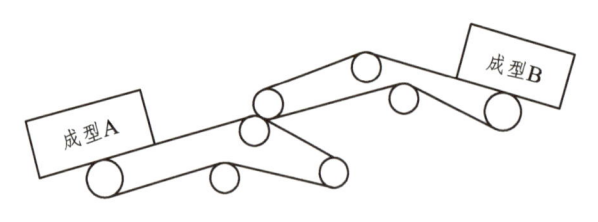

图 12-8 多层多次成型与多斜网

重组烟草生产过程中，载体的灵活性是实现重组烟草功能性的关键原因之一，为了提高浆料的留着率，并可以自由组合成型且利于各种功能性粉末材料的添加。

多层斜网成型在造纸行业已属于成熟技术，该技术可以增加纸张的松厚度与柔软度，符合再造烟叶特性，将该技术引入重组烟草的开发。

12.3.1 设计思路及设计内容

鉴于一次多层成型和多次多层成型的优缺点，本实验纸机考虑采用"多层斜网+叠网成型"

的方式，即斜网成型器上部叠加一个长网成型器，斜网采用三层斜网成型器，叠网采用单层长网成型器，本试验装置配齐所有辅助系统（包括电控、管道、电缆桥架、流送系统、真空系统、压缩空气系统等）

纸机净纸宽 550 mm，工作车速 30~60 m/min，纸机为单层厂房布置，纸机布置为右手机。设备主要指标见表 12-8。

表 12-8 中试设备设计主要指标

序号	项目	数值
1	产品得率	比现有产品提高 3%
2	片基厚度	比现有产品提高 3%
3	横幅定量偏差	$2\theta \leqslant 2 \text{ g/m}^2$
4	纵幅定量偏差	$2\theta \leqslant 2 \text{ g/m}^2$

12.3.2 主要工艺流程

1. 备浆系统

原料为长纤维木浆和烟草纤维。木浆采用一台间歇式水力碎浆机，配备 2 台双盘磨浆机进行打浆，再进入配浆池进行配浆；烟草纤维采用 7 台双盘磨浆浆机进行疏解打浆，一路经过渡池后进配浆池配浆，一路直接进入纸机抄造池，配浆池再分别进入 3 个纸机抄造池。

2. 浆料流送系统

指从抄造浆池到流浆箱之间的设备及管道等系统，也称上浆系统。其主要作用是：充分混合浆料；稀释浆料至流浆箱的进浆浓度；浆料除渣除气；稳定浓度和流量。流送系统设计不合理将直接影响纸张的抄造，造成纸张横幅定量不均、纵向定量不稳定，出现孔眼甚至断头等现象。该流送系统的特点是采用两次白水稀释来达到上网浓度最低 0.02%的要求，即 3 个纸机抄造池来浆分别先经 3 台冲浆泵（变频）进行一次浓度稀释，再分别进入 3 台上浆泵（变频）进行二次浓度稀释，最后由 3 台上浆泵分别进入斜网流浆箱的三层布浆器。

3. 损纸系统

干损纸进入湿损纸地坑中，然后泵送到配浆池中。

4. 清水和白水系统

再造烟叶水的消耗主要除纸机清洗、喷淋和助剂稀释等处消耗清水外，稀白水回用率的高低是决定总耗水量的关键。该流程纸机使用清水的地方有流浆箱消泡、网部高压喷淋、水针水、毛布高压清洗等几处。斜网部脱出的大量浓白水，直接用于浆料流送系统冲浆；洗网水及水针水等产生的稀白水，一部分用于浆料的浓度调节和原料碎解，一部分经弧形筛处理后用于网部低压喷淋使用，剩余白水用泵送至污水处理。

5. 真空系统

斜网部脱水箱配 1 台风机和 1 台真空泵，上下毛布吸水箱配 1 台真空泵，压榨部吸水箱配 1 台真空泵。真空泵水封水因含有毯毛，回收很难去除干净，会影响再造烟叶片基的性能，因此没有回用于白水喷淋系统。

干燥部：由大烘缸和干燥箱组成。

12.3.3 主要设计参数

本实验纸机主要设计参数详见表 12-9。

表 12-9 主要设计参数

项目		参数
抄造品种		再造烟叶
浆料种类		商品木浆、烟草浆
传动方式		分部传动，交流电机变频控制
计算参数（底层斜网）	原料配比	底层：木浆，芯层：烟草浆，面层：木浆
	净纸宽度	550 mm
	喷口宽度	600 mm
	网宽	700 mm
	工作车速	60 m/min
定量分配	基片定量	60 g/m^2
	底层	25%，15 g/m^2
	芯层	55%，33 g/m^2
	面层	20%，12 g/m^2
	上网浓度	面/底层：0.025%，芯层：0.05%
	成纸干度	80 %
	纸幅收缩率	约 3%
	网案留着率	85%
计算参数	纸种	再造烟叶
	原料配比	烟草浆 70%，木浆 30%
	成品定量	基片定量 60 g/m^2
	净纸宽度	550 mm
	喷口宽度	580 mm
	网宽	700 mm
	工作车速	60 m/min
	上网浓度	0.8%
	成纸干度：	80%
	纸幅收缩率	约 3%
	网案留着率	75%
	纸机形式	右手机

12.3.4 设计示意图

详见图 12-9 至图 12-14。

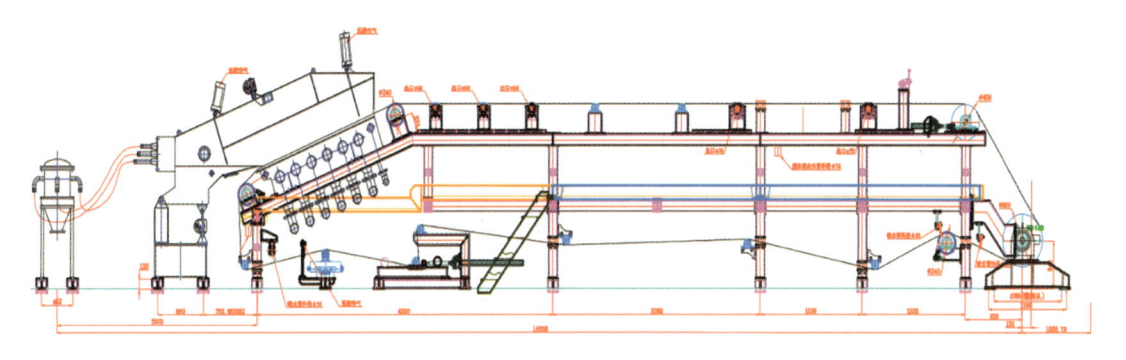

图 12-9 斜网多层成型系统示意图

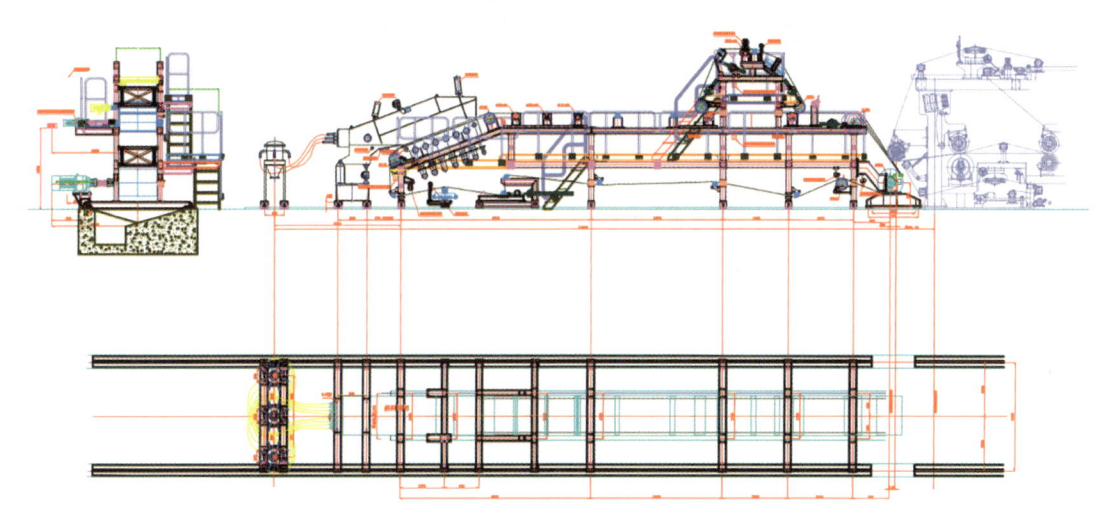

图 12-10 多层斜网成型系统结构总图

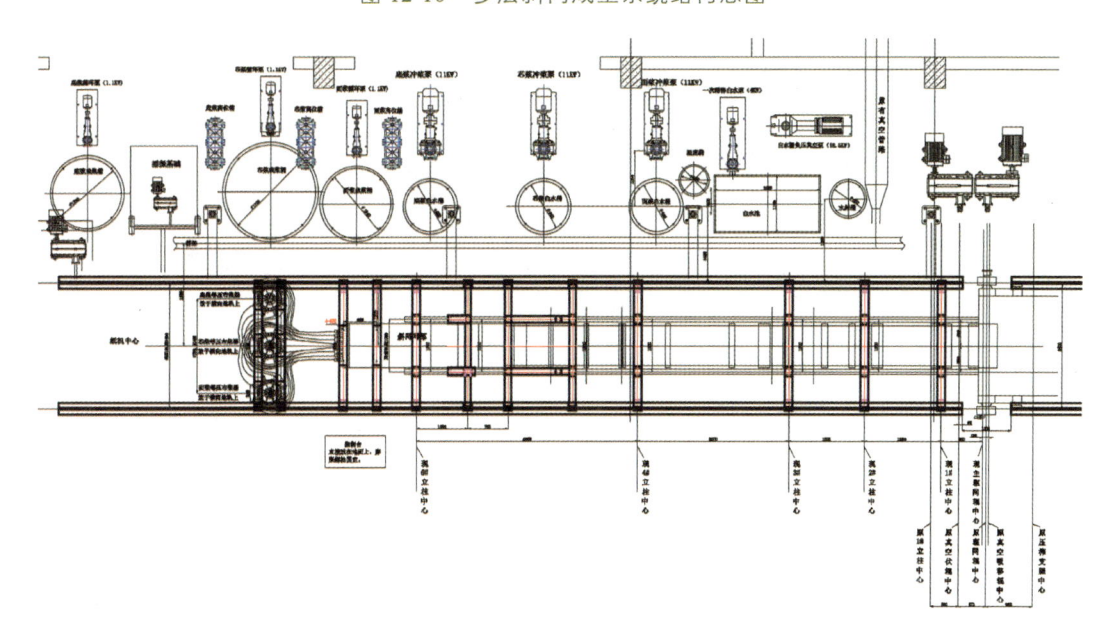

图 12-11 多层斜网成型系统平面布置图

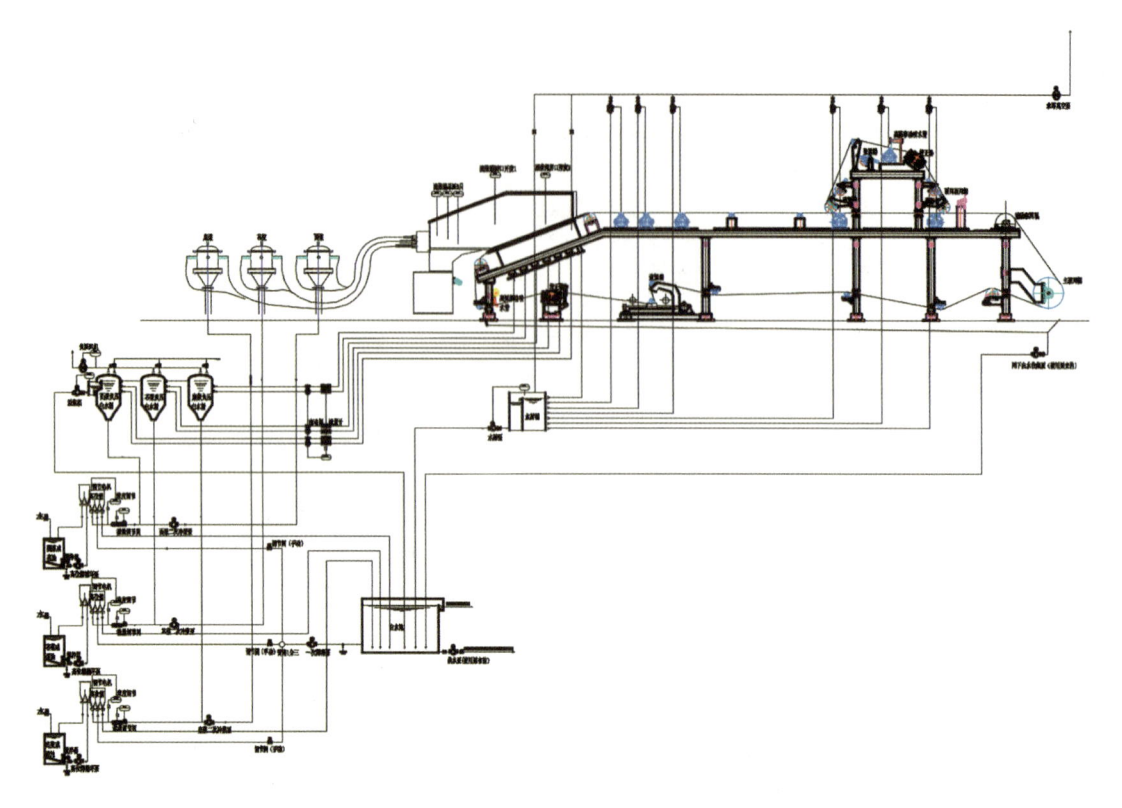

图 12-12　多层斜网成型流送系统流程图

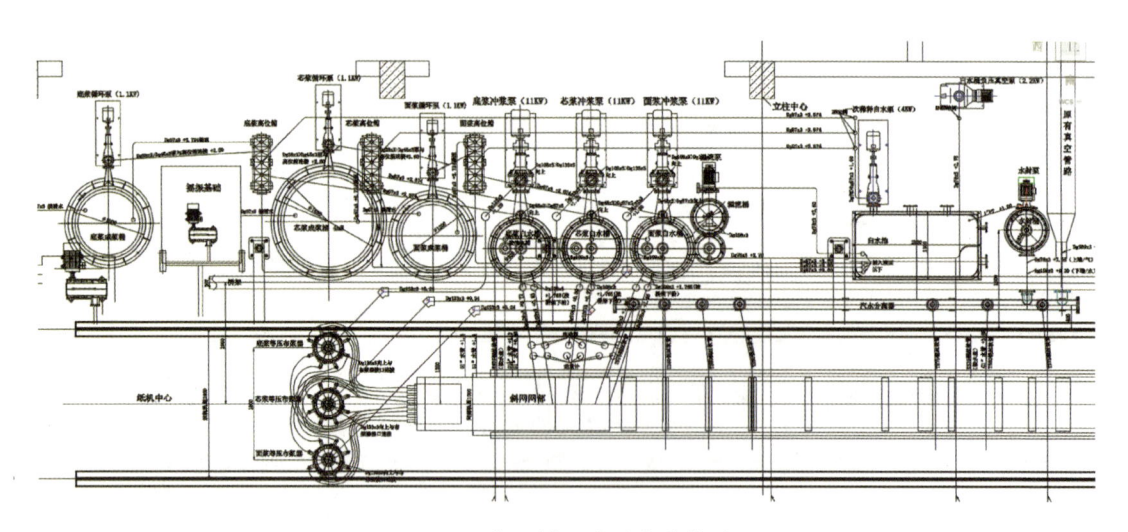

图 12-13　多层斜网成型流送管道图

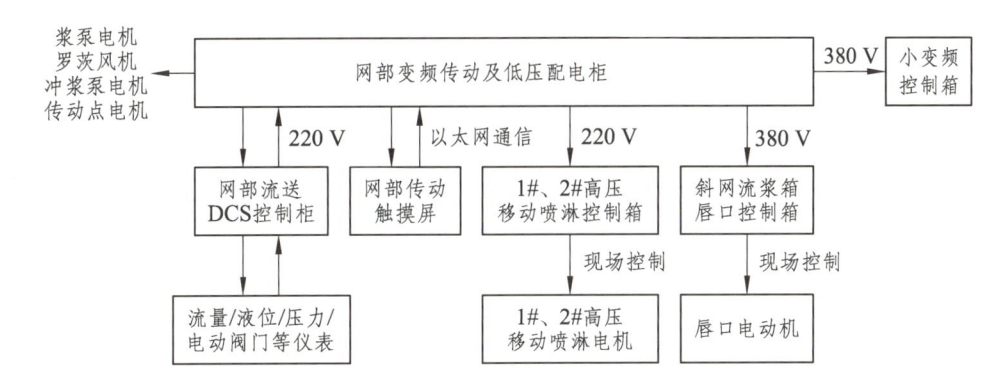

图 12-14　多层斜网成型系统控制逻辑图

多层成型系统现场效果（生产线）详见图 12-15。

图 12-15　多层成型系统现场图

在设计之初，考虑到多层成型的拓展功能，已预留出叠网成型系统位置，同时也预留出层间加料的位置，为未来搭建再造烟叶模块化试验线奠定良好基础。

12.4　结　论

（1）筛选出了适应于再造烟叶的纳米纤维素，纳米纤维素的添加能够有效地降低片基中外加纤维的添加量，从而减少传统木浆纤维等外纤对再造烟叶吸味方面的负面影响。

（2）通过多层载体技术的研究，开发了"高强度（抗张强度≥1.5 kN/m）、低定量载体（30～45 g/m^2）、高负载（负载率从120%大幅提升至160%～230%）"的重组烟草载体，突破了烟草及功能性植物粉膏体难以高效负载的难题。

参考文献

[1] 郭忠明. 斜网成型器探析[J]. 西南造纸，2004（4）：28-29.
[2] 张金美. 造纸机斜网成型器的研究和设计[J]. 轻工机械，2007（10）：12-15.

[3] 郝明显，吴恒，关平，等. 造纸法再造烟叶浆料流送系统的改进[J]. 纸和造纸，2015，34（04）：1-2.
[4] 余红涛，徐广晋，刘建平，等. 一种再造烟叶多层成型方法：CN106235377A[P]. 2016-12-21.
[5] 刘建平，况志敏，武士杰. 多层斜网成型在再造烟叶中的应用研究[J]. 中国设备工程，2019（01）：156-157.
[6] 王茜茜，况志敏，刘建平，等. 一种新型再造烟叶多层叠网成型系统：CN209527857U[P]. 2019-10-25.
[7] 况志敏，王茜茜，刘建平，等. 一种新型再造烟叶多层斜网成型系统：CN209185726U[P]. 2019-08-02.
[8] 况志敏，王茜茜，刘建平，等. 一种多层式再造烟叶的制备方法：CN110326811A[P]. 2019-10-15.
[9] 刘晶，董高峰，卢伟，等. 一种多层重组烟草载体及其制备方法：CN112056608A[P]. 2020-12-11.
[10] 况志敏，王茜茜，刘建平，等. 一种再造烟叶多层烘箱系统：CN211153778U[P]. 2020-08-04.
[11] 王忠泽，孙旭海，刘建平，等. 一种造纸法再造烟叶生产的流送系统专用高位箱装置：CN210407076U[P]. 2020-04-28.

13 降低再造烟叶 CO 关键技术开发及应用研究

随着低焦油卷烟的发展,造纸法再造烟叶在卷烟中的使用范围和比例不断扩大,这对应用再造烟叶选择性降低卷烟烟气中 CO 等主要有害成分提出了新的要求,设计开发低 CO 功能型再造烟叶产品技术,自身 CO 释放量显著降低,并能有效减少卷烟产品的 CO 释放量,同时保持卷烟产品的风格特征,稳定卷烟品质。

本章主要探讨了再造烟叶烟气 CO 形成机理、再造烟叶烟气 CO 释放量的影响因素以及降低再造烟叶 CO 释放量技术开发等,开发出低 CO 功能型再造烟叶产品,形成一套完整的低 CO 再造烟叶技术及工艺体系,实现低 CO 再造烟叶技术的生产转化,并在重点减害降焦卷烟品牌中开展相关的应用研究。

13.1 国内外研究现状、水平和发展趋势

近 20 年来,国内外开展了大量降低卷烟主流烟气中有害成分的研究,主要有以下几种方法:① 物理技术。主要包括嘴棒、水松纸、卷烟纸的选择使用,减小烟支圆周,提高烟丝填充值和加强对加工过程的控制等;② 工艺技术。提高烟丝填充值的结构特性便成为影响焦油量的关键因素,提高烟丝填充值和增加膨胀梗丝的使用比例,减少单位体积内的燃烧烟草量,即降低烟草的 C_xH_yO。③ 生物技术。采用生物技术对烟叶进行处理以降解烟叶中的大分子物质,从而实现降焦减害。

在卷烟中添加适量的造纸法再造烟叶,不仅能够有效降低卷烟成本,而且可以一定程度上改变烟气组分,降低焦油释放量。随着低焦油卷烟的发展,造纸法再造烟叶已成为一种降焦的重要手段。但是,掺配造纸法再造烟叶到卷烟后,烟气中 CO 量通常较高,特别是 CO 与焦油(Tar)比值严重不匹配。中式卷烟 CO 释放量与焦油释放量最佳比例约为 1∶1,而造纸法再造烟叶一方面会降低卷烟焦油释放量,另一方面又往往增加卷烟 CO 释放量,这无疑将促使焦油与 CO 释放量比例越来越失调。这已制约了造纸法再造烟叶使用比例的增加,也是迫切需要解决的重要问题。近年来,国内各卷烟企业在研究探索使用造纸法再造烟叶产品降焦的同时,也加大了对造纸法再造烟叶影响卷烟 CO 释放量的关注力度,致力于低焦油、低 CO 释放量、高品质卷烟产品的开发。

降低造纸法再造烟叶的 CO 释放量问题是个国际性难题，近年来，邱晔等对一些造纸法再造烟叶样品进行了检测，结果表明国内外造纸法再造烟叶产品的 CO 释放量大部分都在 14 mg/支以上，最高甚至达 16~18 mg/支，该产品的 CO 释放量与焦油释放量比值往往高出烟丝 1~2 倍。造纸法再造烟叶 CO 释放量的问题很大程度上影响了当前造纸法再造烟叶在中式卷烟中的应用比例和档次。针对造纸法再造烟叶卷烟 CO 释放量偏高的现象，将碱金属无机盐一种或几种按照再造烟叶产品质量的 0.1%~4% 加入再造烟叶中，可以降低再造烟叶中 CO 的释放量。

此外，邱晔等对造纸法再造烟叶的不同掺配比例对 CO 释放量的影响进行研究时，发现卷烟的 CO 释放量与造纸法再造烟叶的掺配比例之间无明显的规律性，全部用造纸法再造烟叶制造的卷烟 CO 释放量与全部用同类烟丝制造的卷烟相当，但烟气的 CO/焦油比值与造纸法再造烟叶掺配比例之间存在很好的相关性，这一点与 Halter 等的研究结果相类似。

在国外，卷烟企业通常根据造纸法再造烟叶在卷烟产品中的掺配比例，采用调整卷烟辅料与烟支设计的方法来降低或稳定其卷烟产品的 CO 释放量。国外的做法虽然有效，但对中式卷烟来说，采用这种方法将很大程度牺牲中式卷烟的吸味与品质，并没有解决其实质问题。因此，可以在充分研究造纸法再造烟叶产品的 CO 释放量特性，以及造纸法再造烟叶对卷烟 CO 释放量影响特性与规律的基础上，深层次剖析原料、配方、填料、添加剂等主要因素对造纸法再造烟叶产品 CO 释放量的影响，进而提出能有效降低 CO 释放量的技术措施，设计开发出新一代、具有低 CO 释放量特性的造纸法再造烟叶产品，从根本上解决卷烟应用造纸法再造烟叶的 CO 释放量技术障碍，从而促进造纸法再造烟叶在中式卷烟配方中实现高掺配比例，提升造纸法再造烟叶的质量水平和应用水平。

13.2 降低再造烟叶烟气 CO 释放量影响的技术研究

卷烟燃烧过程产生的烟气组分受到多种条件制约，包括温度、氧气含量、水分、烟丝结构和生产加工工艺等。造纸法再造烟叶作为一种重组烟叶，与天然烟叶相比，在化学成分和原料结构方面都存在着差异，所以，掺配造纸法再造烟叶到卷烟后，不可避免地会引起 CO 释放量的改变。从再造烟叶的主要成分及燃烧温度分布图来看，再造烟叶中 CO 的产生机理与卷烟烟丝有相似之处。

造纸法再造烟叶掺配比例与卷烟 CO 释放量、焦油及 CO/Tar 的结果如表 13-1、图 13-1 和图 13-2，卷烟 CO 释放量与造纸法再造烟叶掺配比例并不存在简单的相关性。在不考虑纯烟丝和纯再造烟叶丝的情况下，卷烟的 CO 释放量随造纸法再造烟叶掺配比例（5.0%~75.0%）增大基本呈先增后减的变化趋势，在约 20% 的掺配比例时达到最高。

表 13-1　不同造纸法再造烟叶掺配比例烟气 CO、焦油和 CO/Tar 值关系

掺配比例/%	0	5	10	15	20	30	50	75	100
CO 量/mg·支$^{-1}$	12.4	12.1	12.6	12.9	13.3	13.1	12.6	11.9	12.2
Tar/mg·支$^{-1}$	13.7	13.0	12.8	12.4	12.3	11.5	9.4	7.6	5.8
CO/Tar 值	0.90	0.93	0.98	1.04	1.08	1.13	1.34	1.56	2.10

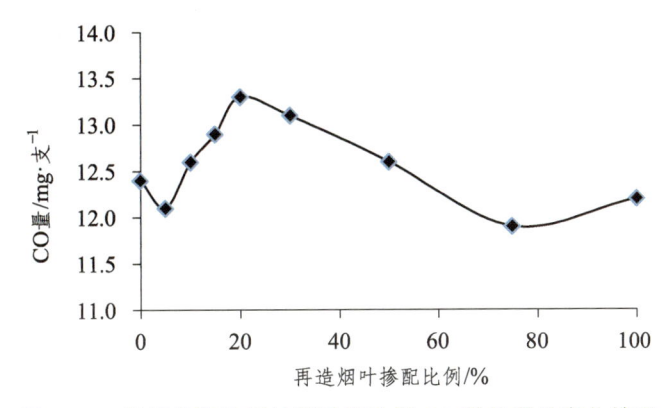

图 13-1　卷烟掺配造纸法再造烟叶后 CO 释放量的变化情况

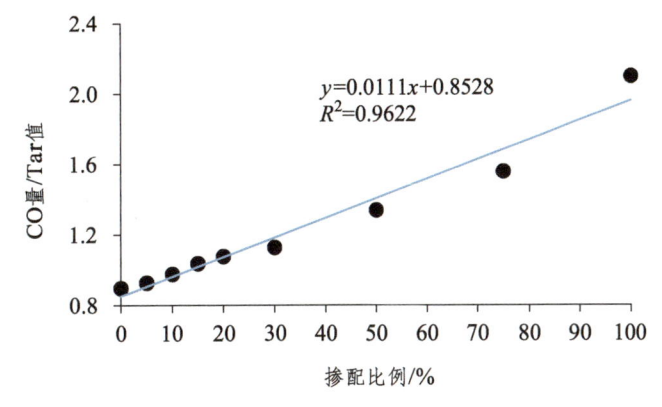

图 13-2　造纸法再造烟叶不同掺配比例与卷烟 CO/Tar 变化关系

造纸法再造烟叶对卷烟具有良好降焦效果，但对卷烟 CO 释放量却不具有同样的降低效果，而且掺配比例在 5%～20% 内，再造烟叶自身 CO 释放量低于纯烟丝的情况下，卷烟 CO 释放量还有所增加。

虽然卷烟的 CO 释放量与造纸法再造烟叶掺配比例并无简单相关性，但进一步的研究表明：若计算出各掺配比例下卷烟烟气 CO 释放量与焦油释放量的比值（CO/Tar），可以发现卷烟烟气 CO/Tar 值与造纸法再造烟叶掺配比例有一定的相关性（R^2=0.9622）。就本实验采用的试验材料来说，两者间的相关性为线性关系：$y = 0.0111x + 0.8528$，$R^2 = 0.9622$，式中 y 代表 CO/Tar 值，x 则为造纸法再造烟叶的掺配比例。

由此可见，对使用造纸法再造烟叶的卷烟来说，CO/Tar 比值对卷烟产品设计工作有一定的参考价值。例如，已知该类产品的 CO/Tar 比与造纸法再造烟叶掺配比例的对应关系，则在设计一定目标 CO 含量的卷烟产品时，理论上可以通过调整造纸法再造烟叶的掺配比例实现目标卷烟 CO 释放量的控制，反之亦然。

13.2.1　卷烟及再造烟叶 CO 释放机理

13.2.1.1　卷烟 CO 释放机理

燃烧温度是影响主、侧流烟气中化学成分及含量进而影响卷烟品质最基本的特性参数之一。它直接影响燃烧后烟草成分的热解合成反应，影响了卷烟各种挥发、半挥发的成分向烟气中的输送量，也与烟气中有害成分的多少有很大的关联。研究表明，在 600~900 ℃ 的高温燃烧区，有机物质的燃烧形成缺氧气流，是 CO、CO_2、氢和挥发性碳氢化合物的主要形成区域；中温热解蒸馏区温度范围为 100~600 ℃，该区域内所进行的主要是吸热反应，它的能量来自高温区，大分子物质热解为小分子物质，低沸点的物质蒸发进入烟气流中；低温冷凝区的温度在 100 ℃ 以下，烟气中的物质冷凝，较轻的气体透过卷烟纸扩散到大气中，空气透过卷烟纸稀释烟气是此区域的特征。

一支卷烟所产生的 CO 主要是由三种综合性的反应生成。

（1）烟草组分的热分解作用（吸热）。燃烧中卷烟的内区是碳的氧化物热解合成的主要场所，而烟草的低挥发性有机组分是碳的氧化物的来源。Newll 通过研究表明多糖类（淀粉、纤维素、果胶）是热解区内产生碳的氧化物的主要来源，其他有助于 CO 热解合成的是蛋白质、羧酸类、羰基化合物以及盐类形式存在的碱类。热裂解反应的形式主要为：

$$TS \longrightarrow CO$$
$$TS(O_2) \longrightarrow TS(O) + CO$$
$$TS(O) \longrightarrow TSf + CO$$

其中 TS 代表烟草中的固体组分，$TS(O_2)$ 代表烟草表面上一个物理性吸附的氧分子，TS(O) 代表烟草表面上一个碳位被一个氧原子占据，TSf 代表烟草组分表面上一个游离碳位。

（2）烟草组分的燃烧（放热）。这部分燃烧反应主要是指燃烧区内由于氧气分布不均匀，某些烟草化学成分在贫氧高温区的不完全燃烧反应。

$$TSf + O_2 \Longleftrightarrow TSf + CO$$

（3）其他初生产物特别是 CO_2 与烟草的反应（吸热），如：

$$TSf + CO_2 \longrightarrow TS(O) + CO$$

前两种类型的反应是基本的，反应产物直接从烟草形成（其中烟草的热裂解产生的 CO 约 30%，烟草燃烧产生的 CO 约 36%），第三种反应是次级的，它包含着反应产物与烟草的相互反应（约 23% 的 CO 是经由 CO_2 而形成）（图 13-3）。

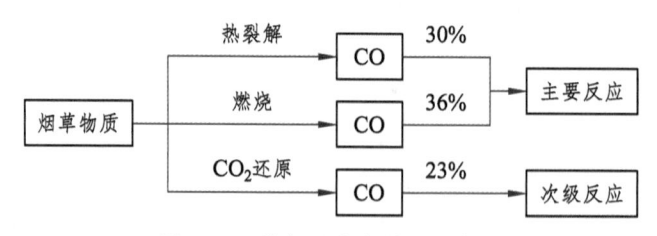

图 13-3 卷烟所产生的 CO 途径

卷烟燃烧状态的研究，进一步剖析了卷烟燃烧温度与抽吸品质及有害成分释放的相关关系，对于开发低害卷烟起到了较强的支撑作用。造纸法再造烟叶作为卷烟重要原料加入烟支，参与燃烧，其燃烧状态与品质同样受到卷烟企业的极大关注。然而由于造纸法再造烟叶的物理结构与天然烟叶存在极大差别，简单地引用卷烟燃烧温度状态测量装置对再造烟叶的燃烧状态进行评价，还需要进一步的研究和验证。在本章中我们结合前人研究以及自主实验设计对再造烟叶烟气 CO 形成机理进行了探讨。

13.2.1.2 再造烟叶烟气 CO 形成机理探讨

造纸法再造烟叶的主要原料是烟梗、烟末、碎烟叶等烟草废弃物及外加纤维。这些烟草废弃物的组成成分和致香成分等将直接影响再造烟叶的品质，及其工业可用性。烟草是由细胞群体构成的，细胞是由细胞膜、细胞质和细胞核所组成，细胞膜主要成分包括纤维素、半纤维素、木质素和果胶质。烟叶的主要化学成分包括碳水化合物、含氮化合物和生物碱等类，占烟草化学成分的 70%~80%。烟梗的主要化学成分含量与烟叶有很大的差别，主要表现在总氮和烟碱含量很低，还原糖略低；无机元素、纤维素、半纤维素和木质素含量明显高于烟叶。根据造纸法再造烟叶生产工艺情况，把经过提取后的原料简单分为固形物和水溶液（提取液及烟膏），固形物主要是由纤维素、木质素、果胶、蛋白质以及一些杂细胞物质组成，水溶液中主要是由水溶性糖、烟碱等组成，我们以各不同成分对 CO 释放量的影响及形成机理进行分析。原料纤维素、木质素等分析见表 13-2。

表 13-2 原料纤维素、木质素分析

	纤维素/%	木质素/%	细胞壁物质/%
碎片	21.84	2.71	35.44
烟梗	25.23	3.28	44.87

1. 原料中主要成分裂解形成 CO 机理探讨

（1）纤维素裂解产生 CO 分析

纤维素作为生物质的主要组分，其热裂解行为在很大程度上体现出生物质整体的热解规律，烟梗、烟叶中其含量也达到 20% 以上，在再造烟叶中的含量也达到 30% 左右，其分析结果对再造烟叶纤维素热裂解分析有一定的指导意义。实验结果表明，随着再造烟叶中纤维素含量的增加，再造烟叶 CO 释放量呈升高趋势，因此，推测纤维素裂解气体产物主要是 CO。这一分析结果与廖艳芬研究的纤维素快速热裂解试验研究及分析结果相符，试验发现辐射源低于 400 ℃ 时纤维素由于受热不足导致不完全反应；400~450 ℃ 时以炭化为主；450 ℃ 后由于受热增强，生成生物油的反应加强，并在 600 ℃ 左右得到 78% 的最高产率；气相挥发份的二次反应使生物油产量明显降低而轻质气体产量大大提高。二次反应主要以二次裂化为主，而环化重整生成焦炭的概率很小，这可以从二次焦炭生成相当之少来说明。随着氮气流量的增加，二次裂化反应受到部分抑制，生物油产量增大，不可凝气体产量降低，但其影响程度远不如温度剧烈。纤维素热解生成的气体主要为 CO、CO_2、CH_4、C_2H_4 以及少量的 H_2，各成分变化趋势与整体气体变化规律一致。

纤维素热解生成的气体通过气相色谱分析，主要为 CO、CO_2、CH_4、C_2H_4 以及少量的 H_2。其中 CO 占气体成分中的 70%~80% 之多，其次为 CO_2，占据了气体成分的 10%~20%。CO 的变化趋势与整个气体变化规律一致，随温度的升高产率明显增加。

因此，在降低再造烟叶 CO 释放量的研究中，可以通过原料组成的调整或选择性降低纤维素含量，同时可以通过技术降低再造烟叶燃烧温度来减少再造烟叶烟气中 CO 的释放量。

（2）木质素热解产生 CO 分析

实验结果表明，木质素含量与再造烟叶 CO 释放量呈现正相关关系，谭洪等研究的木质素快速热裂解结果显示，相比于纤维素和半纤维素而言，木质素热裂解的起始温度最低，但其热裂解温度范围却最广。在低温时，木质素聚合体重整反应基本没有发生，主要是苯丙烷侧链上的官能团热断裂得到各种小分子气体产物；在高温时，羰基、羧基、羟基、甲基等脱离反应以及多环芳香族化反应深入进行而产生了各种小分子气体。木质素热裂解气体组分通过气相色谱分析主要有：CO、CO_2、H_2、CH_4、C_2H_4、C_2H_6、C_3H_8，其中，CO、CO_2 和 CH_4 为主要气体，占总气体质量的 85%。在 320 ℃ 时就有大量的 CO、CO_2 释放出来，低温下这些含氧化合物的析出说明脂肪类羟基容易和苯丙烷侧链上的烷基 C—C 键联合而除去，特别是在侧链的末端，从而生成甲醛或 CO 和 CO_2，CO_2 在低温时就形成，产量在 23% 左右，且随温度升高而增加，高于 750 ℃ 以后产量趋近稳定值，约为 27.5%；CO 产量随温度升高逐步增加，增长趋势明显高于 CO_2，并在高于 750 ℃ 之后趋近稳定值 19% 左右。CO 主要来源于两种醚键：一种是具有较低的键能（251.04～292.88 kJ/mol），连接木质素主体和侧链的醚键，它是低温时 CO 的主要来源；另一种是二芳基醚键，它的断裂是高温（大于 500 ℃）时 CO 增加的原因之一。

因此，可以开发降低再造烟叶中木质素含量的技术降低再造烟叶 CO 释放量，即降低 CO 的前体物质来调控 CO 的释放量。

（3）细胞壁物质裂解产生 CO 机理分析

烟草细胞壁物质包括纤维素、半纤维素、木质素和果胶等成分，在烤烟烟叶中占干物质质量的 26%～35%，在烟梗中占 45% 左右，烟末中达到 35% 左右。通常情况下，再造烟叶中细胞壁物质含量高达 60%，烟草细胞壁物质中纤维素、半纤维素、木质素等均属于大分子物质，其含有大量的羰基、羧基、羟基、甲基，裂解产物中 CO 比例达到 80% 左右，且再造烟叶中细胞壁物质含量高达 60% 以上，因此，细胞壁物质对再造烟叶 CO 释放量影响较大。

2. 再造烟叶燃烧机理、燃烧温度与 CO 释放量关系探讨

卷烟燃烧锥的温度是影响主、侧流烟气中化学成分及含量进而影响卷烟品质最基本的特性参数之一。它直接影响燃烧锥后烟草成分的热解合成反应，影响了卷烟各种挥发、半挥发的成分向烟气中的输送量，也与烟气中有害成分的多少有很大的关联。

前人研究发现，烤烟的燃烧温度比较高，香料烟和白肋烟的燃烧温度比较低。这可能是跟烟叶中 K/Cl 高的燃烧温度比较低有关。于是对烟丝进行了一些常规分析，确实发现白肋烟的 K/Cl 比较高，而烤烟的 K/Cl 比较低；但是香料烟 K/Cl 的值比烤烟还低，它的燃烧温度却比烤烟的低。于是我们认为燃烧温度也许还和其他阴、阳离子的含量有关，按照世界烟草科学合作中心"科技与烟气"学组提出的"有机钾"的概念[有机钾 = 钾的总量-（氯离子含量+硫酸根离子含量）]，认为只有与有机酸结合（NO_3^- 等除外）的钾才能对烟草的燃烧性产生积极促进的作用，从而降低卷烟的燃烧温度。于是对这几种烟草的总钾、氯离子、硫酸根离子的质量分数进行了测量，并根据公式进行有机钾含量的计算，其中 M_{K^+}、M_{Cl^-}、$M_{SO_4^{2-}}$ 分别为 K^+、Cl^-、SO_4^{2-} 的摩尔质量。

$$有机钾(\%) = [w(K^+)/M(K^+) - w(Cl^-)/M(Cl^-) + 0.5 \cdot w(SO_4^{2-})/M(SO_4^{2-})] \cdot M(K^+)$$

根据计算得到烤烟的有机钾含量最低，而白肋烟的最高，正好说明了固相抽吸最高温的变化趋势。

外加功能材料对其中的每口 CO 输送量和温度进行研究发现，除了 KNO_3 和 KNO_2 以外，

其他大部分烤烟加入功能材料后,每口 CO 输送量和温度的变化比较一致,即随着温度的升高,CO 的量也增加。它们之间的关系线性拟合曲线为 $Y = -4.36+0.005T$,相关系数为 0.93。这可能是由于在高温氧化状态下不仅生成大量的 CO 和 CO_2 等气体,而且 CO_2 在氧化反应产生的大量热量下,和 C 发生急速的还原反应,使得 CO 的量更加增多。

13.2.2 再造烟叶烟气 CO 释放量影响因素研究

首先选取不同再造烟叶原料,进行化学成分分析,了解其组成差异,并在此基础上,采用纯烟梗、纯烟碎片制备单体原料再造烟叶样品,分析其 CO 释放量差异;开展了再造烟叶化学成分对烟气中 CO 释放量影响分析,重点对细胞壁物质中的纤维素、木质素含量与烟气中 CO 释放量的关系开展了影响性研究和分析,并研究了水溶性糖、淀粉、蛋白质等化学成分对烟气中 CO 释放量的影响;对透气度、定量等物理指标与 CO 释放量的关系进行了研究;通过以上这些影响性研究和分析,为降低再造烟叶烟气 CO 释放量技术的开发提供了指导和依据。

13.2.2.1 不同原料对再造烟叶烟气 CO 释放量影响

选取不同再造烟叶原料进行化学成分分析,了解其组成差异,并在此基础上将纯烟梗、纯烟碎片制备单体原料再造烟叶样品,分析烟气 CO 释放量差异。

1. 不同原料的化学成分分析

造纸法再造烟叶的主要原料是烟梗、烟碎片等烟草副产物。这些烟草副产物的组成成分和致香成分等将直接影响再造烟叶的品质及其工业可用性。选取具有代表性的烟梗和烟碎片原料进行常规化学成分分析,结果(平均值)见表 13-3。

表 13-3 单体原料常规化学分析

化学成分	烟碎片	烟梗
总糖/%	10.80	16.31
还原糖/%	8.54	12.75
总碱/%	2.82	0.48
氯/%	0.62	1.49
钾/%	2.06	4.76
总氮/%	2.75	2.34
施木克值	1.15	0.77
蛋白质/%	14.14	14.11
烟碱氮/%	0.49	0.08
纤维素/%	21.84	25.23
木质素/%	2.71	3.28
细胞壁物质/%	35.44	44.87

由表 13-3 中数据可知，单体原料中烟梗的主要化学成分含量在总植物碱、总氮、施木克值上低于烟碎片；烟梗的总糖、还原糖、氯、钾、纤维素、木质素、细胞壁物质含量明显高于单体烟碎片。

2. 不同原料制备的再造烟叶烟气 CO 释放量差异

由于各单体原料组成的差异，不仅研究了纯梗和纯叶制备的再造烟叶，还添加了纯外加纤维制备的再造烟叶，考察了不同单体原料制备的再造烟叶 CO 释放量的影响（表 13-4）。

表 13-4　单体原料制备的再造烟叶对 CO 释放量的影响

样品名称	抽吸口数/口·支$^{-1}$	CO/mg·支$^{-1}$	CO$_2$/mg·支$^{-1}$	焦油/mg·支$^{-1}$	CO/口
叶 A	6.03	10.9	32.6	6.03	1.81
叶 B	5.96	11.1	32.6	6.26	1.86
梗 A	5.47	13.3	33.6	5.50	2.43
梗 B	5.39	13.0	33.1	5.72	2.41
外加纤维 A	4.58	7.8	23.0	1.85	1.70
外加纤维 B	4.41	7.7	21.6	1.82	1.75

结果表明，由于纯外加纤维制备的再造烟叶填充值过高，卷制成的烟支重量较低，但吸阻较大，对抽吸影响较大，烟气主要以侧流烟气为主，因此检测结果与纯梗制备再造烟叶和纯叶制备再造烟叶有较大差异。纯梗制备再造烟叶的 CO 释放量高于纯叶制备的再造烟叶，而焦油释放量则相反。根据实验结果可以初步推断，细胞壁物质含量与再造烟叶烟气中 CO 释放量呈正相关关系。

纯梗、纯叶、纯外加纤维所制备再造烟叶样品的燃烧温度采用自行研发了快速微型测温热电偶测定（图 13-4），测定结果见图 13-5。

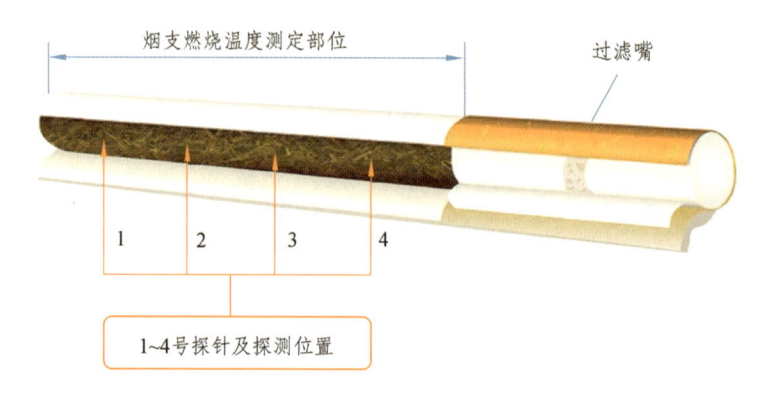

图 13-4　卷烟燃烧温度热电偶测定示意图

不同单体原料再造烟叶燃烧温度测定结果显示，纯叶、纯外加纤维、纯梗的燃烧温度依次为 447.9 ℃、476.5 ℃、528.7 ℃，呈现升高趋势。

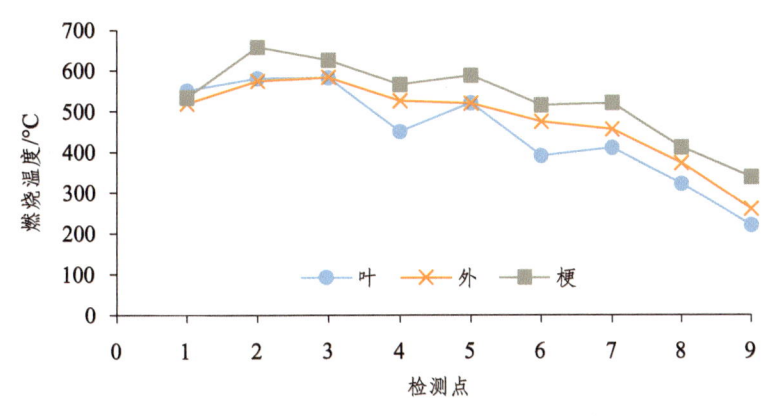

图 13-5　单体原料再造烟叶燃烧温度比较

13.2.2.2　不同纤维种类制备的再造烟叶烟气 CO 释放量的差异

图 13-6 是不同纤维种类对造纸法再造烟叶常规烟气指标的影响。不同纤维种类的再造烟叶抽吸口数差异不大；总粒相物，焦油和 CO 指标的影响较显著，由高到低均为漂白针叶木，未漂白阔叶木，未漂白亚麻浆，漂白阔叶木。漂白阔叶木的总粒相物，焦油和 CO 释放量是最低的，综合感官评吸及成本情况，通常选择漂白阔叶木浆作为再造烟叶的外纤。

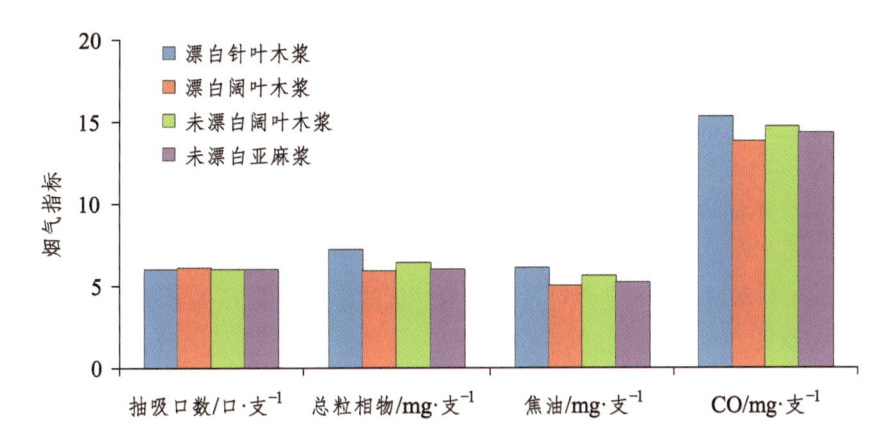

图 13-6　不同外加纤维种类对造纸法再造烟叶产品常规烟气指标的影响

13.2.2.3　不同种类填料对再造烟叶物理指标及烟气指标影响分析

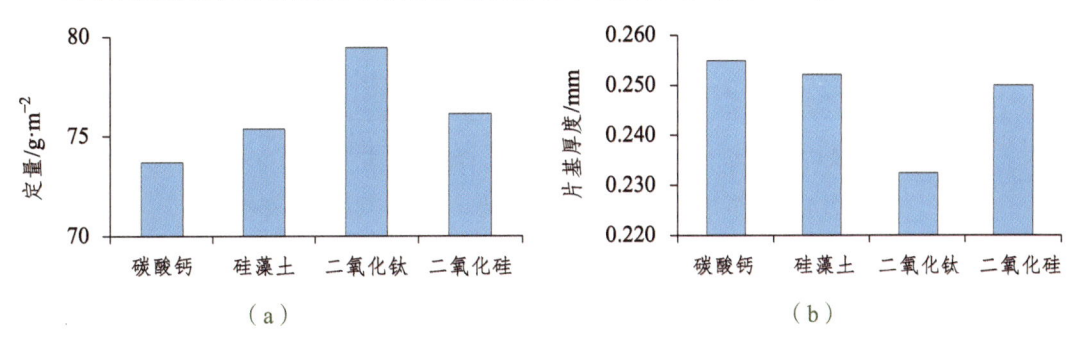

不同种类的填料对再造烟叶片基物理指标有不同的影响（图 13-7）。

（a）　　　　　　　　　　　（b）

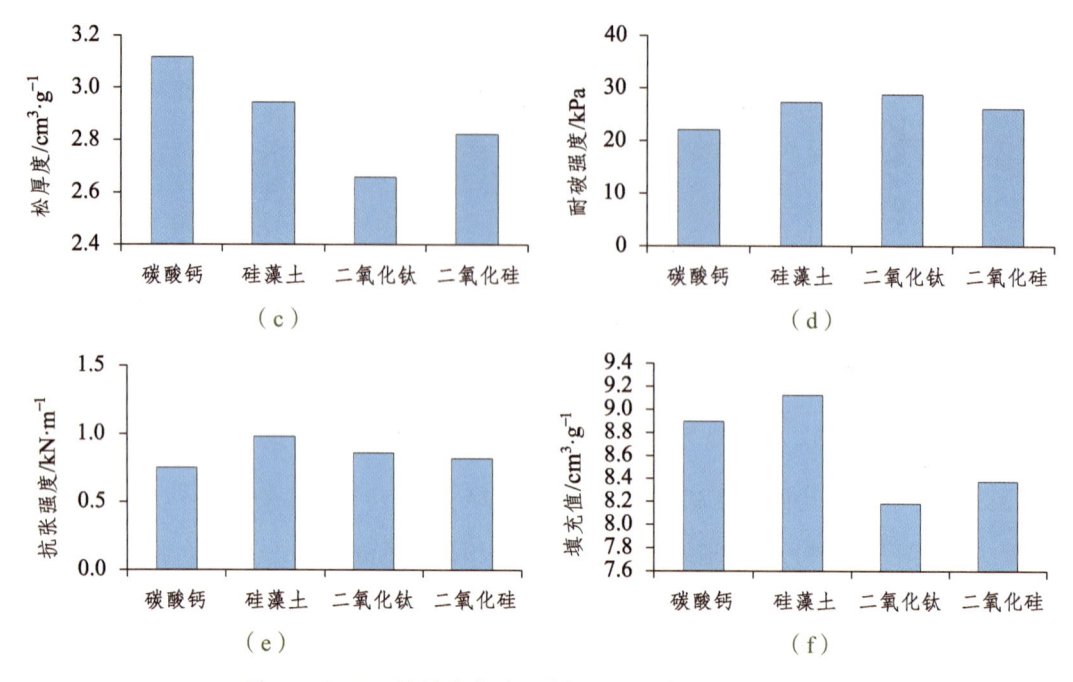

图 13-7　不同填料种类对再造烟叶片基物理性能的影响

填料种类对再造烟叶片基的定量和厚度影响很大，定量最大的是二氧化钛，但是其厚度是最小的，这可能与填料的形态有关；不同种类填料对抗张强度、抗张指数影响依次为二氧化钛、硅藻土、二氧化硅、碳酸钙；对耐破强度的影响由大到小依次为硅藻土，二氧化硅，二氧化钛，碳酸钙；填料为硅藻土和碳酸钙时，形成片基的填充值和松厚度要高于二氧化硅和二氧化钛填料。不同种类的填料的再造烟叶片基灰分差异不大，其中填料为碳酸钙时灰分处于较高水平。

不同种类的填料对造纸法再造烟叶片基常规烟气的影响如图 13-8 所示，填料为碳酸钙时，常规烟气指标均较低。

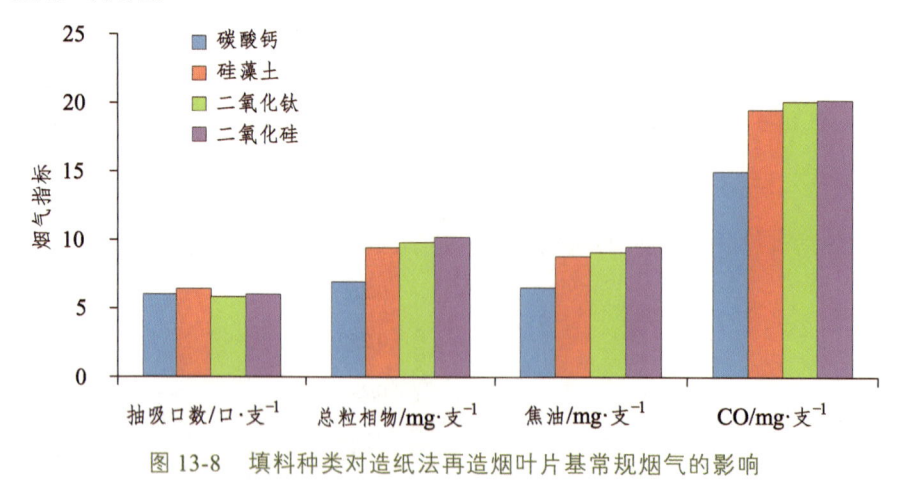

图 13-8　填料种类对造纸法再造烟叶片基常规烟气的影响

通过上述不同填料种类对造纸法再造烟叶片基和产品物理指标和烟气指标分析可以看出：① 抗张强度和耐破强度的影响从大到小依次为硅藻土、二氧化钛、二氧化硅、碳酸钙；

松厚度的影响从大到小依次为碳酸钙、硅藻土、二氧化硅、二氧化钛；硅藻土、碳酸钙作为填料时，填充值较高。② 碳酸钙作为填料时，片基和产品的 CO、焦油、总粒相物和烟气水分含量都比较低。

综上所述，碳酸钙作为填料时，再造烟叶有较高的松厚度和填充值，且有利于降低再造烟叶 CO 释放量。

13.2.2.4 不同原料化学成分对再造烟叶烟气 CO 释放量的影响因素研究

烟叶中纤维素和半纤维素的含量一般为 15%～18%；烟梗中纤维素和半纤维素含量一般为 25%～28%。重点研究了细胞壁物质中的纤维素、木质素含量以及糖、淀粉、蛋白质等化学成分对再造烟叶 CO 释放量的影响。

1. 细胞壁物质对再造烟叶烟气 CO 释放量的影响

分析表明，再造烟叶各类原料中细胞壁物质含量差异较大，为了更好地了解细胞壁物质对再造烟叶烟气 CO 释放量的影响规律，研究选取细胞壁物质含量差异较明显的原料，按照不同比例进行组合，制备得到 16 个再造烟叶样品（表 13-5），检测纤维素、木质素和总细胞壁物质的含量，并与烟气指标检测结果进行对比分析（结果见表 13-6）。

表 13-5　原料化学成分分析

编号	纤维素/%	木质素×10/%	细胞壁物质/%
1	19.89	25.42	34.24
2	21.12	27.04	36.47
3	22.51	28.86	38.99
4	23.38	30.02	40.60
5	20.75	26.52	35.71
6	20.30	25.99	35.06
7	23.15	29.68	40.09
8	22.51	28.90	39.07
9	21.67	27.71	37.31
10	22.97	29.41	39.66
11	22.87	29.23	39.36
12	21.73	27.90	37.73
13	22.73	29.05	39.12
14	21.98	28.15	37.96
15	21.46	27.52	37.16
16	21.01	26.97	36.47

注：由于木质素含量较低，研究中将木质素的含量采用 10 倍量进行表征。

表 13-6　烟气分析校正结果

编号	抽吸口数/口·支$^{-1}$	CO/mg·支$^{-1}$	CO$_2$/mg·支$^{-1}$	CO/mg·口$^{-1}$	CO$_2$/mg·口$^{-1}$
1	5.03	10.30	27.00	2.05	5.37
2	5.06	11.00	28.60	2.17	5.65
3	5.09	11.50	29.80	2.26	5.85
4	5.02	11.30	29.60	2.25	5.90
5	5.22	10.70	29.50	2.05	5.65
6	5.00	10.70	28.00	2.14	5.60
7	5.02	12.20	29.50	2.43	5.88
8	5.05	12.30	30.00	2.44	5.94
9	5.03	11.50	29.50	2.29	5.86
10	5.07	12.00	29.80	2.37	5.88
11	5.03	11.8	28.90	2.35	5.75
12	4.97	11.30	28.80	2.27	5.79
13	5.15	11.40	29.60	2.21	5.75
14	5.02	10.70	29.10	2.13	5.80
15	5.04	10.90	28.50	2.16	5.65
16	4.98	10.10	27.40	2.03	5.50

纤维素含量与再造烟叶烟气 CO 释放量的相关性如图 13-9，再造烟叶中纤维素含量与烟气中 CO 释放量呈正相关关系，且影响较为显著，$y=0.4785x+0.606$，$R^2=0.6282$。

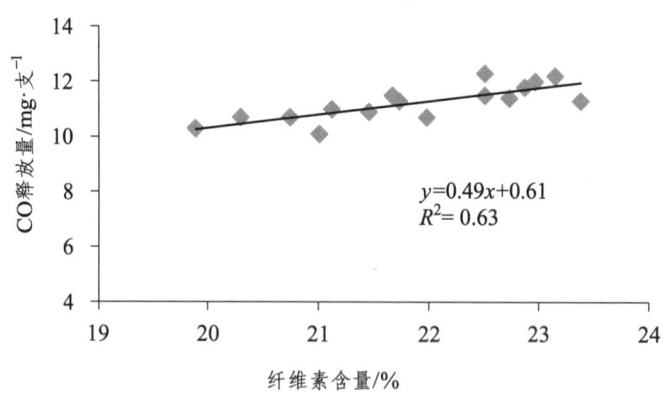

图 13-9　纤维素含量与 CO 释放量关系

木质素含量与再造烟叶烟气 CO 释放量的相关性如图 13-10，再造烟叶中木质素含量与烟气 CO 释放量呈正相关关系，且影响较为显著，线性拟合烟气 CO 释放量与木质素含量：$y=0.3736x+0.7627$，$R^2=0.6277$。

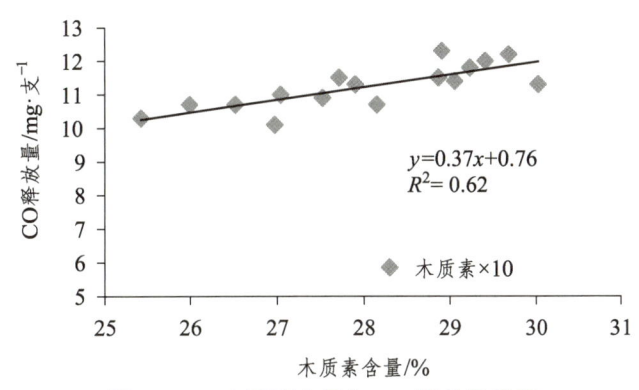

图 13-10　木质素含量与 CO 释放量关系

为验证该相关性,按照一定比例添加木质素到再造烟叶中进行烟气分析,结果见表 13-7。

表 13-7　加木质素对再造烟叶 CO 影响

木质素试验	焦油/mg·支$^{-1}$	CO/mg·支$^{-1}$	抽吸口数/口·支$^{-1}$	CO/mg·口$^{-1}$
对照样	4.05	11.65	5.0	2.32
3%	5.04	13.63	5.1	2.70
5%	5.45	14.02	5.4	2.60
8%	5.72	14.89	5.7	2.63
10%	6.11	14.55	5.5	2.67
15%	6.91	14.58	5.9	2.49
20%	7.27	15.05	6.0	2.53

随添加木质素的增加,烟气中的焦油、CO、抽吸口数增加。由此进一步验证了木质素含量与再造烟叶烟气 CO 释放量的正相关关系。

再造烟叶总细胞壁物质对再造烟叶烟气 CO_2 释放量、CO 释放量的影响如图 13-11。结果表明,再造烟叶总细胞壁物质含量与烟气中 CO 和 CO_2 释放量呈正相关,且影响较为显著,与纤维素、木质素的相关性结论一致;线性拟合 CO_2 释放量:$y=0.3572x+15.47$,$R^2=0.5692$,线性拟合 CO 释放量:$y=0.2725x+0.926$,$R^2=0.6158$;再造烟叶烟气 CO_2 释放量是 CO 释放量的 2.4~2.7 倍。

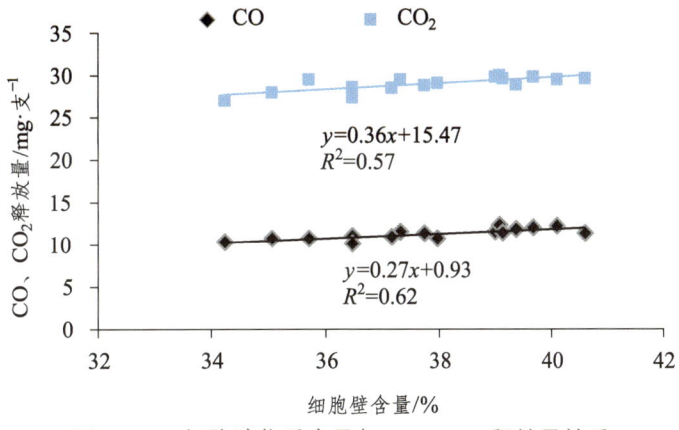

图 13-11　细胞壁物质含量与 CO、CO_2 释放量关系

综上结果,可初步推断再造烟叶烟气中 CO 的主要产生途径是:再造烟叶中的有机质在干馏的情况下直接产生。

(1)烟支燃烧时,锥体中心含氧量很低,烟丝受热干馏产生的焦炭类物质在氧气不足的情况下燃烧产生 CO。

(2)烟草中的有机物质在干馏的情况下分子内部化学键发生断裂,产生 CO。Baxter 和 Hobbs 利用同位素(^{14}C)试验,证实多糖类物质是在热解区产生 CO 的主要来源。

(3)CO_2 在高温时被焦炭类物质还原成为 CO。

研究结果显示再造烟叶烟气中 CO 与 CO_2 释放量呈正相关关系,结合主流烟气中 CO 产生的三种主要途径,如果是供氧不足导致燃烧不充分产生 CO 占主导,则 CO 与 CO_2 的相关性应该是负相关,与实验结果不符;同样,若 CO_2 与焦炭发生还原反应产生 CO 占主导因素,则 CO 与 CO_2 含量也应呈现负相关关系,也与实验结果不符。因此,可推断再造烟叶烟气 CO 的产生途径主要是有机质在干馏情况下直接产生。

2. 水溶性糖含量对再造烟叶烟气 CO 释放量的影响

糖类是烟草中的一类对其品质有重要影响的物质,水溶性糖对再造烟叶 CO 释放量的影响进行了研究。涂布液中添加可溶性糖对再造烟叶 CO 释放量的影响如表 13-8 和图 13-12 所示。

表 13-8 添加糖对再造烟叶 CO 释放量影响

糖添加比例/%	抽吸口数/口·支$^{-1}$	焦油/mg·支$^{-1}$	CO/mg·支$^{-1}$	CO/焦油	CO/口
0	5.0	5.22	13.4	2.57	2.68
13	5.1	5.79	14.0	2.42	2.75
26	5.2	6.30	14.3	2.27	2.75
39	5.5	7.37	15.0	2.04	2.72

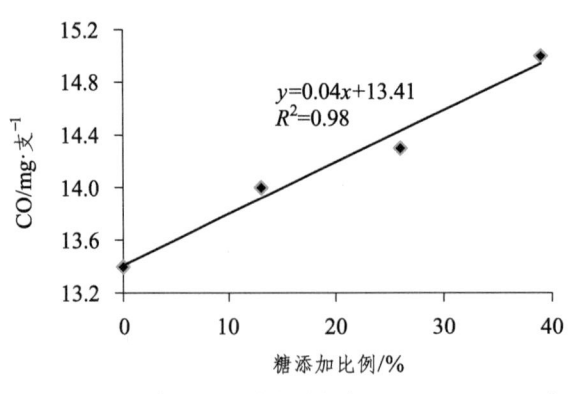

图 13-12 糖含量对再造烟叶烟气 CO 释放量的影响

可见,再造烟叶抽吸口数、CO 释放量、焦油释放量随着糖含量的增加而增加,线性拟合 CO 释放量与糖含量比例关系:$y=0.0392x+13.410$,$R^2=0.9797$。

3. 淀粉含量对再造烟叶烟气 CO 释放量的影响

通过淀粉酶对再造烟叶涂布料和原料进行处理,以降低淀粉含量,研究淀粉含量对再造烟叶烟气 CO 释放量的影响,但效果不明显,因此进行了淀粉对 CO 释放量影响的反向验证,即在涂布过程中添加一定比例淀粉，对再造烟叶进行烟气分析。添加比例及烟气分析结果见表 13-9 和图 13-13。

表 13-9　淀粉含量对再造烟叶 CO 影响

添加比例/%	抽吸口数/口·支$^{-1}$	焦油/mg·支$^{-1}$	CO/mg·支$^{-1}$	CO/焦油	CO/口
0	5.0	6.0	13.57	2.26	2.71
5	5.3	6.5	15.51	2.39	2.93
10	5.3	7.4	15.36	2.08	2.90
15	5.6	7.8	15.99	2.05	2.86
20	5.8	8.0	16.16	2.02	2.79

随着淀粉含量的增加，抽吸口数、焦油、CO 增加，CO/焦油减小、CO/口先增后减。

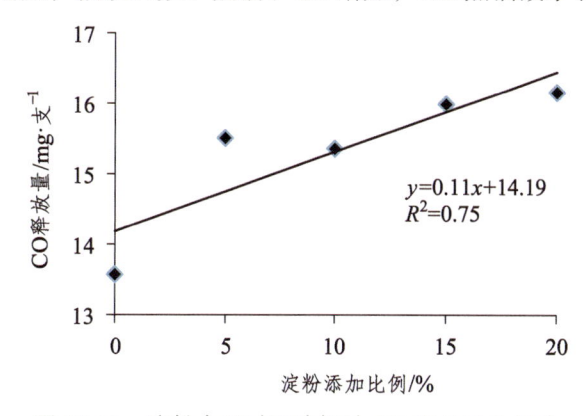

图 13-13　淀粉含量对再造烟叶 CO 释放量的影响

如图 13-13 所示，随着淀粉含量的升高，再造烟叶 CO 释放量及焦油释放量逐步升高，说明再造烟叶中淀粉含量与烟气 CO 释放量呈正相关关系，但影响不显著，线性拟合 CO 释放量与淀粉含量关系：$y=0.1132x+14.186$，$R^2=0.7529$。

4. 蛋白质含量对再造烟叶烟气 CO 释放量的影响

蛋白质含量对再造烟叶烟气 CO 释放量的影响开展了研究，在涂布过程中添加一定比例蛋白质，对再造烟叶进行烟气分析。添加比例及烟气分析结果见表 13-10 和图 13-14。

表 13-10　蛋白质含量对再造烟叶 CO 影响

添加比例/%	抽吸口数/口·支$^{-1}$	焦油/mg·支$^{-1}$	CO/mg·支$^{-1}$	CO/焦油	CO/口
0	5.0	5.67	13.79	2.43	2.76
5	5.1	5.71	14.09	2.47	2.76
10	5.1	5.76	14.21	2.47	2.79
15	5.2	5.83	14.22	2.44	2.73
20	5.3	5.90	14.43	2.45	2.72

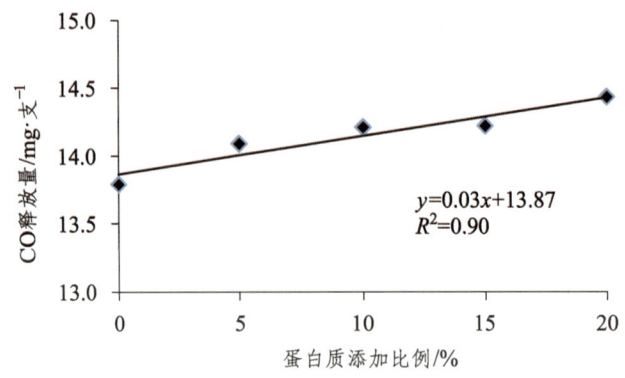

图 13-14　蛋白质含量对再造烟叶烟气 CO 释放量影响

烟气分析结果显示，随着蛋白质含量的增加，再造烟叶烟气 CO 释放量和焦油小幅增加，说明蛋白质含量对再造烟叶烟气 CO 释放量的影响较小。

综上所述，再造烟叶中纤维素、木质素、总细胞壁物质含量与烟气 CO 释放量呈正相关关系，且影响较为显著；再造烟叶中水溶性糖、淀粉含量与烟气 CO 释放量之间具有正相关关系，但影响不显著，蛋白质含量对再造烟叶烟气 CO 释放量的影响较小。

13.2.2.5　再造烟叶物理指标对烟气 CO 释放量的影响因素研究

造纸法再造烟叶由于其生产工艺的不同，物理指标存在较大差异，物理指标的差异将导致再造烟叶自身及卷制成烟支后的烟支物理结构发生很大变化，进一步影响烟支的燃烧状况，从而影响再造烟叶 CO 释放量。因此对片基定量、涂布率、燃烧温度等物理指标与 CO 释放量的关系进行了研究。

1. 定量对再造烟叶烟气 CO 释放量的影响

定量指标对造纸法再造烟叶产品常规烟气的影响如图 13-15 所示，随着定量指标的增加，再造烟叶产品常规烟气中多数指标总体上都呈上升趋势，CO/焦油比略降低。

从降低烟气指标角度来说，低定量有利于降低再造烟叶产品烟气成分。但是定量过低，会影响加工性能。因此，在保证产品加工特性和感官质量的前提下，为了使 CO 释放量维持在一个较低的水平，可以保持片基定量指标在 65 g/m² 以下。

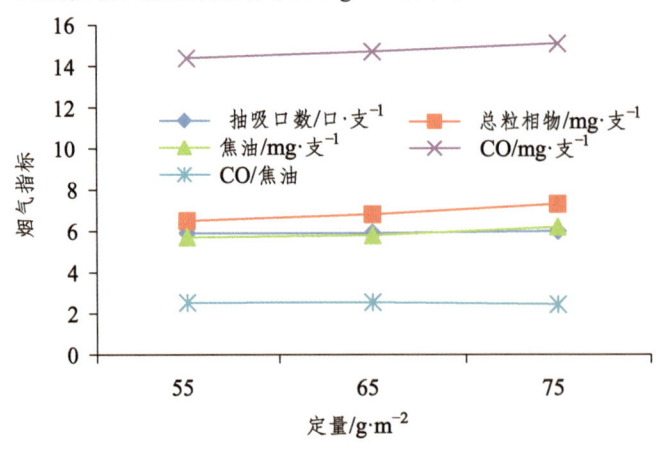

图 13-15　定量对造纸法再造烟叶产品常规烟气的影响

2. 涂布率对再造烟叶烟气 CO 释放量的影响

不同涂布率对造纸法再造烟叶烟气指标的影响如图 13-16 所示，随着涂布率的增加，CO、单位质量 CO、CO/焦油比、单位质量 CO/焦油比呈下降趋势，其余指标均呈现上升趋势。随着涂布率的增加，即单位质量成品涂布液质量逐渐增加，单位质量片基相对比例逐渐降低，CO 释放量逐渐下降，说明片基质量与 CO 释放量之间呈正相关，而涂布率与 CO 释放量之间呈负相关，所以，可考虑降低片基相对比例或提高涂布率，从而降低再造烟叶的 CO 释放量。

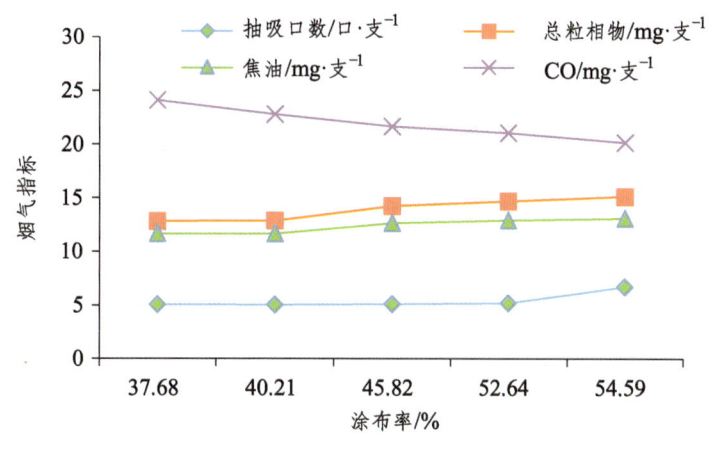

图 13-16　涂布率对造纸法再造烟叶常规烟气指标的影响

可见，涂布率的增加，可以提升再造烟叶的加工性能和感官质量，同时显著降低 CO 释放量。

13.2.2.6　燃烧温度对再造烟叶烟气 CO 释放量的影响

1. 再造烟叶烟支烟气测试结果

再造烟叶片基和再造烟叶烟支质量测定结果如表 13-11 所示，再造烟叶烟支平均单重和烟草平均重量均大于相应的片基卷制的烟支。再造烟叶片基和再造烟叶烟支烟气测试结果见表 13-12，其烟气分析结果差异显著，其中再造烟叶 CO 释放量、单口 CO 释放量明显小于相应片基。

表 13-11　再造烟叶片基和再造烟叶烟支质量情况

项目	再造烟叶片基烟支	再造烟叶烟支
烟支平均单重/g	0.80	0.89
烟草平均重量/g	0.58	0.67

表 13-12　再造烟叶片基和再造烟叶样品烟气测试结果

样品	总粒相物/mg·支$^{-1}$	水分/mg·支$^{-1}$	烟碱量/mg·支$^{-1}$	焦油量/mg·支$^{-1}$	抽吸口数/口·支$^{-1}$	CO/mg·支$^{-1}$	CO/口	CO/烟支重量	CO/焦油
片基	4.66	0.95	0.03	3.7	5.0	12.4	2.48	18.45	3.35
再造烟叶	6.56	1.24	0.32	5.0	5.5	11.1	2.01	21.01	2.22

2. 再造烟叶及成品卷烟烟支温度测试结果

采用红外热像仪对再造烟叶片基和涂布后的再造烟叶烟支燃吸过程的温度进行测定（用 FLIR-SC660 型红外热像仪配 50 μm 显微镜头对燃烧锥进行拍摄测温，焦距为 75 mm，窗口尺寸 32 mm×24 mm，像素 640×480，录像帧频 30 Hz，最小分辨尺寸 0.15 mm×0.15 mm），10 支烟支的温度测定结果求平均见表 13-13。

（1）最高固相温度、平均峰温、抽吸均值、阴燃均值测试结果

再造烟叶片基及再造烟叶烟支最高固相温度、平均峰温、抽吸均值、阴燃均值测定结果如表 13-13 所示。

表 13-13 再造烟叶片基和再造烟叶烟支温度测试结果

样品	最高峰温/°C	平均峰值/°C	抽吸平均温度/°C	阴燃平均温度/°C	阴燃温度/抽吸温度
再造烟叶	1151.8	1069.8	936.1	731.8	0.78
片基	1226.0	1140.5	1005.9	740.0	0.74

可见，再造烟叶的平均峰温和抽吸的平均温度明显小于相应的片基，这可能是再造烟叶 CO 释放量小于片基的原因。

（2）再造烟叶片基和再造烟叶烟支抽吸温度分布

再造烟叶片基和再造烟叶烟支抽吸温度分布如表 13-14 和图 13-17 所示。抽吸过程中，再造烟叶片基和再造烟叶烟支温度≥600 °C 的分布比例分别为 34.93%和 23.22%；温度 600～800 °C 分布比例分别为 24.95%和 20.75%；温度≥800 °C 的分布比例分别为 9.98%和 2.45%。

表 13-14 再造烟叶片基和再造烟叶烟支温度≥600 °C 温度占比

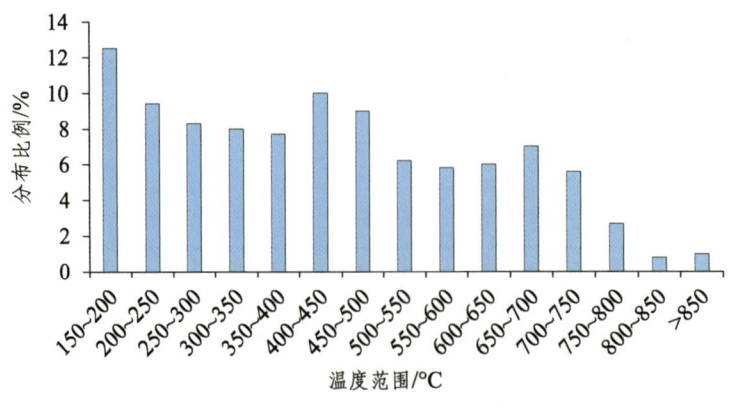

项目	再造烟叶片基	再造烟叶
≥600 °C/%	34.93	23.22
600～800 °C/%	24.95	20.75
≥800 °C/%	9.98	2.45

（a）再造烟叶烟支温度分布

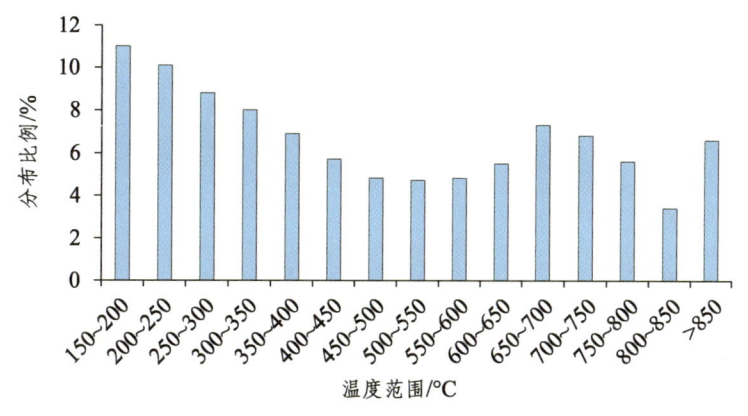

(b) 再造烟叶片基烟支温度分布

图 13-17　再造烟叶片基和再造烟叶烟支抽吸温度分布

前人研究发现，200～400 ℃ 区域为蒸馏、挥发区；400～600 ℃ 区域为烟草中化学成分发生化学反应温度区；温度≥600 ℃ 区域为烟支燃烧连续燃烧区域，是 CO 产生的主要区域。增加再造烟叶中发生吸热反应且有利于提高产品品质化学成分，可以提高 400～600 ℃ 温度区域占比；降低再造烟叶中燃烧温度高、发热量大、燃烧速度快成分，可以减少再造烟叶燃烧时温度≥600 ℃ 占比，具体一点是降低 600～800 ℃ 温度占比，进而可以降低再造烟叶燃烧时 CO 释放量。

13.3　降低再造烟叶烟气 CO 释放量技术开发

13.3.1　降低与 CO 释放量有相关性化学成分的技术开发

再造烟叶烟气 CO 释放量影响性研究表明：再造烟叶中纤维素、木质素、总细胞壁物质含量与烟气中 CO 释放量呈正相关关系，且影响较为显著；再造烟叶中水溶性糖、淀粉含量与烟气 CO 释放量之间具有正相关关系，但影响不显著；蛋白质含量对再造烟叶烟气 CO 释放量的影响较小。

纤维素是再造烟叶片基的重要组成部分，如降低纤维素会对再造烟叶抄造工艺和片基物理性能产生影响；再造烟叶的淀粉含量很低，在产品中仅为 0.4%～0.8%，可以忽略不计。因此，重点以木质素和水溶性糖为例，针对性开发相应调控技术，以实现再造烟叶烟气 CO 释放量的降低。

13.3.1.1　降低再造烟叶木质素的研究

1. 微生物发酵降低再造烟叶木质素

微生物降解法，对木质素有降解作用的微生物主要是丝状真菌，如白腐菌，已在制浆造纸领域得到了较广泛的研究。

选取一株具有木质素降解作用的真菌 C2，对真菌 C2 的 3 种木质素降解酶进行活性跟踪检测，结果见图 13-18。锰过氧化物酶（MnP）在第 6 d 出现活性，在第 8 d 达到峰值（261 U/L）；木质素过氧化物酶（LiP）在第 4 d 出现活性，在第 6 d 达峰值（2187 U/L）；漆酶（Laccase）

在第6 d出现活性，在第16 d达峰值（1667 U/L），之后漆酶活性一直持续，在第28 d又达峰值。3种酶的活性高峰时间不一致，其中漆酶活性持续时间长并且较为稳定，因此，粗酶液的获取选在漆酶的活性高峰时间即发酵第16 d。

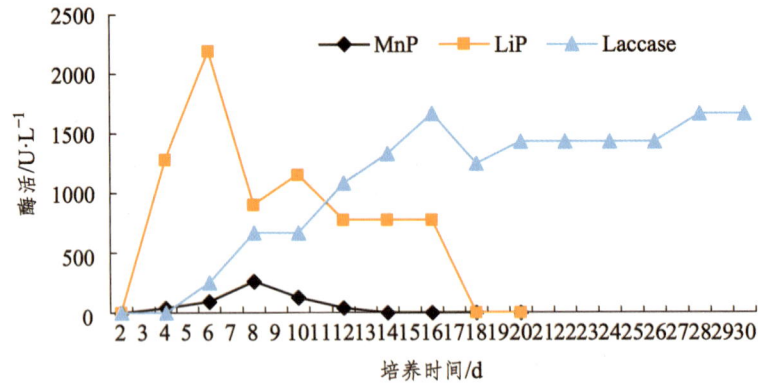

图13-18 三种木质素降解酶的活性

研究结果表明：经过真菌发酵后粗酶液处理烟梗后，烟梗的木质素含量可降低25.8%；在相同打浆度情况下，真菌发酵的粗酶液处理后烟梗打浆时间缩短10%，能耗可明显降低。

对真菌发酵的粗酶液处理烟梗后制备的再造烟叶样品TPM、CO检测结果见表13-15，样品CO释放量与对照相比降低了11.9%。而且真菌发酵的粗酶液处理烟梗后制备的再造烟叶与对照相比，香气量、浓度、刺激、劲头基本保持一致，而在杂气方面明显降低，余味明显改善。

表13-15 真菌发酵粗酶液处理烟梗后制备再造烟叶样品的烟气分析结果

样品	TPM/mg·支$^{-1}$	CO/mg·支$^{-1}$
对照样	7.59	14.32
实验样	7.11	12.61

2. 生物酶制剂降低再造烟叶木质素

为考察各因素对木质素酶降解木素效果的综合影响，在单因素的实验基础上将浆料浓度、加酶量、处理时间和打浆度进行正交试验，结果表明影响木素含量显著性从高到低依次为：酶量>时间>打浆度>浆料浓度。即酶用量对木质素含量影响最大，其次为处理时间，影响最小的是浆料浓度，在生产中需要优先考虑的是酶用量，酶用量的增加可以明显地降低处理后烟草浆料中木素含量。因此，结合生产实际，确定最优条件为酶量600 U/g，时间60 min，打浆度13 °SR，浆料浓度5%。

（1）木质素降解对再造烟叶物理性能的影响

通过木质素酶处理对基片吸水性和定量、填充值的影响见表13-16，从表中可见，木质素降解对基片吸水性和填充值有明显影响，较对照相比，经处理的实验样吸水性提高了14.8%，在定量相差不大的情况下，填充值提高了5.9%。

表13-16 木质素降解对再造烟叶物理性能研究结果

样品	定量/g·cm^{-2}	吸水性/g·m^{-2}	填充值/cm^3·g^{-1}
对照	100.9	240	5.25
实验样	102.3	275.4	5.56

（2）木质素降解对纤维形态的影响

将木质素酶处理前后的烟草浆料分别切片，置于电子显微镜下观察烟草纤维表面的形态。图 13-19 是处理前和处理后纤维的形态变化图。处理前烟草浆料纤维表面较平整，有完整的细胞形态，处理后纤维表面粗糙不平，而且有部分脱落，露出纤维骨架结构，由此说明，该木质素酶对烟草纤维木质素有一定降解作用。

（a）处理前烟草浆料　　　（b）处理后烟草浆料

图 13-19　木质素酶处理前后烟草浆料扫描电镜图（×1000）

（3）纤维素降解对感官质量影响

将酶处理实验样与对照进行了对比评吸，见表 13-17。评吸结果表明：其谐调性和杂气有了明显改善，木质杂气明显减少，刺激性较小，品质得到明显提高。

表 13-17　酶处理对薄片感官质量的影响研究

样品	香气	杂气	刺激性	余味	谐调性	劲头
对照	尚充实，稍粗糙	较重	较大	不净，不舒适	欠谐调	小
实验样	充实，稍粗糙	稍重	稍有	略净，略舒适	尚谐调	小

（4）木质素酶降解与 CO、焦油释放量相关性研究

通过木质素酶处理对再造烟叶 CO、焦油释放的影响见表 13-18。

表 13-18　木质素降解对烟气指标影响

样品	总粒相物 /mg·支$^{-1}$	水分 /mg·支$^{-1}$	烟气烟碱量 /mg·支$^{-1}$	焦油量 /mg·支$^{-1}$	抽吸口数 /口·支$^{-1}$	CO /mg·支$^{-1}$
对照样	5.47	1.34	0.18	3.95	6.0	10.2
实验样	3.79	0.80	0.13	2.86	5.5	7.6

从表 13-18 中可以看出，酶处理的样品总粒相物、焦油、CO 释放量都有明显降低，其中 CO 释放量降低到 7.6 mg/支，降幅为 25.5%。由此可见，木质素含量的降低对再造烟叶的降焦减害有明显效果。

13.3.1.2　降低再造烟叶水溶性糖研究

烟草中的糖类在造纸法再造烟叶的生产过程中，除纤维素、支链淀粉以外的糖类均可被水溶解出，并保留在浓缩膏中。因此，要研究降低再造烟叶水溶性总糖的技术，需要针对浓缩膏进行适当处理。

研究发现的细菌 DM-1（*Paenibacillus amylolyticus*）对降低烟梗、烟叶浓缩膏中糖含量的效果显著。菌株 DM-1 发酵时的最佳参数：30 ℃、通气液体发酵、转速 120 r/min、pH 7.3，培养基为 40%浓度的梗叶混合浓缩膏。DM-1 不同发酵时间对梗叶混合提取液中烟碱、总氮、总糖、还原糖影响情况见表 13-19。

表 13-19　DM-1 发酵梗叶混合浓缩膏后在不同时间部分物理化学指标的含量　　单位：%

样品	烟碱	总氮	总糖	还原糖
对照	0.98	0.93	14.76	12.63
6 h	0.98	0.91	9.11	8.13
24 h	0.99	0.91	3.86	1.81
48 h	0.99	0.89	3.67	1.79

梗叶混合提取液经发酵后总氮、烟碱含量变化较小，而总糖、还原糖含量显著下降，总糖最高降幅达 75.1%，还原糖最高降幅达 85.8%。

将不同发酵时间的梗叶混合浓缩膏分别涂布，制备得到不同再造烟叶样品，进行烟气分析（结果见表 13-20）。

表 13-20　再造烟叶样品烟气分析结果

样品	焦油/mg·支$^{-1}$	CO/mg·支$^{-1}$	抽吸口数/口·支$^{-1}$
对照	5.89	14.83	5.0
6 h	5.67	14.57	5.0
24 h	5.46	14.28	5.0
48 h	5.36	14.26	5.0

发酵后 CO 和焦油释放量有一定幅度降低，CO 最高降幅为 4.1%。虽然发酵后总糖含量的降幅高达 75%以上，但 CO 释放量仅降低 4.1%。分析原因为：烟气中的 CO 主要由三个途径产生，通过烟草成分热烈解产生的约占 30%，而糖类仅占烟草成分的 15%左右，并且对再造烟叶物理结构影响不大，所以即使完全脱除糖类物质，CO 降低的理论值也只有 4%~5%，实验结果与理论值相符合。

此外，对 DM-1 发酵后的致香成分变化以及再造烟叶样品的感官品质进行了研究。发酵处理后，烟浓缩膏部分致香成分含量发生了显著变化，如 3-羟基-2-丁酮、3-甲基-1-丁醇、2-甲基-1-丁醇、苯乙醇、乙酸苯乙酯等含量显著提升；十六酸、9,12-十八碳烯酸、亚麻酸甲酯等含量显著降低。

将不同发酵时间的浓缩膏分别涂布，制备得到的再造烟叶样品感官评吸表明发酵 6~48 h 的样品均有不同程度的酿造香气风格，其中发酵 12 h 样品抽吸品质最好，带来特色化酿造香气特征的同时，还表现在谐调性较好、刺激降低、余味改善等方面。

13.3.2　燃烧调节功能性材料降低再造烟叶烟气 CO 释放量研究

通过再造烟叶燃烧温度与 CO 释放量的关系研究表明，随着再造烟叶燃烧温度的降低，其 CO 释放量显著降低，当再造烟叶燃烧温度从 799 ℃ 降低至 725 ℃ 时，CO 释放量降低 15%。因此，开发功能型添加剂降低再造烟叶燃烧温度，是降低 CO 等有害物质释放量的一条有效途径。

钾盐作为助燃烧剂而加入烟草中，能减少卷烟燃烧时产生的焦油。Yamatomo发现在卷烟中加入苹果酸钾及硝酸钾后，卷烟的燃烧温度、焦油量、尼古丁量、CO含量都有所降低。戴亚等人也研究了某些钾盐对卷烟燃烧性、焦油产率的影响，表明加入合适量的钾盐能加速卷烟的燃烧。钾盐提高烟叶的燃烧性和吸湿性，改善烟叶品质。功能材料对再造烟叶CO释放量、总粒相物、抽吸口数（间接反应燃烧性）的影响进行了研究。

添加4%钾盐功能材料K1~K8于再造烟叶中，其烟气常规指标检测结果见表13-21。

表13-21 系列功能材料对再造烟叶CO释放量影响

编号	抽吸口数/口·支$^{-1}$	CO/mg·支$^{-1}$	焦油/mg·支$^{-1}$	CO降幅/%	CO/口
空白样	5.7	15.28	6.56	—	2.68
K1	5.0	12.90	5.23	15.6	2.58
K2	5.0	13.02	5.32	14.8	2.60
K3	5.0	13.42	4.62	12.2	2.68
K4	5.2	13.91	4.18	9.0	2.68
K5	5.2	13.68	5.96	10.5	2.63
K6	5.1	12.22	5.82	20.0	2.40
K7	5.0	13.80	6.16	9.7	2.76
K8	5.0	13.98	5.46	8.5	2.80

系列功能材料及复合功能材料应用显示，各功能材料对再造烟叶CO释放量都有降低作用，其中应用K6号功能材料后再造烟叶CO释放量较对照样降低3 mg/支，降幅达到20%。

综合考虑成本及功能材料用量对再造烟叶涂布液的影响，选择K6号功能材料进行用量确定试验，检测结果见表13-22。

表13-22 K6复合功能材料用量对再造烟叶CO释放量影响

K6用量/%	抽吸口数/口·支$^{-1}$	CO/mg·支$^{-1}$	焦油/mg·支$^{-1}$	CO降幅/%	CO/口
0.0	5.4	14.58	6.38	—	2.70
0.5	5.0	13.57	6.14	6.9	2.71
0.8	5.0	13.48	6.22	7.5	2.70
1.2	5.0	13.43	6.18	7.9	2.69
1.5	5.0	13.36	6.51	8.4	2.67
2.0	5.0	12.41	6.23	14.9	2.48
2.5	5.0	12.24	6.44	16.0	2.45
3.0	5.0	11.95	6.32	18.0	2.39
4.0	5.0	11.68	6.21	19.9	2.34

结果表明，随K6复合功能材料含量的增加，再造烟叶CO释放量降低，综合考虑使用工艺及成本，确定了K6复合功能材料的用量为2%。

添加2% K6复合功能材料的再造烟叶烟支的燃烧温度测定结果见图13-20。

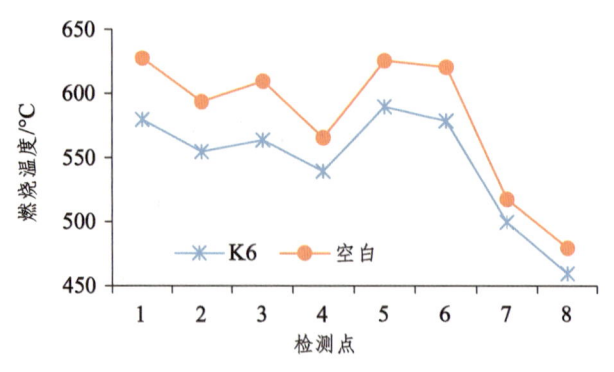

图 13-20　应用 K6 功能材料燃烧温度测定

燃烧温度测定结果显示，添加 2% K6 复合功能材料后，再造烟叶燃烧温度较对照样平均降低近 50 ℃，这是 CO 量降低的原因。

13.3.3　降低再造烟叶烟气 CO 量的物理技术开发——新型制浆工艺研究

造纸法再造烟叶生产过程中的固形物主要是由纤维素、木质素、果胶、蛋白质以及一些杂细胞物质组成，固形物中主要是烟草细胞壁物质中纤维素、半纤维素、木质素和果胶热裂解产生 CO，因此可通过实现叶片柔性制浆，梗精细制浆，改善再造烟叶产品的物理结构，有效破坏这些大分子物质，进而达到有效调节再造烟叶燃烧条件，在抽吸过程中可以提供更多的空气进入量，促进烟叶燃烧完全，有效减少缺氧条件下的热解产物，从而降低 CO 等有害成分的释放量。

新型制浆工艺的研究主要目标是改变再造烟叶的松厚度和透气性，使更多的空气在抽吸燃烧过程中进入再造烟叶，促使烟叶充分燃烧。

表 13-23 是不同打浆度下烟梗浆纤维形态测试结果，随着打浆度的提高，烟梗浆纤维的长度和宽度呈现下降的趋势，而细小纤维的含量呈现上升趋势。这是由于随着打浆度的提高，纤维分丝帚化和切断增加，导致纤维长度和宽度下降，细小纤维含量增加；同时，实验发现，烟梗浆纤维长度为 1.0 mm 以上的占 30%，长度为 0.5～1 mm 的占 30%，长度为 0.5 mm 以下占 40%，说明烟梗浆纤维长度较短。

表 13-23　不同打浆度下烟梗浆纤维形态测试结果

打浆度/°SR	纤维长度/mm L_n	L_w	L_{ww}	纤维宽度/μm	细小纤维含量/%
10	—	—	—	—	—
20	0.591	1.160	2.210	51.25	50.2
30	0.569	1.041	1.704	48.23	58.8
40	0.557	0.705	1.530	48.09	60.9

注：L_n—数量平均纤维长度；
　　L_w—重量平均纤维长度；
　　L_{ww}—二重重量平均纤维长度。
　　"—"表示未检测数据。

根据烟梗浆的纤维形态分析，制定合理的打浆工艺进行打浆并抄造基片、进行物理性能的测试，测试结果如表 13-24 所示。

表 13-24 不同打浆度下基片物理性能测试结果

打浆度 /°SR	伸长率/%	抗张指数 /N·m·g^{-1}	松厚度 /cm^3·g^{-1}	柔软度 /mN	透气度 /mL·min^{-1}	填充值 /cm^3·g^{-1}	吸水高度 /mm·(10min)$^{-1}$
10	0.50	20.7	3.37	24.1	18.25	7.10	35
20	0.79	21.3	2.75	37.6	10.14	6.86	26
30	0.88	23.3	2.58	44.7	5.48	7.31	20
40	0.68	18.8	2.45	53.9	2.56	7.56	19

由表 13-24 可知，随着烟梗浆打浆度的提高，基片的透气度值呈现下降的趋势，这是由于随着打浆度的提高，基片的纤维被切断、细小纤维增多、长纤维减少，纤维间孔隙变小。

从图 13-21（a）可以看出，打浆度为 10 °SR 烟梗纤维比较挺硬，分丝帚化比较少，纤维结合面积少。而图 13-21（b）中的烟梗纤维分丝帚化明显，细小纤维明显增加，纤维之间结合比较紧密。继续打浆到打浆度为 30 °SR。从图 13-21（c）中发现，烟梗纤维变得非常柔软，细小纤维较多，分丝帚化现象非常明显，烟梗纤维之间的结合力很强，成纸性能较好，但是紧度增大，透气度下降很快，这对烟梗再造烟叶纸基非常不利。这说明烟梗纤维易打浆，易细纤维化，烟梗纤维打浆度提高的同时，烟梗纤维长度的损失较严重，并且产生更加多的细小纤维，所以控制好烟梗纤维的打浆，是有效控制烟梗纸基物理性能的关键因素。

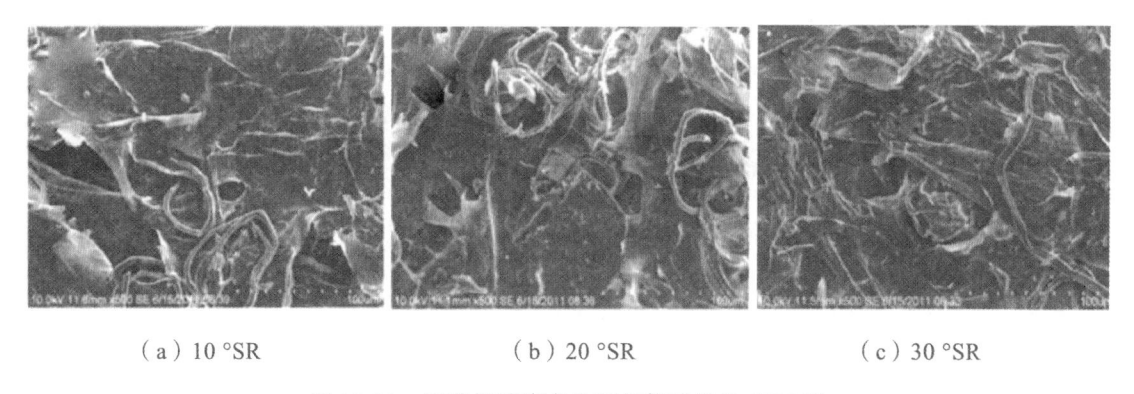

（a）10 °SR　　　　　　　　（b）20 °SR　　　　　　　　（c）30 °SR

图 13-21 不同打浆度条件下烟梗纤维的 SEM 图

不同打浆度的烟梗纤维对再造烟叶燃烧性能的影响如表 13-25。随着烟梗浆打浆度的提高，基片的阴燃速率总体呈现下降的趋势，这是由于随着打浆度的提高，纤维间的结合力增加，抗张强度增加，松厚度和透气性均降低，致使再造烟叶的阴燃速率下降。但打浆度的进一步提高（>30 °SR），纤维切断也急剧增加，纤维间结合力相应地降低，导致再造烟叶的阴燃速率整体变化不大。不同打浆度的烟梗纤维对再造烟叶 CO 释放量的影响如图 13-22，随着打浆度的升高，再造烟叶烟支的 CO 释放量呈现升高的趋势。

表 13-25　不同烟梗打浆度下再造烟叶的阴燃速率

打浆度/°SR	阴燃速率/mm·s^{-1}	CO 释放量/mg·支$^{-1}$
10	0.416	14.5
20	0.398	14.7
30	0.392	15.2
40	0.389	15.6

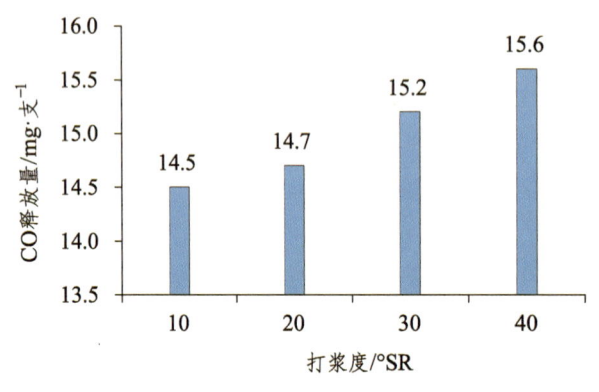

图 13-22　不同打浆度再造烟叶 CO 释放量

综上，本章主要在考察了不同再造烟叶掺配比例、不同类型原料、不同种类纤维、不同种类填料以及再造烟叶物理指标及燃烧温度等对降低再造烟叶烟气 CO 释放量影响的基础上，开发了降低再造烟叶烟气 CO 释放量的技术，应用于低 CO 释放量的再造烟叶产品开发，对低 CO 低危害再造烟叶产品开发具有指导意义。

参考文献

[1] HALTER H M, ITO T I. Effect of tobacco reconstitution and expansion processes on smoke composition[J]. Rec Adv Tob Sci, 1978(4): 113-132.

[2] 廖艳芬，骆促泱，王树荣，等. 纤维素快速热裂解试验研究及分析[J]. 浙江大学学报（工学报），2003，37（5）：582-587.

[3] BAKER R R, COBURN S, LIU C, et al. Pyrolysis of saccharide tobacco ingredients: a TGA-FTIR inveagation[J]. J Anal Appl Pyrol, 2005, 74: 171-180.

[4] SHENG L Q, DING L, TONG H W, et al. Determination of nicotine-related alkaloids in tobacco and cigarette smoke by GC-FID[J]. Chromatographia, 2005, 62(1-2): 63-68.

[5] 郑赛晶，顾文博，张建平，等. 利用红外测温技术测定卷烟的燃烧温度[J]. 烟草科技，2006（7）：5-10.

[6] Baker R R, Coburn S, Liu C. The pyrolytic formation of formaldehyde from sugars and tobacco[J]. J Anal Appl Pyrol, 2006, 77: 12-21.

[7] 杨涛，杨伟祖. 卷烟内部动态温度测量设备：CN100405032C[P]. 2008-07-23.

[8] MCGRATH T E, BROWN A P, MERUVA N K, et al. Phenolic compound formation from the

low temperature pyrolysis of tobacco[J]. J Anal Appl Pyrol, 2009, 84(2): 170-178.

[9] 邱晔，卢伟，王建，等. 造纸法烟草薄片对卷烟 CO 释放量影响研究[J]. 云南大学学报，2010，32（S1）：130-133

[10] 刘维涓，刘刚，缪应菊，等. 应用纳米材料降低造纸法再造烟叶烟气一氧化碳的方法：CN101756347A[P]. 2010-06-30.

[11] 邱晔，王建，卢伟. 国内外造纸法烟草薄片的烟气主要有害物释放量研究及其烟气危害性评估[J]. 现代科学仪器，2010（3）：85-88.

[12] 邱晔，孔宁川，卢伟，等. 降低造纸法再造烟叶一氧化碳释放量的方法：CN102018273A[P]. 2011-04-20.

[13] 周顺，王程辉，徐迎波，等. 烤烟、白肋烟和香料烟的燃烧行为和热解气相产物比较[J]. 烟草科技，2011（2）：35-38.

[14] 张优茂，李旭华，黄翼飞，等. 卷烟燃烧峰值温度对主流烟气 CO 释放量的影响[J]. 中国造纸，2011，30（9）：39-43.

[15] LIU C, DE GRANDPRÉ Y, PORTER A, et al. The use of a novel tobacco treatment process to reduce toxicant yields in cigarette smoke[J]. Food and Chemical Toxicology, 2011(49): 1904-1917.

[16] 殷艳飞，王浩雅，向海英，等. 造纸法再造烟叶对卷烟 CO 释放量影响的研究进展[J]. 中国造纸学报，2013，28（2）：56-61.

[17] 陈雪娇，段孟，刘维涓，等. 一种降低造纸法再造烟叶烟气 CO 释放量的方法：CN103564637A[P]. 2014-02-12.

[18] 殷艳飞，马迅，王保兴，等. 造纸法再造烟叶烟气中 CO 和焦油释放量影响因素研究[J]. 中国烟草学报，2014，20（5）：19-24.

[19] 王浩雅，殷艳飞，杨帅，等. 碳酸钙添加量对再造烟叶物理性能与烟气指标的影响[J]. 中华纸业，2015，36（12）：22-26.

[20] 王浩雅，黄彪，刘恩芬，等. 碳酸钙目数对造纸法再造烟叶物理与烟气指标的影响[J]. 郑州轻工业学院学报（自然科学版），2015，30（5/6）：54-57.

[21] 李军，刘维涓，卫青，等. 一种卷烟及再造烟叶燃烧温度分布的测试表征方法：CN103604505B[P]. 2016-04-27.

[22] 刘恩芬，王浩雅，徐广晋，等. 一种可降低造纸法再造烟叶 CO 的添加剂及其应用方法：CN105768178A[P]. 2016-07-20.

[23] 许江虹，王浩雅，徐广晋，等. 外加纤维对再造烟叶物理与常规烟气指标的影响[J]. 湖北农业科学，2017，56（2）：276-280.

14 非纯烤特色重组烟草开发

14.1 引 言

不同品牌的卷烟应该具有各自的风格特征，避免同质化现象。这就要求各卷烟生产企业在卷烟生产工艺、原料配方、产品设计方面各辟蹊径，寻求各自的产品特色化风格，而非纯烤烟叶原料的开发利用是行之有效的途径。

烟草是茄科（Solanaceae）烟草属（*Nicotiana*）一年生草本植物。目前总共发现 60 余种，其中最常见的两个种分别是红花烟草（*N. tobacum*）和黄花烟草（*N. rustica*）。其中红花烟草是世界性商品生产用烟种，当前烟草工业大量使用的烤烟（弗吉尼亚型烟）、白肋烟、马里兰烟、香料烟、雪茄烟、晒红烟、晒黄烟等都属于这一物种；而黄花烟草作为商业品种在俄罗斯、印度以及我国西北地区有一定量的种植，而其余的种大多为野生品种。

晒烟资源丰富，品种较多，在中国的种植地域越来越广泛，并且由于各地不同的气候、土壤、种植方式条件的差异，逐步形成了具有不同品质特点的地方性烟草品种，并被各地居民流传种植至今。这些地方性品种如吉林关东烟、新疆莫合烟、兰州兰花烟、八大河子烟、四川柳烟、四川省"毛烟"、广西柳烟、云南刀烟、云南"天登烟"、湖南省"凤凰烟"、江西省"广丰紫老烟"等皆属于这一类。晒红烟烟碱含量高，糖分和焦油含量低，具有独特的吸味和香气特征，形成特有的晒红烟风格特征（风格特征主要是指口味风格、香气风格和烟气特征），而市场上消费者对此有一定的选择需求。晒红烟香气质好，烟气丰满，通常作为混合型卷烟的一种原料应用到卷烟中，在卷烟叶组配方中可用来增香和改善吸味。以往，国产造纸法再造烟叶主要为烤烟型产品，国家烟草专卖局要求各卷烟工业企业不断提升低焦油卷烟研发水平，促进低焦油卷烟平稳发展。但卷烟"低焦油、低危害"与"高香气"存在着一定的矛盾关系，降低卷烟焦油量，通常会使吸味减弱、香气不足。因为晒烟香气浓、劲头大、特征突出，直接作为烤烟型卷烟产品的原料进行使用，会导致卷烟产品的烟气粗糙、刺激增加，而且还会出现晒烟的特征香气不显露、风格与卷烟产品不谐调等问题。由于再造烟叶具有强大的人为重组手段，能很好地解决上述问题。本章我们以云南天登烟、泸州白毛晒红烟、雪茄烟为例介绍具有晒烟风格特征和雪茄风格特征的重组烟草产品的开发，在发挥重组烟草减害降焦作用的同时提高其香气浓度和烟气丰富性，通过重组烟草产品一方面实现卷烟低焦油、高香气的设计需求，另一方面使卷烟产品风格特征呈现差异化和多元化，以满足市场的特色需求和消费者的选择需求。

14.2 天登烟资源的利用与开发

天登烟作为一种独特的烟草原料，能够赋予卷烟产品独特的香气特征和风格感受，因此通过使用天登烟原料实现卷烟产品的特色化风格是卷烟产品开发的一个重要技术手段和发展方向。天登烟是云龙县天登村土生土长的晾晒烟叶，天登烟具有其独特地方性风格特征。天登烟香气醇和，劲头足，焦油含量适中。

利用天登烟生产特色化的烟用香料、特色造纸法再造烟叶以及特色化卷烟产品的相关技术研究如下：

（1）进行了天登烟关键致香成分的提取分离研究与特色烟用香料产品开发的研究工作。① 采用超临界流体萃取选择性提取分离出天登烟烟叶中的主要致香组分，对不同的萃取温度、压力、二氧化碳流量、夹带剂使用等条件进行正交试验研究，优化萃取条件，达到关键致香成分选择性萃取，得到高品质的烟用香料产品。② 采用复合溶剂萃取技术方法提取天登烟中的香气成分与潜香物质，最终开发的香料产品能够有效表达天登烟特征香气，可用性良好，并利于生产操作，具有产业推广的价值。

（2）开展了天登烟在重组烟草中的应用研究，分别是天登烟烟叶原料做再造烟叶产品生产的原料进行使用、天登烟提取物作为造纸法再造烟叶产品的特色添加剂进行使用。结果表明，两种方式都能够有效地将天登烟这一资源用于造纸法再造烟叶产品中，所生产的再造烟叶产品各项指标都符合行业标准要求，同时还能够使再造烟叶产品的香气质量得到提升，适应于卷烟产品的应用技术要求，并能够赋予卷烟产品特色化香气特征。

14.2.1 天登烟烟叶理化指标分析研究

天登烟作为一种特色化的地方性烟草品种，其品质特征相对于一般烤烟、晾晒烟有很大的差别。

14.2.1.1 天登烟的常规理化成分分析

典型天登烟烟叶与烤烟烟叶的常规理化分析比较见图 14-1。可见，天登烟的常规理化指标与烤烟相比有明显的差别，天登烟的水溶性总糖、还原糖含量明显低于烤烟，而总氮与蛋白质含量则明显高于烤烟，烟碱含量则略低于烤烟，其他指标两者差别不明显。

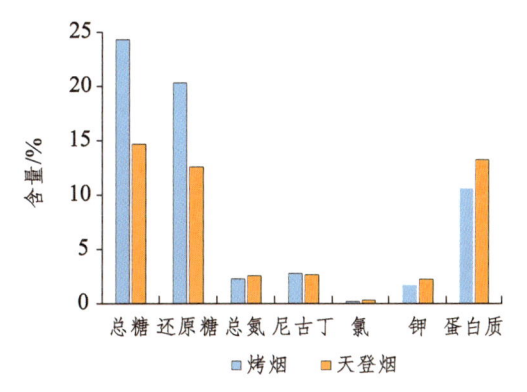

图 14-1 天登烟烟叶与烤烟烟叶主要化学成分含量对比

为了进一步分析天登烟的常规理化指标特征，与相关资料上记录的各种烟叶的常规理化指标进行了对比分析，各类型卷烟主要化学成分比较见表 14-1。

表 14-1　各类型烟叶主要化学成分比较　　　　　　　　　　　单位：%

烟草类型	石油醚提取物	总糖	还原糖	总氮	蛋白质	烟碱	灰分	钾	钙	镁	磷	氯
烤烟	4.65	24.29	20.31	1.47	8.08	1.04	11.33	1.78	1.95	0.73	0.51	0.50
晒烟	4.51	7.21	5.12	2.58	12.45	2.95	17.59	2.18	2.72	1.21	0.51	0.59
白肋烟	7.76	3.19	2.24	3.82	20.48	3.14	18.17	2.76	2.60	0.91	0.66	0.36
香料烟	6.26	12.46	9.17	2.22	12.46	1.28	14.45	1.97	1.86	0.83	0.45	0.81
雪茄烟	6.98	3.29	2.33	3.52	16.60	4.93	18.22	1.93	3.03	2.02	0.48	2.19
黄花烟	—	9.73	8.34	2.73	12.64	4.09	—	2.07	—	—	—	1.88
天登烟		14.65	12.56	2.56	13.22	2.62		2.22				0.31

注：① 采取各类型烟叶样品 127 个，烤烟中黄三级，晾晒烟二级，含量为平均值。
　　② 天登烟为各指标的平均值。

由表 14-1 中数据对比分析可以发现，天登烟作为一种晾晒烟，其总糖含量与晒烟、白肋烟、雪茄烟等其他晾晒烟差别很大，其含量达到了这些烟叶的两倍以上，同时含氮化合物与烟碱的含量又显著低于这些烟叶。比较而言，天登烟的常规理化指标的数据同香料烟相对接近，甚至具有一些烤烟的理化指标特点。

14.2.1.2　天登烟的挥发性致香成分分析

烟叶中含有大量的挥发性成分，天登烟与烤烟的挥发性致香成分分析具体检测结果见表 14-2 和表 14-3。

由分析结果可以发现，天登烟中的挥发性成分总量较高，其可以通过 GC/MS 分析有效识别的挥发性成分含量达到了 383.8 μg/g，而烤烟中挥发性成分总量仅仅达到约 196.68 μg/g，约为天登烟含量的一半。其中酮类化合物、烯烃类化合物、酚类含量比烤烟低，而酯类、酸类、醇类、杂环类与醛类化合物含量则显著高于烤烟。这表明天登烟与烤烟在挥发性成分组成方面差异明显。具体数据见表 14-4。

表 14-2 天登烟烟叶样品致香成分 GC/MS 分析结果

单位：μg/g

保留时间/min	化合物名称	2003 云龙天登烟大叶型上部	2003 云龙天登烟大叶型下部	2003 云龙天登烟上二	2003 云龙天登烟中二	2003 云龙天登烟柳叶烟	2003 云龙天登烟青杆烟	2002 云龙天登烟	平均值
2.9	3-戊烯-2-酮	0.651	0.574	0.441	0.564	0.227	0.467	0.127	0.436
2.95	吡啶	0.910	0.840	0.723	0.844	0.685	0.848	0.571	0.774
3.07	2-戊烯醛	0.216	0.177	0.163	0.161	0.183	0.171	0.127	0.171
3.24	(Z)-3-甲基-3-己烯	0.696	0.530	0.441	0.564	0.227	0.505	0.127	0.441
3.32	2-甲基-1-戊烯-3-醇	0.651	0.530	0.479	0.602	0.183	0.552	0.508	0.501
3.4	3-甲基-2-丁醛	0.868	0.619	0.685	0.802	0.410	0.724	0.508	0.647
3.59	己醛	1.261	1.680	0.892	0.967	0.366	0.848	0.317	0.753
4.07	糠醛	1.996	0.884	2.034	2.011	2.099	1.857	2.915	2.085
4.38	糠醇	1.129	0.177	1.050	1.212	1.007	1.057	1.520	1.123
4.76	未知物	0.261	0.354	0.201	0.242	0.092	0.210	0.127	0.187
4.86	2,6-二甲基吡啶	0.651	0.088	0.402	0.483	0.275	0.467	0.698	0.476
5.25	3-甲硫基丙醇	0.087	0.265	0.120	0.161	0.092	0.086	0.127	0.109
5.3	2,4-己烯醛	0.477	0.177	0.277	0.403	0.136	0.295	0.952	0.401
5.38	丁内酯	0.174	0.177	0.201	0.203	0.322	0.171	0.952	0.314
5.76	1-甲氧基-4-甲基苯	0.477	0.442	0.316	0.403	0.183	0.343	0.190	0.298
6.14	2-庚烯醛	0.609	0.265	0.484	0.564	0.319	0.505	0.377	0.471
6.25	苯甲醛	0.219	0.884	0.201	0.242	0.366	0.248	0.758	0.328
6.7	6-甲基-5-庚烯-2-酮	0.997	0.796	0.979	0.925	0.685	1.019	0.762	0.893
6.79	2-戊基呋喃	1.435		1.272	1.086	0.729	1.152	0.508	0.997

续表

保留时间/min	化合物名称	2003云龙天登烟大叶型上部	2003云龙天登烟大叶型下部	2003云龙天登烟上二	2003云龙天登烟中二	2003云龙天登烟柳叶烟	2003云龙天登烟菁杆烟	2002云龙天登烟	平均值
6.92	4-吡啶甲醛	0.522	0.398	0.544	0.813	0.505	0.381	0.254	0.488
7.15	2,4-庚二烯醛	0.519	0.442	0.402	0.441	0.227	0.381	0.254	0.381
7.71	苯甲醇	0.567	0.574	0.484	0.526	0.553	0.600	0.250	0.508
7.80	苯乙醛	1.651	3.182	1.316	1.646	1.963	1.743	2.030	1.933
7.96	5-乙基二氢-2(3H)-呋喃酮	0.913	0.884	0.848	0.925	0.414	1.095	0.190	0.753
8.07	1-(1H-吡咯-2-基)-乙酮	0.261	0.265	0.332	0.280	0.183	0.295	0.889	0.358
8.28	4-甲基苯甲醛	0.651	0.486	0.441	0.564	0.366	0.514	0.317	0.477
8.32	己酸酐	0.390	0.398	0.364	0.361	0.275	0.381	0.508	0.382
8.59	N-乙基-3-甲基苯胺	0.174	0.177	0.082	0.161	0.136	0.124	0.444	0.185
8.84	芳樟醇	0.303	0.177	0.245	0.242	0.370	0.343	1.333	0.430
8.93	6-甲基-3,5-庚二烯-2-酮	3.782	1.856	2.682	3.257	1.278	2.714	0.508	2.297
8.99	1-(3-吡啶基)乙酮	2.482	1.326	1.893	2.256	0.963	1.800	1.778	1.785
9.11	苯乙醇	1.609	1.061	1.333	1.531	2.985	1.276	2.667	1.780
9.22	1-甲基-1H-吡咯-2-甲醛	1.873	1.498	1.855	2.133	7.165	1.971	2.411	2.701
9.77	氧化异佛尔酮	0.303	0.177	0.201	0.242	0.092	0.257	0.127	0.200
9.82	2,6-壬二烯醛	1.084	0.529	0.538	0.403	0.458	0.505	0.381	0.557
11.07	2,3,6-三甲基苯酚	2.218	1.680	1.610	2.018	0.685	1.743	0.444	1.485
11.19	2,6-二甲基茴香醚	3.476	2.166	2.633	3.250	0.275	2.495	0.381	2.097
13.62	茄酮	19.521	23.689	21.938	21.548	21.425	21.295	34.280	23.385
13.90	β-大马酮	3.187	0.972	1.984	3.219	1.099	3.124	5.966	2.793

续表

保留时间/min	化合物名称	2003云龙天登烟大叶型上部	2003云龙天登烟大叶型下部	2003云龙天登烟上二	2003云龙天登烟中二	2003云龙天登烟柳叶烟	2003云龙天登烟青杆烟	2002云龙天登烟	平均值
14.09	1,2-二氢-1,5,8-三甲基萘	1.174	1.016	0.767	1.047	1.007	0.943	0.948	0.986
14.14	1,2-二氢-1,1,6-三甲基萘	0.738	0.619	0.729	0.725	0.641	0.686	0.762	0.700
14.44	β-二氢大马酮	1.087	0.972	1.251	1.128	2.059	1.238	1.911	1.378
14.58	去氢去甲基烟碱	1.398	1.635	1.333	1.699	2.766	1.533	1.270	1.662
14.96	香叶基丙酮	1.912	2.122	1.865	1.972	2.333	2.305	2.919	2.204
15.43	N-氧化烟碱	1.483	0.884	0.919	1.293	0.872	1.124	1.270	1.121
16.11	丁基化羟基甲苯	1.042	1.105	1.050	1.124	0.971	0.724	4.950	1.567
16.20	3-(1-甲基乙基)(1H)-吡唑[3,4-b]吡嗪	8.432	4.773	4.809	6.515	5.348	5.743	4.950	5.796
16.27	六甲基苯	0.915	1.149	1.055	1.128	1.231	1.124	1.653	1.179
16.52	2,3'-联吡啶	1.441	1.282	0.919	1.377	1.842	1.295	1.589	1.392
16.62	二氢猕猴桃内酯	6.276	5.834	5.363	7.017	5.498	5.029	4.702	5.674
17.17	巨豆三烯酮 A	1.000	0.796	0.598	0.848	1.282	0.695	1.587	0.972
17.52	巨豆三烯酮 B	1.348	1.945	1.376	1.615	4.253	1.448	5.143	2.447
18.05	十四醛	1.915	1.901	0.968	1.527	1.238	1.705	1.143	1.485
18.21	巨豆三烯酮 C	1.090	1.061	1.099	1.328	1.835	1.038	2.032	1.355
18.45	巨豆三烯酮 D	1.216	1.812	1.496	1.566	4.209	1.286	6.030	2.516
18.79	3-氧代-α-紫罗兰醇	0.654	0.707	0.653	0.729	1.198	0.648	1.780	0.910
19.07	5-甲基-3-(1-甲基乙烯基)环己烯	1.348	1.194	1.050	1.209	1.099	1.200	1.968	1.295
19.93	十六醛	5.242	6.984	4.149	3.195	4.136	6.533	4.508	4.964
20.11	未知物	0.564	0.619	0.571	0.522	0.458	0.990	1.143	0.695

续表

保留时间/min	化合物名称	2003云龙天登烟大叶型上部	2003云龙天登烟大叶型下部	2003云龙天登烟上二	2003云龙天登烟中二	2003云龙天登烟柳叶烟	2003云龙天登烟青杆烟	2002云龙天登烟	平均值
20.19	金合欢醇	0.615	0.354	0.566	0.518	0.275	0.333	0.571	0.462
20.70	十四酸	2.923	3.668	2.583	2.001	2.253	1.448	6.155	3.004
20.85	2,3,6-三甲基-1,4-萘二酮	0.958	1.414	1.425	1.254	1.238	1.114	2.540	1.420
21.01	未知物	0.870	0.529	0.647	0.767	0.366	0.486	1.468	0.733
21.24	十四酸乙酯	0.564	0.796	0.533	0.526	0.689	0.638	1.143	0.698
21.54	茄那士酮	0.870	1.238	1.082	1.454	1.011	1.076	5.145	1.697
21.77	未知物	1.129	1.193	0.854	0.928	1.103	0.943	3.490	1.377
21.97	新植二烯	24.176	46.192	19.588	21.320	47.905	17.571	67.071	34.832
22.26	十五酸	1.266	1.282	0.903	0.928	1.377	1.038	4.125	1.560
22.86	9,12,15-十八碳三烯-1-醇	0.522	0.486	0.446	0.445	0.458	0.476	1.968	0.686
23.13	金合欢基丙酮	2.435	3.227	2.094	2.064	2.615	2.314	6.730	3.068
23.75	十六酸	16.526	12.022	11.241	12.215	11.026	9.962	20.355	13.335
25.06	寸拜醇	19.909	15.029	14.254	14.348	19.048	24.210	32.516	19.902
25.69	植醇	5.529	11.759	4.823	8.346	9.799	5.257	11.552	8.152
25.78	9,12,15-十八碳三烯酸甲酯+未知物	47.235	37.791	47.402	40.719	41.612	50.638	84.960	50.051
26.17	9,12,15-十八碳三烯酸乙酯+未知物	58.438	58.390	60.139	46.101	56.059	52.895	110.861	63.269
26.34	未知物	5.919	7.524	5.357	4.830	6.491	7.124	6.575	6.260
26.74	未知物	14.555	12.242	13.981	12.187	13.330	14.438	19.671	14.343
26.84	未知物	12.968	10.519	12.055	10.530	11.231	12.105	15.198	12.087

续表

保留时间/min	化合物名称	2003云登烟大叶型上部	2003云登烟大叶型下部	2003云登烟上二	2003云登烟中二	2003云登烟柳叶烟	2003云登烟青杆烟	2002云登烟	平均值
27.31	1,5,9-三甲基-12-(1-甲基乙基)4,8,13-环十四碳三烯-1,3-二醇	36.989	47.674	29.353	27.689	46.593	43.667	58.532	41.500
27.63	十八烯	6.529	3.315	6.651	5.940	6.132	6.333	7.048	5.993
28.72	十九烯	2.828	2.078	3.002	3.036	2.520	2.314	3.010	2.684
	挥发性成分总量	363.279	369.058	324.085	313.965	377.41	348.229	590.525	383.791
	挥发性成分总量-新植二烯含量	339.103	322.866	304.497	292.645	329.505	330.658	523.454	348.959

表14-3 烤烟烟叶样品挥发性致香成分GC/MS分析结果

单位：μg/g

保留时间/min	化合物名称	2001嵩明C2F	2001曲靖C1F	2001会泽B2F	2001红河X3F	2001玉溪X2L	2001寻甸C3F	2001鲁甸B2F	2002昆明C3F	2002安宁B3F	2002楚雄C3F	平均值
2.13	3-羟基-丁醛	0.158	0.099	0.098	0.182	0.093	0.138	0.136	0.168	0.145	0.141	0.167
2.36	1-戊烯-3-酮	0.317	0.099	0.293	0.273	0.370	0.414	0.341	0.295	0.291	0.352	0.368
2.43	戊醛	0.119	0.198	0.145	0.091	0.185	0.276	0.204	0.168	0.254	0.211	0.230
2.54	3-羟基-2-丁酮	0.238	0.147	0.195	0.135	0.185	0.276	0.136	0.168	0.145	0.211	0.220
2.76	3-甲基-1-丁醇	0.158	0.099	0.145	0.226	0.278	0.069	0.136	0.168	0.218	0.141	0.220
2.91	吡啶	0.238	0.099	0.145	0.091	0.185	0.138	0.136	0.084	0.145	0.141	0.165
3.00	吡咯	0.158	0.099	0.098	0.091	0.093	0.207	0.136	0.084	0.145	0.106	0.157
3.14	甲苯	0.079	0.099	0.098	0.091	0.185	0.069	0.068	0.084	0.073	0.070	0.101
3.33	3-甲基-2-丁醛	0.198	0.198	0.195	0.273	0.278	0.138	0.171	0.168	0.218	0.141	0.236
3.51	己醛	0.079	0.099	0.098	0.135	0.093	0.138	0.136	0.084	0.145	0.070	0.121

续表

保留时间/min	化合物名称	2001嵩明 C2F	2001曲靖 C1F	2001会泽 B2F	2001红河 X3F	2001玉溪 X2L	2001寻甸 C3F	2001鲁甸 B2F	2002昆明 C3F	2002安宁 B3F	2002楚雄 C3F	平均值
3.61	面包酮	0.317	0.198	0.242	0.273	0.230	0.276	0.272	0.253	0.218	0.282	0.223
3.71	乙酸丁酯	—	0.099	0.098	0.091	0.093	0.069	0.068	0.084	0.073	—	0.049
3.81	3-甲基-2(5H)-呋喃酮	—	—	—	—	—	0.069	—	0.084	—	—	0.006
3.99	糠醛	2.218	1.531	1.512	1.682	1.803	2.172	1.396	1.769	1.854	1.480	2.196
4.33	糠醇	1.149	0.839	1.075	0.954	1.018	1.793	0.886	0.926	1.273	0.810	1.208
4.57	1,3-二甲基苯	0.158	0.099	0.195	0.091	0.185	0.069	0.136	0.084	0.182	0.070	0.129
4.82	2-环戊烯-1,4-二酮	0.634	0.099	0.195	0.455	0.740	0.690	0.475	0.590	0.618	0.423	0.529
4.97	对二甲苯	—	—	—	—	0.093	—	—	—	—	—	0.021
5.30	丁内酯+1-(2-呋喃基)-乙酮	0.436	0.443	0.391	0.408	0.508	0.414	0.341	0.337	0.436	0.352	0.451
5.96	2-吡啶基甲醛	0.079	0.099	0.098	0.091	0.093	0.069	0.136	0.084	0.073	0.070	0.092
6.20	苯甲醛+5-甲基糠醛	0.396	0.495	0.488	0.455	0.463	0.345	0.341	0.421	0.364	0.352	0.381
6.61	6-甲基-5-庚烯-2-酮	0.436	0.344	0.438	0.364	0.463	0.345	0.374	0.421	0.654	0.352	0.483
6.71	己酸	0.356	0.147	0.145	0.182	0.185	0.414	0.204	0.168	0.145	0.141	0.248
6.81	2,4-庚二烯醛	0.238	0.099	0.098	0.091	0.093	0.138	0.204	0.168	0.145	0.070	0.130
7.07	1H-吡咯-2-甲醛	0.238	0.198	0.242	0.455	0.278	0.276	0.377	0.253	0.291	0.317	0.295
7.54	苯甲醇	4.792	3.249	6.097	4.273	5.272	4.138	4.391	3.453	4.400	4.617	4.385
7.72	苯乙醛	0.158	0.645	0.293	0.364	0.463	0.552	0.442	0.674	0.364	0.493	0.528
7.79	2-乙基-1,4,5,6-四氢吡啶	0.079	0.451	0.195	0.182	0.185	0.138	0.238	0.168	0.145	0.211	0.214
8.04	1-(1H-吡咯-2-基)-乙酮	1.386	1.136	1.415	1.318	1.388	1.034	0.987	0.842	1.091	0.916	1.065

续表

保留时间/min	化合物名称	2001 嵩明 C2F	2001 曲靖 C1F	2001 会泽 B2F	2001 红河 X3F	2001 玉溪 X2L	2001 寻甸 C3F	2001 鲁甸 B2F	2002 昆明 C3F	2002 安宁 B3F	2002 楚雄 C3F	平均值
8.74	芳樟醇	0.158	0.198	0.195	0.182	0.278	0.138	0.204	0.421	0.291	0.282	0.291
8.81	壬醛	0.158	0.198	0.145	0.455	0.185	0.276	0.271	0.253	0.218	0.282	0.234
9.04	苯乙醇	2.139	0.894	2.728	1.908	3.053	1.724	1.700	1.684	2.037	1.690	2.699
9.62	2,3-二氢-3,5-二羟基-6-甲基-4H-吡喃-4-酮	0.317	0.297	0.340	0.364	0.370	0.621	0.409	0.253	0.291	0.317	0.437
12.36	吲哚	0.356	0.245	0.145	0.182	0.093	0.414	0.578	0.168	0.145	0.176	0.313
12.67	2-甲氧基-4-乙烯基苯酚	1.822	2.473	2.442	2.274	2.313	1.931	1.703	2.989	2.727	1.903	2.260
13.48	茄酮	17.703	19.029	17.266	19.594	24.612	10.828	12.936	22.863	22.946	15.718	24.279
13.84	β-二氢大马酮	5.663	5.194	4.975	4.273	4.764	4.897	4.459	4.715	4.872	4.264	4.950
14.32	β-二氢大马酮	1.782	1.733	1.657	1.318	1.573	1.586	1.259	1.389	1.455	1.410	1.679
14.48	去氢去甲基烟碱	0.238	0.549	0.340	0.455	0.370	0.138	0.238	0.337	0.509	0.528	0.530
14.85	香叶基丙酮	1.426	2.070	2.106	2.045	2.727	1.862	2.346	1.558	1.894	1.797	2.208
15.48	未知物	5.188	4.802	4.780	4.956	5.551	4.207	4.357	4.253	4.946	3.841	4.800
15.96	丁基化羟基甲苯	1.584	1.733	1.802	1.637	1.803	1.724	1.429	1.221	1.018	1.233	1.246
16.16	3-(1-甲基乙基)(1H)-吡唑[3,4-b]吡嗪	2.020	2.894	2.536	2.092	1.988	2.483	2.486	2.398	2.546	2.326	2.139
16.39	2,3'-联吡啶	0.554	0.993	1.024	0.637	0.833	0.483	0.477	0.505	0.800	0.493	0.796
16.44	二氢猕猴桃内酯	2.455	2.476	2.536	2.864	2.636	2.552	2.587	2.316	2.764	1.833	2.021
17.02	巨豆三烯酮 A	1.980	2.081	2.243	1.546	1.758	1.931	1.770	1.432	1.455	1.762	1.868
17.39	巨豆三烯酮 B	8.436	7.971	8.930	5.819	6.153	7.379	6.433	5.095	5.127	7.154	7.248
18.08	巨豆三烯酮 C	2.139	3.022	2.974	1.910	2.128	2.828	2.246	1.726	1.891	2.115	2.272

续表

保留时间/min	化合物名称	2001嵩明C2F	2001曲靖C1F	2001会泽B2F	2001红河X3F	2001玉溪X2L	2001寻甸C3F	2001鲁甸B2F	2002昆明C3F	2002安宁B3F	2002楚雄C3F	平均值
18.33	巨豆三烯酮 D	7.366	9.850	10.442	5.322	7.309	8.414	6.875	4.758	4.873	7.612	8.160
18.67	3-氧代-α-紫罗兰醇	0.396	0.440	0.391	0.364	0.370	0.897	0.272	0.421	0.364	0.282	0.399
19.72	未知物	1.030	1.238	1.415	0.637	1.248	0.345	0.341	0.884	1.128	1.692	2.299
20.11	未知物	0.475	0.744	0.684	0.683	1.018	0.414	0.545	0.379	0.400	0.141	0.462
20.62	十四酸	2.297	2.465	3.361	3.004	4.486	3.379	2.283	3.580	3.493	3.736	4.267
21.03	蒽	0.396	1.040	0.926	0.956	0.971	0.621	0.443	1.011	0.982	0.564	0.736
21.42	茄那土酮	1.109	1.586	1.266	0.865	1.203	0.552	0.512	0.926	0.727	1.128	1.165
21.87	新植二烯	165.426	161.978	177.101	106.927	118.883	130.552	80.032	50.695	36.509	40.669	68.191
22.16	十五酸	0.475	2.575	2.880	1.548	1.803	1.793	1.228	1.053	1.818	0.564	1.099
22.86	9-甲基蒽	0.634	1.487	1.559	1.140	1.201	0.966	0.546	0.801	0.909	0.388	0.783
23.01	金合欢基丙酮 A	2.851	4.553	4.783	3.186	3.746	3.172	2.658	1.895	1.891	1.375	2.379
23.07	十六酸甲酯	2.535	3.066	3.662	2.274	2.451	2.897	1.261	1.895	1.637	1.269	1.863
25.39	亚麻酸甲酯	17.545	19.810	21.608	13.237	16.422	13.517	8.109	13.012	13.890	8.176	11.908
25.55	植醇	5.505	2.714	6.498	4.778	5.179	4.897	3.751	4.043	4.872	2.503	4.110
26.63	西柏三烯二醇	12.436	11.546	12.229	13.643	13.461	9.862	7.803	13.097	16.763	7.401	11.299
28.58	金合欢基丙酮 B	0.594	0.993	0.879	0.457	0.691	0.828	0.480	0.338	0.328	0.141	0.667
	挥发性成分总量	292	296.344	323.575	226.849	259.128	245.972	177.895	166.614	162.621	139.305	196.675
	挥发性成分总量-新植二烯含量	126.574	134.366	146.474	119.922	140.245	115.42	97.863	115.919	126.112	98.636	128.484

表 14-4 天登烟与烤烟挥发性成分组成

名称	天登烟平均值/μg·g^{-1}	烤烟平均值/μg·g^{-1}
总量	383.79	196.68
酯	120.01	16.29
酸	18.28	5.61
酮	49.96	60.21
醇	76.06	24.61
醛	17.84	4.61
酚	1.49	2.26
烯烃	45.25	68.19
未知物	35.68	7.56
杂环	19.23	7.33

综上所述，天登烟的挥发性成分构成与烤烟差别很大，其挥发性香气成分的含量和种类丰富程度明显高于烤烟，大多数烟草特征香气成分在天登烟中同样含有，而且其中一些具有独特香气特征的含氮杂环、含硫化合物、酸类、酯类、醛类化合物的含量高于烤烟，相对而言烤烟中具有的醇类、酮类以及一些含有呋喃环的化合物在天登烟中含量略低，这表明天登烟在香气方面浓度较高、特征突出，具有区别于烤烟的品质特点。

采用同时蒸馏萃取-气相色谱/质谱法分析了烟叶样品中挥发性香气成分，并结合 DSP 软件对 18 个烟叶样品中 13 个成分峰按欧式距离类平均法进行了聚类分析，结果见图 14-2。各

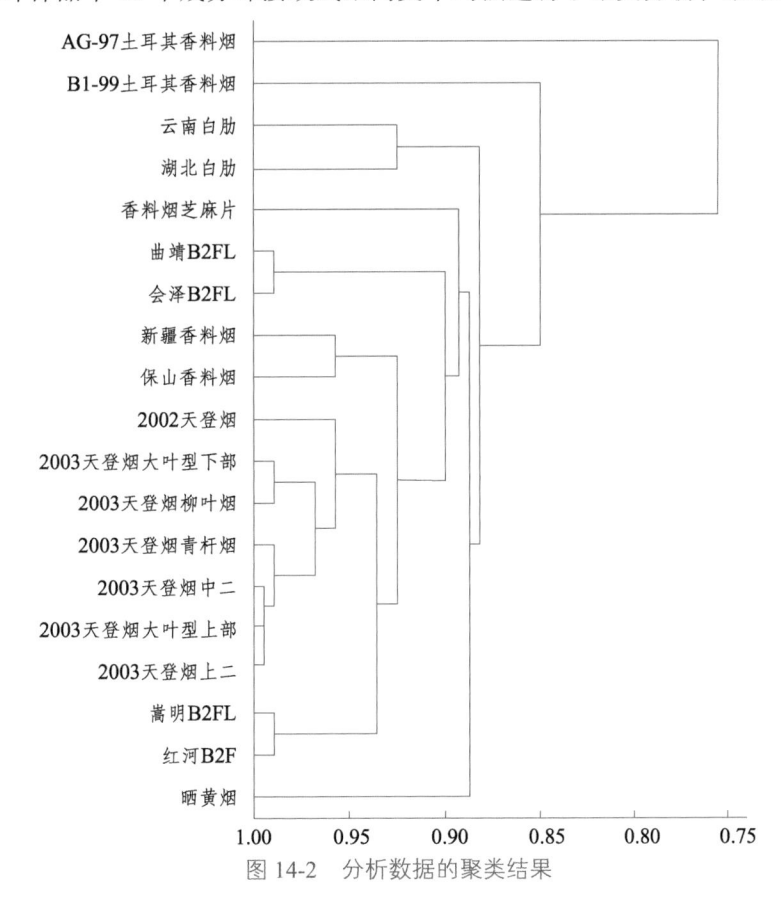

图 14-2 分析数据的聚类结果

天登烟原料样品有效地聚为一类，特别是2003年的样品之间的差异非常小，这表明天登烟在烟草主要特征香气成分含量和组成方面与烤烟、白肋烟、香料烟、晒黄烟之间的差异均较大，自身的香气特征风格突出。相对而言，天登烟主要香气成分的组成同国产香料烟与烤烟较为接近。而土耳其产香料烟与国产白肋烟同天登烟的主要特征香气成分差异较为明显。

14.2.1.3　天登烟中挥发性有机酸、挥发碱含量检测分析

烤烟和天登烟中总挥发性有机酸含量如表14-5所示，天登烟烟叶中的总挥发性有机酸含量明显高于烤烟。

表14-5　烤烟烟叶和天登烟烟叶样品挥发酸和挥发碱含量

烟叶样品	总挥发酸/%	挥发碱含量/%
烤烟	0.18	0.413
天登烟	0.27	0.210

14.2.1.4　天登烟中的淀粉、纤维素、果胶、氨基酸成分的含量分析

天登烟和烤烟烟叶中的淀粉、纤维素、果胶含量见表14-6。天登烟中的淀粉化合物含量与烤烟较为接近，而纤维含量低于烤烟，果胶含量略高于烤烟。

表14-6　天登烟中的大分子糖类化合物含量

烟叶样品	淀粉/%	纤维素/%	果胶/%
天登烟	5.60	5.35	9.12
烤烟	5.52	7.24	8.48

烤烟、白肋烟以及天登烟中的氨基酸含量见表14-7。天登烟中的氨基酸含量显著高于烤烟，接近于白肋烟，但是天登烟中的氨基酸比例组成与烤烟与白肋烟差别都较大。

表14-7　天登烟、烤烟和白肋烟烟叶中的氨基酸含量

氨基酸种类	天登烟/mg·g^{-1}	烤烟/mg·g^{-1}	白肋烟/mg·g^{-1}
天门冬氨酸	0.54	0.13	7.84
苏氨酸	0.44	0.04	0.43
丝氨酸	1.67	0.06	0.17
天门酰胺	—	1.12	10.30
谷氨酸	0.60	0.10	1.78
谷酰胺		0.82	0.38
脯氨酸	12.80	4.11	0.45
甘氨酸	0.27	0.02	0.14
丙氨酸	0.10	0.32	0.35
缬氨酸	0.43	0.06	微量
异亮氨酸	0.39	—	0.06
亮氨酸	0.41	微量	0.10

续表

氨基酸种类	天登烟/mg·g^{-1}	烤烟/mg·g^{-1}	白肋烟/mg·g^{-1}
酪氨酸	0.57	0.68	0.84
苯丙氨酸	0.55	0.24	0.50
赖氨酸	0.52	0.03	0.33
组氨酸	1.85	0.11	0.45
精氨酸	0.70	—	0.26
色氨酸	—	—	0.50
胱氨酸	0.35	—	—
蛋氨酸	0.44	—	—
合计	22.63	7.84	24.88

14.2.1.5 天登烟中 TSNAs 含量分析

天登烟、烤烟与白肋烟的 TSNAs 含量分析结见表 14-8，天登烟的 TSNAs 含量与烤烟相近，而远低于白肋烟。

表 14-8 云南产烤烟烟叶 TSNAs 含量　　　　　　　　　　单位：ng/g

烟草品种	TSNAs			
	NNN	NAT+NAB	NNK	总计
烤烟烟叶	24.63	65.68	45.09	135.39
天登烟烟叶	38.81	85.34	25.80	149.95
白肋烟烟叶	7694.81	4413.795	521.465	12 630.07

因此天登烟是一种具有鲜明特征的烟草原料，通过合理的应用可以有效赋予卷烟产品突出特色化风格特征。

14.2.2 天登烟中的关键致香成分提取分离研究

天登烟作为一种特色化烟叶原料资源，为了获得具有天登烟特征香气的特色香料产品，通过不同工艺来开发以天登烟烟叶为原料的系列烟用天然香料。

14.2.2.1 浸膏类天登烟香料开发研究

采用不同种类的溶剂提取天登烟烟叶原料中的香气成分，经浓缩形成天登烟浸膏，天登烟浸膏的具体提取工艺见表 14-9。

表 14-9 天登烟浸膏制备工艺

编号	处理工艺	得率/%	样品特征
1	使用 70%乙醇热回流提取，提取液冷却沉降，清液浓缩为浸膏	49.7	红棕色半膏体，不澄清，流动性一般，有天登烟特征香气

续表

编号	处理工艺	得率/%	样品特征
2	使用70%乙醇热回流提取，提取液冷却沉降，清液加入烟叶质量10%的稳定剂后浓缩为浸膏	55.6	红棕色半膏体，不澄清，流动性较好，有天登烟特征香气
3	使用70%乙醇热回流提取，每次提取时加入5%的稳定剂，提取液冷却沉降，清液浓缩为浸膏	52.9	红棕色半膏体，不澄清，流动性较好，有天登烟特征香气
4	使用70%乙醇热回流提取，提取液冷却沉降，清液浓缩2/3，冷藏，过滤除沉淀，滤液浓缩为浸膏	35.1	红棕色半膏体，基本澄清，流动性尚可，有天登烟特征香气
5	使用70%乙醇热回流提取，提取液冷却沉降，清液浓缩2/3，冷藏，过滤除沉淀，滤液加入烟叶质量10%的稳定剂后浓缩为浸膏	46.0	红棕色半膏体，澄清均匀，流动性良好，有天登烟特征香气
6	使用95%乙醇热回流提取，提取液冷却沉降，清液浓缩为浸膏	35.9	棕褐色膏体，有大量颗粒，不澄清均匀，流动性差，有特征香气
7	使用95%乙醇热回流提取，提取液冷却沉降，清液加入烟叶质量10%的稳定剂后浓缩为浸膏	44.7	棕褐色膏体，有大量颗粒，不澄清均匀，流动性差，有特征香气
8	使用95%乙醇热回流提取，提取液冷却沉降，清液浓缩2/3，冷藏，过滤除沉淀，滤液加入烟叶质量10%的稳定剂后浓缩为浸膏	24.6	棕褐色膏体，有大量颗粒，不澄清均匀，流动尚可，有特征香气
9	使用水作溶剂提取，提取液冷却沉降，清液浓缩为流浸膏，以95%乙醇回溶，溶液再次浓缩为浸膏	18.7	棕褐色膏体，均匀，不澄清，流动良好，香气较弱

由结果分析可知，使用70%乙醇提取生产的浸膏类的天登烟香料产品得率较高，并且香气与外观状态较好，5号天登烟浸膏样品使用效果最好，同时外观状态与得率指标也比较突出。

5号天登烟浸膏样品在烟丝中以0.1%添加量进行加香，评吸认为：该样品能增加烟香浓度和丰富性，改善透发性，能够表现出一定的天登烟特征香气。5号样品的挥发性香气成分分析结果表14-10。

表14-10　5号浸膏样品的挥发性香气成分

序号	保留时间/min	化合物名称	相对峰面积
1	3.02	丙二醇	2.71
2	4.28	3-甲基丁酸	0.02
3	6.52	3-甲基戊酸	1.12
4	7.63	苯甲醇	0.01
5	8.59	2,4-二氢化-2-三氢吡唑酮	0.03

续表

序号	保留时间/min	化合物名称	相对峰面积
6	9.14	苯乙醇	0.01
7	9.69	2,3,3,5-四氢呋喃酮	0.03
8	10.38	苯甲酸	0.01
9	10.47	1-(4-甲基苯)-乙基酮	0.04
10	11.22	5-氢化-2-呋喃醛	0.05
11	11.57	烟酸	0.02
12	11.78	苯乙酸	0.03
13	12.26	苹果酸二钠盐	0.01
14	12.60	5-甲基化乙酸糠醛	0.03
15	13.42	烟碱	3.59
16	13.59	茄酮	0.64
17	14.16	香草醛	0.02
18	14.59	3-(3,4-二氢化)-烟碱	0.03
19	15.45	2-甲基-4-羟基-1,2-二氢嘧嗪	0.02
20	16.02	2,5-双(1,1-二甲基)-苯酚	0.01
21	16.25	2-乙基苯并噻吩	0.04
22	16.36	3-苯硫代-2-丁酮	0.02
23	16.52	2,3-二联吡啶	0.03
24	16.59	二氢猕猴桃内酯	0.03
25	17.53	巨豆三烯酮	0.07
26	18.82	3-氧化-Z-紫罗兰酮	0.14
27	19.86	4-(3-羟基)-2-环己丙酮	0.06
28	19.92	可铁宁	0.16
29	20.73	十四酸	0.26
30	21.55	萘	0.08
31	22.27	十五酸	0.16
32	22.44	苯二甲酸	0.43
33	22.63	1,2,3,3A,4,5,6,7-八氢化-A,A-3,8-四甲基-5-奥甲醇	0.03
34	22.68	5,5-二甲基-1-辛螺烷噁	0.02
35	23.23	6-甲基-1,3,5-芳壬并三烯	0.27
36	23.96	二十八烷	0.88
37	24.22	溴代三十烷	0.56
38	25.78	(1S,3S)-(L)-4,8-孟二烯	3.12
39	26.00	9,12-十八碳二烯酸	1.31

续表

序号	保留时间/min	化合物名称	相对峰面积
40	26.10	9,12,15-十八碳三烯醇	1.46
41	26.36	1-甲基-1-乙烯基环己烷	0.24
42	26.76	4,8,13-环二十四碳三烯	10.14
43	26.94	四氢甲基萘	1.02
44	27.48	2-戊烯酸	1.25
45	27.67	寸拜醇	3.14
46	27.79	麦角甾醇	1.81
47	28.20	1,8-二甲基-螺(4,5)葵烷酮	0.34
48	28.50	辛羟基萘酮	0.23
49	28.61	4-(1,1-二甲基)-苯乙醇	1.14
50	28.72	大马酮	0.42
51	29.38	2,6,10,14-四烯十六醇	0.42
52	29.64	2-(2-甲基丙烯基)环丙烷	0.96
53	29.72	豆甾二烯醇	2.81
54	30.08	2-羟基-1-十六酸	0.59
55	30.19	3-甲基-3-乙烯基苯己醇	0.47
56	30.34	Z-8-十二烷醇	0.42
57	30.42	1,2-苯二甲酸	0.54
58	30.48	双(2-乙基己基)-邻苯二甲酸	1.53
59	31.28	Γ-谷甾醇	3.32
60	37.30	3,9,19-环羊毛甾烯醇	0.58
61	38.70	4-丁基-1,3-噻唑	0.74
62	42.46	胆甾烯醇	0.33
63	43.05	维生素E	0.46

14.2.2.2 超临界CO_2流体技术萃取制备天登烟净油

使用超临界流体萃取技术提取天登烟烟叶净油是利用新型提取技术开发地区特有香料原料的一次尝试。使用超萃技术，可以选择性地提取烟叶中的有效致香成分，尽量保持烟叶的原有风味，较常规的溶剂提取方法生产的卷烟香料有明显的优势。超临界CO_2流体萃取天登烟净油的流程如图14-3所示。

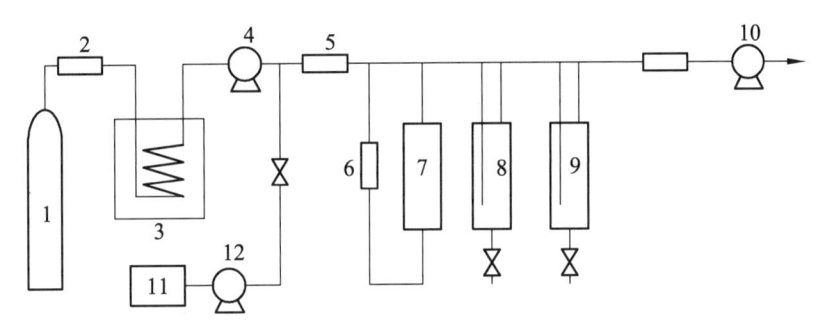

1—CO₂钢瓶；2—过滤器；3—冷机；4—高压计量泵；5—混合器；6—预热器；7—萃取釜；
8—分离釜Ⅰ；9—分离釜Ⅱ；10—累计流量计；11—夹带剂罐；12—夹带剂高压泵。

图 14-3　超临界流体萃取流程示意图

天登烟烟叶超临界 CO_2 流体萃取净油的挥发性成分分析结果如表 14-11 所示，天登烟净油含有大量的烟草特征致香成分，如糠醛、茄酮、β-大马酮、β-二氢大马酮、二氢猕猴桃内酯、巨豆三烯酮、α-紫罗兰醇、茄那士酮、新植二烯、六氢金合欢酮等，对烟草抽吸品质有极为重要的影响。

表 14-11　天登烟烟叶超临界 CO_2 流体萃取净油的挥发性成分

序号	保留时间/min	化合物名称	相对含量/$\mu g \cdot g^{-1}$
1	5.45	1,1-二乙氧基-乙烷	0.13
2	5.63	3-戊烯-2-酮	0.39
3	5.77	吡啶	0.77
4	5.96	吡咯	0.26
5	6.15	2,5-二氢-呋喃	0.39
6	6.47	3-甲基-2-丁烯醛	1.29
7	6.77	己醛	0.52
8	6.95	面包酮	0.52
9	7.65	糠醛	4.00
10	8.38	糠醇	0.90
11	8.92	1-(1-甲基-2-环戊烯-1-基)-乙酮	0.13
12	9.11	原白头翁素	1.94
13	9.49	未知物	0.65
14	9.92	1-(2-呋喃基)-乙酮	0.26
15	10.05	丁内酯	0.39
16	11.16	2-吡啶甲醛	0.13
17	11.56	苯甲醛	0.39
18	11.64	5-甲基糠醛	0.26
19	12.34	6-甲基-5-庚烯-2-酮	1.81
20	12.48	2-戊基-呋喃	0.52

续表

序号	保留时间/min	化合物名称	相对含量/$\mu g \cdot g^{-1}$
21	12.83	苯酚	0.26
22	12.96	2,4-庚二烯	0.39
23	13.26	2,6-庚二烯醛	0.13
24	13.45	1H-吡咯-2-甲醛	0.13
25	14.55	苯乙醛	5.68
26	14.98	2-甲基苯酚	0.77
27	15.55	香叶醛	1.94
28	15.84	1-(2-呋喃基)-1-丙酮	0.52
29	16.60	壬醛	1.16
30	16.73	6-甲基-3,5-庚二烯-2-酮	1.03
31	16.92	1-(3-吡啶基)-乙酮	1.68
32	17.30	苯乙醇	3.61
33	18.19	氧化异佛尔酮	0.39
34	18.67	癸醛	0.52
35	19.37	薄荷醇	1.42
36	20.29	2,6,6-三甲基-1,3-环己二烯-1-甲醛	0.90
37	20.91	胡薄荷醇	0.90
38	21.72	2-乙基-苯酚	0.26
39	23.36	未知物	1.81
40	23.76	未知物	0.90
41	23.92	2-甲基-苯甲醛	0.90
42	25.03	吲哚	3.74
43	26.24	茄酮	26.06
44	26.73	β-大马酮	9.03
45	27.05	1,2-二氢-1,1,6-三甲基萘	1.42
46	27.61	β-二氢大马酮	4.52
47	28.02	麦斯明	1.94
48	26.64	香叶基丙酮	5.03
49	30.01	降茄二酮+烟碱烯	7.74
50	30.82	丁基化羟基甲苯	1.94
51	30.95	未知物	1.81
52	31.09	未知物	4.39
53	32.01	二氢猕猴桃内酯+未知物	6.97
54	32.84	巨豆三烯酮 A	1.55

续表

序号	保留时间/min	化合物名称	相对含量/μg·g^{-1}
55	33.51	巨豆三烯酮 B	6.58
56	34.67	巨豆三烯酮 C	2.58
57	35.00	未知物	2.84
58	35.16	巨豆三烯酮 D	6.19
59	35.91	α-紫罗兰醇	1.42
60	36.67	未知物	2.45
61	37.53	2-十三烯-1-醇+未知物	5.81
62	39.71	蒽	1.42
63	40.01	十四酸	1.81
64	40.36	茄那士酮	4.52
65	41.00	新植二烯	43.10
66	41.11	六氢金合欢基丙酮	8.52
67	41.22	未知物	7.74
68	41.57	十五酸	1.03
69	41.76	邻苯二甲酸二丁酯	5.03
70	42.40	未知物	9.94
71	42.83	金合欢基丙酮+棕榈酸甲酯	5.29
72	44.48	棕榈酸	23.48
73	51.99	金合欢基丙酮 B	1.16

天登烟超临界 CO_2 流体萃取净油中含有丰富的挥发性有机酸，如丁酸、异丁酸、戊酸、异戊酸、己酸、异己酸等，这些成分与香料烟中的特征成分相接近，有饱和烟香、醇和烟香的效果，而十二酸、十四酸、十六酸则对抑制烟气的刺激有效。具体数据见表 14-12。

表 14-12 天登烟烟叶超临界 CO_2 流体萃取净油中的有机酸成分

序号	保留时间/min	化合物名称	峰面积归一化含量/%
1	2.92	异丁酸	0.70
2	3.44	丁酸	0.91
3	4.30	3-甲基丁酸、2-甲基丁酸	7.40
4	5.22	戊酸	0.58
5	6.49	3-甲基戊酸	39.94
6	6.64	4-甲基戊酸	1.53
7	7.42	4-庚烯酸	0.64
8	8.94	4-氧代戊酸	0.57

续表

序号	保留时间/min	化合物名称	峰面积归一化含量/%
9	9.14	己酸	0.77
10	11.59	苯甲酸	1.41
11	11.81	丁二酸	1.39
12	12.19	辛酸	0.34
13	13.34	苯乙酸	4.94
14	23.54	十二酸	0.46
15	25.89	十四酸	1.45
16	29.22	十六酸	0.92

添加了天登烟净油的烟丝比对照样的抽吸效果明显提升，而超萃净油又比溶剂萃取净油的品质更为优越。该净油能增加烟香、抑制刺激、掩盖杂气、使烟气细腻甜润，并赋予卷烟其特有的风格特征。

综上所述，利用超临界 CO_2 流体萃取技术从天登烟烟叶中提取净油的技术工艺可行。该技术提取净油得率高，香气好，外观澄清透亮，成品的卷烟加香效果优于常规溶剂提取技术提取的净油。超临界 CO_2 流体萃取技术从天登烟烟叶中提取净油中含有大量的烟草特征致香成分，和多种对卷烟烟气品质提升有益化学成分，以及能抑制烟气刺激，风味独特多种有机羧酸化合物。该工艺提取的烟草净油能提升烟草本身香气，使烟香丰满飘逸、烟气质地细腻柔和，抑制刺激，掩盖杂气，并能赋予卷烟独特的风格特征，可明显增加卷烟的抽吸品质。

14.2.2.3　天登烟精油与溶剂提取净油开发

使用同步水蒸气溶剂带流溶剂提取、两次溶剂萃取、超临界流体萃取工艺进行天登烟精油与净油的提取，具体的精油与净油产品特征如表 14-13。

表 14-13　天登烟精油与净油样品对比

样品	提取工艺	外观与嗅香	得率/%	加香效果
精油	同步水蒸气带流溶剂萃取工艺提取，提取物用乙醇回溶	精油溶液为淡黄色澄清透明液体，有非常浓郁的天登烟特征表香，香气透发	0.43	可以增加烟香浓度，改善烟气透发性，但烟气质地稍粗糙，刺激增加，天登烟的特征香气不显著
超萃净油	使用超临界流体萃取工艺于25 MPa，45 ℃，50%夹带剂条件萃取	为红棕色半透明油状液体，均匀澄清，流动性好，在乙醇中溶解良好。净油有透发的天登烟香气，自然醇厚	4.85	可以增加烟香甜润性，飘逸感，改善烟气丰富性与细腻性，赋予样品天登烟香气特征。谐调性与舒适性良好
石油醚热提净油	石油醚热回流提取，乙醇回溶	为红棕色半透明油状液体，均匀澄清，流动性好，在乙醇中溶解良好。净油有浓郁的天登烟香气	1.53	烟香略淡，有轻微杂气，烟气的丰满性与舒适性有所欠缺

续表

样品	提取工艺	外观与嗅香	得率/%	加香效果
石油醚冷提净油	石油醚冷浸提取，乙醇回溶	为红棕色半透明油状液体，均匀澄清，流动性好，在乙醇中溶解良好。净油有浓郁的天登烟香气，香气自然舒适	0.87	烟香浓度较好，可以增加香气丰富性，较细腻。有天登烟的特征香气，舒适性较好
乙醇萃取回溶净油	70%乙醇提取，95%乙醇回溶	为棕色流浸膏，不透明，均匀澄清，流动性好，在乙醇中溶解良好。净油有天登烟香气，略弱	14.8	增加烟香，但烟气质地略粗，刺激与谐调性略差

对上述样品进行卷烟应用试验，经综合分析最终认为石油醚冷提净油，与超临界流体萃取净油加香效果较好。对石油醚冷提净油的分析结果见表14-14。

表14-14 石油醚冷提净油 GC/MS 分析结果

序号	保留时间/min	化合物名称	相对峰面积/%
1	2.47	丙酸	0.01
2	2.94	丙二醇	0.11
3	3.02	2,3-丁二醇	0.03
4	3.49	1,3-丁二醇	0.05
5	4.68	3-甲基-丁酸	0.05
6	4.82	2-甲基-丁酸	0.05
7	5.40	γ-丁内酯	0.02
8	6.03	2-甲基-2-丁烯酸	0.01
9	6.65	3-甲基-戊酸	1.08
10	7.28	丙三醇	0.28
11	7.61	苯甲醇	0.04
12	7.73	1-甲基-2-吡咯烷酮	0.02
13	7.77	4,4-二甲基-3-羟基-2(3H)-二氢呋喃酮	0.03
14	8.17	2-吡咯酮	0.06
15	9.15	苯乙醇	0.06
16	9.49	2,5-吡咯二酮	0.03
17	9.81	6-甲基-3,5 二羟基-2,3-二氢-4H-吡喃酮	0.12
18	10.00	5,6-二氢-吡喃酮	0.22
19	10.07	N-亚环戊基-甲基胺	0.14
20	10.63	2-羟基-5,5-二甲基-2-己烯-4-酮	0.02
21	10.76	2,3-二氢噻吩	0.02

续表

序号	保留时间/min	化合物名称	相对峰面积/%
22	11.12	苯甲酸	0.05
23	11.19	苯并噻唑	0.02
24	12.35	苯乙酸	0.08
25	12.57	烟酸	0.02
26	12.63	5-乙酰氧基-甲基-2-呋喃酮	0.05
27	13.42	烟碱	24.28
28	13.58	茄酮	0.16
29	14.56	去氢去甲基烟碱	0.11
30	15.42	氮氧化烟碱	0.05
31	16.22	1-甲氧基-4(1-甲基-2-丙烯基)-苯	0.07
32	16.49	2,3-二联吡啶	0.10
33	16.57	4,7,7-三甲基-5,6,7,7-四氢-2(4H)-苯并吡喃	0.07
34	16.93	十二酸	0.03
35	17.00	3-羟基-4-甲氧基-苯甲酸	0.21
36	17.51	巨豆三烯酮	0.03
37	18.44	巨豆三烯酮	0.04
38	18.79	3-氧代-α-紫罗兰酮	0.30
39	19.89	可铁宁	0.47
40	20.68	十四酸	0.27
41	21.27	4-甲氧基-苯酚乙酸酯	0.16
42	21.53	茄那士酮	0.08
43	21.93	新植二烯	1.48
44	22.02	6,10,14-三甲基-2-十五烷酮	0.18
45	22.21	十五酸	0.09
46	22.42	邻苯二甲酸二乙酯	0.22
47	23.57	2-[(2-乙氧基-3,4-二甲基-2-环己烯-1-亚烯)甲基]-呋喃	0.12
48	23.68	n-十六烯酸	0.61
49	23.78	邻苯二甲酸二丁酯	0.51
50	25.03	寸拜醇	0.12
51	25.64	植醇	0.36
52	27.36	1,5,9-三甲基-12-(-甲基乙基)-4,8,13-环十四碳三烯-1,3-二醇	23.66
53	27.64	9-二十三烯	1.44
54	29.79	3-二十烯	0.88
55	42.94	胆固醇	0.15
56	43.90	维生素E	0.27

总结分析数据可以看到，在石油醚冷提净油中富集了天登烟中的全部香气成分。同浸膏相比，净油中分子量小，挥发性较好的头香成分保留较多，而挥发性较差的成分保留略少。

总之，天登烟的香气特征与理化成分有自身的特点，是一种特色化的天然烟用香料原料。使用天登烟作为原料开发制备的卷烟香料，可以增加烟香浓度，改善烟气丰富性，体现天登烟香气特点。

14.2.3 天登烟在造纸法再造烟叶产品中的应用研究

相对于天然烟草原料，造纸法再造烟叶可实现深度重组，其具有天然烟草原料所不具备的调节卷烟配方理化指标的功能，改善燃烧状态、构建特殊化香气风格等特殊的作用效果。

卷烟产品需要具有自身特有的风格特征，而一般原料与工艺生产出的再造烟叶产品风格特征相对较为单一，不利于卷烟产品的特色化风格特征的表达。因此有必要通过使用一些具有不同于常规原料的特色化原料生产再造烟叶产品，以赋予产品的不同的风格特征，满足卷烟产品的不同的使用技术要求。因此我们利用天登烟作为原料进行特色重组烟草产品的研发。

14.2.3.1 在再造烟叶原料配方中使用天登烟原料的技术研究

按照表14-15所列配方进行再造烟叶产品的生产，生产得到再造烟叶产品TD-1，TD-1产品指标分析结果如表14-16。

表14-15 TD-1再造烟叶产品原料配方

原料类型	原料品名	使用比率/%	原料类型	原料品名	使用比率/%
烟叶	天登烟烟叶	8.0	烟梗	天登烟梗	5.0
	烤烟碎片1#	12.5		烤烟长梗1#	20.0
	烤烟碎片2#	7.5		烤烟长梗2#	10.0
	烤烟碎片3#	8.0		烤烟短梗3#	5.0
	烤烟碎末1#	7.0		烤烟短梗4#	5.0
	烤烟碎末2#	7.0		烤烟短梗5#	5.0
合计					100.0

表14-16 TD-1产品物理指标

	指标名称	单位	技术要求
1	定量	g/m^2	102.3
2	厚度	mm	0.22
3	抗张强度	kN/m	0.89
4	燃烧速率	mm/s	0.50
5	填充值	cm^3/g	6.1
6	水分	%	12.5
7	耐水性	min	5.0
8	燃烧状态	—	灰质细腻，无颗粒状

对 TD-1 产品进行感官评吸，结果显示 TD-1 产品较一般再造烟叶产品香气浓郁，具有突出的天登烟烟叶特征香气，并且刺激较小，产品的整体质量较为优秀。

上述结果表明：使用天登烟原料生产的再造烟叶产品抽吸质量良好，物理指标与常规产品基本一致，能够满足卷烟产品的使用需求，并且对丰富产品香气特征有良好效果，天登烟是一种良好的再造烟叶生产原料。

14.2.3.2 天登烟提取物在再造烟叶产品中的应用研究

在再造烟叶产品中使用天登烟原料的方法除了在原料投料过程中直接添加外，还可以通过在涂布液中添加天登烟香料提取物的办法。通过使用特殊的工艺提取天登烟，可以更有效的富集有效的香气成分，保证产品的特征的表达。

按表 14-17 所列配方进行再造烟叶产品生产，并在涂布液中加入 0.2% 的天登烟浸膏，制成 TD-2 再造烟叶。

表 14-17 TD-2 再造烟叶产品原料配方

原料类型	原料品名	使用比率/%	原料类型	原料品名	使用比率/%
烟叶	烤烟碎片 1#	12.5	烟梗	天登烟梗	20.0
	烤烟碎片 2#	7.5		烤烟长梗 1#	10.0
	烤烟碎片 3#	8.0		烤烟长梗 2#	5.0
	烤烟碎片 4#	8.0		烤烟短梗 3#	5.0
	烤烟碎末 1#	7.0		烤烟短梗 4#	5.0
	烤烟碎末 1#	7.0		烤烟短梗 5#	5.0
合计					100.0

对未添加天登烟浸膏的对照样与 TD-2 再造烟叶产品进行挥发性致香成分分析，结果如表 14-18。

表 14-18 TD-2 再造烟叶产品挥发性致香成分

序号	保留时间/min	化合物名称	对照样/$\mu g \cdot g^{-1}$	TD-2/$\mu g \cdot g^{-1}$
1	2.44	1-戊烯-3-酮	0.311	0.288
2	2.64	3-羟基-2-丁酮	0.096	0.087
3	2.88	3-甲基-1-丁醇	0.119	0.168
4	3.01	吡啶	0.129	0.162
5	3.44	3-甲基-2-丁烯醛	0.047	0.125
6	3.72	面包酮	0.110	0.185
7	4.10	糠醛	1.047	1.259
8	4.42	糠醇	0.248	0.309
9	4.92	2-环戊烯-1,4-二酮	0.377	0.410
10	5.80	1-甲氧基-2-甲基苯	—	0.071

续表

序号	保留时间/min	化合物名称	对照样/μg·g^{-1}	TD-2/μg·g^{-1}
11	6.14	糠酸	0.114	0.156
12	6.29	苯甲醛	0.070	0.118
13	6.74	6-甲基-5-庚烯-2-酮	0.191	0.227
14	7.63	苯甲醇	0.171	0.212
15	7.85	苯乙醛	1.539	1.423
16	8.11	1-(1H-吡咯-2-基)-乙酮	0.247	0.369
17	8.95	3,5,5-三甲基-2-环戊烯-1-酮	0.062	0.236
18	9.03	未知物	—	0.142
19	9.10	未知物	—	0.076
20	9.15	苯乙醇	0.139	0.294
21	9.75	未知物	0.173	0.187
22	9.82	4-(5-甲基-2-呋喃)-2-丁酮	—	0.053
23	10.67	苯并[c]噻吩	0.075	0.156
24	11.23	3,5-二甲基-苯甲醇	0.155	0.379
25	11.82	癸醛	—	0.149
26	12.46	吲哚	0.084	0.123
27	12.63	未知物	—	0.119
28	12.80	2-甲氧基-4-乙烯基苯酚	0.551	0.795
29	13.14	胡椒醛	0.050	0.079
30	13.61	茄酮	1.869	2.066
31	13.97	β-大马酮	0.863	0.933
32	14.45	β-二氢大马酮	0.362	0.482
33	14.61	去氢去甲基烟碱	0.167	0.397
34	14.86	香豆素	0.038	0.076
35	15.00	香叶基丙酮	0.661	0.688
36	15.21	未知物	0.144	0.207
37	15.62	β-紫罗兰酮+未知物	0.908	1.094
38	16.56	2,3'-联吡啶	0.135	0.209
39	16.63	二氢猕猴桃内酯	0.698	0.814
40	17.20	巨豆三烯酮 A	0.397	0.489
41	17.56	巨豆三烯酮 B	1.291	1.354
42	18.25	巨豆三烯酮 C	0.192	0.196
43	18.49	巨豆三烯酮 D	1.880	1.787
44	18.82	3-氧代-α-紫罗兰醇	0.158	0.179

续表

序号	保留时间/min	化合物名称	对照样/μg·g⁻¹	TD-2/μg·g⁻¹
45	18.89	未知物	0.059	0.077
46	19.05	柠檬酸三乙酯	11.090	13.244
47	19.26	十四酸甲酯	0.240	0.367
48	20.68	十四酸+未知物	0.506	0.759
49	21.18	蒽	0.380	0.462
50	21.58	茄那士酮	1.219	1.237
51	21.98	新植二烯	44.524	41.138
52	22.78	未知物	3.584	3.841
53	23.00	1-甲基蒽	0.408	0.499
54	23.16	金合欢基丙酮 A	3.022	3.816
55	23.22	十六酸甲酯	1.553	1.627
56	23.48	未知物	0.358	0.389
57	23.70	十六酸	8.436	11.800
58	24.13	十六酸乙酯	1.720	2.078
59	25.07	寸拜醇	5.943	5.914
60	25.52	9,12,15-十八碳三烯酸甲酯	9.992	9.853
61	27.27	西柏三烯二醇	11.571	12.745
62	28.73	金合欢基丙酮 B	0.458	0.566
	总量		120.931	129.74
	总量-新植二烯		76.407	88.602

感官评吸结果：① 对照样：浓度中，质感略差，烟气较暴躁，稍显粗糙，舌面、喉部略有刺激，杂气较显，余味略有残留。② TD-2 样：浓度较足，香气丰富性好，有一定的天登烟特征香气，烟气质感好，甜韵较好，鼻腔稍有刺激，杂气较轻，余味较净。

14.2.3.3　TD-1、TD-2 再造烟叶产品在卷烟产品中的应用评价

将 TD-1、TD-2 再造烟叶产品分别按 5%、8% 的比例添加到卷烟产品 M 和 S 叶组配方中，烟丝混合均匀后，制成卷烟样品进行对比评吸。样品信息见表 14-19，抽吸评价结论见表 14-20。

表 14-19　应用 TD-1、TD-2 再造烟叶的卷烟样品信息

编号	样品名称	编号	样品名称
M0	对照	S0	对照
M1	掺配 8.0% TD-1 的 M	S1	掺配 5.0% TD-1 S
M2	掺配 8.0% TD-2 M	S2	掺配 5.0% TD-2 S

表 14-20　应用 TD-1、TD-2 再造烟叶的卷烟叶组感官评价结果

样品名称	评吸意见
M0	香气较好，浓度较好，刺激微有，杂气略有，余味较好，谐调性较好
M1	天登烟香气特征较突出，香气质略粗，浓度略有降低，杂气略增，刺激微有，谐调性较差
M2	整体香气风格与对照样较接近，天登烟特征香气有所表现，烟香柔和但浓度略有降低，杂气略有，刺激微有，谐调性较好，整体舒适性较好
S0	香气较好，刺激略大，杂气有，余味较好，谐调性较好
S1	天登烟香气特征较突出，香气浓度略有上升，杂气略增，刺激微有，余味尚好，谐调性尚好
S2	整体香气风格与对照样较接近，天登烟特征香气有所表现，烟香柔和但浓度略有降低，杂气略有，刺激微有，谐调性较好，整体舒适性较好

经过评吸试验，从纯 TD-1、TD-2 再造烟叶产品单体原料评吸的角度上看，添加天登烟原料的再造烟叶在香气方面要优于目前一般再造烟叶产品，而其他指标方面差别不大。

而将 TD-1、TD-2 产品添加到卷烟产品中，TD-1 产品虽然特征较突出，香气浓郁，质地饱满，但是也会带来刺激增加、谐调性差、余味变差等负面影响，而 TD-2 虽然在香气浓度、特征的表现力方面不如 TD-1，但应用于卷烟产品更能同卷烟产品风格谐调，产品的均衡性更为良好。

综上所述，可知：① 天登烟原料可以用于再造烟叶产品的生产，且生产出的产品具有天登烟特征，香气韵调丰富，整体抽吸品质略有改善。② 再造烟叶产品中添加天登烟香料提取物，可以增强产品香气，赋予特殊香气风格，且再造烟叶产品在卷烟产品中的应用效果也得到改善。③ 相对而言以添加提取物的方式进行天登烟原料在再造烟叶产品中的应用更为理想。

14.3　晾晒烟风格特色的重组烟草产品开发

晒烟资源丰富，品类较多，分布广泛，烟碱含量高，糖分和焦油含量低，具有独特的吸味和香气特征，形成特有的晒红烟风格特征，而市场上消费者对此有一定的选择需求。所以我们利用晒烟拟开发一种具有高烟碱的晒烟风格特征的再造烟叶产品。

14.3.1　晒红烟烟叶提取前后及浓缩液的常规化学成分

晒红烟烟叶提取前后的常规化学指标见表 14-21。

表 14-21　晒红烟烟叶提取前后的常规化学指标　　　　　　　　　　　　　　　单位：%

处理	样品	总氮	氯	烟碱	总糖	还原糖	钾
提取前	晒红 1	4.83	0.56	3.77	—	—	2.88
	晒红 2	3.86	0.24	3.06	—	—	2.27
	晒红 3	2.92	1.44	2.66	—	—	3.71

续表

处理	样品	总氮	氯	烟碱	总糖	还原糖	钾
提取后	晒红1	4.04	0.2	1.03	—	—	0.86
	晒红2	3.78	0.07	0.89	—	—	0.71
	晒红3	2.49	0.17	0.5	—	—	0.76
烤烟片基		1.23	0.05	0.03	0.03	—	0.11

注：① "—"表示未检出。
② 晒红烟为泸州白毛LY-1二级（中部叶和顶部叶）、泸州白毛LY-1四级（下部叶和下二棚）和泸州白毛LY-1末级（下部叶），分别编号为晒红1、晒红2和晒红3。

与其他国内晒红烟相比，泸州白毛晒红烟烟叶具有氮含量较高、烟碱含量中偏低、糖含量极低的特点。另外，泸州白毛晒红烟烟叶的氮含量和烟碱含量随烟叶部位从上到下而递减，下部叶的氯和钾含量最高。相同试验条件下，晒红烟烟叶经过水提取后的提取率分别为晒红1提取率32.68%，晒红2提取率29.63%，晒红3提取率28.09%，提取率在30%左右。晒红烟烟叶提取浓缩液的常规化学指标见表14-22。从表14-22可以看出，晒红烟烟叶经过水提取后的常规化学指标均随之降低，其中可溶性的氯、烟碱、钾在提取后大部分进入液相中，而固相中只保留很少一部分；而总氮中的大部分氮是以非水溶物质的形式存在，提取后基本保留在固形物中。相同试验条件下，晒红烟烟叶提取液经浓缩后的密度分别为晒红1 1.150 g/cm^3，晒红2 1.159 g/cm^3，晒红3 1.149 g/cm^3。

表14-22　晒烟烟叶提取浓缩液的常规化学指标　　　　　　　　单位：%

种类	总氮	氯	烟碱	总糖	还原糖	钾
晒红1	2.11	0.37	2.71	—	—	1.95
晒红2	2.16	0.26	2.26	—	—	1.65
晒红3	1.01	0.99	1.45	—	—	2.35
烤烟片基	0.75	0.94	0.87	12.48	9.66	1.92

注："—"表示未检出。

由表14-22可知，泸州白毛晒红烟烟叶的提取浓缩液与烤烟型提取浓缩液相比较，表现出氮含量和烟碱含量高、糖含量极低的特点。不同等级的晒红烟烟叶提取浓缩液的常规化学指标的基本规律与晒红烟烟叶一致，末级晒红烟烟叶的提取浓缩液在除糖含量外的其他指标与烤烟型提取浓缩液较为接近。

14.3.2　不同类型涂布液再造烟叶的常规化学指标

不同类型涂布液再造烟叶的常规化学指标见表14-23。再造烟叶成品的涂布率基本控制为40%。当涂布液中晒红烟比例降低时，再造烟叶成品中的氮含量和烟碱含量都随之降低；而糖含量随之增加，且增加幅度较大；当涂布液中晒红烟与烤烟比为1：7时，再造烟叶成品的各个化学指标都基本与全烤烟型再造烟叶成品对照样接近，同时，由于晒红烟等级的不同，也使再造烟叶成品的常规化学指标有所差别，由此，通过在烤烟型的涂布液中掺配不同比例的晒烟烟叶提取浓缩液，可以在一定程度上对再造烟叶的化学指标进行调控。

表 14-23 晒烟烟叶提取浓缩液的常规化学指标　　　　　　　单位：%

类型	晒红烟、烤烟之比	编号	涂布率	总氮	氯	烟碱	总糖	还原糖	钾
晒红1	1：1	1	40.16	1.74	0.69	1.48	4.57	3.57	2.02
	1：3	2	40.14	1.57	0.81	1.09	8.22	6.39	1.95
	1：7	3	41.40	1.5	0.86	0.90	9.94	7.98	1.94
晒红2	1：1	4	39.35	1.73	0.63	1.37	5.22	4.15	1.86
	1：3	5	40.27	1.58	0.77	1.02	8.34	6.55	1.84
	1：7	6	41.46	1.51	0.86	0.95	10.14	8.18	1.94
晒红3	1：1	7	38.50	1.45	0.99	1.00	6.01	4.63	2.14
	1：3	8	41.10	1.42	0.94	0.86	8.94	6.62	2.00
	1：7	9	41.52	1.41	0.94	0.81	10.3	8.19	2.01
100%烤烟		0	40.87	1.45	0.95	0.77	11.73	9.13	1.98

14.3.3 再造烟叶成品的感官质量评吸

对不同类型涂布液制备的再造烟叶成品进行感官质量评吸，以100%烤烟型再造烟叶成品作为对照样，不同类型涂布液再造烟叶成品的感官质量评吸结果见表14-24。

表 14-24 不同类型涂布液再造烟叶成品的感官质量评吸结果

编号	综合得分	感官质量描述
1	76.2	谐调性较差，平衡性不好，晒红烟与烤烟的香气质混散，刺激大，杂气凸显
2	75.7	烟气浓度饱满，香气质较差，杂气重，香气散而显弱且刺激大，香气、质感不集中
3	75.9	香气不饱满，刺激大，杂气重，细腻感略差
4	75.9	烟气浓度较好，劲头大，冲击力较强，晒红烟风格特征稍显，但质感略差，余味不佳，谐调性稍显不足
5	76.5	香气质好，但有刺激和杂气，余味略差，晒红烟风格特征平和
6	76.9	谐调性好，晒红烟风格特征不突出，接近对照样
7	77.6	香气量和烟气浓度较好，晒红烟风格特征突出，刺激大，余味稍差，有微苦且滞舌
8	76.6	香气量适中，晒红烟风格特征减弱，舒适性提高，烤烟风格的焦甜韵稍有显现
9	79.2	香气谐调，平衡性较好，余味干净，整体综合较好
10	78.5	香气量较少，香气质好，微有杂气，劲头适中偏小，余味干净，归属中等偏上水平

从表14-24可知，根据晒红烟不同等级，二级整体谐调性和平衡性较差，刺激较大，杂气重；四级相对而言整体风格平淡；末级整体香气质感和平衡性较好，且随涂布液中晒红烟比例的变化能够体现不同风格特征。根据晒红烟风格特征，1号样品和7号样品的晒红烟风格特

征相对而言比较突出,但1号样品谐调性和平衡性较差,7号样品的混合特性和质感方面效果较好;根据烤烟风格特征,6号样品和9号样品风格特征接近对照样,但6号样品整体感觉稍显平淡,而9号样品晒红烟风格特征不体现,但保证凸显烤烟风格特征的同时,香气量和烟气浓度都得到增强且舒适感较好,相比对照样整体质感都有所提升,综合性能较好,其常规化学指标在所有样品中与对照样最为接近。根据涂布液中晒红烟与烤烟的不同比例,1∶1时晒红烟风格特征都较为明显,香气量和烟气浓度较高,但同时刺激较大,余味较差,杂气较重,可能与氮含量和烟碱含量高有关;1∶3时晒红烟风格特征减弱,香气量和香气质都较好,舒适性增强,但有刺激和杂气,余味略差;1∶7时香气的谐调性增强,晒红烟风格特征不突出,接近对照样。

14.3.4 再造烟叶成品应用于卷烟感官质量评价

选用评吸结果较好的再造烟叶样品7~9号,作为叶组配方按烟丝质量10%掺配到烤烟型卷烟中进行感官质量评吸,对照样无再造烟叶成品。不同类型再造烟叶外掺卷烟的感官质量评吸结果见表14-25。

表14-25 不同类型再造烟叶外掺卷烟的感官质量评价结果

不同类型外掺再造烟叶样品编号	综合得分(满分100分)	感官质量描述
7	89.4	烟气浓度饱满,有刺激,微有杂气
8	90.0	香气质好,略有刺激
9	90.4	香气谐调,余味干净
对照样	90.5	烟气浓度和香气质较好,余味干净

从表14-25可知,3组卷烟样品综合得分均接近对照样得分,在烤烟型卷烟中使用这3个再造烟叶样品,晒红烟的风格特征不显现,但对卷烟成品的感官质量除了刺激性增加以外没有负面影响,烟气浓度和香气质能有一定程度的改善,总体适用性表现尚好。其中,再造烟叶7号样品对提高卷烟烟气浓度的作用相对较明显,同时刺激也相对较突出;得分最高的为9号外掺卷烟成品,香气谐调,综合得分也最为接近对照样得分,适用性较强。

14.3.5 小 结

泸州白毛晒红烟的常规化学成分氮含量较高,烟碱含量适中,糖含量极低,符合对晒红烟化学成分分析的相关研究,同时感官质量表现为香气浓、劲头大、刺激大。结果证明,泸州白毛晒红烟烟叶提取浓缩后掺配于造纸法再造烟叶的涂布液中,有利于提高再造烟叶的香气量和烟气浓度。从晒红烟烟叶的提取浓缩液掺配比例来看,高比例晒红烟涂布液制备的再造烟叶成品能凸显晒红烟风格特征,香气量和烟气浓度较高,以此开发混合型风格的再造烟叶,应用于卷烟中来满足市场的特色需求和消费者的选择需求;而低比例晒红烟涂布液制备的再造烟叶成品,能够保障原烤烟风格特征的同时提高香气量和烟气浓度,改善香气质。说明此类再造烟叶成品的风格特征主要由涂布液中晒红烟的比例高低决定。晒红烟烟叶提取浓缩液的掺配比例1∶7~1∶3为宜,比例过高会带来刺激较大、余味差。杂气较重的问题;而比例过低就不能有效提高香气量和烟气浓度。从适配性方面来看，泸州白毛晒红烟末级烟叶谐调性和平衡性最佳，而二级烟叶最差，四级烟叶居中。从卷烟应用方面来看，涂布液中掺配泸州白毛末级晒红烟烟叶提取浓缩液的再造烟叶成品，外掺于烤烟型卷烟中，卷烟烟气浓度和香气质得到一定程度的提高改善，总体适用性尚好。通过卷烟中添加此类型再造烟叶对实现卷烟低焦油、高香气的设计需求有积极作用。

另外，本研究仅针对泸州白毛晒红烟为试验对象，而各品种、各地区的晒红烟在化学成分和感官质量上有一定的差异，并且化学成分对感官质量有直接影响，所以后续研究应对不同地区、不同年份、不同品种的晒红烟应用于再造烟叶进行更加全面深入的分析和研究，明确晒红烟化学成分差异对其感官质量的影响，使晒红烟资源得到更合理、充分的利用，并提高再造烟叶的丰富性，开发特色再造烟叶产品。对实现卷烟低焦油、高香气的设计需求和卷烟产品的风格特征差异化有积极作用。

14.4　雪茄风格重组烟草开发

雪茄烟作为一种特殊的卷烟产品，具有"劲头大、香气醇、吃味香苦透甜"的特点。雪茄烟是世界烟草业重要的产品类型，经过数百年发展，消费市场日渐成熟，并在高档烟草制品消费中占据特殊地位。近年来，受全球控烟政策等因素影响，国际市场卷烟销量呈逐年下滑趋势，但雪茄烟市场却不断扩容，在国际市场上一直保持着上升势头，过去 5 年间全球雪茄烟销量增长 20%以上。同时，国产雪茄烟销量也呈现出较快增长的势头。随着经济水平的提升和人民生活水平的提高，烟草制品消费的多元化趋势日渐明显，越来越多的人开始消费雪茄烟，国内对雪茄烟的需求也在不断加大。虽然国产雪茄烟在产品质量、品种多样性、品牌知名度等方面与国际知名产品都存在较大差距，但连续多年保持着较高的增长率，市场销量和销售额增速均大大领先于卷烟市场平均水平。

相对传统卷烟市场渐趋饱和的市场状态，雪茄烟高速增长的强劲态势和未来发展的较大空间，特别是从当前国内雪茄烟市场看，国外品牌仅在高端消费中占据一隅，市场影响有限，而消费者口味习惯尚未定型，市场前景十分广阔。因此，加快促进国产雪茄烟、雪茄型卷烟发展，对构建云产卷烟新品类，是现阶段难得的契机。

（1）雪茄烟长期积累形成的独特魅力。有别于卷烟等传统烟草制品，雪茄烟以独特的烟叶组成和加工方式，成就了独特的风格特色；以身份地位、生活品位和标榜个性的象征，培养了忠实的消费群体；以特有的吸食方式、吸食环境和储藏条件要求，形成了独特的消费文化。雪茄烟完整地保持着烟草原始的成分和特色，只要能够保持和不断彰显其独特魅力，稳定发展是可期的。

（2）消费者的雪茄烟购买能力在不断提升。雪茄烟生产所需投入较普通卷烟要多，因此，雪茄烟价格也相对较高，特别是手工制作的大雪茄烟，一直被奉为奢侈品而远离普通消费者。然而，随着人们的收入水平不断提高，特别是一些新兴经济体的中产阶层不断扩大，人口众多的亚太地区将成为雪茄烟消费的持续增长点。

（3）雪茄烟产品在不断创新。近年来产品创新成为雪茄烟市场成长的重要因素，比如机制小雪茄烟的迅速崛起。小雪茄烟价廉物美，迎合了普通消费者的吸烟需求。随着现代技术工艺的引入，老产品的持续提升和新产品的不断推出，雪茄烟市场充满活力。

总的来看，目前我国雪茄烟产业发展水平还不高，市场发育还不成熟，消费潜力还有待进一步挖掘，我们应按照中式雪茄烟的发展方向，挖掘潜力，提升实力。因此，充分利用国内外现有的雪茄原料资源，通过开发具有雪茄型风格特征的重组烟草和相关卷烟产品的尝试，研究探索雪茄烟原料资源综合利用的新方法。

14.4.1 雪茄烟叶的理化成分分析

优质雪茄烟叶品质的形成依赖于其自身的化学成分和致香成分组成，对国内外部分雪茄烟叶样品内在化学成分进行剖析，为雪茄烟资源的综合利用-雪茄型重组烟草的开发奠定坚实基础。表14-26是国内外部分雪茄原料的样品信息。

表14-26 样品信息清单

编号	产地	品种	形态	等级
XJ001	尼加拉瓜	Esteli Criollo 茄芯	散叶	Filler LL Double Ligero
XJ002	尼加拉瓜	Esteli Criollo 茄芯	蛙腿	Frogstrip Double Ligero 14+
XJ003	哥伦比亚	Carmen Cubita 茄芯	蛙腿	Frogstrip Medium
XJ004	哥伦比亚	Carmen Cubita 茄套	把烟	Capote Long
XJ005	哥伦比亚	Carmen Cubita 茄芯	蛙腿	Frogstrip Long
XJ006	厄瓜多尔	Connecticult 茄衣	把烟	3LB17-18
XJ007	厄瓜多尔	Connecticult 茄衣	把烟	3LW17-18
XJ008	国外 尼加拉瓜	Condega Especial 茄套	把烟	Castano Oscuro 17+
XJ009	尼加拉瓜	Condega Especial 茄套	把烟	Capote Ligero 17+
XJ010	多米尼加	Piloto Cubano 茄套	把烟	Capote 15-17
XJ011	多米尼加	Piloto Cubano 茄芯	把烟	15 Seco Up
XJ012	多米尼加	Piloto Cubano 茄芯	蛙腿	Frogstrip Corona 17
XJ013	多米尼加	Piloto Cubano 茄芯	蛙腿	Frogstrip Corona 15-16
XJ014	多米尼加	Piloto Cubano 茄芯	蛙腿	Frogstrip Seco 15-16
XJ015	多米尼加	Piloto Cubano 茄芯	蛙腿	Frogstrip Seco 17
XJ016	海南	光村，茄衣		
XJ017	湖北	H382，茄套		
XJ018	四川	德雪3号，茄套		
XJ019	国内 海南	茄衣		
XJ020	海南	茄衣		
XJ021	四川	茄芯		
XJ022	四川	茄芯		

注：国外雪茄茄套4个（产地为尼加拉瓜、哥伦比亚和多米尼加），国外雪茄茄衣2个（产地为厄瓜多尔），国外雪茄茄芯9个（产地为尼加拉瓜、哥伦比亚和多米尼加）；国内雪茄茄套2个（产地为湖北和四川），国内雪茄茄衣3个（产地为海南），国内雪茄茄芯2个（产地为四川德阳）。

14.4.1.1 雪茄茄套的常规化学指标

从表14-27对国内外雪茄茄套的化学指标进行对比可知,国外雪茄茄套的总植物碱含量明显高于国内,烟叶中的总植物碱可以提供烟味、劲头,给抽烟者以生理满足感,其裂解产生的吡啶类,是吡啶类杂环化合物的前提,会产生油脂样的香气。总植物碱含量的差异使得国内雪茄烟的抽吸劲头不如国外雪茄烟叶。国内雪茄茄套的钾含量及钾氯比明显高于国外,钾有助于烟草的燃烧,钾氯比在4以上的燃烧性好,由此可知,国内雪茄茄套的燃烧性能要好于国外。

表14-27 国内外雪茄茄套常规化学指标对比

化学指标		国内	国外
氯	$\bar{X}\pm S$/%	0.82±0.24	1.17±0.41
总植物碱	$\bar{X}\pm S$/%	2.55±0.49	3.44±1.71
水溶性糖	$\bar{X}\pm S$/%	0.7±0.05	0.65±0.06
钾	$\bar{X}\pm S$/%	4.4±0.62	3.94±0.86
总氮	$\bar{X}\pm S$/%	4.63±1.56	4.4±0.3
硝酸盐	$\bar{X}\pm S$/%	0.85±0.72	1.51±0.65
氮碱比	$\bar{X}\pm S$	1.91±0.98	1.61±0.93
钾氯比	$\bar{X}\pm S$	5.48±0.83	3.79±2.04

注:$\bar{X}$表示样品数据平均值,S表示样品数据的标准偏差值,下同。

14.4.1.2 雪茄茄套致香成分

从表14-28中可以看出,国外雪茄茄套中游离烟碱、β-紫罗兰酮、金合欢基丙酮A、植醇、西柏三烯-3,5-二醇等致香成分明显高于国内。游离烟碱含量的差异使得国外雪茄烟叶劲头大于国内雪茄烟烟叶。国内雪茄茄套中含量较高的致香成分有新植二烯和寸拜醇。国内雪茄茄套的致香成分总量低于国外雪茄茄套约16%。这可能是导致国内外雪茄茄套抽吸品质的差距。

表14-28 国内外雪茄茄套致香成分对比

保留时间/min	致香成分	$\bar{X}\pm S$/μg·g^{-1} 国内	$\bar{X}\pm S$/μg·g^{-1} 国外
3.17	吡啶	0.47±0.32	0.31±0.19
3.64	3-甲基-2-丁烯醛	0.27±0.15	0.13±0.06
3.85	己醛	0.28±0.01	0.16±0.04
4.33	糠醛	0.13±0.05	0.1±0.07
4.38	2-甲基-1H-吡咯	0.26±0.12	0.28±0.16
4.63	糠醇	0.16±0.13	0.17±0.09
5.49	3-甲基环戊烷基乙酸酯	0.65±0.5	0.58±0.2
6.67	苯甲醛	0.36±0.08	0.26±0.1
7.03	6-甲基-5-庚烯-2-酮	0.64±0.29	0.46±0.1

续表

保留时间/min	致香成分	$\bar{X} \pm S$ /μg·g^{-1} 国内	$\bar{X} \pm S$ /μg·g^{-1} 国外
7.40	3-吡啶甲醛、4-吡啶甲醛	0.38±0.33	0.23±0.04
8.01	苯甲醇	2.46±1.78	0.97±0.17
8.23	苯乙醛	1.71±0.7	1.46±0.54
9.09	4-甲基-苯酚	0.15±0.09	0.21±0.19
9.44	1-(3-吡啶基)-乙酮	0.67±0.57	0.85±0.14
9.54	苯乙醇	2.8±1.6	1.77±0.63
10.15	4-氧代异佛尔酮	0.35±0.14	0.23±0.08
10.61	2,2,6-三甲基-1,4-环己二酮	0.28±0.1	0.28±0.24
11.94	3-乙基-4-甲基-1H-吡咯-2,5-二酮	0.14±0.14	0.14±0.06
13.01	吲哚	1.71±0.17	2.71±0.75
13.29	2-甲氧基-4-乙烯基苯酚	0.34±0.07	0.25±0.15
13.93	烟碱	355.97±142.34	516.2±159.58
13.95	茄酮	14.08±3.56	7.62±5.82
14.63	β-大马酮	0.49±0.12	1.07±0.41
14.92	β-二氢大马酮	0.24±0.08	0.45±0.09
15.11	麦斯明	2.22±1.85	2.17±0.35
15.24	二氢-β-紫罗兰酮	0.37±0.04	0.76±0.19
15.43	香叶基丙酮	2.06±1.09	4.05±1.33
15.84	3-苯基-吡啶	0.72±0.03	1.61±0.39
16.00	降茄二酮	0.67±0.3	0.53±0.15
16.07	β-紫罗兰酮	1.86±0.98	4.14±1.53
17.26	2,3'-联吡啶	9.58±7.53	11.8±3.87
17.78	巨豆三烯酮 A	2.04±0.71	2.11±0.85
18.16	巨豆三烯酮 B	8.12±1.09	8.42±4.74
18.77	3-羟基-β-二氢大马酮	0.21±0.03	0.71±0.74
18.80	巨豆三烯酮 C	2.27±0.62	2.52±1.12
19.06	巨豆三烯酮 D	9.34±1.73	6.46±3.62
21.30	肉豆蔻酸	0.59±0.06	1.17±0.57
22.58	新植二烯	212.21±107.35	137.47±54.27
22.64	植酮	9.97±1.66	8.86±1.47
23.33	3-羟基茄士酮	0.97±0.58	1.01±0.45
23.64	金合欢基丙酮 A	8.23±5.86	13.9±3.89
24.28	棕榈酸	2.13±0.68	4.16±1.53

续表

保留时间/min	致香成分	$\bar{X} \pm S$ /μg·g^{-1} 国内	$\bar{X} \pm S$ /μg·g^{-1} 国外
25.54	寸拜醇	27.49±14.28	17.92±15.88
26.21	植醇	25.49±0.69	52.64±31.91
27.72	西柏三烯-3,5-二醇	19.68±15.12	53.31±68.64
29.19	金合欢基丙酮 B	0.58±0.21	1.82±0.48
	总量	731.8±312.44	874.41±141.63

14.4.1.3 雪茄茄衣常规化学指标

从表 14-29 中可以看出，国内外雪茄茄衣的常规化学成分中除水溶性糖和硝酸盐外，其他指标含量均有明显差异。其中国外雪茄茄衣的总植物碱含量明显高于国内，这就使国内雪茄茄衣的抽吸劲头要高于国外雪茄茄衣。国内雪茄茄衣的钾含量略高，氯含量很低，从而导致国外雪茄茄衣的钾氯比远低于国内，这也使得国外雪茄茄衣的燃烧性低于国内。

表 14-29　国内外雪茄茄衣常规化学指标对比

化学指标		国内	国外
氯	$\bar{X} \pm S$/%	0.26±0.14	1.61±1.19
总植物碱	$\bar{X} \pm S$/%	1.13±0.07	4.05±1.84
水溶性糖	$\bar{X} \pm S$/%	0.66±0.01	0.84±0.28
钾	$\bar{X} \pm S$/%	6.77±0.33	5.38±0.4
总氮	$\bar{X} \pm S$/%	3.64±0.16	4.7±1.21
硝酸盐	$\bar{X} \pm S$/%	1.17±0.52	1.17±1.24
氮碱比	$\bar{X} \pm S$	3.23±0.07	1.24±0.33
钾氯比	$\bar{X} \pm S$	31.63±18.66	5.13±4.03

14.4.1.4 雪茄茄衣致香成分

从表 14-30 国内外雪茄茄衣致香成分对比可以看出，国外雪茄茄衣的烟碱、新植二烯、棕榈酸、植醇及西柏三烯-3,5-二醇的含量明显高于国内，从而导致国外雪茄茄衣的致香成分总量要高出国内约 33%。

表 14-30　国内外雪茄茄衣致香成分对比

保留时间/min	致香成分	$\bar{X} \pm S$ /μg·g^{-1} 国内	$\bar{X} \pm S$ /μg·g^{-1} 国外
3.17	吡啶	0.34±0.05	0.37±0.19
3.64	3-甲基-2-丁烯醛	0.28±0.2	0.16±0.02
3.85	己醛	0.21±0.09	0.23±0
4.33	糠醛	0.18±0.05	0.08±0.05
4.38	2-甲基-1H-吡咯	0.19±0.04	0.35±0.3

续表

保留时间/min	致香成分	$\bar{X} \pm S/\mu g \cdot g^{-1}$ 国内	$\bar{X} \pm S/\mu g \cdot g^{-1}$ 国外
4.63	糠醇	0.22±0.13	0.23±0.01
5.49	3-甲基环戊烷基乙酸酯	0.45±0.23	0.84±0.8
6.67	苯甲醛	0.67±0.4	0.61±0.15
7.03	6-甲基-5-庚烯-2-酮	0.53±0.24	0.76±0.42
7.40	3-吡啶甲醛、4-吡啶甲醛	0.19±0.02	0.38±0.39
8.01	苯甲醇	1.48±0.93	2.14±0.22
8.23	苯乙醛	9.86±7.02	5.99±2.38
9.09	4-甲基-苯酚	0.3±0.21	0.2±0.17
9.44	1-(3-吡啶基)-乙酮	0.32±0.08	1.05±1.21
9.54	苯乙醇	3.2±0.56	2.34±0.16
10.15	4-氧代异佛尔酮	0.3±0.07	0.36±0.1
10.61	2,2,6-三甲基-1,4-环己二酮	2.5±1.82	0.25±0.09
11.94	3-乙基-4-甲基-1H-吡咯-2,5-二酮	0.15±0.07	0.16±0.1
13.01	吲哚	4.85±2.58	4.04±2.24
13.29	2-甲氧基-4-乙烯基苯酚	0.53±0.25	0.74±0.76
13.93	烟碱	410.18±199.78	549.54±392.98
13.95	茄酮	21.38±32.68	17.87±6.94
14.63	β-大马酮	1.2±0.33	0.71±0.07
14.92	β-二氢大马酮	1.21±0.58	0.8±0.5
15.11	麦斯明	1.44±0.68	0.84±0.42
15.24	二氢-β-紫罗兰酮	0.49±0.02	0.31±0.03
15.43	香叶基丙酮	2.21±0.44	1.3±0.15
15.84	3-苯基-吡啶	1.33±0.2	1.01±0.02
16.00	降茄二酮	1.65±0.47	1.21±0.64
16.07	雪茄碱+β-紫罗兰酮	1.26±0.43	1.91±0.66
17.26	2,3'-二吡啶	7.12±1.48	6.89±2.45
17.78	巨豆三烯酮 A	2.21±1	2.66±0.07
18.16	巨豆三烯酮 B	10.21±4.23	11.93±0.06
18.77	3-羟基-β-二氢大马酮	1.01±1.24	0.53±0.61
18.80	巨豆三烯酮 C	2.9±1.69	4.23±1.1
19.06	巨豆三烯酮 D	19.07±14.79	17.12±2.42
21.30	肉豆蔻酸	1.2±0.38	3.56±1.53
22.58	新植二烯	301.04±101.7	573.49±191.77
22.64	植酮	13.49±3.11	11.31±3.43
23.33	3-羟基茄那士酮	1.73±1.12	1.07±0.04

续表

保留时间/min	致香成分	$\bar{X} \pm S/\mu g \cdot g^{-1}$ 国内	$\bar{X} \pm S/\mu g \cdot g^{-1}$ 国外
23.64	金合欢基丙酮 A	9.29±1.61	9.71±2.6
24.28	棕榈酸	31.11±23.91	53.59±39.18
25.54	寸拜醇	111.38±179.7	70.27±28.3
26.21	植醇	72.25±25.77	136.25±55.02
27.72	西柏三烯-3,5-二醇	19.86±25.85	109.82±48.76
29.19	金合欢基丙酮 B	0.7±0.13	2.76±1.61
	总量	1073.68±101.1	1611.97±728.63

14.4.1.5 雪茄茄芯常规化学指标

从表 14-31 可知，国内外雪茄茄芯的化学指标含量相差不大，只有钾氯比的差异相对突出，国外雪茄茄芯的钾氯比明显高于国内，这也促使国外雪茄茄芯的燃烧性能好于国内。茄芯要求燃烧性好，重在具有良好的阴燃持火力，在这方面，国外雪茄茄芯的性能更佳。

表 14-31 国内外雪茄茄芯常规化学指标对比

化学指标		国内	国外
氯	$\bar{X} \pm S/\%$	1.61±1.35	0.83±0.06
总植物碱	$\bar{X} \pm S/\%$	2.17±0.55	2.03±0.03
水溶性糖	$\bar{X} \pm S/\%$	0.53±0.14	0.46±0.1
钾	$\bar{X} \pm S/\%$	3.59±0.84	3.18±0.14
总氮	$\bar{X} \pm S/\%$	4.14±0.42	4.55±0.02
硝酸盐	$\bar{X} \pm S/\%$	1.1±0.53	2.38±0.1
氮碱比	$\bar{X} \pm S$	2.02±0.61	2.24±0.04
钾氯比	$\bar{X} \pm S$	6.47±6.88	3.84±0.46

14.4.1.6 雪茄茄芯致香成分

从表 14-32 可以看出，国外雪茄茄芯的致香成分总量平均为 950.92 μg/g，远高于国内雪茄茄芯的 496.12 μg/g，高出比例约为 48%。国外雪茄茄芯的抽吸劲头相对更足，香气更加馥郁，抽吸品质更加优秀。

表 14-32 国内外雪茄茄芯致香成分对比

保留时间/min	致香成分	$\bar{X} \pm S/\mu g \cdot g^{-1}$ 国内	$\bar{X} \pm S/\mu g \cdot g^{-1}$ 国外
3.17	吡啶	0.25±0.02	0.25±0.06
3.64	3-甲基-2-丁烯醛	0.13±0.01	0.29±0.11
3.85	己醛	0.17±0.02	0.23±0.06

续表

保留时间/min	致香成分	$\bar{X} \pm S/\mu g \cdot g^{-1}$ 国内	$\bar{X} \pm S/\mu g \cdot g^{-1}$ 国外
4.33	糠醛	0.12±0.05	0.06±0.05
4.38	2-甲基-1H-吡咯	0.14±0.01	0.22±0.06
4.63	糠醇	0.17±0.16	0.26±0.14
5.49	3-甲基环戊烷基乙酸酯	0.32±0.07	0.49±0.17
6.67	苯甲醛	0.45±0.05	0.33±0.12
7.03	6-甲基-5-庚烯-2-酮	0.21±0.04	0.55±0.2
7.40	3-吡啶甲醛、4-吡啶甲醛	0.22±0.11	0.28±0.1
8.01	苯甲醇	0.92±0.25	1.18±0.52
8.23	苯乙醛	2.64±0.21	1.83±1.18
9.09	4-甲基-苯酚	0.18±0.07	0.28±0.1
9.44	1-(3-吡啶基)-乙酮	0.73±0.26	1.38±0.63
9.54	苯乙醇	2.73±0.41	1.76±0.7
10.15	4-氧代异佛尔酮	0.19±0.01	0.3±0.14
10.61	2,2,6-三甲基-1,4-环己二酮	1.23±0.07	0.29±0.09
11.94	3-乙基-4-甲基-1H-吡咯-2,5-二酮	0.08±0.03	0.18±0.11
13.01	吲哚	3.6±1	3.09±1.11
13.29	2-甲氧基-4-乙烯基苯酚	0.28±0.08	0.28±0.14
13.93	烟碱	210.14±0.97	505.71±147.47
13.95	茄酮	9.23±1.25	14.42±8.75
14.63	β-大马酮	2.66±0.21	1.02±0.19
14.92	β-二氢大马酮	1.23±0.17	0.66±0.26
15.11	麦斯明	1.08±0.23	2.72±0.61
15.24	二氢-β-紫罗兰酮	0.75±0.04	0.91±0.28
15.43	香叶基丙酮	1.53±0.02	3.52±1.52
15.84	3-苯基-吡啶	0.77±0.01	1.8±0.49
16.00	降茄二酮	1.41±1.62	0.7±0.36
16.07	雪茄碱+β-紫罗兰酮	0.61±0.17	5.14±2.18
17.26	2,3'-二吡啶	9.51±3.3	11.44±3.48
17.78	巨豆三烯酮 A	0.87±0.01	2.66±2.08
18.16	巨豆三烯酮 B	3.33±0.05	10.7±10.57
18.77	3-羟基-β-二氢大马酮	0.88±0.02	1.82±3.06
18.80	巨豆三烯酮 C	0.62±0.1	3.71±2.42

续表

保留时间/min	致香成分	$\bar{X} \pm S/\mu g \cdot g^{-1}$ 国内	$\bar{X} \pm S/\mu g \cdot g^{-1}$ 国外
19.06	巨豆三烯酮 D	3.5±0.16	9.21±8.43
21.30	肉豆蔻酸	0.79±0.02	1±0.4
22.58	新植二烯	110.65±0.95	165.43±67.09
22.64	植酮	14.3±0.77	8.85±3.67
23.33	3-羟基茄那士酮	1.9±1.09	0.61±0.28
23.64	金合欢基丙酮 A	7.4±0.54	14.59±6.33
24.28	棕榈酸	38.13±11.15	5.24±2.57
25.54	寸拜醇	6.83±1.59	33.37±26.29
26.21	植醇	44.06±1.49	65.2±39.7
27.72	西柏三烯-3,5-二醇	8.23±1.14	64.62±68.06
29.19	金合欢基丙酮 B	0.98±0.15	2.35±1.16
	总量	496.12±10.15	950.92±233.64

综上，国内外雪茄茄套、雪茄茄衣和雪茄茄芯的代表性样品的常规化学指标及致香成分对比分析表明：国外雪茄茄套的致香成分总量比国内雪茄茄套高约 16%，国外雪茄茄衣的致香成分总量比国内高约 33%，国外雪茄茄芯的致香成分总量比国内雪茄茄芯高约 48%。因此，国外雪茄原料的香气更加馥郁，抽吸品质更加优雅。

14.4.2 原料配方设计

14.4.2.1 原料配方设计思路

由于烟叶原料限制及卷制条件限制，原料配方设计遵循仿传统雪茄烟口味进行。在充分研究传统雪茄烟的基础上，参考目前市场上比较流行的机制雪茄烟，产品设计以保持传统雪茄烟口味的部分特征为目标，同时赋以新的口味特征，形成香气浓郁、口感舒适的新型雪茄烟风格。

14.4.2.2 原料配方设计技术路线

以海南雪茄烟、多米尼加雪茄烟为主体，获得传统雪茄烟的部分风格特征，辅以保山香料烟、国外部分优质白肋烟、烤烟，适当增加辛香、坚果香等香气特征，丰富烟香，同时运用薄片、梗丝技术，平衡烟气，最终形成香气特征明显、烟气醇和舒适，既具有传统雪茄烟的茄香特征，又有独特风格的卷烟新产品。

14.4.2.3 叶组配方设计

1. 原料感官评吸

为深入了解各地烟叶的感官评吸感受，收集了部分适合在雪茄烟中使用的烟叶，并组织专家对其进行了感官评吸。其结果如表 14-33 所示。

表 14-33　单料烟评价结果

原产地		品种	等级	质量评价
国外	巴西	MATA FINA	FL-1	香韵偏白肋香韵。咖啡、烤甜、焦糖口味。浓度高，烟气为碱性，口腔有苦、涩感
	巴西	MATA FINA	FL-2	类似白肋香韵。坚果、焦糖、泥土气息。香气厚实，劲头偏大，浓度高。口腔残留较多
	巴西	MATA FINA	FL-3	似白肋，香料烟的香韵，特征较明显。烟气浓郁，带有苦甜，焦酸的口味。丰富性尚可
	印度尼西亚	BESUKI	AB/FL	焦香香韵，苦味较重并伴有焦煳气息。劲头中等，口腔收敛
	印度尼西亚	BESUKI	BB/FL	特征较明显，类似香草气息。浓度、劲头较小。口腔有辛甜回味
	印度尼西亚	BESUKI	A/FL/U	韵调似辛香，木质。回味苦，甜味单调，不丰富
	多米尼加	PILOTO CUBANO	REZAGOS	特征较明显，有可可、奶甜、咖啡气息。烟香较丰富，上扬，劲头偏大
	多米尼加	CRIOLLO	A	似肉桂、奶甜的香韵。浓度高。口腔有酸、苦的感受，口感丰富，质感较好。劲头偏小
	多米尼加	OLOR	REZAGOS	特征尚明显，有可可、焦香、奶甜香。丰富性一般。口腔回味偏苦、偏厚重，略带焦枯
	多米尼加	PILOTO CUBANO	REZAGOS（片烟）	特征较明显。可可、咖啡、奶甜气息。香气丰富、上扬。浓度中等，口腔略有苦、皮革味
	多米尼加	CRIOLLO	A（片烟）	韵调偏木香、树脂香韵。烟香丰富，透发。口腔有甘苦、皮革气息
	多米尼加	PILOTO CUBANO	SCRAP（蛙腿）	特征较明显。坚果、可可、焦糖的香韵，略带白肋气息。烟气细腻柔和。浓度高，劲头适中，口腔余味较好
	尼加拉瓜	ESTELI HABANO	SCRAP（蛙腿）	特征明显。香气表现出焦糖、可可、奶甜、皮革香韵。烟气浓郁，醇厚。口腔较舒适
	美国	PENNSYLVANIA	SECO LL	樱桃果韵。烟气浓度高，劲头大，刺激较明显，特征尚明显。口腔碱性较强
	巴拉圭	CRIOLLO	PASADO SUPERIOR LLS.L	类似干草、药草香韵。特征不够明显。木质气息较重。口腔回苦重，干燥感强
	巴拉圭	CRIOLLO	PASADO STANDARD LLS.L	烟香特征较明显。有干草、药草、木质的香韵。烟气欠饱满，口腔尚干净
	哥伦比亚	CARMEN CUBITA	TERCERA L.L	特征尚明显。香气较弱，劲头小，略有皮革气息。有焦甜、可可香气，回味较苦
	哥伦比亚	CARMEN CUBITA	PRIMERA L.L	特征尚明显。有树脂、泥土的气息，浓度中等，口腔略苦

续表

原产地		品种	等级	质量评价
国外	多米尼加	无	无等级（碎叶）	香气饱满、厚实。烟香醇厚。有皮革、可可、焦糖香韵，劲头偏大。口腔回味甘甜略苦，丰富层次感好
	多米尼加	无	无等级（碎叶）	特征香明显。偏木质香韵，可可、咖啡、坚果气息，较丰富。口腔略有苦感
	巴西	无	无等级（碎叶）	特征不明显。有焦糖、树脂、咖啡、泥土的香气，浓度中等，口腔略苦，焦枯味重
	马拉维	白肋烟	CFE	特征香较显，有较好的坚果香，香气较丰富，烟气浓度高，劲头大，刺激性大，有氨味，回味略苦
	马拉维	白肋烟	L1F	特征香显著，坚果香较优雅，香气丰富，烟气浓度高，劲头大，刺激性大，有氨味，回味略苦
国内	海南	雪茄烟	建恒	特征香明显，有木香、可可、咖啡、坚果香气，较丰富，口腔微回苦
	保山	香料烟	B	特征香气明显，有辛香、芳香、树脂香香气，浓度中等，劲头小
	长春	晒红	二级	树脂香，略带坚果香，量中，刺激性大，劲头稍大

2. 原料选择

经过对收集到的原料进行感官评吸后，挑选了评吸结果比较好的海南雪茄烟、多米尼加雪茄烟为主体烟叶，保山香料烟、马拉维白肋烟、部分进口烤烟为辅进行配方设计的主体思路。

3. 配方设计

主要设计了两个原料配方，其结构组成及综合评价结果如表 14-34 所示。

表 14-34 原料配方设计

叶组构成	原料配方 1#	原料配方 2#
晒烟	12	0
海南雪茄烟	0	24
多米尼加雪茄烟	26	20
白肋烟	8	8
烤烟	40	34
香料烟	4	2
烟梗	10	12
综合评价	晒烟气息较明显，雪茄烟特征不足，烟香较弱，谐调稍欠	雪茄烟香特征明显，有比较优雅的茄香，坚果香、木香融合较好，烟香浓郁，甜润感、满足感较好

经综合评价后，2#叶组配方形成了以优雅茄香为主体，辅以坚果香、木香的风格特征，香气浓郁、饱满，甜润感好，余味较干净，回味较舒适，满足感较好。

2#叶组配方达到了叶组配方目标要求，适宜继续进行加香加料配伍性研究。

14.4.3 料香研究与应用

14.4.3.1 香精香料配方设计思路

根据上述原料 2#配方特点，加香加料的主体设计思路为加强叶组的雪茄风格特征，同时赋予叶组一定的花香、巧克力香、咖啡香、坚果香、奶香、木香，具有令人愉悦的甜润感、享受感。

14.4.3.2 香精香料评价

为更好地满足上述香精香料配方设计思路，对收集到的部分适合雪茄烟的香精香料进行了嗅香和添加试验，其结果如表 14-35 所示。

表 14-35 香精感官评价结果

香料编号	评吸结果
P-001	白肋烟底料，咖啡香、奶香
P-002	坚果香、甜香、咖啡香、花香
P-003	药草香、木香
P-004	坚果香
P-005	坚果香、咖啡香
P-006	木香
P-007	咖啡香、花香、奶香、茄香、坚果香
P-008	花香、甜香
P-009	雪茄香、坚果香、花香、咖啡香
P-010	坚果香、咖啡香、花香

14.4.3.3 香精香料设计

根据上述香精香料的评价结果，综合设计了多组香精香料配方，进行小试试验，明确与叶组较好匹配的底料和表香配方，如表 14-36。

表 14-36 底料配方和表香配方表

底料配方	比例/%	表香配方	比例/%
FL-11	0.20	P-011	0.015
FL-12	0.06	P-012	0.003
FL-13	0.04	P-013	0.005
FL-14	0.10	P-014	0.002
合计	0.40	合计	0.025

重组烟草产品评吸结果表明：该样品具有浓郁的茄香特征，漂亮的花香和优雅的坚果香完美统一，舒适的咖啡香、奶香、木香和令人愉悦的甜香交相辉映，给人更多的层次感、丰富感和复杂性，虽略有苦味，但回味甘甜，达到产品设计目标。

参考文献

[1] 王允白，王宝华. 晒红烟化学成分与评吸结果间关系研究[J]. 中国烟草科学，1997（1）：18-21.

[2] 杨春元，曾吉凡，吴春，等. 晾晒烟资源烟叶化学成分和吸食品质的初步分析[J]. 中国种业，2004，27（8）：29-30.

[3] 王加深，刘晓晖，吉雄. 国产造纸法再造烟叶在烤烟型卷烟产品改造中的应用[J]. 烟草科技，2004（3）：9-10.

[4] 黄学跃，柴家荣. 两个晒烟品种主要致香成分分析[J]. 云南农业大学学报，2006，21（2）：192-195.

[5] 李锋，王洪云，周瑾，等. 天登烟挥发性香气成分的聚类分析[J]，光谱实验室，2009（4）：9.

[6] 程向红. 晒红烟在中式低焦油卷烟中的应用[J]. 农产品加工（学刊），2011（10）：63-65.

[7] 赵晓丹，史宏志，钱华，等. 不同类型烟草常规化学成分与中性致香物质含量分析[J]. 华北农学报，2012，27（3）：234-238.

[8] 徐若飞，刘晶，邱晔，等. 一种偏晒烟风格的混合型再造烟叶的制备方法：CN102907757A[P]. 2012-11-07.

[9] 卫青，施建在，郑彬，等. 造纸法再造烟叶原料化学成分与感官质量间关系的研究[J]. 中国农学通报，2012，28（3）：264-268.

[10] 马迅，殷艳飞，向海英，等. 一种具有晒红烟风格特征的造纸法再造烟叶的产品开发[J]. 农产品加工（学刊），2014（02）：10-13.

[11] 金毅刚，周潇，周桂园，等. 基于晒烟型烟草原料制备中式烤烟型再造烟叶的方法：CN110150720A[P]. 2019-08-23.

15

具有国外优质烤烟风格特征的重组烟草开发

烟叶原料是保障卷烟品牌发展的基础性战略物资，随着烟草行业大企业化、大品牌化和大市场化的发展，云产卷烟结构的不断提升，云南卷烟品牌对烟叶原料的数量、结构、质量的要求越来越高。

进口烟叶原料因其风格特征鲜明，与云南烟叶的互补性较强。以津巴布韦出产的烟叶原料为例，因香气独特的"焦甜香"特征，香气飘逸感强，杂气和刺激性小，在卷烟配方中调香、调味效果好，是中式卷烟不可或缺的重要原料，在高档卷烟配方中起着关键作用。随着云产卷烟结构的不断提升，云产卷烟对进口烟叶原料资源需求增大，年使用量超过30万担，使用量较大的主要是津巴布韦、巴西、阿根廷、美国、赞比亚等地区的烟叶。然而受进口烟叶原料配额的限制，云南中烟进口烟叶原料资源较为紧张，一定程度上影响了云产卷烟的发展。

利用其提取物等形态和（或）成分重组方式开发重组烟草产品，是解决或缓解进口烟叶不足的有效手段之一。本章主要剖析了进口烟叶与国内代表性的优质烟叶主要致香成分的差异，尝试利用成分分离重组技术、片基结构重组技术和工艺重组技术开发具有进口烟叶（如津巴布韦、美国烟叶）风格特征的高档重组烟草产品，部分技术已应用于重组烟草产品，丰富了云产卷烟的风格特色，并形成技术储备和产品储备，为原料保障提供了新的选择方式。

15.1 进口烤烟烟叶原料特征香气成分比较

香气物质是反映烟叶质量的重要因素之一，其组成和含量会影响烟叶的香气量、香气质和香型，从而影响烟叶在卷烟中应用。比较国内外烟叶在香气成分上的差异，筛选出进口优质烟叶的特征香气成分，为开展具有进口烟叶风格特征的重组烟草开发提供参考和依据。具有代表性的美国烤烟、津巴布韦烤烟、巴西烤烟，以及我国云南烤烟和河南烤烟的致香成分分析结果见表15-1和图15-1。

表 15-1　国内外烟叶中精油成分的分析结果　　　　　　　　　　单位：$\mu g \cdot g^{-1}$

序号	化合物名称	国外 美国	国外 津巴布韦	国外 巴西	国内 云南 C3F	国内 河南 C2F
1	1-戊烯-3-酮	0.281	0.172	0.127	0.262	0.084
2	3-羟基-2-丁酮	0.117	0.092	0.103	0.079	0.073
3	3-甲基-1-丁醇	0.367	0.154	0.081	0.111	0.103
4	2-甲基丙酸	0.062	0.057	0.056	0.048	0.052
5	吡啶	0.897	0.109	0.059	0.109	0.136
6	3-甲基-2-丁烯醛	0.263	0.135	0.105	0.104	0.094
7	己醛	0.327	0.096	0.083	0.108	0.066
8	面包酮	0.125	0.112	0.158	0.171	0.143
9	3-甲基-2(5H)-呋喃酮	0.156	0.088	0.066	0.058	0.119
10	糠醛	3.51	2.754	1.935	2.697	1.707
11	2-甲基-丁酸	0.107	0.085	0.163	0.117	0.101
12	糠醇	1.054	0.625	0.587	0.685	0.555
13	戊酸	0.815	0.023	0.022	0.019	0.021
14	2-环戊烯-1,4-二酮	1.008	0.900	0.869	0.787	0.694
15	1-(2-呋喃基)-乙酮	0.261	0.155	0.144	0.134	0.100
16	丁内酯	0.522	0.304	0.249	0.188	0.189
17	α-蒎烯	0.04	0.037	0.036	0.031	0.033
18	3-甲基-戊酸	0.062	0.057	0.056	0.048	0.052
19	2-吡啶甲醛	0.167	0.066	0.085	0.056	0.106
20	糠酸	0.258	0.283	0.275	0.239	0.255
21	5-甲基-3-己烯-2-酮	0.046	0.029	0.028	0.024	0.026
22	苯甲醛	0.406	0.238	0.168	0.191	0.110
23	5-甲基糠醛	0.52	0.256	0.194	0.165	0.117
24	己酸	0.357	0.140	0.136	0.118	0.126
25	苯酚	0.185	0.238	0.193	0.186	0.100
26	6-甲基-5-庚烯-2-酮	0.942	0.704	0.589	0.485	0.552
27	2-苯基呋喃	0.453	0.134	0.122	0.099	0.068
28	4-吡啶甲醛	0.249	0.125	0.129	0.172	0.166
29	1H-吡咯-2-甲醛	0.344	0.185	0.216	0.130	0.127
30	2-羟基-3-甲基-2-环戊烯-1-酮	0.155	0.162	0.371	0.221	0.156
31	苯甲醇	4.576	3.809	2.856	2.601	2.143
32	3,4-二甲基-2,5-呋喃二酮	0.52	0.148	0.143	0.125	0.226

续表

序号	化合物名称	国外			国内	
		美国	津巴布韦	巴西	云南 C3F	河南 C2F
33	苯乙醛	2.184	1.722	1.132	1.217	1.087
34	2-甲基苯酚	0.453	0.487	0.417	0.289	0.273
35	1-(1*H*-吡咯-2-基)-乙酮	1.74	1.068	1.285	1.015	1.007
36	庚酸	0.079	0.087	0.074	0.074	0.078
37	3-甲基-苯酚	0.049	0.054	0.063	0.045	0.056
38	2-甲氧基-苯酚	0.253	0.181	0.170	0.096	0.123
39	芳樟醇	0.377	0.243	0.217	0.131	0.184
40	3-乙酰吡啶	0.393	0.111	0.108	0.094	0.100
41	苯乙醇	4.797	3.982	2.257	1.876	1.289
42	1-甲基-1*H*-吡咯-2-甲醛	0.07	0.023	0.022	0.019	0.021
43	氧化异佛尔酮	0.171	0.183	0.290	0.204	0.228
44	2,6-壬二烯醛	0.103	0.106	0.097	0.075	0.089
45	辛酸	0.117	0.095	0.116	0.105	0.112
46	α-萜品醇	0.112	0.135	0.140	0.059	0.063
47	苯并[c]噻吩	0.396	0.123	0.089	0.091	0.097
48	藏花醛	0.637	0.161	0.156	0.093	0.119
49	2,3-二氢苯并呋喃	0.58	0.239	0.264	0.066	0.101
50	胡薄荷酮	0.278	0.148	0.141	0.096	0.123
51	未知物	0.156	0.223	0.218	0.125	0.137
52	甲酸芳樟酯	0.095	0.105	0.104	0.064	0.103
53	4-甲氧基-3-丁烯-2-酮	0.081	0.089	0.086	0.075	0.079
54	壬酸	0.051	0.056	0.055	0.047	0.051
55	6,6-二甲基-二环[3,1,1]庚-2-烯-2-甲醛	0.163	0.231	0.261	0.163	0.221
56	4-乙基-2-甲氧基-苯酚	0.155	0.166	0.157	0.126	0.129
57	吲哚	2.044	0.957	0.800	0.551	0.443
58	2-乙烯-1,3,3-三甲基-环己烯	0.13	0.142	0.138	0.120	0.128
59	2-甲氧基-4-乙烯基苯酚	2.033	1.463	1.336	1.436	1.339
60	胡椒醛	0.13	0.142	0.138	0.120	0.128
61	茄酮	20.179	18.125	17.246	10.153	16.710
62	β-大马酮	10.106	8.366	8.004	7.151	7.235
63	β-二氢大马酮	5.233	4.771	3.712	2.557	1.944
64	去氢去甲基烟碱	0.522	0.308	0.287	0.161	0.134
65	香叶基丙酮	3.464	2.434	2.388	1.556	1.984

续表

序号	化合物名称	国外			国内	
		美国	津巴布韦	巴西	云南 C3F	河南 C2F
66	未知物	0.865	0.763	0.720	0.403	0.464
67	β-紫罗兰酮+未知物	5.155	4.840	4.402	2.792	3.336
68	2,4-二(1,1-二甲基乙基)-苯酚	0.23	0.256	0.337	0.198	0.166
69	丁基化羟基甲苯	0.717	0.818	1.098	0.548	0.987
70	3-(1-甲基乙基)(1H)-吡唑[3,4-b]吡嗪	1.813	1.813	2.103	1.628	1.970
71	2,3'-联吡啶	2.561	0.936	0.881	0.405	0.345
72	二氢猕猴桃内酯	3.943	3.105	3.305	2.211	2.233
73	巨豆三烯酮 A	6.099	5.047	3.821	2.527	1.520
74	巨豆三烯酮 B	21.261	18.234	14.448	8.663	7.059
75	巨豆三烯酮 C	4.831	3.308	3.431	1.974	1.813
76	巨豆三烯酮 D	21.965	16.593	16.236	9.206	7.938
77	3-氧代-α-紫罗兰醇	1.589	0.911	0.823	0.499	0.424
78	未知物	0.596	0.534	0.799	0.426	0.384
79	十四酸+未知物	1.376	1.117	1.812	0.768	0.664
80	2,3,6-三甲基-1,4-萘二酮	0.7	0.781	0.987	0.521	0.413
81	蒽	0.871	1.050	1.354	0.755	0.810
82	茄那士酮	2.638	1.712	1.840	0.781	0.550
83	新植二烯	473.063	488.454	469.60	493.824	512.294
84	十五酸	2.608	2.705	2.819	1.877	1.554
85	邻苯二甲酸二丁酯	1.866	2.061	2.754	2.158	1.719
86	未知物	7.825	5.715	4.538	2.352	1.902
87	1-甲基蒽	0.887	0.936	1.209	0.677	0.662
88	金合欢基丙酮 A	14.227	10.581	10.312	7.362	8.109
89	十六酸甲酯	14.547	10.250	8.913	9.979	7.518
90	未知物	0.873	0.796	1.034	0.564	0.543
91	十六酸+未知物	45.59	43.247	52.168	46.900	39.351
92	十六酸乙酯	1.939	1.131	1.098	1.130	1.019
93	寸拜醇	12.882	10.572	10.239	8.533	9.676
94	9,12,15-十八碳三烯酸甲酯	25.407	27.286	24.639	25.111	23.630
95	西柏三烯二醇	8.556	9.610	11.109	7.804	12.101
96	金合欢基丙酮 B	1.438	0.566	0.922	0.536	0.667
	总量	765.401	734.905	712.10	683.731	696.332
	总量-新植二烯	292.338	246.452	242.50	189.907	184.038

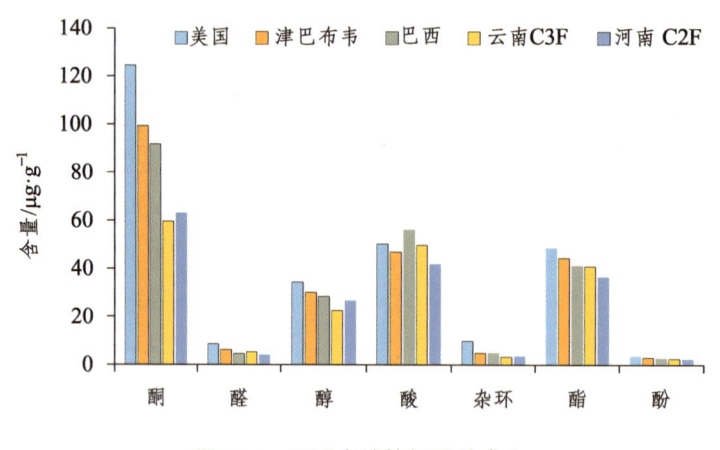

图 15-1 不同产地烤烟致香成分

从表 15-1 可知，烟叶致香物质总量（扣除新植二烯）排序为：美国烟叶>津巴布韦烟叶>巴西烟叶>云南烟叶>河南烟叶。其中酮类、醛类、醇类、杂环、酯类和酚类化合物均明显高于云南烟叶和河南烟叶，尤其酮类化合物显著高于国内烟叶，其中最为典型的是烟草中最为重要的致香物质巨豆三烯酮（表 15-2）。

进口烟叶四个巨豆三烯酮异构体含量显著高于国产烟叶，总体上是国产烟叶的 2 倍左右。

表 15-2 国内外烟叶巨豆三烯酮含量的对比　　　　　　　　　　单位：$\mu g \cdot g^{-1}$

序号	化合物名称	国外			国内	
		美国	津巴布韦	巴西	云南 C3F	河南 C2F
1	巨豆三烯酮 A	6.099	5.047	3.821	2.527	1.520
2	巨豆三烯酮 B	21.261	18.234	14.448	8.663	7.059
3	巨豆三烯酮 C	4.831	3.308	3.431	1.974	1.813
4	巨豆三烯酮 D	21.965	16.593	16.236	9.206	7.938
	总计	54.156	43.182	37.936	22.37	18.33

巨豆三烯酮（Megastigmatrienone），是烟叶中含量最高的挥发性酮类化合物之一，具有烟草香和辛香底蕴，是烟草中重要的致香成分，能增强烟香，改善吸味，调和烟气，减少刺激性。在天然产物中巨豆三烯酮共有五个同分异构体 1、2、3、4、5（结构如下），但五个异构体不一定同时存在于同一种植物中。例如，白肋烟中含有 2、3、4、5 四个异构体，而希腊烟叶中则存在 1、2、3、4、5 五个异构体。

$$4\ (E,Z) \qquad 5\ (E,E)$$

巨豆三烯酮的五个异构体对香气的贡献也各有不同。据文献报道异构体 5 具有最典型的烟草香，而异构体 2 具有木香及甜香。

巨豆三烯酮在不同产地烟叶中含量各异。一般而言，巨豆三烯酮在烤烟中主要以 2、3、4、5 四个同分异构体的形式存在。而四个同分异构体根据其稳定性的不同，在烟叶中的含量也各有差异。巨豆三烯酮在添加量为 5/100 000 时，可以明显提高卷烟的香气质，丰富烟香，柔和、细腻烟气，增加生津回甜感。

15.2 烟叶原料的粉体加工及工艺生产重组

通过研究不同的粉体粒径对提取效率、抄造成型、生产得率、物料平衡的影响，筛选出适宜于生产加工的粉体的粒径；采用粉体成型工艺进行重组烟草制备过程中粉体的较适宜目数为 250~300 目，也就是小于 20 μm 粒径的含量应控制在 23.1%~25.3%。

通过对关键工艺如粉体的提取工艺、制浆工艺、抄造成型工艺、涂布工艺等对产品理化性能、物料平衡、生产得率、产品结块等关键指标的影响，优化生产工艺及参数。通过研究不同纤维（以木浆、亚麻浆及大麻浆为主）的添加对成品物理指标、化学指标、感官质量的影响，结合抄造成型工艺，筛选出较适宜的外纤种类及使用比例。对固液耦合涂布过程中使用的涂布烟粉的粒径进行优化，通过感官质量评价，筛选出最佳的涂布烟粉粒径。针对粉体造纸成型工艺，研究不同助剂对成品的物理性能（尤其是生产造碎）、助留助滤性能（尤其是留着率）、感官质量、产品结块的影响，筛选出较适宜的生产助剂及使用比例。粉体成型过程中外纤的使用比例为 13%，外纤可采用 3%木浆+10%漂白大麻浆或者 3%木浆+10%漂白亚麻浆，涂布添加粉体粒径为 800~1000 目。

15.3 基于强化再造烟叶样品国外烟叶特征的涂布液开发

15.3.1 不同比例的乙醇水溶液提取对于涂布液质量的影响

针对所筛选的烟叶原料，采用不同比例的乙醇水溶液进行提取，对所得到的提取液添加至同一片基上的再造烟叶样品进行感官评吸，结果见表 15-3。

表 15-3 不同比例的乙醇水溶液提取的样品评价结果

溶剂类型	制成再造烟叶后的感官质量评价结果
水	特征香气较弱，烟气浓度厚实感好，稍沉闷，刺激较小，残留重
20%乙醇溶液	微有特征香气，烟气浓度较好，稍有刺激，残留重

续表

溶剂类型	制成再造烟叶后的感官质量评价结果
40%乙醇溶液	有特征香气，浓度较好，有刺激，稍沉闷，谐调稍欠，有残留
70%乙醇溶液	特征香气较显，烟气透发明亮，香气量足，刺激较大，残留微有

水提膏特征香气较差，头香部分较欠缺，烟气厚实，残留偏重；随着酒精浓度提高，特征香气越来越突显，残留也有减轻趋势，但刺激逐步增大。

在上述评价结果的基础上，进行了相关的混配效果比较试验，具体混配情况见表 15-4 和表 15-5。

表 15-4 70%乙醇膏和水膏的混配

混配原料	1#	2#	3#
70%乙醇膏	100	50	25
水膏	0	50	75
感官质量	1#>2#>3#		

总体质量 70%醇提膏好；但劲头偏大，刺激大，收敛感强。

表 15-5 不同类型提取物的混配

混配原料	4#	5#	6#	7#
进口模块 70%醇膏	100	75	75	80
进口模块水膏	0	25	25	0
QRT-18 叶膏	0	100	0	20
感官质量	4#>7#>5#>6#			

总体质量 70%醇膏好。

15.3.2 香气成分的提取重组

国外烟叶样品的提取及烟末超微粉应用制备方式包括以下几种：

1. 水 提

提取溶剂为水，提取温度 70 ℃，质量比为 1∶10（即 100 g 烟叶加水 1000 g），提取时间 1 h，置于分散搅拌砂磨多用机中搅拌提取，转速设定 500 r/min，提取液用 300 目滤袋过滤取滤液，采用旋转蒸发仪 60 ℃ 浓缩至固含量 48%～50%备用；提取液在涂布液中的添加量为 60%～70%。

2. 二级提取

提取溶剂为 70%乙醇水溶液，提取温度 70 ℃，提取两次，提取质量比为一提 1∶8；二提 1∶5，提取时间均为 1 h，提取设备为分散搅拌砂磨机，转速设定 500 r/min，提取液用 300 目滤袋过滤取滤液，采用旋转蒸发仪在 60 ℃ 分别浓缩至固含量 48%～50%备用。

3. 烟粉添加

采用 TWISTER 型号旋风磨磨粉，转速为 10×1000 r/min，粉末过 150 目筛网备用；烟粉在涂布液中的添加量为 10%。

4. 分子蒸馏提取

分别对四个样品进行分子蒸馏提取，备用；提取液在涂布液中的添加量为 1%。

水提的作用是获得足够的烟草可溶物，作为烟草物质基础；一提、二提的提取物搭配使用，强化、丰富和调节不同层次结构的香气特征，添加烟粉以凸显、丰富自然烟香。结合提取物感官特征，经多次调整优化，最终形成配方如表 15-6 所示。

表 15-6　配方初步优化结果

成分	津巴布韦烟叶	巴西烟叶
水提膏	70%（津巴布韦）	70%（巴西）
一提膏	5%（津巴布韦）	5%（巴西）
二提膏	5%（津巴布韦）	5%（巴西）
分子蒸馏	1%（津巴布韦）	1%（巴西）
烟粉	10%（津巴布韦）	10%（巴西）

感官评价结果表明，津巴布韦和巴西烟叶风格特征已经初显，体香饱满，香气均衡，浓度中偏上，木质气稍显，余味干净舒适，整体谐调；还可进一步优化配方和增加进口烟叶特征香气成分如巨豆三烯酮等调香手段，强化津巴布韦和巴西烟叶风格特征。

15.4　具有进口烟叶风格特征的重组烟草产品开发及中试

在前期的工艺技术研究成果基础上，开展了基于进口烟叶原料并应用于高档卷烟产品的重组烟草产品开发。我们认为重组烟草产品应该具备两个方面特征：① 进口烟叶原料应用后能够为卷烟产品带来进口原料的风格特征；② 产品能够有效适应特定品牌的特色化风格特征，具备良好的应用适配性与谐调性，应用后能够保持这些卷烟产品的风格。

中试试验采用美国（津巴布韦）烟叶原料进行验证。达成以下主要目标：① 应用美国烟叶原料进行的高度还原美国烟叶原料风格特征的再造烟叶产品开发，根据前期研究成果及设计的工艺技术路线，采用模块配方原料模拟进行生产加工；② 基于粉体造纸成型工艺，验证粉体片基的涂布性能，进行高涂布率产品的开发，为高度还原烟叶原料风格特征的功能型重组烟草产品开发提供依据。

15.4.1　原料及辅料选用

烟碎片：主要以国内初烤碎片及复烤芝麻片为主，以保证其化学成分的谐调及致香和潜香成分的充足；进口烟叶原料为美国（津巴布韦）烟叶。

烟梗：主要以复烤厂的长梗加部分短梗为主，少选用碎梗，以保证制浆过程中能够保证纤维的长度，便于提高片基的湿强度和干强度。

木浆：主要选用针叶浆，为了提高片基的湿强度可适当增加用量。

15.4.2 产品设计

15.4.2.1 配方设计

见表 15-7 至表 15-9。

表 15-7 原料配方

物料名称	使用比例/%	备注
进口烟草粉末（100目）	5	
国内烤烟模块（800目）	80	
食用酒精	5	
木浆	15	
TSP	0.4	按浆料绝干质量计算

表 15-8 重组烟草产品叶组配方

叶原料名称	原料编码	比例/%
津巴布韦（A）或美国烟叶（B）	P03KY003	10（超微粉末）
昆烟碎片	P03KY003	5.6
玉溪上等芝麻片	PSDYX001	3.6
玉溪中等芝麻片	PZDYX001	8.4
红河中部碎片	PZBHH001	12
楚雄上等芝麻片	PSDCX001	3.6
楚雄中等芝麻片	PSDCX001	3.6
大理上等芝麻片	PSDDL001	2.4
大理中等芝麻片	PZDDL001	2.4
昆明加香烟末	MJXYX003	8.4

表 15-9 重组烟草产品梗组配方

原料名称	原料编码	比例/%
昆烟短梗	GD0KY	12
曲靖长梗	GC0QJ	8
昆明碎梗	GQ0KY	6
楚雄短梗	GD0CX	6
针叶木浆	—	8

15.4.2.2 工艺参数设计

见表 15-10。

表 15-10 工艺参数

序号	名称	单位	工艺参数	允差
1	车速	m/min	145	—
2	涂布液温度	°C	50	±2
3	打浆度	°SR	45	—
4	浓缩液折光度	%	47.8	—
5	片基浸涂前水分	%	20	±2
6	其他补充	—	—	—

15.4.2.3 成品指标设计

见表 15-11。

表 15-11 成品指标

序号	规格	目标值	允差	备注
1	目标涂布率/%	50.00	±2.0	
2	片基绝干定量/g·m^{-2}	50.00	±1.5	按常规再造烟叶分切方式进行分切
3	成品绝干定量/g·m^{-2}	100.00	±2	
4	成品含水率/%	11.5	±1.0	

15.4.2.4 涂布液配方

见表 15-12。

表 15-12 涂布液配方

物料名称	LWHT-01	绝干质量占比/%
烟草浓缩液（Brix=47.8%，C=39.94%）	5300.0	84.95
丙二醇 PEG	125	5.02
进口烟叶原料粉（超微粉 800 目）	50	2.01
国内烤烟模块（超微粉 800 目）	200	8.02
合计	5675.0	100

15.4.3 工艺流程

中试生产工艺流程如图 15-2 所示。

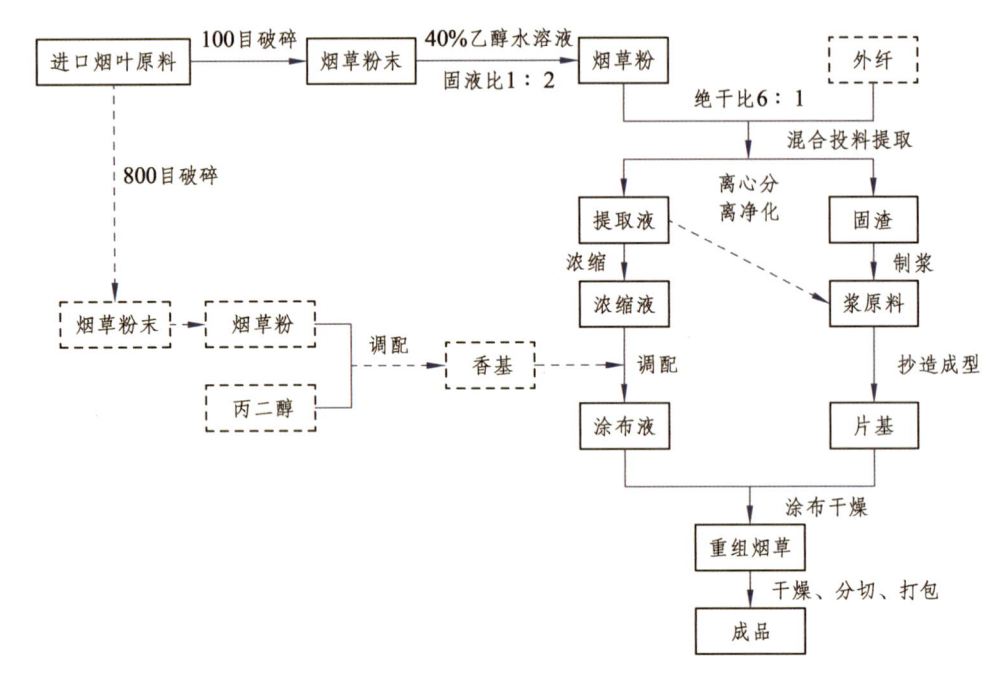

图 15-2　进口烟叶原料风格功能型再造烟叶产品开发制备工艺流程

1. 烟粉制备

国内烤烟模块进行粉体加工，其中 100 目为 28.2 t，800 目为 400 kg。

进口烟草粉末，其中 100 目为 1.8 t，800 目为 100 kg。

2. 混合投料提取

按烟粉、木浆质量比 = 17:3 的比例进行混合投料，按照常规再造烟叶生产工艺加入水后，再加入约 40% 乙醇水溶液。

3. 制浆及片基抄造

提取分离后的固渣进行抄造，打浆度为 45 °SR。

4. 提取液离心净化和浓缩

提取液进行净化，固体部分进入配浆池，液体部分进行浓缩。

5. 涂布

按 50%（再造烟叶）的涂布率进行涂布、烘干、分切制备得到成品。

15.4.4　试验结果

15.4.4.1　工艺指标

设计值与实测值对比（生产数据）如表 15-13 所示。

表 15-13 设计值与实际值对比

名称	单位	设计/目标值	实测值
车速	m/min	145	145
涂布液温度	°C	50±2	49.6
浓缩液折光度	%	47.8	55
片基浸涂前水分	%	20±2	20
片基定量	g/m²	50	50.73
成品定量	g/m²	100	100.78
涂布率	%	50	49.67
成品含水率	%	11.5	10.64

15.4.4.2 常规化学指标

从表 15-14 中可以看出，常规七项化学指标数值整体稳定，第 12 箱成品开始，进行了极限涂布试验，及调整辊压，为此，第 12 箱开始成品化学指标含量有小幅度上升。

表 15-14 常规化学指标检测结果

序号	箱号	总糖/%	还原糖/%	尼古丁/%	总氮/%	硝酸盐/%	钾离子/%	氯/%	两糖比	糖碱比	氮碱比	钾氯比
1	1	9.53	8.69	1.76	2.32	0.26	2.19	0.54	0.91	5.40	1.31	4.04
2	5	9.85	8.69	1.78	2.37	0.26	2.23	0.55	0.88	5.53	1.33	4.02
3	10	9.69	9.01	1.77	2.40	0.26	2.22	0.55	0.93	5.47	1.35	4.03
4	12	10.07	9.10	1.84	2.37	0.26	2.34	0.57	0.90	5.46	1.28	4.11
平均值		9.78	8.87	1.79	2.36	0.26	2.25	0.55	0.91	5.46	1.32	4.05

15.4.4.3 常规物理指标

常规物理指标检测结果见表 15-15。

表 15-15 常规物理指标检测结果

样品名称	水分/%	厚度/mm	定量/g·m⁻²	绝干定量/g·m⁻²	密度/g·m⁻³	松厚度/cm³·g⁻¹	抗张强度/kN·m⁻¹ 纵向	抗张强度/kN·m⁻¹ 横向	透气度/μm·Pa⁻¹·s⁻¹	涂布率/%	填充值/cm³·g⁻¹	HWS/%
片基	11.47	0.131	57.30	50.73	0.44	2.29	0.99	0.36	668	—	—	—
涂布样	11.31	0.181	113.63	100.8	0.63	1.59	1.06	0.52	173	49.67	4.63	46.95

从表 15-15 中可以看出，中试样品各物理指标的检测结果基本达到设计目标要求，其中涂布率达到 49.67%。厚度值与常规再造烟叶基本一致。片基涂布前后的绝干定量值和涂布率与方案的目标值一致。抗张强度值为 1.06 kN/m，高于常规再造烟叶（0.5～0.6 kN/m），保证了片基抄造、成型的稳定性和中试的顺利开展，也为木浆使用比例的优化奠定了基础条件。涂布后的透气度值低于涂布前片基，这与理论相符，涂布过程中涂布液中的烟粉等有效物质填充于片基中，从而导致其透气度下降。热水可溶物值约为 47%，明显高于常规再造烟叶的热

水可溶物，这有助于保障再造烟叶的香气量。

15.4.4.4 涂布液

从表 15-16 中可以看出，该浓缩液的黏度比常规再造烟叶产品高。分析原因，提取压榨过程中，大量的粉末进入提取液，导致浓缩液的黏度显著提升。

表 15-16 涂布液检测结果

涂布液编号	折光度/%	黏度/MPa·s^{-1}
LWHT-01 浓缩液	55.3	991.5

注：① 黏度检测采用 62 号转子，转速 20 r/min。
② 涂布液未检测数据，未留样。

15.4.4.5 提取液

未净化提取液（弧形筛前）、净化后提取液（PSL 槽）和浓缩液悬浮物测定结果及与 YRT-01T 产品检测结果对比如表 15-17 所示。

表 15-17 未净化提取液（弧形筛前）、净化后提取液（PSL 槽）和浓缩液悬浮物测定结果

液体名称	LWHT-01/g·L^{-1}	YRT-01T/g·L^{-1}	比值
未净化提取液	14.63	3.46	4.2
净化后提取液	3.93	1.02	3.9
浓缩液	85.07	22.1	3.9

从表 15-17 的对比数据可以看出，LWHT-01 未净化的提取液中悬浮物含量是 YRT-01T 产品的悬浮物含量的 4.2 倍，表明采用粉体成型工艺，很多粉体转移至提取液中；LWHT-01 净化后的提取液中的悬浮物含量是 YRT-01T 产品的悬浮物含量的 3.9 倍，LWHT-01 浓缩液中的悬浮物含量是 YRT-01T 产品的悬浮物含量的 3.9 倍，浓缩液的悬浮物含量增加的倍数与提取液中悬浮物的含量增加的倍数一致，净化器的净化能力仍有较大的提升空间。

15.4.4.6 留着率

在驻流箱稠度取样口：在出压力筛后浆管取样。
SBW（网下褐水）取样：在 SBW 槽上方溢流口。
测定方法：取样后，进行样品称量后，烘干至绝干，计算固含量。其结果如表 15-18 所示。

表 15-18 固形物含量及留着率结果

物料	固形物含量/%	留着率/%	备注
驻流浆箱浆料	0.963	46	LWHT
SBW	0.52		
驻流浆箱浆料	1.15	39	YRT-01T
SBW	0.70		

从表 15-18 可知，添加 0.4% TSP 的 LWHT 产品首程留着率为 46%，而未添加 TSP 的

YRT-01T 产品首程留着率为 39%，由此可表明 TSP 的使用能够有效地提升产品的得率。

15.4.4.7　美国烤烟风格特征重组烟草致香成分

由表 15-19 与图 15-3 可以看出，重组烟草 B 几类致香成分的含量远高于常规重组烟草，这些物质基础也使得重组烟草 B 更加接近进口原料的风格和口味特征。

表 15-19　美国烤烟风格特色重组烟草 B 与常规重组烟草产品致香成分

序号	保留时间/min	化合物名称	含量/μg·g^{-1} 常规产品	含量/μg·g^{-1} 重组烟草 B
1	2.20	3-甲基-丁醛	0.504	0.936
2	2.41	1-戊烯-3-酮	1.717	2.135
3	2.61	3-羟基-2-丁酮	0.162	0.206
4	2.83	3-甲基-1-丁醇	0.080	0.237
5	2.99	吡啶	0.381	0.297
6	3.41	3-甲基-2-丁烯醛	0.122	0.201
7	3.59	己醛	0.241	0.356
8	3.69	面包酮	0.475	0.279
9	4.09	糠醛	1.196	0.168
10	4.43	糠醇	0.254	0.557
11	4.93	2-环戊烯-1,4-二酮	0.809	0.933
12	5.43	1-(2-呋喃基)-乙酮	0.036	0.140
13	5.48	丁内酯	0.080	0.113
14	6.14	2-吡啶甲醛	0.078	0.138
15	6.22	糠酸	0.054	0.168
16	6.38	苯甲醛	0.117	0.212
17	6.41	5-甲基糠醛	0.057	0.060
18	6.91	2-戊基呋喃	0.317	0.440
19	7.07	2,4-庚二烯醛 A	0.138	1.190
20	7.13	4-吡啶甲醛	0.079	0.204
21	7.34	2,4-庚二烯醛 B	0.102	0.735
22	7.81	苯甲醇	1.821	2.940
23	8.01	苯乙醛	0.820	0.852
24	8.08	2-乙酰基-3,4,5,6-四氢吡啶	0.220	0.332
25	8.33	1-(1H-吡咯-2-基)-乙酮	0.133	0.615
26	8.93	2-甲氧基-苯酚	0.034	0.176
27	9.09	芳樟醇	0.050	0.149
28	9.18	壬醛	0.067	0.480
29	9.34	1-(3-吡啶基)-乙酮	0.031	0.077

续表

序号	保留时间/min	化合物名称	含量/μg·g^{-1} 常规产品	含量/μg·g^{-1} 重组烟草B
30	9.42	苯乙醇	0.132	1.347
31	10.04	氧化异佛尔酮+未知物	0.231	0.717
32	10.17	2,6-壬二烯醛	0.072	0.201
33	11.02	苯并[b]噻吩	0.199	0.216
34	11.15	藏花醛	0.191	0.384
35	11.54	胡薄荷酮	0.041	0.182
36	11.60	2,3-二氢苯并呋喃	0.054	0.243
37	12.98	吲哚	0.070	0.663
38	13.25	2-甲氧基-4-乙烯基苯酚	0.345	0.699
39	14.14	茄酮	2.668	5.285
40	14.54	β-大马酮	1.097	3.288
41	15.06	β-二氢大马酮	0.420	0.909
42	15.31	去氢去甲基烟碱	0.113	0.560
43	15.69	香叶基丙酮	0.766	2.543
44	16.48	β-紫罗兰酮	0.252	0.671
45	17.05	丁基化羟基甲苯	0.158	0.458
46	17.56	2,3'-联吡啶	0.210	1.502
47	17.59	二氢猕猴桃内酯	0.420	1.383
48	18.15	巨豆三烯酮 A	0.496	1.838
49	18.50	巨豆三烯酮 B	2.042	6.245
50	19.21	巨豆三烯酮 C	0.384	1.136
51	19.45	巨豆三烯酮 D	1.951	5.160
52	19.78	3-氧代-α-紫罗兰醇	0.123	0.729
53	20.91	十四醛	1.104	4.668
54	21.94	降茄二酮	0.250	2.906
55	22.27	蒽	2.847	2.021
56	22.64	茄那士酮	2.200	4.392
57	23.05	新植二烯	171.368	239.865
58	23.52	邻苯二甲酸二丁酯	5.119	5.691
59	24.23	金合欢基丙酮 A	3.344	9.491
60	24.27	棕榈酸甲酯	1.447	4.026
61	24.79	棕榈酸	0.837	10.107
62	25.23	棕榈酸乙酯	0.987	3.288

续表

序号	保留时间/min	化合物名称	含量/μg·g^{-1} 常规产品	含量/μg·g^{-1} 重组烟草B
63	26.31	寸拜醇	3.938	7.147
64	26.70	亚麻酸甲酯	3.986	7.742
65	26.87	植醇	3.278	9.540
66	28.67	西柏三烯二醇	5.160	11.209
67	30.11	金合欢基丙酮B	0.464	1.169
总量			228.938	374.933
总量-新植二烯			57.570	135.068

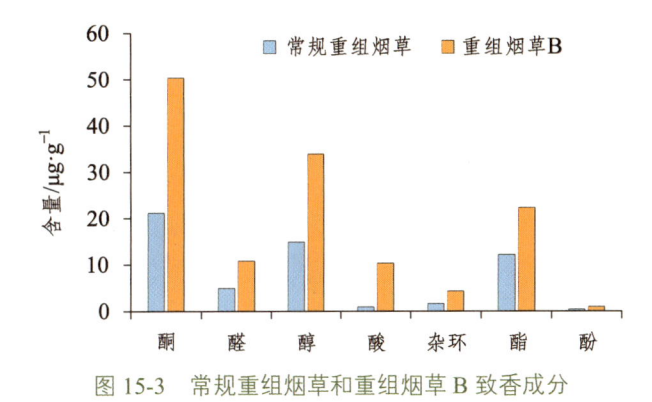

图 15-3　常规重组烟草和重组烟草B致香成分

15.5　结　论

采用粉体工艺技术和超微粉体"固/液耦合涂布技术"成功后开发了美国（津巴布韦）烟叶特征型重组烟草产品。采用粉体成形工艺技术抄造的片基的抗张强度满足了整个生产过程要求，所开发的重组烟草产品具有较佳的还原进口原料风格特征。产品的感官质量评价显示其具有显著的烟草焦甜香韵和烤甜香韵，烟气醇和、优雅、浓度高、烟香丰富；口感舒适，刺激小，灼热感低，余味较干净；与卷烟的配伍性和谐调性好。

参考文献

[1] DEMOLE E, DEMOLE C, BERTHET D. A Chemical Study of *Burley* Tobacco Flavour (*Nicotiana tabacum* L.). Ⅳ. Identification of seven new solanone metabolites including 7,8-dioxabicyclo[3.2.1.]octane-and 4,9-dioxabicyclo[3.3.1]nonane derivatives[J]. Helvetica Chimica Acta, 1974, 57: 2087-2089.

[2] 蔡冰, 王建新, 陈祖刚, 等. 造纸法再造烟叶致香成分的分析[J]. 烟草科技, 2002（06）: 19-23.

[3] NONIER M, DE GAULEJAC N V, VIVAS N, et al. Characterization of carotenoids and their

degradation products in oak wood. Incidence on the flavour of wood[J]. Comptes Rendus Chimie, 2004, 7(6-7): 689-698.

[4] 王东山，彭黔荣，杨再波，等. 同地区不同等级复烤烟叶中重要致香物质的分析比较[J]. 香精香料化妆品，2005，93（6）：14-18.

[5] 侯英，徐济仓，王保兴，等. 叶黄素的热解产物分析[J]. 烟草科技，2007（12）：27-32.

[6] 牛勇，段孟，李永福，等. 4种再造烟叶原料的致香成分分析比较[J]. 云南大学学报（自然科学版），2010，32（S1）：18-22.

[7] 陶文生，李志和，史近文，等. 巨豆三烯酮对造纸法再造烟叶感官质量的影响[J]. 湖北农业科学，2014，53（02）：355-358+361.

[8] 张云龙，陈岭峰，林瑜，等. 一种高保香造纸法再造烟叶的制作方法：CN106036985A[P]. 2016-10-26.

[9] 向海英，周桂园，谢志强，等. 一种全梗造纸法再造烟叶的制备方法：CN105661621B[P]. 2017-07-18.

[10] 张文军，周桂园，李锐，等. 一种高烟碱型再造烟叶的制备方法：CN109090683A[P]. 2018-12-28.

[11] 李锋，付祺，李河霖，等. 一种仿烟叶型再造烟叶的制备方法：CN111789279B[P]. 2022-05-06.

16

味香功能重组烟草产品开发及应用

随着卷烟消费市场环境的不断变化，云产卷烟在品类构建及产品的多元化发展上不断深耕，如何通过塑造产品风格来持续满足消费者个性化需求，做出产品特色，是卷烟品类构建的关键。在卷烟品类构建过程中，再造烟叶由于在理化指标可调控性、载香载味功能实现的便捷性、味香特征风格的可塑性等方面的优势，在构建云产卷烟产品品类的"味和香"上发挥了积极作用，成为卷烟品类多元化发展不可或缺的特色原料，而烟草内、外源植物材料是味和香的重要来源，内源性植物材料是凸显烟草本香的重要保障，而外源性植物原料可以为重组烟草产品除了烟草本香外，增添其他的风格特征，改善其口感等。本章通过开展烟草内、外源植物材料的筛选研究，为后续味香特征凸显的固态香原料的制备、味香功能型重组烟草产品的开发奠定基础。

为有效支撑云产卷烟创香创味品类产品的发展，充分利用再造烟叶在理化指标可调控性、载香载味功能实现的便捷性、味香特征风格的可塑性等方面的优势，开展味香功能型再造烟叶产品的开发，提升再造烟叶香味功能，在还原云产卷烟烟草本香的基础上，突显云产卷烟在味香风格特征的多元化和个性化，实现其在卷烟中的应用，有效支撑云产卷烟品牌品类构建。

紧密围绕味香功能型再造烟叶的开发目标，系统开展了固态香原料的筛选、精制及负载技术研究，在此基础上，成功开发了一系列味香功能型重组烟草产品，并在传统卷烟和新型烟草中获得广泛应用，为丰富或塑造卷烟的风格特色发挥了重要作用，为烟草外源植物的利用开辟了新途径。

16.1 烟草外源植物筛选研究

对黄芪、紫苏、岩兰草、陈皮、大枣、丁香、薄荷、玫瑰、沉香、茶香、柠檬、枫槭、香格雪苷、乌梅、杨梅等几十种天然植物原料进行香气判定，初步确定了陈皮、树苔、乌梅、玫瑰等几种香韵较愉悦，且与烟香较谐调的原料作为研究对象，将固态香原料磨粉筛分后添加到再造烟叶涂布液中进行评价，筛选出用于味香功能性再造烟叶产品的天然植物原料。

通过表16-1中的评价结果，初步筛选出青香类植物材料树苔、辛香类植物材料小茴香、药草香植物材料甘草、果香植物材料乌梅和橙子、花香类植物材料玫瑰,并对初步筛选的植物的香吃味成分进行了剖析,确定了特征香吃味成分。

表 16-1 天然植物原料的评价结果

天然植物原料	抽吸品质评价
西番莲	香气特征不明显,烟气柔和舒适,刺激小,口感舒适
椰子	香气特征明显,甜带油脂气,效果一般
凤梨	香气特征不明显,烟气略干燥,略有刺激,效果一般
香蕉	香气香甜感好,口感略涩,效果较好
榴莲	香气特征明显,效果较好
酸梅	香气特征明显,口感干净,效果较好
橙子	特征较明显,效果较好
甘草	香气香甜感好,口感较好,效果较好
陈皮	谐调性较好
枫械	具有明显的枫械特征香
大枣	香气特征较好,效果较好
柑橘	特征香气较强,与烟香谐调
树苔	独特的苔类物质的自然青香和浓郁的树脂气息
香格雪苷	香气特征较好,效果较好
乌梅	改善口感,柔和烟气,效果较好
蓝莓	具有明显的蓝莓特征香气
杨梅	香气特征一般,口感较好,效果较好
黄芪	豆香,香气特征一般,口感较好
紫苏	香气特征一般,甜带油脂气,效果一般
岩兰草	香气较好,谐调性较强
丁香	香气特征明显,香气甜中显腻
薄荷	香气特征明显,口感略涩,效果较好
玫瑰	香气特征明显,香气甜,柔和细腻
沉香	木香韵特征明显,效果较好
茶香	谐调性较好
柠檬	刺激明显

分析结果表明:树苔的特征香气成分为 2,3-二甲基茴香醚、糠醛、壬酸;小茴香的特征挥发性成分为大茴香醚、4-甲氧基-苯甲醛、小茴香酮、D-柠檬烯和胡椒酚甲醚;甘草特征挥发性成分苯乙醇、苯乙醛、糠醛;乌梅的特征挥发性成分为苯甲醛、苯甲醇、乙酸-2-苯乙酯;橙子的主要挥发性成分是 D-柠檬烯、γ-萜品烯、β-月桂烯、糠醛等;玫瑰的挥发性成分为香叶酸、反式-香叶醇、苯乙醇、糠醛、金合欢醇和 β-桉叶油醇。例如乌梅主要在香吃味方面主要呈现酸甜的风格特征,乌梅的有效成分中,酚类赋予乌梅特征的烟熏香气,酸类构成了乌梅

的酸香，醛类使得乌梅的整体香气更加透发，这些物质共同作用，构建了乌梅独特的香气，其香气能增进再造烟叶的吃味，抑制烟草刺激性和杂味，柔和细腻烟气，降低喉部刺激，提高喉部舒适性的作用。

16.2 味香功能重组烟草产品开发

16.2.1 乌梅特征功能型再造烟叶 YRT-08 产品开发

以乌梅为功能基础原料，通过固体香原料精制技术及浸渍涂布工艺技术集成，开发了乌梅特征功能型再造烟叶 YRT-08 产品。

16.2.1.1 再造烟叶产品设计

乌梅特征功能型再造烟叶产品规格为 YRT-08，其技术目标如表 16-2 所示，YRT-08 感官质量目标为突出烟香的自然感和丰富性的同时，能凸显乌梅谐调烟香，甜润生津，改善口腔舒适性等方面的效果。

表 16-2 YRT-08 再造烟叶技术目标

项目	技术指标	指标要求
物理指标	含水率/%	11.0±1.5
	定量/g·m^{-2}	105±10
	厚度（层积法）/mm	0.18±0.02
	填充值/cm^3·g^{-1}	4.4±1.0
	抗张强度/kN·m^{-1}	≤1.0
	白片率/%	≤1.5
	连片粘连率/%	≤3.0
	热水可溶物/%	42.0±3.0
常规化学指标	总植物碱/%	1.20±0.20
	氯/%	≤1.00
	硝酸盐/%	≤0.50
	水溶性糖/%	10.60±2.0
	钾/%	2.9±0.50
	总氮/%	1.9±0.30

16.2.1.2 再造烟叶产品原料配方

YRT-08 再造烟叶烟草原料配方如表 16-3 所示。

表 16-3 YRT-08 再造烟叶烟草原料配方

原料	梗组	叶组（碎片、烟末、烟灰棒）
比例/%	45	55

16.2.1.3 再造烟叶产品工艺控制

YRT-08 再造烟叶工艺控制目标如表 16-4 所示。再造烟叶在开发过程中，乌梅粉为 1000 目，在涂布液中添加，添加量为 6%～9%，采用浸渍涂布工艺。

表 16-4　YRT-08 再造烟叶工艺控制目标

指标项	控制指标 指标范围
原料投料	符合"生产配方单"，与标样基本一致，无异味、碳化及霉变
洗梗工艺	1. 洗梗加水量：固液比 1∶7 2. 洗梗温度：(75±5) ℃ 3. 洗梗时间：20 min 4. 洗后烟梗再与一提后其他烟草原料混合
一级蒸发塔蒸汽温度/℃	≤70
浆料停留时间/h	≤8
涂布液停留时间/h	≤10 （超过 5 h 而小于 10 h 的涂布液生产，根据实际生产情况，在不影响产品稳定性的前提下可以使用）
涂布液温度/℃	40≤T≤48
固体香原料精制	添加量 6%～9%；1000 目
固体香原料负载	浸涂均匀负载
隧道烘干机烘烤温度/℃	隧道烘干机 1～5 节设定值：（90\95\101\109\117）±0.3 （注：车速 145 m/min）
片基绝干定量/g·m^{-2}	53.9±1.5
成品绝干定量/g·m^{-2}	92.9±2.0
涂布率/%	42.0±2.0

16.2.1.4 再造烟叶产品质量分析

所生产 YRT-08 产品的物理指标及稳定性检测分析结果如表 16-5 所示。

表 16-5　YRT-08 再造烟叶主要物理指标波动分析

指标	定量/g·m^{-2}	厚度/mm	填充值/cm^3·g^{-1}	抗张强度/kN·m^{-1}	热水可溶物/%
平均值	107.42	0.17	4.62	0.76	42.17
最大值	108.70	0.18	4.74	0.91	44.80
最小值	105.80	0.17	4.42	0.67	40.68
标准偏差	0.836	0.005	0.091	0.077	0.974

所生产的 YRT-08 产品的常规化学指标及稳定性检测分析结果如表 16-6 所示。

表 16-6　YRT-08 再造烟叶常规化学指标波动分析　　　　　　　　　　　单位：%

指标	总植物碱	氯	硝酸盐	水溶性糖	钾	总氮
平均值	1.06	0.69	0.31	10.04	2.63	1.77
最大值	1.17	0.77	0.35	11.53	2.81	1.83
最小值	0.98	0.66	0.29	1.38	2.50	1.69
标准偏差	0.040	0.023	0.013	1.796	0.070	0.037

所生产的 YRT-08 产品的感官质量评价结果如表 16-7 所示。

表 16-7　YRT-08 再造烟叶感官质量分析

样品名称	感官质量描述
YRT-08	清新爽口的梅子清香，烟气细腻柔和，浓度适中，杂气较轻，刺激小，口感干净，生津回甜感好

综上，对标 YRT-08 产品的技术目标，其产品质量达到了设计目标。

16.2.2　树苔特征功能型再造烟叶 YRT-18 产品开发

以树苔为功能基础原料，通过固体香原料精制技术及浸渍涂布工艺技术集成，开发了树苔特征功能型再造烟叶 YRT-18 产品。

16.2.2.1　再造烟叶产品设计

树苔特征功能型再造烟叶产品规格为 YRT-18，其技术目标如表 16-8 所示，YRT-18 的目标卷烟是卷烟 RZ-01X，其感官质量目标为保证烟草本香的同时增加卷烟的苔香和清滋香，注重烟香丰富与谐调的平衡，与卷烟 RZ-01X 叶组具有良好的配伍性。

表 16-8　YRT-18 再造烟叶技术目标

项目	技术指标	指标要求
物理指标	含水率/%	11.0±1.5
	定量/g·m^{-2}	105±10
	厚度（层积法）/mm	0.17±0.02
	填充值/cm^3·g^{-1}	4.8±1.0
	抗张强度/kN·m^{-1}	≤1.0
	白片率/%	≤1.5
	连片粘连率/%	≤3.0
	热水可溶物/%	39.0±3.0
常规化学指标	总植物碱/%	1.10±0.20
	氯/%	≤1.00

续表

项目	技术指标	指标要求
常规化学指标	硝酸盐/%	≤0.50
	水溶性糖/%	10.5±2.0
	钾/%	2.7±0.5

16.2.2.2 再造烟叶产品原料配方

YRT-18再造烟叶烟草原料配方如表16-9所示。

表16-9　YRT-18再造烟叶烟草原料配方

原料	梗组	叶组（碎片、烟末、烟灰棒）
比例/%	44.54	55.46

16.2.2.3 再造烟叶产品工艺控制

YRT-18再造烟叶工艺控制目标如表16-10所示。再造烟叶在开发过程中，树苔粉的粒径为800目，采用浸渍涂布工艺添加，添加量为3%。

表16-10　YRT-18再造烟叶工艺控制目标

指标项	控制指标
	指标范围
原料投料	符合"生产配方单"，与标样基本一致，无异味、碳化及霉变
洗梗工艺	1. 洗梗加水量：固液比1∶7 2. 洗梗温度：(75±5) ℃ 3. 洗梗时间：20 min 4. 洗后烟梗再与一提后其他烟草原料混合
一级蒸发塔蒸汽温度/ ℃	≤70
浆料停留时间/h	≤8
涂布液温度/ ℃	42.5±2.5
固体香原料精制	添加量3%；800目
固体香原料负载	浸涂均匀负载
隧道烘干机烘烤温度/ ℃	隧道烘干机1~5节设定值：(88\94\100\106\115)±0.3 (注：车速145 m/min)
片基绝干定量/g·m^{-2}	53.9±1.5
成品绝干定量/g·m^{-2}	92.9±2.0
涂布率/%	42.0±2.0

16.2.2.4 再造烟叶产品质量分析

所生产的YRT-18产品的物理指标及稳定性检测分析结果如表16-11所示。

表 16-11　YRT-18 再造烟叶主要物理指标波动分析

指标	定量/g·m^{-2}	厚度/mm	填充值/cm^3·g^{-1}	抗张强度/kN·m^{-1}	热水可溶物/%
平均值	107.43	0.20	4.60	0.76	40.41
最大值	108.10	0.20	4.68	0.84	42.00
最小值	107.00	0.20	4.51	0.70	37.14
标准偏差	0.472	0.004	0.070	0.072	1.453

所生产的 YRT-18 产品的常规化学指标及稳定性检测分析结果如表 16-12 所示。

表 16-12　YRT-18 再造烟叶常规化学指标波动分析　　　　　　　　　单位：%

指标	总植物碱	氯	硝酸盐	水溶性糖	钾	总氮
平均值	0.98	0.71	0.30	10.91	2.60	1.79
最大值	1.04	0.73	0.32	11.54	2.73	1.86
最小值	0.90	0.66	0.22	9.91	2.46	1.71
标准偏差	0.044	0.025	0.028	0.545	0.084	0.045

对生产的 YRT-18 产品的感官质量进行评价，结果如表 16-13 所示。

表 16-13　YRT-18 再造烟叶感官质量分析

样品名称	感官质量描述
YRT-18	较丰富的苔香和清滋香，烟气平顺，浓度适中偏高，杂气较轻，刺激小，口感干净舒适

综上所述，对标 YRT-18 产品的技术目标，其产品质量达到了设计目标。

16.2.3　橙子特征功能型再造烟叶 YRT-12 产品开发

以橙子为功能基础原料，通过固体香原料精制技术、多级涂布工艺技术集成及料香调配，开发了橙子特征功能型再造烟叶 YRT-12 产品。

16.2.3.1　再造烟叶产品设计

橙子特征功能型再造烟叶产品规格为 YRT-12，其技术目标如表 16-14 所示，YRT-12 感官质量目标为凸显再造烟叶产品的橙子香味和酸香口感。

表 16-14　YRT-12 再造烟叶技术目标

项目	技术指标	指标要求	项目	技术指标	指标要求
物理指标	含水率/%	11.5±1.5	常规化学指标	总植物碱/%	1.00±0.20
	定量/g·m^{-2}	104±10		氯/%	≤1.00
	厚度（层积法）/mm	0.18±0.02		硝酸盐/%	≤0.50
	填充值/cm^3·g^{-1}	4.5±1.0		水溶性糖/%	11.50±2.0
	抗张强度/kN·m^{-1}	≤1.0		钾/%	2.3±0.50

续表

项目	技术指标	指标要求	项目	技术指标	指标要求
物理指标	白片率/%	≤1.5	常规化学指标	总氮/%	1.8±0.30
	连片粘连率/%	≤3.0			
	热水可溶物/%	40.0±3.0			

16.2.3.2 再造烟叶产品原料配方

YRT-12再造烟叶烟草原料配方如表16-15所示。

表16-15 YRT-12再造烟叶烟草原料配方

原料	梗组	叶组（碎片、烟末、烟灰棒）
比例/%	43.64	56.36

16.2.3.3 再造烟叶产品工艺控制

YRT-12再造烟叶工艺控制目标如表16-16所示。再造烟叶在开发过程中，为凸显再造烟叶产品的橙子香、吃味，在涂布液浸涂环节添加5%的陈皮粉（1200目），在辊涂工艺环节添加7%的陈皮粉（1200目）。

表16-16 YRT-12再造烟叶工艺控制目标

指标项	控制指标 指标范围
原料投料	符合"生产配方单"，与标样基本一致，无异味、碳化及霉变
洗梗工艺	1. 洗梗加水量：固液比1∶7 2. 洗梗温度：(75±5) ℃ 3. 洗梗时间：20 min 4. 洗后烟梗再与一提后其他烟草原料混合
一级蒸发塔蒸汽温度/℃	≤70
浆料停留时间/h	≤8
涂布液温度/℃	50.0±2.5
固体香原料精制	添加量5%/7%；1200目
固体香原料负载	浸涂均匀负载/辊压均匀负载
隧道烘干机烘烤温度/℃	隧道烘干机1~5节设定值：（90\95\101\108\116）±0.3 （注：车速145 m/min）
片基绝干定量/g·m^{-2}	54.8±1.5
成品绝干定量/g·m^{-2}	92.1±2.0
涂布率/%	40.5±2.0

16.2.3.4 再造烟叶产品质量分析

所生产的YRT-12产品的物理指标及稳定性检测分析结果如表16-17所示。

表 16-17　YRT-12 再造烟叶主要物理指标波动分析

指标	定量/g·m^{-2}	厚度/mm	填充值/cm^3·g^{-1}	抗张强度/kN·m^{-1}	热水可溶物/%
平均值	107.70	0.17	4.47	0.69	40.95
最大值	108.80	0.17	4.76	0.74	42.50
最小值	106.50	0.16	4.18	0.61	39.36
标准偏差	0.942	0.003	0.290	0.070	0.870

所生产的 YRT-12 产品的常规化学指标及稳定性检测分析结果如表 16-18 所示。

表 16-18　YRT-12 再造烟叶常规化学指标波动分析　　　　　单位：%

指标	总植物碱	氯	硝酸盐	水溶性糖	钾	总氮
平均值	0.98	0.61	0.33	11.66	2.53	1.78
最大值	1.04	0.64	0.35	12.22	2.66	1.82
最小值	0.94	0.58	0.32	11.34	2.39	1.73
标准偏差	0.021	0.017	0.008	0.246	0.077	0.033

对生产的 YRT-12 产品的感官质量进行评价，结果如表 16-19 所示。

表 16-19　YRT-12 再造烟叶感官质量分析

样品名称	感官质量描述
YRT-12	较清新的橙子香味，酸香甜香适中，烟气平顺，浓度适中，杂气轻，刺激小，口感干净，回甜感较好

综上，对标 YRT-12 产品的技术目标，YRT-12 产品质量达到了设计目标。

16.2.4　凉味功能型再造烟叶 QRT-39 产品开发

以凉味剂为功能基础原料，通过香气补偿喷涂工艺及料香调配，开发了凉味功能型再造烟叶 QRT-39 产品。

16.2.4.1　再造烟叶产品设计

具有凉味功能型再造烟叶产品规格为 QRT-39，其技术目标如表 16-20 所示，QRT-39 感官质量目标为突出烟香自然感的同时具有凉味感。

表 16-20　QRT-39 再造烟叶技术目标

项目	技术指标	指标要求	项目	技术指标	指标要求
物理指标	含水率/%	11.5±1.5	常规化学指标	总植物碱/%	1.20±0.20
	定量/g·m^{-2}	110±10		氯/%	≤1.00
	厚度（层积法）/mm	0.19±0.02		硝酸盐/%	≤0.50
	填充值/cm^3·g^{-1}	5.0±1.0		水溶性糖/%	12.0±2.0
	抗张强度/kN·m^{-1}	≤1.0		钾/%	3.0±0.5

续表

项目	技术指标	指标要求	项目	技术指标	指标要求
物理指标	白片率/%	≤1.5	常规化学指标	总氮/%	1.6±0.3
	连片粘连率/%	≤3.0			
	热水可溶物/%	43.5±3.0			

16.2.4.2 再造烟叶产品原料配方

QRT-39 再造烟叶烟草原料配方如表 16-21 所示。

表 16-21 QRT-39 再造烟叶烟草原料配方

原料	梗组	叶组（碎片、烟末、烟灰棒）
比例/%	37	63

16.2.4.3 再造烟叶产品工艺控制

QRT-39 再造烟叶工艺控制目标如表 16-22 所示。再造烟叶在开发过程中，梗提取液采用了膜微滤分离工艺技术，叶提取液采用了 MVR 浓缩工艺技术，凉味剂（N-乙基-对薄荷基-3-羧酰胺、薄荷衍生物、左旋薄荷酮等）采用香气补偿喷涂工艺技术。

表 16-22 QRT-39 再造烟叶工艺控制目标

工段	控制指标	
	指标项	指标范围
提取	一级叶线提取温度/℃	65±2
	一级梗线提取温度/℃	70±2
	一级叶线提取时间/min	40±2
	一级梗线提取时间/min	40±2
	二级叶线提取温度/℃	65±2
	二级梗线提取温度/℃	70±2
	二级叶线提取时间/min	35±5
	二级梗线提取时间/min	35±5
沉降	沉降时间/min	60±5
	沉降剂用量/kg·m^{-3}	8
梗 MF	进料物料要求	沉降净化后梗上清液
	出料感官指标要求	外观澄清透亮
梗浓缩	制梗膏温度/℃	70±1
	制梗膏密度/g·mL^{-1}	1.200±0.005
叶 MVR	制叶膏温度（MVR）/℃	55±1
	制叶膏密度（MVR）/g·mL^{-1}	1.210±0.005

续表

工段	控制指标	
	指标项	指标范围
制浆	浆料感官质量	无酸味、腐味
	梗高浓打浆度/°SR	16±2
	叶高浓打浆度/°SR	16±2
	低浓打浆度/°SR	20±2
	梗高浓纤维湿重/g	5.5±1.5
	叶高浓纤维湿重/g	3.0±1.5
	低浓纤维湿重/g	5.0±1.5
	外加纤投料允差/%	±0.5
放料	片基定量/g·m^{-2}	55±2
	横幅定量允差/g·m^{-2}	≤5
	片基灰分/%	13.0±1.5
	助剂添加比例（瓜尔胶）/%	0.12
	填料调配浓度/%	8.57
	填料添加比例/%	12
涂布	梗、叶膏投料允差/%	±1
	香精香料投料重量误差/kg	±0.02
	涂布液调配温度/°C	70±1
	涂布液使用温度/°C	60±5
	涂布液调配密度/g·mL^{-1}	1.198±0.005
	感官指标	无酸味、腐味
	涂布率/%	42±1
干燥	温度/°C	≤125
分切	粘连率/%	≤2
	白片率/%	0
	分切水分/%	13±2
加香	调配允差/kg	±0.02
	加香允差/%	≤1
	进料水分/%	10.0±1.5
打包	成品水分/%	11.0±1.5

16.2.4.4 再造烟叶产品质量分析

所生产的 QRT-39 产品的物理指标及稳定性检测分析结果如表 16-23 所示。

表 16-23　QRT-39 再造烟叶主要物理指标波动分析

指标	定量/g·m^{-2}	厚度/mm	填充值/cm^3·g^{-1}	抗张强度/kN·m^{-1}	热水可溶物/%
平均值	110.45	0.16	4.89	0.45	42.34
最大值	113.37	0.18	5.24	0.71	45.35
最小值	106.07	0.15	4.58	0.31	40.25
标准偏差	2.41	0.01	0.24	0.14	1.28

所生产的 QRT-39 产品的常规化学指标及稳定性检测分析结果如表 16-24 所示。

表 16-24　QRT-39 再造烟叶常规化学指标波动分析　　　　　　　　单位：%

指标	氯	总植物碱	水溶性糖	钾	总氮	硝酸盐
平均值	0.88	1.34	11.50	3.12	1.90	0.33
最大值	1.03	1.42	13.60	3.30	2.20	0.37
最小值	0.74	1.27	10.20	2.90	1.50	0.25
标准偏差	0.08	0.04	0.91	0.13	0.17	0.03

对生产的 QRT-39 产品的感官质量进行评价，结果如表 16-25 所示。

表 16-25　QRT-39 再造烟叶感官质量分析

样品名称	感官质量描述
QRT-39	凉味风格凸显，与烟草本香较好谐调，烟香清爽，清甜香韵，烟气浓度适中偏高，质感柔和细腻，杂气轻，刺激小，余味干净舒适

综上，对标 QRT-39 产品的技术目标，其产品质量达到了设计目标。

16.2.5　小　结

通过重组烟草关键技术的集成应用，分别开发了乌梅特征功能型再造烟叶（YRT-08）、树苔特征功能型再造烟叶（YRT-18）、橙子特征功能型再造烟叶（YRT-12）和凉味功能型再造烟叶（QRT-39）味香功能型再造烟叶产品。

16.3　味香功能型再造烟叶在卷烟产品中的应用研究

对 YRT-08、YRT-18、YRT-12、QRT-39 四种味香功能型再造烟叶分别在目标卷烟产品进行应用研究，通过开展味香功能型再造烟叶对卷烟适配性、常规烟气指标及七项有害成分的影响，系统评价味香功能型再造烟叶的适用性，实现味香功能型再造烟叶在卷烟产品中的应用。

16.3.1　YRT-08 乌梅特征型再造烟叶在卷烟产品中的应用研究

YRT-08 的应用目标之一是云烟 RZ，等量替换云烟 RZ 原配方使用某再造烟叶，分别对 YRT-08 替换前后云烟 RZ 进行感官质量对比评价，替换前为对照样，替换后为试验样，结果如表 16-26 所示。

表 16-26 YRT-08 使用前后云烟 RZ 感官质量对比分析

评吸方法	评吸结果		
成对检验	结果	试验样、对照样质量比=9∶6	
	临界值	12	
	结论	无显著性差异	
三点法	参评人数	15	
	正确识别人数	7	
	临界值	9	
	结论	一致性较好	

成对检验评吸结果表明 YRT-08 替换前后云烟 RZ 感官质量无显著性差异，三点法评吸结果表明 YRT-08 替换前后云烟 RZ 感官质量一致性较好。

YRT-08 替换前后云烟 RZ 烟气常规化学指标检测结果如表 16-27 所示。YRT-08 替换前后云烟 RZ 烟气中总粒相物、焦油量、烟气烟碱量、一氧化碳和烟气水分较替换前分别增加了 -1.55%、-2.16%、1.96%、-5.3%、2.00%，整体变化不大且均符合盒标要求。

表 16-27 云烟 RZ 烟气常规化学成分检测结果   单位：mg/支

样品	总粒相物	焦油	烟气烟碱	CO	烟气水分
对照样	12.24	11.1	1.02	13.2	1.00
试验样	12.05	10.86	1.04	12.5	1.02
变化率	-1.55%	-2.16%	1.96%	-5.3%	2.00%

YRT-08 替换前后云烟 RZ 烟气七项有害成分检测结果如表 16-28 所示。YRT-08 替换前后云烟 RZ 烟气中 CO、HCN、NNK、NH3、苯并[a]芘、苯酚和巴豆醛较对照样分别增加了 -5.3%、-9.85%、-1.92%、-15.19%、0%、-1.34%、8.33%。卷烟危害性指数（H 值）由之前的 8.6 降低至 8.3，整体变化不大。

表 16-28 云烟 RZ 烟气七项有害成分检测结果

指标	CO /mg·支$^{-1}$	HCN /μg·支$^{-1}$	NNK /ng·支$^{-1}$	NH$_3$ /μg·支$^{-1}$	苯并[a]芘 /ng·支$^{-1}$	苯酚 /μg·支$^{-1}$	巴豆醛 /μg·支$^{-1}$	H 值
对照样	13.2	132	5.2	7.9	8.7	14.9	10.8	8.6
试验样	12.5	119	5.3	6.7	8.7	14.7	11.7	8.3
变化率	-5.3%	-9.85%	1.92%	-15.19%	0	-1.34%	8.33%	-3.49%

16.3.2 YRT-18 树苔特征型再造烟叶在卷烟产品中的应用研究

YRT-18 的应用目标是云产卷烟 RZ-01X，等量替换卷烟 RZ-01X 原配方使用某再造烟叶，分别对 YRT-18 替换前后卷烟 RZ-01X 进行感官质量对比评价，替换前为对照样，替换后为试验样，结果如表 16-29 所示。

表16-29　YRT-12使用前后卷烟RZ-01X感官质量对比分析

评吸方法	评吸结果	
成对检验	结果	试验样、对照样质量比=10∶5
	临界值	12
	结论	无显著性差异
三点法	参评人数	15
	正确识别人数	5
	临界值	9
	结论	一致性较好

成对检验评吸结果表明YRT-18替换前后卷烟RZ-01X感官质量无显著性差异，三点法评吸结果表明YRT-18替换前后卷烟RZ-01X感官质量一致性较好。

YRT-18替换前后卷烟RZ-01X烟气常规化学指标检测结果如表16-30所示。YRT-18替换前后卷烟RZ-01X烟气中总粒相物、焦油量、烟气烟碱量、一氧化碳和烟气水分较替换前分别增加了-0.70%、1.38%、-3.75%、22.54%、-6.15%，整体变化不大且均符合盒标要求。

表16-30　卷烟RZ-01X烟气常规化学成分检测结果　　　　单位：mg/支

样品	总粒相物	焦油	烟气烟碱	CO	烟气水分
对照样	9.96	8.70	0.80	7.10	1.30
试验样	9.89	8.82	0.77	8.7	1.22
变化率	-0.70%	1.38%	-3.75%	22.54%	-6.15%

YRT-18替换前后卷烟RZ-01X烟气七项有害成分检测结果如表16-31所示。YRT-18替换前后卷烟RZ-01X烟气中CO、HCN、NNK、NH3、苯并[a]芘、苯酚和巴豆醛较对照样分别增加了22.54%、-1.33%、-1.96%、4.00%、-14.49%、-3.03%、-8.13%。卷烟危害性指数（H值）由之前的6.6下降至6.5，整体变化不大。

表16-31　卷烟RZ-01X烟气七项有害成分检测结果

指标	CO /mg·支$^{-1}$	HCN /μg·支$^{-1}$	NNK /ng·支$^{-1}$	NH$_3$ /μg·支$^{-1}$	苯并[a]芘 /ng·支$^{-1}$	苯酚 /μg·支$^{-1}$	巴豆醛 /μg·支$^{-1}$	H值
对照样	7.10	75	4.08	5.00	8.42	13.2	12.3	6.6
试验样	8.7	74	4.0	5.2	7.2	12.8	11.3	6.5
变化率	22.54%	-1.33%	-1.96%	4.00%	-14.49%	-3.03%	-8.13%	-1.52%

16.3.3　YRT-12橙子特征型再造烟叶在卷烟产品中的应用研究

YRT-12的应用目标之一是云产卷烟YX-01（CX），等量替换卷烟YX-01（CX）原配方使用某再造烟叶，分别对YRT-12替换前后卷烟YX-01（CX）进行感官质量对比评价，替换前为对照样，替换后为试验样，结果如表16-32所示。

表16-32 YRT-12使用前后卷烟YX-01（CX）感官质量对比分析

评吸方法	评吸结果		
成对检验	结果	试验样、对照样质量比=10∶5	
	临界值	12	
	结论	无显著性差异	
三点法	参评人数	15	
	正确识别人数	5	
	临界值	9	
	结论	一致性较好	

成对检验评吸结果表明YRT-12替换前后卷烟YX-01（CX）感官质量无显著性差异，三点法评吸结果表明YRT-12替换前后卷烟YX-01（CX）感官质量一致性较好。

YRT-12替换前后卷烟YX-01（CX）烟气常规化学指标检测结果如表16-33所示。YRT-12替换前后卷烟YX-01（CX）烟气中总粒相物、焦油量、烟气烟碱量、一氧化碳和烟气水分较替换前分别增加了2.14%、1.18%、2.15%、-8.94%、-1.44%，整体变化不大且均符合盒标要求。

表16-33 卷烟YX-01（CX）烟气常规化学成分检测结果

样品	总粒相物/mg·支$^{-1}$	焦油/mg·支$^{-1}$	烟气烟碱/mg·支$^{-1}$	CO/mg·支$^{-1}$	烟气水分/mg·支$^{-1}$
对照样	12.59	11.0	0.93	12.3	1.39
试验样	12.86	11.13	0.95	11.2	1.37
变化率	2.14%	1.18%	2.15%	-8.94%	-1.44%

YRT-12替换前后卷烟YX-01（CX）烟气七项有害成分检测结果如表16-34所示。YRT-12替换前后卷烟YX-01（CX）烟气中CO、HCN、NNK、NH$_3$、苯并[a]芘、苯酚和巴豆醛较对照样分别增加了-8.94%、10.2%、6.34%、10.39%、-1.65%、-2.50%、-14.69%。卷烟危害性指数（H值）由之前的7.2下降至7.1，整体变化不大。

表16-34 卷烟YX-01（CX）烟气七项有害成分检测结果

指标	CO/mg·支$^{-1}$	HCN/μg·支$^{-1}$	NNK/ng·支$^{-1}$	NH$_3$/μg·支$^{-1}$	苯并[a]芘/ng·支$^{-1}$	苯酚/μg·支$^{-1}$	巴豆醛/μg·支$^{-1}$	H值
对照样	12.3	98	2.84	4.62	8.51	12.0	17.7	7.2
试验样	11.2	108	3.02	5.10	8.37	11.7	15.1	7.1
变化率	-8.94%	10.2%	6.34%	10.39%	-1.65%	-2.50%	-14.69%	-1.39%

16.3.4 QRT-39凉味功能型再造烟叶在卷烟产品中的应用研究

QRT-39的应用目标是云产卷烟RZ及RY，等量替换云产卷烟RZ及云产卷烟RY原配方使用10%某再造烟叶后又增量使用2%，以云产卷烟RZ为例，分别对QRT-39替换前后云产卷烟RZ进行感官质量对比评价，替换前为对照样，替换后为试验样，结果如表16-35所示。

表 16-35　QRT-39 使用前后云产卷烟 RZ 感官质量对比分析

评吸方法	评吸结果		
成对检验	结果		试验样、对照样质量比=10∶5
	临界值		12
	结论		无显著性差异
三点法	参评人数		15
	正确识别人数		5
	临界值		9
	结论		一致性较好

成对检验评吸结果表明 QRT-39 替换前后云产卷烟 RZ 感官质量无显著性差异，三点法评吸结果表明 QRT-39 替换前后云产卷烟 RZ 感官质量一致性较好。

QRT-39 替换前后云产卷烟 RZ 烟气常规化学指标检测结果如表 16-36 所示。QRT-39 替换前后云产卷烟 RZ 烟气中总粒相物、焦油量、烟气烟碱量、一氧化碳和烟气水分较替换前分别增加了 0.93%、0.45%、2.44%、2.06%、-5.13%，整体变化不大且均符合盒标要求。

表 16-36　云产卷烟 RZ 烟气常规化学成分检测结果

样品	总粒相物/mg·支$^{-1}$	焦油/mg·支$^{-1}$	烟气烟碱/mg·支$^{-1}$	CO/mg·支$^{-1}$	烟气水分/mg·支$^{-1}$
对照样	9.63	8.8	0.82	9.7	0.78
试验样	9.72	8.84	0.84	9.9	0.74
变化率	0.93%	0.45%	2.44%	2.06%	-5.13%

QRT-39 替换前后云产卷烟 RZ 烟气七项有害成分检测结果如表 16-37 所示。YRT-12 替换前后云产卷烟 RZ 烟气中 CO、HCN、NNK、NH3、苯并[a]芘、苯酚和巴豆醛较对照样分别增加了 2.06%、6.58%、1.33%、-23.41%、-10.27%、-14.91%、-7.32%。卷烟危害性指数（H 值）由之前的 9.6 下降至 9.2，整体变化不大。

表 16-37　云产卷烟 RZ 烟气七项有害成分检测结果

指标	CO /mg·支$^{-1}$	HCN /μg·支$^{-1}$	NNK /ng·支$^{-1}$	NH$_3$ /μg·支$^{-1}$	苯并[a]芘 /ng·支$^{-1}$	苯酚 /μg·支$^{-1}$	巴豆醛 /μg·支$^{-1}$	H 值
对照样	9.7	76	14.24	5.81	8.67	11.4	12.3	9.6
试验样	9.9	81	14.43	4.45	7.78	9.7	11.4	9.2
变化率	2.06%	6.58%	1.33%	-23.41%	-10.27%	-14.91%	-7.32%	-4.17%

16.3.5　小　结

系统研究了味香功能型再造烟叶对卷烟产品感官质量、烟气指标等的影响，实现了味香功能型再造烟叶在卷烟产品中的应用。随着味香功能型再造烟叶在卷烟产品中的不断推广，YRT-08、YRT-18、YRT-12 和 QRT-39 四种味香功能型再造烟叶产品已在云产卷烟常规、中支、细支、短支各品类 19 个规格的产品中得到广泛应用。

参考文献

[1] 杨伟祖，刘维涓，李正勇，等. 一种非烟草类造纸法再造烟叶配方料及其制备和使用方法：CN101011186[P]. 2007-08-08.

[2] 夏新兴，马娜，吉英. 小茴香秆造纸法烟草薄片的制造工艺研究[J]. 中华纸业，2008，29（8）：44-47.

[3] 武怡，曾晓鹰，王超，等. 一种用于造纸法再造烟叶的中草药提取物及其制备和使用方法：CN100569124C[P]. 2009-12-16.

[4] 马东萍，卫青，周瑾，等. 一种再造烟叶改性添加剂及其制备和使用方法：CN100534337C[P]. 2009-09-02.

[5] 范运涛，张世东，张碰元，等. 鸢尾根致香成分分析及在造纸法再造烟叶中的应用[J]. 光谱实验室，2010，27（01）：312-315.

[6] 徐曼，田英姿，邵干辉，等. 甘草纤维在烟草薄片纸基中的应用研究[J]. 现代食品科技，2012，28（12）：1747-1750.

[7] 晋照普，牛津桥，宋豪，等. 茶叶再造烟叶对卷烟烟气挥发性香气成分的影响[J]. 郑州轻工业学院学报（自然科学版），2013，28（1）：38-40.

[8] 李永福，容辉，宁夏，等. 薰衣草在造纸法再造烟叶中的应用研究[J]. 云南农业大学学报，2014，29（06）：941-947.

[9] 周红光，刘维涓，卫青，等. 一种造纸法再造烟叶植物填料的制备方法及其应用：CN102972858B[P]. 2014-08-27.

[10] 孙德坡，秦存永，张成信，等. 植物成分在造纸法再造烟叶中的应用现状[J]. 安徽农业科学，2016，44（01）：98-100.

[11] 孙德坡，王昆淼，刘志华，等. 一种添加富硒植物的功能型再造烟叶制备方法：CN104305512B[P]. 2017-01-04.

[12] 徐世涛，韩智强，谢志强，等. 栀子果提取物在再造烟叶产品中的应用研究[J]. 江西农业学报，2017，29（04）：77-80.

[13] 周桂园，向海英，王保兴，等. 一种实验室超声辅助涂布制备沉香再造烟叶的方法：CN105686057B[P]. 2017-09-26.

[14] 向海英，刘晶，周桂园，等. 一种用于实验室的夹层沉香再造烟叶的制备方法：CN105661620B[P]. 2017-05-10.

[15] 张玲，张天栋，高锐，等. 一种烟用水果固体香料的制备方法和用途：CN109007956A[P]. 2018-12-18.

[16] 张玲，张天栋，高锐，等. 一种烟用蔬菜固体香料的制备方法和用途：CN108741218A[P]. 2018-11-06.

[17] 张玲，张天栋，赵英良，等. 一种烟用本草植物固体香料的制备方法和用途：CN108936792A[P]. 2018-12-07.

[18] 李锐，马润，周俊，等. 用于再造烟叶的沉香提取物及其制备方法：CN109852475A[P]. 2019-06-07.

[19] 刘晶,刘王,周桂园,等. 一种褚橙味再造烟叶的制备方法：CN107495460B[P]. 2020-08-14.
[20] 周潇，李锐，马润，等. 咖啡豆、咖啡种皮致香成分分析及其在再造烟叶配方中的应用研究[J]. 香料香精化妆品，2021（01）：8-14.
[21] 候春，刘强，张建荣，等. 一种咖啡烘烤香再造烟叶及其制备方法和应用：CN109259294B[P]. 2021-08-03.
[22] 王小升，冯涛，梁毅，等. 含可可的烟用辅料制备方法、烟草制品：CN113455692A[P]. 2021-10-01.
[23] 董高峰，刘晶，段如敏，等. 一种烟用香料负载工艺：CN112971194A[P]. 2021-06-18.
[24] 凌军，王猛，周博，等. 一种负载油溶性香料的再造烟叶及其制备方法与应用：CN109832657B[P]. 2021-09-14.
[25] 张承明，王晋，陈建华，等. 一种茶叶烘烤香再造烟叶及其制备方法和应用：CN109259293B[P]. 云南省，2021-03-23.
[26] 周桂园，王小升，冯涛，等. 含沉香的烟用辅料制备方法、烟草制品：CN113455691A[P]. 2021-10-01.
[27] 熊珍,魏明文,周桂园,等. 一种卷烟叶组用的植物香片及其制备方法：CN112586795A[P]. 2021-04-02.
[28] 周潇，周桂园，王小升，等. 利用湿法造纸技术进行"非烟草-沉香型"烟用材料的制备方法：CN113455690A[P]. 2021-10-01.
[29] 凌军，王猛，周博，等. 一种凉味功能再造烟叶及其制备方法与应用：CN109832656B[P]. 2022-02-01.

17 在线再造烟叶产品质量提升及应用

随着卷烟结构提升和品类多元化发展，对再造烟叶的功能作用和定位发生变化，在线再造烟叶的品质及其在卷烟配方中的适配性提出了更高的要求。以前再造烟叶质量主要存在的问题详见第 1 章。例如，再造烟叶外观质量与天然烟叶差异较大，引发消费者误解"掺纸"事件发生；再造烟叶核心指标——热水可溶物含量较低，烟碱等关键成分含量偏低，阴离子含量和烟气 CO 量偏高，无法持续满足卷烟产品配方质量和卷烟产品烟气指标的调控要求。因此，提升卷烟产品配方需求适配的在线再造烟叶产品质量，对云产卷烟可持续发展至关重要。

按照重组烟草技术指标要求、烟草原料纤维特点以及烟梗制浆及其抄造特性差异，需要研发新型制浆工艺技术才能满足烟草重组、成形技术要求。鉴于此，我们在传统再造烟叶制浆技术路线及设备性能、烟梗、烟叶浆料特性研究基础上，开发了烟梗、烟叶分组制浆技术，并开发了不同物理特性烟梗分组制浆的多级高浓和低浓相结合柔性制浆技术；通过纤维原料、填料物质的显微形态及再造烟叶基片、成品空间结构的分析检测剖析，开展了微观形态对再造烟叶产品内在品质影响及卷烟适配性的研究；通过原料配方优化、成分分离重组等实现了再造烟叶化学成分和色值调控。在此基础上，对在线再造烟叶产品使用中存在的问题进行了改进，增强了再造烟叶产品的功能性，提升了再造烟叶的卷烟适配性。

17.1 原有的烟梗、烟叶制浆技术路线

原有的烟梗、烟叶先分别进行提取，烟梗经粗解纤与烟叶混合进行混合提取。混合固形物进行混合高浓制浆以及低浓制浆，原有的烟梗、烟叶制浆的工艺流程见图 17-1。

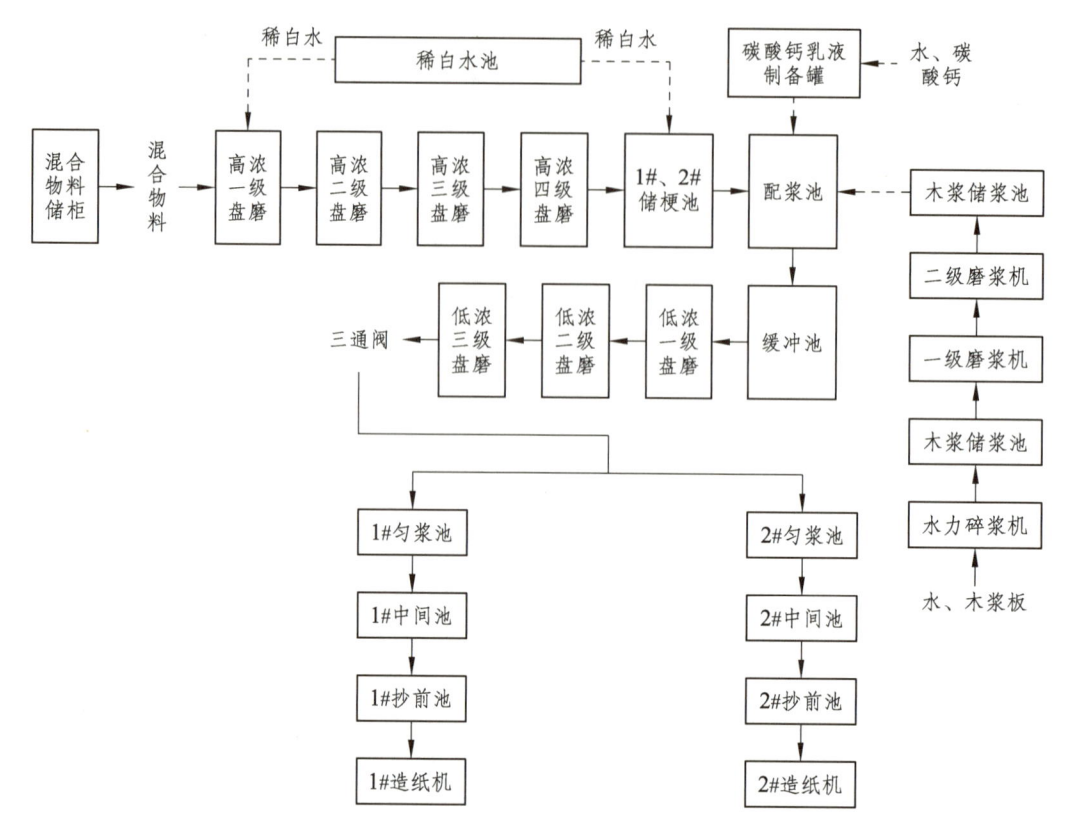

图 17-1 原有烟梗、烟叶制浆工艺流程图

17.2 烟梗、烟叶浆料研究

采用造纸法制备重组烟草，是以烟梗、碎烟叶及烟末等废料制成的烟草浆与一定量的木浆及填料等混合，经造纸机抄造成的基片再经浸渍涂布而制得，由于烟草纤维本身并不是优良的造纸纤维，必须经过适当的打浆来控制基片的各项物理性能。从烟草纤维构成的化学物质来看，木素含量较低，主要成分是糖类化合物，因此，一般不采用化学法制浆，而直接进行机械制浆处理。

烟草浆原料与草浆原料相比，纤维素含量更低，纤维更短，杂细胞更多。烟草浆纤维的这些特点使烟草浆打浆工艺对成纸性能的影响表现出了特殊性，因此，传统适合于木浆或草浆的打浆工艺不再适合于烟草浆。由于烟梗与烟片、烟末的形态和打浆特性相差较大，烟梗浆纤维微观组分呈细长带状，壁薄，胞腔径大，纤维表面易分丝帚化，具有典型的草类原料纤维特征；烟片和烟叶浆基本为非纤维细胞组分，微观形态粗短，壁薄，胞腔径大，且杂组分含量高，经过轻微的打浆易形成碎片。

磨（打）浆是重组烟草成形的一个关键的环节，磨（打）浆的目的是在可控的条件下用物理方法改善纤维的形态和性质，使抄造出来的纸张符合预期的质量要求。由于烟梗、烟片和烟末形态和浆料特性差别较大，需要深入研究不同打浆条件下烟草浆的微观形态，为控制重组烟草成形的各项物理性能提供适当的参考依据。

纤维长度和宽度是评价造纸法再造烟叶及其烟草原料（烟梗、烟碎片及烟末）质量的重要指标之一，其实烟梗浆和烟叶浆中的纤维所占比例很小，这里只是借用这一术语对其微观组分进行描述。纤维粗度是评价纸浆质量、预测纸浆在纸机上的适应性以及成纸印刷适应性的很好指标，粗度大，纸张的松厚度增加，而裂断长、耐破度、撕裂度及耐折度则下降。纤维卷曲是指纤维平直方向的弯曲。在一定程度上，纤维卷曲指数增加，成纸的抗张强度、耐破度、环压强度下降，而纸的透气度、松厚度、过滤速度和光散射系数等增加。这里仍采用粗度这一概念来描述烟梗浆的组分形态。

17.2.1 烟梗浆微观形态分析

不同打浆条件烟梗浆组分分析结果如表 17-1 所示。

表 17-1 烟梗浆不同打浆度下微观形态分析结果

打浆度 /°SR	质均长度 /mm	平均宽度 /μm	平均粗度 /mg·m^{-1}	卷曲率 /%	帚化率 /%	切断率 /%	细小组分率/%
16	0.675	41.9	0.282	23.5	2.67	63.4	57.8
30	0.654	41.4	0.186	22.1	3.29	67.2	62.5
44	0.627	41.1	0.167	23.3	3.59	71.2	69.1
50	0.588	40.7	0.095	21.1	3.96	71.8	69.4

由表 17-1 可知，随着打浆度的提高，烟梗浆组分的质均长度均下降，打浆度由 16 °SR 上升到 50 °SR，组分的质均长度下降了 12.9%，但是组分的平均宽度基本不变。

图 17-2 是打浆过程中烟梗浆组分质均长度的变化情况。从图 17-2 可以看出，烟梗浆组分长度主要分布在 0.20~0.75 mm，占组分总数量的 60% 以上，并且随着打浆度的提高，分布在此区间的比例持续增大，而长度大于 1.25 mm 的比例大幅下降，由 16 °SR 时的 12.8% 下降到 50 °SR 时的 6.6%，下降了 48.4%，这与表 17-1 中组分切断率的变化规律一致（由 63.1% 上升到 71.8%）。

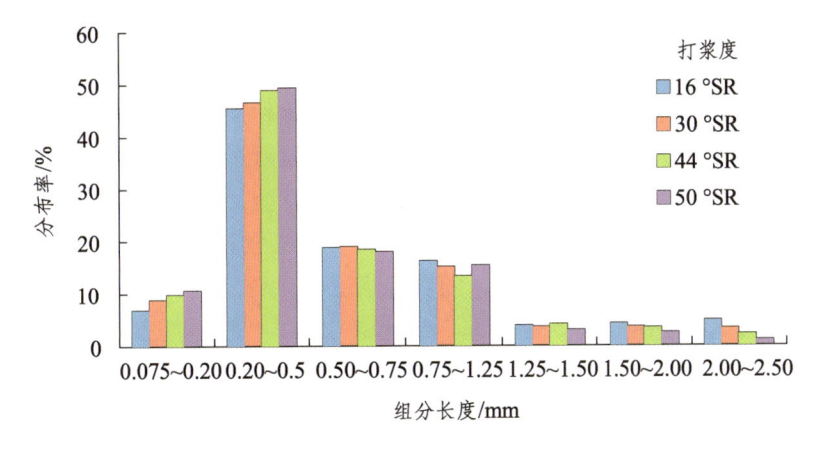

图 17-2 不同打浆度下烟梗浆组分质均长度分布图

图 17-3 是打浆过程中烟梗浆组分宽度的变化。从图 17-3 可以看出，烟梗浆组分的宽度主要分布在 27~67 μm，占组分总数量的 60%以上，烟梗组分宽度随打浆度的提高变化不大。

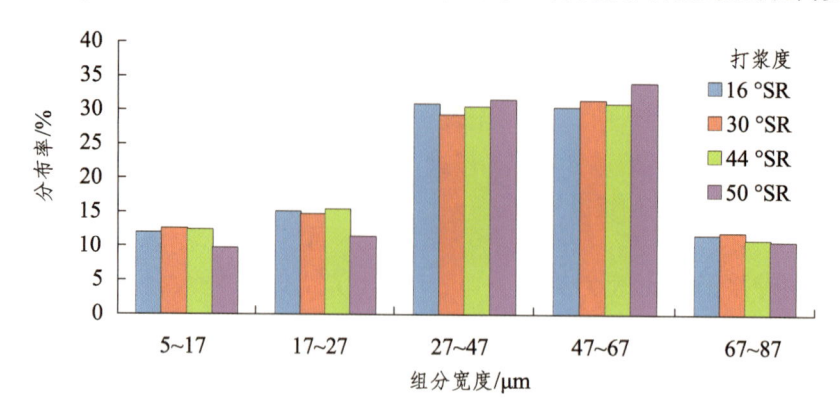

图 17-3　不同打浆度下烟梗组分宽度分布图

因此，从上述分析可知，打浆程度的增大，主要对烟梗浆组分产生切断作用，使得组分长度减小，而组分的宽度基本不变。

从表 17-1 可以看出随着打浆度的提高，烟梗组分的粗度和卷曲率均有下降的趋势，且组分粗度下降严重，打浆度由 16 °SR 提高到 50 °SR，组分粗度下降了 66.3%，而卷曲率下降幅度不是很大。

综上所述，由于烟草基片需要保证适当的松厚度和透气度，以保证基片在涂布过程中对涂布液的吸收性能，因此不宜对烟梗浆进行过度打浆，否则，烟梗组分粗度和卷曲率的大幅降低会影响抄造过程中烟草基片的松厚度和透气度，进而影响再造烟叶的品质。

烟梗浆在打浆过程中，纤维吸水润胀产生细纤维化，并发生分裂帚化、表面分丝起毛，而且由于受到剪切力和纤维之间相互摩擦作用造成纤维横向断裂，从而使纤维被切断。纤维的分丝帚化有利于纤维之间的结合，提高纸张的强度、紧度和匀度等性能，但纤维的过度切断会降低纸张的强度，特别是撕裂度。从表 17-1 可以看出，烟梗浆组分的帚化率和切断率都随着打浆度的上升而增大，但是相对而言，打浆度由 16 °SR 提高到 50 °SR，切断率的增幅（8.4%）要大于帚化率的增幅（1.4%）。因此可知，烟梗浆不宜进行过度打浆，否则组分的过度切断反而不利于烟草基片的强度。

烟梗浆在打浆过程中，部分纤维由于切断和分丝帚化作用而转变为细小纤维。而细小纤维的含量在造纸过程中的作用很大，不但会影响纸机的运行过程，比如留着、滤水、白水回收系统、助剂功效、干燥速率等，还会影响纸张的多种性能，如纸张结构、物理强度性能、光学性能、印刷性能等。从表 17-1 可以看出，烟梗浆的细小组分含量较高，即使在打浆度为 16 °SR 时，细小组分率也达到了 57.8%，随着打浆度的提高，细小组分率也显著增大，当打浆度达到 50 °SR 时，细小组分率更是达到了 69.4%。图 17-4 是打浆过程烟梗浆细小组分长度变化情况。从图 17-4 可以看出，细小组分的长度主要分布在 19~38 μm，占细小纤维总数量的 70%以上。因此，烟梗浆只能进行适度的打浆，否则细小组分含量过高，势必会影响纸机的运行和再造烟叶的品质。

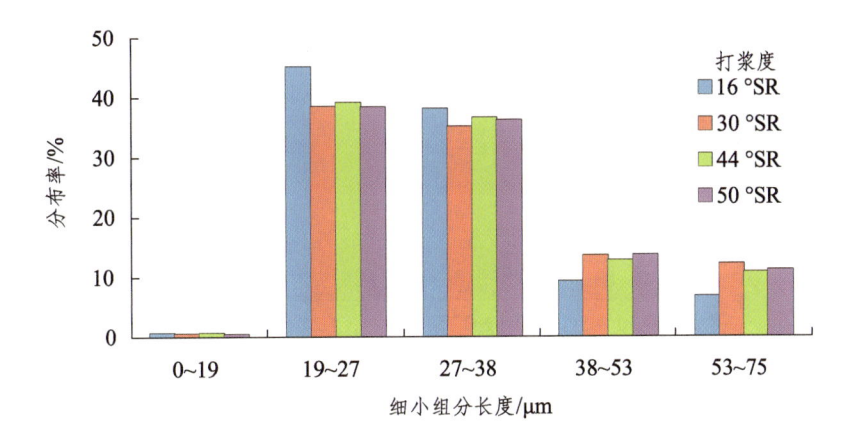

图 17-4　不同打浆度下烟梗浆细小组分分布图

17.2.2　烟碎片浆微观形态分析

表 17-2 是烟叶浆在不同打浆度下微观形态分析结果。

表 17-2　烟碎片浆不同打浆度下微观形态分析结果

打浆度 /°SR	质均长度 /mm	平均宽度 /μm	平均粗度 /mg·m^{-1}	卷曲率/%	帚化率/%	切断率/%	细小组 分率/%
32	0.539	43.6	0.261	19.2	2.62	56.7	77.2
40	0.491	46.3	0.213	18.1	2.68	57.8	78.7
50	0.478	47.8	0.143	17.9	2.86	59.0	79.7
69	0.445	49.2	0.114	16.1	3.00	61.9	81.2

从表 17-2 可以看出，烟叶浆组分的质均长度、平均粗度和卷曲率随着打浆度的提高而减小，而平均宽度、帚化率、切断率和细小组分率均随着打浆度的提高呈上升的趋势。同时可以看出，烟叶浆组分很短，且细小组分含量特别高，即使在打浆度为 32 °SR 时，其细小组分率就已经达到了 77.2%，因此烟叶浆只能采用低打浆度。比较表 17-1 和表 17-2 可以看出，在相同打浆度 50 °SR 时，烟梗浆组分的长度、卷曲率、帚化率和切断率均大于烟叶浆组分，而组分宽度、粗度和细小组分率要小于烟叶浆组分。结合前面的分析可知，在相同打浆条件下，由于烟叶浆组分更短，卷曲率和帚化率更低，细小组分含量更高，相比烟梗浆而言，烟叶浆在再造烟叶的抄造过程中，更可能对纸机的运行和烟草基片的强度性能造成不良影响。

图 17-5 所示为打浆过程中烟叶浆组分质均长度变化情况。从图 17-5 可以看出，烟叶浆组分长度主要分布在 0.20~0.50 mm，且随着打浆度的上升，分布在此区间的组分逐步增多，而组分长度在 1.25 mm 以上的组分所占比例非常小，且随着打浆度的提高，分布在 1.25 mm 以上的组分持续减少。

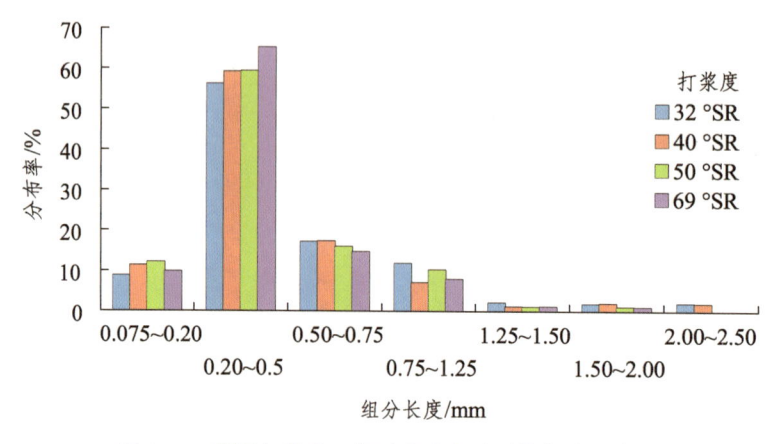

图17-5　不同打浆度下烟碎片浆组分质均长度分布图

图17-6是打浆过程中烟叶浆组分宽度变化情况。从图17-6可以看出,烟叶浆组分宽度分布的区间和烟梗浆组分宽度分布区间基本一致,主要分布在27~67 μm,且随着打浆度的增大,烟叶浆组分宽度的分布变化并不大。

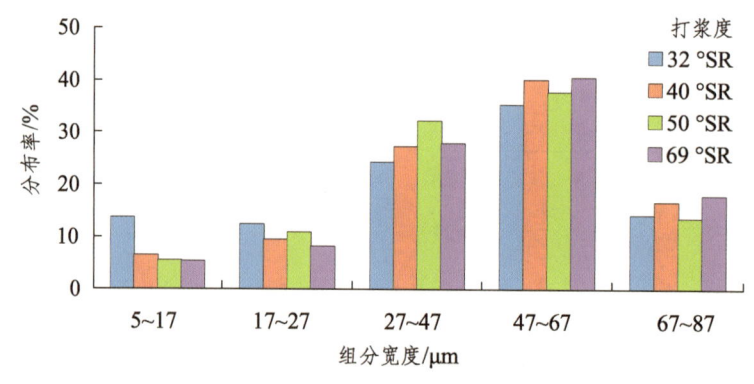

图17-6　不同打浆度下烟碎片浆组分宽度分布图

图17-7是打浆过程中烟叶浆细小组分变化情况。从图17-7可以看出,烟叶浆细小组分长度主要分布在19~38 μm,其分布随打浆度的提高变化并不是很明显;图17-7中同样可以看出烟梗浆细小组分的分布随打浆度的提高变化也不是很明显,从而可以得知,打浆对细小组分分布的影响不大。

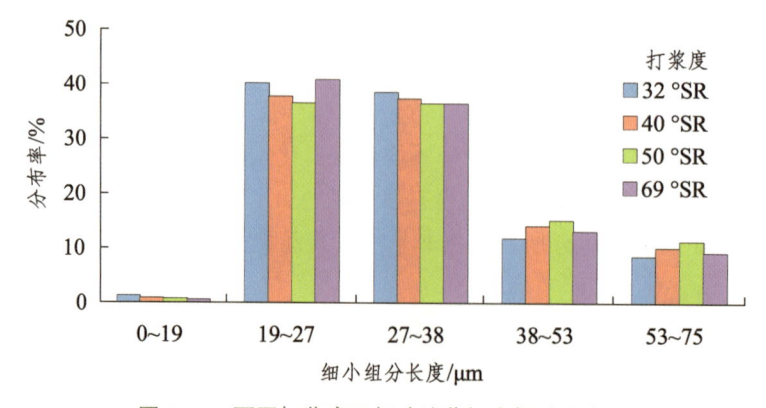

图17-7　不同打浆度下烟碎片浆细小组分分布图

综上所述，烟叶浆细小组分含量特别高，且烟叶浆组分难分丝帚化，只能使用低度打浆。

17.2.3　小　结

采用烟末和烟梗在不同打浆条件下进行打浆处理，实验观察分析了不同打浆度烟草浆的微观形态。

（1）烟梗浆纤维含量较少，非纤维组分较多。其微观组分呈细长带状，壁薄，胞腔径大，具有典型的草类原料纤维特征，纤维表面易分丝帚化；烟叶浆基本为非纤维细胞组分，微观形态粗短，微观组分壁薄，胞腔径大，且杂组分含量高，经过轻微的打浆易形成碎片。

（2）烟梗浆组分和烟叶浆组分的质均长度、平均粗度和卷曲率随着打浆度的提高而减小，而帚化率、切断率和细小纤维率均随着打浆度的提高呈上升的趋势，组分宽度随打浆度的提高变化不大。

（3）烟梗浆组分和烟叶浆组分长度主要分布在 0.20~0.75 mm，宽度主要分布在 27~67 μm，细小组分的长度主要分布在 19~38 μm。

（4）烟梗浆适宜采取中度打浆，以保证烟草基片的强度性能；烟叶浆由于没有纤维组分，较难分丝帚化，且烟叶浆细小组分含量特别高，只适宜低度打浆。

17.3　新型制浆技术路线及设备性能

17.3.1　新型制浆技术路线

文献调研结果表明，国内再造烟叶企业大都采用高浓打浆工艺，其流程相对较短，且原料差异性大，因此所生产的浆料均匀性差。为保证产品质量，宜根据各自的纤维特性及需要达到的指标采取分别制浆方法。国内造纸法再造烟叶企业一般采用梗、叶分别制浆，多级高浓或者高浓与低浓相组合的方式进行磨浆，根据产品抗张强度、涂布量、柔软性、原料特性等调整打浆度在 25~40 °SR 内。

制备重组烟草的新型制浆工艺充分考虑到烟草浆原料的特殊性：与木浆纤维和草浆相比，烟草浆中的纤维素含量更低，纤维更短，杂细胞更多。因此，传统适合于木浆或草浆的打浆工艺并不适合烟草浆。另外，由于烟梗与烟片、烟末的形态和打浆特性相差较大，烟梗浆纤维微观组分呈细长带状，壁薄，胞腔径大，纤维表面易分丝帚化，具有典型的草类原料纤维特征；烟片和烟叶浆基本为非纤维细胞组分，微观形态粗短，壁薄，胞腔径大，且杂组分含量高，经过轻微的打浆易形成碎片。

由于造纸法成形的重组烟草产品一般要求具有较适宜的松厚度，以保证后续涂布液的吸收性，又要求具有较合适的抗张强度，既保证车速正常运行，又不对后续薄片切丝造成影响。这就需要避免采用使纤维过度切断的打浆方法，而选择纤维分丝帚化较好，纤维平均长度较长，在一定程度上进行短纤维切断的柔性打浆技术。

不同制浆方法对造纸法再造烟叶产品质量有明显影响：与高浓打浆相比，低浓打浆的浆料中烟草纤维自身的长度保留良好，因此匀度较好，同时其抗张强度提高，基片的吸收性能提高，但柔软度略降低，但低浓打浆存在另外一个缺点：耗水量大。因此，高浓打浆和低浓打浆各有利弊。

在总结前人的研究基础上，并结合原料特点和制浆技术，对现有的制浆工艺进行了改进，提出了一种适用于造纸法再造烟叶生产的柔性制浆技术——多级高浓和低浓相组合的制浆方法，其工艺流程如图 17-8 所示。

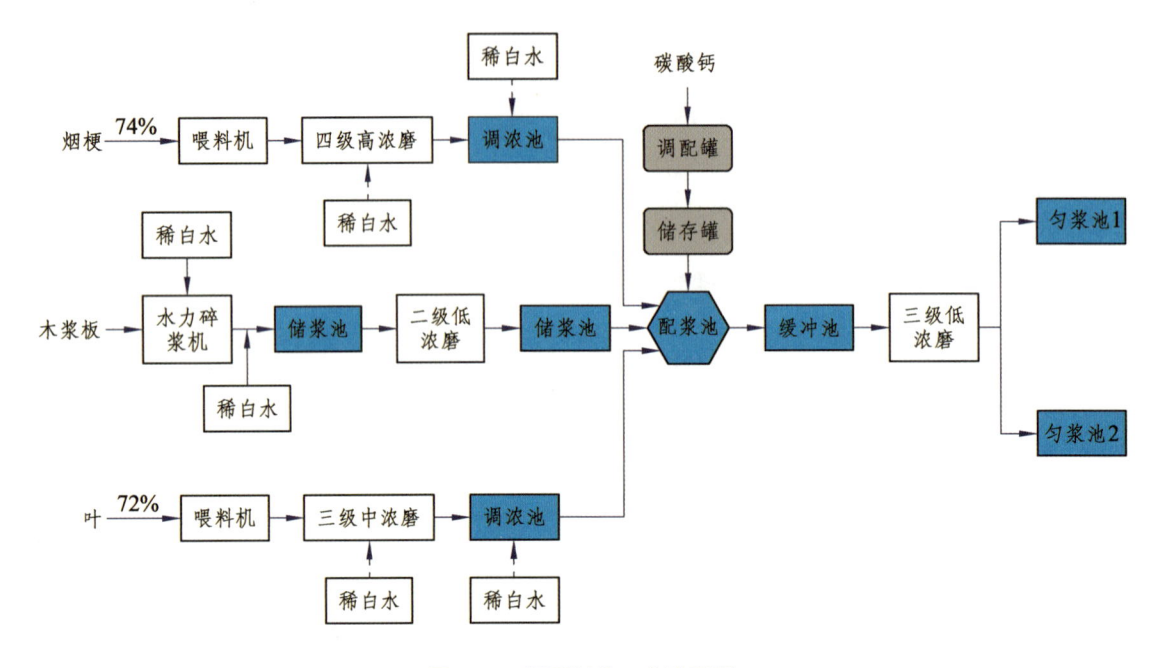

图 17-8　新型制浆工艺流程图

17.3.2　制浆质量控制

制浆工艺段成功与否是与抄造和最终产品的品质紧密相连，衡量制浆好坏的指标主要是打浆度（游离度）、纤维形态，质量好的浆料一般具有"均匀性好、分丝帚化好"的特点，有利于后续的抄造成型工艺，直接影响片基和成品的品质，相反，制浆若出现问题，不但会给设备带来一定的清洗难度，而且会引起产品品质的波动，因此，必须把好质量控制这一关。

重组烟草生产线主要采用质量控制手段有：工艺参数控制和在线检测控制。

17.3.3　新型制浆工艺测试、验证

1. 重组烟草新型制浆工艺控制指标

重组烟草新型制浆工艺控制指标如表 17-3 所示。

表 17-3　重组烟草新型制浆工艺控制指标

检测项目	设计值
梗高浓打浆度/°SR	18～22
梗高浓纤维湿重/g	3.0～4.5
叶高浓打浆度/°SR	28～32
叶高浓纤维湿重/g	2.5～4.0

续表

检测项目	设计值
低浓打浆度/°SR	26~30
低浓纤维湿重/g	3.6~4.2
进浆流量波动/m³·h⁻¹	60±2
进浆压力波动/kPa	150±5
制浆浓度波动/%	3.6±0.2

2. 浆料纤维质量分析

纤维形态主要包括纤维长度、宽度、长宽比、粗度、扭曲度、分丝帚化率等。

17.3.3.1 工艺控制指标稳定性

新型纸浆工艺控制指标稳定性如表17-4所示。

表17-4 重组烟草工艺控制指标稳定性

检测项目	设计值	运行值
梗高浓打浆度/°SR	18~22	19~21
梗高浓纤维湿重/g	3.0~4.5	3.7~4.3
叶高浓打浆度/°SR	28~32	29~31
叶高浓纤维湿重/g	2.5~4.0	2.8~3.4
低浓打浆度/°SR	26~30	28~30
低浓纤维湿重/g	3.6~4.2	3.0~4.5
进浆流量波动/m³·h⁻¹	60±2	58.6~60.8
进浆压力波动/kPa	150±5	147~152
制浆浓度波动/%	3.6±0.2	3.52~3.68

由表17-4可以看出,新型制浆工艺控制指标稳定性较好,进浆流量波动±1.4 m³/h,进浆压力波动±5 kPa,制浆浓度波动±0.2%。

17.3.3.2 浆料得率

表17-5是不同制浆工艺浆料得率对比。

表17-5 不同制浆工艺浆料得率对比表

项目	现有纸浆工艺	新型制浆工艺	采用新型制浆工艺后梗浆、叶浆得率变化率/%
梗浆得率/%	40.28	41.16	2.18
叶浆得率/%	40.28	44.27	9.91

测试结果表明,通过梗叶高浓分开制浆,可分别根据工艺需求有效调控梗叶原料打浆强度,避免因达到梗打浆强度而导致叶打浆强度过高,造成叶组原料造碎率高,浆料得率低、抄造成型流失较大等问题,结果表明:采用新型制浆工艺后梗浆、叶浆得率均得到提高,其

中梗浆得率提高了2.18%，叶浆得率提高了9.91%。

17.3.3.3 浆料纤维质量分析

纤维形态主要包括纤维的长度、宽度、长宽比、粗度、扭曲度、分丝帚化率等，浆料纤维质量分析就是通过测定纤维形态数据，分析不同纸浆工艺对纤维形态作用、影响。

1. 新旧制浆工艺浆料纤维重均长度和数均长度的分布频率及变化率

表17-6是新旧制浆工艺浆料纤维重均长度和数均长度的分布频率。

表17-6　新旧制浆工艺浆料纤维重均长度和数均长度的分布频率

产品类型	不同制浆工艺	重均长度分布频率/%（长度单位：mm）					
		0~0.2	0.2~0.6	0.6~1.2	1.2~2.0	2.0~3.2	3.2以上
产品A	新型制浆工艺	32.10	15.75	10.65	13.96	20.87	6.67
	原有制浆工艺	36.30	14.82	11.16	14.17	18.36	5.18
产品B	新型制浆工艺	32.93	15.88	10.44	13.49	20.74	6.52
	原有制浆工艺	35.84	14.68	10.29	14.20	18.89	6.10

产品类型	不同制浆工艺	数均长度分布频率/%（长度单位：mm）					
		0~0.2	0.2~0.6	0.6~1.2	1.2~2.0	2.0~3.2	3.2以上
产品A	新型制浆工艺	30.24	28.02	12.1	10.13	14.76	4.75
	原有制浆工艺	35.02	26.92	11.05	10.63	12.51	3.88
产品B	新型制浆工艺	30.60	27.41	12.29	10.38	14.8	4.52
	原有制浆工艺	35.25	27.06	10.65	10.06	12.6	4.38

从表17-6可以看出，新旧制浆工艺浆料纤维中重均长度和数均长度的分布频率影响基本一致，0~0.2 mm呈减小趋势，分别减少了11.57%、8.12%；2.0~3.2 mm、3.2 mm以上，除产品B浆料纤维中重均长度1.2~2.0 mm下降了5.00%外，其余呈上升趋势。表明采用新型制浆工艺≥0.2 mm纤维增加，有利于提高产品得率、提升产品品质。

2. 不同产品新旧制浆工艺浆料纤维宽度的分布频率及变化率

表17-7是新旧制浆工艺浆料纤维宽度的分布频率；图17-9是不同产品新旧制浆工艺浆料纤维宽度的分布频率变化率。

表17-7　不同产品新旧制浆工艺浆料纤维宽度的分布频率

产品类型	不同制浆工艺	宽度分布频率/%（宽度单位：μm）					
		0~0.2	0.2~0.6	0.6~1.2	1.2~2.0	2.0~3.2	3.2以上
产品A	新型制浆工艺	32.1	15.75	10.65	13.96	20.87	6.67
	原有制浆工艺	36.3	14.82	11.16	14.17	18.36	5.18
产品B	新型制浆工艺	21.13	29.53	24.38	21.2	21.25	21.46
	原有制浆工艺	22.24	31.22	23.51	20.89	21.01	21.98

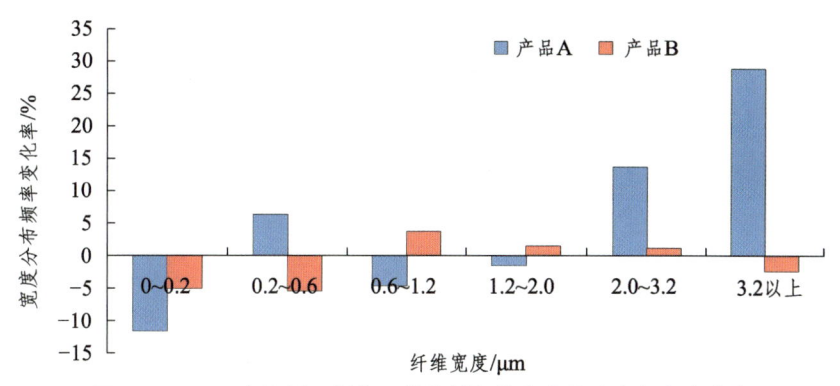

图 17-9　不同产品新旧制浆工艺浆料纤维宽度的分布频率变化率

从表 17-7、图 17-9 可以看出，不同产品新旧制浆工艺浆料纤维宽度的分布频率变化趋势一致，纤维宽度≤1.2 μm 呈增加降低趋势，纤维宽度≥1.2 μm 呈增加趋势；但不同产品纤维宽度频率变化率差别较大，产品 A 变化率大于产品 B。结果表明：新制浆工艺浆料分丝帚化率提高。

3. 不同产品新旧制浆工艺浆料纤维其他指标检测结果

表 17-8 是不同产品新旧制浆工艺浆料纤维其他指标检测结果。

表 17-8　不同产品新旧制浆工艺浆料纤维其他指标检测结果

产品类型	不同制浆工艺	纤维长度/mm 数均长度	纤维长度/mm 重均长度	纤维平均宽度/μm	长宽比	纤维平均粗度/mg·m^{-1}	弯曲指数
产品 A	新型制浆工艺	0.288	1.309	23.87	98.95	0.228	11.28
	原有制浆工艺	0.259	1.198	23.18	96.59	0.221	10.66
产品 B	新型制浆工艺	0.285	1.289	23.71	54.37	0.225	12.33
	原有制浆工艺	0.266	1.247	23.81	52.37	0.234	14.57

由表 17-8 可知，不同产品新旧制浆工艺浆料纤维长度、纤维平均宽度、长宽比均提高，纤维平均粗度、弯曲指数变化趋势不同。

17.3.4　小　结

通过对现有的技术路线及设备性能分析研究，烟梗、烟叶浆特性研究，开发出新型制浆技术路线及设备性能，分析检测纤维原料、填料物质的显微形态及再造烟叶基片、成品空间结构，结果表明：

（1）与草浆原料相比，烟草浆原料纤维素含量更低、纤维更短、杂细胞更多。烟草浆纤维的这些特点，导致烟草浆打浆工艺对成纸性能的影响较大，因此，传统适合于木浆或草浆的打浆工艺不再适合于烟草浆。

（2）烟梗浆适宜采取中度打浆，以保证烟草片基的强度性能；烟叶浆由于没有纤维组分，分丝帚化较难，且烟叶浆细小组分含量特别高，适宜低度打浆。

（3）制浆段采用多级高浓和低浓相结合柔性制浆技术，根据梗、叶的物料特征，可满足不同原料配方及工艺要求的柔性加工，提高了浆料得率和质量稳定性。

(4) 新型制浆工艺测试、验证结果表明：新型制浆工艺控制指标稳定性较好，进浆流量波动±1.4 m³/h，进浆压力波动±5 kPa，制浆浓度波动±0.2%；采用新型制浆工艺，梗浆、叶浆得率均得到提高，其中梗浆得率提高了2.18%，叶浆得率提高了9.91%。

(5) 纤维原料、填料物质的显微形态及再造烟叶基片、成品空间结构的分析检测结果表明：采用新型制浆工艺，浆料的微观形态提升了再造烟叶产品内在性能品质。

17.4 再造烟叶产品质量调控技术研究

紧密围绕再造烟叶质量指标要求，以再造烟叶外观、片基结构、化学指标的调控技术研究为手段，为实现在线再造烟叶产品质量的提升提供技术支持。

17.4.1 再造烟叶片基调控技术研究

通过制浆工艺及打浆度的研究，增加浆料的分丝帚化能力，实现片基结构的调控，为高松厚度及高涂布率再造烟叶的开发提供技术支持。

17.4.1.1 打浆度对浆料纤维形态的影响

纤维形态包括纤维的显微镜像、长度分布、宽度分布、卷曲度分布等，纤维的长度影响纸张的撕裂强度、裂断长、耐折度和耐破度，而纤维的宽度及卷曲度与交织能力密切相关。

图17-10为不同打浆度条件下纤维的显微成像图，随着打浆度的提升，长纤维的含量逐渐减少，细小纤维及细小颗粒物逐渐增多。随着打浆度提升，中长纤维被切断，变为细小纤维，而颗粒物质主要为再造烟叶原料配方中的烟灰、烟末及烟灰棒产生的造碎物。

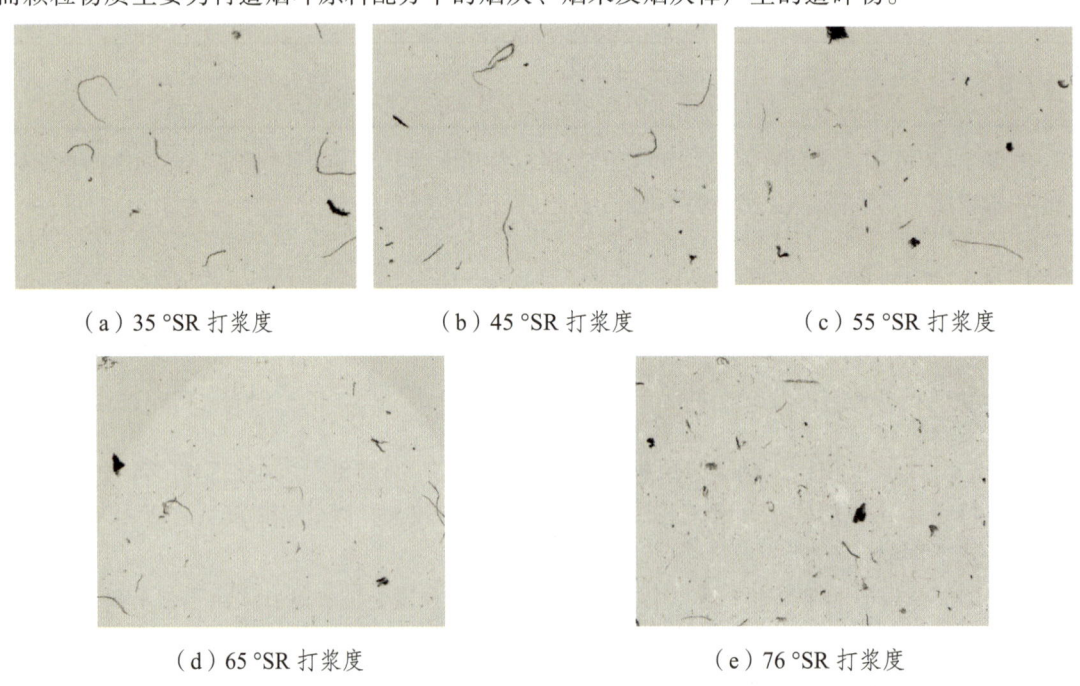

(a) 35 °SR 打浆度　　(b) 45 °SR 打浆度　　(c) 55 °SR 打浆度

(d) 65 °SR 打浆度　　(e) 76 °SR 打浆度

图 17-10　不同打浆度条件下浆料纤维形貌

对不同打浆度下浆料纤维的长度分布进行检测,结果如表17-9所示。随着打浆度的提升,浆料纤维的均值长度逐渐降低,细小纤维的比例逐渐增加,而中长纤维的比例逐渐减小。

表17-9 不同打浆度下浆料纤维均质长度分布情况

纤维长度/mm	35°SR	45°SR	55°SR	65°SR	76°SR
0.20~0.50	20.4	27.9	32.2	34.3	41.8
0.50~0.75	8.6	11.4	12.5	14.1	14.1
0.75~1.25	11.9	13.4	12.8	16.7	17
1.25~1.50	5.2	3.7	4.7	6.1	3.9
1.50~2.00	11	9.5	8.6	9.4	6.1
2.00~3.00	25	22.1	18.6	13.8	15.9
3.00~3.50	9.7	8.2	7.7	3.9	1.1
3.50~4.00	6.8	2.8	2.1	1.6	0
≥4.00	1.3	0.9	0.9	0	0

注:占比%。

对不同打浆度下浆料纤维的宽度分布进行检测,结果如表17-10所示。打浆度的提升度对纤维宽度的各区间分布没有明显的影响。

表17-10 不同打浆度下浆料纤维宽度分布情况

纤维宽度/μm	35°SR	45°SR	55°SR	65°SR	76°SR
5~21	19.5	19.6	17.5	16.7	23.5
21~36	31.8	29.1	28.5	27.3	27.3
36~52	28.2	26.8	29.7	30.1	26.9
52~67	14.4	17	16.6	18.8	16.6
≥67	6.1	7.5	7.7	7	5.7

注:占比%。

对不同打浆度下浆料纤维的卷曲度分布进行检测,结果如表17-11所示。打浆度的提升对纤维卷曲度的各区间分布没有明显的影响。

表17-11 不同打浆度下浆料纤维卷曲度分布情况

纤维卷曲度	35°SR	45°SR	55°SR	65°SR	76°SR
0~25	91.8	90.1	92	89	90.8
25~50	6.1	7.6	6.2	8.9	7.3
50~75	1.6	1.7	1.3	1.6	1.4
75~95	0.6	0.6	0.6	0.5	0.6
≥95	0	0	0	0	0

17.4.1.2 打浆度对再造烟叶片基物理性能的影响

对不同打浆度的浆料纤维分别抄造成片基,并对片基的抗张强度、切丝造碎率、透气度和松厚度进行了检测,检测结果与打浆度的关系如图 17-11 所示。

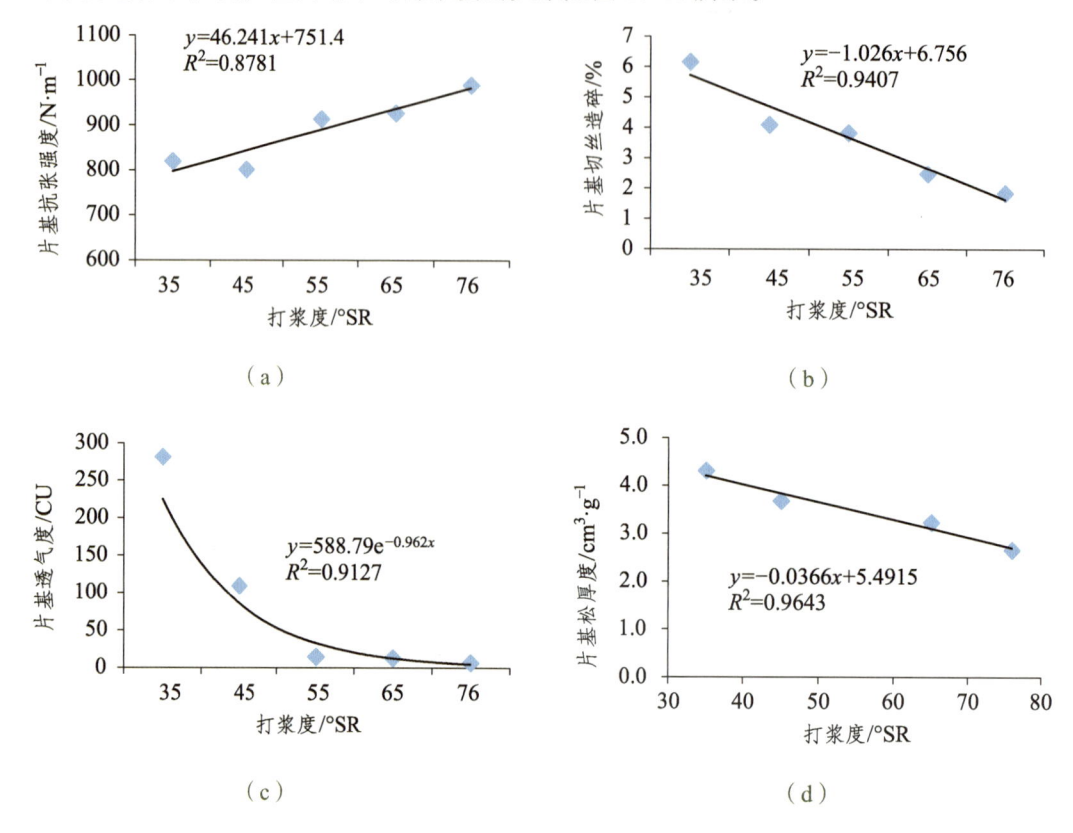

图 17-11 打浆度与片基物理指标的对应关系

在打浆度为 35 ~ 76 °SR 内,再造烟叶片基的抗张强度与打浆度呈正相关的线性关系,随着打浆度的提升,再造烟叶片基的抗张强度提升,打浆度从 35 °SR 提升至 76 °SR 时,抗张强度提升了 20.60%,随着打浆度的提升,浆料的分丝帚化性能提升,纤维之间的键合力增强,为此片基的抗张强度增加。

在打浆度为 35 ~ 76 °SR 内,再造烟叶片基的切丝造碎率与打浆度呈负相关的线性关系,打浆度从 35 °SR 提升至 76 °SR 时,片基的切丝造碎率降低率为 70.12%。随着打浆度的提升,浆料的分丝帚化性能提升,纤维之间的键合力增强,切丝过程中细小纤维不容易脱落。

在打浆度为 35 ~ 76 °SR 内,再造烟叶片基的透气度与打浆度成指数函数的对应关系,随着打浆度的提升而迅速降低,打浆度从 35 °SR 提升至 76 °SR 时,片基的透气度从 281.68 CU 降低至 6.70 CU,降低率为 97.62%。随着打浆度的提升,细小纤维含量提升,片基的致密度提升,片基的透气度显著降低,片基的透气度影响片基的涂布载量,需适度控制片基的透气度。

在打浆度为 35 ~ 76 °SR 内,再造烟叶片基的松厚度随着打浆度的提升而降低,打浆度从 35 °SR 提升至 76 °SR 时,片基的松厚度从 4.301 cm³/g 降低至 2.659 cm³/g,降低率为 38.2%。

17.4.1.3 打浆度对再造烟叶片基微观结构的影响

不同打浆度条件下再造烟叶片基表面的微观结构如图 17-12 所示,由图可以看出,35 °SR 打浆度时再造烟叶片基上表面单根纤维交错,纤维孔隙较为明显。随着打浆度的提升,再造烟叶片基上表面的纤维孔隙逐渐变小,单根纤维的可见度逐渐降低,片基的致密度逐渐提升。

（a）35 °SR 打浆度 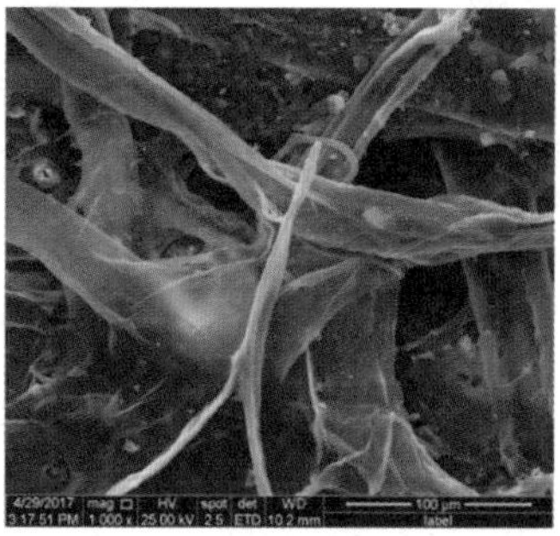　　（b）45 °SR 打浆度 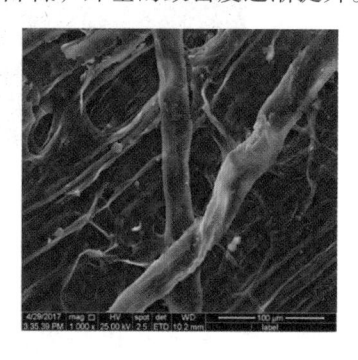　　（c）55 °SR 打浆度

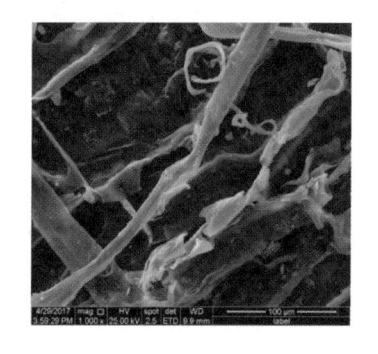

（d）65 °SR 打浆度 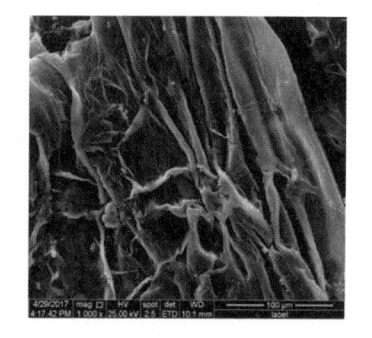　　（e）76 °SR 打浆度

图 17-12　不同打浆度条件下再造烟叶片基表面微观结构

不同打浆度条件下再造烟叶片基截面的微观结构如图 17-13 所示,35 °SR 打浆度时再造烟叶片基截面纤维较为疏松,随着打浆度的提升,再造烟叶片基截面的纤维致密度逐渐提升。

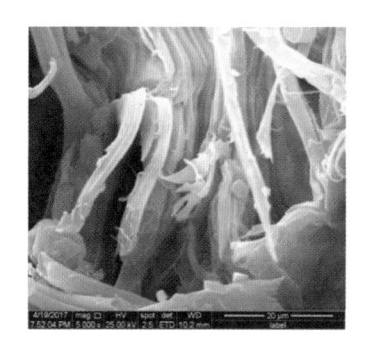

（a）35 °SR 打浆度 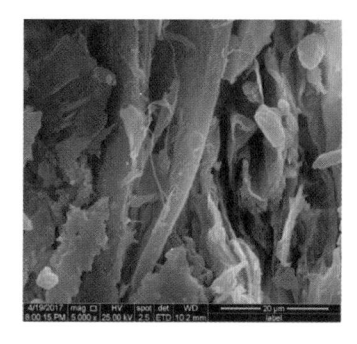　　（b）45 °SR 打浆度 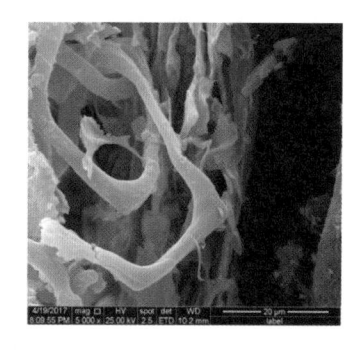　　（c）55 °SR 打浆度

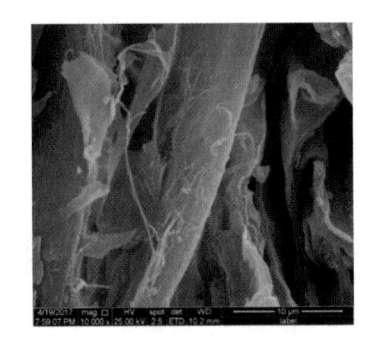

（d）65°SR 打浆度　　　　　　　　（e）76°SR 打浆度

图 17-13　不同打浆度条件下再造烟叶片基截面微观结构

17.5　主要有机化学指标调控技术研究

水溶性糖、总氮、蛋白质、烟碱、钾和氯是表征造纸法再造烟叶关键化学指标的主要成分，其含量和相互间的比例直接影响到产品的品质和感官质量。开展再造烟叶主要有机化学指标调控技术研究，为再造烟叶质量提升提供技术支持。

17.5.1　原料配比对再造烟叶常规化学成分的影响

通过选择性进行再造烟叶烟草原料配方设计，开展总植物碱、总糖、总氮、氯等关键化学指标的调控技术研究。

不同烟梗及碎片配比的再造烟叶样品的常规化学指标进行检测，结果如表 17-12 所示。

表 17-12　再造烟叶样品化学指标检测结果　　　　　　　　　　单位：%

梗/片重量比	总糖	还原糖	总植物碱	总氮	硝酸盐	钾	氯
40∶60	9.97	8.71	0.79	1.87	0.36	2.49	0.61
45∶55	9.87	8.69	0.77	1.75	0.38	2.40	0.62
50∶50	9.92	8.89	0.75	1.88	0.55	2.55	0.91
55∶45	9.32	7.64	0.70	1.67	0.53	2.53	0.89
60∶40	9.39	7.54	0.66	1.60	0.51	2.50	0.90

随着烟梗在原料配方中比例的增加，总糖、还原糖、总植物碱呈下降趋势，说明烟梗原料对再造烟叶总糖、还原糖、总植物碱的贡献不及烟草碎片。提高碎片在原料配方中的比例可适当提高烟碱、总糖、还原糖、总氮含量，并可适当降低硝酸盐、氯离子、钾离子含量。

17.5.2　涂布率对再造烟叶化学成分的影响

不同涂布率的再造烟叶样品的常规化学指标检测结果如图 17-14 所示。

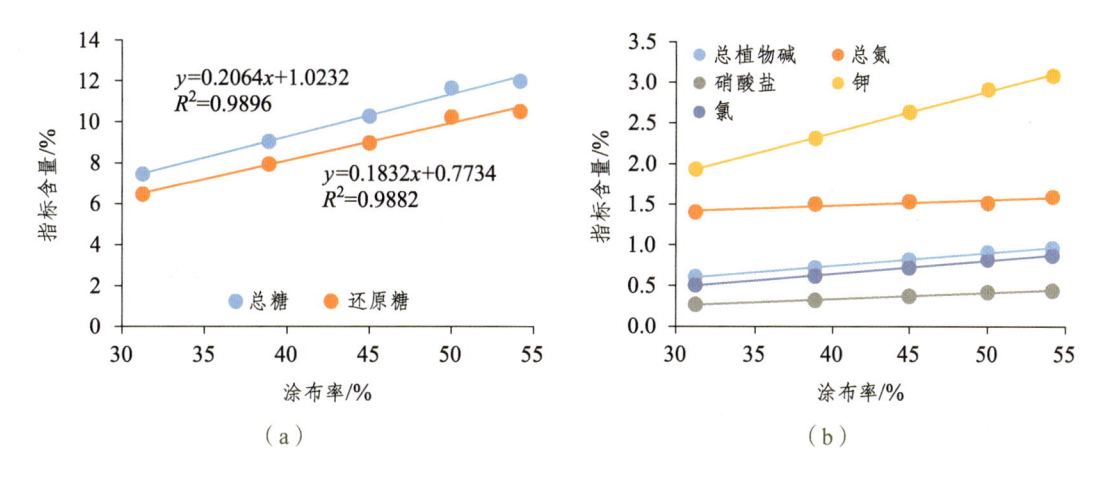

图 17-14 涂布率与再造烟叶化学指标含量的对应关系

再造烟叶总糖、还原糖、总植物碱、总氮、硝酸盐、钾离子、氯离子与涂布率呈正相关的线性关系。线性关系式分别为总糖：$y=0.2064x+1.0232$，线性相关系数 $R^2=0.9896$；还原糖：$y=0.1832x+0.7734$，线性相关系数 $R^2=0.9882$；总植物碱：$y=0.0156x+0.1186$，线性相关系数 $R^2=0.9978$；总氮：$y=0.0069x+1.2012$，线性相关系数 $R^2=0.8384$；硝酸盐：$y=0.0077x+0.0256$，线性相关系数 $R^2=0.993$；氯离子：$y=0.0161x+0.007$，线性相关系数 $R^2=0.9963$；钾离子：$y=0.051x+0.3353$，线性相关系数 $R^2=0.9988$。

再造烟叶涂布率与其主要烟气指标的相关性如图 17-15 所示。

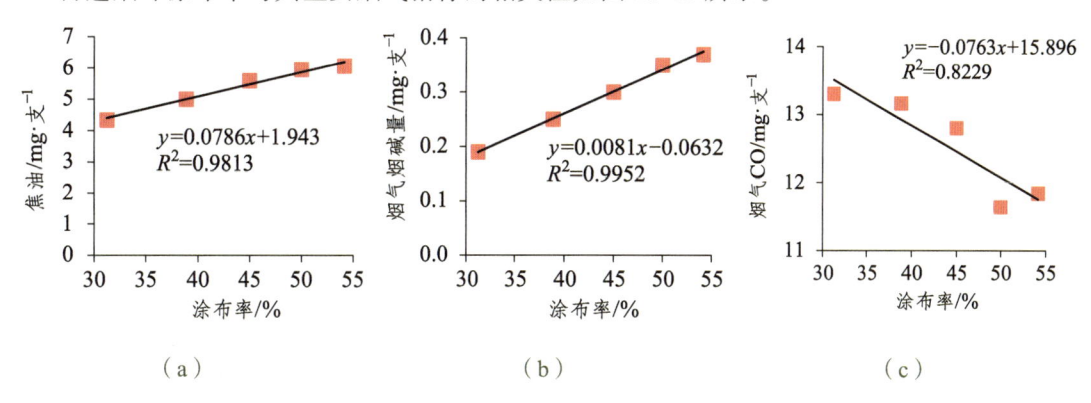

图 17-15 涂布率与再造烟叶烟气指标的关系

再造烟叶烟气焦油、烟气烟碱释放量与涂布率呈正相关的线性关系，线性关系式分别为 Tar：$y=0.0786x+1.943$，线性相关系数 $R^2=0.9813$；烟气烟碱：$y=0.0081x-0.0632$，线性相关系数 $R^2=0.9952$。造纸法再造烟叶烟气 CO 与涂布率呈负相关的线性关系，线性关系式分别为烟气 CO：$y=-0.0763x+15.896$，线性相关系数 $R^2=0.8229$。

17.5.3 外加烟碱提取物对再造烟叶烟碱的影响

采用高烟碱提取物、烟碱富集产物，分别研究外加后对再造烟叶烟碱含量的影响，其中高烟碱提取物为晒烟提取物，总植物碱含量为 8.53%，烟碱富集产物为烟草内源香气成分分段分离产物，总植物碱含量为 10%。高烟碱提取物或烟碱富集产物添加后，对再造烟叶烟碱含量的影响如图 17-16 所示。

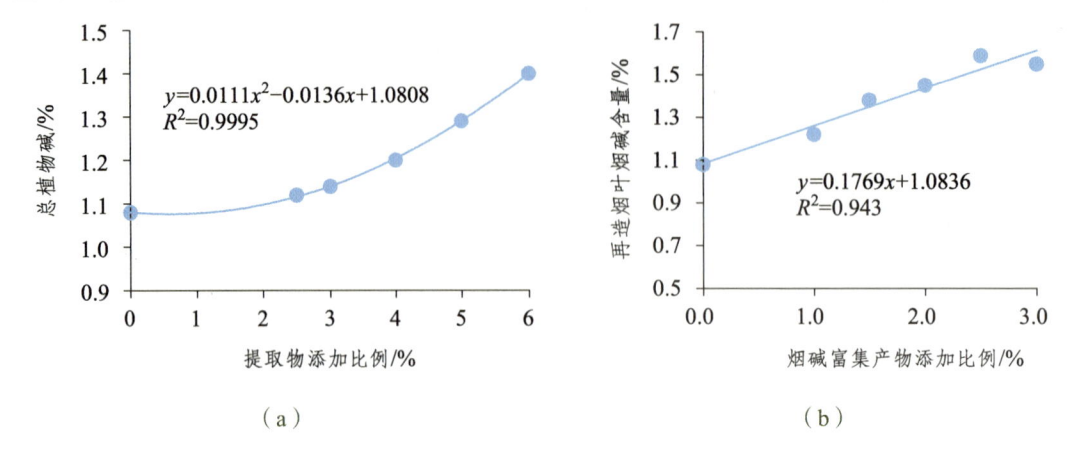

（a）

（b）

图 17-16　外加高烟碱提取物、烟碱富集产物与再造烟叶烟碱含量对应关系

17.6　主要无机化学指标调控技术研究

依托再造烟叶烟草原料预处理生产线的水洗梗工艺设备，开展水洗梗工艺技术研究，实现配方烟梗中的化学指标的调控，为再造烟叶质量提升提供技术支持。

对不同洗梗时间压榨后烟梗固渣的理化指标进行检测，结果如图 17-17 所示。洗梗时间在 10.7 min 以内，洗梗固渣中 HWS 逐渐下降，之后在 26.0%~29.0%浮动，趋于稳定。洗梗固渣中总糖、烟碱、钾、氯、硝酸盐含量随浸洗时间变化规律接近，其中，烟碱、钾两项指标含量在洗梗 10.7 min 后趋于平稳，总糖、氯、硝酸盐三项指标在洗梗 8.2 min 后趋于平稳。

烟梗的洗脱效率如图 17-18 所示。以热水可溶物总量计，浸洗 5.7 min 以上，烟梗中 HWS 洗脱率均在 70%以上。以绝干投料量计，浸洗 10.7 min 以上，烟梗中 HWS 洗脱率均在 40%以上。随浸洗时间加长，洗脱率有所上升，在浸洗 15.7 min 后趋于平稳。

（a）

（b）

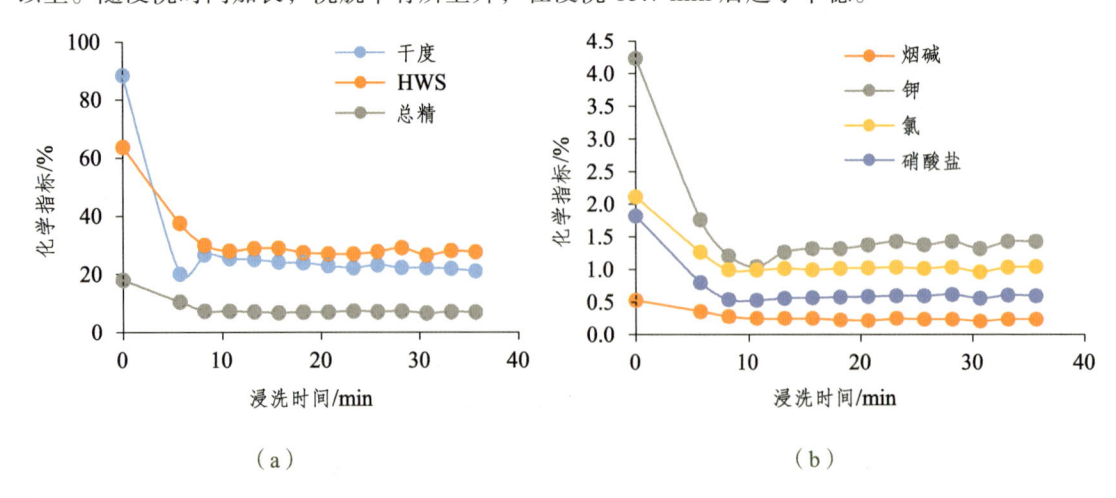

图 17-17　洗梗固渣指标与洗梗时间的对应关系

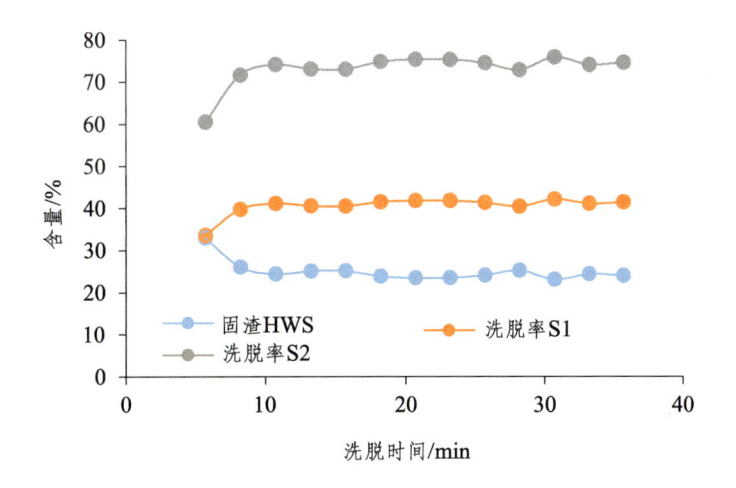

图 17-18　烟梗洗脱固渣 HWS 和烟梗洗脱率

烟梗原料经过 25 min、30 min、35 min 洗梗工艺处理后，洗梗固渣中各项常规化学成分含量均明显降低，按降低的显著程度排序依次为：氯>硝酸盐>还原糖>总糖>烟碱>钾>总氮。其中，氯含量平均降低幅度最大，仅有 36.5%留存于洗梗固渣中，硝酸盐、还原糖、总糖、烟碱、钾平均降低幅度均超过 50%。总氮含量降低幅度最小，洗梗后留存率达 76.5%。

17.7　再造烟叶外观色泽调控技术研究

17.7.1　成品烟丝及再造烟叶色值比较分析

对云产卷烟成品烟丝和再造烟叶的色值进行检测分析，结果如表 17-13 和表 17-14 所示。

表 17-13　云产卷烟成品烟丝色值检测结果

序号	品牌	卷烟牌号	L^*	a^*	b^*
1		A1	48.31	8.95	16.19
2		A2	47.93	8.89	15.73
3		A3	51.15	9.22	18.48
4	玉溪	A4	47.27	8.85	15.23
5		A5	50.45	9.23	18.05
6		A6	47.33	9.24	15.39
7		A7	48.43	9.05	16.30
8		B1	49.40	9.50	17.53
9		B2	49.00	9.04	16.69
10	红塔山	B3	49.03	9.12	16.77
11		B4	46.10	8.25	14.07
12		B5	48.88	8.67	16.43

续表

序号	品牌	卷烟牌号	均匀色空间值		
			L^*	a^*	b^*
13	红梅	C1	47.87	8.54	15.49
14		C2	49.25	8.63	16.45
15	红山茶	D	48.98	8.74	16.76
16		E1	46.62	8.59	14.52
17		E2	49.70	9.32	17.46
18		E3	50.98	9.08	18.18
19		E4	49.24	9.28	17.31
20		E5	49.13	9.20	16.96
21	云烟	E6	49.14	9.28	16.90
22		E7	49.63	9.17	17.49
23		E8	49.33	9.21	17.28
24		E9	48.09	9.05	16.10
25		E10	50.40	9.39	18.32
26		E11	48.85	9.00	16.55
27		F1	49.14	9.13	16.92
28	红河	F2	49.29	9.63	17.32
29		F3	50.85	9.35	18.63
30		F4	50.03	9.31	17.92
	平均值		48.99	9.06	16.78

注：CIE1976$L^*a^*b^*$色空间：L^*表示明度值（偏大白，偏小黑），a^*表示红绿值（偏大红，偏小绿），b^*表示黄蓝值（偏大黄，偏小蓝）。

表17-14 再造烟叶产品色值检测结果

序号	样品名称	片状			丝状		
		L^*	a^*	b^*	L^*	a^*	b^*
1	JK-03	50.78	9.94	28.49	54.16	7.29	18.93
2	JK-013	48.30	10.82	28.45	52.76	7.48	18.28
3	JK-67	48.61	10.63	27.89	53.05	7.38	18.21
4	QRT-16	51.83	10.25	28.72	54.19	7.24	18.78
5	GR-20	56.96	9.49	28.15	56.90	7.11	18.95
6	QRT-18	51.66	10.28	29.12	54.74	7.30	19.30
7	RT-13	49.86	10.74	27.72	53.38	7.07	17.95
8	YRT31	51.43	9.14	26.42	53.87	6.57	17.50
9	YRT01	49.11	9.58	26.83	52.95	6.66	17.21
10	YRT04	50.14	10.12	28.17	53.38	7.07	17.95
	平均值	50.87	10.10	28.00	53.94	7.12	18.31

基于云产卷烟成品烟丝和再造烟叶的色值差异分析，我们特制定了再造烟叶（丝状）色值标准和范围，其中 L^* 为 42～53.5，a^* 值为 9～13，b^* 值为 23.3～29.0。

通过对主要云产卷烟烟丝和对应的造纸法再造烟叶进行外观颜色的分析，可以发现云产卷烟的均匀色空间值 L^* 值分布在 46～50，a^* 值分布在 8～9.5，b^* 值分布在 14～19；再造烟叶丝状均匀色空间值 L^* 值分布在 52～56，a^* 值分布在 6～7.5，b^* 值分布在 17～19。对比再造烟叶切丝前后的数据可以发现，再造烟叶切丝后 L^* 值会有 1～2 的上升，a^* 值下降 1～3，b^* 值下降 10～13。分析检测数据可以看出，在再造烟叶与卷烟烟丝的颜色差异主要表现在明度（L^*）太高，红值（a^*）不够，虽然黄值与烟丝黄值一致。因此重组烟草的重点是提升再造烟叶红色值、降低明值。

17.7.2 再造烟叶色值调控

分别研究了再造烟叶涂布率及碳酸钙用量对再造烟叶色值的影响，如图 17-19 和图 17-20 所示。

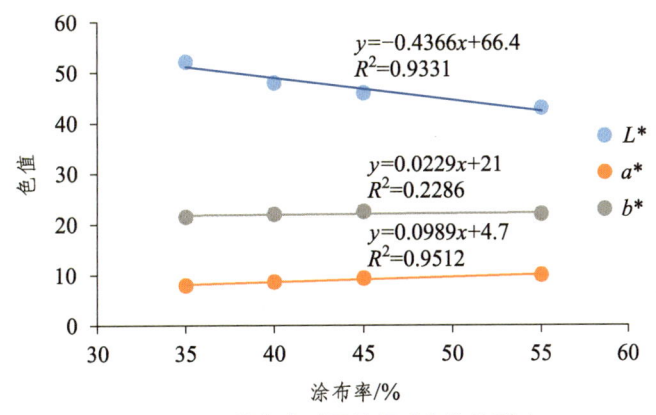

图 17-19 涂布率对再造烟叶色值的影响

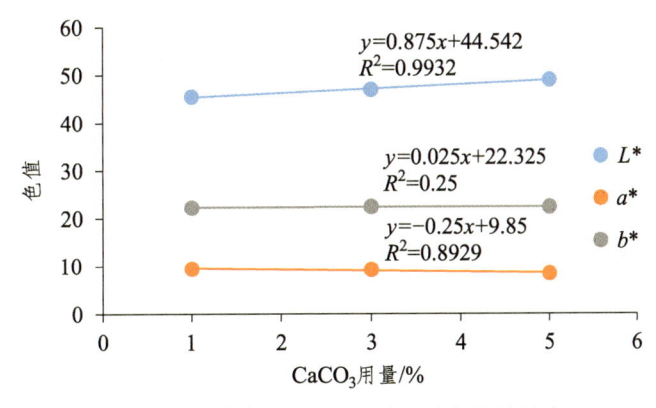

图 17-20 碳酸钙用量对再造烟叶色值的影响

随着涂布率的增加，再造烟叶 L^* 逐渐降低，a^* 逐渐升高，b^* 无明显变化。随着碳酸钙用量的增加，再造烟叶 L^* 随之增加，a^* 值稍有下降，b^* 无明显变化。涂布率和碳酸钙用量只对再造烟叶 L^*、a^* 值有影响，对调节 b^* 无明显作用。碳酸钙的优选和涂布率的优选同时结合实际生产工艺，优选碳酸钙的用量为 5%，涂布率为 42% 作为优选方案，然而从色值的检测结果来看，其中 L^* 值和 a^* 值仍然无法达到色值标准范围的需求，为此采用具有明显调色功能的转化糖及烟草美拉德反应物进行了色泽的再次调控。试验方案如表 17-15，转化糖和烟草美拉德反应物对再造烟叶色值的检测结果如表 17-16 所示。

表17-15 转化糖和烟草美拉德反应物使用方案

物料	1# 配方比例/%	1# 质量/g	2# 配方比例/%	2# 质量/g	3# 配方比例/%	3# 质量/g	4# 配方比例/%	4# 质量/g	5# 配方比例/%	5# 质量/g	6# 配方比例/%	6# 质量/g
转化糖	0.8	0.16	0.6	0.12	0.4	0.08	1.0%	0.2	1.0%	0.2	0.8%	0.16
美拉德反应物	0.1	0.02	0.2	0.04	0.4	0.08	0.1%	0.02	0.2%	0.04	0.2%	0.04
理论涂布率/%	42.30		42.20		42.20		42.50		42.60		42.40	

表17-16 转化糖和烟草美拉德反应物的复配使用对再造烟叶色值的影响

序号	样品名称	L^*值	a^*值	b^*值	综合使用比例/%
0	空白	52.57	8.47	26.08	0.00
1	1#	48.67	12.72	26.78	0.90
2	2#	47.23	12.12	27.10	0.80
3	3#	46.93	12.44	27.02	0.80
4	4#	47.37	13.02	26.41	1.10
5	5#	47.17	13.04	26.89	1.20
6	6#	47.78	12.76	27.05	1.00

从表 17-16 的检测结果同时综合使用比例及配方设计成本，确定出 1# 为最优方案，即转化糖的使用比例 0.8%，烟草美拉德反应物使用比例 0.1%。

综上所述，最终确定了再造烟叶色值最终的调控方案，即碳酸钙的使用比例≤5%，涂布率≥40%，转化糖的使用比例为 0.8%，烟草美拉德反应物使用比例 0.1%，此时再造烟叶产品色值达到标准设置要求。

17.8 在线再造烟叶提质产品开发及应用研究

以云产卷烟使用量较大的在线再造烟叶产品为研究对象，综合集成上述再造烟叶质量调控技术相关成果，对 6 种在线再造烟叶产品（YRT04、YRT01、YRT31、QRT-6、QRT-16 和 QRT-80）分别进行提质改造，完成在线再造烟叶提质产品开发。基于对应卷烟产品品质特点，在在线再造烟叶提质产品开发过程中，以再造烟叶基础品质的提升为核心，以再造烟叶与对应卷烟产品的高适配性为目标，实现在线再造烟叶提质产品的开发。

由于在线再造烟叶提质改造过程中采用的技术方法类似，以再造烟叶 QRT-16 为例，说明在线再造烟叶提质产品的开发及在卷烟产品中的应用研究。

17.8.1 在线再造烟叶提质产品开发

17.8.1.1 再造烟叶产品设计

QRT-16 提质前后再造烟叶产品的技术目标如表 17-17 所示，提质前后再造烟叶技术目标有较大调整，增加了对感官质量影响较大的热水可溶物及总植物碱的含量，同时增加了颜色指标。

表 17-17 QRT-16 提质前后再造烟叶技术目标

项目	技术指标	QRT-16（提质前）	QRT-16T（提质后）
物理指标	含水率/%	11.0±1.5	11.0±1.5
	定量/g·m^{-2}	110±10	112±10
	厚度/层积法/mm	0.19±0.02	0.17±0.02
	填充值/cm^3·g^{-1}	5.0±1.0	5.0±1.0
	抗张强度/kN·m^{-1}	≤1.0	≤1.0
	白片率/%	≤1.5	≤1.5
	连片粘连率/%	≤3.0	≤3.0
	热水可溶物/%	38.5±3.5	41.0±3.0
常规化学指标	总植物碱/%	1.05±0.20	1.20±0.20
	氯/%	≤1.00	≤1.00
	硝酸盐/%	≤0.50	≤0.50
	水溶性糖/%	11.0±2.0	12.0±2.0
	钾/%	2.20±0.50	2.70±0.50
	总氮/%	1.6±0.3	1.7±0.3
颜色指标	L^*	—	47.5±4.0
	a^*	—	10.5±1.5
	b^*	—	26.5±2.0

17.8.1.2 再造烟叶产品原料配方

QRT-16T 再造烟叶原料配方如表 17-18 所示，外加纤维及湿部化学助剂的种类和添加比例与提质前再造烟叶相同。

表 17-18 QRT-16T 再造烟叶烟草原料配方

原料	梗组配方	叶组配方
比例/%	30	70

17.8.1.3 再造烟叶产品工艺控制

QRT-16T 再造烟叶工艺控制目标如表 17-19 所示。再造烟叶在生产中，叶提取液采用了

MVR 浓缩工艺技术。

表 17-19 QRT-16T 再造烟叶工艺控制目标

工段	控制指标	
	指标项	指标范围
提取	一级叶线提取温度/°C	60~65
	一级梗线提取温度/°C	70~75
	一级叶线提取时间/min	30±2
	一级梗线提取时间/min	30±2
	二级叶线提取温度/°C	65~70
	二级梗线提取温度/°C	70~75
	二级叶线提取时间/min	30±5
	二级梗线提取时间/min	30±5
沉降	混合提取温度/°C	70~75
	混合提取时间/min	25±5
	沉降时间/min	90±5
	沉降剂用量/kg·m^{-3}	8
梗浓缩	梗线一效蒸发温度/°C	≤80
	制梗膏温度/°C	≤72
	制梗膏密度/g·mL^{-1}	1.205±0.005
叶 MVR	制叶膏温度（MVR）/°C	55±1
	制叶膏密度（MVR）/g·mL^{-1}	1.215±0.005
制浆	浆料感官质量	无酸味、腐味
	高浓打浆度/°SR	14±2
	低浓打浆度/°SR	20±2
	低浓纤维湿重/g	6.5±1.0
	外加纤投料允差/%	±0.5
放料	片基定量/g·m^{-2}	58±2
	片基热水可溶物/%	≤11
	横幅定量允差/g·m^{-2}	≤5
	片基灰分/%	13.0±1.5

续表

工段	控制指标	
	指标项	指标范围
涂布	梗、叶膏投料允差/%	±1
	香精香料投料重量误差/kg	±0.02
	涂布液调配温度/°C	75±1
	涂布液调配密度/g·mL^{-1}	1.195±0.005
	感官指标	无酸味、腐味
	涂布率/%	39±1
干燥	温度/°C	≤160
分切	粘连率/%	≤2
	白片率/%	0
	分切水分/%	14±2
打包	成品水分/%	11.0±1.5

17.8.1.4 再造烟叶产品质量分析

QRT-16T 再造烟叶产品的物理指标及稳定性检测结果如表 17-20 所示。

表 17-20 QRT-16T 再造烟叶主要物理指标波动分析

指标	定量/g·m^{-2}	厚度/mm	填充值/cm^3·g^{-1}	抗张强度/kN·m^{-1}	热水可溶物/%
平均值	112.4	0.17	5.20	0.42	41.3
最大值	118.7	0.19	5.51	0.60	43.1
最小值	106.1	0.16	4.63	0.34	39.4
标准偏差	3.22	0.01	0.20	0.07	1.29

QRT-16T 再造烟叶产品的常规化学指标及稳定性检测结果如表 17-21 所示。

表 17-21 QRT-16T 再造烟叶常规化学指标波动分析　　单位：%

指标	氯	总植物碱	水溶性糖	钾	总氮	硝酸盐
平均值	0.69	1.24	12.40	2.68	1.68	0.32
最大值	0.81	1.37	13.57	3.01	1.94	0.39
最小值	0.57	1.39	10.91	2.41	1.51	0.25
标准偏差	0.09	0.04	0.71	0.16	0.10	0.03

QRT-16T 再造烟叶产品的颜色指标检测结果如表 17-22 所示。

表 17-22　QRT-16T 再造烟叶颜色指标分析

指标	L^*	a^*	b^*
平均值	47.8	10.4	26.4
最大值	48.9	11.1	28.0
最小值	45.3	9.9	25.7
标准偏差	1.52	0.65	0.57

所生产的 QRT-16T 再造烟叶产品的感官质量评价结果见表 17-23。

表 17-23　QRT-16T 再造烟叶感官质量分析

样品名称	感官质量描述
QRT-16T 再造烟叶	烟气浓度和香气量适中，烟香自然透发，香气较细腻绵延，稍有木质杂气，刺激适中，余味稍有残留

综上所述，提质改造后的再造烟叶产品 QRT-16T 的质量达到了设计目标。

17.8.2　在线再造烟叶提质产品在卷烟中的应用研究

QRT-16T 再造烟叶产品开发的目标是替换原有在线再造烟叶产品 QRT-16，目标卷烟为卷烟 HTS-001，QRT-16T 等量替换卷烟 HTS-001 原配方使用的 QRT-16。分别对替换前后卷烟 HTS-001 进行感官质量对比评价，替换前为对照样，替换后为试验样，结果如表 17-24 所示。

表 17-24　提质改造再造烟叶替换前后卷烟 HTS-001 感官质量对比分析

评吸方法	评吸结果	
成对检验	结果	试验样、对照样质量比=10∶5
	临界值	12
	结论	无显著性差异
三点法	参评人数	15
	正确识别人数	7
	临界值	9
	结论	一致性较好

成对检验评吸结果表明 QRT-16T 提质改造再造烟叶替换前后卷烟 HTS-001 感官质量无显著性差异，三点法评吸结果表明 QRT-16T 提质改造再造烟叶替换前后卷烟 HTS-001 感官质量一致性较好。

分别对 QRT-16T 提质改造再造烟叶替换前后卷烟 HTS-001 烟气常规化学指标进行检测，替换前为对照样，替换后为试验样，结果如表 17-25 所示。QRT-16T 提质改造再造烟叶替换后卷烟 HTS-001 烟气中总粒相物、焦油量、烟气烟碱量、一氧化碳和烟气水分较替换前分别增加了 3.42%、-0.93%、2.22%、3.42%、21.82%，整体变化不大且均符合盒标要求。

表 17-25　卷烟 HTS-001 烟气常规化学成分检测结果

样品	总粒相物 /mg·支$^{-1}$	焦油 /mg·支$^{-1}$	烟气烟碱 /mg·支$^{-1}$	CO /mg·支$^{-1}$	烟气水分 /mg·支$^{-1}$
对照样	11.70	10.8	0.90	11.7	1.10
试验样	12.10	10.7	0.92	12.1	1.34
变化率	3.42%	-0.93%	2.22%	3.42%	21.82%

分别对 QRT-16T 提质改造再造烟叶替换前后卷烟 HTS-001 烟气七项有害成分进行检测，替换前为对照样，替换后为试验样，结果如表 17-26 所示。QRT-16T 提质改造再造烟叶替换后卷烟 HTS-001 烟气中 CO、HCN、NNK、NH$_3$、苯并[a]芘、苯酚和巴豆醛较对照样分别增加了 3.42%、8.26%、6.25%、7.35%、-2.56%、-10.81%、13.60%。卷烟危害性指数（H 值）由之前的 7.9 增加至 8.2，整体变化不大。

表 17-26　卷烟 HTS-001 烟气七项有害成分检测结果

指标	CO /mg·支$^{-1}$	HCN /μg·支$^{-1}$	NNK /ng·支$^{-1}$	NH$_3$ /μg·支$^{-1}$	苯并[a]芘 /ng·支$^{-1}$	苯酚 /μg·支$^{-1}$	巴豆醛 /μg·支$^{-1}$	H 值
对照样	11.7	109.0	4.8	6.8	7.8	14.8	12.5	7.9
试验样	12.1	118.0	5.1	7.3	7.6	13.2	14.2	8.2
变化率/%	3.42	8.26	6.25	7.35	-2.56	-10.81	13.60	3.80

随着在线再造烟叶产品提质改造工作的进行及推广，相继完成所有规格的再造烟叶产品的提质改造，实现了在云产卷烟中的全面替换和增量应用的任务。

17.9　结　论

紧密围绕再造烟叶质量指标要求，系统开展再造烟叶外观色泽、纤维结构、片基结构、化学指标等的调控技术研究，完成了制浆工艺的优化、关键理化指标的调控，重组烟草的理化指标显著改善，如热水可溶物：由原来的 33%（加权平均值）提升到 38%以上，烟碱由原来的 0.7%提升到 1%以上，氯由原来的 1.2%下降到 0.85%，硝酸盐由原来的 0.8%下降到 0.45%，抗张强度由原来的 0.75 kN/m^2 下降到 0.4 kN/m^2，烟气 CO 由原来的 14%下降到 12%。

通过重组烟草技术的开发和集成应用完成了对卷烟配方中的再造烟叶的提质改造，提升在线再造烟叶产品的品质及质量，增强了其在卷烟配方中的适配性，实现其在卷烟中的替换应用和增量应用，满足了卷烟结构提升对再造烟叶质量的需求。

参考文献

[1] 缪应菊, 刘维涓, 刘刚, 等. 烟草薄片制备工艺的现状[J]. 中国造纸, 2009, 28（07）:

55-60.

[2] 周红光, 关平. 造纸法再造烟叶抄造前设置低浓除砂器效果好[J]. 湖北造纸, 2009（02）: 24.

[3] 董和滨. 搓丝技术在造纸法生产烟草薄片中的应用[J]. 黑龙江造纸, 2010（2）: 12-17.

[4] 孙德平, 徐建峰, 刘良才, 等. 造纸法烟草薄片打浆工艺和助留助滤剂的研究[J]. 中华纸业, 2010, 31（22）: 43-47.

[5] 廖夏林, 何北海, 赵丽红, 等. 低定量造纸法烟草薄片打浆及增强助剂的工艺研究[J]. 造纸科学与技术, 2011（6）: 41-45.

[6] 程昌合, 吴继忠, 廖付, 等. 浓缩液醇化处理对烟草薄片致香成分及感官质量的影响[J]. 安徽农学通报, 2011, 17（1）: 142-146.

[7] 王保兴, 李晓亚, 刘维涓, 等. AOTF-NIR 快速检测再造烟叶涂布液主要化学指标[J]. 烟草科技, 2011（06）: 56-59.

[8] 王保兴, 邹振民, 刘维涓, 等. 再造烟叶主要化学组分的 AOTF-NIR 在线监测[J]. 烟草科技, 2011（01）: 48-51+78.

[9] 曾健, 陈克复, 谢剑平, 等. 打浆对烟梗纤维成纸性能的影响[J]. 林产化学与工业, 2012, 32（5）: 101-105.

[10] 张婷婷, 谢益民, 瞿方, 等. 烟梗混合打浆工艺的研究[J]. 湖北造纸, 2012（3）: 62-64.

[11] 王凤兰, 廖夏林, 何北海, 等. 造纸法低定量烟草薄片打浆工艺及配抄特性研究[J]. 中华纸业, 2012, 33（8）: 25-28.

[12] 廖夏林, 何北海, 赵丽红, 等. 烟草浆不同打浆条件下的微观形态分析[J]. 中国造纸, 2012（04）: 34-38.

[13] 周红光, 车靖, 卫青. 烟梗高浓磨浆的试生产[J]. 纸和造纸, 2012, 31（08）: 10-11.

[14] 王亮, 唐向兵, 王磊, 等. 烟梗制浆及其抄造特性的研究[J]. 中国造纸, 2013（06）: 32-35.

[15] 宋成剑, 孙霞, 李新生, 等. 烟草浆高浓与低浓打浆效果的比较[J]. 中国造纸, 2013（07）: 42-45.

[16] 罗冲, 温洋兵, 李旺, 等. 低定量造纸法再造烟叶基片浆料配比的优化[J]. 烟草科技, 2013（5）: 37-40.

[17] 朱红琴, 刘维涓, 陈克利, 等. 烟梗低浓打浆对造纸法再造烟叶基片吸收性的影响[J]. 中华纸业, 2014, 35（6）: 30-33.

[18] 郝明显, 关平, 徐广晋, 等. 造纸法再造烟叶浆料制备技术改进及应用[J]. 造纸科学与技术, 2014（5）: 41-44.

[19] 肖选虎, 关平, 刘维涓, 等. 烟草浆高浓制浆工艺稳定性及纤维分级分布影响研究[J]. 中华纸业, 2014, 35（12）: 30-33.

[20] 朱红琴, 刘维涓, 陈克利, 等. 烟梗低浓打浆对造纸法再造烟叶基片吸收性的影响[J]. 中华纸业, 2014, 35（06）: 30-33.

[21] 郝明显, 关平, 徐广晋, 等. 造纸法再造烟叶浆料制备技术改进及应用[J]. 造纸科学与技术, 2014, 33（05）: 41-44.

[22] 吴锐，荀树强，李军，等. 烟草原料混合及分开制浆对浆料纤维形态的影响[J]. 纸和造纸，2015，34（09）：52-55.

[23] 郝明显，吴恒，关平，等. 造纸法再造烟叶浆料流送系统的改进[J]. 纸和造纸，2015，34（04）：1-2.

[24] 王忠泽，余红涛，徐广晋，等. 一种烟草薄片低浓制浆控制系统及控制方法：CN103734893B[P]. 2015-11-18.

[25] 关平,余红涛,徐广晋,等. 一种再造烟叶柔性化制浆工艺：CN103734894B[P]. 2015-09-09.

[26] 殷艳飞，马迅，王浩雅，等. 高浓成形再造烟叶技术展望[J]. 造纸科学与技术，2015，34（04）：47-50+77.

[27] 苏丹丹，朱婷，张文军，等. 造纸法再造烟叶涂布率与热水可溶物对应关系分析[J]. 南方农业学报，2015，46（10）：1872-1876.

[28] 张文军，邱晔，苏丹丹，等. 造纸法再造烟叶涂布率与有机化学成分对应关系研究[J]. 中国农学通报，2015，31（26）：96-102.

[29] 丁晓丽，杨斌，王磊. 烟梗纤维形态与构造的分析[J]. 天津造纸，2015（1）：2-5.

[30] 张文军，邱晔，苏丹丹，等. 造纸法再造烟叶涂布率与常规无机化学成分对应关系研究[J]. 昆明理工大学学报（自然科学版），2016，41（05）：113-118.

[31] 李姗姗，陈岭峰，朱世华，等. 再造烟叶低浓浆料打浆度检测方法的优化[J]. 造纸科学与技术，2016，35（04）：52-58.

[32] 刘建平，李军，刘晶，等. 再造烟叶片基关键物理指标与浆料的质量指标相关性研究[J]. 纸和造纸，2016，35（04）：24-27.

[33] 许江虹，王浩雅，余红涛，等. 造纸法再造烟叶柔性制浆技术的应用研究[J]. 湖北农业科学，2017，56（20）：3910-3916.

[34] 刘晶，李军，冯文超，等. 一种烟草浆料制浆过程打浆度的修正方法：CN106360802A[P]. 2017-02-01.

[35] 张文军，郑建宇，陈宇超，等. 打浆度对造纸法再造烟叶浆料纤维及片基性能的影响[J]. 云南农业大学学报（自然科学），2018，33（04）：677-683.

[36] 刘晶，李军，曹恩豪，等. 一种采用欧氏距离判定造纸法再造烟叶浆料纤维分布均匀度的方法：CN106153835B[P]. 2018-05-01.

[37] 武士杰，刘洪斌，温洋兵，等. 一种提高造纸法烟草薄片浆料留着率和滤水性能的方法：CN107620222A[P]. 2018-01-23.

[38] 赵金涛，林瑜，李姗姗，等. 不同制浆方式的烟梗浆及其片基性质研究[J]. 造纸科学与技术，2019，38（03）：45-51.

[39] 李伟，武士杰，王杰，等. 一种再造烟叶低浓浆专属磨片装置：CN208618176U[P]. 2019-03-19.

[40] 李伟，武士杰，孙光发，等. 一种再造烟叶高浓度制浆专属磨片装置：CN208604407U[P]. 2019-03-15.

[41] 王杰，赵金涛，李伟，等. 磨片改进对烟草浆打浆效果影响研究[J]. 造纸科学与技术，

2020, 39 (04): 25-29.

[42] 赵金涛, 林瑜, 张云龙, 等. 不同组分对再造烟叶浆料体系性质的影响研究[J]. 造纸科学与技术, 2020, 39 (03): 43-53.

[43] 武士杰, 潘志新, 倪军, 等. 造纸法再造烟叶不同浆料指标对片基物理性能的影响研究[J]. 造纸装备及材料, 2020, 49 (02): 24-25.

18 重组烟梗技术开发及应用

烟梗是烟叶之粗硬叶脉，占叶重的 25%~35%，因与烟叶有相似的组分，并有改善烟支结构、降低成本和降焦的功能，一直是卷烟原料的组成部分。但由于烟梗在卷烟中燃烧时产生的青杂气、木质气以及燃烧灼热感等因素对烟支抽吸品质有影响，同时，现有的烟梗处理工艺及技术制备出的梗丝或其他烟梗制品如梗颗粒在物理形态上与叶丝还有较大差别，在掺配时梗丝或梗颗粒的分布不均匀性影响了烟支抽吸时的烟气一致性，在中高档卷烟品牌中影响尤甚，这些不利因素都影响了烟梗在卷烟中使用范围和添加比例。

烟梗微波膨胀技术是以微波作为能量源，利用微波的强穿透性和对极性分子的高频振动特性，在极短的时间内在烟梗内部形成一个使水分迅速气化挥发的环境，从而完成烟梗内细胞的同步均匀膨胀，且细胞不破裂，膨胀后的烟梗体积可达到原来的 2~3 倍甚至更高。在迅速膨胀过程中，烟梗内部产生一定的化学反应，通过评吸测定，膨胀后的烟梗青杂气、木质气减弱，且具有较明显的烘烤香。

18.1 国内外烟梗加工处理技术研究进展

18.1.1 常规的梗丝加工方法

烟梗常规处理工艺如图 18-1 所示，常规膨胀梗处理工艺采用先切后膨的烟梗加工方法，在压切工艺中采用厚压薄切的方法进行，成片状，色泽偏白，填充值 5.2~6 cm^3/g。常规工艺处理后的梗丝存在与烟丝掺配不均匀，燃烧产生的青杂气、木质杂气较重的问题。

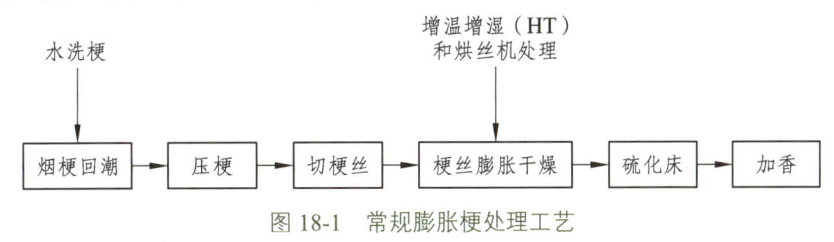

图 18-1 常规膨胀梗处理工艺

18.1.2 膨胀烟梗颗粒加工方法

近年来，为改善梗丝的抽吸品质，国内外都进行了大量研究，膨胀烟梗颗粒作为一种新的烟梗制品得到了很多关注，目前膨胀烟梗颗粒有两个发展方向，一是利用蒸汽进行膨胀的 ESS 技术，另一个是微波膨胀烟梗技术。

18.1.2.1 狄更生烟梗膨胀加工处理技术

ESS 技术（Expanded shredded stem）是由美国雷诺（Reynolds）公司开发，狄更生·莱格（Dickinson Legg）公司推广使用的一种烟梗膨胀新技术。该技术是利用高温高压气体，让烟梗在膨胀线上爆破膨胀，然后通过湿度控制把胀开的烟梗恢复到理想的体积，再制成粒状烟梗制品应用于卷烟中。烟梗 ESS 膨胀制粒线如图 18-2 所示。

```
                    高压锅炉
                      ↓
梗预处理 → 烟梗膨胀 → 旋风落料 → 加湿回潮 → 分切/粉碎+筛分 → 成品梗丝
                    气固分离
```

图 18-2 狄更生 ESS 烟梗膨胀制粒线

该技术是利用高温高压气体，让烟梗在膨胀线上爆破膨胀，然后通过湿度控制把胀开的烟梗恢复到理想的体积，与常规的膨胀烟梗产品相比，它的应用可大大提高烟支的充填率，其颗粒梗填充值 $\geqslant 8.5 \text{ cm}^3/\text{g}$（砝码为 3 kg）。但是由于其外观形状与烟丝差别很大，在卷烟卷制过程中烟支均匀性不是太好。

18.1.2.2 烟梗微波膨胀处理技术

由于烟梗微波膨胀技术具有更好地保持烟梗的品质，易于瞬时控制，能量效率高，短时间内达到均匀加热，适应各种形状烟梗等特点。其工艺流程见图 18-3。

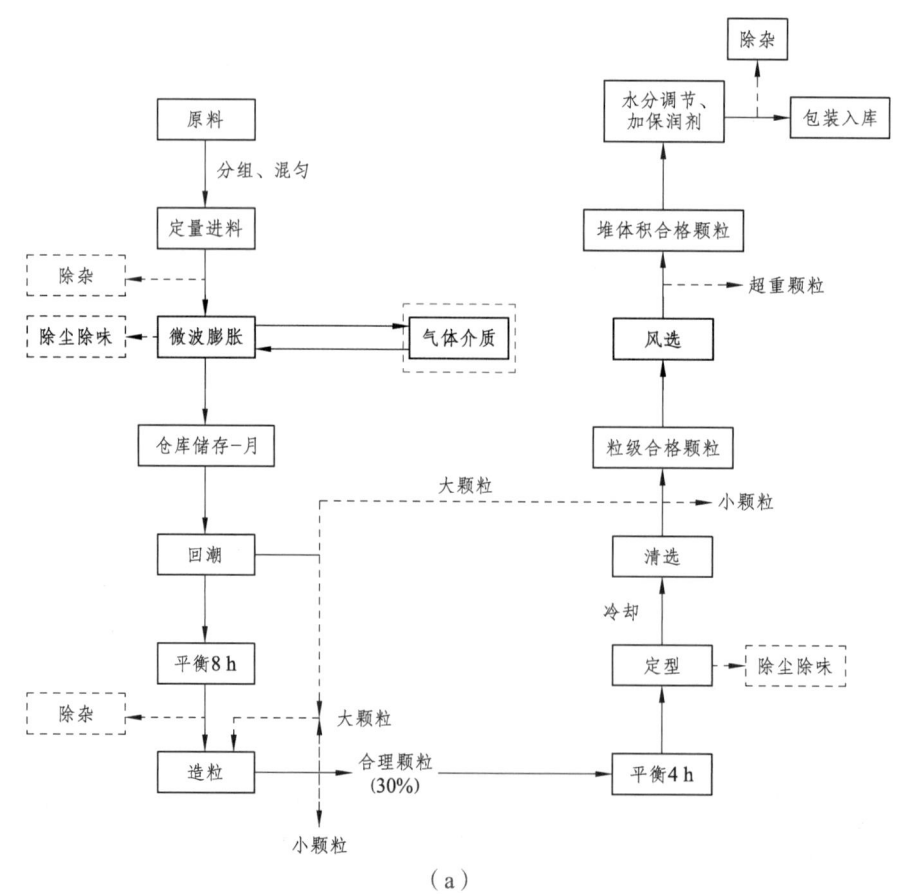

(a)

(b)

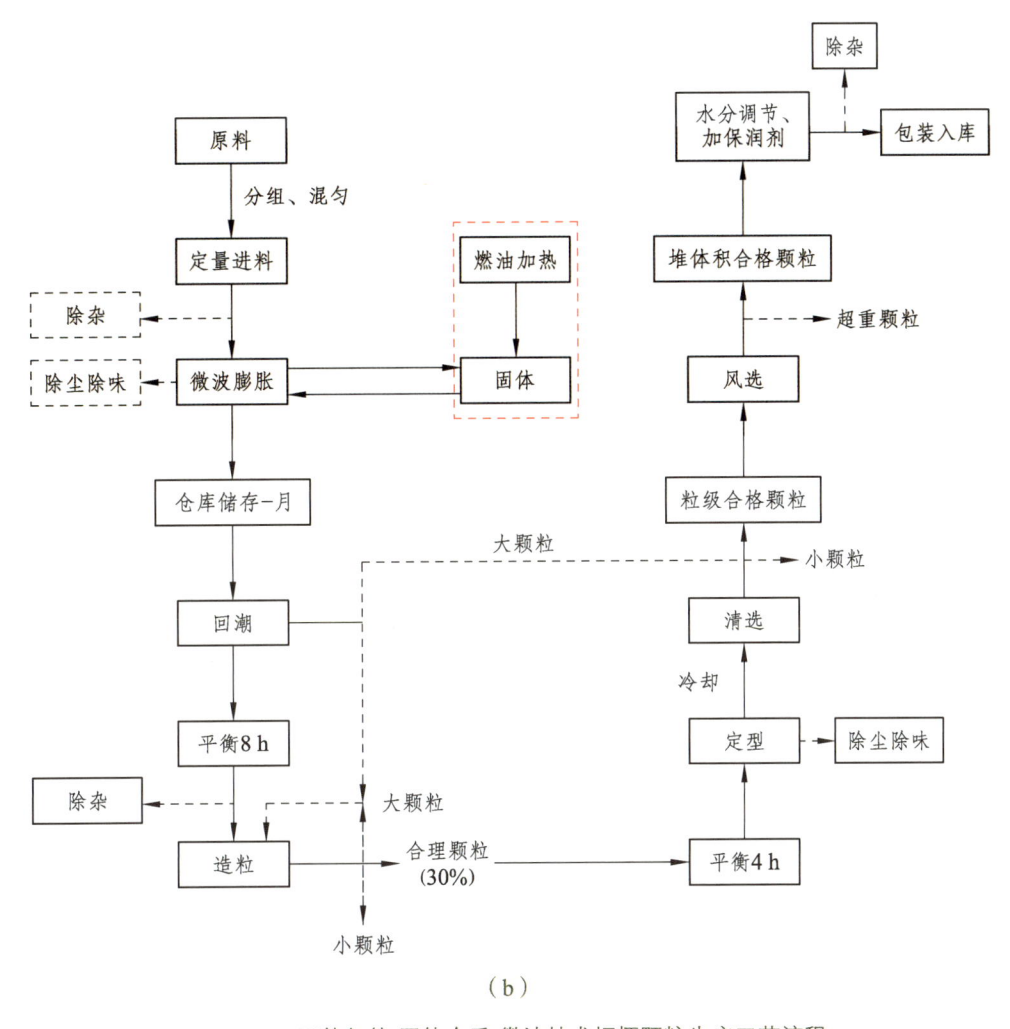

图 18-3　固体气体/固体介质-微波技术烟梗颗粒生产工艺流程

18.2　微波处理对不同品种烟梗化学成分及品质的影响分析

18.2.1　微波处理对不同品种烟梗常规化学成分的影响

对比分析了 K326、红大、云烟 87，128 个中部烟梗微波膨胀处理前后 20 个化学成分的变化情况。通过对经过微波膨胀处理的烟梗化学成分进行多重比较可知（表 18-1），不同品种烟梗微波处理前化学成分中仅烟碱差异达到显著水平，红大烟碱含量显著高于其他品种，微波处理后的化学成分均没有显著差异。

表 18-1　不同品种烟梗微波处理前/后化学成分多重比较

指标	K326 膨胀前	K326 膨胀后	云烟 87 膨胀前	云烟 87 膨胀后	红大 膨胀前	红大 膨胀后
细胞壁物质	34.21^{aA}	33.70^{aA}	35.73^{aA}	35.01^{aA}	36.92^{aA}	35.13^{aA}
果胶	6.43^{aA}	5.96^{aA}	6.70^{aA}	6.58^{aA}	7.36^{aA}	6.77^{aA}

续表

指标	K326 膨胀前	K326 膨胀后	云烟87 膨胀前	云烟87 膨胀后	红大 膨胀前	红大 膨胀后
全纤维素	20.64^{aA}	20.01^{aA}	21.52^{aA}	20.86^{aA}	22.39^{aA}	20.40^{aA}
木质素	6.62^{aA}	6.25^{aA}	6.59^{aA}	6.43^{aA}	6.18^{aA}	6.85^{aA}
蛋白质	5.26^{aA}	5.01^{aA}	4.92^{aA}	4.70^{aA}	4.94^{aA}	3.83^{aA}
总氮	1.82^{aA}	1.78^{aA}	1.45^{aA}	1.45^{aA}	1.57^{aA}	1.57^{aA}
烟碱	0.36^{bA}	0.33^{aA}	0.44^{bA}	0.42^{aA}	0.81^{aA}	0.63^{aA}
水溶性氯	1.92^{aA}	1.92^{aA}	0.95^{aA}	0.94^{aA}	1.97^{aA}	1.25^{aA}
总灰分	15.54^{aA}	15.54^{aA}	15.25^{aA}	15.11^{aA}	16.38^{aA}	16.38^{aA}
水溶性灰分碱度	1.17^{aA}	1.25^{aA}	1.51^{aA}	1.37^{aA}	1.68^{aA}	1.42^{aA}
总糖	23.73^{aA}	23.24^{aA}	22.47^{aA}	22.03^{aA}	21.60^{aA}	20.40^{aA}
还原糖	18.01^{aA}	17.44^{aA}	17.28^{aA}	16.87^{aA}	16.28^{aA}	16.13^{aA}
氧化钾	6.17^{aA}	6.05^{aA}	5.80^{aA}	6.41^{aA}	7.51^{aA}	7.13^{aA}
pH	4.80^{aA}	4.86^{aA}	5.02^{aA}	4.98^{aA}	4.89^{aA}	4.99^{aA}
总挥发碱	0.03^{aA}	0.02^{aA}	0.03^{aA}	0.02^{aA}	0.02^{aA}	0.02^{aA}
总挥发酸	0.13^{aA}	0.10^{aA}	0.15^{aA}	0.14^{aA}	0.19^{aA}	0.13^{aA}
总多酚	2.87^{aA}	1.77^{aA}	2.46^{aA}	1.20^{aA}	3.01^{aA}	2.05^{aA}
淀粉	3.57^{aA}	3.14^{aA}	2.43^{aA}	1.95^{aA}	3.45^{aA}	2.10^{aA}
石油醚提取物	0.51^{aA}	0.88^{aA}	1.10^{aA}	1.41^{aA}	0.95^{aA}	1.31^{aA}
氨基氮	0.19^{aA}	0.19^{aA}	0.12^{aA}	0.13^{aA}	0.14^{aA}	0.16^{aA}

注：小写字母、大写字母分别表示5%和1%的显著水平。

在微波场的作用下，烟梗化学成分中的部分大分子物质分解为小分子物质，有利于致香成分的增加，丰富烟香，改善微波膨胀梗丝的感官品质。

18.2.2　微波处理对不同品种烟梗致香成分的影响

对18个云南烤烟烟梗样品（品种为K326、云烟87和红大，部位为中部梗）微波处理前后主要的76种致香成分进行了分析，结果见表18-2、表18-3。

表18-2　不同品种微波处理前/后化学成分多重比较

化合物名称	K326 膨胀前	K326 膨胀后	云烟87 膨胀前	云烟87 膨胀后	红大 膨胀前	红大 膨胀后
3-甲基-丁醛	0.60^{aA}	1.05^{aA}	0.65^{aA}	1.28^{aA}	0.43^{aA}	0.94^{aA}
2-甲基-丁醛	0.32^{aA}	0.67^{aA}	0.36^{aA}	0.78^{aA}	0.25^{aA}	0.56^{aA}
3-羟基-2-丁酮	0.26^{bA}	0.16^{bA}	0.48^{aA}	0.34^{aA}	0.29^{bA}	0.23^{bA}
吡啶	0.41^{aA}	0.50^{aA}	0.43^{aA}	0.51^{aA}	0.53^{aA}	0.62^{aA}

续表

化合物名称	K326 膨胀前	K326 膨胀后	云烟87 膨胀前	云烟87 膨胀后	红大 膨胀前	红大 膨胀后
3-甲基-2-丁烯醛	0.06^{aA}	0.05^{aA}	0.09^{aA}	0.10^{aA}	0.08^{aA}	0.08^{aA}
己醛	0.13^{aA}	0.12^{aA}	0.16^{aA}	0.15^{aA}	0.16^{aA}	0.14^{aA}
面包酮	0.27^{aA}	0.56^{bB}	0.23^{aA}	0.60^{bB}	0.16^{aA}	0.47^{bB}
糠醛	2.79^{aA}	3.60^{bA}	2.33^{aA}	3.39^{bA}	2.27^{aA}	2.91^{bA}
2-甲基-丁酸	0.07^{aA}	0.07^{bA}	0.08^{aA}	0.07^{bA}	0.11^{aA}	0.12^{bA}
糠醇	0.32^{aA}	0.53^{bB}	0.32^{aA}	0.68^{bB}	0.28^{aA}	0.51^{bB}
2-环戊烯-1,4-二酮	0.79^{aA}	1.20^{bA}	0.51^{aA}	0.95^{bA}	0.51^{aA}	0.88^{bA}
1-(2-呋喃基)-乙酮	0.22^{aA}	0.74^{aA}	0.13^{aA}	0.50^{aA}	0.12^{aA}	0.40^{aA}
丁内酯	0.14^{aA}	0.10^{bA}	0.18^{aA}	0.18^{abA}	0.13^{aA}	0.13^{bA}
2-吡啶甲醛	0.09^{aA}	0.12^{aA}	0.11^{aA}	0.16^{aA}	0.09^{aA}	0.12^{aA}
糠酸	0.23^{aA}	0.37^{aA}	0.25^{aA}	0.49^{aA}	0.20^{aA}	0.45^{aA}
苯甲醛	0.16^{aA}	0.23^{aA}	0.16^{aA}	0.23^{aA}	0.12^{aA}	0.12^{aA}
5-甲基糠醛	0.18^{abA}	0.46^{bA}	0.13^{bA}	0.33^{bA}	0.12^{bA}	0.24^{bA}
苯酚	0.11^{aA}	0.06^{aA}	0.14^{aA}	0.10^{aA}	0.15^{aA}	0.09^{aA}
6-甲基-5-庚烯-2-酮	0.25^{aA}	0.19^{aA}	0.34^{aA}	0.33^{aA}	0.30^{aA}	0.24^{aA}
2-戊基呋喃	0.23^{aA}	0.16^{aA}	0.25^{aA}	0.20^{aA}	0.25^{aA}	0.21^{aA}
2,4-庚二烯醛 A	0.12^{aA}	0.03^{aA}	0.14^{aA}	0.04^{aA}	0.22^{aA}	0.06^{aA}
4-吡啶甲醛	0.07^{aA}	0.08^{bA}	0.10^{aA}	0.12^{bA}	0.09^{aA}	0.10^{bA}
1H-吡咯-2-甲醛	0.11^{aA}	0.10^{bB}	0.08^{aA}	0.11^{bB}	0.07^{aA}	0.08^{bB}
2,4-庚二烯醛 B	0.21^{aA}	0.10^{aA}	0.19^{aA}	0.10^{aA}	0.22^{aA}	0.11^{aA}
甲基环戊烯醇酮	0.12^{aA}	0.13^{aA}	0.15^{aA}	0.18^{aA}	0.15^{aA}	0.16^{aA}
苯甲醇	0.16^{aA}	0.29^{bB}	0.16^{aA}	0.76^{bB}	0.12^{aA}	0.69^{bB}
苯乙醛	3.33^{aA}	4.09^{aA}	3.10^{aA}	3.61^{aA}	2.77^{aA}	3.69^{aA}
2-乙酰基-3,4,5,6-四氢吡啶	0.09^{aA}	0.24^{aA}	0.06^{aA}	0.26^{aA}	0.07^{aA}	0.33^{aA}
1-(1H-吡咯-2-基)-乙酮	1.01^{aA}	1.03^{bA}	0.95^{aA}	1.49^{abA}	0.73^{aA}	1.09^{bA}
2-甲氧基-苯酚	0.03^{bB}	0.02^{cC}	0.04^{bB}	0.04^{bB}	0.04^{bB}	0.03^{bBC}
芳樟醇	0.05^{aA}	0.03^{aA}	0.04^{aA}	0.04^{aA}	0.06^{aA}	0.06^{aA}
壬醛	0.13^{aA}	0.09^{aA}	0.14^{aA}	0.11^{aA}	0.18^{aA}	0.10^{aA}
1-(3-吡啶基)-乙酮	0.04^{aA}	0.03^{aA}	0.04^{aA}	0.03^{aA}	0.06^{aA}	0.03^{aA}
苯乙醇	0.86^{aA}	0.33^{bB}	1.07^{aA}	0.77^{abAB}	1.05^{aA}	0.77^{abAB}
5-甲基-1H-吡咯-2-甲醛	0.18^{aA}	0.20^{aA}	0.12^{aA}	0.17^{aA}	0.09^{aA}	0.12^{aA}
多羟基吡喃	0.03^{aA}	0.17^{aA}	0.03^{aA}	0.14^{aA}	0.01^{aA}	0.10^{aA}
2-乙酰基-1,4,5,6-四氢吡啶	0.16^{aA}	0.32^{aA}	0.15^{aA}	0.39^{aA}	0.15^{aA}	0.49^{aA}

续表

化合物名称	K326 膨胀前	K326 膨胀后	云烟87 膨胀前	云烟87 膨胀后	红大 膨胀前	红大 膨胀后
2,6-壬二烯醛	0.06^{aA}	0.04^{aA}	0.07^{aA}	0.04^{aA}	0.07^{aA}	0.04^{aA}
阿托醛	0.17^{aA}	0.17^{aA}	0.13^{aA}	0.14^{aA}	0.15^{aA}	0.12^{aA}
6-甲基-2-庚酮	0.10^{aA}	0.07^{aA}	0.12^{aA}	0.12^{aA}	0.13^{aA}	0.10^{aA}
苯并[b]噻吩	0.06^{aA}	0.06^{aA}	0.06^{aA}	0.07^{aA}	0.07^{aA}	0.06^{aA}
藏花醛	0.08^{aA}	0.06^{aA}	0.08^{aA}	0.06^{aA}	0.10^{aA}	0.05^{aA}
2,3-二氢苯并呋喃	0.04^{aA}	0.03^{aA}	0.04^{aA}	0.04^{aA}	0.06^{aA}	0.04^{aA}
胡薄荷酮	0.05^{aA}	0.09^{bA}	0.05^{aA}	0.09^{bA}	0.04^{aA}	0.06^{bA}
苯并噻唑	0.24^{aA}	0.32^{aA}	0.20^{aA}	0.27^{aA}	0.21^{aA}	0.20^{aA}
吲哚	0.17^{aA}	0.17^{bB}	0.17^{aA}	0.19^{bB}	0.17^{aA}	0.14^{bB}
2-甲氧基-4-乙烯基苯酚	0.42^{aA}	0.34^{aA}	0.55^{aA}	0.53^{aA}	0.76^{aA}	0.64^{aA}
茄酮	5.29^{aA}	5.57^{aA}	9.34^{aA}	10.66^{aA}	6.35^{aA}	6.04^{aA}
β-大马酮	0.80^{aA}	0.64^{aA}	0.52^{aA}	0.65^{aA}	0.64^{aA}	0.74^{aA}
β-二氢大马酮	0.15^{aA}	0.16^{aA}	0.10^{aA}	0.15^{aA}	0.11^{aA}	0.13^{aA}
香叶基丙酮	0.29^{aA}	0.25^{aA}	0.24^{aA}	0.24^{aA}	0.36^{aA}	0.28^{aA}
β-紫罗兰酮+未知物	0.64^{aA}	0.47^{aA}	0.88^{aA}	0.93^{aA}	0.69^{aA}	0.57^{aA}
3-(1-甲基乙基)(1H)-吡唑[3,4-b]吡嗪	0.26^{aA}	0.21^{aA}	0.23^{aA}	0.24^{aA}	0.29^{aA}	0.22^{aA}
2,3'-联吡啶	0.29^{aA}	0.26^{aA}	0.29^{aA}	0.35^{aA}	0.29^{aA}	0.23^{aA}
二氢猕猴桃内酯	0.24^{aA}	0.23^{aA}	0.23^{aA}	0.29^{aA}	0.25^{aA}	0.26^{aA}
巨豆三烯酮 A	0.20^{aA}	0.22^{aA}	0.17^{aA}	0.26^{aA}	0.20^{aA}	0.23^{aA}
巨豆三烯酮 B	0.54^{aA}	0.54^{aA}	0.46^{aA}	0.54^{aA}	0.58^{aA}	0.64^{aA}
巨豆三烯酮 C	0.08^{aA}	0.09^{aA}	0.08^{aA}	0.10^{aA}	0.10^{aA}	0.11^{aA}
巨豆三烯酮 D	0.58^{aA}	0.58^{aA}	0.61^{aA}	0.67^{aA}	0.79^{aA}	0.80^{aA}
十四醛	0.62^{aA}	0.44^{aA}	0.83^{aA}	0.66^{aA}	0.56^{aA}	0.40^{aA}
肉豆蔻酸	0.14^{aA}	0.15^{aA}	0.18^{aA}	0.19^{aA}	0.20^{aA}	0.10^{aA}
2,3,6-三甲基-1,4-萘二酮	0.08^{aA}	0.07^{aA}	0.08^{aA}	0.11^{aA}	0.15^{aA}	0.08^{aA}
蒽	0.32^{aA}	0.40^{aA}	0.40^{aA}	0.58^{aA}	0.42^{aA}	0.33^{aA}
茄那士酮	0.67^{aA}	0.58^{aA}	1.10^{aA}	1.09^{aA}	0.53^{aA}	0.34^{aA}
新植二烯	34.37^{aA}	34.26^{aA}	32.70^{aA}	38.17^{aA}	29.51^{aA}	35.09^{aA}
十五酸	0.52^{aA}	0.61^{aA}	0.57^{aA}	0.69^{aA}	0.52^{aA}	0.39^{aA}
邻苯二甲酸二丁酯	0.88^{aA}	1.47^{aA}	0.82^{aA}	1.21^{aA}	0.99^{aA}	0.95^{aA}
金合欢基丙酮 A	1.02^{aA}	0.94^{aA}	0.75^{aA}	0.97^{aA}	1.24^{aA}	1.35^{aA}
棕榈酸甲酯	2.22^{aA}	2.45^{aA}	3.43^{aA}	3.90^{aA}	3.20^{aA}	3.95^{aA}
棕榈酸	20.45^{aA}	26.80^{bA}	20.73^{aA}	35.85^{bA}	22.52^{aA}	23.66^{bA}

续表

化合物名称	K326 膨胀前	K326 膨胀后	云烟 87 膨胀前	云烟 87 膨胀后	红大 膨胀前	红大 膨胀后
棕榈酸乙酯	4.14^{aA}	3.79^{bA}	5.98^{aA}	7.11^{aA}	5.27^{aA}	4.78^{bA}
寸拜醇	5.78^{aA}	3.17^{aA}	4.03^{aA}	6.41^{aA}	3.46^{aA}	2.38^{aA}
亚麻酸甲酯	12.33^{aA}	11.64^{aA}	21.53^{aA}	22.32^{aA}	18.14^{aA}	17.05^{aA}
植醇	4.00^{aA}	3.64^{aA}	3.66^{aA}	4.22^{aA}	4.45^{aA}	4.02^{aA}
西柏三烯二醇	5.62^{aA}	4.72^{aA}	12.08^{aA}	12.43^{aA}	8.19^{aA}	6.96^{aA}
金合欢基丙酮 B	0.33^{aA}	0.32^{bA}	0.39^{aA}	0.55^{aA}	0.39^{aA}	0.35^{bA}

注：小写字母、大写字母分别表示 5%和 1%的显著水平。

表 18-3　烟梗样品微波处理前/后各类致香物质相对含量的变化率

致香物质类别	常规烟梗/$\mu g \cdot g^{-1}$	微波处理烟梗/$\mu g \cdot g^{-1}$	变化率/%
醛　类	162.854	207.711	27.54
酮　类	276.760	312.717	12.99
醇　类	345.580	321.028	-7.10
酸　类	412.644	574.213	39.15
酚　类	17.601	15.669	-10.98
酯　类	471.367	484.310	2.75
杂环类	34.379	44.977	30.83
烯烃类	596.645	658.285	10.33

18.2.3　微波处理时间对烟梗感官质量的影响

烟梗在一定微波功率的条件下，微波处理时间对 K326、红大、云烟 87 中长梗的感官质量有显著影响，感官评吸总分随微波处理时间呈现先增加后减少的趋势（图 18-4）。微波处理时间为 1 min 时，感官评吸总分 K326 最好，红大次之，云烟 87 最低；处理时间大于 1 min 时，3 个品种烟梗的感官质量均随微波处理时间的增加而下降；微波处理时间大于 3 min 时，烟梗木质部、皮层均变黑。

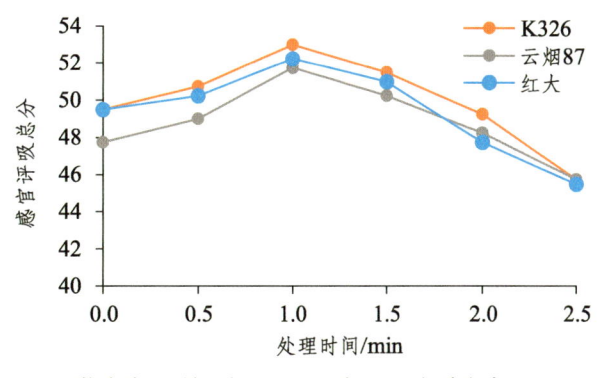

图 18-4　不同微波处理时间对 K326、云烟 87、红大烟梗评吸总分的影响

18.2.4 微波处理时间对烟梗颜色及水分含量的影响

研究表明，烟梗在一定微波功率的条件下，烟梗的各颜色指标与水分含量随着微波处理时间的增加，均呈下降趋势（图 18-5），在 0~1.5 min 微波处理时间内烟梗色差值无明显变化（表 18-4），烟梗无明显碳化现象；在 1.5~2.5 min 处理时间内，水分含量从 3.89% 下降至 2.31%，此时，烟梗色差值变化明显，烟梗碳化现象增加，说明烟梗的颜色指标及水分能够反映烟梗的碳化现象。由此可知：控制和保障膨胀过程中烟梗的水分（>4%）是杜绝碳化和确保生产过程安全的关键。

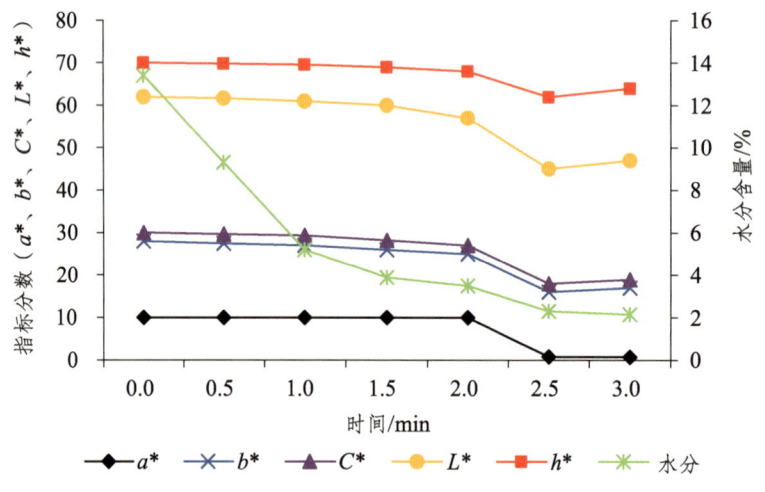

图 18-5 不同微波处理时间对烟梗颜色及水分含量的影响

注：明度指数 L^* 表示物体色明度值的坐标；a^* 为正值表示偏红程度；b^* 为正值表示偏黄程度；彩度 C^* 表示物体的色纯度或饱和程度；色调角 H^* 表示在物体色相 360° 范围内被测色的角度，0° 表示为红，90° 表示为黄，180° 表示为绿，270° 表示为蓝。

表 18-4 微波处理时间对色差的影响

时间/min	0	0.5	1	1.5	2	2.5	3
色差 ΔE	0	0.43	0.73	1.32	3.93	15.94	1.97

注：色差 $\Delta E = |(\Delta L^*)^2 + (\Delta a^*)^2 + (\Delta b^*)^2|^{1/2}$。

18.2.5 烟梗微波膨胀前后组织结构对比分析

18.2.5.1 木质部变化情况

木质部横截面光学 24 倍如图 18-6 所示，对图中黄色小方框所标示的烟梗木质部进行膨胀前后 500 倍电镜图片对比，膨胀后烟梗的木质部体积变化不明显，润梗加料后，木质部体积无明显变化。整个加工过程中，木质部体积变化不大。

18.2.5.2 形成层变化情况

形成层横截面光学 24 倍如图 18-7 所示，对图中黄色小方框所标示的烟梗形成层进行膨胀前后 500 倍电镜图片对比，膨胀后烟梗的形成层体积在膨胀后明显增大，但细胞排布不如木质部整齐，润梗加料后，形成层体积回缩明显，呈坍塌状。整个加工过程中，形成层体积变化明显，为先增大后减小。

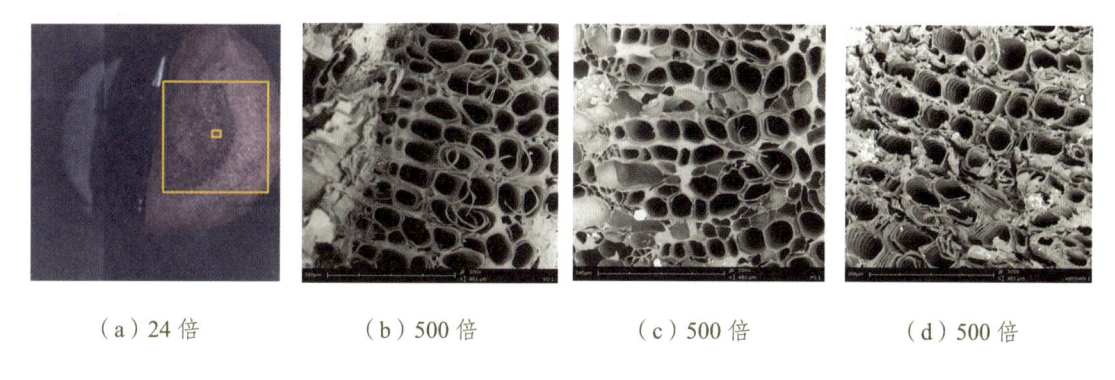

(a) 24 倍　　　(b) 500 倍　　　(c) 500 倍　　　(d) 500 倍

图 18-6　木质部横截面（a）(b)、微波膨胀后（c）及润梗加料后（d）木质部横截面变化

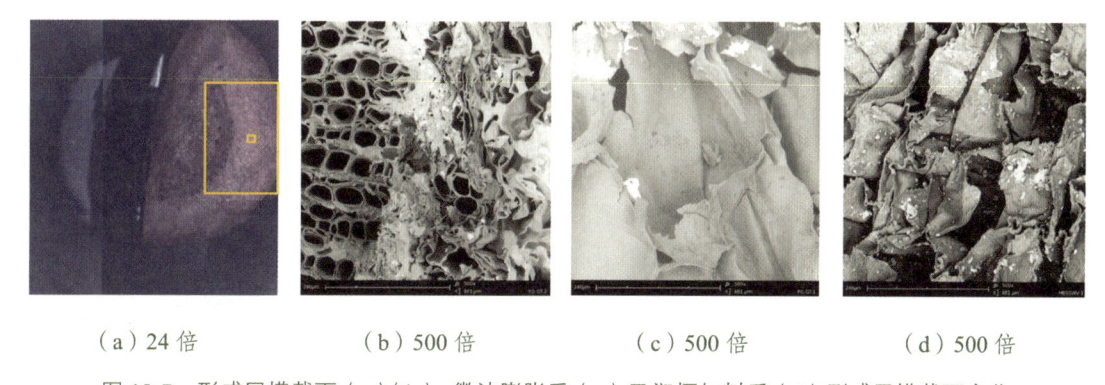

(a) 24 倍　　　(b) 500 倍　　　(c) 500 倍　　　(d) 500 倍

图 18-7　形成层横截面（a）(b)、微波膨胀后（c）及润梗加料后（d）形成层横截面变化

18.2.5.3　皮层变化情况

皮层横截面光学 24 倍如图 18-8 所示，对图中黄色小方框所标示的烟梗皮层进行膨胀前后 500 倍电镜图片对比，膨胀后烟梗的皮层体积在膨胀后明显增大，但细胞排布不如木质部整齐，比形成层整齐，润梗加料后，皮层体积回缩明显，细胞排布较整齐。整个加工过程中，皮层体积变化明显，为先增大后减小，细胞排布较形成层整齐。

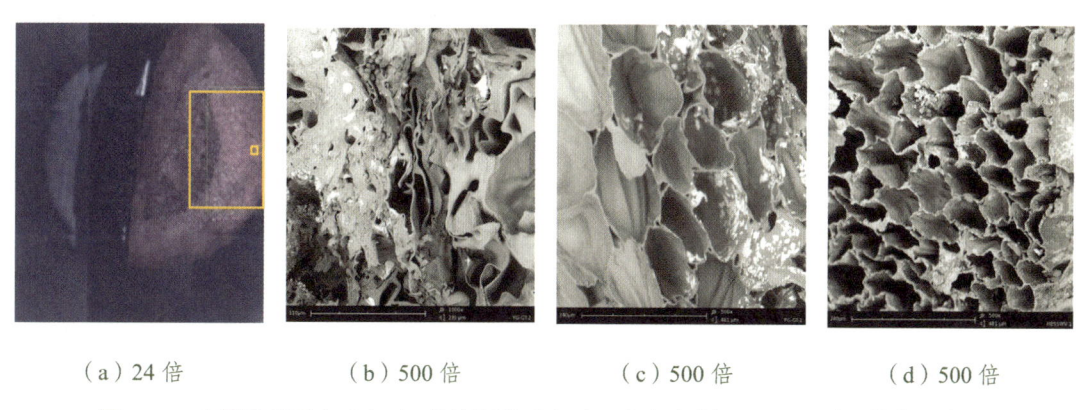

(a) 24 倍　　　(b) 500 倍　　　(c) 500 倍　　　(d) 500 倍

图 18-8　皮层横截面（a）(b)、微波膨胀后（c）及润梗加料后（d）形成层横截面变化

18.2.5.4 微波处理对烟梗料液吸收率的影响

膨胀烟梗料液吸收率与烟梗膨胀率的关系如图 18-9 所示。在相同工艺条件下,烟梗的膨胀率与料液吸收率的相关性为一元多次方程 $y = -0.0332x^2 + 0.2075x + 0.1194$ ($R^2 = 0.9397$)。微波膨胀烟梗的料液吸收率较原梗增加 15%左右,主要是由于烟梗微波膨胀后其皮层、形成层、木质部的体积增大,细胞空腔体积增加,有利于料液的吸收。在膨胀率为 300%左右时微波膨胀烟梗的料液吸收率达到最大,其组织结构中的皮层和形成层膨胀体积达到最大(45.35%)。

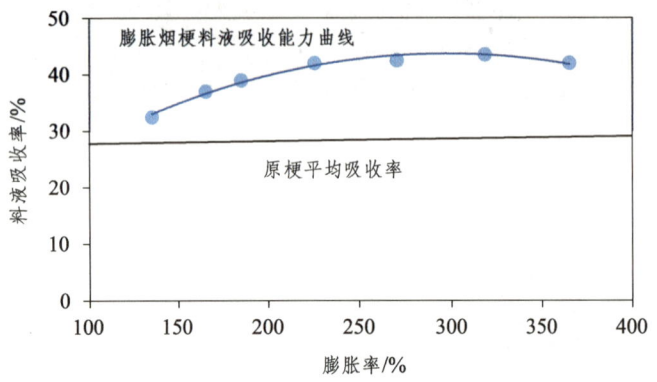

图 18-9 烟梗的不同膨胀率与料液吸收率的关系

18.2.5.5 不同产地、品种、部位烟梗的微波膨胀效果分析

分析了不同地区、不同品种、不同部位烟梗膨胀率的差异。不同地区同品种中部烟梗的膨胀率如表 18-5 所示,玉溪 K326 烟梗的膨胀率最高,为 265%,红河 K326 的膨胀率为 226%,大理红大的最低,为 200%。

表 18-5 不同产地 K326 烟梗与膨胀率的关系

产地	膨前水分/%	膨后水分/%	膨前密度/g·cm^{-3}	膨胀率/%
玉溪 K326	11.5	4.21	0.9417	265
红河 K326	12.13	4.57	0.8754	226
大理 K326	12.16	4.35	0.8597	200

红河地区不同品种中部烟梗的膨胀率如表 18-6 所示,K326 烟梗的膨胀率为 210%,红大的膨胀率为 178%,云烟 87 的膨胀率为 206%,说明不同品种烟梗在相同工艺处理条件下膨胀率存在着差异。

表 18-6 不同品种烟梗(中部梗)与膨胀率的关系

品种	膨前水分/%	膨后水分/%	膨前密度/g·cm^{-3}	膨胀率/%
K326	12.16	4.35	0.8765	210
红大	12.07	4.43	0.8493	178
云烟 87	12.07	4.21	0.8334	206

同地区同品种不同部位烟梗膨胀率如表 18-7 所示,中下部烟梗的膨胀率分别为 223%、238%,膨胀率较接近,上部梗的膨胀率为 140%,其膨胀率低于中下部烟梗,说明不同部位烟梗的膨胀率存在显著差异。

表 18-7　同地区同品种不同部位烟梗与膨胀率的关系

不同部位烟梗	膨前水分/%	膨后水分/%	膨前密度/g·cm^{-3}	膨胀率/%
K326 上部梗	10.87	4.30	0.8905	140
K326 中部梗	11.05	4.03	0.8783	223
K326 下部梗	11.93	3.62	0.8734	238

综上，烟梗经过微波膨胀处理后，皮层、形成层、木质部体积均不同程度增大，其中木质部体积增加相对较小；烟梗在微波膨胀处理过程中，细胞组织重新排列，支链状结构变成复杂网状结构，使得烟梗膨胀甚至爆破为海绵状组织结构，体积显著增加。

18.3　微波膨胀烟梗的二次复切工艺及专用设备的研发

二次复切微波膨胀梗丝采用先切片后切丝的二次复切方法，针对膨胀回潮后的烟梗，重点研发微波膨胀烟梗的切片工艺及设备。

18.3.1　微波膨胀烟梗的二次复切研究思路

膨胀后的烟梗具有极低的质量密度，膨胀后的烟梗体积可达到原来的 2~3 倍甚至更高。采用一次切丝的方式只能使膨胀烟梗呈片状，不能保证膨胀烟梗呈丝状。因此我们采用先膨后切、二次复切（先切片再切丝）的加工技术，即将膨胀后的烟梗分两次切，第一次将梗切成片，第二次将梗片切成丝。在一次切片时获得尽可能大的烟梗切片。经研究确定切片厚度为 (0.17±0.01) mm，切丝宽度为 (1.2±0.1) mm，以利于减少加工过程中的造碎，保持较高成丝率，提高原料利用率。

18.3.2　微波膨胀烟梗的二次复切工艺的制定

烟梗微波膨胀及丝状成型工艺流程见图 18-10。

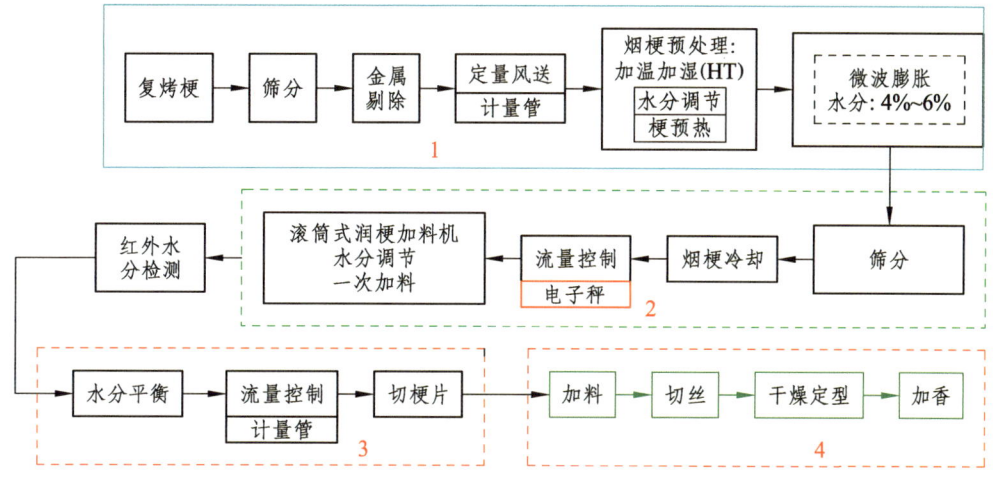

图 18-10　烟梗微波膨胀及丝状成型工艺流程

梗料的流量稳定性、预加热温度及水分、微波膨胀设备主要参数、烟梗冷却时间、润梗水分、切片厚度及切丝宽度是影响微波膨胀梗丝质量的关键因素。

18.4 制订微波膨胀梗丝的完整加工工艺方案

18.4.1 试验生产线加工工序关键因素研究

18.4.1.1 烟梗微波膨胀率与微波功率试验

微波功率与膨胀率的关系如图 18-11 所示，其相关性为一元多次方程 $y = -0.2437x^3 + 42.778x^2 - 2487.3x + 48071$（$R^2 = 0.9648$）。在其他参数条件不变的情况下，当微波功率为 63 kW 左右时烟梗膨胀率达到最大（约为 240%）；微波功率大于 63 kW 时，烟梗膨胀率有所下降。

18.4.1.2 切片参数试验

1. 切片厚度范围的确定

为使微波膨胀梗丝与烟丝有较接近的质量，采集了云南省 2011—2012 年生产的烟叶 960 份和 131 份烟梗样品，烟叶的厚度和密度以及烟梗的密度统计分析，结果如表 18-8 和表 18-9 所示。

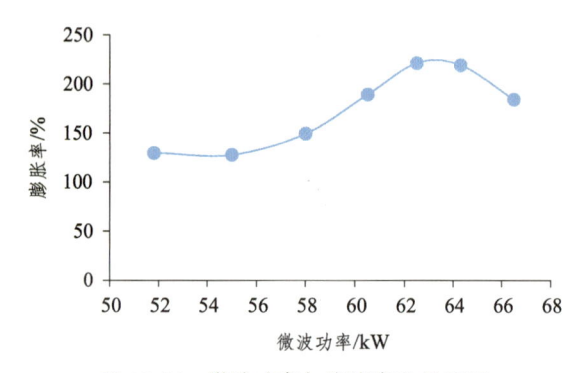

图 18-11 微波功率与膨胀率的关系图

表 18-8 云南省 960 个烟叶样品的厚度、密度统计分析

指标	平均值	中位数	标准差	变异系数	上截断点	下截断点
厚度/mm	0.1145	0.111	0.0289	25.24	0.1521	0.0797
密度/g·cm^{-3}	0.7418	0.7457	0.126	16.99	0.1084	0.0692

表 18-9 云南省 131 个烟梗样品的密度统计分析

指标	平均值	中位数	标准差	变异系数	极差	上截断点	下截断点
密度/g·cm^{-3}	0.9726	1.0004	0.0836	0.0860	0.5365	1.0118	0.7644

在假设烟丝与微波膨胀梗丝的长度、宽度一致的情况下，微波膨胀烟梗润梗加料后其膨胀率为 50%~60%，则微波膨胀烟梗的切片厚度为 0.10~0.25 mm。

2. 切片参数的设置

根据切片机的参数特点和多次切片实验，确定切片机切片关键参数设置为：来料厚度<80 mm，刀片压力 40~50 kN，切片厚度 0.12~0.20 mm。

18.4.1.3 切片厚度与切丝宽度参数组合试验

切片厚度与切丝宽度参数组合试验结果如表 18-10 所示。在加水开度为 50%、储梗 18 h，切片水分 30.5%、切片厚度 0.16 mm、切丝宽度 1.3 mm 的条件下，整丝率、填充值较高，碎丝率较低。当切片厚度一致时，切丝宽度越高，整丝率、填充值越高，碎丝率越低；当切丝宽度一致时，切片厚度越高，整丝率、填充值越高，碎丝率越低。

表 18-10 不同切丝参数与整丝率和填充值的关系

序号	加水开度/%	储梗时间/h	切片水分/%	切片厚度/mm	切丝宽度/mm	烘丝水分/%	整丝率/%	碎丝率/%	填充值/cm³·g⁻¹
1	50	17	29.8	0.2	1.1	12.00	43.38	4.34	6.1
2	50	17	29.8	0.2	1.2	12.80	58.28	1.78	6.2
3	50	17	29.8	0.2	1.3	13.87	52.17	3.52	5.8
4	50	17	29.8	0.2	1.0	13.87	40.45	8.59	5.6
5	50	17	29.8	0.2	1.4	13.50	53.32	4.88	6.5
6	50	17	29.8	0.2	1.5	13.50	55.87	3.27	6.8
7	50	18	30.5	0.16	1.2	12.50	53.35	4.20	5.2
8	50	18	30.5	0.16	1.1	12.30	55.63	3.90	5.4
9	50	18	30.5	0.16	1.3	12.60	61.42	3.70	6.3
10	50	18	30.5	0.18	1.0	12.20	52.85	8.80	5.0
11	50	18	30.5	0.12	1.5	10.36	45.63	3.33	7.2
12	50	18	30.5	0.14	1.4	10.60	44.78	4.49	7.3

18.4.1.4 试验线加工参数的验证

对微波处理工序的 7 个关键加工参数进行均匀试验设计，建立了微波膨胀烟梗加工参数的 BP 神经网络模型，利用所建立的模型对加工参数进行优化，中试验证和试生产，确定了试验线工序的加工参数，如图 18-12 所示。

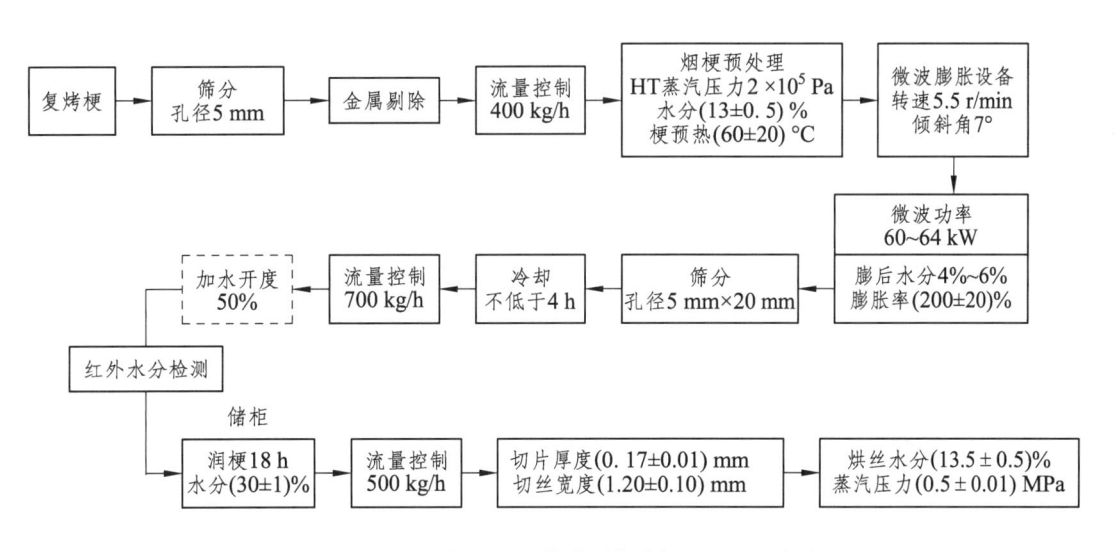

图 18-12 微波膨胀梗丝及丝状成型整线加工关键工序流程图

18.5 加料工艺及技术研究

根据微波膨胀烟梗、微波膨胀梗丝质量特点以及常规梗丝的加料技术,我们从提高烟梗柔韧性和保润效果的基础料液、改善余味的料液、增香(主要为了掩盖杂气)料液开展研究。首先筛选出适合的添加物质,然后采用均匀试验设计、模型建立及优化、混料试验设计、感官评吸的方法,确定底料和表香各添加物质的掺配比例。技术路线见图18-13。

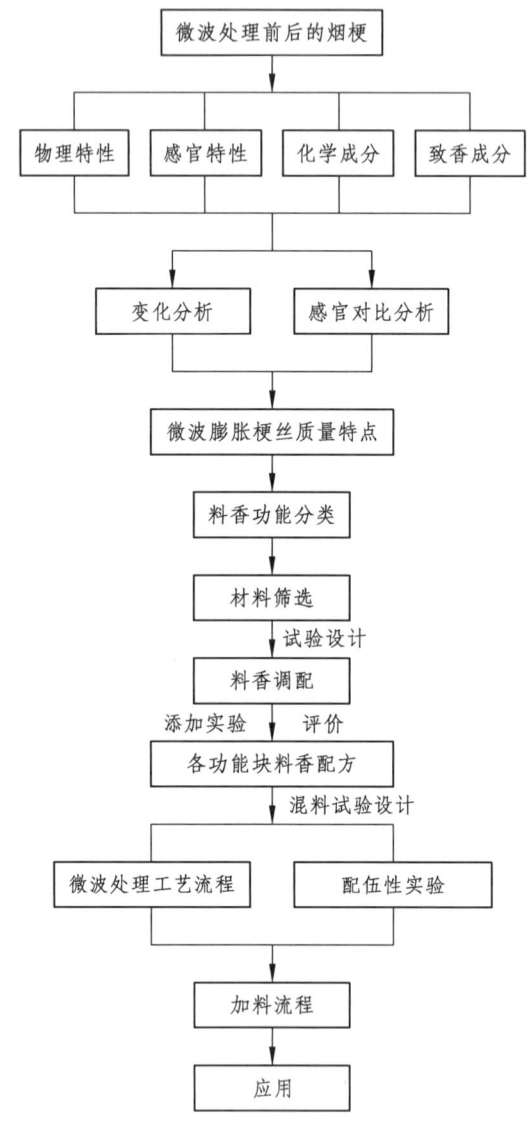

图 18-13 加料技术的技术路线

18.5.1 料液配方的确定

18.5.1.1 基础料液的调配

通过对组成基础料液物质筛选和配比的优化,达到增加烟梗韧性和保润效果、降低干燥感,提升微波膨胀梗丝耐加工性的目的。技术路线见图 18-14。

以配方梗为研究对象,根据微波膨胀烟梗理化和感官分析结果,调配的微波膨胀烟梗基础料液主要以增加烟梗韧性、持水性以及能调节烟梗酸碱平衡的物质为原料。选取具有保润效果和降低干燥感的天然植物提取物 D。针对微波膨胀烟梗偏酸性的特点,选取偏碱性的天然植物提取物 L,用于初步调节烟梗的酸碱平衡,改善余味。选取多元醇、葡萄糖、蜂蜜来增加烟梗的持水性和韧性。构成微波膨胀烟梗基础料液各物质掺配比例的优化结果见表 18-11。

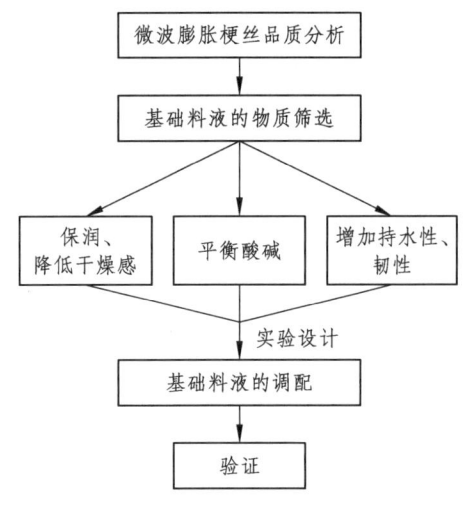

图 18-14 基础料液的调配技术路线

表 18-11 基础料液各物质掺配比例的优化结果

基础料液	天然提取物 D	天然提取物 L	多元醇	葡萄糖	蜂蜜	溶剂	合计/%
掺配比例/%	0.035	0.032	0.5	0.32	0.12	2.997	4

18.5.1.2 余味料液的调配

通过对组成余味料液物质筛选和配比的优化,到达减轻微波膨胀梗丝余味的苦、涩感。调配主要从增加梗丝生津回甜感,入喉的顺畅性,增加烟气的湿润性和减少口腔残留等方面开展研究。技术路线如图 18-15 所示。

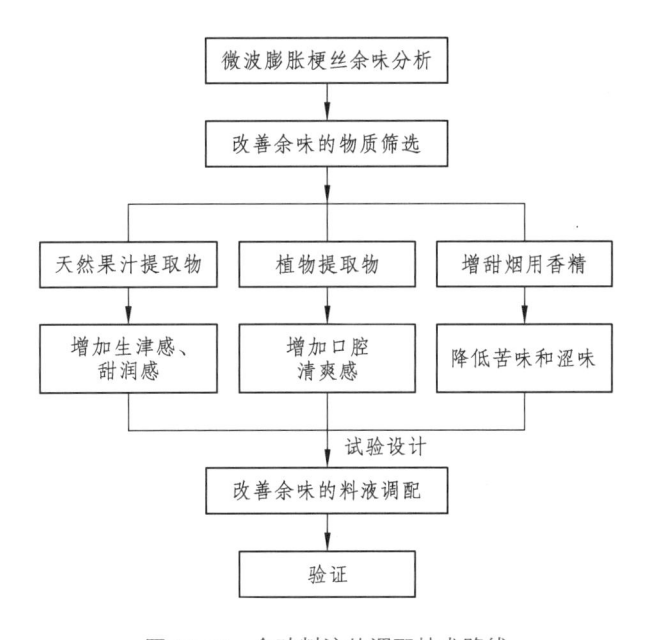

图 18-15 余味料液的调配技术路线

以配方梗为研究对象，调配改善微波膨胀梗丝余味的料液物质主要以增甜物质为原料，在增加甜韵感和生津感的同时，能达到够掩盖舌面上的苦味和涩味的效果。天然果汁提取物主要以酸甜味的水果提取物为原料，选用苹果汁（A1）和番茄汁（A2），增加生津感、甜润感，减少残留。植物提取物选用甘草提取物（A3）和无花果浸膏（A4），有助于改善口感，增加口腔的清爽感。增甜香料选用辛甜（A5）、蜜甜（A6）的烟用香精。因此，构成微波膨胀烟梗余味料液各物质掺配比例的优化结果见表 18-12。

表 18-12 余味料液各物质掺配比例优化结果

余味料液	果汁提取物		植物提取物		增甜香精		溶剂	合计/%
	A1	A2	A3	A4	A5	A6		
掺配比例/%	0.0500	0.042	0.010	0.0193	0.010	0.030	3.8387	4

18.5.1.3 增香料液的调配

烟梗中由于含有较高含量的木质素和纤维素，烟气中会带来木质气、青杂气，此外烟梗微波处理后还有一些焦枯杂气和似橡胶燃烧的不良气息，会破坏烟香的自然优雅性，对于卷烟的香气品质有着很大的负面影响，特别对于高档卷烟。

一般的掩盖杂气方法有两种，其一是赋香法，即添加某种类型的香精，使卷烟在燃吸过程中产生的致香成分来掩盖本身的气息；其二是谐调法，即通过添加的香精在燃吸过程中产生的致香成分与本来的香气相谐调，产生更加愉快的香气。该板块的开发就是从这两个方面着手，具体开发思路如图 18-16 所示。

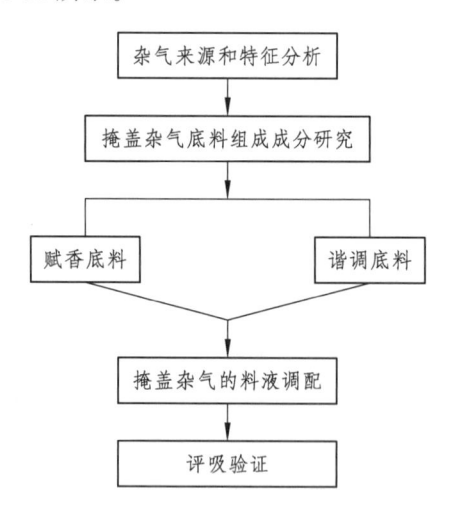

图 18-16 增香料液的调配技术路线

增香料液的调配主要选用辛香风格的香料（B1）和晾晒烟提取物（B2）压制微波膨胀梗丝燃烧后拟橡胶燃烧后的不良气息和木质杂气；选用果甜香韵（B3）和豆香香韵的原料（B4）去谐调烟梗微波处理后的焦枯气息，使之形成舒适的清甜香韵。构成微波膨胀烟梗余味料液各物质掺配比例的优化结果见表 18-13。

表 18-13 增香料液各物质掺配比例优化结果

增香料液	辛香香料 B1（X1）	晾晒烟提取物 B2（X2）	果香香料 B3（X3）	豆香香料 B4（X4）	溶剂	合计/%
掺配比例/%	0.02	0.03	0.04	0.002	3.928	4

18.5.1.4 料液配方的确定

根据以上试验，分别选取基础料液、余味料液和增香料液中的各物质掺配比例的优化结果以及感官定性评价中尚好和一般的料液组合，基础料液板块、余味料液板块、增香料液板块的最佳掺配比例为 14%∶57%∶29%。基础料液板块选用 JC 优化样品，余味料液板块选用 YW 优化样品，增香料液板块选用 ZX1#样品，基础料液板块、余味料液板块、增香料液板块各物质的掺配比例见表 18-14。加料方式为二次加料。其中基础料液在微波膨胀烟梗回潮时添加，余味料液和增香料液添加在梗片上。

表 18-14 料液配方

料液板块	添加物质	添加比例/%	溶剂添加比例/%
基础料液	D	0.0049	
	L	0.0045	
	多元醇	0.0700	
	葡萄糖	0.0448	
	蜂蜜	0.0168	
余味料液	果汁提取物 A1	0.0285	
	果汁提取物 A2	0.0239	
	植物提取物 A3	0.0057	3.7552
	植物提取物 A4	0.0110	
	增甜香精 A6	0.0057	
	增甜香精 A6	0.0171	
增香料液	辛香香料 B1	0.0015	
	晾晒烟提取物 B2	0.0029	
	果香香料 B3	0.0064	
	豆香香料 B4	0.0012	
小计		0.2448%	
合计		4%	

18.5.2 表香的调配

分析加料后微波膨胀梗丝的品质特征，并根据卷烟品牌的风格特点，有针对性地进行加香试验，使加香后的微波膨胀梗丝品质更符合卷烟品牌质量风格特征的要求。技术路线如图 18-17 所示。

表香中增加了烟草提取物（C1）进一步增加自然醇和的烟草香气，增加果甜香韵（C2）的原料，在进一步谐调烟梗微波处理后的焦枯气息的同时增加甜韵感，增加天然果类提取物（C3）、（C4）以增加烟气湿润感和甜润感，进一步减低梗丝干燥感，增加增甜香精以加强自然甜香，改善口感。因此，可以确定微波膨胀梗丝组成表香各物质的掺配比例见表 18-15。

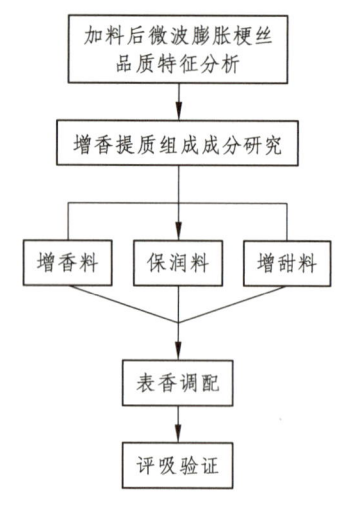

图 18-17 表香开发路线

表 18-15 微波膨胀梗丝表香各物质掺配比例　　　　　　　　　　　单位：%

序号	增香香精 C1	增甜香精 C2	保润香料 C3	保润香料 C4	溶剂	合计
1	0.002	0.012	0.02	0.01	1.156	1.200

18.6 微波膨胀梗丝在卷烟中的应用研究

18.6.1 微波膨胀梗丝质量评价

由图 18-18 可知，微波膨胀梗丝尚有焦枯气、木质气，微有橡胶味；微波膨胀梗丝的焦枯气、木质气、橡胶味等杂气明显低于常规梗丝。微波膨胀梗丝尚干净、尚有甜，稍有干燥感、辛辣感、酸、苦、涩。微波膨胀梗丝口感中的甜较为常规梗丝明显，常规梗丝口感中的干燥感明显强于微波膨胀梗丝，整体上微波膨胀梗丝的口感较常规梗丝有明显的改善。

（a）　　　　　　　　　　　　（b）

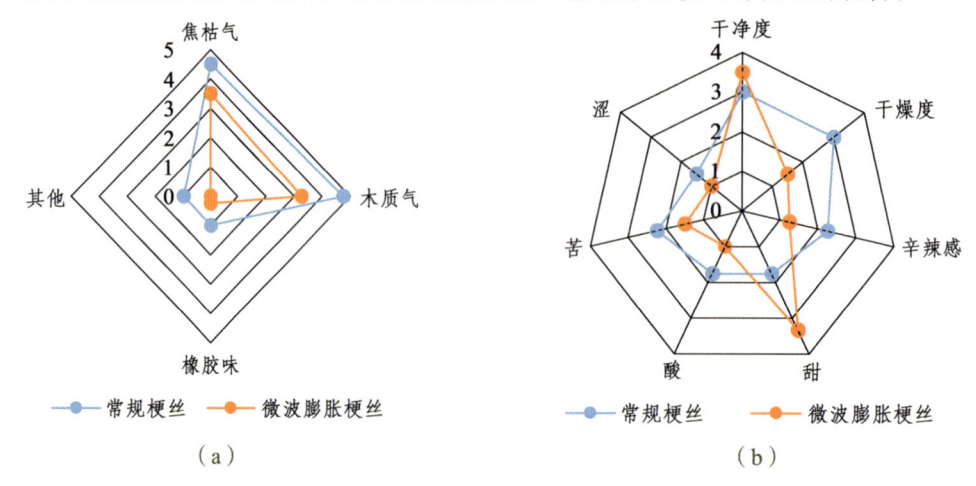

图 18-18 微波膨胀梗丝与常规梗丝杂气特征对比（a）和常规梗丝口感特征对比（b）

由图 18-19 可知，微波膨胀梗丝除劲头外与常规梗丝差异不大，其余指标得分均高于常规梗丝，尤其在香气量、杂气、余味、刺激性方面的得分明显高于常规梗丝。

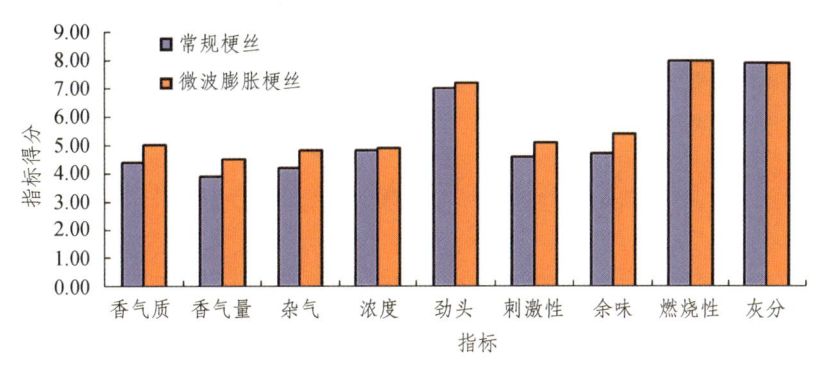

图 18-19 微波膨胀梗丝与常规梗丝品质特征对比

以 HHV-8 烟丝为对照，分别计算了常规梗丝、微波膨胀梗丝的色差，见表 18-16。从表中可以看出，膨胀梗丝的 L^*、a^*、b^* 值与烟丝最为接近，膨胀梗丝与 HHV-8 烟丝的色差最小，L^* 值最小，b^* 最低。常规梗丝与 HHV-8 烟丝的色差为 5.67，微波膨胀梗丝与 HHV-8 烟丝的色差为 2.56，微波膨胀梗丝颜色更接近 HHV-8 烟丝。

表 18-16 常规梗丝、膨胀梗丝与烟丝颜色指标差异分析

样品	L^*	a^*	b^*	C^*	H^*	ΔE
常规梗丝	58.38	8.57	24.27	25.83	70.60	5.67
膨胀梗丝	50.78	10.58	22.42	24.79	64.70	2.56
HHV-8 烟丝	53.20	10.64	23.26	25.59	65.41	—

如图 18-20 所示，微波膨胀梗丝颜色接近烟丝，呈丝状，而常规工艺梗丝烟丝偏白，呈片状，微波膨胀梗丝在外观质量方面较常规梗丝更接近烟丝。

（a）常规工艺梗丝　　　　　　　　　　（b）微波膨胀工艺梗丝

图 18-20 常规梗丝与丝状梗丝外观质量对比

参照烟丝结构的检测方法，对比分析了微波膨胀梗丝与常规梗丝的梗丝结构，结果见表 18-17，表明：微波膨胀梗丝在 1.40 ~ 4.20 mm 区段中集中度最高达到 83.4%，高于常规梗丝的 32.80%；小于 1.4 mm 的微波膨胀梗丝比例为 3.10%，低于常规梗丝的 5.10%；大于 4.2 mm 的微波膨胀梗丝比例要低于常规梗丝。微波膨胀梗丝的填充值、水分与常规梗丝差异不大。

表 18-17　微波膨胀梗丝与常规梗丝的梗丝结构

指标	微波膨胀梗丝	常规梗丝
大于 4.2 mm 的梗丝比例/%	13.50	62.10
3.2～4.2 mm 的梗丝比例/%	47.50	20.30
1.4～3.2 mm 的梗丝比例/%	35.90	12.50
小于 1.4 mm 的梗丝比例/%	3.10	5.10
填充值/$cm^3 \cdot g^{-1}$	6.35	6.45
水分/%	12.50	13.20

由表 18-18 可知，微波膨胀梗丝的氯、烟碱平均含量分别比常规梗丝低 4.85%、2.78%，但其总糖、还原糖、总氮、钾平均含量分别比常规梗丝高 1.95 %、7.12%、9.90 %、0.87 %。

表 18-18　微波膨胀梗丝与常规梗丝常规化学成分　　　　　　　　　　单位：%

样品名称	氯	烟碱	总糖	还原糖	钾	总氮
常规梗丝	2.68	0.72	14.35	12.22	4.58	1.92
微波膨胀梗丝	2.55	0.70	14.63	13.09	4.62	2.11
微波膨胀梗丝相对常规梗丝增减/%	−4.85	−2.78	1.95	7.12	0.87	9.90

对比分析了云产卷烟 HHV-8 试验样品（外掺 8%的微波膨胀梗丝）较云产卷烟 HHV-8 对照样（外掺 8%的常规梗丝）烟气成分的差异。结果见表 18-19、表 18-20，表明：微波膨胀梗丝替代云产卷烟 HHV-8 中常规梗丝后，抽吸口数、焦油分别增加了 2.86%、1.03%，总粒相物、烟气水分分别降低了 1.74%、11.76%，烟气烟碱无明显变化；微波膨胀梗丝替代云产卷烟 HHV-8 中常规梗丝后，CO、NNK、巴豆醛分别降低了 3.36%、0.22%、11.83%，其中危害性评价指数降低了 0.75%；但 HCN、氨、苯并[a]芘、苯酚分别增加了 5%、7.02%、1.16%、20.18%。

表 18-19　微波膨胀梗丝全替代的云产卷烟 HHV-8 常规烟气指标

样品名称	抽吸口数/口·支$^{-1}$	总粒相物/mg·支$^{-1}$	焦油/mg·支$^{-1}$	烟气烟碱/mg·支$^{-1}$	烟气水分/mg·支$^{-1}$
对照样	7.00	11.50	9.70	1.00	1.70
试验样	7.20	11.30	9.80	1.00	1.50
变化率/%	2.86	−1.74	1.03	0.00	−11.76

表 18-20　微波膨胀梗丝全替代的云产卷烟 HHV-8 七种有害成分

样品	CO/mg·支$^{-1}$	HCN/μg·支$^{-1}$	NNK/ng·支$^{-1}$	氨/μg·支$^{-1}$	苯并[a]芘/ng·支$^{-1}$	苯酚/μg·支$^{-1}$	巴豆醛/μg·支$^{-1}$	H 值
对照样	11.90	100.00	4.52	5.70	8.61	10.90	18.60	5.29
试验样	11.50	105.00	4.51	6.10	8.71	13.10	16.40	5.25
变化率/%	−3.36	5.00	−0.22	7.02	1.16	20.18	−11.83	−0.75

把烟丝作为对照，同一批烟梗分别加工成常规梗丝、微波膨胀梗丝。再把对照烟丝、常规梗丝和微波膨胀梗丝分别干燥、研磨制样，用近红外光谱仪采集烟丝、常规梗丝和微波膨

胀梗丝的近红外光谱信息并进行数据处理。分别计算常规梗丝、微波膨胀梗丝与对照烟丝的余弦夹角值（表 18-21），可知微波膨胀梗丝较常规梗丝更接近与对照烟丝。

表 18-21　常规梗丝、微波膨胀梗丝与烟丝的近红外光谱的相似分析结果

样品名称	余弦夹角值
对照烟丝	1.0000
常规梗丝	0.9940
微波膨胀梗丝	0.9955

18.6.2　掺配均匀性对比分析

通过卷烟样品中常规梗丝、微波膨胀梗丝掺配比例偏差测定，结果见表 18-22，表明，微波膨胀梗丝在 HHJ-01 卷烟叶组中掺配比例为 21.51%，而传统梗丝的掺配比例为 20.82%，微波膨胀梗丝在 HHJ-01 卷烟中的掺配比例较常规梗丝更接近目标掺配比例，掺配比例平均相对偏差降低了 3.14%，掺配比例的波动范围降低 34.92%。微波膨胀梗丝在 HHJ-01 卷烟卷烟样品中的掺配均匀性比常规梗丝好，掺配比例的波动范围小。

表 18-22　卷烟样品中常规梗丝、微波膨胀梗丝掺配均匀性偏差的测定结果

样品编号	目标掺配比例/%	测定平均值/%	测定值极差	绝对误差	平均相对偏差/%
常规梗丝	22.00	20.82	0.63	-1.18	-5.36
微波膨胀梗丝	22.00	21.51	0.41	-0.49	-2.23

通过卷烟样品烟支中微波膨胀梗丝掺配比例偏差测定，结果见表 18-23，表明，微波膨胀梗丝在 HHJ-01 卷烟中掺配比例的平均相对偏差均在 5% 以内，微波膨胀梗丝在 A、B、C 三段烟支掺配比例的波动范围比常规梗丝分别降低了 30.65%、30.36%、34.62%。微波膨胀梗丝在 HHJ-01 卷烟烟支中的掺配均匀性比常规梗丝好，掺配比例的波动范围小。

表 18-23　卷烟样品烟支中常规梗丝、微波膨胀梗丝掺配均匀性偏差的测定结果

梗丝类型	烟支段	目标掺配比例/%	测定值/%	测定值极差	绝对误差	相对偏差/%
常规梗丝	A 段	22.00	20.89	0.62	-1.11	-5.05
	B 段	22.00	23.22	0.56	1.22	5.55
	C 段	22.00	23.46	0.78	1.46	6.64
微波膨胀梗丝	A 段	22.00	21.58	0.43	-0.42	-1.91
	B 段	22.00	22.82	0.39	0.82	3.73
	C 段	22.00	23.02	0.51	1.02	4.64

把微波膨胀梗丝、常规梗丝分别添加到同批次 HHJ-01 卷烟的叶丝中，检测了同批次 5 个 HHJ-01 卷烟试验样品（外掺 22% 的微波膨胀梗丝）和 5 个 HHJ-01 卷烟对照样品（外掺 22% 的常规梗丝）的烟支烟气烟碱量，结果（表 18-24）表明烟支掺配微波膨胀梗丝后烟气烟碱量的稳定性较好。

表 18-24　HHJ-01 卷烟试验样品和对照样品烟气烟碱量检测

样品	烟气烟碱/μg·支$^{-1}$
HHJ-01 卷烟试验样品（外掺 22%的微波膨胀梗丝）	1.01
HHJ-01 卷烟对照样品（外掺 22%的常规梗丝）	0.88

18.6.3　存放时间对微波膨胀梗丝填充值及感官品质的影响

按《二次复切微波膨胀梗丝制丝规范》标准生产的微波膨胀梗丝填充值可达到 6.53 cm^3/g。但在一段时间内填充值会随时间有所降低，并逐渐趋于稳定（图 18-21）。

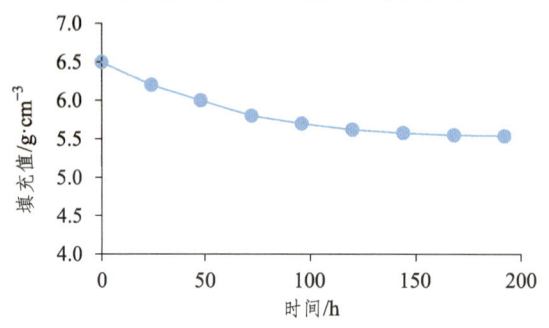

图 18-21　存放时间对微波膨胀梗丝填充值的影响

通过对存放 1 d 和存放 1 个月的微波膨胀梗丝进行感官评吸，结果表明：存放 1 个月的微波膨胀梗丝与存放 1 d 梗丝相比，其刺激得分略有升高，余味得分略有降低，其余指标无明显变化，存放时间对微波膨胀梗丝的感官品质影响不大。

18.6.4　微波膨胀梗丝与叶组的适配性研究

把不同比例的微波膨胀梗丝添加到试验叶组（云产卷烟 HHV-8）中（掺配比例范围为 10%～50%，步长为 10%），分析了添加后烟支的感官评吸总分、常规烟气成分、七种有害成分及其评价指数的变化情况。

18.6.4.1　感官质量分析

以微波膨胀梗丝的掺配比例为自变量（x）、评吸总分为因变量（y）分析了随着掺配比例的变化评吸总分的变化趋势，在 Microsoft Excel 2003 中对的掺配比例与评吸总分进行散点图绘制（图 18-22），然后进行回归分析和建立相应的回归方程。

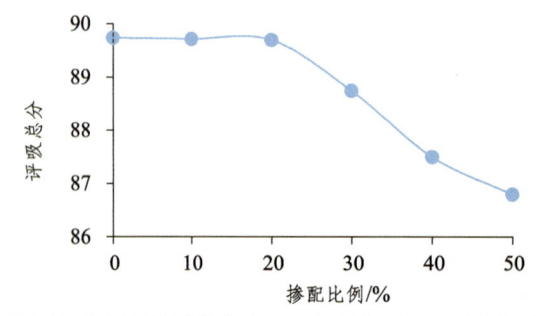

图 18-22　不同掺配比例的微波膨胀梗丝与某品牌叶组掺配后评吸总分的变化

回归方程：$y=479.17x^4-417.13x^3+83.681x^2-3.2235x+89.692$（$R^2=0.9984$）

由以上分析可知：微波膨胀梗丝与某品牌叶组掺配后，在掺配比例为 20%以内时，其感官评吸总分得分较好，二者表现出较好的协同作用；在掺配比例超过 20%时，感官评吸总分呈下降趋势，二者表现出较强的拮抗作用。

18.6.4.2 烟气成分分析

由图 18-23 可知，总粒相物、焦油量随着掺配比例的增加而减小，一氧化碳变化不大；烟气烟碱量随着掺配比例的增加而减小，烟气水分基本保持不变。

（a）

（b）

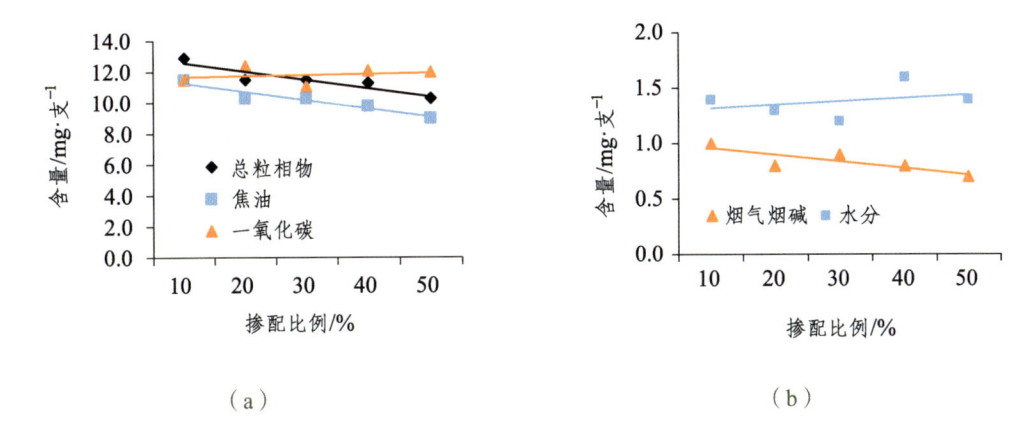

图 18-23 不同掺配比例对烟气常规指标的影响

18.6.4.3 七种有害成分分析

研究结果表明：烟气中氨、苯酚、巴豆醛、苯并[a]芘、HCN 含量随着掺配比例的增加而减小；NNK 在掺配比例较高时小幅增加。由图 18-24 可知，卷烟危害性评价指数随着掺配比例的增加而减小。

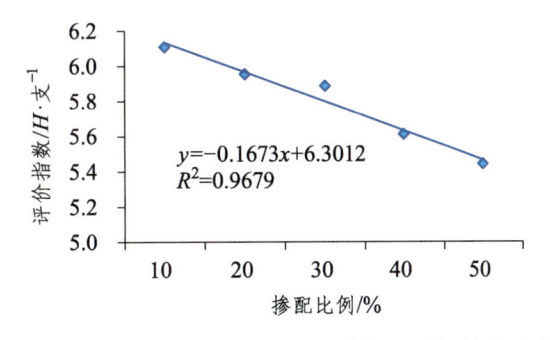

图 18-24 不同掺配比例对卷烟危害性评价指数的影响

18.6.5 微波膨胀梗丝在卷烟产品中的应用研究

对比分析了增量 4%微波膨胀梗丝的高端品牌云产卷烟 HHV-8、HHD-1 试验样品较云产卷烟 HHV-8、HHD-1 对照样的感官质量、化学成分、烟支物理特性、常规烟气成分的变化情况。

18.6.5.1 增量 4%微波膨胀梗丝的云产卷烟 HHV-8 风格及质量特征

1. 化学成分

分析检测结果表明,增量 4%微波梗丝的云产卷烟 HHV-8 的钾、氯含量与对照样相比小幅增加,但总糖、还原糖、烟碱、氮含量小幅降低。

2. 感官品质特征

由表 18-25 可知,与对照样相比,卷烟 HHV-8 试样谐调、刺激、余味得分增加,其余指标无变化,评吸总分增加 0.3 分,品质整体上无明显变化。

表 18-25 感官品质特征对比分析

样品	光泽（5）	香气（32）	谐调（6）	杂气（12）	刺激（20）	余味（25）	评吸总分（100）
HHV-8 对照	5.00	29.93	5.21	10.86	17.93	22.29	91.20
HHV-8 试样（增量 4%微波膨胀梗丝）	5.00	29.93	5.29	10.86	18.07	22.36	91.50

感官评价表明,卷烟 HHV-8 试样的口腔残留、收敛、喉部干燥、鼻腔刺激和甜感得到了改善;卷烟 HHV-8 试样的香气、细腻柔和/圆润、杂气等烟气特性有一定提升;香韵特征指标中的烤烟烟香、清香、果香、辛香、膏香、烘焙香、甜香增加,而木香、可可香降低。

3. 常规烟气成分

由表 18-26 可知,卷烟 HHV-8 试样的总粒相物、焦油、烟气烟碱、抽吸口数、烟气水分略有增加,CO 略有降低。

表 18-26 卷烟 HHV-8 烟支样品烟支常规烟气成分指标变化率分析

样品名称	总粒相物/mg·支$^{-1}$	焦油/mg·支$^{-1}$	烟气烟碱/mg·支$^{-1}$	CO/mg·支$^{-1}$	烟气水分/mg·支$^{-1}$
HHV-8 对照	12.35	10.54	0.99	12.51	1.73
HHV-8 试样（增量 4%微波膨胀梗丝）	12.51	10.56	1.00	12.47	1.78
变化率/%	1.30	0.19	1.01	-0.32	2.89

4. 烟支物理特性

由表 18-27 可知,卷烟 HHV-8 试验样品的烟支平均质量、平均吸阻、抽吸口数较对照样分别增加 1.00%、0.27%、1.68%。

表 18-27 卷烟 HHV-8 烟支样品烟支物理特性指标变化率分析

样品名称	平均质量/g·支$^{-1}$	平均吸阻/Pa·支$^{-1}$	抽吸口数/口·支$^{-1}$
HHV-8 对照	0.91	1106.00	7.72
HHV-8 试样（增量 4%微波膨胀梗丝）	0.92	1109.00	7.85
变化率/%	1.10	0.27	1.68

18.6.5.2 增量4%微波膨胀梗丝的HHD-1卷烟风格及质量特征

1. 化学成分

卷烟常规化学成分分析结果表明，HHD-1试验样品的氯、总氮、钾含量较对照样小幅增加，而总糖、还原糖含量较对照样小幅增加。

2. 感官品质特征

由表18-28可知，与对照样相比HHD-1试样的香气、刺激性、余味得分略有增加，其余指标无变化，评吸总分增加0.4分，感官品质整体上无明显变化。

表18-28 感官品质特征对比分析

样品	光泽 （5）	香气 （32）	谐调 （6）	杂气 （12）	刺激 （20）	余味 （25）	评吸总分 （100）
HHD-1对照	5.00	30.14	5.36	10.86	18.07	22.57	92.00
HHD-1试样 （增量4%微波膨胀梗丝）	5.00	30.21	5.36	10.86	18.14	22.86	92.40

感官评价表明，HHD-1试样的收敛、喉部刺激、喉部干燥和甜感得到了改善，烟气的丰富性、细腻柔和/圆润有所提升，烟气浓度稍有降低；香韵特征中的烤烟烟香、晾晒烟烟香、清香、果香、辛香、花香降低，而果香、木香、药草香、可可香、膏香、烘焙香增加。

3. 常规烟气成分

HHD-1试验样品烟气总粒相物、焦油量、烟气烟碱量、CO较对照样分别降低了6.24%、6.35%、9.26%、2.27%，烟气水分增加了1.52%，结果见表18-29。

表18-29 HHD-1烟支样品烟支常规烟气成分指标变化率分析

样品名称	总粒相物 /mg·支$^{-1}$	焦油 /mg·支$^{-1}$	烟气烟碱 /mg·支$^{-1}$	CO /mg·支$^{-1}$	烟气水分 /mg·支$^{-1}$
HHD-1对照	13.63	11.65	1.08	12.76	7.90
HHD-1试样 （增量4%微波膨胀梗丝）	12.78	10.91	0.98	12.47	8.02
变化率/%	-6.24	-6.35	-9.26	-2.27	1.52

4. 烟支物理特性

由表18-30可知，卷烟HHD-1试验样品烟支的平均吸阻、抽吸口数较对照样分别增加了2.87%、1.52%。

表18-30 卷烟HHD-1烟支样品烟支物理特性指标变化率分析

样品名称	平均质量/g·支$^{-1}$	平均吸阻/Pa·支$^{-1}$	抽吸口数/口·支$^{-1}$
HHD-1对照	0.92	1115.00	7.90
HHD-1试样 （增量4%的微波膨胀梗丝）	0.92	1147.00	8.02
变化率/%	0.00	2.87	1.52

18.7 微波膨胀颗粒在卷烟滤嘴中的应用研究

微波膨胀颗粒材料来源于烟草本身，具有自然的烟草香气，具有发达的孔结构，其能在滤嘴中提供一定的过滤效果，成为一类来源于烟草本身、而不污染烟丝导致杂气凸显的全新的滤嘴用新材料。微波膨胀颗粒材料应用于滤嘴能够提升卷烟的品质，提高微波膨胀颗粒的应用价值。

18.7.1 微波膨胀颗粒吸附性能研究

研究表明，微波膨胀颗粒具备由大量空气小室组成的特殊结构。这一结果提示此材料具有作为卷烟风格载体的性质。作为载体，必须具备良好的吸附能力，才能将足够的功能香料液、添加剂等被载对象携带进卷烟叶组，进而发挥相应的作用。选取水、乙醇、乙酸乙酯三种物质作为被附载对象，微波膨胀颗粒、烟丝作为载体，全面比较颗粒和烟丝对水（包括液、气两种形态）、乙醇、乙酸乙酯的吸附能力差异。

18.7.1.1 微波膨胀颗粒吸水性能研究

颗粒吸水性测定结果如表 18-31 所示。

表 18-31 颗粒吸水性测定结果

测定次数	烘前重/g	烘后重/g	水分/%	平均水分/%
1	2.784	2.600	6.61	
2	2.661	2.489	6.46	6.43
3	2.569	2.409	6.23	

颗粒重/g	洗涤后重/g	烘干后重/g	不溶绝干/%	可溶绝干/%
10.000	68.195	3.905	39.05	54.52

烟丝吸水性测定结果如表 18-32 所示。

表 18-32 烟丝吸水性测定结果

测定次数	烘前重/g	烘后重/g	水分/%	平均水分/%
1	2.729	2.323	14.88	
2	2.782	2.370	14.81	14.96
3	2.953	2.504	15.20	

烟丝重/g	洗涤后重/g	烘干后重/g	不溶绝干/%	可溶绝干/%
10.000	25.852	3.494	34.94	50.10

可见，颗粒吸附能力明显优于烟丝。由于微波膨胀颗粒具有三维多孔多空腔的物理结构特点，其吸水能力明显优于烟丝。

18.7.1.2 微波膨胀颗粒吸附水蒸气性能研究

从以上结果来看,颗粒的吸水能力远高于烟丝,但卷烟在燃吸过程中,主流烟气流经烟丝和嘴,其中的水分也会被载体吸收,可能导致干刺等负面效应,影响卷烟的抽吸品质。所以我们进行了微波膨胀颗粒吸附水蒸气性能研究。

水蒸气吸附能力测试结果如图 18-25 所示。在足够吸附时间内,颗粒对水蒸气具有良好的吸附性能。但是,在卷烟燃吸的过程中,主流烟气通过烟支的时间很短,这种条件下颗粒吸收水分的能力与烟丝一致,并不会导致主流烟气中的水分含量下降。

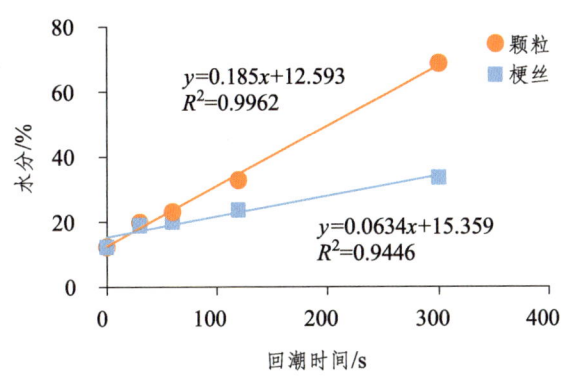

图 18-25 水蒸气吸附能力曲线

18.7.1.3 微波膨胀颗粒吸附乙醇性能研究

95%乙醇溶液吸附能力测试结果如表 18-33 所示。由表中数据可知微波膨胀颗粒吸附乙醇的能力近似为烟丝的两倍,携带醇溶液被附载对象进入叶组发挥作用的能力高于烟丝。

表 18-33　95%乙醇溶液吸附能力测试结果

载体	初始水分/%	吸乙醇前重量/g	吸乙醇后重量/g	醇溶组分重量/g
颗粒	0	10.00	26.32	0.75
烟丝	0	10.00	18.24	0.66

18.7.1.4 微波膨胀颗粒吸附乙酸乙酯性能研究

乙酸乙酯保留时间为 1.93 min,检验结果如表 18-34 所示。微波膨胀颗粒对乙酸乙酯的吸附能力弱于烟丝,有利于酯溶性特征风格功能香气成分进入主流烟气。

表 18-34　乙酸乙酯吸附性能测定结果

样品编号	样品说明	峰面积
ZR-KL	颗粒吸附乙酸乙酯样	1 095 350
ZR-YS	烟丝吸附乙酸乙酯样	1 284 287

18.7.2 微波膨胀颗粒持水性能研究

图 18-26 的曲线直观地反映了各干燥时段曲线斜率的变化。颗粒的持水性高于烟丝。

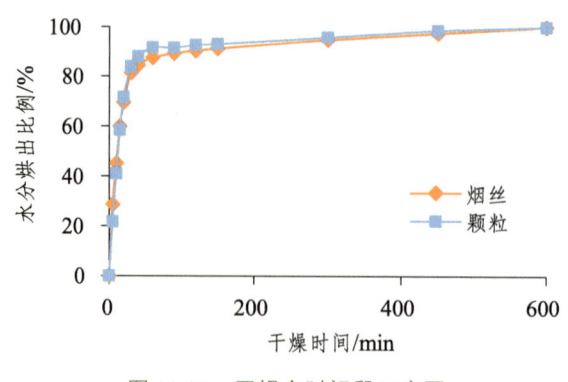

图 18-26　干燥全时间段示意图

18.7.3　微波膨胀颗粒在复合滤棒中的应用研究

将烟梗原料通过以上确定的工艺进行颗粒制备，破碎，筛分合适粒级，水分调控在 (13±1)%，在嘴棒成型复合机进行嘴棒成型[醋纤丝束规格：3.3Y/35000D；设计颗粒添加量：10 mg/10 mm；滤棒长度：144/6 mm；圆周：(24.2±0.2) mm；硬度：(87±3)%；吸阻：(3430±290 200) Pa]。

18.7.3.1　复合滤棒用颗粒粒级范围确定

将颗粒按粒级>20 目、20～40 目、40～60 目、<60 目四个规格进行造粒和应用，不同粒级颗粒二元复合滤棒性能如表 18-35 所示。综合滤棒成型工艺及滤棒质量，选取 40～60 目为二元复合滤棒颗粒的粒级范围。

表 18-35　不同粒级颗粒二元复合滤棒性能

粒级范围	滤棒情况
大于 20 目	滤棒内颗粒分布不均匀，滤棒切面外观较差
20～40 目	滤棒内颗粒分布不均匀，滤棒切面外观较差
40～60 目	滤棒各项指标均能达到设计值，波动较小。而且滤棒切面外观较好，颗粒分布均匀
小于 60 目	滤棒切面外观较好，颗粒分布均匀。但滤棒吸阻偏大，而且有较大波动

18.7.3.2　颗粒填充值对卷烟品质的影响

颗粒由于膨化条件的不同，具有不同的孔隙结构和填充值，从而带来不同的过滤性能和吸味表现。试验选取粒级为 40～60 目，填充值为 6.63 cm^3/g（颗粒 A）和 4.73 cm^3/g（颗粒 B）进行滤棒成型，然后卷烟分析、评吸。

1. 对烟气指标的影响

不同填充值颗粒对常规烟气指标的影响如表 18-36 所示，颗粒 A（填充值大的颗粒）与颗粒 B（填充值小的颗粒）在对焦油、烟碱、一氧化碳的过滤效率方面基本没有差别。

表 18-36　不同填充值颗粒对常规烟气指标的影响

样品名称	平均质量 /g·支$^{-1}$	平均吸阻 /Pa·支$^{-1}$	总粒相物 /mg·支$^{-1}$	焦油 /mg·支$^{-1}$	烟气烟碱 /mg·支$^{-1}$	烟气CO/mg·支$^{-1}$	抽吸口数 /口·支$^{-1}$	烟气水分 /mg·支$^{-1}$
在线样	0.92	945	15.41	12.6	1.11	11.6	8.3	1.72
颗粒 A	0.95	1015	14.67	12.2	1.07	11.4	8.4	1.42
颗粒 B	0.95	1004	15.04	12.5	1.10	11.6	8.4	1.48

2. 对感官质量的影响

不同填充值颗粒对卷烟感官质量的影响如表18-37所示，使用微波膨胀颗粒嘴棒的卷烟相比普通嘴棒卷烟，在香气浓度上有一定提升、刺激性也有一定程度降低。使用填充值高的颗粒嘴棒在杂气、刺激性、余味方面稍好于填充值低的颗粒嘴棒。

表 18-37　不同填充值颗粒对卷烟感官质量的影响

样品	感官描述
在线样	烟气浓度较好，烟香透发、较丰满；喉部、鼻腔有微小刺激；余味干净、较舒适
颗粒 A	香气浓馥，较丰满；较谐调；微有枯焦杂气；喉部似有刺激，余味干净、较舒适
颗粒 B	香气浓馥，较丰满；较谐调；微有枯焦杂气；喉部似有刺激，余味干净、较舒适

膨胀烟梗颗粒可以作为载体应用于卷烟的滤嘴中。因为膨胀颗粒来源于烟草，在烟气的流动过程中不会像其他材料一样带来杂气，多孔颗粒良好的吸附性能、脱附性能有效提升主流烟气品质。

18.7.4　结　论

微波膨胀烟梗具有多孔、多空腔的特性，可以作为载体应用于卷烟的滤嘴中，在烟气的流动过程中不会带来杂气，而且对不同极性分子具有一定的选择性吸附。因此，来源于烟草本源的微波烟梗作为功能性吸附材料，与其他吸附材料相比具有显著的优势。本章的研究表明外观和形状与烟丝非常相似的微波梗丝作为卷烟叶组配方具有很好的应用前景，具有一定选择性吸附能力的微波膨胀颗粒作为嘴棒吸附材料、再造烟叶功能材料和新型烟草材料获得很好的应用，充分体现了其具有的价值。

参考文献

[1] 王月侠,葛善礼,贾涛,等. 烟梗化学组成的分析[J]. 烟草科技,1996（3）：16-17.
[2] 杨伟祖,李雪梅,邱晔,等. 微波烘烤对烤烟梗丝填充力及内在化学成分的影响[J]. 中国烟草学报,1997（4）：126.
[3] 李炎强,胡有持,王昇,等. 烤烟叶片与烟梗挥发性、半挥发性成分的研究[J]. 中国烟草学报,2001,7（1）：1-5.
[4] 李炎强,郝建辉,赵明月,等. 烤烟烟梗和叶片中香味成分的分析[J]. 烟草科技,2002(11)：3-11.

[5] 何炬，刘维涓，师建全，等. 微波膨胀烟梗质量研究[J]. 烟草科技，2006（02）：9-12.
[6] 刘志华，师建全，孙志勇，等. ESS梗丝在中式卷烟中应用研究[J]. 烟草科学研究，2007（6）：44-47.
[7] 陈晶铃，陈明功，汪晓艳，等. 烟梗微波膨化基本规律的研究[J]. 安徽理工大学学报（自然科学版），2008（3）：61-64.
[8] 王慧，曾晓鹰，杨涛，等. 微波膨胀烟梗制备颗粒应用于卷烟的效果评价[J]. 烟草科技，2008（10）：5-8.
[9] 杨涛，李敏，李姗姗，等. 微波膨胀过程中烟梗及由其制备的颗粒的物理化学变化[J]. 烟草科技，2008（02）：33-38.
[10] 易文波，朱效群，吴文强，等. 颗粒状梗丝在卷烟中的可用性[J]. 烟草科技，2008（2）：13-16.
[11] 汤马斯·亨利·怀特. 一种制备粒状膨胀烟梗的方法及所采用的设备：CN100496309C[P]. 2009-06-10.
[12] 薄云川，岳田利，毛多斌，等. 粒状梗丝膨胀的应用技术研究[J]. 安徽农学通报，2010（2）：200-202.
[13] 李军，李吉昌，资文华，等. 工艺环境介质氛围对微波膨胀烟梗及制品品质的影响研究[J]. 中国烟草学报，2010，16（03）：28-32.
[14] 李军，徐济仓，杨伟祖，等. 一种烟梗预处理的方法及设备：CN101214086B[P]. 2010-06-16.
[15] 李军，资文华，宋莲英，等. 陈化时间对微波膨胀烟梗加工过程物理特性的影响[J]. 烟草科技，2010（11）：15-17+31.
[16] 温东奇，黄宪忠，尧珍玉，等. 微波膨胀烟梗颗粒的顶空-SPME-GC-MS分析[J]. 应用化工，2010，39（05）：775-777.
[17] 杨涛，杨伟祖，周川，等. 一种制备膨胀烟梗颗粒的方法及其设备：CN101305836B[P]. 2010-12-01.
[18] 尧珍玉，马涛，温东奇，等. 微波膨胀烟梗颗粒在卷烟滤嘴中的应用[J]. 应用化工，2010，39（09）：1432-1435.
[19] 李军，陈婉，资文华，等. 高压脉冲电场处理对微波膨胀烟梗萎缩的影响[J]. 中国烟草学报，2011，17（01）：45-49.
[20] 李涛，杨伟祖，许琨敏，等. 烟梗梗丝加工方法：CN102178341A[P]. 2011-09-14.
[21] 资文华，刘坚，李军，等. 造粒方式及物料含水率对烟梗颗粒质量的影响[J]. 烟草科技，2011（05）：11-14.
[22] 资文华，刘坚，王保兴，等. 不同造粒方式对颗粒梗产品质量的影响[J]. 中国烟草学报，2011，17（03）：23-28.
[23] 李斌，刘志华，缪明明，等. 烟梗膨胀法：CN101049182B[P]. 2012-08-15.
[24] 杨伟祖，王保兴，李军，等. 一种烟梗颗粒的制备方法：CN101601502B[P]. 2012-02-15.
[25] 资文华，苏四清，刘坚，等. 一种膨胀烟梗增温造粒的方法：CN102499445A[P]. 2012-06-20.
[26] 段姚俊，李维莉，王保兴，等. 近红外光谱法同时测定卷烟配方中膨胀烟梗颗粒和再造烟叶的研究[J]. 安徽农业科学，2012，40（8）：4856-4858.
[27] 高锐，黄志强，王松峰，等. 烟梗微波膨胀条件优化及其对烟梗化学成分和物理结构的

影响[J]. 河南农业科学，2013，42（11）：50-54.

[28] 李红武，张强，孙力，等. 一种烟梗丝状成型加工工艺：CN102631016B[P]. 2013-09-04.

[29] 李红武，张强，孙力，等. 微波膨胀对烟梗致香物质的影响分析[J]. 中国农学通报，2013，29（24）：207-211.

[30] 李军，张强，刘维涓，等. 烟草原料微粒在烟梗制品中的应用方法：CN103005695A[P]. 2013-04-03.

[31] 刘春晖，刘建林，李金华，等. 一种烟用梗丝的制备方法：CN103054161A[P]. 2013-04-24.

[32] 王保兴，和智君，王理珉，等. 一种以丝状梗丝和醋酸纤维为介质制备的滤嘴棒：CN103110187A[P]. 2013-05-22.

[33] 许琨敏，彭金辉，苏四清，等. 一种滚筒式烟梗连续微波膨胀设备：CN102326858B[P]. 2013-06-05.

[34] 杨彦明，段安凌，马扬，等. 一种将白肋烟梗制备成梗颗粒或条状梗丝的方法：CN102972859A[P]. 2013-03-20.

[35] 资文华，龙明海，陈林，等. 云南典型烟区烟梗原料的微波膨胀特性差异[J]. 烟草科技，2013（07）：8-11.

[36] 董高峰，殷沛沛，和智君，等. 微波膨胀梗制丝关键工艺参数的优化[J]. 中国农学通报，2014，30（30）：302-309.

[37] 李红武，张强，董高峰，等. 一种测定烟梗平均膨胀率的方法：CN103196942B[P]. 2014-10-22.

[38] 王保兴，刘晶，王建，等. 一种用膨胀梗制备造纸法再造烟叶的方法：CN103478886A[P]. 2014-01-01.

[39] 杨威，张强，蔡伟，等. 一种微波膨胀烟梗切片装置：CN103738714A[P]. 2014-04-23.

[40] 杨威，张强，董高峰，等. 微波膨胀对烟梗品质及显微结构的影响[J]. 江西农业学报，2014，26（03）：69-72+79.

[41] 张强，董高峰，石凤学，等. 用于微波膨胀烟梗加工生产线的装置：CN103734903A[P]. 2014-04-23.

[42] 张强，杨威，董高峰，等. 一种减少微波膨胀后烟梗碳化现象的预处理工艺：CN103734901A[P]. 2014-04-23.

[43] 廖晓祥，赵云川，陈冉，等. 不同微波膨胀烟梗的化学感官特性研究[J]. 化学研究与应用，2015，27（03）：292-298.

[44] 杨乾栩，杨清，和智君，等. 一种利用微波和致香前体物质提升烟梗品质方法：CN104522871A[P]. 2015-04-22.

[45] 张强，李红武，高则睿，等. 一种烟梗压片及制丝加工工艺：CN104256884B[P]. 2015-11-25.

[46] 赵云川，廖晓祥，陈冉，等. 微波膨胀梗丝掺配比例对卷烟品质的影响[J]. 郑州轻工业学院学报（自然科学版），2015，30（Z1）：44-47+63.

[47] 赵云川，廖晓祥，陈冉，等. 微波膨胀梗丝对卷烟7种烟气有害成分释放量及危害性指数的影响[J]. 烟草科技，2015，48（11）：53-58.

[48] 邹泉，廖晓祥，赵云川，等. 微波膨胀烟梗二次切丝工艺参数研究[J]. 烟草科技，2015，

48（11）：59-64.

[49] 董高峰, 和智君, 殷沛沛, 等. 一种两段式烟梗微波膨胀处理方法：CN104082849B[P]. 2016-02-03.

[50] 董高峰, 殷沛沛, 蔡伟, 等. 一种恒温恒湿储梗装置：CN104351941B[P]. 2016-02-03.

[51] 李军, 卫青, 刘维涓, 等. 一种用于重组烟叶的改性粒子制备方法：CN103798949B[P]. 2016-02-24.

[52] 刘钱钱, 廖雪峰, 和飞, 等. 微波加热在烟叶处理中的应用[J]. 真空电子技术, 2016（06）：48-53.

[53] 王猛, 杨乾栩, 余婷婷, 等. 结合致香前体的烟梗微波处理技术及参数优化[J]. 南方农业学报, 2016, 47（08）：1383-1389.

[54] 吴雨松, 高则睿, 张强, 等. 一种微波膨胀烟梗逐级压梗片的方法和装置：CN106036988A[P]. 2016-10-26.

[55] 颜克亮, 陈微, 张天栋, 等. 一种结合生物酶处理和微波膨胀技术改善烟梗品质的方法：CN104223348B[P]. 2016-02-24.

[56] 殷沛沛, 王保兴, 和智君, 等. 一种提高微波膨胀烟梗膨胀效果的方法：CN104489894B[P]. 2016-04-27.

[57] 赵云川, 邹泉, 廖晓祥, 等. 微波膨胀梗丝加工工艺的选择及优化[J]. 烟草科技, 2016, 49（12）：60-70.

[58] 邹泉, 廖晓祥, 武凯, 等. 微波膨胀梗丝对常规卷烟主流烟气成分释放量的影响研究[J]. 化学研究与应用, 2016, 28（04）：425-431.

[59] 董高峰, 蔡伟, 殷沛沛, 等. 二次复切微波膨胀梗丝在卷烟中的掺配均匀性研究[J]. 中国农学通报, 2017, 33（29）：140-144.

[60] 高则睿, 吴雨松, 张强, 等. 一种微波膨胀烟梗逐级压梗片的装置：CN206062115U[P]. 2017-04-05.

[61] 高则睿, 张强, 李晋, 等. 一种提升膨胀烟梗颗粒形态均匀性的加工工艺：CN106213575B[P]. 2017-09-05.

[62] 高则睿, 张强, 刘春华, 等. 一种适用于膨胀烟梗的切片装置：CN205962808U[P]. 2017-02-22.

[63] 高则睿, 张强, 刘鑫, 等. 一种细短烟梗膨胀重组制丝加工工艺：CN106108098B[P]. 2017-05-10.

[64] 高则睿, 张强, 刘燕, 等. 一种提升微波膨胀烟梗加工性的定型装置：CN205947101U[P]. 2017-02-15.

[65] 高则睿, 张强, 魏杰, 等. 一种提高烟梗微波膨胀均匀性及品质的方法：CN106263003B[P]. 2017-12-12.

[66] 孙德坡, 龙明海, 石志发, 等. 梗丝在卷烟减害降焦及提质中的应用[J]. 安徽农业科学, 2017, 45（14）：83-86.

[67] 王涛, 张强, 吴雨松, 等. 云南省烟梗微波膨胀后致香物质差异性分析[J]. 湖北农业科学, 2017, 56（14）：2694-2699.

[68] 吴雨松，和智君，董高峰，等. 碳化现象对微波膨胀烟梗质量影响的研究[J]. 食品工业，2017，38（11）：170-174.

[69] 张强，高则睿，罗晓鸽，等. 一种提高烟梗微波膨胀均匀性的增温增湿装置：CN205922864U[P]. 2017-02-08.

[70] 刘洋，徐兰兰，尧珍玉，等. 微波膨胀烟梗丝在卷烟滤棒中的应用研究[J]. 湖北农业科学，2018，57（S2）：180-183.

[71] 王乃定，高则睿，张强，等. 一种提高微波膨胀烟梗产量和品质的装置及其使用方法：CN105852198B[P]. 2018-05-18.

[72] 吴雨松，张强，高则睿，等. 一种烟梗逐级膨胀的方法：CN106307599B[P]. 2018-05-18.

[73] 张强，高则睿，李晋，等. 一种提升膨胀梗丝原料利用率的加工工艺：CN106263002B[P]. 2018-03-02.

[74] 张强，高则睿，李晋，等. 一种膨胀烟梗用切片切丝装置：CN207054770U[P]. 2018-03-02.

[75] 张强，吴雨松，高则睿，等. 一种微波膨胀烟梗综合利用工艺：CN106108099B[P]. 2018-03-02.

[76] 董高峰，殷沛沛，王保兴，等. 一种微波膨胀梗丝多级循环加料方法：CN107125801B[P]. 2019-04-19.

[77] 高则睿，张强，李晋，等. 一种提升微波膨胀烟梗加工性的体积控制装置：CN107259633B[P]. 2019-06-04.

[78] 肖永银，蒋卓芳，董高峰，等. 云南主产烟梗在连续微波膨胀设备上的差异性研究[J]. 安徽农业科学，2019，47（24）：182-184+253.

[79] 陈婉，李晋，刘鑫，等. 不同形态烟梗耦合膨胀研究[J]. 湖北农业科学，2020，59（11）：107-111+133.

[80] 李航，夏非，张兴涛，等. 复切微波膨胀梗丝的吸附特性[J]. 贵州农业科学，2021，49（04）：118-124.

[81] 王鹏飞，李全胜，陈孟起，等. 微波膨胀烟梗制丝关键工艺参数对梗丝加工质量的影响[J]. 轻工学报，2021，36（06）：55-64.

19 利用重组烟草技术开发雪茄茄套

雪茄由三部分组成，分别为茄芯、茄套和茄衣。茄芯为雪茄型烟叶及其碎片，茄套和茄衣为整张烟叶。在生产手工雪茄时，首先需要在成型模具里将茄芯压制成形；然后用一张大的较高强度的烟叶（此为茄套，也称之为内包皮，英文名为 Cigar Binder）将茄芯卷好成型，防止茄芯松散开；最后，再用一张完整的、外表好看的、表面油润光滑的烟叶（此为茄衣，也称为外包皮，英文名为 Cigar Wrapper）包在外面，经过修整后成为雪茄。

由于能够满足用于制作茄衣和茄套的整片大烟叶的原料相对有限，手工生产时效率低下，无法大规模机械化生产，所以造成手制雪茄生产成本高，生产效率低、价格昂贵、难以满足其在中低端市场需求。

在此背景下，以提高生产效率和降低生产成本为目的的机制雪茄应运而生。机制雪茄是利用机器部分或全部代替手工完成制作的雪茄。机制雪茄其在整个生产过程中只需要使用茄芯和茄衣两种原料，其中茄芯与手制雪茄的茄芯材料相同，在茄芯外面包裹一层重组烟草茄衣即为成品雪茄。在整个生产过程中通过机械动作代替人工动作，提高了效率，降低了成本。此重组烟草茄衣是一种主要用烟草原料做成的雪茄卷烟纸，由于其本身主要就是由雪茄型的烟叶构成，所以其在燃烧的烟气和雪茄烟叶烟气非常相似，品质相对较好。

由于重组烟草茄衣茄套的技术含量较高，在全世界范围之内只有少数几个资深烟草行业配套供应商可以生产，比如法国摩迪公司、荷兰 HTL 公司、美国菲莫公司等。加上烟草原料和烟草制品的生产和运输在国内都属于专卖产品许可管理制度，生产、运输、再加工等环节的管控较为严格，国内尚无一家公司可以完整且成熟地供应重组烟草茄衣茄套产品。本章主要介绍基于造纸法再造烟叶工艺及创新关键技术的集成研发高品质重组烟草茄衣茄套。

19.1 国内外雪茄茄套调研分析

针对国内外几个主流规格的雪茄茄套样品进行了详细的对比分析，为采用重组烟草技术开发机制雪茄茄套产品的设计提供数据支持。因此，我们选取国外两个典型的机制雪茄茄套产品和国内用于机制雪茄的 4 个茄套产品进行了理化指标的分析。

19.1.1 常规物理指标检测

样品的常规物理指标检测结果如表 19-1 所示，从表 19-1 的检测结果可以看出：

（1）在抗张强度方面：国外雪茄茄套样品的抗张强度较低，国内雪茄茄套样品的抗张强度很高，且较为接近，均值为 1058 N/m。

（2）在拉伸率方面：国外雪茄茄套样品的拉伸率偏低，平均为 0.97%，其余雪茄包茄套品均超过 1%。

（3）在定量方面：国外雪茄茄套样品的定量较高，国内四个雪茄茄套样品的定量相对较低。

（4）国外雪茄茄套样品的厚度较高，而国内雪茄茄套样品的厚度较低。

（5）密度及松厚度方面，各个样品较为接近。

（6）在透气度方面，国外雪茄茄套样品的透气度较高。

表 19-1 常规物理指标检测结果

样品编号		纵向抗张强度/N·m^{-1}	纵向拉伸率/%	克重/g·m^{-2}	厚度/mm	密度/g·cm^{-3}	松厚度/cm^3·g^{-1}	透气度/CU
国外	1	443	1.00	88.3	0.083	1.06	0.94	204.39
	2	435	0.95	87.5	0.105	0.83	1.20	266.31
国内	3	1065	1.13	50.0	0.044	1.15	0.87	71.63
	4	1153	1.38	44.2	0.038	1.17	0.85	112.76
	5	1096	1.68	45.8	0.041	1.13	0.89	108.26
	6	918	1.11	45.8	0.034	1.34	0.75	31.33

6 个样品平滑度和热水可溶物的检测结果如表 19-2 所示。从表 19-2 的检测结果可以看出国外雪茄茄套样品平滑度正反面较大差异，经压光工艺处理的样品 1#与未压光处理的样品 2 平滑度有较大差异；国内雪茄茄套样品的平滑度显著高于国外雪茄茄套样品；国内茄套样品的热水可溶物质均显著低于国外样品。

表 19-2 平滑度及热水可溶物检测结果

样品编号	平滑度/S 正面	平滑度/S 反面	HWS/%
1	100	30	48±0.5
2	38	15	49±0.5
3	130	179	21±0.5
4	138	207	9±0.5
5	112	159	17±0.5
6	374	559	7±0.5

注：HWS 代表热水可溶物。

色度检测结果的检测结果如表 19-3 所示，从表 19-3 的检测结果可以看出：各样品间颜色存在较大差异，对于颜色贡献较大的红值（a 值）和黄值（b 值），国外样品均明显优于国内样品，此外，国外样品正反两面的色度差异不明显，国内样品的正反面色泽差异较为明显。

表 19-3　色度检测结果

样品编号	正面 L*	正面 a*	正面 b*	反面 L*	反面 a*	反面 b*	ΔE*（正面与反面）
1	50.20	12.43	26.73	51.36	11.79	25.94	1.51
2	50.15	12.63	26.67	51.34	11.84	26.01	1.57
3	42.78	10.67	15.33	49.91	9.41	14.31	7.32
4	44.18	8.60	14.30	56.63	5.42	16.28	13.03
5	46.88	11.70	20.60	58.20	8.14	20.70	11.87
6	55.31	17.36	25.60	69.21	9.92	20.54	16.58

19.1.2　纤维分析

纤维形态包括纤维的显微成像、均值长度分布、宽度分布、卷曲度分布等，纤维的均值长度影响纸张的撕裂强度、裂断长、耐折度和耐破度，而纤维的宽度及卷曲度与交织能力密切相关。

样品纤维的显微成像如图 19-1 所示。

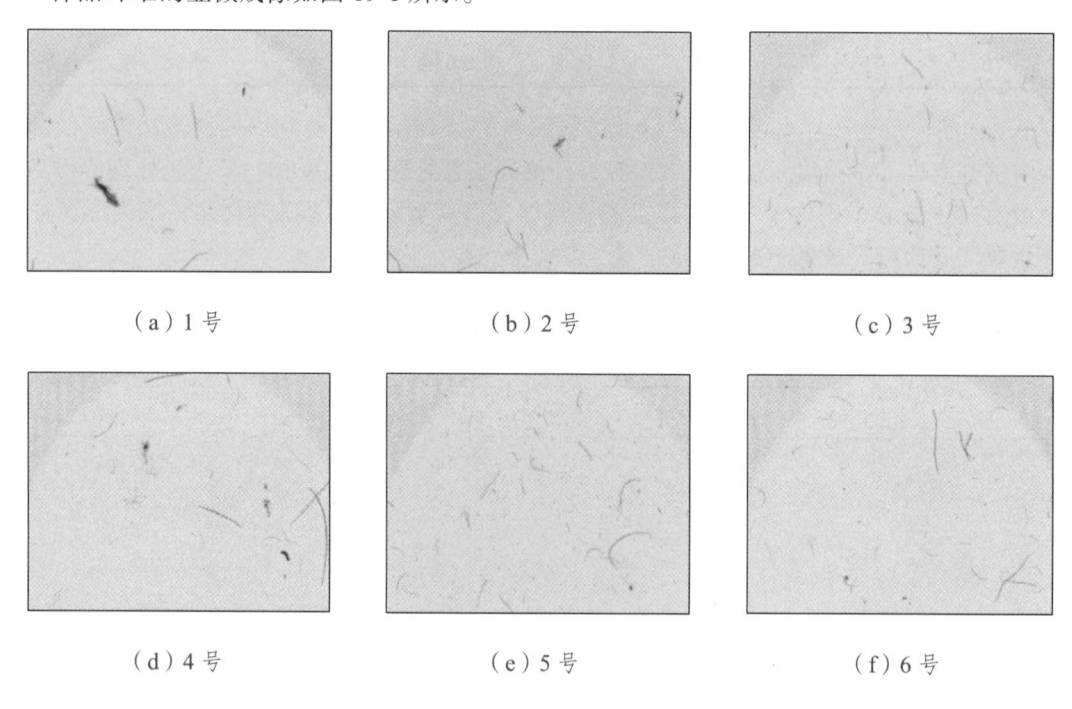

(a) 1号　　(b) 2号　　(c) 3号

(d) 4号　　(e) 5号　　(f) 6号

图 19-1　6个样品纤维的显微成像

从图 19-1 的显微成像结果可以看出，国外雪茄茄套样品的显微成像比较类似，国内雪茄茄套样品的纤维成像比较类似，但与国外雪茄茄套样品的显微成像有明显的不同。国外雪茄茄套样品具有明显的块状物质，这与烟梗的解纤有关，而国内雪茄茄套样品均由大量的细小及中长纤维构成，无块状纤维，说明其使用了大量的木浆纤维。

6个样品的纤维均质长度分布如表 19-4 和图 19-2 所示。从表 19-4 和图 19-2 可以看出，国外雪茄茄套样品的纤维均值长度分布频率较为类似,在长纤维范围 2.00~3.00 mm 范围内具有最大的分布频率,达到 23.3%,国内雪茄茄套样品在中长纤维范围 0.75~1.25 mm 内具有最大分布频率,这与制浆过程中的打浆度有关,此外与浆料的使用种类有关。

表 19-4 6 个样品纤维均质长度分析结果

样品编号	不同样品纤维均值长度分布频率/%								
	0.20~0.30 /mm	0.30~0.40 /mm	0.40~0.50 /mm	0.50~0.75 /mm	0.75~1.25 /mm	1.25~1.50 /mm	1.50~2.00 /mm	2.00~3.00 /mm	>3.00 /mm
1	8.4	6.4	5.4	13.4	17.0	4.5	9.2	23.1	12.6
2	8.0	6.3	5.3	9.6	15.6	4.7	12.6	23.4	14.4
3	5.7	6.0	6.2	21.0	26.6	3.8	7.9	13.6	9.2
4	5.1	4.4	4.6	15.5	24.1	5.8	11.7	18.2	10.5
5	4.8	5.5	7.4	24.2	31.7	3.1	6.6	10.0	6.6
6	6.1	7.5	9.4	35.0	35.8	2.4	2.2	1.3	0.2

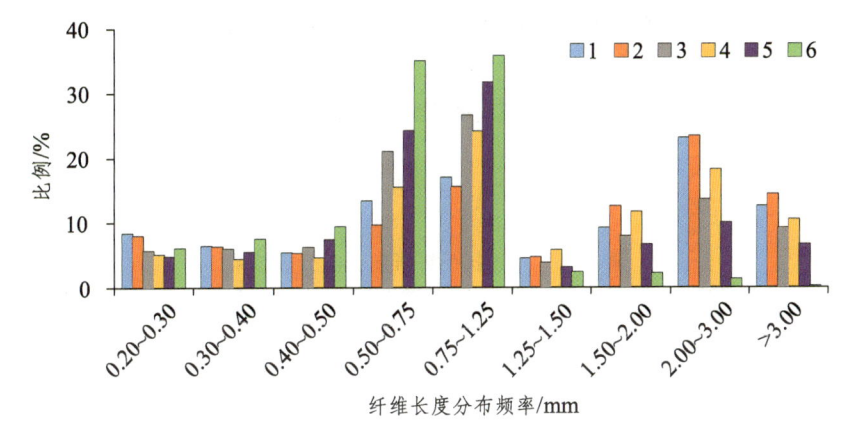

图 19-2 6 个样品纤维均质长度分析结果

6 个样品的纤维宽度分布频率如表 19-5 和图 19-3 所示。从表 19-5 和图 19-3 可以看出,不同样品纤维的宽度分布频率有较大的差异,有文献报道纤维的宽度分布与打浆度之间没有较大的对应关系,为此,可以判断不同雪茄茄套样品所用的纤维种类不同。

表 19-5 样品纤维宽度分布分析结果

样品编号	不同样品纤维宽度分布频率/%				
	5.00~21.00 /μm	21.00~36.00 /μm	36.00~52.00 /μm	52.00~67.00 /μm	>67.00 /μm
1	29.3	32.3	23.7	11.1	3.6
2	22.9	31.6	28.0	12.4	5.1
3	52.0	27.6	13.6	5.8	1.0

续表

样品编号	不同样品纤维宽度分布频率/%				
	5.00～21.00 /μm	21.00～36.00 /μm	36.00～52.00 /μm	52.00～67.00 /μm	>67.00 /μm
4	44.5	34.8	16.4	3.8	0.5
5	56.0	26.3	12.2	4.4	1.1
6	67.8	26.3	4.4	1.3	0.2

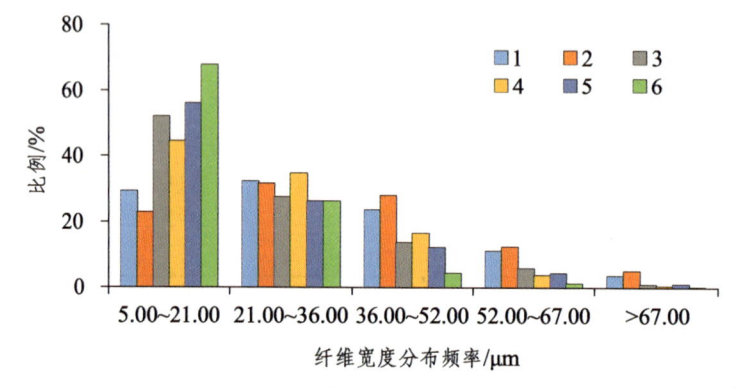

图 19-3　不同样品纤维宽度分析结果

6个样品的纤维宽度卷曲度分布频率如表 19-6 所示。从表 19-6 可以看出，不同雪茄茄套样品的纤维卷曲度分布频率较为相似。

表 19-6　不同样品纤维卷曲度分析结果

样品编号	不同样品纤维卷曲度分布频率/%				
	0.00～25.00	25.00～50.00	50.00～75.00	75.00～95.00	>95.00
1	95.1	4.1	0.7	0.1	0.0
2	93.9	5.2	0.8	0.2	0.0
3	96.6	2.9	0.5	0.0	0.0
4	95.5	3.8	0.6	0.1	0.0
5	95.9	3.7	0.3	0.1	0.0
6	97.3	2.3	0.3	0.1	0.0

6个样品的灰分含量检测结果如表 19-7 所示。

表 19-7　灰分含量检测结果

序号	碳酸钙含量/%	灰分/%
1	0.0	9.3
2	0.0	9.1

续表

序号	碳酸钙含量/%	灰分/%
3	22.6	25.0
4	21.8	19.4
5	22.4	24.4
6	28.2	26.1

从表19-7的检测结果可以看出，国外雪茄茄套样品的灰分含量较低，平均值为9.2%，国内雪茄茄套样品的灰分含量较高，平均值为23.7%。这可能与样品使用的填料有关，国内样品使用卷烟纸作为雪茄茄套的生产材料，卷烟纸生产过程中加入大量的填料碳酸钙。国外雪茄茄套样品碳酸钙含量为0%。其余雪茄茄套样品碳酸钙含量在22%以上。分析原因，国外样品在设计过程中未使用碳酸钙，而国内样品雪茄茄套样品由于使用卷烟纸进行涂布，其生产过程中使用了大量的碳酸钙。

样品微观结构检测结果如图19-4所示。

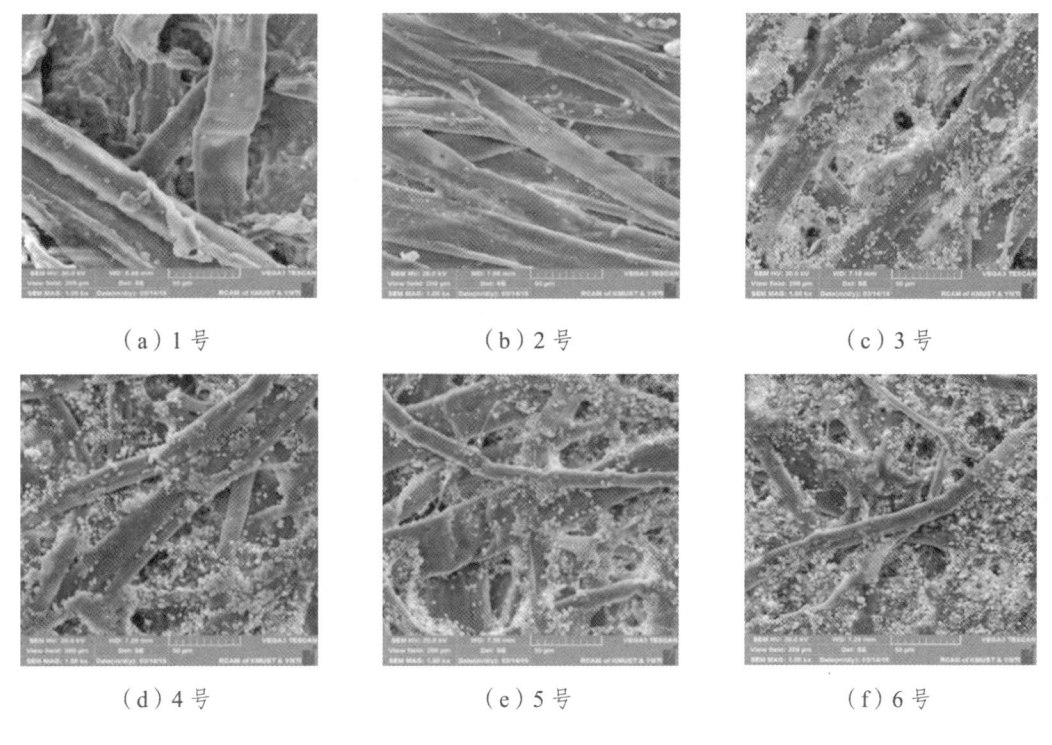

(a) 1号　　(b) 2号　　(c) 3号

(d) 4号　　(e) 5号　　(f) 6号

图19-4　样品微观结构

从图19-4的分析结果可以看出，国外雪茄茄套样品仅有纤维结构，国内雪茄茄套样品有明显的颗粒状物质，结合样品碳酸钙含量的分析测试结果，可以判断颗粒状的物质为碳酸钙。

19.1.3　常规化学指标

6个雪茄茄套样品常规化学指标含量检测结果如表19-8所示。

表 19-8　常规化学指标含量检测结果

样品编号	总糖/%	还原糖/%	总植物碱/%	总氮/%	硝酸盐/%	钾/%	氯/%	两糖比	糖碱比	氮碱比	钾氯比	pH
1	12.5	10.9	1.2	1.5	0.2	2.3	0.6	0.9	10.4	1.3	4.0	5.4
2	12.4	11.1	1.2	1.5	0.2	2.3	0.6	0.9	10.3	1.2	4.0	5.2
3	1.3	1.0	0.4	0.7	1.2	1.8	0.4	0.8	2.8	1.6	4.7	7.1
4	0.2	0.1	0.0	0.2	—	0.9	0.1	0.4	7.2	9.1	17.5	9.4
5	1.6	1.2	0.1	0.4	0.7	1.0	0.1	0.7	15.6	4.5	10.1	8.2
6	0.1	0.0	0.0	0.2	—	0.2	0.0	0.2	6.5	8.3	5.3	5.4

从表 19-8 的检测结果可以看出，国外雪茄茄套样品的有机化学指标含量明显高于国内雪茄茄套样品，这与原料配方和生产方式有关，国外雪茄茄套原料大部分为烟草原料，有机化学成分含量主要来自烟草原料，而国内雪茄茄套样品原料配方主要为卷烟纸生产原料，有机化学成分含量较低。

从表 19-8 的检测结果可以看出，除国外雪茄茄套样品溶液的 pH 为弱酸性而外，国内雪茄茄套样品溶液的 pH 为弱碱性，这与涂布液的酸碱性有关。

6 个雪茄茄套样品甘油、丙二醇含量检测结果如表 19-9 所示。

表 19-9　甘油、丙二醇含量检测结果　　　　　　　　　　单位：%

样品编号	丙二醇含量	烟碱浓度	甘油浓度	水分
1	0.3	0.1	0.1	11.8
2	0.3	0.1	0.1	11.8
3	0.1	0.1	0.0	10.8
4	未检出	未检出	未检出	5.5
5	未检出	0.0	0.1	5.1
6	未检出	未检出	未检出	5.2

从表 19-9 的检测结果可以看出，除国外雪茄茄套样品外，其余样品均没有使用丙二醇和甘油。

19.1.4　挥发性致香成分

茄套样品挥发性致香成分含量检测结果如表 19-10 至表 19-14 所示。

表 19-10　国外样品 1 和 2 的挥发性致香成分含量

保留时间/min	化合物名称	样品 1 含量/$\mu g \cdot g^{-1}$	样品 2 含量/$\mu g \cdot g^{-1}$
3.8275	异戊烯醛	0.093	0.087
4.1138	正己酮	0.138	0.142
4.2488	面包酮	0.761	0.689
4.5223	3-呋喃甲醇	0.092	0.095

续表

保留时间/min	化合物名称	样品1含量/μg·g^{-1}	样品2含量/μg·g^{-1}
4.8348	糠醛	16.958	17.846
5.3968	糠醇	1.26	1.03
5.8185	当归内酯	0.126	0.118
6.1441	羟基丙酮	0.771	0.681
6.2395	2-环戊烯-1,4 二酮	2.572	2.451
6.5738	1,2-丙二醇-2-乙酯	0.237	0.219
7.0994	2-乙酰基呋喃	0.827	0.797
7.1365	2,6-二甲基吡嗪	0.043	0.056
8.4083	吡啶-2-甲醛	0.151	0.147
8.68	5-甲基糠醇	0.218	0.239
8.8418	苯甲醛	0.298	0.328
8.9872	5-甲基呋喃醛	1.255	1.198
9.9627	甲基庚烯酮	0.285	0.259
10.0263	2,2,4,6,6-五甲基庚烷	0.751	0.893
10.3214	(E,E)-2,4-庚二烯醛	0.071	0.056
10.8968	2-正丙基呋喃	0.054	0.049
11.8474	苯甲醇	0.978	1.024
12.2603	苯乙醛	6.936	7.346
12.7437	2,6-二甲基-2-反式-6-辛二烯	0.253	0.218
13.049	2-乙酰基吡咯	0.302	0.286
13.5917	5-三甲基-5-乙烯基四氢化呋喃-2-甲醇	0.087	0.079
14.2934	4-甲氧基苯酚	0.19	0.185
14.8355	芳樟醇	0.276	0.328
15.0363	壬醛	0.084	0.069
15.3516	苯乙醇	0.918	1.032
16.7747	4-氧代异佛尔酮	0.069	0.072
17.3467	阿托醛	0.018	0.015
17.5139	(+/−)-β-羟基-γ-丁内酯	0.615	0.728
18.2886	辛酸	0.159	0.168
18.9114	α-松油醇	0.086	0.079
20.2846	2,3-二氢苯并呋喃	0.03	0.05
20.5915	1-(4-甲基苯基)-1-乙醇	0.332	0.349
23.4561	吲哚	0.271	0.284
24.4029	4-乙烯基-2-甲氧基苯酚	0.982	0.978

续表

保留时间/min	化合物名称	样品1含量/μg·g⁻¹	样品2含量/μg·g⁻¹
25.724	烟碱	1.129	1.209
26.7591	(E)-5-isopropyl-8-methylnona-6,8-dien-2-one	1.850	1.903
27.4705	大马士酮	1.753	1.872
27.6761	1,1,6-三甲基-1,2-二氢萘	0.084	0.093
31.4189	1,3,7,7-四甲基-2-氧杂双环[4.4.0]-5-葵烯-9-酮	0.137	0.156
34.6191	巨豆三烯酮A	0.18	0.15
35.2793	巨豆三烯酮B	1.83	1.92
36.5437	巨豆三烯酮C	0.167	0.172
37.0196	巨豆三烯酮D	0.942	0.956
43.2989	solavetivone	0.179	0.193
44.4011	木香烃内酯	1.546	1.489
44.7233	新植二烯	17.708	19.201
47.5938	棕榈酸甲酯	0.178	0.183
	总量	67.23	70.17

表19-11 国内样品3的挥发性致香成分含量

保留时间/min	化合物名称	含量/μg·g⁻¹
4.107	正己酮	0.179
4.266	异丁醛	0.013
4.626	2-甲基吡嗪	0.086
4.834	糠醛	0.299
5.135	丁烯酸乙酯	0.01
5.401	糠醇	0.186
5.477	丁酮	0.135
6.148	羟基丙酮	0.128
6.253	2-环戊烯-1,4二酮	0.205
6.582	1,2-丙二醇-2-乙酯	0.042
6.9055	3-甲硫基丙醛	0.145
7.1182	2,6-二甲基吡嗪	0.080
7.4619	2-乙酰-1-吡咯啉	0.064
8.6392	2-乙基己醛	0.106
8.8307	苯甲醛	0.229
8.9889	5-甲基呋喃醛	0.07
9.3946	4-辛酮	0.018

续表

保留时间/min	化合物名称	含量/μg·g^{-1}
9.9401	甲基庚烯酮	0.103
10.5851	环戊酮	0.02
11.6832	2-乙基乙醇	0.487
11.8544	苯甲醇	0.203
11.2617	苯乙醛	0.22
13.0448	2-乙酰基吡咯	0.081
13.2397	苯乙酮	0.086
14.302	愈创木酚	0.061
15.0262	壬醛	0.242
15.0829	3-乙酰基吡啶	0.136
15.3456	苯乙醇	0.147
16.7449	4-氧代异佛尔酮	0.129
16.914	烟酮	0.055
17.7545	乙酸苄酯	0.038
18.6252	丁二酸二乙酯	0.034
19.3469	乙基麦芽酚	1.755
21.3953	苯乙酸乙酯	0.268
24.5387	邻苯二甲酸	0.25
24.9691	2-羟基-5-甲基苯乙酮	0.171
27.4835	大马士酮	0.06
30.3453	(7Z)-6,10-dimethylundeca-5,9-dien-2-one	0.17
31.4287	1,3,7,7-四甲基-2-氧杂双环[4.4.0]-5-癸烯-9-酮	0.147
33.2442	二氢猕猴桃内酯	0.202
34.3142	6-甲基香豆素	0.076
34.6002	巨豆三烯酮	0.364
34.802	月桂酸	0.223
35.3854	巨豆三烯酮 B	1.637
35.5886	马来酰亚胺	0.008
36.5575	巨豆三烯酮 C	0.146
37.0076	巨豆三烯酮 D	1.055
42.0962	肉豆蔻酸	0.778
43.3069	solavetivone	0.8
44.3835	木香烃内酯	1.716
44.7069	新植二烯	5.144

续表

保留时间/min	化合物名称	含量/μg·g^{-1}
44.904	植酮	0.741
47.2974	法尼基丙酮	0.243
47.5868	棕榈酸甲酯	0.593
48.8527	棕榈酸	3.671
49.7961	棕榈酸乙酯	0.2
54.0111	丁酸甲酯	0.018
	总量	24.47

表 19-12　国内样品 4 的挥发性致香成分含量

保留时间/min	化合物名称	含量/μg·g^{-1}
4.0924	叶醇（顺-3-己烯-1-醇）	0.099
4.2736	2-羟基-3-戊酮	0.049
4.8618	糠醛	0.031
6.3254	3,4-己二酮	0.012
7.13	2-乙酰基呋喃	0.019
8.8532	苯甲醛	0.031
11.714	2-乙基己醇	10.042
13.2531	苯乙酮	0.026
15.3549	苯乙醇	2.092
17.6428	(+/−)-β-羟基-γ-丁内酯	0.364
17.7647	乙酸苄酯	0.034
18.8024	(S)-5-羟甲基二氢呋喃-2-酮	0.345
19.1872	乙基麦芽酚	1.256
20.8464	异喹啉	0.087
21.1998	3-甲基-3-丁烯-1-醇	0.005
30.088	4-甲基-2(5H)-呋喃酮	0.004
32.8362	苯基呋喃	0.108
35.2795	巨豆三烯酮 A	0.079
37.0023	巨豆三烯酮 B	0.138
41.3926	5-甲基-3-羰基己酸甲酯	0.005
44.6931	新植二烯	0.449
44.9058	乙烯基甲醚	0.008
47.6114	十三酸甲酯	0.012
48.6821	邻苯二甲酸二丁酯	0.355
	总量	15.65

表 19-13 国内样品 5 的挥发性致香成分含量

保留时间/min	化合物名称	含量/μg·g^{-1}
3.8259	异戊烯醛	0.034
4.101	正己酮	0.368
4.782	马来酸酐	0.037
4.8604	2-环戊烯酮	0.253
5.3953	糠醇	0.563
5.4633	丁酮	0.813
6.2663	2-环戊烯-1,4 二酮	0.153
6.455	2-庚酮	0.023
6.9297	3-甲硫基丙醛	0.053
7.1462	2,6-二甲基吡嗪	0.042
8.8446	苯甲醛	0.928
9.9574	甲基庚烯酮	0.142
10.5936	正辛醛	0.098
11.703	2-乙基己醇	0.107
11.8736	苯甲醇	0.067
12.1511	5-ethenyl-5-methyloxolan-2-one	0.111
12.2725	苯乙醛	0.273
13.3204	对甲基苯甲醛	0.122
14.3062	愈创木酚	0.188
15.0394	壬醛	0.534
15.0978	3-乙酰基吡啶	0.169
15.2599	2,4-二甲基-1-戊烯-3-酮	0.051
15.3688	苯乙醇	0.228
16.7754	4-氧代异佛尔酮	0.034
17.6873	(+/-)-β-羟基-γ-丁内酯	0.250
17.7556	乙酸苄酯	0.017
19.1927	乙基麦芽酚	0.158
24.4825	2-羟基-5-甲基苯乙酮	0.168
35.2865	巨豆三烯酮 A	0.230
44.7139	新植二烯	0.696
45.6405	邻苯二甲酸酯	0.256
	总量	7.16

表 19-14 国内样品 6 的挥发性致香成分含量

保留时间/min	化合物名称	含量/μg·g^{-1}
4.0878	反式-2-己烯-1-醇	0.1016
4.856	糠醛	0.058
8.8517	苯甲醛	0.0354
11.5794	5-butoxy-pent-2t-ene	0.062
11.6954	2-乙基己醇	0.286
11.8729	苯甲醇	0.0736
13.5517	正辛醇	0.0618
15.0397	壬醛	0.1843
15.3553	苯乙醇	7.2158
17.5254	(+/−)-β-羟基-γ-丁内酯	0.1935
17.7586	乙酸苄酯	0.0334
18.916	α-松油醇	0.0139
19.1842	乙基麦芽酚	0.9561
32.7596	2,4-二叔丁基苯酚	2.0447
37.0351	二苯甲酮	0.0071
46.7404	2,5-二甲基-3-己酮	0.0308
	总量	11.36

从表 19-10 至表 19-14 的检测结果可以看出，国外雪茄茄套样品的总挥发性致香成分含量最高，达到 70.17 μg/g，主体为烟草所特有的致香成分；国内雪茄茄套样品总挥发性致香成分含量分别为 24.47 μg/g、15.65 μg/g、7.16 μg/g 和 11.36 μg/g，国外雪茄茄套样品的含量显著高于国内雪茄茄套样品的含量，从致香成分组成判断，国内外雪茄茄套样品所使用的涂布液均为烟草提取物。

6 个样品燃烧速率检测结果如表 19-15 所示。

表 19-15 雪茄茄套燃烧速率　　　　　　　　　　　　　　单位：mm/min

样品编号	速度最大值	速度最小值	速度平均值
1	6.8	6.3	6.5
2	6.8	5.9	6.5
3	11.2	9.3	10.3
4	11.6	9.0	10.0
5	10.8	9.4	10.2
6	12.8	9.7	10.7

从表 19-15 的检测结果可以看出，国外雪茄茄套样品的燃烧速率显著低于国内样品，这应该与不同茄套样品的物质构成有关，国外样品含有大量的烟草热水可溶物，燃烧速率较慢，而国内样品主要构成为木浆纤维，热水可溶物含量较低，燃烧速率较快。

19.1.5 小 结

国内雪茄茄套样品的抗张强度、拉伸率、平滑度、灰分、燃烧速率明显高于是国外样品；国外雪茄茄套样品的定量、厚度、透气度、热水可溶物、致香成分含量明显高于国内雪茄茄套样品；国外雪茄茄套样品与国内雪茄茄套样品具有明显不同的纤维显微成像和纤维均值长度分布，国外雪茄茄套样品以中长纤维为主，而国内雪茄茄套样品以中短纤维为主，国外雪茄茄套样品纤维的显微成像含有大量的块状未解纤物质，主要为原料配方中使用了烟梗，而国内雪茄茄套样品使用了大量的木浆纤维，未使用烟草原料。

国外雪茄茄套样品未使用碳酸钙，而国内雪茄茄套样品使用了碳酸钙（含量大于 22%）；国外雪茄茄套样品使用丙二醇和甘油，而国内雪茄茄套样品未使用；国外雪茄茄套样品溶液的 pH 为弱酸性，而雪茄茄套样品溶液 pH 为弱碱性。

19.2 重组烟草茄套开发

19.2.1 技术指标定位

根据国内外雪茄茄套的对比分析及雪茄烟对重组烟草茄衣茄套的设计要求，我们制订重组烟草茄衣茄套理化指标，见表 19-16。

表 19-16 重组烟草雪茄茄套设计技术指标

各项指标要求	质量需求 茄衣	质量需求 茄套	备注
烟草成分含量/%	≥50	≥50	
定量/g·m^{-2}	35±2	35±2	
透气度/CU	50～70	140～180	
水分/%	8±2	8±2	
灼烧灰分/%	15±3	15±3	
燃烧后的灰分颜色	≥灰色	≥灰色	
抗张强度/N·(15 mm)$^{-1}$	16～22	16～22	
纵向伸长率/%	≥0.9	≥0.9	
颜色	目测与标样接近	目测与标样接近	可用 LAB 颜色检测仪检测
外观花纹	烟叶叶脉花纹	无花纹	花纹可以根据客户需求进行定制
卷烟后的吸味评价	评吸合格	评吸合格	

关于烟草成分含量的计算方法说明，烟草成分含量=（烟草浸膏+烟草纤维）/总重量。在

本产品中，成品定量约为 36 g/m²，其中涂布量为 6 g/m²，涂布料中含烟草成分 95%，其所占定量为 5.7 g/m²；原纸所占定量为 30 g/m²，其中含 10%碳酸钙（15%的灼烧灰分有 10%来自碳酸钙，5%来自烟草纤维），即碳酸钙的所占定量为 3 g/m²，剩余 27 g/m² 为烟草纤维和木浆纤维的所占定量；烟草纤维所占定量为 13.5 g/m²；总烟草组分所占定量为 5.7+13.5=19.2（g/m²）。烟草成分的比例约为 19.2/36=53.33%。

19.2.2 雪茄茄套原料配方

19.2.2.1 雪茄茄套原料配方设计

为在再造烟叶雪茄茄衣、茄套中凸显雪茄风格特征，并结合原料资源匹配现状，对雪茄内茄套叶组配方进行了优化研究，初步形成的 6 个叶组配方见表 19-17，在配方优化基础上利用超微粉碎技术，将原料品质好雪茄风格彰显的原料以超微烟粉末的形式添加来弥补原料提取过程中香气成分的损失，以进一步凸显雪茄风格特征。

表 19-17 原料配方优化实验组表

原料配方		1	2	3	4	5	6
	类型等级	配方比例/%	配方比例/%	配方比例/%	配方比例/%	配方比例/%	配方比例/%
烟梗	烤烟烟梗	70.22	46.40	42.40	42.40	42.40	42.40
	晒黄烟短梗	—	9.62	9.62	9.62	9.62	9.62
	白肋烟短梗	—	7.00	7.40	7.40	7.40	7.40
	白肋烟长梗	—	7.20	7.20	7.20	7.20	7.20
碎片	烤烟	18.98	0.88	0.88	0.88	0.88	0.88
	晒黄烟芝麻片	—	7.50	7.50	7.50	7.50	7.50
	晒烟芝麻片	—	5.00	5.00	5.00	5.00	5.00
	香料烟碎片	—	5.60	5.60	5.60	5.60	5.60
片烟	白肋烟片烟 P1	3.60	3.60	7.20	—	3.60	—
	白肋烟片烟 P2	3.60	3.60	3.60	—	3.60	—
	白肋烟片烟 X2F	3.60	3.60	3.60	—	—	—
	晒红烟碎片	—	—	—	14.40	7.20	14.40

19.2.2.2 感官评价

基于表 19-17 雪茄茄套原料配方制备的雪茄茄套样品感官评价结果见表 19-18。

表 19-18 感官质量评价表

茄套样品	感官质量定性描述
1	烤香、干草香，烟香较空，木质气明显；鼻喉毛刺，口腔回甜，有残留；灰分呈灰黑色
2	烤香、干草香，晾晒烟特征较明显，烟气浓度中等，木质气掩盖较好；鼻喉毛刺，口腔回甜，有残留；灰分呈灰色

续表

茄套样品	感官质量定性描述
3	烤香、干草香,晾晒烟特征弱,木质气较显;鼻喉毛刺,口腔回甜,有残留;灰分呈灰黑色
4	烤香、干草香,烟香较空,木质气明显;鼻喉毛刺,口腔回甜,有残留;灰分呈灰黑色
5	烤香、干草香,晾晒烟特征弱,烟香稍显空,木质气较显;鼻喉毛刺,口腔回甜感较好,有残留;灰分呈灰黑色
6	烤香、干草香,晾晒烟特征弱,烟气浓度较高,木质气掩盖较好;鼻喉毛刺,口腔刺激较显,麻刺和涂层感,有残留;灰分呈灰黑色

感官质量排序:2≥3>5>4>1>6

根据韵感、烟气及香气特征、口感特征和外观特征对6个茄套样品评价,感官质量排序:2≥3>5>4>1>6。2#的香韵丰富性、烟气厚实饱满,木质气较轻,但在雪茄风格特征方面相对较好。

19.3 生产工艺技术

19.3.1 烟草原料的制浆

此过程是将烟草原料(烟梗和烟叶)通过一定的方法制成烟草纤维浆料,实验通过对比烟草原料的化学浆、化学机械浆和机械浆的吸味差别,优选出机械法制浆作为唯一制浆方法。在制浆时,首先将烟梗和烟叶碎片按照重量比1∶1进行混合,并加入6倍重量的水进行提取,反复提取三次(可采用三级逆流提取)将其可溶物提出。然后使用解纤机将提取后的烟草纤维进行解纤,再通过三级磨浆机对烟草纤维进行柔性打浆。打浆过程中要控制打浆强度,采用分丝帚化的黏状打浆,减少纤维的切断。一般通过9~12次盘磨的打浆,最终控制打浆度为50~60 °SR,纤维湿重1.5~2 g。

19.3.2 木浆纤维的打浆和配置

通过实验可知,使用单一纤维抄造出的成纸性能不好。若全部使用针叶木浆,虽然成纸强度高,但匀度较差;若全部使用阔叶木浆,会导致成纸匀度好但强度相对较差。因此采用针叶木和阔叶木混合抄造,其中需要控制针叶木的打浆度为80~90 °SR,阔叶木的打浆度为35~45 °SR,两者比例根据实际生产过程的透气度而调节。

19.3.3 烟草纤维、木浆纤维和填料的混合抄造

单纯的烟草纤维和木浆纤维虽然可以成纸,但灰分太低,卷制成烟后包灰性能不好,因此需要加入填料,本技术采用轻质碳酸钙为茄衣茄套的填料。通过实验,需要控制最终成品茄衣茄套中的灰分比例约为15%。因此混合抄造时,需要控制三者(烟草纤维、木浆纤维和

填料）的添加比例，由于碳酸钙和纤维的保留率不同，实际成纸时的比例并不是此比例。具体生产时，需要使用生产卷烟纸的长网纸机进行抄造，控制未涂布的成纸定量为 29~31 g/m²，茄衣和茄套的透气度分别为 60~80 CU 和 140~180 CU，灰分为 15%。可以使用机内涂布，也可以使用机外涂布，涂布量为 5~6 g/m²，涂布后透气度下降 10~20 CU。

19.3.4 涂布料的研发

用于茄衣茄套的涂布料是雪茄型烟叶的提取物，其香型和雪茄一脉相承。研发过程使用的涂布料主要是三种：雪茄型烟叶的水提浸膏、雪茄型烟叶的醇提浸膏和超微粉末。将两种提取浸膏和超微粉混合后添加其他少量香料、稳定剂等。经过反复试验，确定涂布液配方如表 19-19 所示。

表 19-19 涂布液配方

名称	比例/%
香精 A	0.26
香精 B	0.30
雪茄烟醇提浸膏+超微粉体	43
焦糖色素	10
雪茄烟在线水提浸膏	46.44
合计	100

19.3.5 涂 布

涂布就是将涂布料转移到茄衣茄套原纸上的生产过程。常见的涂布方式包括浸泡式涂布、胶辊转移涂布、计量棒涂布等，根据质量需求我们选用浸泡式"固/液耦合"涂布，涂布时通过控制涂布辊的压力，控制涂布量。

19.3.6 茄衣外观花纹印制

首先选择合适的花纹，用制版技术将花纹制成合适的胶版。然后利用胶版转移印刷技术将此花纹印到茄衣的表面。印制花纹时使用的色料为表 19-19 中所提及的涂布料。茄套不需要印制花纹，涂布完的茄套直接进入分切程序。茄衣则需要根据需求印制花纹后再进行分切。

19.3.7 生产工艺流程

经过关键技术攻关和工艺优化，形成了雪茄茄衣茄套产品的基本工艺流程如图 19-5。从图中可以看出，其与造纸法再造烟叶生产工艺较为类似。

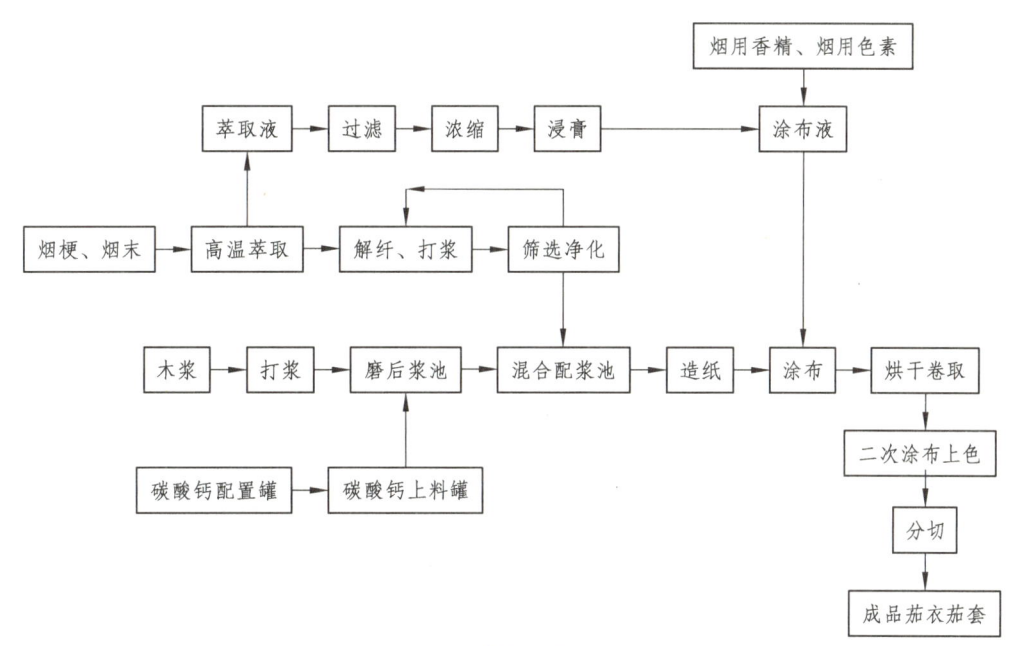

图 19-5　重组烟草茄衣茄套生产流程图

19.4　重组烟草茄衣茄套产品外观及技术指标

19.4.1　重组烟草茄衣茄套成品外观

通过技术集成，在造纸法再造烟叶生产线上成功开发出雪茄茄衣茄套产品。经过多次生产调试，制备出茄衣茄套成品外观如图 19-6。

（a）　　　（b）　　　（c）　　　（d）

图 19-6　茄衣茄套产品

19.4.2　重组烟草茄衣茄套成品的技术指标

重组烟草茄衣茄套成品技术指标如表 19-20 所示。

表 19-20　重组烟草茄衣茄套技术指标

技术指标指标	茄衣的技术标准和指标		茄套的技术标准和指标	
	标准	实际值	标准	实际值
烟草成分含量/%	≥50	53.33	≥50	53.33
定量/g·m^{-2}	35±2	36.83	35±2	36.52

续表

技术指标指标	茄衣的技术标准和指标		茄套的技术标准和指标	
	标准	实际值	标准	实际值
透气度/CU	50~70	61.75	140~180	150
水分/%	8±2	6.56	8±2	6.85
灼烧灰分/%	15±3	15.0	15±3	14.8
燃烧后的灰分颜色	≥灰色	灰白色	≥灰色	灰白色
抗张强度/N·(15 mm)$^{-1}$	16~22	18.66	16~22	18.50
纵向伸长率/%	≥0.9	1.1	≥0.9	1.0
外观色泽（L, a, b）	目测与标样接近	50.25/12.43/26.73	目测与标样接近	与样品接近
外观花纹	烟叶叶脉花纹	叶脉花纹	无花纹	花纹不作要求
卷烟后的吸味评价	评吸合格	合格	评吸合格	合格

19.4.2.1 常规化学指标

见表19-21。

表19-21 常规化学指标检测结果（干重） 单位：%

	总糖	还原糖	总植物碱	硝酸盐	钾离子	氯	灰分	HWS	甘油
茄套	7.90	6.53	0.69	0.50	2.76	0.73	6.85	35.38	0.18
茄衣	12.56	10.94	1.21	0.57	2.95	0.92	6.56	42.50	0.19

19.4.2.2 常规物理指标

见表19-22。

表19-22 常规物理指标检测结果

样品	水分/%	厚度/mm	定量/g·m^{-2}	抗张强度/kN·m^{-1}		拉伸率/%		透气度/CU	松厚度/cm^3·g^{-1}	涂布率/%
				纵向	横向	纵向	横向			
茄套	6.38	0.110	36.52	0.65	0.32	1.28	1.60	270	2.14	33.49
茄衣	7.56	0.120	36.83	0.65	0.32	1.28	1.60	62	2.30	39.53

19.4.2.3 挥发性致香成分含量

从表19-23可以看出，雪茄茄套茄衣共检测出60多种挥发性致香成分，茄套和茄衣总量分别为 44.85 μg/g 和 66.250 μg/g。从挥发性致香成分的构成来看，烟草特有的新植二烯、β-大马酮、呋喃类化合物、醛类、酮类、醇类、烯烃类及含氮化物均有检出，且含量较高，这类化合物能有效提升感官质量。

表 19-23 挥发性致香成分含量

编号	化合物名称	含量/μg·g^{-1} 茄套	含量/μg·g^{-1} 茄衣
1	异戊烯醛	0.040	0.053
2	3-甲基-1,5-戊二醇	0.099	0.106
3	面包酮	0.219	0.352
4	3-呋喃甲醇	0.034	0.067
5	糠醛	5.296	3.016
6	糠醇	1.399	1.179
7	2-环戊烯-1,4 二酮	0.640	0.782
8	2-乙酰基呋喃	0.268	0.382
9	2,6-二甲基吡嗪	—	0.073
10	吡啶-2-甲醛	0.112	0.184
11	5-甲糠醇	0.229	0.304
12	苯甲醛	0.156	0.165
13	5-甲基呋喃醛	0.427	0.489
14	正己酸	0.064	0.104
15	甲基庚烯酮	0.069	0.072
16	2,2,4,6,6-五甲基庚烷	0.454	0.367
17	正辛醛	0.026	0.030
18	(E,E)-2,4-庚二烯醛	0.024	0.031
19	苯甲醇	0.549	0.527
20	苯乙醛	4.039	3.749
21	2-乙酰基吡咯	0.297	1.194
22	3-甲基苯甲醛	0.014	0.017
23	三甲基-5-乙烯基四氢化呋喃-2-甲醇	0.110	0.156
24	对羟基苯甲醇	0.205	0.286
25	愈创木酚	0.158	0.164
26	芳樟醇	0.105	0.114
27	壬醛	0.188	0.201
28	苯乙醇	0.329	0.8153
29	4-氧代异佛尔酮	0.046	0.103
30	反-2-,顺-6-壬二烯醛	0.017	0.025

续表

编号	化合物名称	含量/$\mu g \cdot g^{-1}$ 茄套	含量/$\mu g \cdot g^{-1}$ 茄衣
31	阿托醛	0.014	0.017
32	(+/−)-β-羟基-γ-丁内酯	0.274	0.347
33	辛酸	0.068	0.097
34	(S)-5-羟甲基二氢呋喃-2-酮	0.436	0.722
35	α-松油醇	0.081	0.115
36	十二醛	0.036	0.029
37	2,3-二氢苯并呋喃	0.159	0.194
38	异蒲勒醇	0.090	0.143
39	壬酸	0.169	0.183
40	吲哚	0.410	0.872
41	4-乙烯基-2-甲氧基苯酚	0.779	1.336
42	烟碱	0.164	1.165
43	(E)-5-isopropyl-8-methylnona-6,8-dien-2-one	0.997	2.139
44	大马士酮	0.876	1.102
45	3-(2,6,6-三甲基-1-环己烯基)-2-丙烯醛	0.499	0.528
46	六氢假紫罗酮	0.049	0.061
47	脱氢二氢-β-紫罗兰酮	0.185	0.261
48	edulane	0.140	0.221
49	6,10-二甲基-5,9-十一双烯-2-酮	0.198	0.266
50	3-(2,6,6-三甲基-1-环己烯基)-2-丙烯醛	0.124	0.115
51	2,4-二叔丁基苯酚	1.799	2.017
52	巨豆三烯酮 A	0.144	0.832
53	3,7,11-三甲基-1-十二烷醇	0.076	0.067
54	巨豆三烯酮 B	0.413	1.917
55	2(3H)-Benzofuranone, hexahydro-4,4,7a-trimethyl	0.034	0.033
56	巨豆三烯酮 C	0.070	1.574
57	4-羟基-β-二氢大马酮	0.200	0.484
58	巨豆三烯酮 D	0.363	2.014
59	植物醇	0.204	0.301
60	α-香附酮	0.257	0.412

续表

编号	化合物名称	含量/μg·g^{-1} 茄套	含量/μg·g^{-1} 茄衣
61	肉豆蔻酸	0.661	0.743
62	木香烃内酯	0.922	1.022
63	新植二烯	4.639	12.943
64	植酮	0.884	2.197
65	十五烷酸	0.405	0.398
66	棕榈酸甲酯	0.555	0.616
67	棕榈酸	2.886	4.817
68	西柏三烯二醇	4.699	8.843
	总量	44.850	66.250

19.4.2.4 色度检测结果

从表 19-24 可以看出,正反两面色度无明显差异,与雪茄茄衣茄套相比,色泽接近于雪茄茄衣茄套的天然色泽。

表 19-24 色度检测结果

样品	正面 L^*	正面 a^*	正面 b^*	反面 L^*	反面 a^*	反面 b^*
茄套	50.88	9.35	23.09	51.83	8.82	22.38
茄衣	50.32	11.03	22.97	51.42	10.71	22.23

19.4.2.5 感官质量评价

将重组烟草的茄衣茄套样品切丝后手工卷制成烟支,进行感官评价,评价结果见表 19-25。

表 19-25 感官质量评价结果

样品	感官质量描述
茄套	白肋烟香和烤烟香谐调性较好,烤香、干草香韵凸显,稍显木质气息;烟气浓度适中,上扬感较好,质感柔顺,鼻腔稍显毛刺;吃味较好,舌面略有残留
茄衣	白肋烟香和烤烟香谐调性较好,特征较明显,可可、坚果、烤香、焦香、干草香韵凸显,木质气较轻;烟气浓度较高,劲头适中,上扬感较好,烟气细腻柔和,鼻腔稍有刺激;吃味较好,口腔余味较好

19.4.2.6 压光处理

采用 20 MPa 的压力进行单面压光处理,处理前后样品的物理指标变化情况如表 19-26 所示。

表 19-26　茄套压光前后样品物理指标对比

	平滑度/s 正面	平滑度/s 反面	厚度/mm	抗张强度/kN·m⁻¹ 纵向	抗张强度/kN·m⁻¹ 横向	拉伸率/% 纵向	拉伸率/% 横向	透气度/CU	松厚度/cm³·g⁻¹
压光前	42	22	0.110	0.65	0.32	1.28	1.60	270	2.14
压光后	306	152	0.073	0.72	0.26	0.97	1.03	218	1.57

从表 19-26 的检测结果可以看出，经过压光处理后的样品，平滑度显著提升，能达到常规卷烟纸的要求，厚度明显降低，降低比例为 33.6%，抗张强度变化不明显，拉伸率小幅下降，透气度降低，降低比例为 19.3%。

19.4.2.7　产品上机适应性测试

将以上的茄衣茄套用于机制雪茄的生产，生产卷制过程正常，未发生断纸、无法卷接等异常，生产出的产品符合机制雪茄外观要求（图 19-7、图 19-8）。

图 19-7　茄套上机适应性验证

图 19-8　重组烟草茄套与茄衣复合后的产品和重组烟草雪茄茄衣卷制的烟支

重组烟草茄套与天然茄衣的复合的烟支感官质量评价结果表明，采用重组烟草茄套的样品整体雪茄味略偏淡，其他感官指标基本一致。雪茄茄衣作为接装纸与卷烟纸统一采用仿雪茄烟叶纹设计图案，运用烟叶提取色墨印刷，配合模压技术达到色调肌理高度仿真，视觉与天然雪茄茄衣很相似。

19.5　总　结

围绕突出产品特色，通过技术集成，在国内首次开发了机制、半机制雪茄茄衣茄套产品，包含至少 80%（干重）的天然烟草成分。优越的物理调控性能可根据需求进行设定和调整。具有与天然雪茄烟叶相似的外观色泽，不使用任何着色剂，产品的安全性得到保障。较高的有机化学指标含量、热水可溶物含量及挥发性致香成分含量，有效提升产品的抽吸品质并谐调叶组的各香气成分。通过重组烟草关键技术的集成使产品雪茄香韵特征更加突出，口感更加舒适。这也是重组烟草走向材料化应用的具体体现。

参考文献

[1] 秦艳青，李爱军，范静苑，等. 优质雪茄茄衣生产技术探讨[J]. 江西农业学报，2012，24（07）：101-103.

[2] 王益黄. 烟草纤维在薄片茄衣中的应用研究[D]. 广州：华南理工大学，2013.

[3] 胡希，刘路路，贾玉红，等. 双层薄片结构的机制雪茄烟支：CN203851791U[P]. 2014-10-01.

[4] 王益黄，袁肖琴，傅源锋，等. 一种雪茄卷烟用纸茄衣或纸茄套的制作方法：CN102845828B[P]. 2014-06-25.

[5] 孙德平，王凤兰，唐向兵，等. 一种烟叶纹理的雪茄茄衣、茄套的制备工艺：CN104480774A[P]. 2015-04-01.

[6] 张迪，赵进恒，周琳，等. 机制雪茄烟关键工艺技术[J]. 宁夏农林科技，2018，59（05）：61-62.

[7] 王小升，张文军，冯涛，等. 一种雪茄包衣及雪茄包衣的制备方法：CN112656025A[P]. 2021-04-16.

[8] 赵铭钦，张明月，陈泳伟，等. 一种雪茄烟叶茄衣和茄芯物理特性评价方法：CN114166632A[P]. 2022-03-11.

20 功能特色烟用材料开发

基于"全烟草元素卷烟产品设计开发"理念，在现有烟用材料（具体指卷烟纸、成形纸、接装纸）生产工艺技术的基础上，依托涂布技术、超微粉碎技术和制浆技术开展烟草元素（烟草提取物、超微烟草粉体和烟草浆料）制备工艺技术研究及其在烟用材料中的应用工艺技术研究，开发具有特殊视觉效果和功能的含烟草元素烟用材料，不断丰富"全烟草元素卷烟产品设计开发"内涵，开展含烟草元素烟用材料在卷烟产品中的应用研究，实现具有烟草元素烟用材料的开发和应用。

卷烟纸和成形纸的原料可分为天然植物纤维、无机材料和加工助剂，生产工艺流程为打浆、流送、纸张成形、压榨、罗纹、前烘干、施胶、后烘干、卷取、复卷、分切。卷烟纸和成形纸对物理指标的要求较为严格。烟梗浆为机械浆，在卷烟纸和成形纸生产过程中浆内添加时，由于烟梗机械浆分丝帚化程度低，粗大纤维较多，生产的卷烟纸和成形纸质量难以满足现有产品技术标准要求。因此在进行含烟草元素卷烟纸和成形纸开发时，采用烟草提取物或烟草粉体的形式对在线生产的卷烟纸和成形纸进行离线涂布加工。含烟草元素卷烟纸和成形纸产品技术开发应紧紧围绕现行卷烟纸和成形纸质量要求，系统开展烟草提取物或烟草粉体在卷烟纸和成形纸上的涂布工艺技术研究，明确烟草提取物或烟草粉体的涂布对卷烟纸和成形纸物理指标的影响，实现烟草提取物或烟草粉体在卷烟纸和成形纸上的应用。

接装纸和内衬纸的原料可分为基纸、油墨、其他加工助剂和材料，目前接装纸的加工主要分为基纸印刷、烫金、分切、打孔和包装，内衬纸的加工主要分为基纸和铝箔复合、印刷、分切和包装。烟梗浆在接装纸和内衬纸基纸生产过程中浆内添加时，由于烟草机械浆分丝帚化程度低，粗大纤维较多，生产的接装纸和内衬纸基纸表面较粗糙，平整性不够，影响后续接装纸和内衬纸的印刷和复合。因此在进行含烟草元素接装纸和内衬纸开发时，采用烟草提取物或烟草粉体的形式在线实现涂布接装纸和内衬纸的加工。含烟草元素接装纸和内衬纸产品技术开发应紧紧围绕现行接装纸和内衬纸质量要求，重点开发含烟草提取物或烟草粉体的特殊油墨，系统开展该油墨在线涂布印刷工艺技术研究，明确烟草提取物或烟草粉体的涂布印刷对接装纸和内衬纸质量指标的影响，实现烟草提取物或烟草粉体在接装纸和内衬纸上的应用。

20.1 涂布卷烟纸及成形纸加工工艺技术开发

为实现烟草提取物及烟草粉体在卷烟纸和成形纸上的负载，进而开发含烟草提取液和烟草粉体的卷烟纸和成形纸产品，开展烟草提取物及烟草粉体在卷烟纸和成形纸中的应用工艺技术研究开发。

涂布机是定制化、用于纸张后加工处理的装备，主要由放卷、涂布头、烘干、收卷几大组件组成，可对300～500 mm幅宽的多种纸卷，相比大纸机设备单一的涂布方式，中试涂布机可对卷烟纸、成形纸实现单面涂布、双面涂布、直接印刷等涂布方式，从而添加各种功能性组分，具有灵活性高、可小批量生产产品的特点。中试涂布机和分切机如图20-1所示。

（a）涂布机　　　　　　　　（b）分切机

图20-1　中试涂布机和中试分切机

20.1.1　涂布烟草提取物卷烟纸及成形纸加工工艺技术开发

20.1.1.1　研究思路

依托中试涂布机，将烟草提取物涂布在卷烟纸和成形纸上，研究烟草提取液不同涂布固含量对卷烟纸和成形纸理化指标的影响，在相同烟草提取液涂布量下，研究卷烟纸、成形纸不同涂布方式对卷烟纸和成形纸理化指标的影响。

卷烟纸和成形纸涂布烟草提取物方案设计如表20-1所示。

表20-1　卷烟纸与成形纸涂布方案设计

样品编号	基纸	涂布方式	涂布液固含量/%	纸中添加含量/%
1#	卷烟纸	正面	8	3.09
2#	卷烟纸	正面	12	4.63
3#	卷烟纸	正面	16	6.18
4#	卷烟纸	正面	20	7.72
5#	卷烟纸	正面	24	9.26
6#	卷烟纸	正面	32	12.35
2#-1	卷烟纸	反面	12	4.63
2#-2	卷烟纸	正反	6	4.63

续表

样品编号	基纸	涂布方式	涂布液固含量/%	纸中添加含量/%
7#	成形纸	正面	8	3.4
8#		正面	12	5.1
9#		正面	16	6.8
10#		正面	20	8.5
11#		正面	24	10.2
12#		正面	32	13.6
8#-1		反面	12	5.1
8#-2		正反	6	5.1

涂布烟草提取物卷烟纸和成形纸涂布机工艺参数设置如表 20-2 所示。

表 20-2 样品涂布机设置参数

涂布机参数	卷烟纸涂布	成形纸涂布
涂布模式	直接印刷	直接印刷
红外功率/%	25	28
导热油温/°C	110	110
车速/m·min^{-1}	40	40

20.1.1.2 涂布量对卷烟纸和成形纸物理指标的影响

按上述试验设计完成烟草提取物在卷烟纸和成形纸上的涂布，并对涂布后的卷烟纸和成形纸样品的相关物理指标进行检测分析，结果如表 20-3 和表 20-4 所示。

表 20-3 卷烟纸涂布烟草提取物前后样品物理指标

平均指标	卷烟纸样品						
	0#-1	1#	2#	3#	4#	5#	6#
透气度/CU	78.7	79.2	75.5	73.4	72.8	68.2	67.6
透气度变异系数/%	4.2	4.1	4.2	3.7	4.6	3.2	3.5
定量/g·m^{-2}	29.09	29.59	29.99	30.20	30.35	30.32	31.44
厚度/μm	48.0	47.5	48.4	49.5	49.1	49.9	49.8
纵向抗张强度/cN·(15 mm)$^{-1}$	1498	1580	1595	1608	1373	1583	1489
纵向伸长率/%	1.44	1.14	1.07	1.29	1.02	1.24	1.26
纵向抗张能量吸收/J·m^{-2}	9.49	7.77	7.23	9.33	6.125	8.69	8.18
阴燃速率/s·(150 mm)$^{-1}$	78.42	81.16	81.02	75.22	79.00	84.88	87.18
D_{65} 亮度/%	93.1	70.42	69.4	66.7	65.5	64.7	62.6

注：0#-1 表示卷烟纸原纸。

表 20-4 成形纸涂布烟草提取物前后样品物理指标

平均指标	成形纸样品						
	0#-2	7#	8#	9#	10#	11#	12#
透气度/CU	11783	11837	12498	11705	12637	12324	12469
透气度变异系数/%	2.4	5.2	2.9	5.3	5.6	4.3	6.8
定量/g·m^{-2}	26.15	26.45	26.17	27.04	26.44	26.96	27.48
厚度/μm	79.5	78.3	78.2	79.9	79.5	79	80.3
纵向抗张强度/cN·(15 mm)$^{-1}$	2372	2487	2433	2513	2430	2414	2423
纵向伸长率/%	2.04	2.25	2.17	2.09	2.03	2.19	2.26
纵向抗张能量吸收/J·m^{-2}	20.51	24.22	22.71	23.02	21.49	22.76	23.65
D_{65} 亮度/%	87.1	62.5	60.1	54.3	51.8	49.0	44.6
毛细吸液高度/mm·(10 min)$^{-1}$	57	61	62	60	61	61	58

注：0#-2 表示成形纸原纸。

由图 20-2 可知，随着烟草提取物涂布量的增加，卷烟纸和成形纸定量呈线性增加，且卷烟纸增加速度快于成形纸。烟草提取物涂布液固含量从 0 增加到 32%，卷烟纸定量增加 8.1%，成形纸定量增加 5.1%。卷烟纸和成形纸定量增长差异的原因是两种纸张表面组分差异，使得纸张表面能存在差异，从而产生对相同涂布液吸收快慢的差异。成形纸表面有聚乙烯醇，不容易被水润湿，在相同涂布车速下，对涂布液吸收少，定量增加慢。

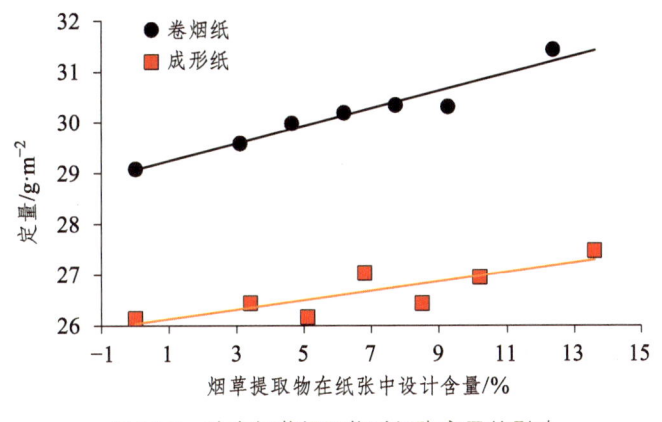

图 20-2 涂布烟草提取物对纸张定量的影响

烟草浸膏中含有糖类、烟碱、氯化物、钾盐、硝酸盐等多种组分，其中糖类物质负载到多孔纸张中烘干后会成膜，对纸张空隙具有一定的填充作用。在该研究中，烟草提取物对卷烟纸和成形纸透气度的影响见图 20-3，随着烟草提取物涂布液固含量从 0 增加到 32%，卷烟纸透气度呈下降趋势，从原纸的 78.7 CU 下降到 67.6 CU，下降了 11.1 CU，下降 14.1%。因成形纸透气度较高，行业标准为设计值±10%，且从卷烟纸透气度下降程度来看，可以忽略烟草提取物对成形纸透气度的影响。

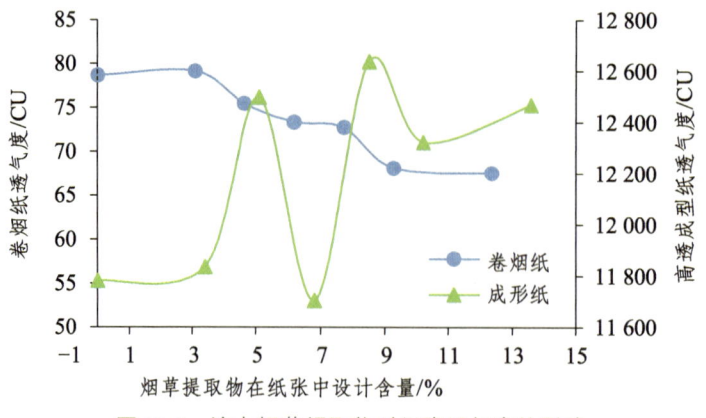

图 20-3 涂布烟草提取物对纸张透气度的影响

烟草提取物本身呈较深的黄褐色，通过涂布转移到卷烟纸和高透成型中对纸张的 D_{65} 有明显的影响，如图 20-4 所示，随着提取物涂布液固含量从 0 增加到 32%，两种纸样的 D_{65} 均显著下降，成形纸 D_{65} 下降 48.8%，卷烟纸 D_{65} 下降 32.5%，原因是卷烟纸中含有 32% 的碳酸钙，碳酸钙 D_{65} 亮度高，相对而言受烟草浸膏颜色的影响小，下降程度低。

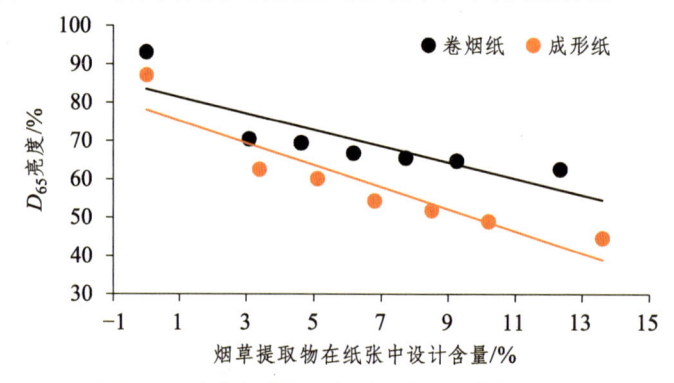

图 20-4 涂布烟草提取物对纸张 D_{65} 亮度的影响

由图 20-5 可以看出，随着烟草提取物添加含量的增加，卷烟纸和成形纸的厚度呈上升趋势，但增加程度不同，卷烟纸厚度增加程度大于成形纸，其原因可能是成形纸的空隙显著大于卷烟纸，烟草提取物通过印刷辊负载到成形纸后进入成形纸空隙部分，而卷烟纸空隙较小，烟草提取物停留在卷烟纸表面。

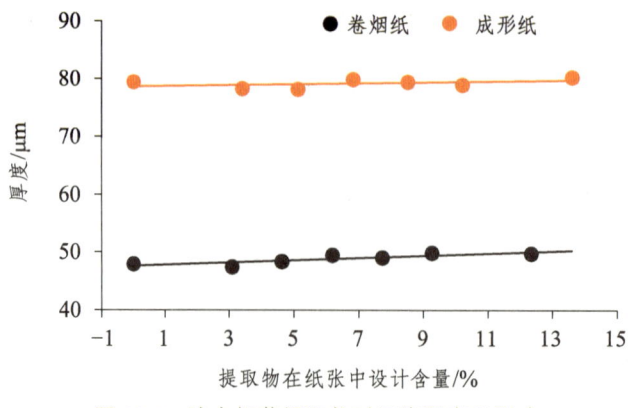

图 20-5 涂布烟草提取物对纸张厚度的影响

由图 20-6 可知，卷烟纸原纸、成形纸原纸的纵向抗张强度分别为 1498 cN/15 mm 和 2372 cN/15 mm，纵向抗张能量吸收分别为 9.49 J/m² 和 20.51 J/m²；添加烟草提取物后，卷烟纸、成形纸的纵向抗张强度、抗张能量吸收变化较小，原因是烟草提取物中没有能够显著提升纸张强度的成分。

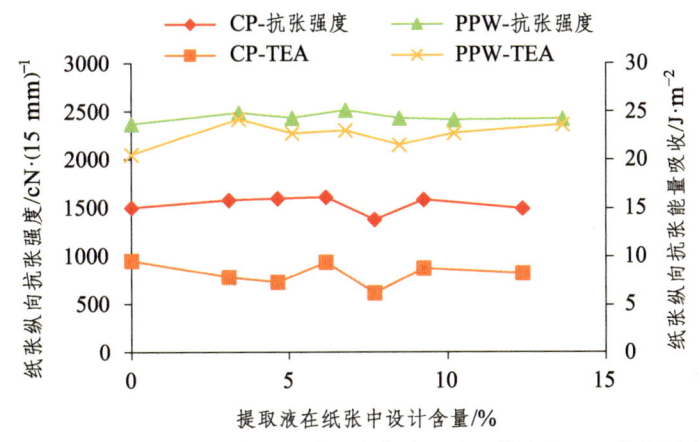

图 20-6　涂布烟草提取物对纸张纵向抗张强度及抗张能量吸收的影响

由图 20-7 可知，卷烟纸阴燃速率随着烟草提取物添加含量的增加而呈降低的趋势，原因是添加提取物后，卷烟纸定量由 29.09 g 上升至 31.44 g，在相同卷烟纸长度（150 mm）的测试条件下，需要阴燃的物质绝对质量增加，阴燃时间延长，阴燃速率变慢。

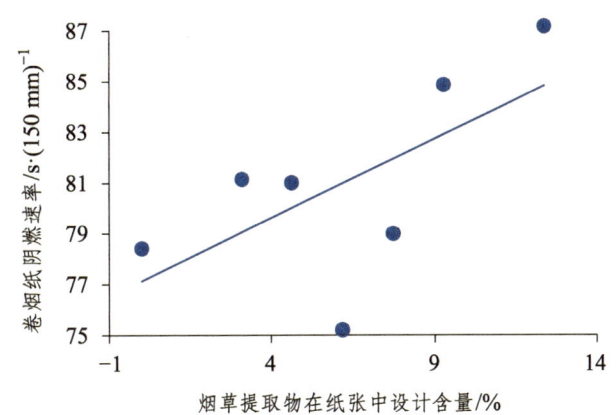

图 20-7　涂布烟草提取物对卷烟纸阴燃速率的影响

20.1.1.3　涂布量对卷烟纸化学指标的影响

对涂布后的卷烟纸的相关化学指标进行检测分析，结果如表 20-5 所示。

表 20-5　涂布烟草提取物前后卷烟纸化学指标分析

实验编号	K$^+$含量/%	Na$^+$含量/%	柠檬酸根含量/%
0#-1	0.53	0.34	1.76
1#	0.60	0.35	1.79
2#	0.63	0.35	1.77

续表

实验编号	K⁺含量/%	Na⁺含量/%	柠檬酸根含量/%
3#	0.72	0.34	1.73
4#	0.82	0.35	1.78
5#	0.80	0.31	1.79
6#	0.70	0.34	1.81

由表 20-5 可知,随着烟草提取物在纸张中设计含量的增加,卷烟纸中 K^+ 含量呈增加趋势,Na^+ 和柠檬酸根离子含量变化不明显,原因是烟草浸膏原液(固含量 40%)中 K^+、Na^+、柠檬酸根离子的含量分别为 2.32%、0.08% 和 0.48%。与卷烟纸原纸中 K^+ 含量 0.53% 相比,负载烟草浸膏后卷烟纸 K^+ 含量明显上升,对卷烟燃烧外观、烟气释放以及抽吸品质均有不同程度的影响,在产品设计开发过程中,需充分考虑涂布液中钾离子对卷烟质量的影响,并在卷烟纸设计时调整原纸中 K^+ 的含量,达到最终卷烟纸产品中 K^+、Na^+、柠檬酸根离子都可控的目的。

20.1.1.4 涂布量对卷烟纸和成形纸 *Lab* 值的影响

对涂布前后卷烟纸和成形纸的 *Lab* 值进行检测分析,结果如表 20-6 和表 20-7 所示。

表 20-6 涂布烟草提取物前后卷烟纸 *Lab* 值分析

平均指标	卷烟纸样品						
	0#-1	1#	2#	3#	4#	5#	6#
L	91.59	89.89	89.16	88.93	89.03	88.63	88.00
a	-0.26	-1.57	-1.75	-1.89	-2.04	-2.06	-2.41
b	-0.06	8.46	9.58	11.24	12.42	13.35	16.18

表 20-7 涂布烟草提取物前后成形纸 *Lab* 值分析

平均指标	成形纸样品						
	0#-2	7#	8#	9#	10#	11#	12#
L	81.36	80.38	80.17	79.89	79.53	79.55	78.92
a	0.13	-1.02	-1.05	-1.06	-1.16	-1.19	-1.21
b	2.18	6.26	7.38	9.04	10.22	11.15	13.98

由表 20-6、表 20-7 和图 20-8 可以看出,随着烟草提取物添加含量的增加,卷烟纸和成形纸 *L* 值和 *a* 值呈下降趋势,*b* 值呈明显上升趋势,原因是烟草提取物本身呈黄色。

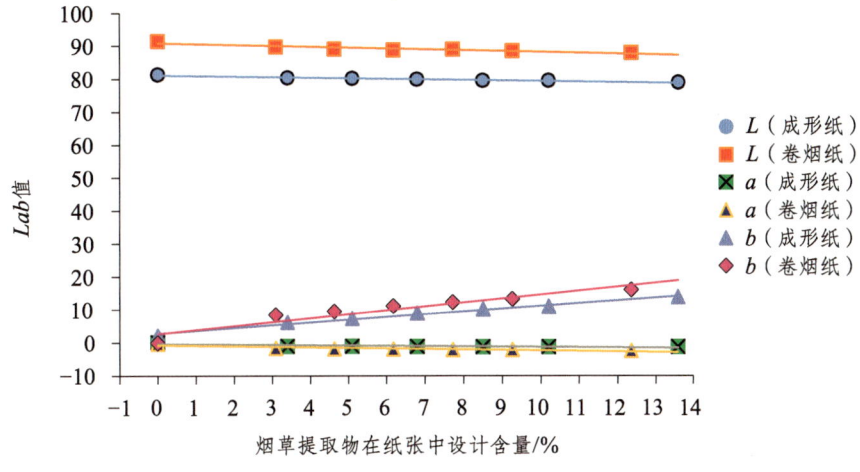

图 20-8 涂布烟草提取物对纸张 Lab 值的影响

20.1.1.5 涂布方式对卷烟纸物理指标的影响

以卷烟纸为例,研究烟草提取物正面涂布、反面涂布和正反双面涂布三种不同涂布方式对卷烟纸物理指标的影响,如表 20-8 所示,不同涂布方式对纸张定量、透气度、纵向抗张等指标的影响均较小。

表 20-8 涂布方式对卷烟纸物理指标的影响

物理指标	卷烟纸		
	2#	2#-1	2#-2
透气度/CU	75.5	79.0	78.0
透气度变异系数/%	4.2	3.5	4.1
定量/g·m^{-2}	29.99	30.11	30.24
纵向抗张强度/cN·(15 mm)$^{-1}$	1595	1557	1513
纵向伸长率/%	1.07	1.16	1.33
纵向抗张能量吸收/J·m^{-2}	7.23	7.83	9.21
阴燃速率/s·(150 mm)$^{-1}$	81.02	87.30	82.93

20.1.1.6 涂布烟草提取物对卷烟纸和成形纸横幅稳定性的影响

为研究涂布烟草提取物对卷烟纸和成形纸横幅稳定性的影响,分别随机选取横幅的 10 个位置进行 Lab 值的检测,结果如表 20-9、表 20-10 所示。

表 20-9 卷烟纸样品横幅稳定性分析

L 值	卷烟纸样品					
	1#	2#	3#	4#	5#	6#
L1	89.97	89.26	89.13	89.18	88.5	87.8
L2	89.82	89.22	89.16	88.94	88.9	87.52
L3	89.6	89.2	88.93	89.18	88.62	87.97

续表

L 值	卷烟纸样品					
	1#	2#	3#	4#	5#	6#
L4	89.88	88.94	88.89	89.09	88.54	87.8
L5	90.15	89.15	89	89.18	88.63	87.8
L6	89.79	89.4	88.99	88.66	88.47	88.3
L7	89.92	89.19	88.56	88.99	88.7	88.14
L8	89.77	89.28	88.76	89.34	88.99	88.19
L9	90.03	88.94	88.88	88.99	88.47	88.39
L10	89.94	89.06	88.98	88.75	88.49	88.08
平均值	89.89	89.16	88.93	89.03	88.63	88.00
标准偏差/%	0.15	0.15	0.17	0.21	0.18	0.27

表 20-10 成形纸样品横幅稳定性分析

L 值	成形纸样品					
	1#	2#	3#	4#	5#	6#
L1	80.87	80.32	80.1	80.02	79.61	79.76
L2	80.53	79.83	79.95	79.66	79.49	78.32
L3	79.74	80.23	80.68	79.64	79.47	77.85
L4	80.33	80.11	79.93	78.86	78.87	79.52
L5	79.87	79.93	79.15	79.85	79.32	78.3
L6	80.19	81.35	79.25	79.48	79.98	79.49
L7	80.11	80.36	80.25	79.7	80.49	79.16
L8	80.59	79.89	79.84	79.03	79.65	79.04
L9	80.83	80.03	79.46	79.39	79.67	78.78
L10	80.75	79.64	80.32	79.63	78.9	78.96
平均值	80.38	80.17	79.89	79.53	79.55	78.92
标准偏差/%	0.40	0.47	0.49	0.35	0.48	0.61

由表 20-9 和表 20-10 可以看出，涂布烟草提取物后卷烟纸和成形纸横幅 L 值标准偏差较小，样品横幅均匀。同时，由表 20-7 可以看出，成形纸 L 值横幅波动大于卷烟纸，其原因是成形纸匀度低于卷烟纸，是纸张固有特性引起的。

20.1.1.7 涂布烟草提取物对卷烟纸和成形纸外观储存稳定性的影响

为研究卷烟纸和成形纸涂布烟草提取物后的外观稳定性，对比分析涂布卷烟纸和成形纸密封避光保存前后 Lab 值的变化，如图 20-9 至图 20-11 所示，负载烟草提取物的卷烟纸和成形纸在密封、避光保存 3 个月后 *Lab* 值均有一定程度的变化，可能是烟草提取物中的某些色素成分不稳定造成的。

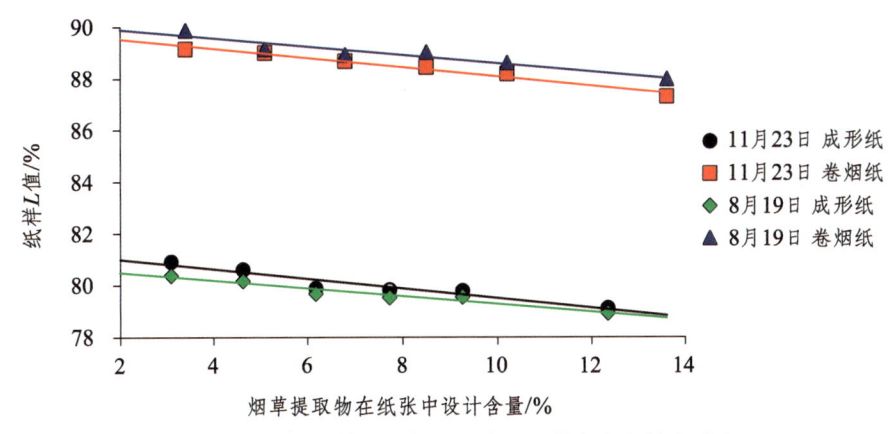

图 20-9　涂布烟草提取物对纸张 *L* 值储存稳定性的影响

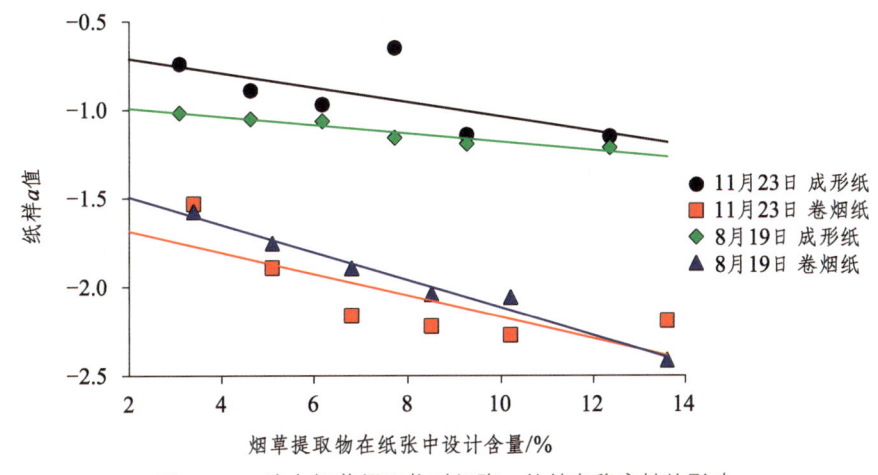

图 20-10　涂布烟草提取物对纸张 *a* 值储存稳定性的影响

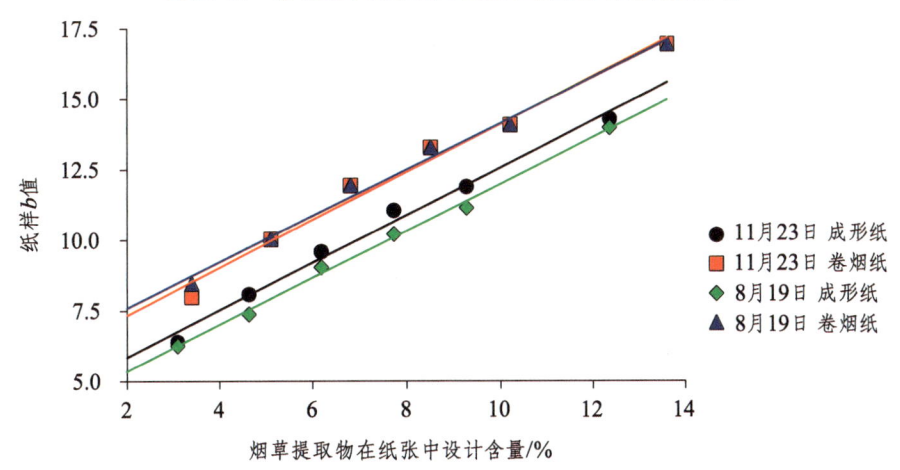

图 20-11　涂布烟草提取物对纸张 *b* 值储存稳定性的影响

综上所述，随着烟草提取物在纸张中涂布量的增加，纸张定量呈线性增加，且卷烟纸增加速度快于成形纸。烟草提取物涂布液固含量从 0 增加到 32%，卷烟纸定量增加 8.1%，成形纸定量增加 5.1%。卷烟纸透气度呈下降趋势，从原纸的 78.7 CU 下降到 67.6 CU，下降了 11.1 CU。成形纸 D_{65} 下降 48.8%，卷烟纸 D_{65} 下降 32.5%。卷烟纸阴燃速率呈降低趋势。L 值和 a 值呈下降趋势，b 值呈明显上升趋势。卷烟纸中 K^+ 含量呈增加趋势，Na^+ 和柠檬酸根离子含量变化不明显。涂布烟草提取物的卷烟纸和成形纸在密封、避光保存 3 个月后 Lab 值均有一定程度的变化。

20.1.2 涂布烟草粉体卷烟纸及成形纸加工工艺技术开发

20.1.2.1 研究思路

依托中试涂布机，将烟草粉体涂布在卷烟纸和成形纸上，研究加工助剂、烟草粉体粒径对粉体烟草负载量及负载稳定性的影响，研究烟草粉体不同涂布量对卷烟纸和成形纸理化指标的影响，在相同烟草粉体涂布量下，研究不同涂布方式对卷烟纸理化指标的影响。

卷烟纸和成形纸涂布烟草粉体方案设计如表 20-11 和表 20-12 所示。

表 20-11 不同助剂涂布烟草粉体试验方案设计

编号	助剂	助剂质量浓度/%	烟草粉体在纸中含量/%	涂布方式
1	—	—	3	正面
2		0.25	3	正面
3	瓜尔胶	0.5	3	正面
4		0.75	3	正面
5		0.5	3	正面
6	370 淀粉	1	3	正面
7		1.5	3	正面
8		0.5	3	正面
9	CMC	1	3	正面
10		1.5	3	正面
11		0.5	3	正面
12	阳离子淀粉	1	3	正面
13		1.5	3	正面

注：该处使用的烟草粉体为 500 目。

表 20-12 涂布烟草粉体试验方案设计

编号	基纸	烟草粉体在纸中含量/%	涂布方式	粉体粒径/目
14		1	正面	
15		2	正面	
16	卷烟纸	3	正面	1000
17		4	正面	
18		5	正面	

续表

编号	基纸	烟草粉体在纸中含量/%	涂布方式	粉体粒径/目
19		3	正反面	1000
20	卷烟纸	3	反面	
21		3	正面	1500
22		1		
23		2		
24	成形纸	3	正面	1000
25		4		
26		5		

涂布烟草粉体卷烟纸和成形纸涂布机工艺参数设置如表20-13所示。

表20-13 涂布机设置参数

涂布机参数	样品		
	1~13号	14~21号	22~26
涂布模式	直接印刷	直接印刷	直接印刷
红外功率/%	25	28	20
导热油温/°C	110	110	110
车速/m·min^{-1}	40	40	50
收卷压力/%	10	10	10
纸幅温度/°C	60	60.9	59.6

20.1.2.2 加工助剂对涂布烟草粉体卷烟纸物理指标的影响

按上述试验设计完成烟草粉体在卷烟纸上的涂布，并对涂布后的卷烟纸样品的相关物理指标进行检测分析，结果如表20-14所示。

表20-14 卷烟纸涂布烟草粉体前后样品物理指标

样品编号	定量/g·m^{-2}	透气度/CU	纵向抗张强/cN·(15 mm)$^{-1}$	D_{65}亮度/%
0	29.30	80	1836	91.4
1	30.38	68	1839	66.7
2	30.40	66	1929	67.8
3	30.17	64	1904	67.5
4	30.50	66	1929	68.2
5	30.03	68	1834	66.8
6	30.09	64	1879	65.8
7	30.51	62	1886	66.5

续表

样品编号	定量/g·m^{-2}	透气度/CU	纵向抗张强/cN·(15 mm)$^{-1}$	D_{65}亮度/%
8	30.17	65	1886	66.9
9	30.58	65	2018	66.7
10	30.46	67	2068	66.9
11	30.15	71	1817	66.0
12	30.30	73	1936	66.2
13	30.38	74	1910	68.4

注：0号表示卷烟纸原纸。

1. 不同加工助剂分散体系负载烟草粉体对卷烟纸定量的影响

涂布烟草粉体后，卷烟纸的定量均有增加。当烟草粉体在卷烟纸中的涂布量设计值为3%时，随着加工助剂浓度的提高，涂布后卷烟纸的定量呈线性增加趋势。与不添加加工助剂的涂布卷烟纸样品相比，加工助剂和浓度对涂布卷烟纸的定量影响较小。

2. 不同加工助剂分散体系负载烟草粉体对卷烟纸透气度的影响

涂布烟草粉体后，卷烟纸的透气度均有降低。当烟草粉体在卷烟纸中的涂布量设计值为3%时，随着加工助剂浓度的提高，涂布后卷烟纸的透气度未呈现规律性变化。与不添加加工助剂的涂布卷烟纸样品相比，添加加工助剂的涂布卷烟纸的透气度下降更多，可能由于加工助剂均为大分子物质，其涂布在卷烟纸上时会降低卷烟纸的透气度。

3. 不同加工助剂分散体系负载烟草粉体对卷烟纸纵向抗张强度的影响

涂布烟草粉体后，未添加加工助剂的涂布卷烟纸的纵向抗张强度基本没有变化。随着加工助剂浓度的提高，涂布后卷烟纸的纵向抗张强度呈线性增加趋势，这可能与加工助剂本身具有增强的作用相关。

4. 不同加工助剂分散体系负载烟草粉体对卷烟纸D_{65}亮度的影响

涂布烟草粉体后，卷烟纸D_{65}亮度下降，由91.4%下降至67%左右。随着加工助剂浓度的提高，涂布后卷烟纸的D_{65}亮度未呈现规律性变化。与不添加加工助剂的涂布卷烟样品相比，加工助剂和浓度对涂布卷烟纸的D_{65}亮度影响较小。

烟草粉体自身具有颜色，添加3%烟草粉体，卷烟纸D_{65}亮度下降，由91.4%下降至67%左右；此外，因不同分散体系负载转移烟草粉体的质量相近，不同分散体系所制得的卷烟纸样品D_{65}亮度均相近，无明显差异。

20.1.2.3 加工助剂对涂布烟草粉体卷烟纸化学指标的影响

按表20-11试验设计完成烟草粉体在卷烟纸上的涂布，对涂布后的卷烟纸样品的相关化学指标进行检测分析，结果如表20-15所示。

表 20-15　卷烟纸涂布烟草粉体前后样品化学指标

实验编号	K$^+$含量/%	Na$^+$含量/%	柠檬酸根含量/%
0	1.00	0.22	2.20
1	1.03	0.19	2.19
2	1.07	0.21	2.29
3	1.04	0.20	2.22
4	1.04	0.20	2.24
5	1.04	0.20	2.21
6	1.03	0.19	2.19
7	1.00	0.19	2.14
8	1.02	0.21	2.22
9	1.01	0.22	2.25
10	1.02	0.24	2.30
11	1.04	0.19	2.21
12	1.03	0.19	2.19
13	1.05	0.20	2.24

由表 20-15 可知，不同加工助剂分散体系负载烟草粉体对卷烟纸 K$^+$含量、Na$^+$含量和柠檬酸根含量均无明显影响，原因是烟草粉体水分散体系中的 K$^+$、Na$^+$、柠檬酸根离子相对于烟草提取物明显减少，因此可以忽略其对涂布后卷烟纸指标的影响。

20.1.2.4　涂布量对卷烟纸和成形纸物理指标的影响

按表 20-12 试验设计完成烟草粉体在卷烟纸和成形纸上的涂布，对涂布后的卷烟纸和成形纸样品的相关物理指标进行检测分析，结果如表 20-16 所示。

表 20-16　卷烟纸和成形纸涂布烟草粉体前后样品物理指标

样品编号	定量/g·m^{-2}	透气度/CU	透气度变异系数/%	D_{65}亮度/%
14	30.21	82	2.3	77.9
15	30.24	73	3.8	69.6
16	30.44	69	3.1	65.6
17	30.37	72	3.6	70.7
18	30.59	71	2.6	64.8
00	25.00	5900	3.8	87.0
22	25.50	5851	4.0	73.2
23	25.42	6012	6.7	67.5
24	26.33	5512	5.4	63.8
25	26.01	5777	4.3	59.7
26	26.23	5335	5.5	56.6

注：00 表示成形纸原纸。

涂布量对卷烟纸和成形纸定量的影响如图 20-12 所示，随着涂布量设计值的提高，涂布烟草粉体后卷烟纸的定量呈线性增加趋势，但不同设计涂布量之间的差异并不明显，可能是粉体配制浓度越高，黏度越大，涂布液转移到纸张中越慢，相同车速下转移量减少引起的。但直接可以观察到随着设计含量的增加，卷烟纸颜色加深，卷烟纸定量应该明显上升，而实际定量上升并不明显，可能是随着设计涂布量的增加，涂布液中烟草水可溶物的浓度增加，水可溶物相比粉体更容易转移到纸张中而使样品颜色加深。

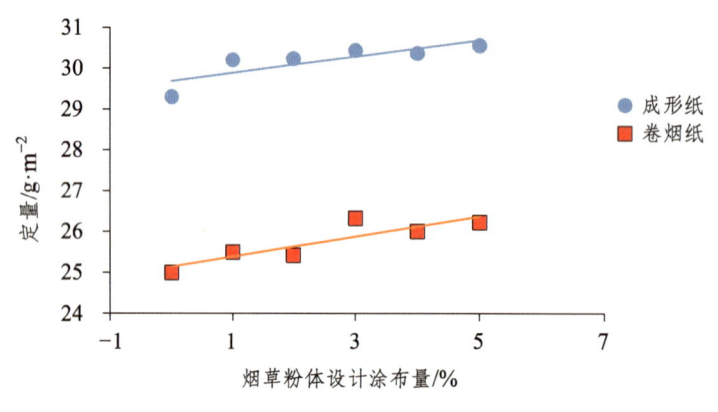

图 20-12 涂布量对卷烟纸和成形纸定量的影响

涂布量对卷烟纸和成形纸透气度及透气度变异系数的影响如图 20-13 和图 20-14 所示，随着烟草粉体设计涂布量的增加，卷烟纸和成形纸透气度均呈下降趋势，其原因是烟草粉体进入纸张空隙，进而降低了纸张透气度。因卷烟纸匀度明显优于成形纸，涂布烟草粉体后对卷烟纸透气度的变异系数影响较小，而成形纸透气度变异系数有增大趋势，与其自身结构和固有特性有关。

涂布量对卷烟纸和成形纸 D_{65} 亮度的影响如图 20-15 所示，随着烟草粉体设计含量从 0 增加到 5%，卷烟纸和成形纸的 D_{65} 均显著下降，成形纸 D_{65} 下降 34.9%，卷烟纸 D_{65} 下降 29.1%，下降程度不同是因为卷烟纸中碳酸钙，碳酸钙 D_{65} 亮度高，相对而言受烟草粉体颜色的影响小，下降程度低。

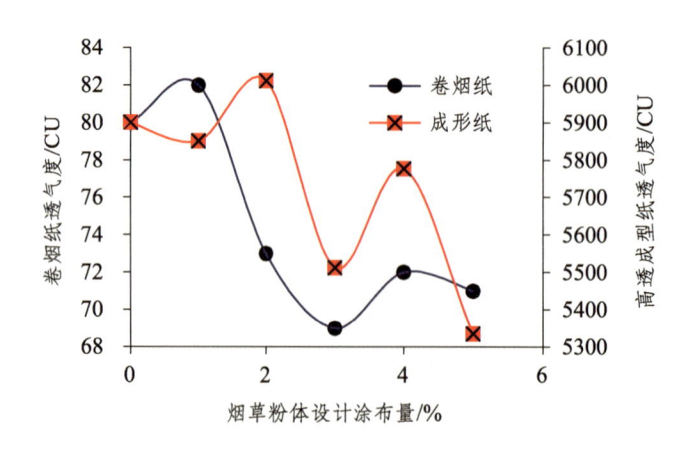

图 20-13 涂布量对卷烟纸和成形纸透气度的影响

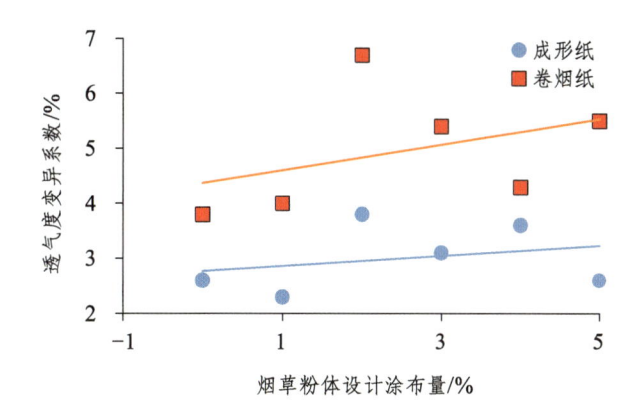

图 20-14 涂布量对卷烟纸和成形纸透气度变异系数的影响

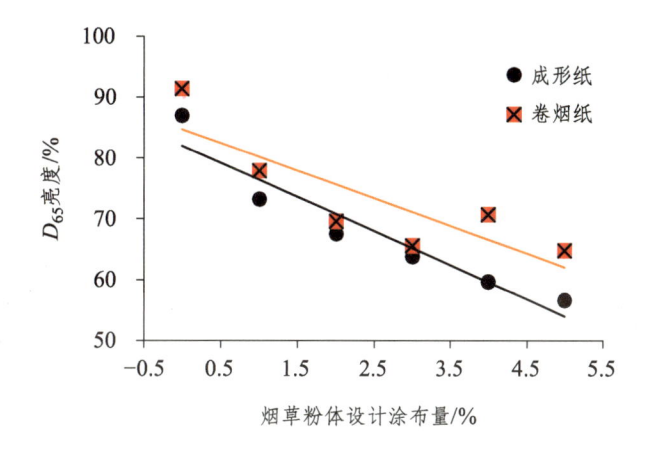

图 20-15 涂布量对卷烟纸和成形纸 D_{65} 亮度的影响

涂布量对卷烟纸和成形纸纵向抗张强度的影响如图 20-16 所示,由于涂布液中不含降低或增加纸张抗张强度的组分,且通过涂布工艺添加对纸张结构影响较小,故涂布量对卷烟纸和成形纸纵向抗张强度的影响较小。

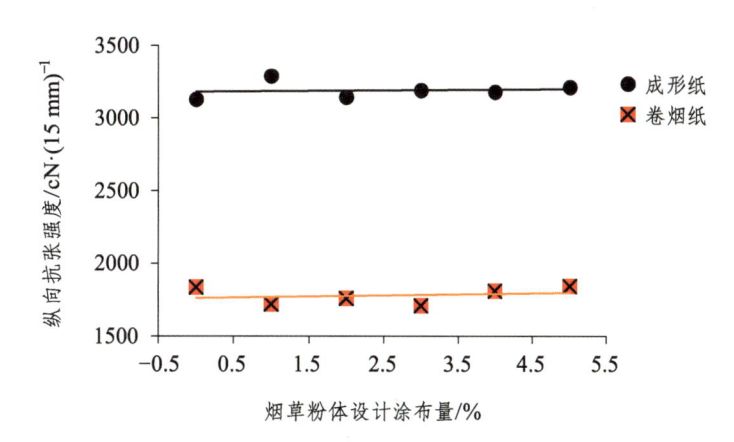

图 20-16 涂布量对卷烟纸和成形纸纵向抗张强度的影响

涂布后卷烟纸和成形纸 *Lab* 值的检测结果如表 20-17 所示。

表 20-17　卷烟纸和成形纸涂布烟草粉体前后样品 Lab 值

样品编号	L	a	b
14	89.68	−1.28	3.47
15	89.07	−1.92	7.90
16	88.02	−1.86	10.08
17	88.34	−1.38	9.37
18	88.19	−1.27	9.71
22	81.69	−0.18	3.65
23	81.36	−0.31	4.94
24	81.32	−0.38	5.79
25	81.08	−0.48	6.85
26	80.77	−0.51	7.88

涂布量对卷烟纸和成形纸 Lab 值的影响如图 20-17 所示，随着烟草粉体负载量的增加，卷烟纸和成形纸样品的 L 值均呈下降趋势，a 值亦呈下降趋势，b 值呈上升趋势，其中变化明显的是 b 值。

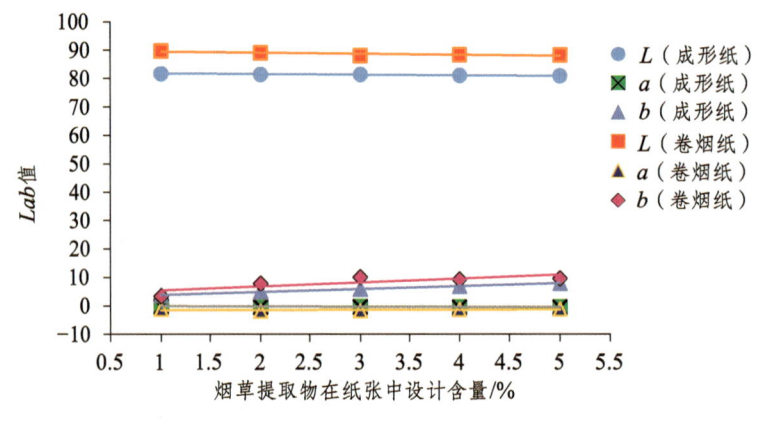

图 20-17　涂布量对卷烟纸和成形纸 Lab 值的影响

20.1.2.5　涂布量对卷烟纸化学指标的影响

涂布后卷烟纸化学指标的检测结果如表 20-18 所示。随着烟草粉体负载量的增加，卷烟纸 K^+ 含量、Na^+ 含量和柠檬酸根含量均无明显变化。

表 20-18　卷烟纸涂布烟草粉体前后样品化学指标

实验编号	K^+含量/%	Na^+含量/%	柠檬酸根含量/%
14	0.96	0.20	2.10
15	0.97	0.19	2.09
16	1.02	0.19	2.18
17	1.01	0.19	2.15
18	1.06	0.19	2.23

20.1.2.6 烟草粉体粒径对涂布卷烟纸物理指标的影响

烟草粉体设计涂布量为 3%,研究烟草粉体粒径对涂布后卷烟纸物理指标的影响,粒径分别为 500 目、1000 目和 1500 目的烟草粉体涂布卷烟纸的物理指标检测结果如表 20-19 所示,在相同涂布量设计值条件下,随着烟草粉体粒径的减小,卷烟纸的定量、透气度、纵向抗张强度和 D_{65} 亮度未呈现明显规律现象。

表 20-19 涂布不同粒径烟草粉体卷烟纸物理指标

样品编号	定量/g·m^{-2}	透气度/CU	纵向抗张强度/cN·(15 mm)$^{-1}$	D_{65} 亮度/%
1	30.38	68	1839	66.7
16	30.44	69	1710	65.6
21	30.07	73	1823	62.3

综上所述,采用不同加工助剂涂布烟草粉体后,卷烟纸的定量均有增加,透气度均有下降,卷烟纸 D_{65} 亮度下降,卷烟纸 K^+ 含量、Na^+ 含量和柠檬酸根含量均无明显变化。随着加工助剂浓度的提高,涂布后卷烟纸的定量和纵向抗张强度呈线性增加趋势,透气度和 D_{65} 亮度未呈现规律性变化。

随着涂布量设计值的提高,涂布烟草粉体后卷烟纸的定量呈线性增加趋势,卷烟纸和成形纸透气度均呈下降趋势,卷烟纸和成形纸的 D_{65} 均显著下降,卷烟纸和成形纸纵向抗张强度无显著变化,卷烟纸和成形纸的 L 值均呈下降趋势,a 值亦呈下降趋势,b 值呈上升趋势,其中 b 值变化明显,卷烟纸 K^+ 含量、Na^+ 含量和柠檬酸根含量均无明显变化。

烟草粉体粒径对涂布后卷烟纸的定量、透气度、纵向抗张强度和 D_{65} 亮度均无明显的影响。

20.2 再造烟叶接装纸加工工艺技术开发

造纸法再造烟叶是将卷烟企业制造整个过程中产生的烟梗、碎叶、碎末等通过提取、抄造、制浆、涂布、烘干等工序后生产成再造烟叶。近年来,再造烟叶生产企业在新技术、新工艺、新装备等方面不断创新,具备了再造烟叶卷烟材料化的工艺技术条件,因此,探索研究开发了再造烟叶接装纸加工工艺技术。

从再造烟叶接装纸基纸成型工艺技术、后加工工艺技术等方面开展研究,实现再造烟叶接装纸加工工艺技术开发,为再造烟叶接装纸产品开发提供基础保障。

20.2.1 接装纸基纸成型工艺技术研究

前期研究表明,采用在线再造烟叶加工工艺,再造烟叶基材的物理指标难以达到接装纸基纸技术要求,因此,为实现再造烟叶接装纸基纸的开发,基于再造烟叶生产工艺,通过系统研究超微粉体粒径、外纤种类及打浆工艺,原料配比对再造烟叶接装纸基纸性能的影响,开发了再造烟叶接装纸基纸超微粉体一体成型工艺技术。

20.2.1.1 原料配比、打浆工艺、外纤种类对基材性能的影响研究

见前面章节所列相同内容,在此不再赘述。

20.2.1.2 加工助剂对基材性能的影响研究

为探索加工助剂材料及使用比例对基材性能的影响，分别选取 TSP、阳离子淀粉、PT2000G、PT3000G、PT5000G、PT1328G 六种加工助剂，按不同添加量添加制备得到基材，对基材的物理指标进行检测分析。

加工助剂材料及使用比例对浆料留着率的影响如表 20-20 所示。由数据可看出，助剂的添加有助于浆料留着率的提升，除 TSP 与阳离子淀粉外，浆料留着率随助留剂添加量的增加而增加。在 0.25%助剂添加量条件下，PT1328G 留着率提升最大，明显优于其他助剂。在 0.5%助剂添加量条件下，PT5000G 所获得的留着率提升幅度最大，达到 17.32%。

表 20-20 浆料留着率检测结果

助剂类型	添加量 0.25%	留着提升率/%	添加量 0.50%	留着提升率/%
对照	51.13%	—	51.13%	—
TSP	55.14%	4.01	54.70%	3.57
阳离子淀粉	57.37%	6.24	57.03%	5.90
PT2000G	55.34%	4.21	56.60%	5.47
PT3000G	56.45%	5.32	64.64%	13.51
PT5000G	57.39%	6.26	68.45%	17.32
PT1328G	59.33%	8.20	61.83%	10.70

加工助剂材料及使用比例对基材性能的影响如表 20-21、图 20-18 所示。

表 20-21 基材物理指标检测结果

样品信息	厚度/mm	透气度/CU	含水定量/$g \cdot m^{-2}$	抗张强度/$N \cdot m^{-1}$	拉伸率/%	松厚度/$g \cdot m^{-3}$
对照	0.079	284.5	28.18	836.99	1.78	2.82
0.25%TSP	0.084	281.0	30.44	959.02	1.73	2.76
0.5%TSP	0.085	271.5	29.96	962.35	2.32	2.83
0.25%阳离子淀粉	0.083	200.3	29.80	917.43	1.84	2.78
0.5%阳离子淀粉	0.084	182.5	29.70	934.97	1.97	2.82
0.25% PT2000G	0.071	283.28	29.90	959.69	1.93	2.36
0.50% PT2000G	0.069	211.55	29.74	967.04	1.85	2.32
0.25% PT3000G	0.067	206.48	28.74	977.86	1.88	2.34
0.50% PT3000G	0.069	221.87	30.14	1002.72	1.82	2.30
0.25% PT5000G	0.060	194.63	29.42	998.20	1.95	2.38
0.50% PT5000G	0.059	151.56	28.26	1053.92	2.20	2.42
0.25% PT1328G	0.061	267.78	29.58	980.24	1.90	2.38
0.50% PT1328G	0.062	163.61	30.25	994.12	2.05	2.38

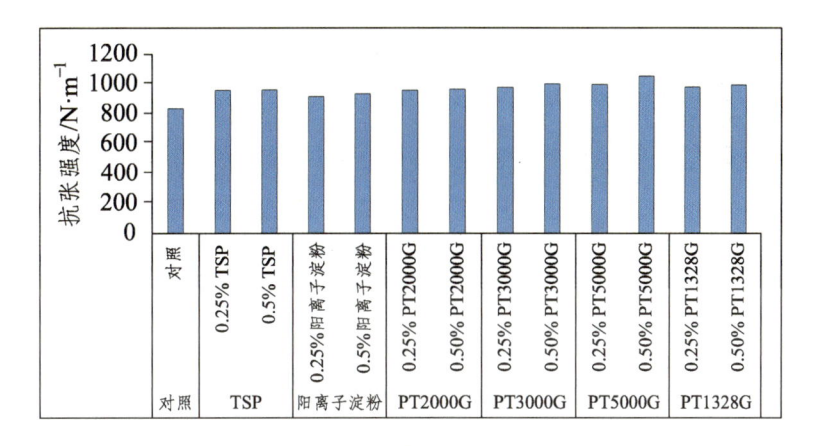

（a）不同助剂及添加量片基抗张强度对比

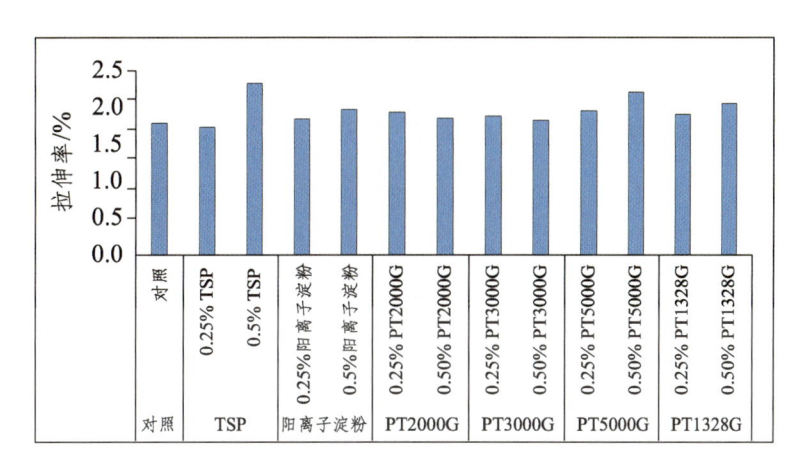

（b）不同助剂及添加量片基拉伸率对比

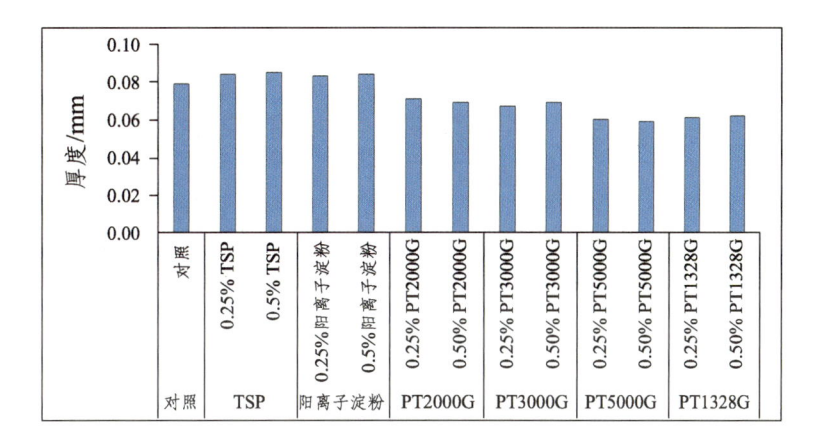

（c）不同助剂及添加量片基厚度对比

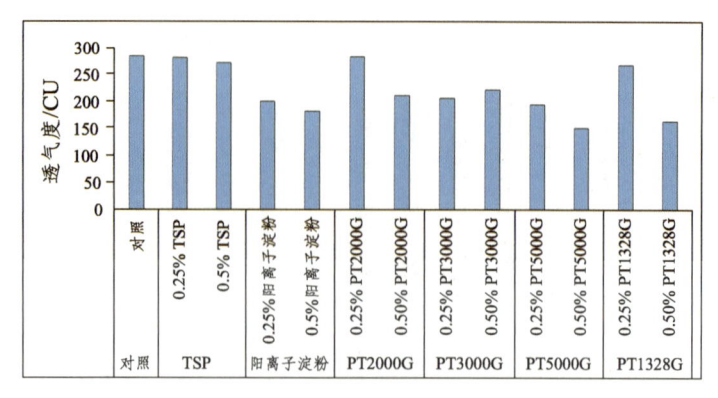

（d）不同助剂及添加量片基透气度对比

图 20-18 加工助剂材料及使用比例对基材性能的影响

由表中数据可看出，助剂的添加没有对片基厚度及透气度产生明显的趋势性变化。PT5000G 添加量为 0.5%时，片基抗张强度达到最大，拉伸率仅次于添加量为 0.5%的 TSP，抗张强度提升 26%。

20.2.2　接装纸基纸加工工艺技术集成

综合集成上述再造烟叶接装纸基纸成型工艺技术开发，初步制定了再造烟叶接装纸基纸加工工艺。再造烟叶接装纸基纸加工工艺流程如图 20-19 所示。

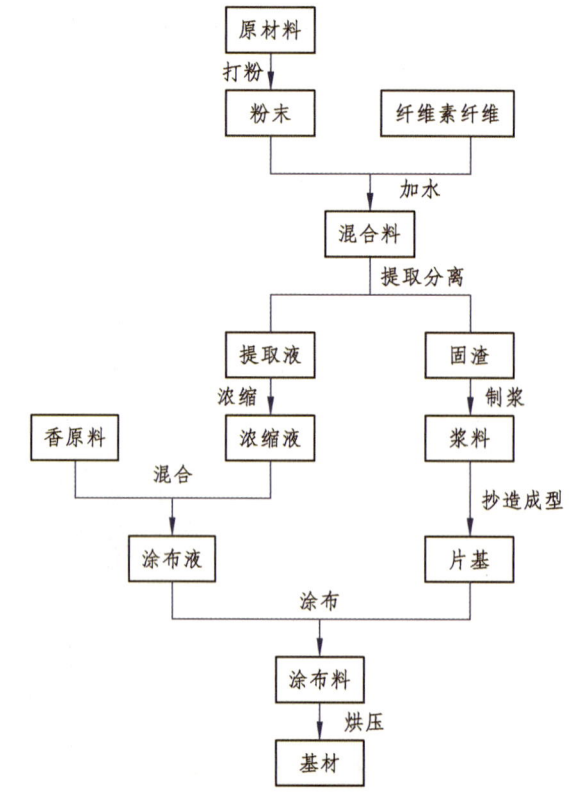

图 20-19　再造烟叶接装纸基纸加工工艺流程

相关工艺参数设计如表 20-22 所示。

表 20-22 相关工艺参数

名称	单位	工艺参数	允差
车速	m/min	145	—
涂布液温度	°C	50	±2
打浆度	°SR	70	—
浓缩液折光度	%	38	—
片基浸涂前水分	%	20	±2

原料及涂布液配方如表 20-23 和表 20-24 所示。

表 20-23 原料配比明细

物料名称	内掺计算
梗粉 500 目粉	70%
软木浆	30%

表 20-24 涂布液配方

物料名称	配方比例/%
浓缩液绝干	30
甘油	5
添加料香	0.3

由于再造烟叶接装纸基纸的原料、生产工艺及工艺装备控制精度与传统接装纸基纸均有很大的区别，因此参考传统接装纸基纸的技术标准，并考虑再造烟叶接装纸基纸的特殊性，初步制定了再造烟叶接装纸基纸的设计要求，如表 20-25 所示。

表 20-25 再造烟叶接装纸基纸设计要求

指标名称	单位	技术指标
定量	g/m²	40.0±2.0
全幅定量差	g/m²	≤4
厚度	mm	0.06±0.01
纵向抗张强度	kN/m	≥1.0
纵向伸长率	%	≥1.0
涂布率	%	30.0±2.0
水分	%	10±1.5

按照以上加工工艺，完成了再造烟叶接装纸基纸的中试生产加工，对再造烟叶接装纸基纸取样后进行物理指标检测，结果如表 20-26 所示，与再造烟叶接装纸基纸技术指标对标后分析，产品质量符合设计要求。

表 20-26　再造烟叶接装纸基纸物理指标检测结果

指标名称	单位	产品标准	检测结果
定量	g/m²	40.0±2.0	39.5
全幅定量差	g/m²	≤4	3.7
厚度	mm	0.06±0.01	0.06
纵向抗张强度	kN/m	≥1.0	1.1
纵向伸长率	%	≥1.0	1.5
涂布率	%	30.0±2.0	29.5
水分	%	10±1.5	10.7

20.2.3　再造烟叶接装纸基纸后加工工艺验证

目前接装纸的加工主要分为印刷、烫金、分切、打孔和包装，其中最重要的加工工序是印刷和烫金，印刷和烫金均是为了获得较好的外观效果。印刷通常是采用印刷机把油墨负载在接装纸基纸上获得特定的图案。烫金是一种特种印刷工艺，在一定的温度和压力下，通过烫金版将电化铝烫印到承印物表面的工艺过程。

再造烟叶接装纸基纸经过烟草提取物涂布后已具备传统接装纸印刷后的外观效果，因此再造烟叶接装纸基纸后加工工艺主要聚焦于烫金工艺验证。

参考传统接装纸加工工艺，为验证再造烟叶接装纸基纸烫金工艺可行性，先在再造烟叶接装纸基纸上印刷光油后再进行烫金。再造烟叶接装纸基纸印刷光油现场如图 20-20 所示。

图 20-20　再造烟叶接装纸基纸光油印刷现场

将印刷光油后的再造烟叶接装纸基纸采用常规烫金工艺进行烫金处理，如图 20-21 所示。

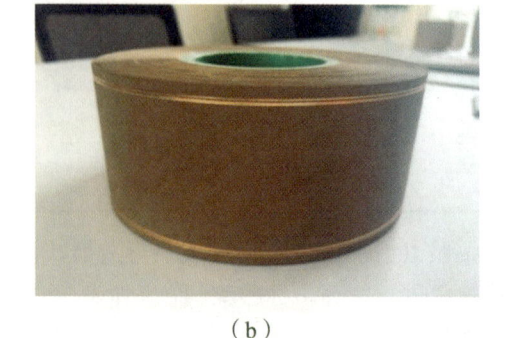

（a）　　　　　　　　　　　　　　（b）

图 20-21　再造烟叶接装纸基纸在线烫金处理及烫金效果图

采用印刷光油后的再造烟叶接装纸基纸在烫金处理过程中，对烫金工艺无明显影响，且烫金条色泽亮丽，流平好，分切尺寸准确一致，如图20-21所示。因此，再造烟叶基纸对接装纸加工工艺无明显影响，再造烟叶可作为接装纸基纸用于新型接装纸产品的开发。

参考文献

[1] 王建新，贾伟萍，毛耀，等．一种全烟草薄片卷制的烟支：CN202566262U[P]. 2012-12-05.

[2] 黄宪忠，张优茂，黄海群，等．烟草提取物在成形纸上的应用及其评价[J]. 中华纸业，2012，33（22）：45-48.

[3] 单婧，李基成，谢定海，等．烟草纤维在接装纸上的应用研究[J]. 中华纸业，2013，34(08)：18-21.

[4] 毛耀，王凤兰，程占刚，等．一种烟草薄片卷烟纸的生产方法：CN102277780B[P]. 2013-05-22.

[5] 罗瑞雪．一种烟草薄片型卷烟纸的制备方法：CN103061197A[P]. 2013-04-24.

[6] 毛耀，胡念武，孙德平，等．一种采用美拉德反应为烟草薄片卷烟纸着色的方法：CN102972857A[P]. 2013-03-20.

[7] 米兰，邱晔，代毕龙．一种纯造纸法再造烟叶的卷烟：CN105146723B[P]. 2017-08-25.

[8] 字建祥，刘明，张永鑫，等．一种适用于雪茄烟的高透气度薄片型卷烟纸及其制备方法：CN106283884A[P]. 2017-01-04.

[9] 潘曦，岳海波，魏敏，等．一种烟草薄片卷烟纸的制备方法：CN105019294B[P]. 2017-03-08.

[10] 刘晶，刘王，王保兴，等．一种全薄片卷烟：CN209219243U[P]. 2019-08-09.

[11] 吴雨松，王涛，张强，等．一种双面涂布天然植物提取物的成形纸及其制备方法：CN107447574B[P]. 2020-07-31.

[12] 王涛，吴雨松，张强，等．一种功能性植物颗粒烟用涂层成形纸及其制备方法：CN107663808B[P]. 2020-07-31.

[13] 魏明文，刘晶，殷沛沛，等．一种含烟草元素的卷烟纸及含烟草元素的卷烟纸的制备方法：CN112779819A[P]. 2021-05-11.

[14] 李潇逸，冯涛，张文军，等．含烟草元素的卷烟接装纸原纸及其制备方法和制成的烟支：CN112602962A[P]. 2021-04-06.

[15] 周春平，刘孙宏，张浩博，等．含烟草薄片卷烟纸组合物、卷烟纸和卷烟及其制备和应用：CN114059387A[P]. 2022-02-18.

21 重组烟草滤棒基材开发

针对目前烟梗利用技术及产品形式单一，在卷烟辅料及包装材料拓展应用中存在技术瓶颈等问题，本章通过开展烟梗及再造烟叶在再造烟叶滤棒中的技术创新及应用研究，充分挖掘烟梗及再造烟叶的品质和潜在经济价值，突破传统再造烟叶和烟梗多元化应用的技术瓶颈，实现具有"烟草元素"和特殊功能的烟用材料的开发与应用，为行业提供一种多元化的再造烟叶或烟梗拓展产品，可提升烟梗和再造烟叶的经济价值，丰富烟梗及再造烟叶产品形式，拓宽烟梗及再造烟叶的使用范围，同时对烟草行业仓储压力的缓解、卷烟企业的控本增效、卷烟品牌综合创新能力和影响力的提升都将产生积极的作用。

再造烟叶滤棒本质上是一种特殊的纸质滤棒，因此，再造烟叶滤棒技术开发可参考纸质滤棒的技术要求，对纸质滤棒原纸进行了收集和检测分析，并与目前在线生产的再造烟叶产品进行对比分析，结果如表 21-1 所示。

表 21-1 再造烟叶及纸质滤棒基纸物理指标对比分析

	定量/g·m^{-2}	宽度/cm	厚度/mm	抗张强度/kN·m^{-1}	伸长率/%
纸质滤棒基纸	35~42	19~25	0.09~0.15	≥1	≥3
再造烟叶	95~125	—	0.15~0.21	≤1	≤2

通过对再造烟叶及纸质滤棒基纸物理指标对比分析，在线生产的再造烟叶的物理指标与纸质滤棒基纸有明显差异，主要表现为再造烟叶的定量和厚度显著高于纸质滤棒基纸，抗张强度和伸长率显著低于纸质滤棒基纸，在上述指标中，抗张强度和伸长率影响基材的滤棒成型加工能力，而定量、宽度和厚度影响滤棒的物理指标（如吸阻等）和成棒质量。

综上，目前在线再造烟叶产品的物理指标难以达到纸质滤棒基纸的技术要求，因此，再造烟叶滤棒技术的开发应紧紧围绕物理指标的改善，对在线再造烟叶生产工艺进行优化和改造（如增加收卷设备等），实现再造烟叶滤棒的成型加工，成棒质量符合相关标准的规定。

21.1 再造烟叶滤棒基材制备工艺技术研究

基于再造烟叶滤棒产品技术开发的目标定位，从再造烟叶滤棒基材成型工艺技术、基材表面处理工艺技术及基材料香增补技术方面开展研究，实现再造烟叶滤棒基材制备工艺技术开发，为再造烟叶滤棒产品技术开发提供基础保障。

21.1.1 滤棒基材成型工艺技术研究

前期研究表明，采用在线再造烟叶加工工艺，再造烟叶基材的物理指标难以达到滤棒成型加工技术要求，因此，为实现再造烟叶滤棒基材的开发，基于再造烟叶生产工艺，通过系统研究超微粉体粒径、外纤种类及打浆工艺，原料配比对再造烟叶滤棒基材性能的影响，开发了再造烟叶滤棒基材超微粉体一体成型工艺技术。

21.1.1.1 原料配比对基材性能的影响研究

为探索超微粉体粒径及木浆比例对基材性能的影响，设计实验如下：

取玉溪短梗（2016年）原料1500 g，采用FW-200型高速万能粉碎机进行破碎，分别筛选300目、500目、700目的粉体备用，并检测超微粉体的粒径。

烟梗超微粉体按固液比1∶7进行一次提取，过滤后滤渣按1∶6进行二次提取，过滤，合并滤液。提取液浓缩至相对密度为1.200。使用Jan-25打浆机对木浆进行制浆，打浆度设定为50 °SR。依据浓缩液固形物含量检测结果进行涂布，涂布率设计为29%。木浆及粉体配比如表21-2所示。

表21-2 木浆及粉体配比表

序号	粉体目数	粉体对应中位粒径/μm	粉体比例/%	木浆比例/%
1#			80	20
2#	300	51.00	70	30
3#			60	40
4#			80	20
5#	500	28.74	70	30
6#			60	40
7#			80	20
8#	700	20.88	70	30
9#			60	40

粉体粒径及原料配比对浆料留着率的影响如表21-3所示。在相同木浆和粉体比例条件下，浆料留着率随粉体目数增大而增大，随着粉体目数的提升，粉体与木浆纤维之间的结合增多，留着率提升。

表21-3 浆料留着率检测结果　　　　　　　　　　　　单位：%

粉体目数	木浆、粉体比例		
	20∶80	30∶70	40∶60
300	49.54	58.71	63.62
500	69.40	64.67	70.41
700	74.49	65.85	70.55

在同一粉体目数条件下，在粉体为300目时，随木浆比例增大浆料留着率呈现上升趋势，

当粉体为 500 目、700 目时，浆料留着率变化趋势不明显。当粉体目数为 300 目，粉体颗粒较大，与木浆纤维的结合较差，造成抄造成型过程中粉体流失，而粉体目数超过 500 目以后，粉体与木浆纤维的结合增加，留着率提升，木浆的使用比例及粉体的目数之间存在着结合的平衡。

粉体粒径及原料配比对片基抗张强度及拉伸率的影响如表 21-4、图 21-1 所示。由表中数据可看出，采用三种配比得到的片基，纵向抗张强度均能达到 1000N/m 以上，随片基中木浆比例的增大，片基横纵向抗张强度及拉伸率都呈现上升趋势，在添加粉体目数不同条件下，均呈现出相同的趋势。而在同一比例条件下，所使用粉体目数的不同，对抗张强度的影响未呈现趋势性变化。

表 21-4 片基抗张强度及拉伸率检测结果

粉体目数		木浆、粉体比例					
		20∶80		30∶70		40∶60	
		横向	纵向	横向	纵向	横向	纵向
300 目	抗张强度/N·m^{-1}	355.50	1118.30	398.85	1170.65	690.37	1246.96
	拉伸率/%	1.42	1.74	1.36	1.92	1.91	2.14
500 目	抗张强度/N·m^{-1}	338.83	1113.69	514.30	1431.95	541.35	1430.65
	拉伸率/%	1.27	1.78	1.54	2.14	1.71	2.15
700 目	抗张强度/N·m^{-1}	349.15	1092.81	476.21	1306.91	618.50	1493.86
	拉伸率/%	1.33	1.76	1.70	1.78	1.71	2.11

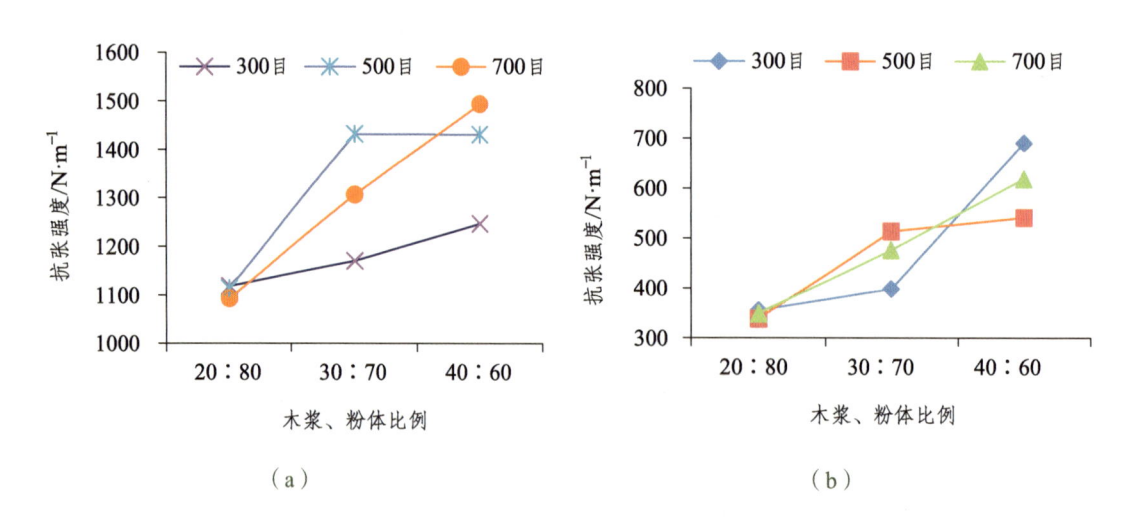

图 21-1 片基纵向（a）和横向（b）抗张强度检测结果

粉体粒径及原料配比对成品抗张强度及拉伸率的影响如表 21-5、图 21-2 所示。对比片基及成品抗张强度数据，可明显看出，涂布后成品抗张强度在片基基础上有所下降，但成品拉伸率明显高于片基。与片基相似，随木浆比例的增大，成品横纵向抗张强度均呈现上升趋势，拉伸率没有明显的趋势性变化。与片基不同，在三个比例条件下，随着粉体目数的增大，成品纵向抗张强度呈现上升趋势，纵向拉伸率略有下降趋势；在 20∶80 比例条件下，横向抗张强度呈现上升趋势，而 30：70 和 40：60 比例条件下，横向抗张强度呈下降趋势。

表 21-5 成品抗张强度检测结果

粉体目数		木浆、粉体比例					
		20：80		30：70		40：60	
		横向	纵向	横向	纵向	横向	纵向
300 目	抗张强度/N·m^{-1}	199.67	979.52	468.05	1015.54	573.59	1184.02
	拉伸率/%	2.64	2.35	3.09	2.17	3.16	2.44
500 目	抗张强度/N·m^{-1}	209.15	1013.41	427.80	1164.52	488.74	1268.36
	拉伸率/%	2.09	2.37	3.63	2.25	3.24	2.38
700 目	抗张强度/N·m^{-1}	288.28	1019.69	370.98	1178.07	486.63	1229.93
	拉伸率/%	2.23	1.97	2.96	1.91	3.13	2.13

（a）

（b）

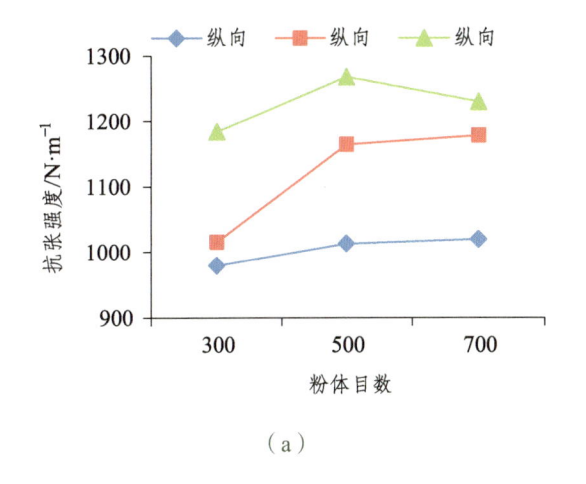

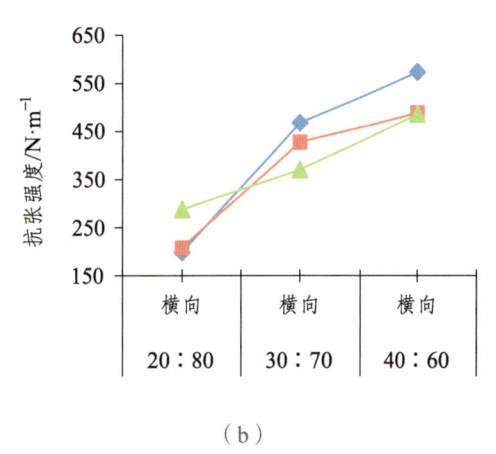

图 21-2 成品纵向和横向抗张强度检测结果

粉体粒径及原料配比对片基及成品透气度的影响如表 21-6、图 21-3 所示。通过对片基及成品透气度的检测，片基及成品反映出同样的变化趋势，在同粉体目数条件下，随木浆占比的增加，透气度呈下降趋势；在同比例条件下，随粉体目数的增大，透气度呈下降趋势。

表 21-6 透气度检测结果　　　　　　　　　　　　　　　　　　　　单位：CU

粉体目数	木浆、粉体比例					
	片基			成品		
	20：80	30：70	40：60	20：80	30：70	40：60
300 目	174.9	75.6	62.2	206.68	72.52	60.34
500 目	127.8	35.8	41.6	264.76	64.48	61.61
700 目	127.6	62.1	30.1	171.14	50.21	38.93

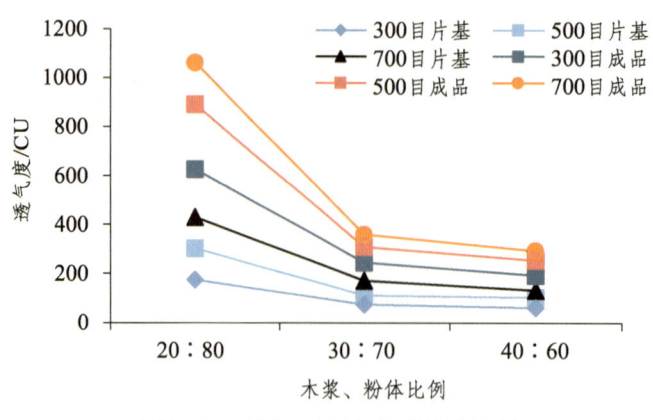

图 21-3　片基及成品透气度检测结果

粉体粒径及原料配比对片基及成品厚度的影响如表 21-7 所示。随木浆比例的增大和粉体目数的增大，片基和成品厚度均呈现下降趋势，且片基和成品变化趋势较一致，木浆比例增大片基结构更紧实，故片基厚度下降，而随粉体目数的增大，粉体粒径变小，更容易附着于纤维间而使得片基结构紧密。成品厚度明显高于片基厚度。

表 21-7　片基及成品厚度检测结果　　　　　　　　　　　　　单位：mm

粉体目数	木浆、粉体比例					
	片基			成品		
	20∶80	30∶70	40∶60	20∶80	30∶70	40∶60
300 目	0.082	0.069	0.065	0.091	0.083	0.081
500 目	0.068	0.069	0.055	0.081	0.081	0.071
700 目	0.063	0.057	0.057	0.082	0.074	0.069

粉体粒径及原料配比对片基及成品松厚度的影响如表 21-8 所示。随木浆比例的增大和粉体目数的增大，片基和成品松厚度均呈现下降趋势，且片基和成品变化趋势较一致，木浆比例增大片基结构更紧实，故片基松厚度下降，而随粉体目数的增大，粉体粒径变小，更容易附着于纤维间而使得片基结构紧密。成品松厚度明显低于片基松厚度。

表 21-8　松厚度检测结果　　　　　　　　　　　　　　　单位：g/cm³

粉体目数	木浆、粉体比例					
	片基			成品		
	20∶80	30∶70	40∶60	20∶80	30∶70	40∶60
300 目	2.84	2.41	2.29	2.54	2.36	2.22
500 目	2.30	2.39	2.10	2.25	1.99	1.92
700 目	2.05	2.03	2.07	2.00	1.98	1.94

综上所述，后续试验中将优先采用 30∶70 的外纤与粉体的比例，粉体目数优先采用 500 目。

21.1.1.2　打浆工艺对基材性能的影响研究

从制浆工艺着手，探索不同打浆度工艺条件下梗粉及木浆纤维的特性，探索打浆工艺对

21 重组烟草滤棒基材开发

片基物理性能(松厚度、抗张强度、透气度)的影响,设计实验如下:

木浆先采用 KRK 磨进行粗磨制浆,再用 PFI 磨进行精磨制浆,打浆度分别控制为 30 °SR、50 °SR。采用 ZJ-100 打浆度测定仪进行打浆度的测定,采用 WORFI compact 纤维分析仪对不同打浆度木浆样品的纤维的镜像、长度分布、宽度分布、纤维卷曲度分布等纤维指标进行检测。

采用 500 目烟梗超微粉,按表 21-9 的配比采用 FDA 动态纸页成型器抄造片基,片基的定量控制在 30 g/m² 左右。

表 21-9 试验设计表

序号	试验设计				备注
1	100%木浆	10%梗粉+90%木浆	30%梗粉+70%木浆	50%梗粉+50%木浆	70%梗粉+30%木浆	打浆度均为 30 °SR
2	100%木浆	10%梗粉+90%木浆	30%梗粉+70%木浆	50%梗粉+50%木浆	70%梗粉+30%木浆	打浆度均为 50 °SR

不同打浆度条件下木浆纤维的显微镜像如图 21-4 所示,纤维分布如图 21-5 至图 21-7 所示。30 °SR 打浆度条件下,1.5 mm 以上中长纤维的占比达到 62.8%,随着打浆度的提升,浆料纤维的长度逐渐降低,当打浆度提升至 50 °SR 时,1.5 mm 以上中长纤维的占比降低至 43.1%。打浆度的提升度对木浆纤维宽度的各区间分布及木浆纤维卷曲度的各区间分布没有明显的影响。

(a) 30 °SR 打浆度 (b) 50 °SR 打浆度

图 21-4 不同打浆度条件下的木浆纤维形态分析

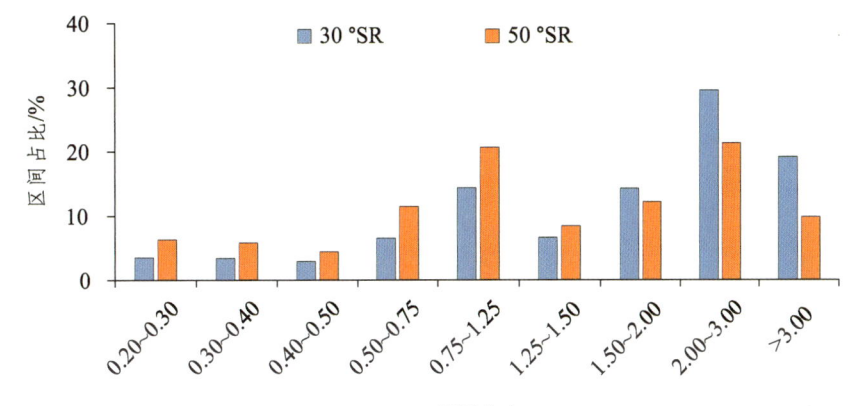

图 21-5 打浆度与木浆纤维长度分布的对应关系

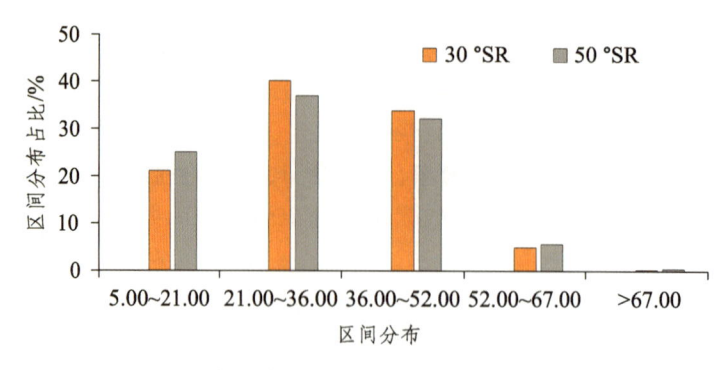

图 21-6 打浆度与木浆纤维宽度分布的对应关系

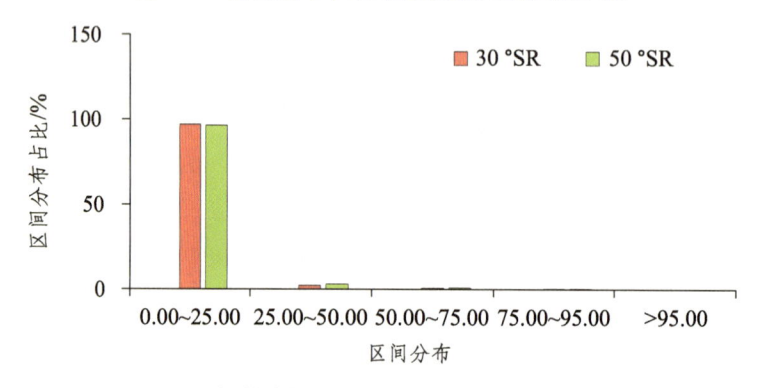

图 21-7 打浆度与木浆纤维卷曲度分布的对应关系

不同打浆度条件下片基的抗张强度、松厚度、透气度检测结果如表 21-10 所示。分别对不同打浆度条件下浆料纤维的配比与片基松厚度、抗张强度及透气度作图，分别得到图 21-8 至图 21-10。

表 21-10 不同打浆度对片基物理性能的影响

序号	打浆度/°SR	样品名称	松厚度/g·cm^{-3}	透气度/CU	抗张强度/kN·m^{-1}
1		100% 木浆	0.6873	8.66	1.42
2		10%梗粉+90%木浆	0.5637	8.11	1.24
3	30	30%梗粉+70%木浆	0.4401	11.17	1.2
4		50%梗粉+50%木浆	0.3909	25.60	1.05
5		70%梗粉+30%木浆	0.3336	132.72	0.93
6		100%木浆	0.7588	6.78	1.52
7		10%梗粉+90%木浆	0.6446	6.80	1.58
8	50	30%梗粉+70%木浆	0.5265	4.73	1.34
9		50%梗粉+50%木浆	0.4375	8.68	1.14
10		70%梗粉+30%木浆	0.3861	22.81	0.91

由图 21-8 可以看出，在打浆度为 30 °SR 的条件下，随着梗粉比例的提升，片基的松厚度逐渐下降，片基的松厚度与梗粉使用比例呈负相关的线性关系，可由 $y = -0.088x+0.7472$ 表示，

线性相关系数 $R^2 = 0.9577$；在打浆度为 50 °SR 的条件下，随着梗粉比例的提升，片基的松厚度逐渐下降，片基的松厚度与梗粉使用比例呈负相关的线性关系，可由 $y = -0.0952x + 0.8365$ 表示，线性相关系数 $R^2 = 0.9796$。在相同浆料配比的条件下，30 °SR 打浆度条件下片基的松厚度均低于 50 °SR 打浆度条件下片基的松厚度。

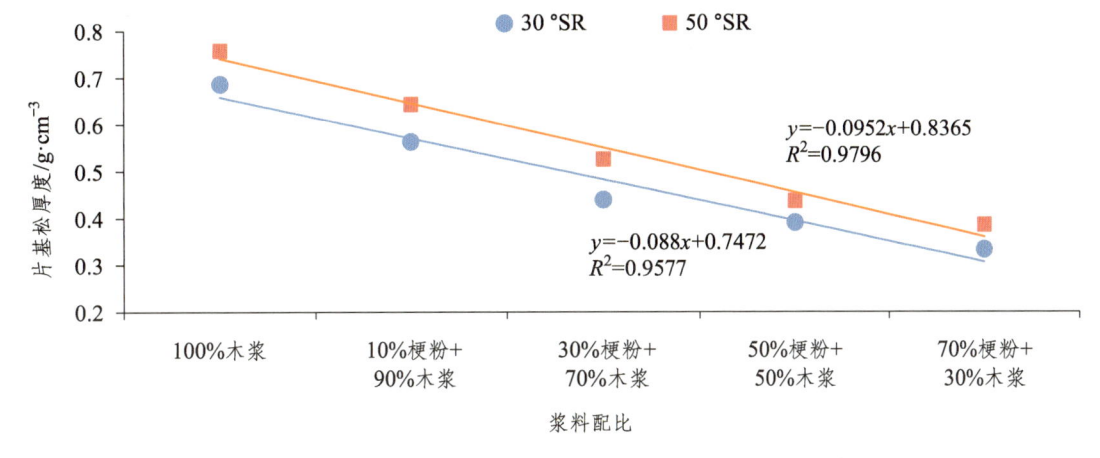

图 21-8　不同打浆度条件下浆料配比对片基松厚度的影响

由图 21-9 可以看出，在打浆度为 30 °SR 及 50 °SR 的条件下，随着梗粉比例的提升，片基的透气度逐渐升高，片基的透气度与梗粉使用比例无明显的线性关系，30 °SR 打浆度条件下片基的透气度均高于 50 °SR 打浆度条件下片基的透气度。

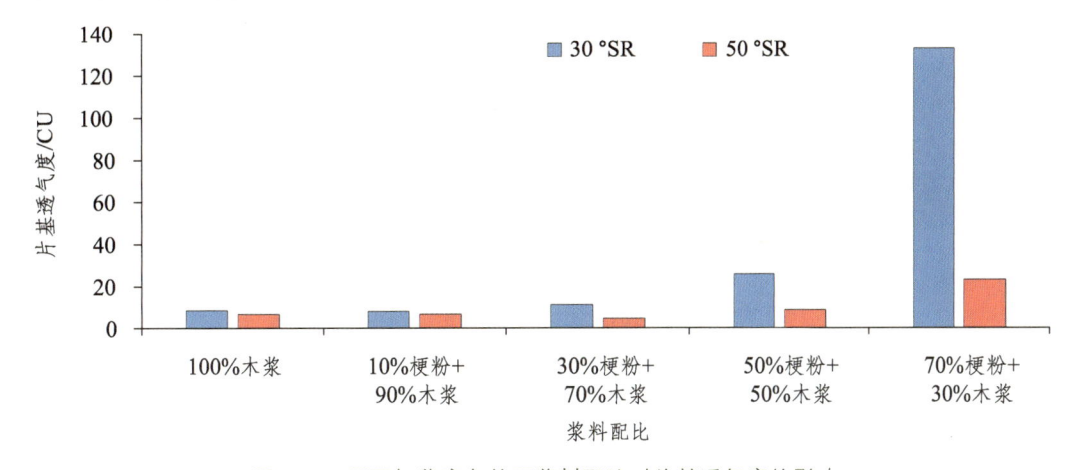

图 21-9　不同打浆度条件下浆料配比对片基透气度的影响

由图 21-10 可以看出，在打浆度为 30 °SR 的条件下，随着梗粉比例的提升，片基的抗张强度逐渐下降，片基的抗张强度与梗粉使用比例呈负相关的线性关系，可由 $y = -0.117x + 1.519$ 表示，线性相关系数 $R^2 = 0.9758$；在打浆度为 50 °SR 的条件下，随着梗粉比例的提升，片基的抗张强度逐渐下降，片基的松厚度与梗粉使用比例呈负相关的线性关系，可由 $y = -0.172x + 1.814$ 表示，线性相关系数 $R^2 = 0.9665$。在相同浆料配比的条件下，30 °SR 打浆度条件下片基的抗张强度均低于 50 °SR 打浆度条件下片基的抗张强度。

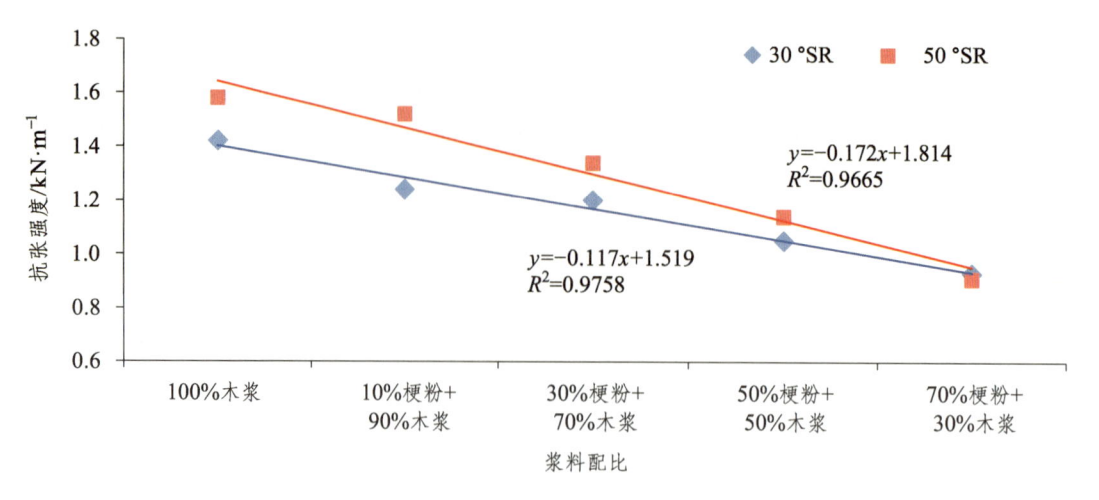

图 21-10　不同打浆度条件下浆料配比对片基抗张强度的影响

综上所述，通过制浆工艺过程打浆度及浆料配比对片基物理性能的影响研究，30 °SR 样品的松厚度、抗张强度和透气度均低于 50 °SR 的样品，在后续的试验中优选 50 °SR。

21.1.1.3　外纤种类对基材性能的影响研究

为探索外加纤维材料及使用比例对基材性能的影响，设计硬木浆及软木浆的配比实验如表 21-11 所示。

表 21-11　试验设计表

	SY0	SY1	SY2	SY3	SY4
软木浆添加量（内掺）	40%	36%	32%	28%	24%
硬木浆添加量（内掺）	0%	4%	8%	12%	16%

不同硬木浆及软木浆配比对片基（定量为 50 g/m²）物理指标的影响如表 21-12、图 21-11 至图 21-14 所示。

表 21-12　不同木浆配比片基物理指标检测结果

样品名称	厚度/mm	定量/g·m⁻²	松厚度/g·cm⁻³	抗张强度/N·m⁻¹ 横向	抗张强度/N·m⁻¹ 纵向	拉伸率/% 横向	拉伸率/% 纵向	透气度/μm·Pa⁻¹·s⁻¹
SY0-50	0.117	55.9	4.796	1283	1700	2.121	3.032	2.83
SY1-50	0.139	64.4	4.635	1259	1503	2.264	2.698	4.35
SY2-50	0.138	59.7	4.310	1207	1387	2.204	2.543	6.54
SY3-50	0.135	58.9	4.372	1148	1340	1.873	2.396	13.53
SY4-50	0.136	55.3	4.076	1067	1267	1.839	2.259	42.62

注：片基定量为 50 g/m²。

从图 21-11 可以看出，50 g/cm² 片基定量条件下，随着硬木浆使用比例的逐渐上升，软木浆使用比例的逐渐下降，片基的松厚度逐渐降低，硬木浆的使用比例与片基松厚度呈现负相关的线性关系，可用公式 $y = -0.1703x+4.9487$ 来表示，线性相关系数 $R^2=0.9099$。

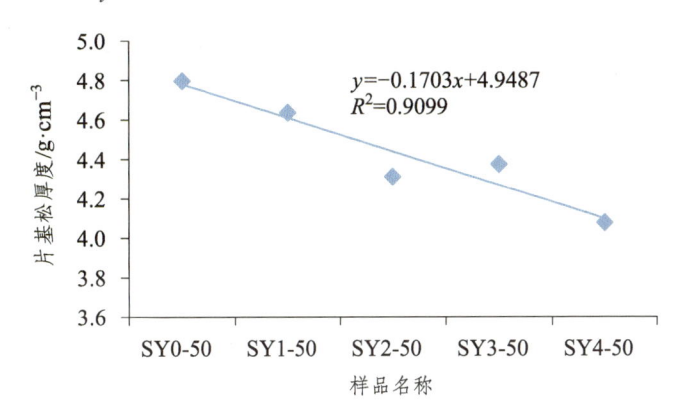

图 21-11　硬木浆使用比例对片基松厚度的影响

从图 21-12 可以看出，50 g/m² 片基定量条件下，随着硬木浆使用比例的逐渐上升，软木浆使用比例的逐渐下降，片基的横向及纵向的抗张强度逐渐降低，硬木浆的使用比例与片基横向和纵向的抗张强度呈现负相关的线性关系，可分别用公式 $y = -54.3x+1355.7$ 及 $y = -102.9x+1748.1$ 来表示，其线性相关系数分别为 $R^2= 0.9650$ 及 0.9263。

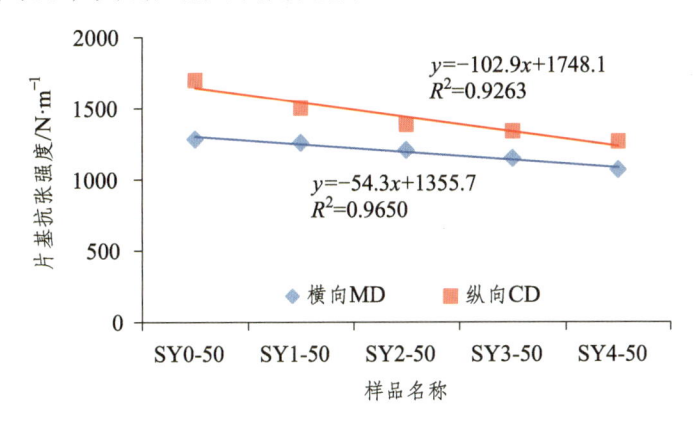

图 21-12　硬木浆使用比例对片基抗张强度的影响

从图 21-13 可以看出，50 g/m² 片基定量条件下，随着硬木浆使用比例的逐渐上升，软木浆使用比例的逐渐下降，片基的横向及纵向拉伸率逐渐降低，硬木浆的使用比例与片基横向和纵向的拉伸率的相关关系，可分别用公式 $y=0.0417x^3-0.4196x^2+1.1557x+1.3342$ 及 $y=-0.1848x+ 3.14$ 来表示，其线性相关系数 R^2 分别为 0.9614 及 0.9584。

从图 21-14 可以看出，50 g/m² 片基定量条件下，随着硬木浆使用比例的逐渐上升，软木浆使用比例的逐渐下降，片基的透气度升高，硬木浆的使用比例与片基透气度的相关关系，可用公式 $y =4.2814x^2-16.813x+17.316$ 来表示，线性相关系数 $R^2=0.9557$。

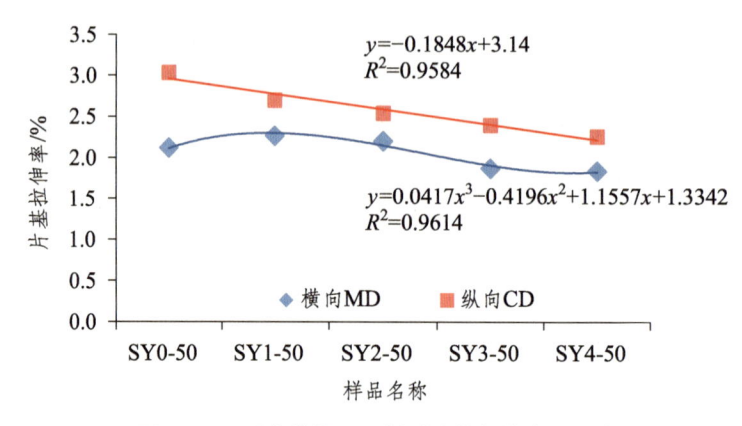

图 21-13　硬木浆使用比例对片基拉伸率的影响

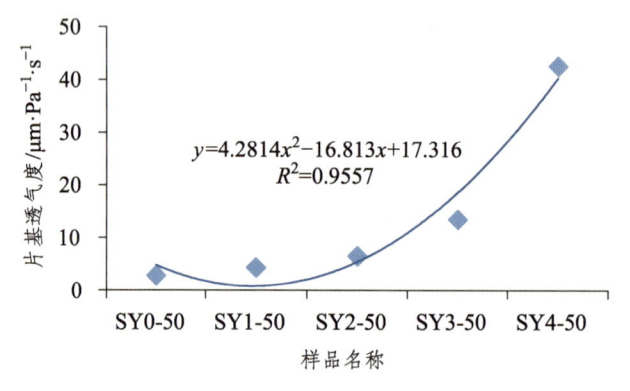

图 21-14　硬木浆使用比例对片基透气度的影响

不同硬木浆及软木浆配比对片基（定量为 30 g/m²）物理指标的影响如表 21-13、图 21-15 至图 21-20 所示。

表 21-13　不同木浆配比片基物理指标检测结果

样品名称	厚度/mm	定量/g·m⁻²	松厚度/g·cm⁻³	抗张强度/N·m⁻¹ 横向	抗张强度/N·m⁻¹ 纵向	拉伸率/% 横向	拉伸率/% 纵向	透气度/μm·Pa⁻¹·s⁻¹
SY0-30	0.070	30.65	4.395	880	1270	1.587	2.252	8.97
SY1-30	0.071	30.61	4.324	1079	1184	1.644	2.131	26.84
SY2-30	0.087	31.44	3.635	785	1185	1.410	2.054	29.33
SY3-30	0.069	30.59	4.418	736	1135	1.458	1.844	35.61
SY4-30	0.078	26.73	3.421	661	934	1.606	1.569	128.75

注：片基定量为 30 g/m²。

从图 21-15 可以看出，30 g/m² 片基定量条件下，随着硬木浆使用比例的逐渐上升，软木浆使用比例的逐渐下降，片基的松厚度逐渐降低，硬木浆的使用比例与片基松厚度呈现负相关的线性关系，可用公式 $y = -0.2661x + 4.6755$ 来表示，线性相关系数 $R^2 = 0.8643$。

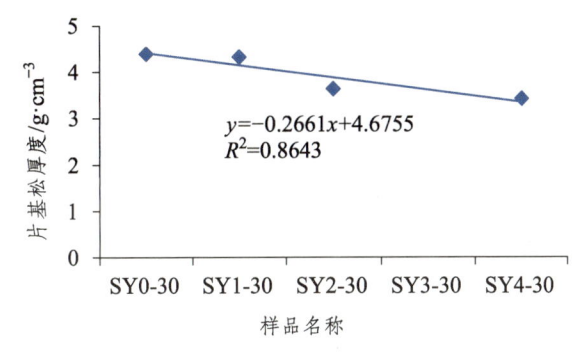

图 21-15　硬木浆使用比例对片基松厚度的影响

从图 21-16 可以看出，30 g/m² 片基定量条件下，随着硬木浆使用比例的逐渐上升，软木浆使用比例的逐渐下降，片基的横向及纵向的抗张强度逐渐降低，硬木浆的使用比例与片基横向和纵向的抗张强度呈现负相关的线性关系，可分别用公式 $y=-53.429x+939.14$ 及 $y=-72.1x+1357.9$ 来表示，其线性相关系数分别为 $R^2=0.9880$ 及 0.8211。

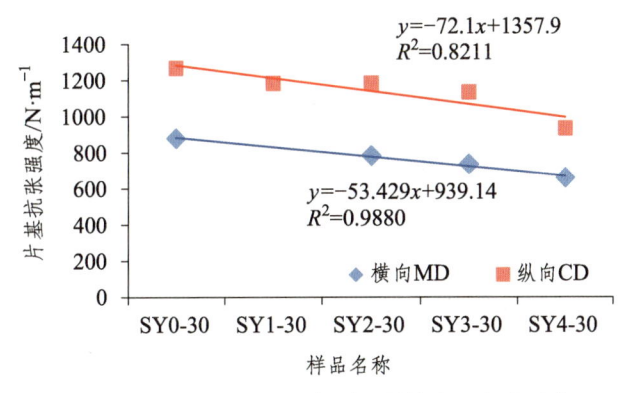

图 21-16　硬木浆使用比例对片基抗张强度的影响

从图 21-17 可以看出，30 g/m² 片基定量条件下，随着硬木浆使用比例的逐渐上升，软木浆使用比例的逐渐下降，片基的纵向拉伸率逐渐降低，硬木浆的使用比例与片基的纵向拉伸率呈现负相关的线性关系，可用公式 $y=-0.1653x+2.4659$ 来表示，其线性相关系数 R^2 为 0.9449。横向拉伸率与硬木浆使用比例则没有明显的线性关系。

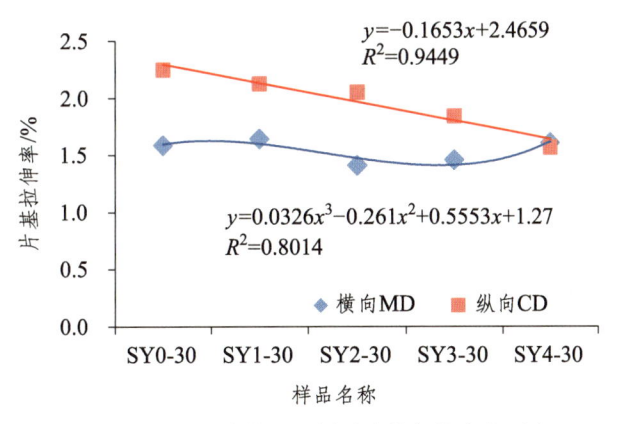

图 21-17　硬木浆使用比例对片基拉伸率的影响

从图 21-18 可以看出，30 g/m² 片基定量条件下，随着硬木浆使用比例的逐渐上升，软木浆使用比例的逐渐下降，片基的透气度升高，硬木浆的使用比例与片基透气度呈现指数函数关系：$y = 5.9024e^{0.5611x}$，相关系数 $R^2=0.8817$。

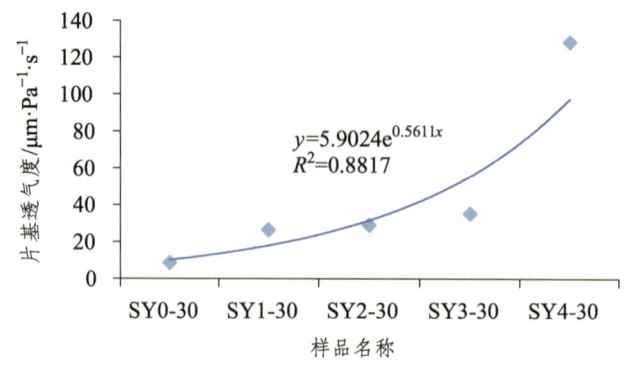

图 21-18　硬木浆使用比例对片基透气度的影响

综上所述，50 g/m² 片基定量条件下，随着硬木浆使用比例从 0%提升至 16%，软木浆的使用比例从 40%降低至 24%，片基松厚度降低约为 15%，片基横向及纵向抗张强度分别降低约 17%和 25%，片基横向及纵向拉伸率分别降低约 13%和 25%，片基透气度提升了约 14 倍。

30 g/m² 片基定量条件下，随着硬木浆使用比例从 0%提升至 16%，软木浆的使用比例从 40%降低至 24%，片基松厚度降低约 22%，片基横向及纵向抗张强度分别降低约 25%和 26%，片基纵向拉伸率降低约 30%，片基透气度提升约 14 倍。

21.1.2　滤棒基材表面处理工艺技术研究

对再造烟叶滤棒基材中试样品进行压光试验，探索压光处理对基材物理性能的影响。将试验样品分别在 0×10^5 Pa、10×10^5 Pa、20×10^5 Pa、30×10^5 Pa、35×10^5 Pa 压力条件下进行压光处理。对压光后基材的物理指标进行检测分析，结果如表 21-14、图 21-19 至 21-22 所示。

表 21-14　压光前后基材物理指标检测

样品名称	物理指标	0×10^5 Pa	10×10^5 Pa	20×10^5 Pa	30×10^5 Pa	35×10^5 Pa
A-01	厚度/mm	0.117	0.08	0.078	0.065	0.068
	定量/g·m⁻²	40.25	40.65	39.15	38.55	38.95
	透气度/CU	83.21	54.83	53.01	46.66	53.51
	纵向抗张强度/kN·m⁻¹	1.4	1.42	1.33	1.36	1.29
A-02	厚度/mm	0.088	0.075	0.048	0.041	0.040
	定量/g·m⁻²	22.55	27.85	25.85	23.65	23.45
	透气度/CU	64.05	27.55	17.27	12.38	15.49
	纵向抗张强度/kN·m⁻¹	1.13	1.09	1.05	1.04	1.00

从图 21-19 可以看出，随着压力的增加，基材厚度逐渐降低，在 $0\sim20\times10^5$ Pa 压力条件下，基材厚度快速下降，当压力超过 20×10^5 Pa 后，滤嘴棒原纸厚度变化较小。

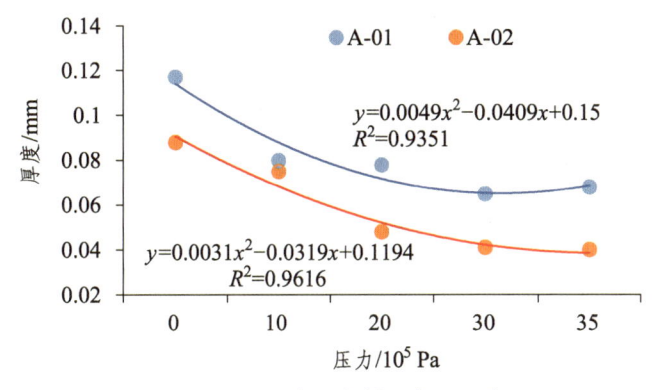

图 21-19 压力对基材厚度的影响

从图 21-20 可以看出，随着压力的增加，基材定量逐渐降低，基材定量与压力呈负相关线性关系，说明压力增加对滤嘴棒原纸定量影响较小。

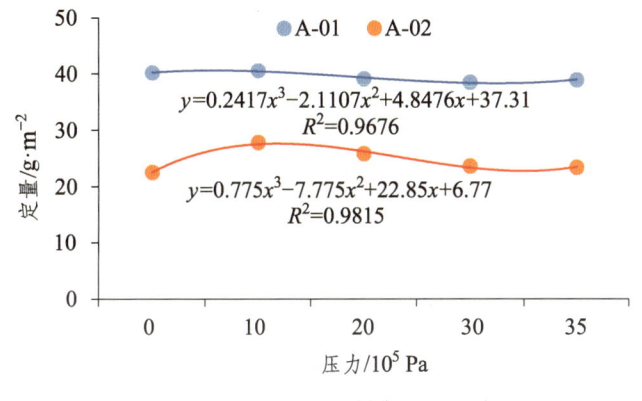

图 21-20 压力对基材定量的影响

从图 21-21 可以看出，随着压力的增加，基材透气度先降低后增加，可能是随着压力增加，基材先被压实，孔隙率快速降低，但随着压力的增加，基材表明被压裂，造成透气度快速上升。

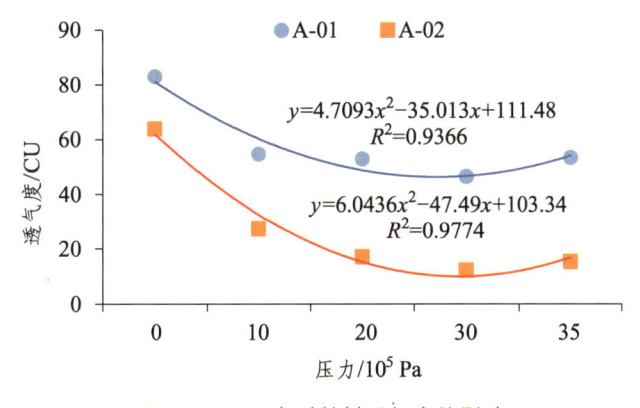

图 21-21 压力对基材透气度的影响

从图 21-22 可以看出，随着压力的增加，基材纵向抗张强度逐渐降低，当压力超过 20×10^5 Pa 后，基材抗张强度下降缓慢。

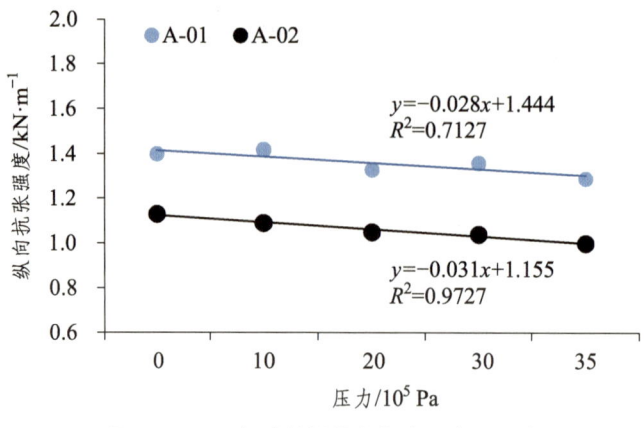

图 21-22 压力对基材纵向抗张强度的影响

综上所述，随着压光机压力的增加，基材的厚度及透气明显下降，抗张强度和定量轻微下降，当压力超过 20×10^5 Pa 时，物理指标变化较小，可忽略不计。

21.1.3 滤棒基材料香增补技术研究

为提高再造烟叶滤棒基材的抽吸品质，分别对烟草香味成分分段分离制备技术和基材添加料香进行研究，为再造烟叶滤棒产品技术开发提供品质保障。

21.1.3.1 烟草香/味成分分段分离制备技术研究

采用膜分离技术对烟草提取液分别进行截留分子量为 10 kDa、2 kDa、1 kDa、700 Da 和 300 Da 五级膜分段分离，系统研究各级膜分离物的常规化学成分、致香成分及感官质量。

对膜分段分离产物加入某云产卷烟产品滤棒中进行感官质量评价，评吸结果如表 21-15 所示。10 kDa、2 kDa、1 kDa 膜截留液加入滤棒后，对卷烟样品感官质量的负面影响较强，主要表现为枯焦气较重，刺激变大，香气不清晰，谐调性降低。而 700 Da、300 Da 膜截留液和 300 Da 膜滤液对卷烟样品感官质量有一定的改善作用，主要表现为烟香清晰度、自然烟香及香气质感有所提升。

表 21-15 烟支样品感官评吸得分

样品	光泽（5）	香气（32）	谐调（6）	杂气（12）	刺激性（20）	余味（25）	合计（100）
对照	5	29	5	11	18	22	90
10 kDa 膜截留液	5	27	5	10	17.5	21.5	86
2 kDa 膜截留液	5	27.5	5	10	17.5	21.5	86.5
1 kDa 膜截留液	5	28	5	10	17.5	21.5	87
700 Da 膜截留液	5	29	5	11	17.5	22	89.5
300 Da 膜截留液	5	29	5	11	18	22	90
300 Da 膜滤液	5	29.5	5	11	18	22	90.5

21.1.3.2 基材添加料香研究

根据再造烟叶滤棒抽吸时带来的烟气干燥、余味较差和质感粗糙的感官质量特点，从保润、增甜和质感提升三个方面的开展添加料香的研究。首先筛选出适合的添加物质，然后采用均匀试验设计、模型建立及优化、感官评吸的方法，确定添加料液的掺配比例，技术路线如图 21-23 所示。

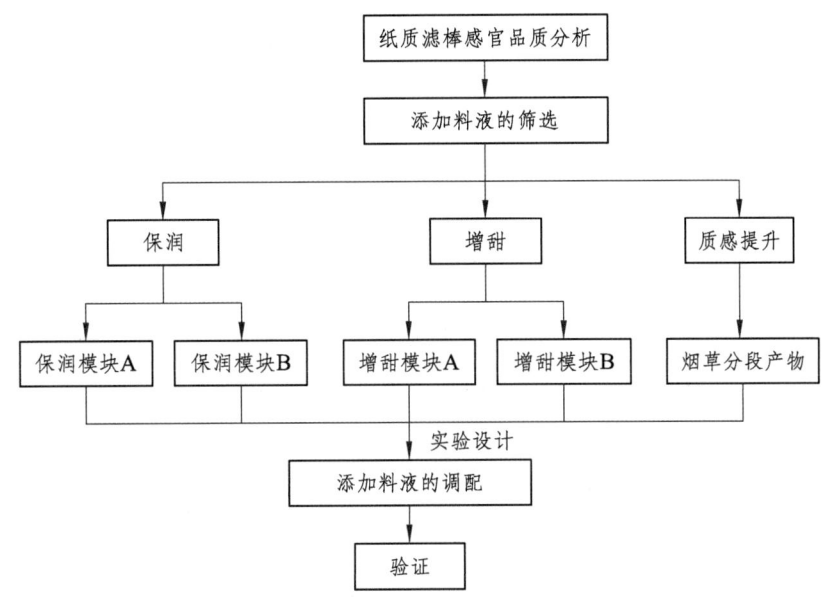

图 21-23 基材添加料香研究技术路线

在前期对添加材料筛选的基础上，选取保润模块 A、保润模块 B、增甜模块 A、增甜模块 B 和烟草分段产物作为基材的添加料香。在前期对添加料香在基材上功能性作用研究的基础上，对组成料香组合的保润模块 A、保润模块 B、增甜模块 A 和烟草分段产物的掺配比例进行均匀试验设计，共设计了 8 种组合。

表明模型的优化结果可靠。因此，基材添加料香各物质掺配比例的优化结果如表 21-16 所示。

表 21-16 添加料香各物质掺配比例的优化结果

物质名称	保润模块 A	保润模块 B	增甜模块 A	烟草分段产物
掺配比例/%	0.01	0.08	0.022	0.01
合计/%		0.122		

21.2 再造烟叶滤棒开发及应用研究

基于再造烟叶滤棒基材成型、表面处理工艺技术及料香增补技术的研究开发，对再造烟叶滤棒基材进行上机制备，研究基材的物理指标对再造烟叶滤棒质量的影响，完成再造烟叶滤棒开发及应用研究。

21.2.1 再造烟叶滤棒基材上机制备试验

通过再造烟叶滤棒基材制备工艺技术研究,开展上机制备试验,定型再造烟叶基材的制备工艺。工艺流程如图 21-24 所示。

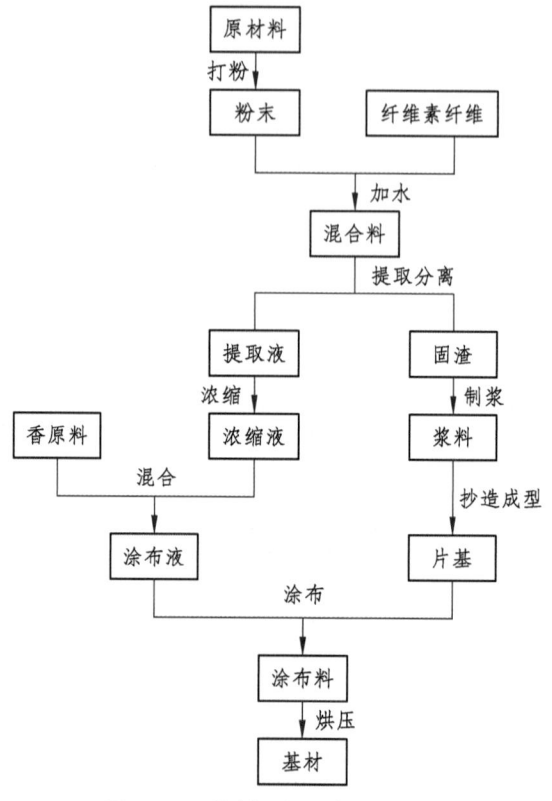

图 21-24 基材上机制备工艺流程

工艺参数设计如表 21-17 所示。

表 21-17 工艺参数设定明细

	单位	工艺技术指标			允差
		基材 1	基材 2	基材 3	
车速	m/min	145	145	145	—
涂布液温度	°C	50	50	50	±2
打浆度	°SR	50	50	50	±5
浓缩液折光度	%	63	63	63	—
片基浸涂前水分	%	20	20	20	±2

原料及涂布液配方如表 21-18 和表 21-19 所示。

表 21-18 原料配比明细

物料名称	内掺计算
梗粉 500 目	70%
软木浆	30%

表 21-19　涂布液配方

物料名称	配料比例		
	基材 1	基材 2	基材 3
浓缩液绝干	35%	45%	40%
甘油	5%	5%	5%
添加料香	0.3%	0.3%	0.3%

对上机制备基材的常规化学指标进行检测，结果如表 21-20 所示。在常规化学指标方面，两组样品差异较小。

表 21-20　基材常规化学指标检测结果　　　　　　　　　　　　　　　单位：%

样品名称	总糖	还原糖	烟碱	总氮	硝酸盐	钾离子	氯	HWS
基材 1	10.50	8.75	0.39	1.11	0.57	2.95	1.22	32.16
基材 2	10.36	9.11	0.39	1.03	0.58	2.91	1.26	32.35
基材 3	10.47	8.86	0.39	1.07	0.58	2.93	0.25	32.24

对上机制备基材的常规物理指标进行检测，结果如表 21-21 所示。从表中抗张强度及拉伸率可知，上机制备的基材物理性能较好，可满足滤棒成型工艺要求。

表 21-21　基材常规物理指标检测结果

样品名称	厚度/mm	透气度/CU	绝干定量/g·m^{-2}	横向		纵向		涂布率/%
				抗张强度/kN·m^{-1}	拉伸率/%	抗张强度/kN·m^{-1}	拉伸率/%	
基材 1	0.092	35.04	41.61	0.94	2.74	1.13	2.41	35
基材 2	0.117	40.25	64.05	1.12	5.04	1.40	3.82	38
基材 3	0.107	38.24	59.87	1.09	3.87	1.31	3.59	37

21.2.2　再造烟叶滤棒开发

以上机试验制备的再造烟叶滤棒基材为基础，开展基材物理指标对成棒质量的研究，实现再造烟叶滤棒的制备。

21.2.2.1　基材物理指标研究

基材是构成再造烟叶滤棒的主体部分，起着填充滤棒内空间的作用。基材的定量、宽度、厚度和抗张强度等参数对滤棒的成棒质量有直接影响，其中基材的定量及宽度对原纸在滤棒中折叠和堆积效果有直接影响，进而对滤棒的吸阻、棒重量、硬度及整支滤棒的质量稳定性产生间接影响。而原纸的厚度和抗张强度对滤棒成型中的压纹工艺和原纸添加工艺有直接的影响，进而对纸质滤棒的成型和品质产生影响。

通过研究基材物理指标对卷制后纸质滤棒吸阻的影响，确定基材的相关物理指标，采用上机试验制备的基材 2 和基材 3，经压纹后在 KDF-2 嘴棒成型机上进行卷制成型为 120 mm 的滤棒。

对卷制的再造烟叶滤棒吸阻进行检测分析，结果如表 21-22 所示，由表中数据可知，当基材宽度相同时，随着基材克重的增加，再造烟叶滤棒的吸阻均增加，变异系数变小。这主要是因为克重增加后，再造烟叶滤棒的填充量增加，滤棒的吸阻会随着填充量的增加而增加。同时，当填充量增加时，再造烟叶滤棒成型卷制的稳定性提高，吸阻的变异系数会减小。

当基材克重相同时，随着基材宽度的增加，卷制后再造烟叶滤棒的吸阻均增加，吸阻的变异系数均减小。这同样是因为宽度增加后，再造烟叶滤棒的填充量增加，再造烟叶滤棒截面处的孔隙尺寸变小，滤棒的吸阻会随着填充量的增加而增加。同时，当填充量增加时，再造烟叶滤棒成型卷制的稳定性提高，再造烟叶滤棒截面处的孔隙相对均匀，因此吸阻的变异系数会减小。

表 21-22 基材宽度对纸质滤棒吸阻的影响

材料	原纸宽度/mm	平均吸阻/Pa	变异系数/%
基材 1 （绝干定量为 60 g/m²）	200	2263	5.21
	220	2847	2.57
	240	3359	2.14
基材 2 （绝干定量为 64 g/m²）	200	2469	4.16
	220	3026	1.98
	240	3517	1.87

21.2.2.2 再造烟叶滤棒制备

通过对再造烟叶滤棒卷制工艺条件的控制，卷制出外观和滤棒物理指标均较好的再造烟叶滤棒，为复合滤棒及样品烟支的卷制做准备。

采用再造烟叶基材 1 和涂布成形纸进行复合压纹后在 KDF-2 滤棒成型机上卷制成长度为 96.4 mm 的再造烟叶滤棒 1，其中再造烟叶基材 1 的幅宽为 200 mm，涂布成形纸的定量为 27.2 g/m²，幅宽为 160 mm，厚度为 0.13 mm，透气度为 6000 CU。

采用再造烟叶基材 2 经压纹辊辊压压纹后在 KDF-2 滤棒成型机上卷制成长度为 144 mm 的再造烟叶滤棒 2，其中再造烟叶基材 2 的幅宽为 250 mm。

两种再造烟叶滤棒所用成形纸的透气度均为 6000 CU，滤棒物理指标按照标准方法进行测试。

再造烟叶滤棒成型效果如图 21-25 所示，由图中显示可知，卷制的再造烟叶滤棒表面光滑、平整，未见褶皱。再造烟叶滤棒的切面平整，未见有"缩头"现象，截面处原纸填充均匀，孔隙大小比较一致。

根据纸质滤棒的成型特点，2014 年颁布实施的行业标准《特种滤棒 第 3 部分：复合滤棒 纸-醋纤二元复合滤棒》（YC/T 233.3—2014）对纸质复合滤棒的相关指标进行了相对宽泛的设定，如圆度≤0.4 mm 和硬度≥82.0%。因此，为满足行标对复合后再造烟叶复合滤棒物理指标的要求，对再造烟叶滤棒圆度和硬度指标的控制分别为≤0.4 mm 和≥82.0%。

（a） （b）

图 21-25 再造烟叶滤棒外观效果

表 21-23 为再造烟叶滤棒 1 物理指标检测分析结果，由表中数据分析可知，再造烟叶滤棒圆周、圆度、吸阻、硬度和长度的平均值分别为 23.10 mm、0.26 mm、1567 Pa、87.6%和 96.4 mm，且所有检测样品的物理指标波动均在指标要求的(23.00±0.20) mm、≤0.4 mm、(1500±300) Pa、≥82.0%和(96.4±0.3) mm 范围内。

表 21-23 再造烟叶滤棒 1 物理指标分析

项目	圆周/mm	圆度/mm	吸阻/Pa	硬度/%	长度/mm
指标要求	23.00±0.20	≤0.4	1500±300	≥82.0	96.4±0.3
平均值	23.10	0.26	1567	87.6	96.4
最小值	23.18	0.12	1291	87.1	96.2
最大值	22.91	0.34	1754	89.0	96.6
变异系数/%	0.17	28.76	2.12	0.64	0.07

表 21-24 为再造烟叶滤棒 2 物理指标检测分析结果，由表中数据分析可知，再造烟叶滤棒圆周、圆度、吸阻、硬度和长度的平均值分别为 23.50 mm、0.26 mm、3755 Pa、82.9%和 143.8 mm，且所有检测样品的物理指标波动均在指标要求的(23.50±0.20) mm、≤0.4 mm、(3700±300) Pa、≥82.0%和(144.0±0.5) mm 范围内。

表 21-24 再造烟叶滤棒 2 物理指标分析

项目	圆周/mm	圆度/mm	吸阻/Pa	硬度/%	长度/mm
指标要求	23.50±0.20	≤0.4	3700±300	≥82.0	144.0±0.5
平均值	23.50	0.26	3755	82.9	143.8
最小值	23.42	0.12	3620	82.1	143.7
最大值	23.59	0.40	3878	84.5	144.0
变异系数/%	0.19	29.62	2.57	0.73	0.05

21.2.3 再造烟叶滤棒应用研究

对卷制成型的再造烟叶滤棒与醋纤滤棒复合成再造烟叶复合滤棒,研究复合滤棒对卷烟理化指标及感官质量的影响。

21.2.3.1 再造烟叶复合滤棒制备

再造烟叶复合滤棒 1 由再造烟叶滤棒 1 和醋酸纤维滤棒复合而成,其中醋酸纤维滤棒长度设计值为(96.4±0.3) mm,吸阻为(3000±300) Pa,圆周为(23.00±0.20) mm,其中醋纤滤棒的丝束规格为 5.0Y/35000D,成形纸的透气度为 6000 CU。

再造烟叶复合滤棒 2 由再造烟叶滤棒 2 和醋酸纤维滤棒复合而成,其中醋酸纤维滤棒长度设计值为 144.0±0.5 mm,吸阻为 4500±300 Pa,圆周为 23.50±0.20 mm,其中醋纤滤棒的丝束规格为 3.0Y/35000,成形纸的透气度为 6000 CU。

再造烟叶复合滤棒复合时成形纸的透气度均为 6000 CU,再造烟叶复合滤棒 1 的长度为 120 mm,再造烟叶复合滤棒 2 的长度为 144 mm,复合滤棒的相关物理指标,如长度、圆周、吸阻、硬度、圆度、复合结构和含水率的检测按照行业标准 YC/T 233.3—2014 标准方法进行测试。

表 21-25 为再造烟叶复合滤棒 1 物理指标检测分析结果,由表中复合结构、含水率和外观分析可知,复合滤棒未出现爆口及分层现象,各料棒间的间隙均小于 1 mm,料棒段未缺失及排列错位,纸棒段截面原纸材料分布均匀、无明显空隙,复合滤棒的表面光滑,未出现褶皱现象。各料棒段的平均长度分别为 8.2 mm、24.1 mm 和 15.9 mm,各料棒段长度的波动均在复合结构指标要求的(8.0±1.0) mm、(24.0±1.0) mm 和(16.0±1.0) mm 范围内。复合滤棒的平均含水率为 7.12%,所有检测样品的含水率均满足复合滤棒含水率≤8%的要求。

表 21-25 再造烟叶复合滤棒 1 物理指标分析

项目	复合结构/mm			含水率/%	外观
指标要求	8.0±1.0	24.0±1.0	16.0±1.0	≤8	
平均值	8.2	24.1	15.9	7.12	
最小值	7.4	23.4	15.5	5.81	
最大值	8.6	24.7	16.7	7.84	符合要求
变异系数/%	4.12	1.61	1.74	8.17	
不合格支数	0	0	0	0	
判定	合格	合格	合格	合格	

由表 21-26 所示的再造烟叶复合滤棒 1 物理指标分析可知,复合滤棒圆周、圆度、吸阻、硬度和长度的平均值分别为 23.80 mm、0.38 mm、2710 Pa、90%和 119.9 mm,所有检测样品的物理指标波动均在指标要求的(23.70±0.20) mm、≤0.4 mm、(2600±400) Pa、≥82.0%和(120.0±0.5) mm 范围内,其中有 2 支复合滤棒的圆周不合格,满足标准要求的同批检测时圆周不合格支数少于 3 支的要求,有 4 支复合滤棒的圆度不合格,满足标准要求的同批检测时圆度不合格支数少于 5 支的要求。综上所述,该再造烟叶复合滤棒 1 的物理指标满足行业标准《特种滤棒 第 3 部分:复合滤棒 纸-醋纤二元复合滤棒》(YC/T 233.3—2014)的要求。

表 21-26　再造烟叶复合滤棒 1 物理指标分析

项目	圆周/mm	圆度/mm	吸阻/Pa	硬度/%	长度/mm
指标要求	23.70±0.20	≤0.40	2600±400	≥82.0	120.0±0.5
平均值	23.80	0.38	2710	90	119.9
最小值	23.64	0.27	2297	83.4	119.3
最大值	23.95	0.47	2917	92.7	120.2
变异系数/%	0.16	30.12	4.18	2.39	0.11
不合格支数	2	4	0	0	0
判定	合格	合格	合格	合格	合格

表 21-27 为再造烟叶复合滤棒 2 物理指标检测分析结果，由表中复合结构、含水率和外观分析可知，复合滤棒未出现爆口及分层现象，各料棒间的间隙均小于 1 mm，料棒段未缺失及排列错位，纸棒段截面原纸材料分布均匀、无明显空隙，复合滤棒的表面光滑，未出现褶皱现象。各料棒段的平均长度分别为 12.1 mm、24.2 mm 和 24.0 mm，各料棒段长度的波动均在复合结构指标要求的(12.0±1.0) mm、(24.0±1.0) mm 和(24.0±1.0) mm 范围内。复合滤棒的平均含水率为 6.52%，所有检测样品的含水率均满足复合滤棒含水率≤8%的要求。

表 21-27　再造烟叶复合滤棒 2 物理指标分析

项目	复合结构/mm			含水率/%	外观
指标要求	12.0±1.0	24.0±1.0	24.0±1.0	≤8	
平均值	12.1	24.2	24.0	6.52	
最小值	11.2	23.5	23.2	5.81	
最大值	12.8	24.7	24.5	7.34	符合要求
标准偏差	0.48	0.38	0.38	0.54	
变异系数/%	3.99	1.59	1.59	8.29	
不合格支数	0	0	0	0	
判定	合格	合格	合格	合格	

由表 21-28 所示的再造烟叶复合滤棒 2 物理指标分析可知，复合滤棒圆周、圆度、吸阻、硬度和长度的平均值分别为 24.05 mm、0.23 mm、4118 Pa、86.8%和 143.8 mm，所有检测样品的物理指标波动均在指标要求的(24.10±0.20) mm、≤0.4 mm、(4300±400) Pa、≥82.0%和(144.0±0.5) mm 范围内，其中有 3 支复合滤棒的吸阻不合格，满足标准要求的同批检测时吸阻不合格支数少于 4 支的要求。综上所述，该再造烟叶复合滤棒 2 的物理指标满足行业标准《特种滤棒　第 3 部分：复合滤棒　纸-醋纤二元复合滤棒》(YC/T 233.3—2014)的要求。

表 21-28　再造烟叶复合滤棒 2 物理指标分析

项目	圆周/mm	圆度/mm	吸阻/Pa	硬度/%	长度/mm
指标要求	24.10±0.20	≤0.40	4300±400	≥82.0	144.0±0.5
平均值	24.05	0.23	4118	86.8	143.8
最小值	24.00	0.13	3900	83.4	143.5

续表

项目	圆周/mm	圆度/mm	吸阻/Pa	硬度/%	长度/mm
最大值	24.14	0.34	4797	89.1	144.0
标准偏差	0.03	0.07	157	1.21	0.13
变异系数%	0.12	28.66	3.81	1.39	0.09
不合格支数	0	0	3	0	0
判定	合格	合格	合格	合格	合格

21.2.3.2 再造烟叶复合滤棒对卷烟理化指标的影响

再造烟叶复合滤棒 2 长度为 144 mm，吸阻为 4118 Pa，圆周为 24.05 mm，其中再造烟叶滤棒段和醋纤滤棒段成形纸的透气度为 6000 CU，复合时所用成形纸的透气度为 6000 CU；对照醋纤滤棒的长度为 144 mm，吸阻为 4140 Pa，圆周为 24.12 mm，其中醋纤滤棒的丝束规格为 3.0Y/35000，成形纸的透气度为 6000 CU。试验样和对照样的卷烟纸和接装纸均为相同规格。烟支的相关物理指标及烟气常规指标按标准方法进行测试。

烟支物理指标对比检测结果如表 21-29 所示，由表中数据可知，试验样与对照样的吸阻基本相同，大约为 1000 Pa，而试验样的滤嘴通风率及总通风率分别为 15.3%和 24.4%，略高于对照样的 13.4%和 22.6%，这可能是由于成形纸的规格及卷制差异导致的。烟支烟气常规指标的检测结果如表 21-30，采用复合滤棒后，烟支烟气各项常规指标略微有所下降，总粒相物、焦油、烟气烟碱、水分和 CO 分别下降 1.05%、1.30%、2.13%、2.70%、0.19%，整体上烟支烟气常规指标变化不明显。

表 21-29 烟支物理指标对比分析

	吸阻/Pa	滤嘴通风率/%	总通风率/%	圆周/mm	硬度/%	长度/mm
对照样	1120	16.1	24.2	24.21	71.8	84.0
试验样	1090	17.6	25.5	24.23	73.0	84.0

表 21-30 烟支烟气常规指标对比分析

	总粒相物/mg·支$^{-1}$	焦油/mg·支$^{-1}$	烟气烟碱/mg·支$^{-1}$	水分/mg·支$^{-1}$	CO/mg·支$^{-1}$
对照样	11.44	10.00	0.94	1.11	10.70
试验样	11.32	9.87	0.92	1.08	10.68
变化率/%	-1.05	-1.30	-2.13	-2.70	-0.19

21.2.3.3 再造烟叶复合滤棒对卷烟感官质量的影响

对再造烟叶复合滤棒 2 卷烟烟支样品和对照卷烟烟支样品分别采用对比评吸和三角评吸的方法进行感官质量评价，结果如表 21-31 和表 21-32 所示。

表 21-31 对比评吸结果

样品	参评人数	成对比较检验差异人数	选择人数	评价结果
再造烟叶复合滤棒	17	13	对照样>试验样：8 试验样>对照样：9	试验样略好于对照样，但没有显著性差异

表 21-32 三角评吸结果

样品	参评人数	最少正确识别人数	1/3 人数	评吸结果 正确识别人数	判定
再造烟叶复合滤棒	17	10	6	8	保持一致

对比评吸结果表明：试验样好于对照样，但两者没有明显差异。三角评吸结果表明：试验样与对照样的感官质量一致性水平为保持一致。

21.3 结　论

重组烟草基材滤棒的开发为卷烟滤棒提供了新的滤材材料，也为烟梗资源和重组烟草的利用提供了一个新的研究方向。重组烟草基材滤棒由于其吸附功能强，可有效滤除烟气中的部分有害成分，提升卷烟吸食安全性。

参考文献

[1] 殷沛沛，张文军，张梦源，等. 一种双层复合的再造烟叶纸质滤棒及其制备方法：CN112956725A[P]. 2021-06-15.

[2] 代毕龙，邱晔. 一种用烟草秸秆制备含活性炭卷烟滤棒的方法：CN105146754B[P]. 2019-03-19.

[3] 冯涛，殷沛沛，董高峰，等. 一种再造烟叶纸质过滤嘴棒及过滤嘴棒的制备方法：CN112641125A[P]. 2021-04-13.

[4] 林瑜，赵金涛，潘志新，等. 一种功能型造纸法再造烟叶滤棒及其制备方法：CN111109641A[P]. 2020-05-08.

[5] 王凤兰，唐向兵，姚元军，等. 一种再造烟叶纸质嘴棒及其制备方法：CN107594617B[P]. 2021-01-01.

[6] 刘晶，冯涛，张文军，等. 纸质嘴棒及常规嘴棒的现状探讨分析[J]. 黑龙江造纸，2020，48（04）：10-13.

[7] 殷沛沛，张文军，刘晶，等. 不同加工工艺对造纸法再造烟叶滤嘴棒的性能测试研究[J]. 黑龙江造纸，2020，48（02）：12-14+17.

22 利用烟梗资源开发烟纤卡纸

烟草是一种重要的经济作物，中国烟草的种植面积及产量均位居世界第1位。烟梗占叶重的 25%～35%，烟梗作为烟草加工重要的副产物，我国烟梗年产量达到 60 万吨左右。其中只有约 30% 被有效利用，其余数十万吨的烟梗被废弃，既污染了环境，同时也造成了资源浪费。烟梗是每年再生的宝贵自然资源，应拓宽其利用途径，实现资源价值的最大化。

烟梗因与烟叶有相似的组分，并有改善烟支结构、降低成本和降焦的功能，一直是卷烟原料的组成部分。目前卷烟工业企业使用烟梗的方式主要为梗丝、再造烟叶及梗颗粒，随着行业在再造烟叶及新型梗材技术上的不断创新，再造烟叶和梗丝的品质有了很大程度的提升，其在卷烟产品中的应用范围和应用比例也日益增加，尽管如此，各卷烟工业依然有大量的烟梗原料得不到有效利用方法而闲置或报废处理，如何继续通过技术创新，最大限度地提升烟梗的价值，不断拓展烟梗这一宝贵烟草资源的应用范围，已经成为烟草行业技术创新，提升卷烟品牌技术竞争力和价值的关键之一。

22.1 烟梗在烟用卡纸中拓展应用技术开发目标定位

烟用卡纸每年的使用量非常大，烟用卡纸的主要原料是进口木浆，如果在烟用卡纸生产过程中部分烟梗纤维能替代部分木浆纤维，将会产生良好的社会效应和生态效应。

烟用涂布白卡纸产品从结构上依次可分为涂布层、面层、芯层、底层和表面施胶层，面层和底层通常采用化学浆，芯层采用化学机械浆。对于烟用涂布白卡纸产品而言，芯层的化学机械浆对卡纸的松厚度和挺度指标贡献较大，而面层和底层的化学浆对卡纸产品的强度指标贡献较大。无论烟梗以粉体的形式添加或是以浆料的形式添加到卡纸中，由于烟梗原料的特殊性，烟梗的应用均会降低卡纸的强度指标，因此在烟纤卡纸产品设计阶段，将烟梗在卡纸中的应用确定为卡纸芯层。烟纤卡纸产品结构如图 22-1 所示。同时烟纤卡纸产品质量应符合烟草行业关于烟用涂布白卡纸的技术要求。

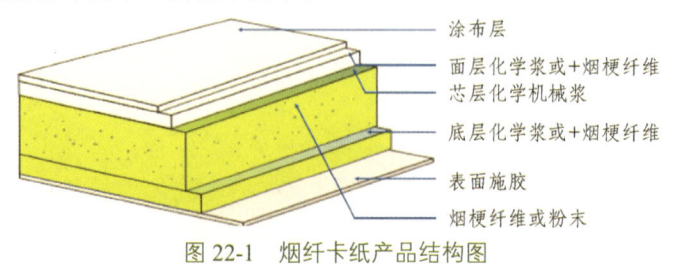

图 22-1 烟纤卡纸产品结构图

综上所述，烟纤卡纸产品技术开发应紧紧围绕卡纸质量要求，系统开展烟梗在卡纸中的应用工艺技术研究，实现烟梗在卡纸中的应用、烟纤卡纸产品的开发及其在卷烟产品中应用。

22.2 烟梗粉在烟用涂布白卡纸中应用工艺技术研究

为实现以烟梗粉的形式开发烟纤卡纸工艺技术，进而实现烟纤卡纸产品开发，开展烟梗粉在烟用涂布白卡纸中应用工艺技术研究，重点围绕烟梗粉制备工艺技术及烟梗粉应用工艺技术开发。

22.2.1 烟梗粉制备工艺技术研究

22.2.1.1 烟梗粉粒径筛选研究

将烟梗粉筛分为<40目（>380 μm）、40~60目（250~380 μm）、60~80目（180~240 μm）、80~100目（120~180 μm）、100~120目（120~150 μm）、120~160目（96~120 μm）、>160目（<96 μm），将之抄片，观察其抄片（单层抄片）及成纸特征，从烟梗粉与纤维浆液的分散能力、抄片粗糙度、对挺度的影响等角度考虑，烟梗粉颗粒越小越适于应用。结合实际烟梗粉的研磨能力、其现有的机械截留优势、抄片过程分散性、成纸视觉感官，将烟梗粉粒径选在>100目。

将现有烟梗粉筛分为100~120目（120~150 μm）、120~160目（96~120 μm）、>160目（<96 μm）等三个粒径段，分别在卡纸芯层上进行加入量为10%、20%、30%的抄片试验。烟梗粉加入量对纤维及烟梗粉的留着率影响如表22-1所示。

表22-1 纤维及烟梗粉留着率数据

烟梗粉加入量/%	纤维留着率/%	烟梗粉留着率/%		
		100~120目	120~160目	>160目
10	98.7	19.1	19.8	26.6
20	99.3	18.3	19.5	27.1
30	99.3	23.3	24.0	24.5

从表22-1中可知，纤维留着率接近100%，100~120目、120~160目烟梗粉留着率总体约为20%，而>160目烟梗粉留着率约为25%，总体上粒径越小留着率越高，这现象与滑石粉类似，或许与烟梗粉表面自由能、氢键数量有关。

当烟梗粉粒径大于100目之后，纤维对烟梗粉的机械截留作用受烟梗粉粒径影响较小，烟梗粉本身特性对其留着率的影响反而更大；烟梗粉留着率与相对纤维量并不存在绝对的正相关性。

按卡纸芯层配浆对>160目烟梗粉进行抄片，加入量分别为5%、10%、20%、30%、40%、50%，检测抄片的VOC，结果表明，随烟梗粉加入量增大，抄片甲醇、丙酮和丁酮含量不断上升。如图22-2所示，烟梗粉用量越大，抄片中甲醇含量越大，且呈"加剧式"增加趋势。

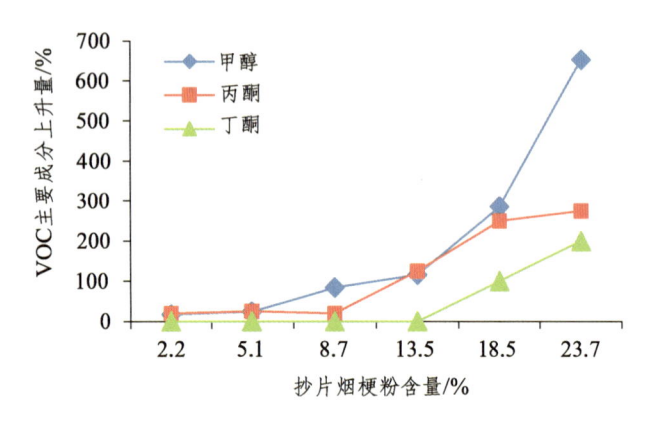

图 22-2 烟梗粉含量对 VOC 主要成分的影响

22.2.1.2 烟梗粉预处理研究

由于烟草粉中含大量有机物，遇水有机物溶出，10%原液 COD 含量高达 5 万~7 万，直接进入造纸系统会造成水处理系统崩溃，为使烟草粉加入卡纸中不对造纸湿部系统产生影响，需对烟草粉进行预处理。为了除去烟草粉中的有机物，对浸泡抽提法、板框压滤机压滤法和卧式螺旋离心机三种预处理方法进行对比，结果表明：采取卧式螺旋离心机，可实现对烟草粉的连续处理，可降低人员劳动强度和处理成本。

22.2.2 烟梗粉应用工艺技术研究

22.2.2.1 助剂松香对烟梗粉留着率的影响

抄片流程如按图 22-3 所示，在抄片过程中添加化学助剂。

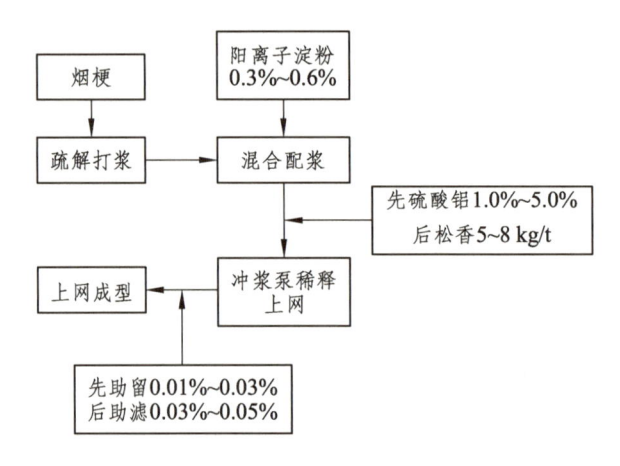

图 22-3 抄片模拟流程图

阴离子（A）和阳离子（B）松香抄片效果对比如图 22-4 所示，使用阴离子松香抄片反面出现由烟梗粉絮团产生的灰褐色物质，而使用阳离子松香的手抄片则无该现象。

图 22-4 阴离子（A）和阳离子（B）松香抄片效果对比

综上所述，在使用阴离子松香时，烟梗粉易与阴离子松香发生反应生产絮聚物而留在纸面，这在实际生产中会影响纸张表观结构和烟梗粉的留着率。

22.2.2.2.2 松香对表面吸水值的影响

为比较阴离子松香和阳离子松香对抄片表面吸水值的影响，其实验结果如表 22-2 所示。

表 22-2 松香抄片表面吸水值数据

	未加烟梗粉空白样	未加松香	阴离子松香	阳离子松香
Cobb 值/g·m^{-2}	312	413	348	291

如表 22-2 所示，加阴离子松香的烟梗粉抄片 Cobb 值为 348 g/m^2，高于未加烟梗粉空白样（使用阴离子松香），说明烟梗粉的使用，在一定程度上会影响纸张的 Cobb 值，这可能与烟梗粉对阴离子松香的留着率的影响有关。使用阳离子松香的抄片 Cobb 值与未加烟梗粉空白样（使用阴离子松香）相近，且加阳离子松香的抄片的 Cobb 值低于加阴离子松香的抄片，说明阳离子松香比阴离子松香更适合于生产应用。

22.2.2.3 其他助剂对烟梗粉留着率的影响

选用阳离子松香为内施胶剂烟梗留着率的检测结果如表 22-3、表 22-4 和表 22-5（浆与烟梗粉比例为 9∶1）所示。

表 22-3 烟梗粉留着率检测结果

浆/g	烟梗粉/g	阳离子淀粉/g	硫酸铝/g	松香/g	助剂Ⅰ/g	助剂Ⅱ/g	抄片/g	烟梗粉留着率/%
3.3918	0.3769	0.0143	0.0754	0.0191	0.0004	0.0011	3.6743	45.69
3.3918	0.3769	0.0215	0.0755	0.0191	0.0004	0.0011	3.6893	47.75
3.3912	0.3768	0.0143	0.1887	0.0191	0.0004	0.0011	3.7670	40.41
3.3912	0.3768	0.0143	0.0753	0.0305	0.0004	0.0011	3.7630	66.37
3.3922	0.3769	0.0143	0.0753	0.0191	0.0011	0.0011	3.8603	94.77
3.3914	0.3768	0.0143	0.0755	0.0190	0.0004	0.0019	3.7960	77.89

表 22-4　化学助剂用量对烟梗粉留着率的影响

化学助剂	阳离子淀粉		硫酸铝		阳离子松香		助剂 I		助剂 II	
加入量/%	0.3	0.6	2.0	5.0	0.5	0.8	0.01	0.03	0.03	0.05
烟梗粉留着率/%	45.69	47.75	45.69	40.41	45.69	66.37	45.69	94.77	45.69	77.89

表 22-5　烟梗粉留着率检测结果

浆/g	烟梗粉/g	阳离子淀粉/g	硫酸铝/g	松香/g	助剂 I/g	助剂 II/g	抄片/g	烟梗粉留着率/%
2.6378	1.1305	0.0151	0.0754	0.0188	0.0004	0.0011	3.5330	69.376
2.6378	1.1305	0.0226	0.0755	0.0188	0.0004	0.0011	3.4870	64.644
2.6378	1.1305	0.0151	0.1885	0.0189	0.0004	0.0011	3.3043	39.150
2.6379	1.1305	0.0151	0.0754	0.0302	0.0004	0.0011	3.3990	56.517
2.6378	1.1305	0.0151	0.0755	0.0189	0.0011	0.0011	3.4973	66.158
2.6376	1.1304	0.0150	0.0755	0.0189	0.0004	0.0019	3.4905	65.582

综上所述，对烟梗粉留着率影响相对较大的为助剂 I、助剂 II；硫酸铝用量的增加对烟梗粉留着率可能存在负面影响。

22.2.2.2.4　硫酸铝对烟梗粉留着率的影响

为验证硫酸铝溶液浸泡处理（浸泡烟梗粉）对烟梗粉留着率的影响，烟梗粉留着率如表 22-6 所示。对比发现，预先用硫酸铝溶液对烟梗粉进行浸泡处理并未提高烟梗粉的留着率，两者相差不大。

表 22-6　硫酸铝对烟梗粉留着率的影响

烟梗粉与硫酸铝质量比	10∶1	10∶2.5
烟梗粉留着率/%	44.87	42.41

为研究烟梗粉原料 pH 特性及其与硫酸铝混合后的特性，烟梗粉与硫酸铝按质量比 10∶1，10∶2，10∶3，10∶4 进行混合，配制成浓度为 1.0% 的混合溶液。分别测其 pH，检测结果如表 22-7 所示。

表 22-7　硫酸铝用量对烟梗粉溶液 pH 的影响

烟梗粉与硫酸铝质量比	烟梗粉与硫酸铝混合液 pH
10∶0	5.74
10∶1	4.29
10∶2	3.75
10∶3	3.62
10∶4	3.54

硫酸铝用量对烟梗粉留着率并没有正相关性。烟梗粉溶液 pH 随硫酸铝的加入呈现先快速下降，后缓慢下降趋势。从制浆系统 pH 控制方面，考虑到烟梗粉自身 pH 性质及其留着率，以及纸张 Cobb 值，建议生产时根据需求加入硫酸铝，但不宜过大。

22.2.2.5 烟梗粉对成纸质量的影响

为进一步验证烟梗粉用量对成纸物理指标的影响，对抄片物料（包括浆、烟梗粉及助剂）的总体留着率、烟梗粉留着率进行检测，结果如表 22-8 所示。

表 22-8　烟梗粉加入量对抄片留着率的影响

浆、烟梗粉质量比	物料总体留着率/%	烟梗粉留着率/%	抄片烟梗粉含量/%
9∶1	95.7	55.4	5.7%
8∶2	95.1	74.9	15.1%
7∶3	91.2	69.9	21.2%

如表 22-8 所示，随着烟梗粉加入量由 10%增加到 30%，物料总体留着率由 95.7%降到 91.2%，说明随着烟梗粉用量的增加，浆料总体流失率增大。当烟梗粉加入量为 10%时，抄片中烟梗粉含量为 5.6%；当烟梗粉加入量为 15.3%时，抄片烟梗粉含量为 15.3%；当烟梗粉用量为 30%时，抄片中烟梗粉含量为 22.3%。

另外，抄片恒温恒湿平衡 24 h 后，对抄片的物理指标进行检测分析，结果如表 22-9 所示。

表 22-9　不同烟梗粉添加量抄片主要物理指标检测结果

物理指标		0	10	20	30
烟梗粉含量/%		0	5.6	15.3	22.3
定量/g·m^{-2}		125.5	126.5	126.1	120.7
绝干定量/g·m^{-2}		117.6	118.4	117.8	112.9
厚度/μm		325	316	316	297
松厚度/cm·g^{-1}		2.60	2.51	2.51	2.45
水分含量/%		6.3	6.4	6.6	6.5
挺度/mN		1.8	1.7	1.6	1.3
抗张强度/kN·m^{-1}		2.03	2.26	2.04	2.17
伸长率/%		0.8	0.93	0.87	1.03
裂断长/km		1.71	1.84	1.85	1.85
撕裂度/mN		357	281	255	230
耐折度/times		2	1	1	1
耐破度/kPa		纸张耐破度低于仪器测量范围，无法检测			
Z 向结合强度/kPa		277	280	294	185
Cobb 值/g·m^{-2}	未加松香	405.2	475.6	463.5	488.9
	加松香	284.7	372.6	362.1	350.4

当烟梗粉加入量增大时，抄片的挺度逐次减少，烟梗粉加入量为 30%，抄片的挺度根据挺度比与厚度平方比成正比折算，当其厚度为 316 μm 时挺度为 1.56 mN，说明烟梗粉加入量对挺度具有直接影响。

当烟梗粉加入量由 0 增加到 30%时，抄片抗张强度未呈现规律性变化，这可能是因为烟梗粉用量的增加虽然减少了浆的用量，但也提高了抄片的紧度，一定程度上提高了抄片的结合力。当烟梗粉加入量增大时,抄片的伸长率和裂断长是呈上升趋势的。

如图 22-5 所示,当烟梗粉加入量由 0 增加至 10% 时,抄片的撕裂度发生较大幅度的下降,下降约 75 mN,随后随着烟梗粉用量的增加,纸张撕裂度也有所下降,但幅度略微减小,说明烟梗粉的应用对纸张的撕裂度有较大的影响。

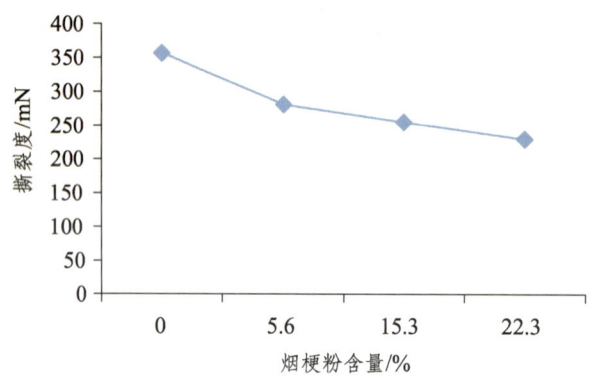

图 22-5 烟梗粉含量对撕裂度的影响

综上,从烟梗粉的留着率及抄片的强度性质方面考虑(尤其是挺度、撕裂度等),建议实际生产中烟梗粉加入比例控制在 20% 左右。

22.2.2.6 浆料配比对成纸质量的影响

在尽可能保证成纸强度指标的情况下,为能进一步提高烟梗粉用量,现通过调整配浆工艺(主要为调整高松厚度浆用量)进行实验。

对抄片物理指标进行检测,结果如表 22-10 所示。

表 22-10 高松厚度浆用量对成纸物理指标的影响

物理指标	0	0	5%	10%
烟梗粉加入量/%	0	30	30	30
烟梗粉留着率/%	—	69.9	82.3	86.7
烟梗粉含量/%	0	22.3	24.7	26
定量/g·m^{-2}	125.5	120.7	123.4	127.5
绝干定量/g·m^{-2}	117.6	112.9	115.2	118.8
厚度/μm	325	297	315	317
松厚度/cm·g^{-1}	2.60	2.45	2.54	2.49
水分含量/%	6.3	6.5	6.4	6.8
挺度/mN	1.8	1.3	1.7	1.7
抗张强度/kN·m^{-1}	2.03	2.17	2.08	1.84
伸长率/%	0.8	1.03	0.93	0.9
裂断长/km	1.71	1.85	1.72	1.47
撕裂度/mN	357	230	316	306
Z 向结合强度/kPa	277	185	261	256

综上所述,用高松厚度浆代替一部分 80 水晶杨木,在一定程度上可以弥补烟梗粉使用所

带来的强度损失,如挺度、撕裂度等,但当代替量相对较多时(当高松浆使用量为10%时),也会造成某些强度指标的下降,如抗张强度、裂断长等。当高松厚度浆使用量为10%时在生产中对成纸影响不明显,同时综合考虑高松厚度浆的使用对成纸强度指标的影响,建议生产中高松厚度浆的使用量在5%~10%,高松厚度浆在此的主要作用是在网布纸张成形过程中为烟梗粉的留着提供更多的纤维间空隙,不仅可以提高烟梗粉留着率,而且在一定程度上可以弥补烟梗粉使用造成的厚度损失。

22.2.3 烟梗粉上机工艺试验

根据烟梗粉特性及现有机台设备特点,拟制了烟梗粉上机试验加入方案,其工艺流程如图22-6所示。

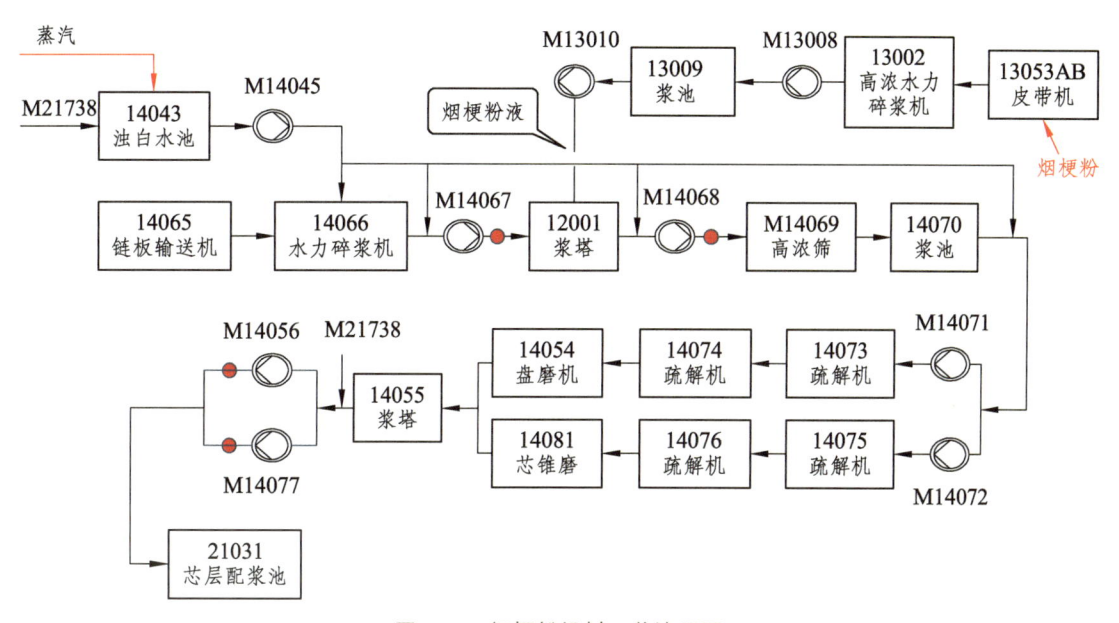

图 22-6 烟梗粉投料工艺流程图

根据前期对烟梗粉应用工艺技术研究,对烟梗粉进行烟用涂布白卡纸的中试上机试验,上机试验保留、电荷、浊度情况如表22-11所示。

表 22-11 上机试验保留、电荷、浊度明细

	流浆箱浓度/%	网下白水浓度/%	首层保留/%	电荷/ueq·l⁻¹	浊度/NTU	pH
面层	0.29	0.042	86	0	4.71	5.4
芯层	0.64	0.066	90	0	3.63	5.1
	0.62	0.074	88	-10	4.19	5.1
	0.63	0.067	90	-25	6.09	5.1
	0.65	0.071	87	-5	7.89	5.1
底层	0.25	0.044	82	0	3.61	5.3

试验加入烟梗粉后芯层电荷变化较大,面底层电荷不变,说明烟梗粉中的有机物在芯层系统内循环对其产生影响,但未造成系统紊乱,检测白水发现芯层白水颜色略黄,面底层白

水正常。

对上机试验制备的卡纸样品分别取样后进行挥发性成分检测分析，结果如表 22-12 所示。加入 10%烟梗粉后其甲醇含量未超标，VOCs 溶剂杂质总量整体偏低，满足烟卡纸要求。

表 22-12 上机试验卡纸样品挥发性成分检测结果　　　　　　　　单位：mg/m²

产品名称	甲醇	异丙醇	苯系物	溶剂杂质总量	溶剂残留总量
SBS 本色烟卡标样	1.002	0.012	0	1.105	1.142
10%烟梗粉本纤烟卡样品 1	1.143	0.013	0	1.247	1.284
10%烟梗粉本纤烟卡样品 2	1.124	0.010	0	1.221	1.255
10%烟梗粉本纤烟卡样品 3	1.149	0	0	1.247	1.270
10%烟梗粉红纤烟卡样品 1	1.226	0	0	1.327	1.354
10%烟梗粉红纤烟卡样品 2	1.294	0.010	0	1.403	1.441

层间结合力检测结果如表 22-13 所示，试验为了稳定成纸的结合力，在加入烟梗粉前将底层叩解度提高，表面施胶浓度增大，在加入烟梗粉后成纸的结合力略微提高。

表 22-13 上机试验卡纸样品层间结合力检测结果

产品名称	层间结合力/J·m^{-2}	层间结合力分层
SBS 本色烟卡标样	194	芯芯
10%烟梗粉本纤烟卡样品 1	175	芯芯
10%烟梗粉本纤烟卡样品 2	212	芯芯
10%烟梗粉本纤烟卡样品 3	212	芯芯
10%烟梗粉本纤烟卡样品 4	218	芯芯
10%烟梗粉红纤烟卡样品 1	207	芯芯
10%烟梗粉红纤烟卡样品 2	200	芯芯

吸水值检测结果如表 22-14 所示，上机试验，在加入烟梗粉之前将三层松香用量提高，面底层加入表施剂，加入烟梗粉后成纸的吸水值未见增加。

表 22-14 上机试验卡纸样品吸水值检测结果

产品名称	吸水值（正面）/g·m^{-2}	吸水值（反面）/g·m^{-2}
SBS 本色烟卡标样	26	29
10%烟梗粉本纤烟卡样品 1	29	29
10%烟梗粉本纤烟卡样品 2	26	28
10%烟梗粉本纤烟卡样品 3	29	30
10%烟梗粉本纤烟卡样品 4	30	30
10%烟梗粉红纤烟卡样品 1	24	30
10%烟梗粉红纤烟卡样品 2	25	28

PPS 检测结果如表 22-15 所示，与正常生产的 SBS 本色烟卡相比，上机试验卡纸样品的 PPS 值有所提高，但不影响复合转移印刷。

表 22-15　上机试验卡纸样品 PPS 检测结果

产品名称	PPS（正面）/μm	PPS（反面）/μm
SBS 本色烟卡标样	0.68	4.83
10%烟梗粉本纤烟卡样品 1	0.84	4.98
10%烟梗粉本纤烟卡样品 2	0.78	5.01
10%烟梗粉本纤烟卡样品 3	0.80	5.03
10%烟梗粉本纤烟卡样品 4	0.81	5.02
10%烟梗粉红纤烟卡样品 1	0.87	5.03
10%烟梗粉红纤烟卡样品 2	0.87	5.00

挺度检测结果如表 22-16 所示，上机试验，加入烟梗粉后成纸的挺度未受影响。

表 22-16　上机试验卡纸样品挺度检测结果

产品名称	实测水分/%	挺度（纵向）/mN	挺度（横向）/mN
SBS 本色烟卡标样	7.2	6.1	3.3
10%烟梗粉本纤烟卡样品 1	7.2	5.9	3.3
10%烟梗粉本纤烟卡样品 2	6.7	5.9	3.4
10%烟梗粉本纤烟卡样品 3	6.6	6.3	3.3
10%烟梗粉本纤烟卡样品 4	6.4	6.1	3.4
10%烟梗粉红纤烟卡样品 1	7.1	6.1	3.4
10%烟梗粉红纤烟卡样品 2	6.5	5.8	3.3

透气度检测结果如表 22-17 所示，试验在面底层加入表施剂，成纸正反面透气度略微升高。

表 22-17　上机试验卡纸样品透气度检测结果

产品名称	透气度（正面）/mL·min^{-1}	透气度（反面）/mL·min^{-1}
SBS 本色烟卡标样	0.27	11.26
10%烟梗粉本纤烟卡样品 1	0.35	10.51
10%烟梗粉本纤烟卡样品 2	0.34	10.19
10%烟梗粉本纤烟卡样品 3	0.42	11.80
10%烟梗粉本纤烟卡样品 4	0.46	12.06
10%烟梗粉红纤烟卡样品 1	0.49	11.86
10%烟梗粉红纤烟卡样品 2	0.56	11.01

白度检测结果如表 22-18 所示，芯层加入烟梗粉后其白度从 76.8%降低到 64.3%，面底层白度均下降 4%~6%，随着加入比例增大，面芯底白度均未发生变化，与本纤烟卡对比观察，感官上白度变化不大，色相接近。

表 22-18　上机试验卡纸样品白度检测结果

产品名称	白度（正面）/%	白度（芯层）/%	白度（反面）/%
SBS 本色烟卡标样	81.6	76.8	71.6
10%烟梗粉本纤烟卡样品 1	77.5	66.2	65.5
10%烟梗粉本纤烟卡样品 2	77.2	65.4	65.3
10%烟梗粉本纤烟卡样品 3	77.9	66.8	66.2
10%烟梗粉本纤烟卡样品 4	76.8	64.3	64.5
10%烟梗粉红纤烟卡样品 1	77.0	65.5	72.1
10%烟梗粉红纤烟卡样品 2	76.8	64.8	70.6

耐折度检测结果如表 22-19 所示，加入烟梗粉后，成纸的耐折度下降明显，提高长纤比例后未见增加，说明烟梗粉的加入对成纸的耐折度影响较大。

表 22-19　上机试验卡纸样品耐折度检测结果

产品名称	耐折度（纵向，9.8 N）/次	耐折度（横向，9.8 N）/次
SBS 本色烟卡标样	148	189
10%烟梗粉本纤烟卡样品 1	143	139
10%烟梗粉本纤烟卡样品 2	118	131
10%烟梗粉本纤烟卡样品 3	147	132
10%烟梗粉本纤烟卡样品 4	84	120
10%烟梗粉红纤烟卡样品 1	154	170
10%烟梗粉红纤烟卡样品 2	102	150

22.3　烟梗浆在烟用涂布白卡纸中应用工艺技术研究

在以烟梗粉形式开展烟纤卡纸产品工艺技术研究的基础上，为进一步增强烟纤卡纸的标识特征，同步开展了以烟梗浆的形式开发烟纤卡纸工艺技术，即用烟梗浆部分替换芯层化学机械浆开展烟纤卡纸产品工艺技术研究。

22.3.1　烟梗浆质量控制标准研究

22.3.1.1　烟梗浆质量控制指标筛选

目前烟用涂布白卡纸芯层通常使用桉木浆、杨木浆、枫木浆等化学机械浆，化学机械浆的质量控制标准如表 22-20 所示。

表22-20 化学机械浆质量控制标准

指标	杨木浆	枫木浆	桉木浆
游离度/CSF	375~425	375~425	400~460
白度（ISO）/%	78.5~81	78.5~81.5	80~83
干燥度/%	≥85	≥85	≥85
纤维束/%	≤0.05	≤0.10	≤0.05
DCM抽提物/%	≤0.35	≤0.35	≤0.35
尘埃/10^{-6}	≤10	≤10	≤10
灰分/%	≤2	≤1.5	≤1.5
抗张指数/$N \cdot m \cdot g^{-1}$	10~20	10~20	10~20
松厚度/$cm^3 \cdot g^{-1}$	≥2.8	≥3.3	≥3.3
平均纤维长度/mm	≥0.7	≥0.7	≥0.7
细小纤维（<0.41 mm）/%	≤15	≤20	≤20
苯/$\mu g \cdot g^{-1}$	≤0.08	≤0.08	≤0.08
甲苯/$\mu g \cdot g^{-1}$	≤0.50	≤0.50	≤0.50
乙苯/$\mu g \cdot g^{-1}$	≤0.60	≤0.60	≤0.60
二甲苯/$\mu g \cdot g^{-1}$	≤1.50	≤1.50	≤1.50
甲醇/$\mu g \cdot g^{-1}$	≤20	≤20	≤20
甲醛/$\mu g \cdot g^{-1}$	≤10	≤10	≤10

参考化学机械浆质量控制标准，并考虑到烟梗纤维本身的特殊性，筛选确定了烟梗浆质量关键控制指标，如表22-21所示。

表22-21 烟梗浆质量关键控制指标

保留指标	新增指标	删减指标
游离度、白度、干燥度、DCM抽提物、灰分、松厚度、苯、甲苯、乙苯、二甲苯、甲醇、甲醛	>1.5 m^2 粗大烟梗纤维或异物、丙酮、丁酮	纤维束、尘埃、抗张指数、平均纤维长度、细小纤维

22.3.1.2 烟梗浆质量关键控制指标研究

1. 化学机械浆质量分析

对化学机械浆的纤维形貌及纤维质量进行分析，为研究确定烟梗浆质量控制标准提供数据参考。

对常用于生产卷烟包装卡纸芯层的3类化学机械浆进行纤维解离后，用Herzberg试剂进行染色后，采用光学显微对纤维形态和种类进行观察，如图22-7至图22-9所示。

（a） （b） （c）

图 22-7　桉木浆纤维形貌

（a） （b） （c）

图 22-8　杨木浆纤维形貌

（a） （b） （c）

图 22-9　枫木浆纤维形貌

从所测试的样品可以看出，外纤呈现红色和黄色说明样品中含有纤维素和木素，未含有半纤维素，这与化学机械浆的性质一致，化学机械浆采用化学预处理和机械磨解后处理的制浆方法。

对 6 种常用于生产涂布白卡纸芯层的化学机械浆疏解后进行浆料游离度、打浆度及湿重检测，检测结果如表 22-22 所示。

表 22-22　常见涂布白卡纸化学机械浆纤维质量检测

常见白卡纸原料	游离度/mL	打浆度/°SR	湿重/g
水晶针叶 580/65	610	18	1.10
水晶杨木 400/80	455	25	1.06
水晶杨木 400/70	350	27	0.66
天柏杨木 400/80	450	22	1.05
骑士杨木 400/80	420	26	0.84
冰河 400/75	440	28	3.12

通过对比 6 种化学机械浆纤维质量可以看出：除水晶针叶 580/65 外，其余浆料纤维游离度在(400±50) mL 内波动，但叩解度和纤维湿重波动较大，在卡纸生产过程中，游离度更能真实反馈浆料纤维质量，因此初步拟定烟梗纤维打浆质量为游离度(400±50) mL。

2. 烟梗高浓浆质量分析

取再造烟叶企业正常生产的烟梗高浓浆进行纤维质量检测分析，其检测数据见表 22-23。

表 22-23　烟梗高浓浆纤维质量分析

实验样品	游离度/mL	打浆度/°SR	湿重/g
烟梗高浓浆	750	18	5.5

对烟梗高浓浆使用 Herzberg 试剂进行染色后，采用光学显微对纤维形态和种类进行观察，结果如图 22-10 所示。

（a）　　　　　　　　　　　　　（b）

图 22-10　高浓烟梗浆纤维形貌

结合烟梗高浓浆纤维质量和纤维染色检测结果来看，烟梗高浓浆料纤维存在大量纤维束，从所测试的样品可以看出，烟梗纤维呈现红色、黄色、蓝色，说明样品中含有纤维素、木素、半纤维素，这与化学机械浆存在一定的差距，主要是因为烟梗浆料未采取化学处理去除纤维中的半纤维素；与化学机械浆相比，烟梗浆料中含有半纤维素易发生水化作用，纤维中结合水含量上升，影响后续脱水。

3. 烟梗高浓浆打浆验证

根据卷烟卡纸芯层纤维质量对标要求，结合现行烟梗高浓浆料质量，对烟梗高浓浆料使用 PFI 盘磨进行打浆，并检测其纤维质量和纤维形貌，打浆工艺及对应纤维质量检测数据如表 22-24。

表 22-24　烟梗高浓浆打浆工艺及对应纤维质量检测结果

实验样品	打浆浓度/%	打浆转速/r·min^{-1}	游离度/mL	打浆度/°SR	湿重/g
0	4	0	750	18	5.5
1	4	20000	610	25	2.9
2	4	25000	520	31	1.8
3	4	35000	410	39	0.8

从烟梗高浓浆打浆数据可看出，随打浆转速的增加，纤维打浆度不断上升，纤维湿重、游离度下降。烟梗高浓浆分散在水中的效果如图 22-11 所示，随着打浆度的提高，烟梗纤维逐渐变小，在水中的分散性不断提高。

（a）烟梗浆样品 1　　　　（b）烟梗浆样品 2　　　　（c）烟梗浆样品 3

图 22-11　烟梗浆在水中的分散效果

烟梗纤维的电子显微镜照片如图 22-12 所示，从纤维形貌来看，随游离度的下降，纤维束逐渐减少，纤维长度下降。当打浆至游离度 410 mL 时，纤维形态接近杨木浆纤维形态，如图 22-13。

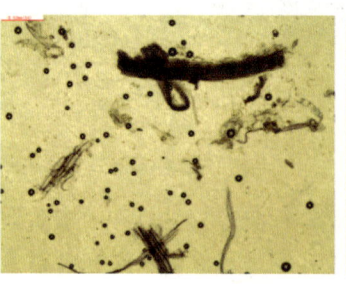

（a）烟梗浆实验样品 0

（b）烟梗浆实验样品1

（c）烟梗浆实验样品2

（d）烟梗浆实验样品3

图 22-12　烟梗浆纤维形貌

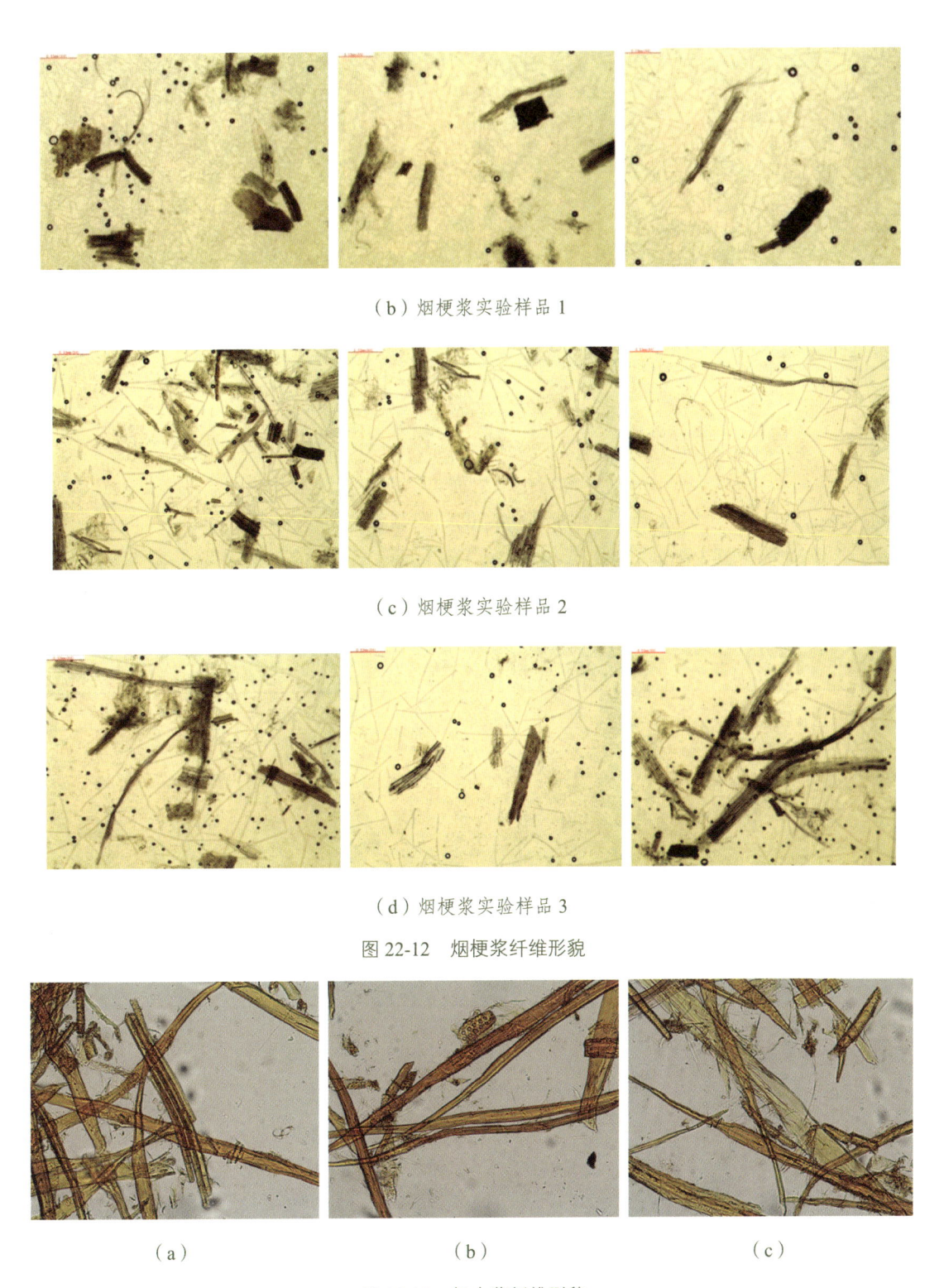

（a）　　　　　　　　　　　　（b）　　　　　　　　　　　　（c）

图 22-13　杨木浆纤维形貌

将上述烟梗浆料实验样品掺配骑士杨木 400/80 浆按 20∶80 的比例经凯塞法快速纸页成型器进行抄片，手抄片效果如图 22-14 所示。

（a）烟梗浆样品 1　　　　　　（b）烟梗浆样品 2　　　　　　（c）烟梗浆样品 3

图 22-14　掺配烟梗浆手抄片效果

从抄片效果来看，烟梗浆实验样品 1 和 2 手抄片中烟梗纤维不均一，有较多粗大纤维块，烟梗浆实验样品 3 手抄片中烟梗纤维与化学机械浆结合较好，纸页成型均匀，烟梗纤维分布均匀，不存在纤维束。综上所述，烟梗浆游离度的控制目标定为(400±50) mL。

对多种烟梗原料在线进行水提后进行高浓打浆，打浆浓度为 4%，游离度控制在(400±50) mL，而后干燥至水分为(12±2)%，如表 22-25 所示。分别对其理化指标进行检测分析，对标卡纸芯层化学机械浆纤维技术要求，研究制订烟梗浆各控制指标的控制目标。

表 22-25　烟梗高浓浆纤维质量检测结果

样品名称	烟梗原料	游离度/mL	打浆度/°SR	湿重/g	含水率/%
梗浆 1	烟梗配方 1	400	41	0.8	12.5
梗浆 2	烟梗配方 2	420	37	1.1	13
梗浆 3	烟梗配方 3	380	45	0.7	11.5
梗浆 4	烟梗配方 4	440	35	1.3	10.5

对以上制备的烟梗浆的挥发性成分（DCM 抽提物、苯、甲苯、乙苯、二甲苯、甲醇、甲醛、丙酮、丁酮）进行检测，如表 22-26 所示。

表 22-26　烟梗浆挥发性成分检测结果

检测项目	梗浆 1	梗浆 2	梗浆 3	梗浆 4	化学机械浆技术要求
DCM 抽提物/%	0.37	0.41	0.45	0.35	≤0.35
苯/μg·g^{-1}	0.02	0.01	0.01	0.02	≤0.08
甲苯/μg·g^{-1}	0.04	0.05	0.03	0.04	≤0.50
乙苯/μg·g^{-1}	0.01	0.01	0.01	0.02	≤0.60
二甲苯/μg·g^{-1}	0.19	0.21	0.24	0.30	≤1.50
甲醇/μg·g^{-1}	48	72	84	87	≤20
甲醛/μg·g^{-1}	21	24	19	26	≤10
丙酮/μg·g^{-1}	0.4	0.3	0.4	0.4	无
丁酮/μg·g^{-1}	0.1	0.1	0.1	0.1	无

由于烟梗内含大量有机成分，经过水提取后仍然会有有机成分残留，因此，相关烟梗浆挥发性成分与化学机械浆有所差异，经研究后对烟梗浆挥发性成分指标做如下修正，如表22-27所示。

表22-27 烟梗浆挥发性成分控制目标

检测项目	烟梗浆技术要求	化学机械浆技术要求	备注
DCM抽提物/%	≤0.50	≤0.35	调整
苯/μg·g^{-1}	≤0.08	≤0.08	未调整
甲苯/μg·g^{-1}	≤0.50	≤0.50	未调整
乙苯/μg·g^{-1}	≤0.60	≤0.60	未调整
二甲苯/μg·g^{-1}	≤1.50	≤1.50	未调整
甲醇/μg·g^{-1}	≤100	≤20	调整
甲醛/μg·g^{-1}	≤30	≤10	调整
丙酮/μg·g^{-1}	≤0.6	无	调整
丁酮/μg·g^{-1}	≤0.3	无	调整

烟梗浆属于机械浆，烟梗浆料中的半纤维素易发生水化作用，为制定烟梗浆干度的控制目标，有必要对烟梗浆的吸湿性进行研究。

对上述制备的4种烟梗浆的水分分别进行检测，研究烟梗浆水分随储存时间的变化，如图22-15所示。

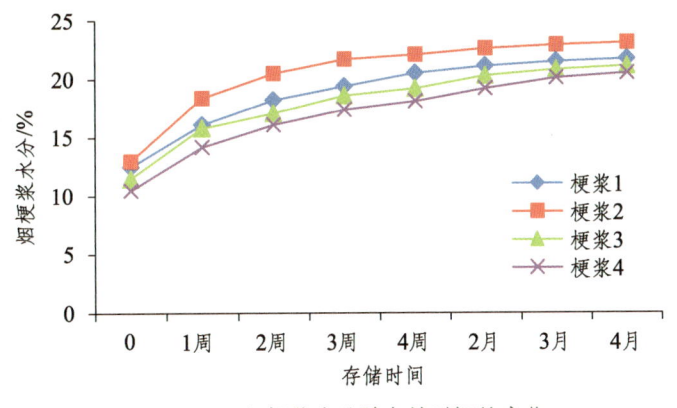

图22-15 烟梗浆水分随存储时间的变化

由以上图表可知，梗浆的含水率会随着储存时间的增加而变大，储存一个月后，梗浆的含水率增加较明显，而后趋于稳定。因此，在梗浆生产制造时，没有必要控制梗浆的含水率到12%，综合考虑梗浆的生产成本及后续梗浆的储存、运输，梗浆干度指标的控制目标为≥80%。

同时对4种梗浆的白度、松厚度及灰分控制指标进行检测分析，结果如表22-28所示。

表 22-28　烟梗浆白度、松厚度及灰分检测分析

检测项目	梗浆 1	梗浆 2	梗浆 3	梗浆 4	化学机械浆技术要求
白度 ISO/%	14	15	14	14	78.5～83
松厚度/cm^3·g^{-1}	1.8	1.7	1.8	2.0	≥2.8
灰分/%	5	6	5	4	≤2

由于烟梗浆是机械浆，同时内含色素及有机物，生产过程中未进行漂白处理，因此梗浆的白度、松厚度及灰分无法和化学机械浆进行对标，从检测结果看，梗浆的白度、松厚度明显低于化学机械浆，灰分明显高于化学机械浆。综合考虑，将梗浆的白度、松厚度及灰分控制指标的控制目标分别定为 13%～16%、≥1.5 cm^3/g、≤9%。同时对梗浆>1.5 m^2 粗大烟梗纤维或异物控制目标定为不允许有。

22.3.2　烟梗浆质量控制标准

因不同植物纤维原料的制浆工艺各不相同，其胞间层组织结构及纤维本身易磨解的特性不一样，所以要求烟梗浆用料必须为纯烟梗料，不能混有其他物料杂质。

综合考虑烟梗浆特有的质量特性及烟梗浆控制指标筛选、控制目标的研究，并参考化学机械浆的技术要求，制定烟梗浆的质量控制标准，如表 22-29 所示。

表 22-29　烟梗浆料标准

标准项目	控制目标
游离度/CSF	350～450
白度 ISO/%	13～16
干度/%	≥80%
DCM/μg·g^{-1}	≤0.50
灰分/%	≤9
>1.5 m^2 粗大烟梗纤维或异物/个数	0
松厚度/cm^3·g^{-1}	≥1.5
甲醛/μg·g^{-1}	≤30
苯/μg·g^{-1}	≤0.08
甲苯/μg·g^{-1}	≤0.50
乙苯/μg·g^{-1}	≤0.60
二甲苯/μg·g^{-1}	≤1.50
甲醇/μg·g^{-1}	≤100
丙酮/μg·g^{-1}	≤0.6
丁酮/μg·g^{-1}	≤0.3

22.4 烟梗浆制备工艺技术研究

由烟梗浆质量控制标准的研究表明，在烟梗浆的质量控制指标中，游离度和干度是关键控制指标，因此，在烟梗浆的制备工艺技术研究中，核心在于如何控制烟梗浆的游离度和干度。

22.4.1 烟梗浆游离度控制工艺技术研究

目前再造烟叶企业高浓打浆浓度为 13%，游离度为(750±50) mL，低浓制浆浓度为 4%，游离度为(520±50) mL，采用现行工艺不能达到烟梗浆关于游离度的控制目标，因此需对现有烟梗浆生产工艺进行优化。

工艺设计思路：① 提高提取温度增加纤维润胀程度，提高纤维软化程度，方便后续打浆；② 降低提取液比，增加提取液浓度，降低浓缩成本；③ 提高高浓制浆浓度，提高制浆过程中纤维与纤维、纤维与磨片之间的摩擦力，提高纤维的分丝效果。

根据工艺设计思路，烟梗浆生产工艺如表 22-30 所示。

表 22-30 烟梗浆生产工艺设计

工序段	备注
投料	1. 只使用梗组原料；2. 投料量 1000 kg/批
一级提取	1. 溶剂添加量 5 m³；2. 提取温度≥85 ℃；3. 提取时间(30±5) min；4. 固形物含水率≤75%
粗解	粗解电流 150～160 A
二级提取	1. 溶剂添加量 4.8～5.2 m³；2. 提取温度≥85 ℃；3. 提取时间(30±5) min；4. 固形物含水率≤75%
高浓制浆	1. 一级加水量 1～3 m³/h；2. 打浆度：(22±2) °SR；3. 纤维湿重(3.0±1.0) g

在工艺试验中，主要通过调节高浓制浆工序段一级加水量研究烟梗浆游离度的变化，结果如表 22-31 所示。

从表 22-31 中数据可看出高浓制浆过程中随加水量的降低，浆料浓度上升，打浆度下降，游离度上升，但未能达到烟梗浆游离度控制目标要求。

表 22-31 烟梗制浆工艺及浆料质量检测分析

样品	加水量/m³	浓度/%	游离度/mL	打浆度/°SR	纤维湿重/g
高浓 1	3	11.8	160	42	0.4
高浓 2	2	12	170	37	0.3
高浓 3	1	16.6	330	29	0.5
高浓 4	0	23	340	27	0.3

从纤维形态来看，如图 22-16 所示，随游离度上升（打浆度下降），浆料细小纤维增多，这可能是由于打浆浓度上升，在磨室内纤维与纤维间的摩擦作用力减小，纤维与磨片的摩擦作用增强，并导致纤维切断作用增加。

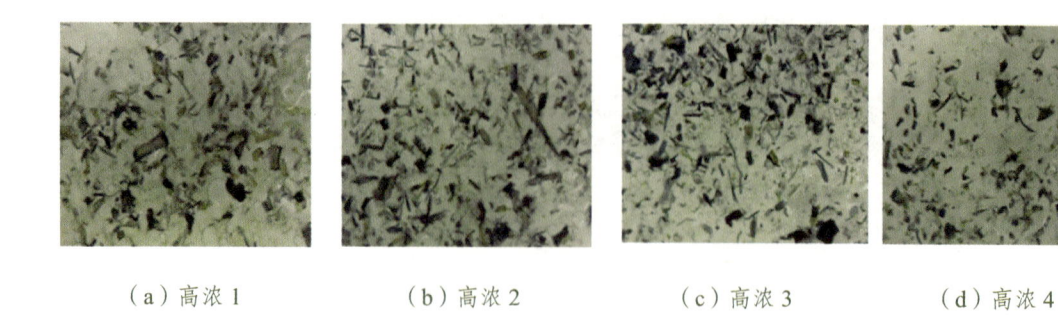

（a）高浓1　　　　　（b）高浓2　　　　　（c）高浓3　　　　　（d）高浓4

图 22-16　烟梗浆料纤维形貌

为进一步验证烟梗高浓制浆工艺，将高浓制浆工序段一级加水量调整为 0.5 m³/h，在实验过程中取样进行烟梗浆纤维质量分析，结果如表 22-32 所示。烟梗高浓浆料纤维游离度均在工艺设计(400±50) mL 内。

表 22-32　烟梗高浓浆料纤维质量检测统计

样品	浓度/%	游离度/mL	打浆度/°SR	纤维湿重/g
取样 1	18.5	420	29	0.89
取样 2	18.5	430	34	0.9
取样 3	18.9	440	30	1.59
取样 4	19.0	450	36	2.14
取样 5	19.3	400	30	0.93
取样 6	17.4	400	36	1.24
取样 7	20.2	395	36	1.09
取样 8	20.2	410	35	1.04

烟梗浆和杨木浆纤维形貌如图 22-17、图 22-18 所示，当烟梗高浓浆游离度为(400±50) mL 时，纤维分丝效果较好，同时具有一定含量的细小纤维，其纤维形貌与杨木浆纤维形貌较为接近。

　　　（a）　　　　　　　　　（b）　　　　　　　　　（c）

图 22-17　烟梗高浓浆纤维形貌

(a)   (b)   (c)

图 22-18 杨木浆纤维形貌

22.4.2 烟梗浆干度控制工艺技术研究

通过烟梗浆高浓制浆工艺技术研究，可实现烟梗浆游离度的控制目标，但高浓浆出口干度仅为 19%左右，远达不到烟梗浆干度的控制目标，因此需对烟梗高浓浆干度提升工艺技术进行研究。

工艺设计验证思路：① 使用双螺旋压榨机对低浓浆料进行挤压脱水工艺验证；② 使用卧式离心机对低浓浆料进行离心脱水工艺验证；③ 使用板框压力机对低浓浆料进行挤压脱水工艺验证；④ 使用烘筒对高浓浆进行烘干脱水工艺验证；⑤ 参照再造烟叶片基生产流程，烟梗纤维经打浆后抄造成型，进行压榨、烘箱、烘缸干燥脱水验证。

梗纸片基疏解后镜检结果如图 22-19 所示，从图中可以看出漂白针叶浆纤维细且长，不存在纤维束，烟梗纤维多呈束状，细小纤维较高浓浆明显减少，这主要是浆料上网成型过程中细小纤维流失造成的。

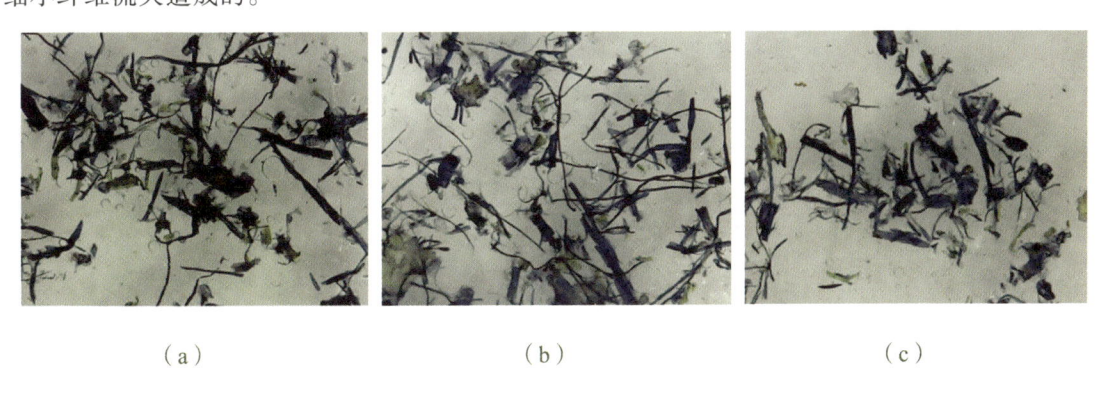

(a)   (b)   (c)

图 22-19 梗纸片基浆料纤维形貌

综上所述，烟梗采用高浓制浆后，通过高浓制浆工艺的优化可实现烟梗浆料游离度的控制目标，但在高浓烟梗浆脱水干燥环节，虽然尝试多种脱水干燥工艺，都很难达到烟梗浆干度的控制目标，因此为达到烟梗浆的质量控制指标，烟梗浆的供应形式变为烟梗浆片，即烟梗高浓制浆、片基成型后采用目前再造烟叶后续生产工艺。

22.4.3 烟梗浆片制备工艺技术研究

根据烟梗浆质量控制标准，结合前期烟梗浆游离度及干度控制工艺技术研究，开展烟梗浆片制备工艺技术研究。烟梗提取、高浓制浆、片基成型工艺沿用前期工艺，后续工艺采用目前再造烟叶涂布后的气浮干燥工艺，采用该工艺方式，烟梗浆片的干度可提升至88%，实现烟梗浆干度控制目标。

22.4.4 烟梗浆应用工艺技术研究

根据烟梗浆料质量指标控制标准，通过烟梗浆制备工艺技术研究，完成了烟用涂布白卡纸所需烟梗浆的制备。为实现烟梗浆烟用涂布白卡纸产品技术开发，对烟梗浆在烟用涂布白卡纸中应用工艺技术进行研究。

22.4.4.1 烟梗浆应用比例研究

将制备的烟梗浆按照不同添加比例添加到卡纸的芯层，研究烟梗浆烟用涂布白卡纸的抄片效果。配浆如表22-33所示。

表22-33 配浆方案明细表

面浆	芯浆	底浆
BM1底层混合浆（20% NBKP+80% LBKP） 浓度3.5% 叩解度26 °SR	方案1：66%高松浆+28%面浆+6%烟梗浆 方案2：60%高松浆+28%面浆+12%烟梗浆 方案3：56%高松浆+28%面浆+16%烟梗浆 混合后浓度均为2%	方案1：92.5% NBKP和LBKP混合浆+7.5% NUKP 方案2：90% NBKP和LBKP混合浆+10% NUKP 方案3：85% NBKP和LBKP混合浆+15% NUKP 方案4：80% NBKP和LBKP混合浆+20% NUKP 混合后浓度均为2%

抄片效果如图22-20、图22-21所示，加入3%、6%、8%烟梗浆后，芯层有2~5 mm竖条状的烟梗纤维，与底层复合后，有较为明显的改善。

随着芯层烟梗浆添加比例增加，颜色也逐渐变深，烟梗浆分布均匀，与底层复合后，颜色变浅，仍可看到烟梗纤维。

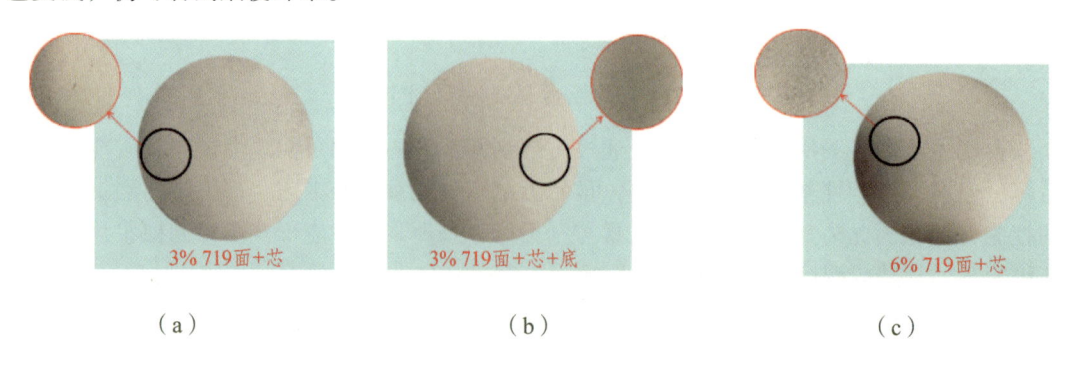

（a） （b） （c）

(d) 6% 719面+芯+底

(e) 8% 719面+芯 8% 719面+芯+底

图 22-20 不同烟梗浆添加比例卡纸手抄片效果图

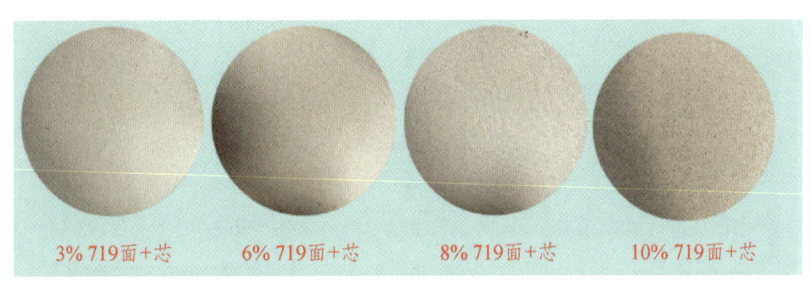

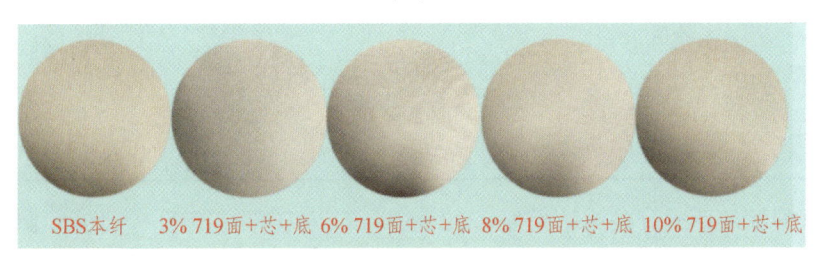

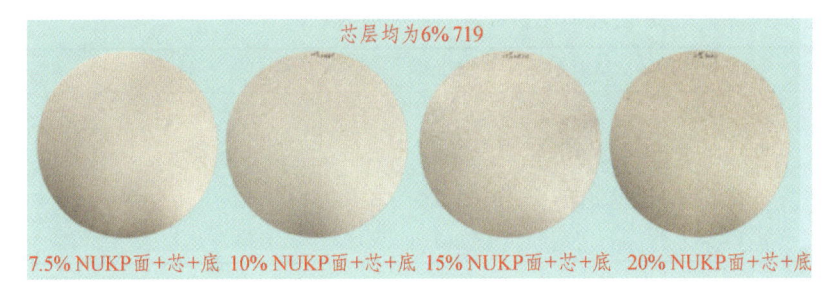

(a) 3% 719面+芯 6% 719面+芯 8% 719面+芯 10% 719面+芯

(b) SBS本纤 3% 719面+芯+底 6% 719面+芯+底 8% 719面+芯+底 10% 719面+芯+底

(c) 芯层均为6% 719
7.5% NUKP面+芯+底 10% NUKP面+芯+底 15% NUKP面+芯+底 20% NUKP面+芯+底

图 22-21 不同烟梗浆添加比例卡纸手抄片效果图

22.4.4.2 烟梗浆上机工艺试验

将烟梗浆在本纤卡纸上进行上机工艺试验,烟梗浆添加比例为 10%,通过研究上机试验出现的问题及成品理化指标,确定烟梗浆应用工艺。

对上机试验的成品卡纸取样后对标本纤卡纸进行理化指标检测,卡纸物理指标如表 22-34

所示。试验烟梗浆卡纸样品的物理指标与正常生产的本纤卡纸较接近，与前期上机试验卡纸样品相比，试验样品的表面粗糙度有所下降，耐折度明显提升。

表 22-34 上机试验卡纸物理指标检测分析

检测项目		正常本纤	取样 1	取样 2	取样 3
定量/g·m^{-2}		224	222	221	222
厚度/μm		296	296	295	296
水分/%		6.5	6.6	6.9	6.7
挺度/mN	纵向	6.8	6.7	6.7	6.5
	横向	3.0	3.1	3.0	3.0
D_{65} 亮度/%	正面	82.1	74.3	74.3	74.2
	芯层	75.1	52.7	53.4	52.9
	反面	71.2	59.2	57.8	57.5
表面粗糙度 PPS/μm		0.88	0.89	0.92	0.94
光泽度/%		40	39	39	37
层间结合强度/J·m^{-2}		211	196	193	177
耐折度（纵向/横向）/次		48/75	46/58	58/69	69/67
表面吸水性/J·m^{-2}	正面	33	32	32	33
	反面	42	37	38	39
色相	L^* 正/反	92.94/90.04	89.65/85.76	89.39/85.08	89.32/84.92
	a^* 正/反	-1.92/-1.06	-1.52/0.84	-1.87/0.94	-2.03/0.94
	b^* 正/反	0.78/5.34	1.0/8.05	0.48/8.26	0.33/8.38

试验卡纸的挥发性成分检测结果如表 22-35 所示。与正常生产的本纤卡纸相比，试验烟梗浆卡纸样品的挥发性成分有所增加，但总体符合成品卡纸关于挥发性成分的控制要求。

表 22-35 上机试验卡纸 VOC 指标检测分析   单位：10^{-6}

产品名称	甲醇	异丙醇	苯系物	溶剂杂质总量	溶剂残留总量
正常本纤	0.842	0	0	0.910	0.910
取样 1	1.044	0	0	1.090	1.094
取样 2	1.552	0	0	1.625	1.625
取样 3	1.438	0	0	1.537	1.537

为解决烟梗浆上机试验过程中出现的工艺问题及解决上机试验样品平整性和耐折度下降的问题，重新组织烟梗浆的上机试验，在上机试验中，在烟梗浆投料添加滤水酶，同时开启高压喷淋洗网水管和在线清洗喷头两套清洗装置，芯层使用芯压力筛，加大面底层长纤比例。

22.5 烟纤卡纸生产工艺集成及产品开发

通过对烟梗浆制备及烟梗浆应用工艺技术系统研究，对烟纤卡纸生产工艺进行集成，完成烟纤卡纸产品开发及应用研究。

22.5.1 烟梗浆生产工艺技术集成

22.5.1.1 烟梗浆质量控制标准

综合考虑烟梗浆特有的质量特性及烟梗浆控制标准研究，并参考化学机械浆的技术要求，制定烟梗浆的质量控制标准，具体内容如下：

（1）烟梗原料要求：原料为纯烟梗，不含其他杂质；烟梗长度控制在 5~20 mm，以保证纤维长度均一性；烟梗陈化时间不超过 3 年。

（2）烟梗浆料标准（表 22-36）：烟梗浆料为片状，浆料中添加的木浆为化学阔叶浆 LBKP，加入量为 6%，打浆度为 20~30 °SR，不添加湿部化学助剂。

表 22-36 烟梗浆料标准

标准项目	控制目标
游离度/CSF	350~450
白度 ISO/%	18~21
干度/%	≥85%
DCM/μg·g^{-1}	≤0.50
灰分/%	≤9
>1.5 m^2 粗大烟梗纤维或异物	0
松厚度/cm^3·g^{-1}	≥1.5
甲醛/μg·g^{-1}	≤30
苯/μg·g^{-1}	≤0.08
甲苯/μg·g^{-1}	≤0.50
乙苯/μg·g^{-1}	≤0.60
二甲苯/μg·g^{-1}	≤1.50
甲醇/μg·g^{-1}	≤100
丙酮/μg·g^{-1}	≤0.6
丁酮/μg·g^{-1}	≤0.3

（3）安全卫生要求：烟梗浆中荧光物质、重金属、微生物需符合《食品安全国家标准 食品接触用纸和纸板材料及制品》（GB 4806.8—2022）的规定。

22.5.1.2 烟梗浆生产工艺标准

烟梗浆生产工艺标准如表 22-37 所示。

表 22-37 烟梗浆生产工艺设计

工序段	备注
投料	1. 只使用梗组原料；2. 投料量 1000 kg/批
一级提取	1. 溶剂添加量 5 m^3；2. 提取温度≥85 ℃；3. 提取时间(30±5) min；4. 固形物含水率≤75%

续表

工序段	备注
粗解	粗解电流 150~160 A
二级提取	1. 溶剂添加量 4.8~5.2 m^3；2. 提取温度≥85 °C；3. 提取时间(30±5) min；4. 固形物含水率≤75%
高浓制浆	1. 一级加水量(0.5±0.2) m^3/h；2. 打浆度(22±2) °SR；3. 纤维湿重(3.0±1.0) g
低浓制浆	1. 空机运转；2. 浓度(4.0±0.5)%；3. 游离度：(400±50) mL
配浆	1. 外纤打浆游离度(400±50) csf；2. 浓度(5.0±0.5)%；3. 外纤配比 6%
成型	1. 上网浓度1.0%；2. 定量70 g/m^2；3. 干度≥80%

22.5.2 烟梗浆应用工艺技术集成

22.5.2.1 烟纤卡纸产品标准

综合考虑烟纤卡纸的特性，并参考SBS白卡纸（本纤）产品标准，制定SBS烟草纤维白卡纸（本纤）产品标准，具体如表22-38所示：

表22-38 SBS烟草纤维白卡纸（本纤）产品标准

测试项目		单位	目标值
定量		g/m^2	220±6
厚度		μm	295±7
水分		%	6.5±0.5
挺度	纵向	mN	≥5.0
	横向	mN	≥2.5
表面粗糙度 PPS		μm	≤1.50
光泽度		%	≥35
层间结合强度		J/m^2	≥100
表面吸水性	正面	g/m^2	≤40
	反面	g/m^2	≤100
色差 ΔEab		—	≤1.5
荧光物质		—	阴性

22.5.2.2 烟纤卡纸生产工艺标准

通过多次烟梗浆中试上机试验，制定SBS烟草纤维白卡纸（本纤）产品生产工艺标准：① 烟梗浆投料方案；② 打浆流程及工艺标准；③ 湿部工艺标准；④ 纸机工艺流程及标准；⑤ 涂料工艺标准。

22.5.3 烟纤卡纸产品开发及应用研究

22.5.3.1 烟纤卡纸产品开发

按照以上工艺标准，完成烟纤卡纸的生产，对烟纤卡纸产品取样后进行物理指标检测，结果如表22-39所示，与烟纤卡纸产品标准对标后分析，产品质量符合标准要求。

表 22-39　烟纤卡纸物理指标检测结果

测试项目		技术标准	检测值
定量/g·m^{-2}		220±6	222
厚度/μm		295±7	295
水分/%		6.5±0.5	6.7
挺度/mN	纵向	≥5.0	6.6
	横向	≥2.5	3.3
表面粗糙度 PPS/μm		≤1.50	1.18
光泽度/%		≥35	37
层间结合强度/J·m^{-2}		≥100	193
表面吸水性/g·m^{-2}	正面	≤40	35
	反面	≤100	72
色差 ΔEab		≤1.5	1.2
荧光物质		阴性	阴性

对烟纤卡纸产品取样后进行挥发性成分检测，结果如表 22-40 所示，综合判定为合格。

表 22-40　烟纤卡纸产品 VOC 指标检测分析　　　　　单位：10^{-6}

样品名称	甲醇	异丙醇	苯系物	溶剂杂质总量	溶剂残留总量	综合判定
烟纤卡纸	2.156	0	0	2.156	2.156	合格

对烟纤卡纸产品取样后按照国标《食品安全国家标准　食品接触用纸和纸板材料及制品》（GB 4806.8—2022）进行对标检测，结果如表 22-41 所示，烟纤卡纸产品符合国标要求。

表 22-41　烟纤卡纸产品食品安全国家标准检测分析

序号	检测项目	单位	技术要求	检测结果	单项判定
1	感官（样品）	—	色泽正常，无异臭、霉斑或其他污物等	符合要求	符合
2	砷（As）	mg/kg	≤1.0	未检出	符合
3	铅（Pb）	mg/kg	≤3.0	未检出	符合
4	荧光性物质（波长 254 nm 和 365 nm）	—	阴性	阴性	符合
5	甲醛[水，(80±2) ℃，2 h]	mg/dm^2	≤1.0	未检出	符合
6	大肠杆菌	/50 cm^2	不得检出	未检出	符合
7	沙门氏菌	/50 cm^2	不得检出	未检出	符合
8	霉菌	cfu/g	≤50	<10	符合
备注	检出限：甲醛 0.05 mg/dm^2，铅（Pb）1.0 mg/kg，砷（As）0.5 mg/kg				

对烟纤卡纸产品进行印刷效果测试，在正常印刷紫云小盒印刷工艺条件下，期间未做任

何调整。印刷色序：白色-黄色-网红-黑色-底红-水光油。测试约 2000 m。测试结果如下：

（1）套印：正常。

（2）印刷效果：印刷后平整性较好，可满足正常烟标的印刷需求，印刷效果较好。

（3）耐折性：现场测试耐折性能，可满足要求。

（4）模切：对印制好的烟标进行模切，模切效果正常。

印刷效果如图 22-22、图 22-23 所示，印刷品表面平整正常，模切后烟标折爆效果正常。

图 22-22 芯层烟纤卡纸印刷效果

（a）

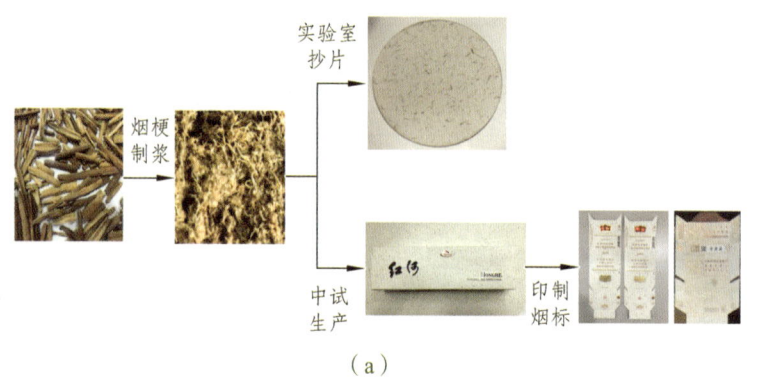

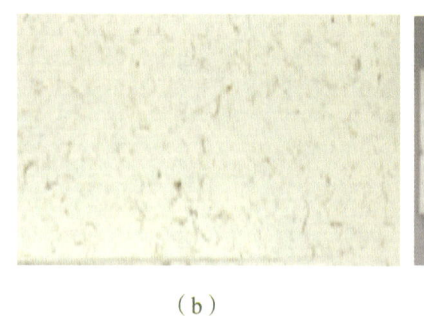

（b）　　　　　　　（c）　　　　　　　（d）

图 22-23 面层烟纤卡纸印刷包装效果

22.5.3.2　烟纤卡纸产品应用研究

为进一步验证烟纤卡纸在卷烟包装印品的适用性，开展完成其上机包装适应性试验工作，结果表明：

（1）对烟纤卡纸进行上机适应性试验，包装机型为 FOCKE350，机速为 350 包/min。该包装材料上机前包装设备未做调整，上机试验后试验材料输送正常，未有阻机、停机现象，设备运行正常。烟包成型无异常，质量符合卷烟包装质量相关要求。

（2）对烟纤卡纸进行上机适应性试验，包装机型为GDX2000，机速为500包/min。该包装材料上机前包装设备未做调整，上机试验后试验材料输送正常，未有阻机、停机现象，设备运行正常。烟包成型无异常，质量符合卷烟包装质量相关要求。

为验证烟纤卡纸的市场认可度，对烟纤卡纸进行市场测试，烟纤卡纸市场测试分别在四个卷烟产品、四个投放市场开展，总投放量约为2200箱，采用多种投放方式，如表22-42所示。市场测试结果表明，在目前测试的市场环境及投放方式下，烟纤卡纸的使用未造成产品的明显差异，市场测试效果较好。

表22-42 烟纤卡纸市场测试情况

投放市场	投放方式	投放量	反馈情况
昆明	集中投放	1500箱	无反馈
玉溪	混合投放	50箱	无反馈
红河	多点投放	500箱	无反馈
西安	定点投放	150箱	无反馈

22.6 结 论

采用重组烟草的工艺和设备成功开发了含烟梗纤维的烟用白卡纸（简称烟纤卡纸），烟纤卡纸符合烟用白卡纸的技术要求和安全性标准，烟纤卡纸上机印刷、上机卷包适应性符合要求，采用烟纤卡纸的卷烟通过了市场测试。但是烟纤卡纸产业化也面临一些问题，其中最突出的是能耗问题，由于烟梗浆生产地与卡纸生产地距离较远，需要大量能耗把烟梗浆烘干便于运输，显著增加了成本；另一方面，烟梗的综合利用尚未形成相应的完整产业链，过程中产生的副产物未获得有效开发利用。

参考文献

[1] 刘润昌, 沈靖轩, 周瑾, 等. 一种烟包卡纸: CN102127878B[P]. 2012-03-07.

[2] 季向东, 刘晶, 李忠, 等. 一种含有烟梗和/或烟叶的涂布白卡纸及其生产工艺: CN106283929A[P]. 2017-01-04.

[3] 任小平, 王保兴, 吴义荣, 等. 一种烟梗浆纤维筛选设备: CN209314937U[P]. 2019-08-30.

[4] 王保兴, 刘晶, 卢伟, 等. 一种应用于高速纸机上的烟梗预处理方法及该烟用白卡纸: CN110916238A[P]. 2020-03-27.

[5] 陈剑, 殷沛沛, 王保兴, 等. 一种用于涂布白卡纸的烟梗浆及制备方法: CN113463430A[P]. 2021-10-01.

[6] 李飞, 卢诗强, 马洪生, 等. 一种烟草纤维白卡纸及其制备方法: CN113417170A[P]. 2021-09-21.

[7] 陈剑，殷沛沛，詹建波，等. 一种烟梗浆片、制备方法和用途：CN113349407A[P]. 2021-09-07.

[8] 李飞,陈剑,刘丽图,等. 一种制备卡纸浆料的方法及卡纸:CN112709091A[P]. 2021-04-27.

[9] 任小平，王保兴，吴义荣，等. 一种烟梗浆纤维筛选设备及应用：CN109162138B[P]. 2021-01-26.

[10] 任小平，王保兴，吴义荣，等. 一种烟梗涂布白卡纸及其制备方法与应用：CN109082928B[P]. 2021-01-12.

23 含烟梗粉箱板纸加工工艺技术开发

为实现烟梗粉体在箱板纸上的负载,进而开发含烟梗粉的箱板纸产品,开展烟梗粉体在箱板纸中的应用工艺技术研究。

箱板纸在结构上可分为面层、衬层、芯层和底层,由于箱板纸面层对相关物理指标(如颜色、尘埃度、拉毛强度等)要求较高,因此在含烟梗粉箱板纸加工工艺技术开发研究过程中,烟梗粉的添加聚焦于箱板纸的衬层、芯层和底层。

23.1 烟梗粉质量控制标准研究

为实现烟梗粉在箱板纸中的添加应用,需要对适用于箱板纸的烟梗粉的质量控制标准进行研究,通过对添加烟梗粉前后纸页中的首程留着率、纸张物理强度以及成纸外观等方面的研究及助留剂、纤维素软化酶和微粒包裹剂对烟梗粉的留着效果研究,确定适用于箱板纸的烟梗粉质量控制标准。

箱板纸浆料为面浆。将不同目数的烟梗颗粒分散为1%浓度的悬浮液,助留剂和纤维素软化酶也分别稀释一定倍数后,添加到手抄片中。

浆料留着率是纸张生产中的一个重要参数,关系到纸张的质量、生产成本和废水的排污量,提高浆料的留着可以改善纸页匀度和物理性能,因此烟梗粉的首程留着率是烟梗粉应用在箱板纸中的重要指标。烟梗粉首程留着率的计算公式如下:

$$R = \frac{m_1 - m_2}{m}$$

式中　R——烟梗粉首程留着率;
　　　m_1——添加烟梗粉后纸张质量;
　　　m_2——未添加烟梗粉纸张质量;
　　　m——烟梗粉添加量(绝干)。

不同目数和不同添加量烟梗粉对纸张定量和留着率的影响如表23-1所示。

表 23-1 目数和添加量对烟梗粉留着率的影响

烟梗添加量/%	目数	定量/g·m^{-2}	留着率/%
0		105.09	
5	35~40	106.51	28.4
	40~50	106.76	33.5
	50~60	106.95	37.3
	60~80	107.28	43.8
	80~100	106.36	45.3
10	35~40	109.47	43.8
	40~50	109.65	45.6
	50~60	106.84	47.5
	60~80	110.02	49.6
	80~100	110.09	51.2
15	35~40	109.72	26.7
	40~50	110.04	33
	50~60	110.52	36.2
	60~80	110.59	36.6
	80~100	110.84	38.3

从表 23-1 中可以看出，随着烟梗粉添加量的增加，留着率整体呈现逐渐升高然后又降低的趋势，定量呈现逐渐增加的趋势。在烟梗粉添加量为 10%左右时，其留着率最大。在烟梗粉相同添加量条件下，目数越高，烟梗颗粒越细越小，越容易吸附在纸张表面，其留着率和定量也越大。

纸张的物理强度和纤维种类、纤维本身强度、纤维交织形式等很多因素有关，烟梗粉添加到纸浆中，必然会引起成纸强度的变化。不同目数和不同添加量烟梗粉对纸张强度的影响如表 23-2 所示。

表 23-2 目数和添加量对成纸强度的影响

目数	添加量/%	耐破指数/kPa·m^2·g^{-1}	抗张指数/N·m·g^{-1}
35~40	0	2.49	33.90
	5	2.28	32.34
	10	1.73	26.23
	15	1.68	23.91
40~50	5	2.07	30.37
	10	1.81	25.09
	15	1.50	24.57

续表

目数	添加量/%	耐破指数/kPa·m²·g⁻¹	抗张指数/N·m·g⁻¹
50~60	5	2.30	33.75
	10	1.84	29.15
	15	1.76	26.71
60~80	5	2.30	32.70
	10	1.89	28.01
	15	1.68	25.12

可以看出，随着烟梗粉添加量增加，纸页抗张和耐破指数都随之降低，且烟梗添加量从5%增加到10%后，强度下降更为明显；添加50~60目烟梗粉的纸页强度比其他目数烟梗粉纸页强度更高。

纸张的性能不仅包括物理指标，其外观特性也是重要的参数，纸面光滑无斑点，无掉毛掉粉现象，才能不影响后续的生产和使用。不同目数和不同添加量烟梗粉对纸张外观的影响如图23-1所示。

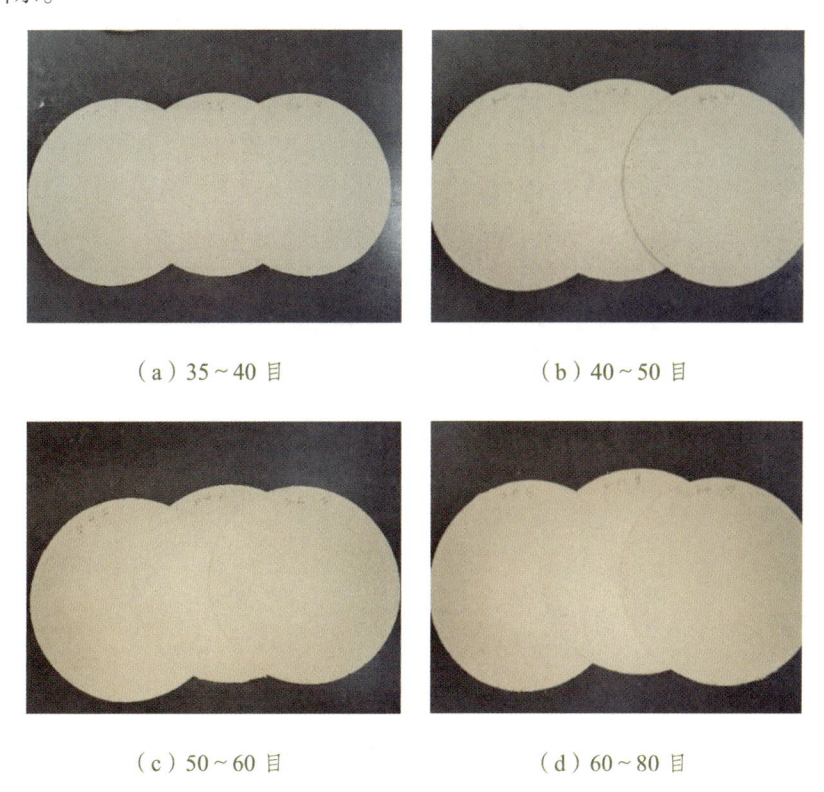

（a）35~40目

（b）40~50目

（c）50~60目

（d）60~80目

图23-1　含烟梗粉纸页外观

从图23-1可以看出，目数越低，添加量越大，烟梗颗粒越明显，纸张表面也越粗糙，纸页掉毛现象越严重。当目数小于50目，纸张表面烟梗颗粒比较明显，成纸外观不达标；当目数大于50目时，成纸表面明显光滑，掉毛掉粉现象也明显减少。

助留剂是造纸过程中最常用的化学品之一，它能有效提高细小纤维的留着、减少流失，改善白水循环，减少污染。添加10%的60~80目烟梗粉到手抄片中，比较助留剂添加量对烟梗粉留着率的影响，结果如表23-3所示。

表23-3 助留剂添加量对烟梗粉留着率的影响

烟梗添加量/%	助留剂添加量/10^{-6}	定量/$g \cdot m^{-2}$	留着率/%
0	0	105.09	
0	300	106.35	
0	600	106.90	
0	900	109.87	
10	0	110.02	49.6
10	300	111.94	55.9
10	600	112.98	60.8
10	900	116.71	68.4

从表23-3中可以看出，助留剂不仅对烟梗粉有助留效果，同时也能提高浆料的留着率。在排除助留剂对浆料影响的前提下，添加助留剂后，烟梗粉留着率提高，且助留剂添加量越多，烟梗粉留着率也越大。

微粒包裹剂是一种阳离子聚合物，其电荷密度高、分子量大，能将烟梗粉粒径从20~50 μm提升到100 μm以上，以减少烟梗粉的流失，提高在纸页中的留着。添加5%的80~100目烟梗粉到手抄片中，比较微粒包裹剂添加量对烟梗粉留着率的影响，结果如表23-4所示。

表23-4 微粒包裹剂添加量对烟梗粉留着率的影响

烟梗添加量/%	微粒包裹剂添加量/10^{-6}	定量/$g \cdot m^{-2}$	留着率/%
0	0	105.09	
0	100	106.30	
0	200	106.46	
0	300	106.65	
5	0	106.36	45.3
5	100	108.66	47.2
5	200	108.95	49.7
5	300	109.26	52.1

从表23-4可知，微粒包裹剂和助留剂相似，既能提高烟梗颗粒的留着，也能提高浆料的留着。且随着微粒包裹剂用量的增大，留着率也逐渐增大，但留着率增加缓慢，说明其作用效果没有助留剂明显。

纤维素软化酶是一种特殊的复合酶制剂，对植物纤维的纤维活化、结构松弛有显著效果。用纤维素软化酶对40~50目烟梗粉预处理2 h，比较纤维素软化酶添加量对烟梗粉留着率的影响，结果如表23-5所示。

表 23-5　纤维素软化酶添加量对烟梗粉留着率的影响

烟梗添加量/%	酶添加量/10^{-6}	定量/$g \cdot m^{-2}$	留着率/%
0	0	105.09	—
10	0	109.65	45.6
10	100	108.54	34.5
10	200	107.33	22.4

由表 23-5 可知，经过纤维素软化酶处理后的烟梗粉，留着率比未经处理的烟梗粉下降明显，说明纤维素软化酶对烟梗粉并无处理效果，还会使其留着率降低。

综上所述，当添加量为 10%时，烟梗粉首程留着率最好，不同目数烟梗粉平均留着率达到 47.5%。实际生产过程中，白水是循环使用的，在纸机上添加后，最终留着率会更高，根据经验，最终留着率会比首程留着率提高 50%左右。加入烟梗粉后，成纸强度下降，添加 50~60 目烟梗粉成纸强度比其他目数更好。目数越低，添加量越大，纸张表面也越粗糙，纸页掉毛现象越严重，纸页外观尘埃点增多；当目数大于 50 目时，成纸表面明显光滑，掉毛掉粉现象也明显减少。综合烟梗粉添加工艺、成本和产品质量考虑，使用 50~60 目最佳。助留剂和微粒包裹剂均能提高烟梗粉的留着率。

23.2　烟梗粉应用工艺技术研究

将烟梗粉分散在水中，分别形成浓度为 3%、5%和 8%的浆料，静置 15 min 后评估浆料的稳定性，如图 23-2 所示。浆料浓度为 3%时静置后有明显分层现象，浓度在 5%以上浆料稳定性较好。

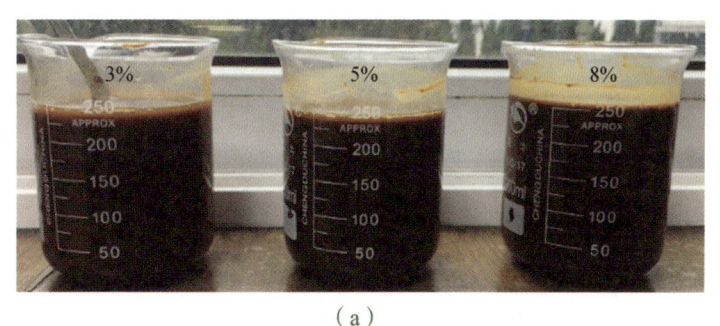

（a）

（b）

图 23-2　烟梗粉浆料的分散稳定性

以烟梗粉浆料浓度为 5% 为研究对象,分析添加微粒包裹剂前后对浆料 PCD(阴离子需求量)和 pH 的影响,如表 23-6 所示。实验采用两种微粒包裹剂产品 MF-4400、MF-8000,先加 MF-4400,后加 MF-8000,添加量均为 5 kg/t 绝干烟梗粉。烟梗粉浆料的 PCD 非常低,即阳电荷需求度极高,采用微粒包裹剂处理后,PCD 和 pH 均有一定的改善。

表 23-6　微粒包裹剂对浆料 PCD 和 pH 的影响

指标	微粒包裹剂(MF-4400 和 MF-8000)用量(kg/t 绝干烟梗粉)	
	0	2+2
PCD	-4921	-3840
pH	4.63	4.89

同时研究了在不同烟梗粉添加量条件下,微粒包裹剂对浆料保留和滤水的影响,如表 23-7 和图 23-3、图 23-4 所示。

表 23-7　微粒包裹剂对浆料保留率和滤水的影响

	烟梗粉添加比例/%	浆料保留率/%		浆料滤水	
		总保留	灰分保留	浊度	PCD
空白	0	69.2	65.3	218	-93
未处理	3	68	64.7	315	-230
	5	65.5	62.5	341	-267
	8	64.4	61.2	391	-318
微粒包裹剂处理	3	72.7	67.1	242	-211
	5	73.3	71.6	297	-242
	8	71.7	69.3	339	-272

(a)

(b)

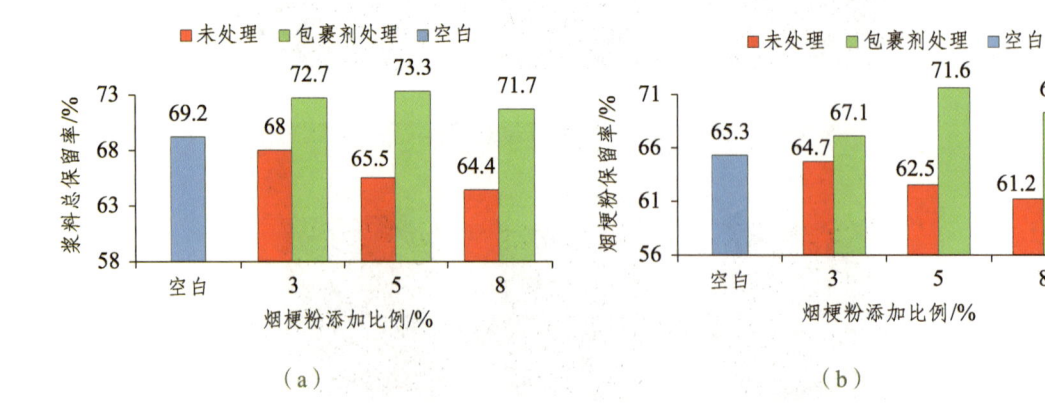

图 23-3　微粒包裹剂对浆料(a)和烟梗粉(b)总保留率的影响

（a）　　　　　　　　　　　　　（b）

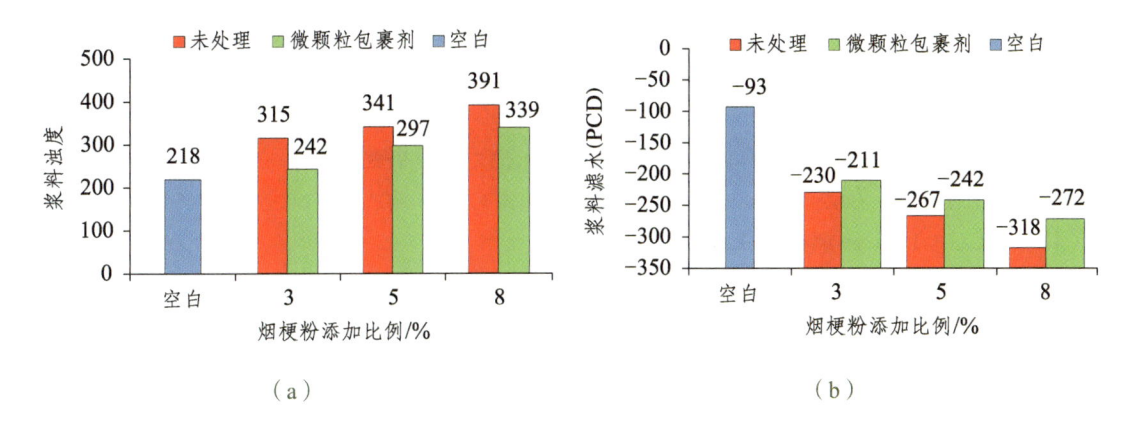

图 23-4　微粒包裹剂对浆料浊度（a）和浆料滤水（b）的影响

由以上可知，添加烟梗粉后，浆料和烟梗粉保留呈明显降低趋势，使用包裹剂处理后，保留升高明显，在烟梗粉添加量 50 kg/t（对浆料）时，保留率达到最佳。烟梗粉添加后，浆料滤水的浊度升高，即流失量增大，浆料滤水 PCD 降低明显，与保留率变化基本吻合，随着微粒包裹剂添加，浆料浊度和滤水 PCD 改善效果比较明显。

取箱板纸芯浆，分别添加不同含量的烟梗粉后进行抄片，研究烟梗粉添加量对成纸物理指标的影响，如表 23-8 和图 23-5 所示。

表 23-8　烟梗粉添加量对成纸物理指标的影响

烟梗添加量 /%	定量 /g·m^{-2}	耐破指数 /kPa·m^2·g^{-1}	耐折度 /次	环压指数 /N·m·g^{-1}	色泽 L	a	b
0	120.8	2.14	7.8	5.2	56.8	5.4	17.8
3	121.9	2.07	7.1	5.8	56.7	5.4	18.4
5	125.2	1.85	6.5	6.1	57.0	5.5	18.6
8	127.9	1.78	6.3	5.4	56.3	5.6	17.9

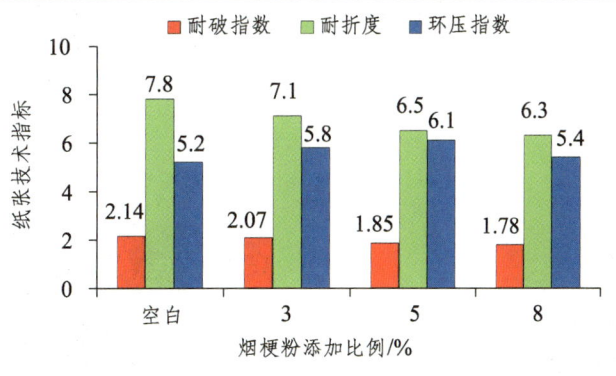

图 23-5　烟梗粉添加量对成纸物理指标的影响

由以上可知，添加烟梗粉后，抄片纸张耐破指数和耐折度随着烟梗粉用量增加呈明显降低趋势。抄片纸张环压指数随烟梗粉用量先上升，用量达到 5%（对纸浆）开始下降。抄片纸张色泽变化不明显。

围绕箱板纸关键控制指标，以烟梗粉在箱板纸中应用实验室分析为基础，开展了含烟梗粉箱板纸加工工艺技术研究，对含烟梗粉箱板纸加工进行中试验证，从上机工艺参数和产品性能等方面系统开展含烟梗粉箱板纸（瓦楞纸）加工工艺技术研究，为含梗粉箱板纸加工工艺技术规范和产品标准的制定奠定基础。

以生产的 AA 级 300 g/m² 箱板纸为中试试验背景，原料搭配如下：面层：100%未漂硫酸盐针叶木浆；衬层、芯层、底层：国产废纸浆（一级 OCC）40%+进口废纸浆 40%+国产废纸浆（特级 OCC）17.5%+烟梗粉 2.5%。

烟梗粉由链板机加入碎浆机，随废纸碎解后一起进入制浆段，经过除砂、筛选、盘磨等工序成浆，进入衬、芯、底的浆池。

烟梗粉添加工艺如表 23-9 所示，中试试验现场如图 23-6 至图 23-9。

表 23-9 烟梗粉添加工艺明细

项目	面层	衬层	芯层	底层	备注
上浆量/t·h^{-1}	6.0	7.0	7.0	20.0	
烟梗粉加入量/kg·t^{-1}	—	5	5	5	
烟梗粉配制浓度/%	—	5%			
烟梗粉流量/m³·h^{-1}	—	0.7	0.7	2	
微粒包裹剂 A 用量/kg·t^{-1}	—	3.5	3.5	3.5	
微粒包裹剂 A 流量/L·h^{-1}	—	0.2	0.2	0.6	原液
微粒包裹剂 B 用量/kg·t^{-1}	—	1.5	1.5	1.5	
微粒包裹剂 B 流量/L·h^{-1}	—	0.1	0.1	0.3	

（a） （b）

图 23-6 烟梗粉浆料在线制备系统

（a） （b）

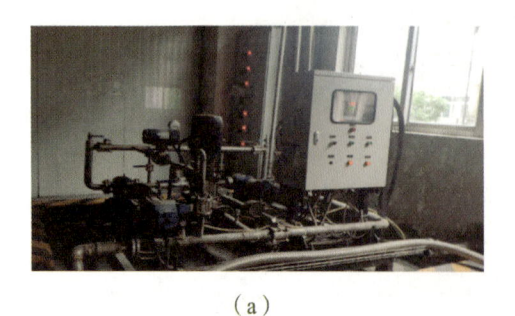

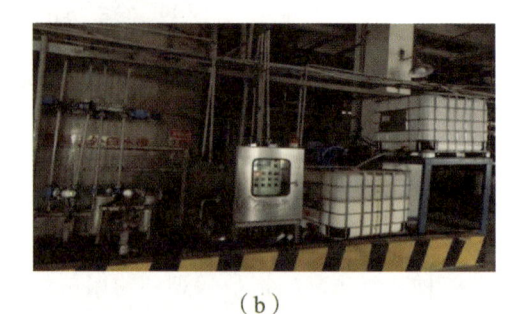

图 23-7 烟梗粉浆料（a）和微粒包裹剂（b）在线添加控制系统

（a）制浆 DCS 　　（b）制浆车间

（c）纤维分级筛 　　（d）盘磨机

图 23-8　中试试验制浆系统

（a）造纸 DCS 　　（b）造纸车间 　　（c）网部

（d）压榨 　　（e）干部 　　（f）收卷

图 23-9　中试试验造纸系统

废纸碎解后进入高浓除砂器，除去重杂质，通过粗筛后用纤维分级筛分成长、短纤浆料。短纤维除砂后，去磨浆机打浆做芯浆；长纤维进入低浓除砂器除去细小砂粒后，经精筛精选、过热分散机后再进行磨浆，去造纸车间做衬浆和底浆。

由制浆车间送来的浆分别送至面、衬、芯、底层配浆池中，稀释后浆料依次上网、脱水、成型，变成湿纸页，再到压榨部进一步脱水，然后通过烘缸干燥、压光、卷纸、复卷、分切，加工成卷筒纸，然后进行计量、包装、入库。

对中试试验烟梗粉添加前后湿部系统进行检测，结果如表23-10所示。

表23-10 烟梗粉添加前后湿部系统对比分析

项目	添加前				添加后			
	面层	衬层	芯层	底层	面层	衬层	芯层	底层
上浆量/$t \cdot h^{-1}$	6.12	6.94	6.84	19.68	6.18	7.01	6.99	19.76
上网浓度/%	0.352	1.008	0.754	0.798	0.346	0.965	0.723	0.803
白水浓度/%	0.041	0.258	0.168	0.178	0.039	0.272	0.183	0.169
保留率/%	88.6	74.4	77.7	77.7	88.7	71.8	74.7	79.0
灰分/%	1.09	10.1	10.87	12.54	1.12	10.5	10.59	12.02
PCD	-390	-450	-450	-462	-388	-472	-448	-451
pH	6.51	6.50	6.55	6.50	6.32	6.44	6.49	6.58
电导率	-3780	-4100	-4040	-4150	-3776	-4240	-4130	-4210
VFA/$meq \cdot L^{-1}$	38.9				37.7			
硫酸根/$mL \cdot L^{-1}$	513				524			
COD/$mg \cdot L^{-1}$	3283				3197			
BOD/$mg \cdot L^{-1}$	817				831			

由以上湿部系统检测对比分析可知，白水浓度低于0.2%，保留达到77.7%以上。烟梗粉加入量只有2.5%，且有微粒包裹处理，所以烟梗粉保留效果比较理想。烟梗粉加入量2.5%时，电导率、pH影响不大。白水COD、B0D、VFA均在标准范围内。

对中试试验烟梗粉添加前后成纸样品的关键物理指标进行检测，结果如表23-11所示。

表23-11 烟梗粉添加前后成纸关键物理指标对比分析

样品		定量/$g \cdot m^{-2}$	耐破指数/$kPa \cdot m^2 \cdot g^{-1}$	耐折度（纵/横）/次	环压指数/$N \cdot m \cdot g^{-1}$	吸水性/$g \cdot m^{-2}$
未添加烟梗粉成纸	样品1	294	3.35	110/252	13.22	39/47
	样品2	296	3.39	144/351	12.36	42/45
	样品3	294	3.41	114/195	13.56	40/45
	均值	295	3.38	123/266	13.05	43

续表

样品		定量 /g·m^{-2}	耐破指数 /kPa·m^2·g^{-1}	耐折度 （纵/横）/次	环压指数 /N·m·g^{-1}	吸水性 /g·m^{-2}
添加烟梗粉成纸	样品1	295	3.37	132/275	12.55	45/40
	样品2	298	3.28	117/239	13.06	39/44
	样品3	296	3.34	112/268	13.87	36/47
	均值	296	3.33	120/261	13.16	42
变化率/%		+1	-1.4	-2.4/-1.9	+1	-2.3

由以上成纸关键物理指标的检测对比分析可知，添加2.5%烟梗粉后，成纸的耐破、耐折、环压强度和吸水性变化不大，各项技术指标波动均在正常波动范围内。烟梗粉添加后，纸张色泽无明显变化。

23.3 含烟梗粉箱板纸工艺技术集成

23.3.1 含烟梗粉箱板纸产品技术标准

综合集成上述技术开发及加工工艺研究，初步制定了含烟梗粉箱板纸产品技术标准，如表23-12所示。

表23-12 含烟梗粉箱板纸产品技术标准

指标名称	单位	250AA级	280AA级	300AA级	320AA级	340AA级
定量	g/m^2	250±4	280±12	300±12	320±12	340±12
紧度≥	g/cm^3	0.7	0.7	0.7	0.7	0.7
耐破指数≥	kPa·m^2/g	2.9	2.9	2.9	2.9	2.9
环压指数（横向）≥	N·m/g	9.0	9.0	9.0	9.0	9.0
耐折度（横向）≥	次	90	90	90	90	90
吸水性（正/反）≤	g/m^2	70/100	70/100	70/100	70/100	70/100
层间结合≥	J/m^2	180	180	180	180	180
横幅定量差≤	%	5.0	5.0	5.0	5.0	5.0
平滑度≥	S	6	6	6	6	6
水分	%	8.5±1	8.5±1	8.5±1	8.5±1	8.5±1

23.3.2 含烟梗粉箱板纸加工工艺

根据上述研究结果并结合多次中试上机实验，初步制定了含烟梗粉箱板纸加工工艺规范。含烟梗粉箱板纸加工工艺流程如图23-10所示。

烟梗粉浆料制备及添加工艺为：

（1）烟梗颗粒通过计量螺旋，在搅拌桶加清水，配置成5%的烟梗浆料，转移到储存槽，备用。

（2）筛选好的微粒包裹剂 A 和 B 经过在线反应，加到烟梗颗粒转移泵前，通过静态混合器，和烟梗颗粒充分混合后，通过烟梗浆料添加泵，经过流量自动控制，一起加到车头池内，和成浆混合充分后，上网抄纸。添加时烟梗颗粒先加到箱板纸芯层车头成浆池，稳定后，依次加入底层和衬层车头成浆池。

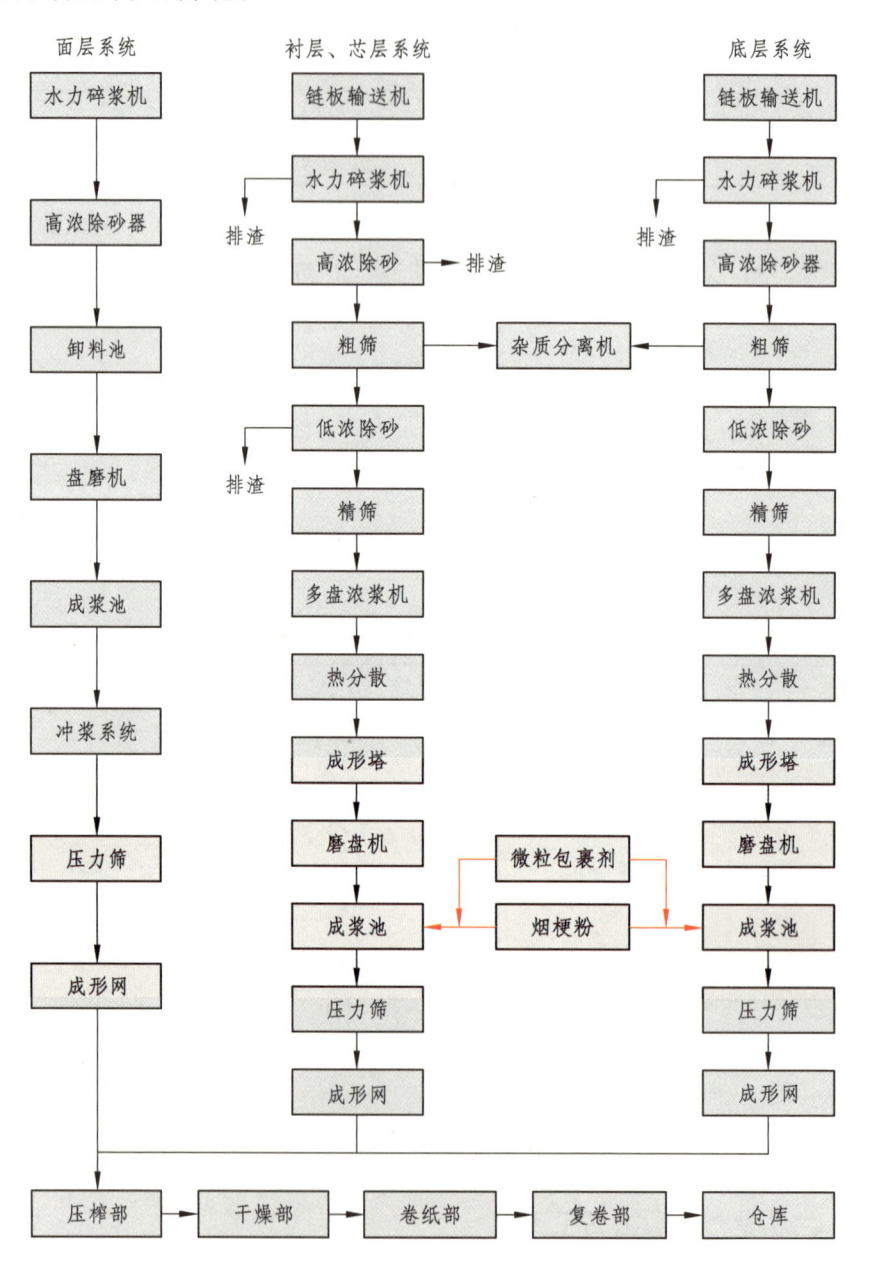

图 23-10 含烟梗粉箱板纸加工工艺流程

烟梗粉浆料制备及添加工艺流程如图 23-11 所示。

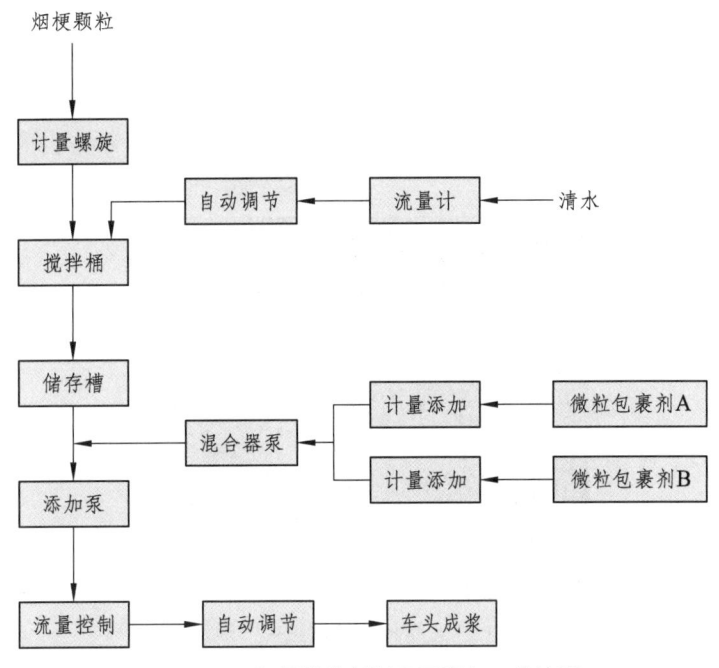

图 23-11 烟梗粉浆料制备及添加工艺流程

烟梗粉添加工艺参数如表 23-13 所示，网部定量配比如表 23-14 所示。

表 23-13 烟梗粉添加工艺参数

项目	面层	衬层	芯层	底层	备注
烟梗粉目数		40~80 目			
烟梗颗粒加入量/kg·t^{-1}	0		30~50		
烟梗颗粒配制浓度/%		5			
烟梗颗粒流量/m^3·h^{-1}	—	5	16	7	
微粒包裹剂 A 用量/kg·t^{-1}		2.5	2.5	2.5	
微粒包裹剂 A 流量/L·h^{-1}		6.3	20	8.8	原液
微粒包裹剂 B 用量/kg·t^{-1}		1.5	1.5	1.5	
微粒包裹剂 B 流量/L·h^{-1}		3.8	12	5.3	

表 23-14 网部定量配比

定量/g·m^{-2}		250	280	300	320	340
网部车速/m·min^{-1}		≤365	≤340	≤305	≤285	≤265
定量比/g·m^{-2}	面	36~40			40~44	
	衬	55~60	60~65		65~70	
	芯	70~80	90~100		110~120	
	底	60~70	70~75		70~75	

其他工序如制浆、筛浆、上网成型、压榨干燥、施胶压光与在线生产的箱板纸类似，在此不一一赘述。

23.4 含烟梗粉箱板纸产品开发及应用研究

23.4.1 含烟梗粉箱板纸产品开发

按照上述工艺标准，完成定量为 300 g/m² 含烟梗粉箱板纸的生产，如图 23-12 所示。

图 23-12 含烟梗粉箱板纸生产现场图

对含烟梗粉箱板纸产品取样后进行物理指标检测，结果如表 23-15 所示，与含烟梗粉箱板纸产品标准对标后分析，产品质量符合标准要求。

表 23-15 含烟梗粉箱板纸物理指标检测结果

指标名称	单位	产品标准	检测结果	判断
定量	g/m²	300±12	297.9	合格
紧度	g/cm³	≥0.7	0.76	合格
耐破指数	kPa·m²/g	≥2.9	3.32	合格
环压指数（横向）	N·m/g	≥9.7	13.36	合格
耐折度（横向）	次	≥90	131	合格
吸水性（正/反）	g/m²	≤70/100	45/48	合格
层间结合	J/m²	≥180	287	合格
横幅定量差	%	≤5.0	3.1	合格
平滑度	S	≥6	17	合格
水分	%	8.5±1	8.3	合格

23.4.2 含烟梗粉箱板纸产品应用研究

为进一步验证含烟梗粉箱板纸对烟用包装箱性能的影响，将制备的含烟梗粉箱板纸加工成烟用包装箱，烟箱面纸和里纸均采用所开发的定量为 300 g/m² 含烟梗粉箱板纸，楞纸采用定量为 180 g/m² 瓦楞原纸，瓦楞工艺采用玉米胶。加工后的烟箱如图 23-13 所示。

（a） （b）

图 23-13　含烟梗粉烟箱外观

对加工的烟箱进行相关物理指标检测分析，结果如表 23-16 和表 23-17 所示。与烟用包装箱产品标准对标后分析，采用含烟梗粉箱板纸加工的烟用包装箱产品质量符合标准要求。

表 23-16　含烟梗粉样 1 烟箱物理指标检测结果

检测项目	技术指标	检测结果	单项结论
边压强度/N·m^{-1}	≥6370	8330	合格
耐破强度/kPa	≥1250	1810	合格
黏合强度/kN·m^{-2}	≥58.8	61.2	合格
戳穿强度/J	≥6.5	7.2	合格
抗压强度/N	≥3200	4880	合格
水分/%	9.0±2.0	8.0	合格
综合判定		合格	

表 23-17　含烟梗粉样 2 烟箱物理指标检测结果

检测项目	技术指标	检测结果	单项结论
边压强度/N·m^{-1}	≥6370	8250	合格
耐破强度/kPa	≥1250	1822	合格
黏合强度/kN·m^{-2}	≥58.8	60.6	合格
戳穿强度/J	≥6.5	7.3	合格
抗压强度/N	≥3200	4980	合格
水分/%	9.0±2.0	7.9	合格
综合判定		合格	

综上所述，通过系统开展含烟梗粉箱板纸加工工艺技术的研发，产品标准及加工工艺的制定，产品的开发，拓宽了烟梗原料的应用途径，丰富了重组烟草材料化的应用方向，为支撑烟草原料的多元化及特色化应用奠定了良好的技术基础。